各章中与InTASC标准相关的内容*

本版的一个新特点是关注专业教育标准,特别是州际教师评估和支持联合会(InTASC)的标准。该标准所反映的,是InTASC所确定的不同学科和年级的教师都应具备的核心知识、倾向和技能。InTASC标准还有一个重要的特点,也就是能够与全美专业教学标准委员会开发的高水平教师认证项目相对接。下表有助于读者确定,在每一章中,可以找到哪些InTASC标准。

---

* 本书中,涉及的页码,均为英文原版页码,请参照中文版边码检索。——编辑注

参考文献：Council of Chief State School Officers (2011, April). Interstate Teacher Assessment and Support Consortium (InTASC) model core teaching standards: A resource for state dialogue. Washington, DC: Author. Retrieved from http://www.ccso.org/intasc

教学中的
心理学 上册

第 14 版

Psychology
Applied to
Teaching

［美］Jack Snowman
Rick McCown 著

庞维国 等译

华东师范大学出版社

上海市版权局著作权合同登记 图字：09-2016-137 号

译者序

杰克·斯诺曼（Jack Snowman）和里克·麦考恩（Rick McCown）主编的《教学中的心理学》（第14版），是国际教育心理学领域中最具代表性和影响力的教材之一。本书自1971年出版第1版以来，就以其实用性和可读性而备受广大教育工作者的喜爱。此后，本书平均每3—4年修订一次，使用的范围从美国大学逐渐扩展到世界各地，读者对象从师范专业的大学生扩展到各级各类在职教师。至今，本书已经修订到第14版。

本书的英文名字为"Psychology Applied to Teaching"，如果直译，书名应为"应用到教学中的心理学"，但是我们宁愿把它译为"教学中的心理学"。因为本书是一本地地道道的教育心理学教材，它所关注的核心问题是心理学原理在教育中的实际应用，特别是在教学中的应用。本书尽管特别强调"教"的心理学原理，但是关于"学生""学习"的心理学论述占据了近四分之三的篇幅，充分体现了"以学生为中心""学是教的基础"的思想。本教材从20世纪70年代的编写开始，就特别强调立体化建设。除了本书以外，它还有配套的教师用书（instructor's resource manual）、学习手册（study guide）和测验题库（test bank），非常便于课程的教学、学习和评估。与同类教育心理学相比，本教材建设的周期之长、体系之完备，应该说是不多见的。

本书第1版的作者是罗伯特·F·比勒尔（Robert F. Biehler），他是马萨诸塞大学的一名发展心理学家。1982年本书第4版修订时，斯诺曼作为第二作者参与。1986年，本书第五版修订时，麦考恩参与配套的教师手册的编写。1990年本书第6版修订时，斯诺曼成为第一作者，比勒尔作为第二作者，完成了学术的第一次交棒。1999年本书第12版出版时，麦考恩成为第二作者，比勒尔作为第三作者。本书第13版（2012年）以后，作者为斯诺曼和麦考恩；比勒尔全面完成了学术交棒任务，退出了编写组。斯诺曼目前是美国南伊利诺伊大学的资深教育心理学教授，他于1975年从印第安纳大学获得教育心理学博士学位后，就一直从事教育心理学的应用研究，主要聚焦于认知和学习策略问题。麦考恩目前是美国杜肯大学的教育学教授，他于1980年从印第安纳大学获得教育心理学博士学位，此后致力于教学与学习过程研究，特别是教学法研究。因而从本书的发展历程来看，自20世纪80年代以来，它就是发展心理学、教育心理学和教学法三个领域的专家集体努力的结果。编写者之间的这种良好的学术结构搭配，或许是本书"有活力"、"接地气"并为广大读者所喜爱的重要原因。

　　本书在编写的过程中,始终秉持了"实用"定向。正如作者在前言部分所指出的,"教育心理学教材一直饱受诟病,读者要么批评它观点不清晰,要么抱怨它离教育实践太远。本书之所以长期被大家广为使用,其中的一个重要原因就是它总是强调实用性,强调从读者角度阐释教育心理学理论和研究。""本书……一直关注经过研究验证的概念,如何在课堂中运用。这种做法,我们已坚持了40多年。"本书最能体现其"实用"之处是在其主要章节之后都安排了一个"教学建议"板块。在这一板块中,作者提供了大量的把学习与教学问题结合在一起的教学案例,具体说明如何把心理学研究成果运用到课堂中。本书特别强调真实的教学情境。在本书的每一章,都包含一个"通过探究改善教学实践:一位教师的故事"板块。在该板块中,当前或以前的教师,会以第一人称形式,现身说法式描述如何解决与该章内容相关的教学问题,让读者立即感到学有所用。在本书的正文论述中,作者同样提供了大量适用于不同年级的实用教例。作为教师或者立志成为教师的读者,可以根据自己的个性特点、教学风格和教学情境,灵活地学习参考本书中的这些实例。

　　本书特别注重"与时俱进"。在本书第13版(2012年)出版以后,教育和心理学的诸多研究领域都取得了一些重要的研究进展。例如,在学生的个体差异领域,研究者对智力的内涵、认知风格的本质、学业成绩的性别差异,都有了新的理论认识和实证研究结果;在社会认知领域,研究者对于教师在多大程度上为学生提供自主学习技能指导、自我调节技能的获得如何对学生产生积极影响、如何在幼儿园和小学为学生奠定自主学习的基础等问题,已积累了大量的新型研究资料。对于这些研究成果,作者在本书的第4章和第9章中都及时作出了反映。本书还特别注意对基础数据的更新。例如在本版第5章,更新了关于美国移民和出生率的数字,提供了当前有色人种高中生辍学率的新数据;在第6章,提供了当前关于全纳教育分布情况的数据,呈现了接受特殊教育学生的比例的新数字,更新了关于学习障碍学生流行情况的数字,报告了关于ADHD学生、情绪障碍学生流行情况的新数字。内容的及时更新,是本书始终充满活力、一直站立在学术前沿的重要原因。

　　关注各类不同的学生,强调教育公平,注重学生的多样化发展,也是本书最为重要的特征之一。为了帮助教师理解和应对他们可能面对的各种各样的学生,在本书中,作者用三章篇幅专门讨论了应对学生的多样性问题。第4章"理解学生的个体差异",重点介绍了学生的智力差异、认知风格和学习中的性别差异问题;第5章"应对文化和社会阶层的多样性",专门讨论了社会阶层、家庭社会经济地位、文化的差异与学生的学习和学业表现之间的关系;第6章"包容学生的差异性",系统地介绍了按能力分班的利弊问题,并细致地讨论了对智力障碍、学习困难、情绪障碍以及超常学生的教育问题。此外,在本书的其他章节中(如第10章的"对建构主义的评价"部分),应对多样化的学生的教学理念也时有体现。对学生的个体差异的全面关注，不仅体现了教育的以人为本，而且有利于提升教学的针对性和有效性。

本书还渗透了作者独到的教师教育思想。首先，在作者看来，好的教学部分是科学，部分是艺术。好的教学背后都存在科学性，都遵循着基本的教育和心理学规律，而这些方面是可以教会的；好的教学又依赖于教师的情感交流、价值观与信念、灵活性等品质，而这些品质则不容易教会。因而，好的教师应该在教学的科学性与艺术性之间保持平衡。其次，有效的教学是探究的结果。本书作者认为，"要成为高水平的教师，必须先成为高水平的学习者；而高水平的学习，来自参与性的探究"。所以在本书第1章，作者即描述了一个名为"教学即探究"的四成分模型，以帮助读者更好地理解如何通过探究来增强教学能力。第三，高水平的教学离不开反思，离不开教学技能的不断提炼。本书作者相信，教学专长的发展，是系统地、坚持不懈地收集和分析自己的教学数据的结果。为此，他们在本书中反复强调教师借助形成性评估的结果来反思自己的教学问题，借助教学日志来监控自己的教学进步，借助协作反思来提升自己的教学技能。

作为一名长期从事教育心理学研究和教学的教师，本人尽管已研读过多种国内外教育心理学教材，但是《教学中的心理学》一书在阅读过程中给我带来的快乐，是其他教材无法比拟的。翻译这样一本经典的教育心理学教材，对我来讲既是一种享受，更是一种学习和研究过程。本书翻译是由我和我的研究团队合作完成的，初译的具体分工如下：庞维国（前言、目录、InTASC标准、术语表）、陈保华（第1、2章）、肖萌（第3章）、杨尹茵子（第4章）、林丽雅（第5章）、胡铭琪（第6章）、方莉（第7、8章）、王挺（第9、10章）、杨星星（第11、12章）、蔡东玲（第13章）、曹亚杰（第14、15章）、张议文（第16章）。在初译稿完成后，由张议文等人对译稿作了初步校对，统一了各章的术语和格式。此后，作为主译者，我又花费了近一年时间，逐字逐句地对所有译稿进行了认真的审读和修改，并最终定稿。

翻译本书并不是一件容易的事。一方面，本书中涵盖的知识涉及多个学科领域，涉及众多教育政策、教育技术、教学研究、心理学研究的新进展，它需要我们边翻译边学习这些新知识。另一方面，本书中呈现的教学实例涉及从幼儿园到大学的众多学科，这对我们的已有知识基础也提出了很大的挑战。由于我们的学识和能力有限，在本书翻译中难免会出现一些错误和不当之处，敬请广大读者批评指正。

庞维国

2019年7月

简明目录

目　录

第一部分　发展特征和理论

第 2 章　心理社会性发展与认知发展理论

| 第3章 | 年龄特征 |

第二部分　学生的差异和多样性

第4章	理解学生的个体差异

第 5 章	应对文化和社会阶层的多样性

第6章	包容学生的差异性

第三部分　学习和思维

| 第7章 | 行为主义学习论：操作条件作用 |

第8章	信息加工理论

第 9 章　　社会认知理论

第10章　建构主义学习理论、问题解决和迁移

第四部分　创设积极的学习和教学环境

| 第11章 | 动机和自我认识 |

第12章	课堂管理

| 第13章 | 教学方法 |

第五部分　评估学生的能力

| 第14章 | 课堂学习的评估 |

第15章　　理解标准化评估

第 16 章　从教学中学习

前 言

本版《教学中的心理学》，是在公立教育经历前所未有的变化的时代背景下撰写的。从大多数公立教育的发展历史来看，推动教师改善教学质量的动力，几乎完全根植于他们的价值观，以及他们的职业目标。但是近年来，美国各州和联邦政府开始协同工作，一起创建新的学生学业标准，构建正规的教学有效性评价系统。

这些变革意味着，教师在入职之前，需要比以往接受更多的训练，更好地进行职业准备，才能满足社会的期许。本书可以通过几种方式来帮助教师进行职业准备。一是用通俗易懂的方式，为大家讲解教育中的心理学概念，这些概念都是在现实条件下经过研究检验过的。正如我们在第1章所指出的，教育心理学教材一直饱受诟病，读者要么批评它观点不清晰，要么抱怨它离教育实践太远。本书之所以长期被大家广为使用，其中的一个重要原因就是它总是强调实用性，强调从读者角度阐释教育心理学理论和研究。本书帮助教师进行职业准备的第二种方式，是一直关注经过研究验证的概念，如何在课堂中运用。这种做法，我们已坚持了40多年。我们相信，如果给出如何在教学中实际运用的例子，即将入职的教师，将会更喜欢运用本书各章中介绍的概念和原理。最后，在本书的第1章和最后几章，我们还提供了一个框架，引导教师增长和提炼自己的教学技能。我们一直牢记一点：要成为高水平的教师，必须先成为高水平的学习者；而高水平的学习，来自参与性的探究。因此，在这一版，我们尽力把教育心理学的理论框架和实践运用技巧勾画出来，希望那些阅读本书并立志成为教师或者正在进行入职准备的读者，能够把自己当成参与性学习者，能够把教师视为需要经过不断探究，以发现、检验更好地帮助学生获得成功的途径的职业。

本版的主要特点

教育在美国社会中居于举足轻重的地位，因而它一直处于不断的改革和发展状态。成千上万的人，包括教师、学校管理者、社区组织、认证机构、基金会、州和联邦教育官员、政治家、教育和心理研究者，以及学生自身，都在坚持不懈地探寻和尝试增强学生学习和成就的新理念、新方法。为了提倡某种新理念，大范围的协作得以形成。为了鼓励新理念，大额的基金得以设立。为了帮助学生成功，大家做出了各种各样值得赞许的努力。但是，无论何种旨在帮助学生取得成功的理念，都需要经过检验。而在这种检验过程中，教育和心理学研究者扮演着极为重要的角色。

从本书的上一版开始,在教育和心理学的诸多研究领域,都有一些新的研究进展。这些领域包括:社会性、情感、认知发展、学习过程、动机、课堂评估和管理、标准化测验、双语教育、学习困难学生的纳入,以及利用技术支持学生的学习和成就取得。本版《教学中的心理学》(第14版),已经修订、更新了相关的内容,反映了上述领域的新进展。

在本版中值得关注的特征包括:

- 强调有效的教学是探究的结果。新教师往往对他们的有经验的同行心存敬畏,对老教师能够快速而有效地解决日常教学问题感到钦佩。但他们可能不知道,教学专长的发展,是系统地、坚持不懈地收集和分析自己的教学数据的结果。在第1章,我们将描述一个名为"教学即探究"的四成分模型,以帮助读者更好地理解如何通过探究来增强教学能力这一问题。

- 强调通过评估进行探究。在一线教师和教学管理者身上实施的关于新的教学和学习设计的研究,已经很好地显示,在课堂上实施评估有助于学生和教师了解学习情况。在本书几章中,我们都谈到了教师探究的作用,并且介绍了如何借助形成性评估来支持教师的探究。在第1章和第16章,我们讨论了形成性评估在反思性教学中的作用。在第14章,我们讨论了形成性评估如何与学生和教师的学习相结合的问题。

- 突出社会认知理论的新进展。由于社会认知理论研究近年来取得了许多进展,特别是在自主学习策略方面,因此我们在第9章包含了更为宽泛的学习策略的内容,描述了如何教会学生创造和使用学习策略。一个旨在增强写作技能的自我调节项目研究,很好地显示了自主学习原理在课堂中的应用。

- 聚焦教育心理学的关键问题。《教学中的心理学》的所有各版本,都把当代教育中的关键问题呈现了出来,并鼓励读者思考研究,作出基于证据的判断。在每一章的"站稳立场"板块,我们通过陈述我们的立场如何,为何站在这样的立场上,向读者示范面对问题时如何站稳自己的立场。

- 强调教育技术的运用。在本书的每一章都至少含有一节乃至几节,专门介绍如何运用教育技术去呈现本章的关键主题和核心概念。在这些章节中,包含了关于

Web2.0的影响的相关研究结果,也介绍了Web3.0技术。在书中,读者将会找到很多相关的讨论。例如,如何运用这些技术促进学生的认知发展,应对个体差异,提升对多元文化的理解,使学习困难学生的学习变得更加容易,促进所有学生的学习和问题解决,增强学生的学习动机,帮助教师管理自己的课堂,辅助对学生的学习评估等。近年来在教育中越来越流行的设计研究,正在推动着教育技术在学生学习中的应用。这类研究在各章中也有介绍,其中涉及一个关于多用户虚拟环境(multi-user virtual environment, MUVE)的大规模研究,以及增强课堂中的学习者与探索者、科学家、探险者之间的联系等。

- 强调课堂应用。《教学中的心理学》是第一本旨在在教学建议部分,通过提供大量的具体实例和操作指南,来促进心理学概念和研究成果运用到课堂教学的教科书。我们希望能够确保新教师在正式任教之前,作好充分的准备。这种强调填补职业准备和教学实践之间的鸿沟以促进教师终身职业成功的指导思想,不仅在第13章"教学方法"部分得以继续贯彻,而且还得以进一步强化。在该章中,我们把教学目标的书写与来源于不同学习理论的五种教学方法结合在了一起。

- 关注各类不同的学生。为了帮助未米教师和新教师理解和应对他们将面对的各种各样的学生,我们在本书的两章中,用较大篇幅讨论了应对学生的多样性问题。这两章是,第4章"理解学生的个体差异",第5章"应对文化和社会阶层的多样性"。此外,在第6章"包容学生的差异性"中,我们向大家展示了如何借助技术,运用"全方位学习设计(Universal Design for Learning, UDL)"原理。在本书的其他章节中(例如在第10章的"批判性建构主义"部分),对于教授多样化的学生的关键理念也有所介绍。

- 强调真实的生活情境。在本书的每一章,都包含两个板块,描述心理学概念与课堂教学实践之间的关联。第一个板块是"通过探究改善教学实践:一位教师的故事"。在该板块中,当前的或以前的教师,以第一人称,描述了如何解决与本章内容相关的教学问题。

 第二个板块是"教学案例视频"*,学生可以在课程伙伴网站上观看。每个视频都呈现了一个真实的课堂情境,在这其中,教师描述自己的教学行为,并解释为何要这样做。

---

* 中文版不包括案例视频。——编辑注

在这一板块,还用问题来提示读者,让他们把当前视频与相关章节的内容联系起来。

- 强调反思性教学。想一下,作为一名教师该做什么,为什么要具备高效教师所具有的反思性这一重要特征。《教学中的心理学》努力以几种方式来推动学生去欣赏这种技能。首先,对于反思性教学的概念及其在探究过程中的作用,在第1章作了讨论。在第16章,在介绍学生学习创建自己的个人杂志,以及这种活动对于正在实习的教师来说多么有用时,再次讨论了这一主题。第二,在第2章到第15章,都起始于"揭示假设"并终结于"挑战假设"的内容板块。在这其中,安排了两名虚构的接受教师教育的学生,以及一名任教一年的教师,他们在专家型教师的指导下反思教学,逐步认识到自己所持有的关于教学和课堂学习的常见且未经检验的假设,并挑战或修改这些假设。在第16章,专家型教师得出各种结论,并向他们展示反思在教师的职业生涯发展中所具有的重要作用。第三,在第2章到第15章,学生会多次遇到"暂停与反思"内容板块,它要求学生根据本章的学习内容,回答关于课堂学习和教学的问题。第四,反复强调评估数据在引导行动指向的反思中的关键作用。第五,描述了协作反思及来自同事的反馈的价值(例如,第16章的"课的研究")。

本书的一些新特点

为了更好地帮助学生学习,本版教材还增加了一些新特征:

- 美国州际教师评估和支持联合会(InTASC)关于教师教学的新标准。在每章的开始部分,列出了本章内容中涵盖的InTASC标准;在全书中,还用图片,在正文的相关部分凸显了相关标准。同时,在本书的最前面,还专门列出了InTASC标准在各章中出现的位置。这些安排,旨在帮助学生把自己从本书中学到的东西,与专业标准联系起来。InTASC标准中包括10条基本的知识标准,这些标准代表的是,要想取得最佳教学效果,教师应该掌握的关于学生及其学习环境的知识。

- 新的学习目标。在每章的开始部分,都有一个与本章主要标题相对应的学习目标列表。这些目标告诉学生,要想理解本章的内容,需要掌握哪些知识。在每章后面的小结中,也把学习目标概括了进去。学生学完各章内容后,应该能够展示出他们应用本章所讲的知识和技能来解决问题的能力。

- 新的"'阅读和学习指南'数字下载"。该部分包含与课本相关的信息资料,以及各种表格的完整版本。学生可以下载、定制、使用这些资料,以帮助自己复习在课堂中学到的概念和技能。要想得到相关的资料,请读者注意查看"数字下载"标签。

- 新的"通过探究改善教学实践:一位教师的故事"。该部分从一个现任教师或者曾任教师的角度,以第一人称的形式,描述了作为一名教师,该如何解决与本章中部分内容相关的教学问题。

- 新的"你掌握了吗?"这些小测验,可以引导学生对照每章的学习目标,对自己的实际学习情况进行测评。在本书中针对每个学习目标设计了一个问题,目的是鼓励学生登录CengageBrain.com网站,参加完整的测验,检查自己的理解情况。

本书的另外一些特色

在本版(第14版)中,改善并增加了此前版本中介绍的教学论内容,从而使本教材变得更加实用和有效。

- 教学建议。作为本书的一个标志性特色,"教学建议"板块会提供一些具体的教学案例,强调如何把心理学研究成果运用到课堂中。这种把学习与真实教学问题相结合的做法,有助于职前教师认识到教育心理学课程在自身职业发展中的重要作用。在本书中,我们提供了大量的适用于不同年级的实用教例,读者可以根据自己的个性特点、教学风格和教学情境,灵活地学习、使用这些样例。我们希望大家在使用本书的过程中,阅读"教学建议"部分;希望完成了课程学习的职前和在职教师,也参考这些教学建议。为了便于大家参考,我们把这些建议都专门凸显了出来。

- 教学案例视频。教学案例视频呈现的是真实的教学案例,它可以帮助学生把本章的关键学习内容与真实的教学情境联系起来。与之相配套的批判性思维问题、操作用具及视频,有助于学生反思视频中介绍的内容。本书中的"教学案例视频",可以登录课程伙伴(CourseMate)来获得。课程伙伴是可以与学生用书一起来购买的。要想进一步了解关于课程伙伴的登录信息,请联系圣智公司的销售代表。

- **揭示和挑战假设。** 在本书的第8、第9和第10章，我们力主人们利用自己的已有知识和经验，来帮助自己理解复杂的、充斥着各种信息的世界。教学是一项复杂的活动。那些希望担任教师的人，自然会形成自己关于教学的假设。在应对复杂的问题时，构建自己的假设并据此解决问题，这是一种有效的做法。当然，这也会带来一些问题，特别是当你的假设是建立在有限的知识和经验的基础之上时。"揭示和挑战假设"板块，为那些敬业的教师提供了很好的机会，在此，他们可以面对并反思各种关于教学和学习的有问题的假设。在本书的第2章到第15章，都有一个开篇的简介，描述了在本章的主题背景下，人们常常持有的关于教学和学习的不可靠的假设。紧随其后的是"暂停与反思"板块，目的在于为读者提供一个反思的机会，思考一下在简介部分描述的假设，如何以及为何会成为教学和学习的障碍。在每章的结尾部分，关于假设的简介再次被呈现出来，目的在于引导读者根据本章所介绍的理论、研究成果及教学建议，挑战那些有问题的假设。在简介部分，包含了四个同样的人物，关于他们的假设的故事，贯串了整本书。

- **站稳立场。** 处在一个动不动就问责的时代，教师常常受到批评，并需要对自己的职业行为和教学实践进行辩护。尽管许多老教师可以自信而有效地应对各种批评，但是新教师面对公众批判时往往感到无力应对。"站稳立场"板块，为学生提供了一些简短的应对模式，他们可以以此为参照，学会应对关于教育问题的各种批评。在第1章到第15章中，本书的作者根据自己多年的经验（分别为38年和35年），以及所掌握的参考文献，对于与本章内容相关的教育问题，都阐明了坚定且具有支持性的立场。这一板块也支持学生采取同样的做法，亦即对关键问题要深思熟虑，并阐明自己的观点。在本书的相应网站上，我们拓展了这一板块的内容，增加了一些教学资源和教学理论。从本书第11版开始添加这一板块后，该部分内容就一直深受教师的欢迎。

- **要点。** "要点"内容放在了页边的空白处，紧挨着正文中对每个要点的讨论（中文版放置在页脚。——编辑注）。在"'阅读和学习指南'数字下载"中，也可以找到"要点"内容。"要点"可以引导大家注意各节中对教师来说特别重要的内容，因而它们本身也扮演着教学目标的角色。

- **暂停与反思。** 我们深知，对学生来说，要想充分地理解教育心理学中的抽象概念是存在一些难度的，而养成反思性思维的习惯对他们又是极为重要的，为此我们设立了"暂停与反思"板块,旨在帮助学生把各种观点联系起来,把理论与教学实践联系起来。在学生阅读每一章的内容时,他们都会遇到几处"暂停与反思",要求他们停下来思考一下本章中提出的概念或问题,或者想一下,如何把自身经历与当前阅读的内容联系起来。

- 小结。在每章的结尾部分,都有一个围绕学习目标而组织的小结。目的是帮助学生回顾本章的学习要点,为后继的考试或课堂讨论作好准备。

- 进一步学习的资源。在每章的最后,都有一个"进一步学习的资源"板块。在该板块中,列出了与本章主要主题相关的文献资源,并对每条文献作了简要介绍;此外,能够提供另外一些相关信息的网址,也在本部分列了出来。请注意,在准备本教材时,这些网站的内容是不时更新的,但是我们不负责对这些网站内容的持续更新。读者可以登录本教材网站,以获得近期更新的内容。

- 术语表。在本书后面附有一个关于关键词和概念的词汇表,它可以帮助大家复习备考,或者进行课堂讨论。

各章的主要变动

在本版,我们对每章的内容都做了一些修改。对于各章的主要变动,特简要罗列如下:

第1章:把心理学运用到教学中
- 对理论的实质、理论与教育研究和实践的关系,作了详细的解释。
- 对教学的复杂性作了新的讨论,并举了一些例子。
- 介绍了一些权威性的网站,教师可以通过这些网站学习一些经过研究检验的教学项目和实践做法。
- 介绍了一些新的关于教师效能的研究成果,这些研究对比了经过专业的教师教育并接受标准认证的教师,与那些没有接受标准认证的教师,其教学效果的差异。
- 对于因为不科学的推论而导致的有缺陷的教育决策,做了修改性的讨论,并增加了一些新实例,尤其是重点讨论了留级政策及其有效性问题。
- 对于导致教育心理学研究复杂化的因素,作了讨论上的修改,并增加了一些新实例。

- 论述教学的艺术性时,对灵活性的作用,作了新的讨论。
- 新增加了一节,论述了探究式教学如何帮助教师从新手成长为专家。

第2章:心理社会性发展与认知发展理论

- 介绍了当前关于青少年的同一性如何影响其行为的研究结果,对此前40年的相关研究结论进行了更新。
- 介绍了一些关于卡罗尔·吉利根(Carol Gilligan)批评埃里克森理论的性别偏差的新研究。
- 修改了关于帮助青少年发展同一性的建议,纳入了技术使用的内容。
- 修改了关于皮亚杰的图式、平衡、青少年自我中心主义等概念的讨论,并提供了一些实例。
- 修改了对于正规教学能否加速认知发展的研究的讨论。
- 介绍了一些新研究,讨论了皮亚杰的理论在多大程度上低估了年幼儿童的认知能力,而高估了青少年的认知能力。
- 修改了关于对科尔伯格道德发展理论的批评的讨论。
- 修改了关于内尔·诺丁斯(Nel Noddings)关怀理论的效度的讨论。
- 修改了对哈茨霍恩和梅(Hartshorne & May)的先驱性道德行为(如撒谎、欺骗、偷窃)研究的讨论,更新了关于这些早期研究结果的效度的研究。
- 新增加一节,描述了品德发展这一教育目标。

第3章:年龄特征

- 增加了关于学前期儿童友谊发展情况的新近研究成果。
- 介绍了各种形式的社会交往对年幼儿童能力发展的影响。
- 介绍了同伴群体接纳对小学生学业成就的影响。
- 描述了强制、胁迫式家庭教养方式的特征。
- 介绍了校本项目对初中生的社会性及情感发展所产生的积极影响。

第4章:理解学生的个体差异

- 增加了一节,介绍了关于智力的各种界定方式,以及近来的一般定义。
- 扩展了关于智力测验的局限的讨论。
- 修改了关于学习风格的实质的讨论。

- 增加了一节，介绍了关于教学与学生学习风格匹配问题的当前研究。
- 修改并更新了关于认知和成就测验中的性别差异的讨论。
- 增加了一节，介绍了学业表现的性别差异问题。

第5章：应对文化和社会阶层的多样性
- 更新了关于美国移民和出生率的数字。
- 描述了贫困对学习动机的影响。
- 在无家可归现象的增长及影响方面，呈现了一些新的研究证据。
- 提供了当前有色人种高中生辍学率的新数据。
- 更新了关于社会阶层如何影响学生的成绩、健康、居住条件、家庭环境、动机、信念、态度的数据。
- 介绍了关于家庭作业的好处的新近研究成果。
- 对于如何使用与学生的文化背景和价值观相一致的教学技术，修改了相关教学建议。
- 呈现了关于双语教育项目、英语浸入项目对英语学习者成绩影响的新近研究成果。

第6章：包容学生的差异性
- 提供了当前关于全纳教育分布情况的数据。
- 依据美国教育部近期报告，提供了在《残疾人教育法》实施中，接受特殊教育学生的比例的新数字。
- 提供了关于学习障碍学生流行情况的新数字。
- 提供了关于ADHD学生流行情况的新数字。
- 提供了关于情绪障碍学生流行情况的新数字。
- 提供了关于资优学生在线教育项目的新资料。

第7章：行为主义学习论：操作条件作用
- 修改了关于操作条件作用的基本性质的讨论。
- 扩展了关于惩罚及其与负强化的差异的讨论和实例。
- 增加了关于强化的固定比率程式的实例。
- 增加了关于计算机辅助教学对成绩的影响的研究。
- 增加了关于整合性学习系统对成绩的影响的研究。
- 更新了禁止或允许学校体罚的州的数字。

- 在教学建议部分,扩展了关于反馈对学习的积极影响的讨论和实例。

第8章: 信息加工理论

- 拓展了关于注意对记忆的影响的讨论。

- 修改了关于短时记忆的讨论,纳入了工作记忆概念。

- 拓展了关于视觉表象编码对记忆的影响的讨论。

- 增加了一节新内容,描述了关于人类遗忘成因的主要解释。

- 增加了一节新内容,介绍了儿童记忆技能的发展。

- 对于如何使用组块技术,提供了新的教学建议。

- 对于分散练习如何更好地发挥作用,提供了新的教学建议。

- 修改了关于元认知的讨论,区分并描述了元认知知识和元认知技能。

- 补充了一些新的关于元认知发展趋势的研究成果。

- 修改了关于技术作为信息加工工具的讨论。

第9章: 社会认知理论

- 在教师在多大程度上为学生提供自主学习技能指导方面,更新了相关研究成果。

- 对于自我调节技能的获得如何对学生产生积极影响,补充了一些新的研究成果。

- 对于为学生提供关于自主学习技能运用情况的反馈的积极作用,增加了一些新资料。

- 对于如何在幼儿园和小学为学生奠定自主学习的基础,补充了一些新的研究成果。

第10章: 建构主义学习理论、问题解决和迁移

- 添加了一个新导论,强调了获得高级思维技能的重要性。

- 更新了关于发现学习的效果的相关研究成果。

- 在成功的教师运用情境学习策略方面,增加了一些新资料。

- 介绍了一些关于基于问题学习的效果的新研究成果。

- 在翻转课堂作为建构主义教学的实例方面,增加了一些新资料。

- 在使用讨论定向的网站方面,提供了新的教学建议。

- 对于"探秘亚特兰蒂斯"这一师生共用的教育游戏,作了讨论上的修改。

第11章: 动机和自我认识

- 修改了导论部分,纳入了一项关于学生学校参与度的调查结果,以及影响动机的四

个因素。

- 增加了关于学习目标的当前研究成果。
- 对于当代学习者遇到的"马斯洛悖论"问题,作了新的讨论。
- 在马斯洛理论的局限方面,增加了一些新资料。

第12章:课堂管理

- 更新了关于学校中的暴力行为的统计数据。
- 添加了关于网络欺凌的新材料。
- 介绍了一些关于学校预防欺凌举措的效果的新研究成果。
- 在学生的不利童年经历对其生理和学业健康发展的影响方面,增加了一些新资料。
- 在"创造性解决冲突项目"的实施效果方面,增加了一些新的研究成果。

第13章:教学方法

- 更新了关于支架式教学效果的研究成果。
- 修改了关于"人本主义教学方法"的介绍。
- 修改了关于"人本主义教学方法的先驱"的描述。
- 修改了关于"人本主义取向的教学"的描述。
- 在人本主义课堂环境对学生学业成绩的影响方面,提供了一些新的研究成果。
- 增加了一节,介绍了技术,包括Web3.0技术,如何支持学生的思维和观点分享。
- 增加了一节,描述了个性化、多样化教学对学生思维和学习的影响,并用"探险性学习"这一新材料作为例子加以说明。

第14章:课堂学习的评估

- 对标准参照评定的描述作了修改。
- 在使用形成性评估以促进教学目标的达成方面,提出了新的教学建议。
- 在告知学生的学习等第之前给予其学习反馈方面,提出了新的教学建议。

第15章:理解标准化评估

- 对标准化评估作了一些新介绍。
- 对于《不让一个孩子掉队》法案实施中存在的问题,作了讨论上的更新。
- 在高风险测验项目如何影响学生和教师的动机方面,提供了一些新的研究成果。

- 在各州测验与其标准的一致程度方面,提供了一些新的研究成果。
- 在高利害评估对学校课程的影响方面,提供了一些新的研究成果。
- 新增一节,讨论了《不让一个孩子掉队》法案修改所催生的联邦政府《初等和中等教育法》(ESEA)灵活性项目问题。
- 新增一节,讨论了《力争上游》和《共同核心课程标准》如何改变了各州的教育评估这一问题。

第16章: 从教学中学习*

- "对于建构主义学习环境调查"(COLES)这一教师评价工具,作了新的描述。
- 修改了"如何使教学反思更有效?"这一部分。

补充材料**

在线教师手册和试题库。本书伴有一个在线教师手册。手册中包含着教学大纲的样板、讨论的问题、教学和学习活动、现场体验、学习目标、额外的在线资源等内容,可以辅助教师设计课程。为了帮助教师设计教学评估,该手册中还包含一个更新过的试题库,试题的类型包括是非题、多项选择题、配对题、简答题、论述题,题目涵盖了本书的每章内容。

考格尼罗支持的圣智学习测验系统。考格尼罗(Cognero)是一个灵活的在线系统,它可以帮助教师开发、编辑和管理从圣智学习系统中得到的各种试题。借助这一系统,教师可以在较短的时间内编制各种版本的测验,并以多种方式来传输这些测验;无论是在自己的学习管理系统上,在教室里,还是在其他自己希望在的地方,教师都可以发布这些测验。题库中的测验题的题型包括多项选择题、简答题、论述题,题目内容与教材中强调掌握的内容相一致。每个问题都针对一个目标,居于布卢姆教育目标分类的某一个水平上。

课程讲座PPT。为本书每一章所配备的生动活泼的课程PPT,可以帮助你直接使用本书中的照片、图片、表格,来讲授本书的内容,或者进行相关讲座。

---

* 译者说明: 原文为 "Becoming a better teacher by becoming a reflective teacher"(通过反思成为更好的教师),但在本版中,无论是目录部分,还是第十六章的实际标题,都为 "learning from teaching"(从教学中学习)。此处应为修订时作者忘记修改的部分,故翻译时作了纠正,采用"从教学中学习"这一标题。

** 中文版并不包含补充材料,需要的读者,可到英文版网站上搜索。——编辑注教育课程伙伴。借助支持纸质课本的交互式学习和测验准备工具,教育课程伙伴(Education CourseMate)使本课程变得更加鲜活。课程伙伴中包含电子书、小测验、数字下载、视频教学资源、闪视卡等,还包含学习参与跟踪系统,可以帮助我们监控学生的学习参与程度。相应的教师网站,可以通过 login.cengage.com 网址登录。但是讲座PPT和带有题库的在线教师手册,需要借助密码才能得到。课程伙伴可以捆绑学生的作业和用书。如果需要访问课程伙伴,请联系圣智公司的销售代表来获得相关信息。

致谢

我们写书,是为了分享我们所学到的东西。就本书来说,是为了促进那些希望当老师的人的学习。如果这本书不出版的话,我们所学到的东西就不能分享给大家,也不能对大家的学习有所促进。我们感谢圣智学习(Cengage Learning)出版公司的同事们。他们的努力,让我们得以分享自己的学习。在此,我们要特别感谢卡茜·拉多姆斯基(Kassi Radomski),她是本版的策划编辑。

在本书的写作过程中,还有很多人做出了重要贡献。在这其中,包括很多审稿人,他们对本版的编写提出了很多建设性的意见,提供了很多富有见地的建议。我们感谢这些审稿人,他们是:瓦拉瓦拉大学的奥斯汀·阿彻(Austin Archer),南卡罗来纳大学艾肯分校的塔拉·贝齐亚(Tara Beziat),哈丁西蒙斯大学的苏·柏德特·罗宾逊(Sue Burdett Robinson),亚利桑那大学的海蒂·布罗斯(Haidi Buross),宾夕法尼亚州立大学阿尔图纳校区的凯·吉克(Kay Chick),利普斯科姆大学的丽萨·戴维斯(Lisa Davies),克利尔沃特基督教学院的薇琪·丹尼(Vickie Denny),西密苏里州立大学的约翰·埃利斯(John Ellis),得克萨斯大学泰勒校区的凯思琳·埃富林(Kathleen Everling),康科迪亚学院阿拉巴马校区的贝蒂·哈伯德(Betty Hubbard),亨利福特社区学院的帕特丽莎·兰松(Patricia Lanzon),法明代尔州立学院的朱蒂丝·莱恩(Judith Levine),加利福尼亚州州立大学萨克拉门托校区的弗兰克·利里(Frank Lilly),泰勒大学阿普兰校区的安吉尔·麦康伯(Angia Macomber),曼彻斯特大学的马克·马迪诺维奇(Mike Martynowicz),辛辛那提州立技术和社区学院的桑德拉·欧文(Sandra Owen),圣本尼迪克特学院/圣约翰大学的埃德蒙·赛斯(Edmund Sass),布法罗州立学院的托马斯·谢拉(Thomas Scheira),俄勒冈州立大学的狄福拉·沙玛赫(Devora Shamah),纽约州立大学布法罗分校的米歇尔·沙纳罕(Michele Shanahan),北得克萨斯大学的卡西吉安·苏布拉马尼亚姆(Karthigeyan Subramaniam),波西亚教区社区学院的桑德拉·托达罗(Sandra Todaro),汤普金斯科特兰社区学院的劳拉·沃德（Laura Ward），威斯康星大学华盛顿县校区的特丽莎·维塞尔-布拉斯基（Tricia Wessel-Blaski），马里兰大学巴尔的摩县校区的薇琪·威廉姆斯（Vickie Williams），加斯顿学院的艾琳·扬茨（Eileen Yantz）。

　　所有的教师，无论其职业发展进入到哪个阶段，都会受到教他们的人的影响和塑造，因此可以说，教师是鲜活的、有生命的遗产。碰巧，我们分享了一份遗产。我们受到，并将持续受到同一老师的影响和鼓舞。我们的老师把我们两个人带入了教育心理学研究中，为我们打开了教育心理学的大门，让我们进入了这样一个学科领域，使我们成为他的学术大家庭的一部分。这个学术大家庭，让我们认识教育心理学研究的历史，给予我们学术支持，让我们形成了一个学术圈，结交了许多可以依赖的朋友。我们的老师是一位和蔼、友善的人，这让他也成了一位良师。我们的老师的名字叫唐纳德·J·坎宁安（Donald J. Cunningham）。我们感谢他！在感谢他的同时，也希望他对遗赠给我们的学术遗产感到满意。

　　写一本书，需要动很多脑筋，花费很多时间。要在时间上有保证，必然会影响到家庭生活。在此，要感谢我们的夫人们的理解和支持。杰克要感谢他的夫人瑞吉。里克要感谢他的夫人诺娜，感谢诺娜包容他不能陪她晚上出去走走，不能陪她周末从事一些活动。

　　本书的两位作者现在都做爷爷了，他们对人们如何教育他们的孙辈考虑了很多。真的考虑了很多！他们之所以这样做，是因为他们深知，教师对孩子的未来有多么重要。尽管作为研究者，我们对于这一点都很清楚，但是作为祖辈，我们对它的认识更加深刻，更加发自内心。我们希望本书对那些指导每个孩子学习的人有所帮助，对那些研究本书、持续地探究教学的人有所帮助。伴随着对本书的学习，你可能成为一名教师，我们希望你能照料、教育好你所教的孩子。本书就是献给这些孩子，他们中或许就有我们的孙辈。

第1章 把心理学运用到教学中

David Leahy/Digital Vision/Getty Images

本章涉及的美国州际教师评估和支持联合会（InTASC）标准	学习目标

本章涉及的美国州际教师评估和支持联合会（InTASC）标准

4. 学科知识

5. 知识应用

6. 评估

7. 教学计划

8. 专业学习与道德

学习目标

学完本章内容后，你将能……

1.1 描述教育心理学研究的主要问题。

1.2 解释学习教育心理学将如何帮助你成为一名更好的教师。

1.3 描述用非科学的方法解决教育相关问题的局限以及科学方法的优势。

1.4 描述研究所关注的主题的有限性、教学与学习的复杂性、教育心理学家选择和解释研究发现的差异性，以及知识随着时间推移累积的特点如何影响行为与思维过程研究的复杂性。

1.5 解释为什么"好的教学"部分是科学，部分是艺术。

1.6 解释"教学即探究"这个概念，以及这一概念如何促进教师效能的发挥。

在你阅读本书之前，你可能会问自己："这本书将告诉我哪些我不知道的关于教学的知识？毕竟，我已经在学校待过那么多年，与很多教师打过交道。我最能与他人说道的也就是教学了。"你可能没有意识到——至少暂时还没有意识到，在关于影响教学与学习的因素方面，你可能存在巨大的空白。你还可能对教师如何教学、学生如何在课堂环境中学习形成了错误的认识。我们的主要目的，就是通过向你解释你可以如何运用各种心理学理论、概念、原理帮助你成为一位更有效能的教师，从而帮助你填补这些空白，产生更准确的认识。

本章的目的是帮助你初步了解教育心理学这一研究领域，解释为什么我们认为了解各种各样的教学与学习研究可以帮助你成为一位更有效能的教师，帮助你有效利用这些研究发现来实现你的教学目标。在我们的职业生涯中，我们听过很多人，包括教师，不止一次地问过这样的问题："我从来没有听说过教育心理学。教育心理学是研究什么的？"那么，我们就从这一司空见惯的问题开始吧！

学习导读

这些要点能帮助你了解本章的重要内容。为了帮助你学习，这些要点也会出现在正文旁边的空白部分*。

教育心理学是一门什么样的学科？

- 教育心理学研究学生如何在课堂中学习。

学习教育心理学，助你成为更好的教师

- 教学是一项复杂的工作，因为它需要各种各样的知识与技能。
- 教育心理学研究为促进课堂教学提供了许多有用的理念。
- 通常，接受过专业训练的教师效能更高。

科学的属性和价值

- 不系统的观察可能导致错误的结论。
- 不系统的观察可能影响留级政策。
- 科学方法：抽样、控制、客观、公开、可重复性。

影响行为和思维过程研究的因素是复杂的

研究仅聚焦问题的极少方面：

---

* 中文版放置在页脚位置。——编辑注

- 教学与学习的复杂性影响研究结果的一致性。
- 对数据的选择和解释存在不同的见解。
- 逐步积累的知识使研究者不断修正原有的观点。

好的教学部分是艺术,部分是科学

- 教学是一门艺术:信念、情绪、价值观、灵活性。
- 研究为艺术性地教学提供了科学基础。
- 优秀的教师能够整合教学的科学性和艺术性。

反思性教学:帮助你从新手成长为专家

- 反思型教师会思考他们要做什么、为什么要做。
- 反思型教师具有特定的态度和能力。

1.1 教育心理学是一门什么样的学科?

教育心理学[1]（educational psychology）是心理学的一个分支,它研究学生如何在课堂环境中通过正式的教学获得各种能力以及怎样促进学生的学习。例如,David Berliner（2006）认为,教育心理学是运用心理学概念和研究方法来理解学生、教师、学习任务和教育情境如何相互作用,从而产生学校日常行为的一门科学。因为教育心理学是一门科学,因此我们在每一章都会讨论到它的最重要工具:理论。许多人错误地认为,理论不过是关于某些问题的未被证实的不靠谱的推测。现在,让我们来纠正一下这种观点。在科学语境中,理论是在已有事实的基础上提出的对某些现象的解释。科学家根据自己的已有知识,对各种事物、现象作出尝试性的解释,而且这种解释是可以验证的。在阅读本书的过程中,你将更加清楚科学的本质,以及它与研究、与实践之间的关系。

心理学理论所关注的影响教师如何教学、学生如何学习的因素包括:学生的生理、社会性、情绪和认知发展水平;文化、社会、情绪与智力差异;学习与问题解决过程;自尊;动机;测验;以及能够检测课的有效性的测量。在接下来的内容中,我们将解释为什么你在学习这些主题上花些时间和精力是值得的。

---

1 教育心理学研究学生如何在课堂中学习。

这些主题对课堂学习的重要性已得到美国心理学会(APA)的重视。1997年11月,美国心理学会教育事务委员会提出,所有促进教育的努力都应该以14条以学生为中心的心理学原理为基础。这些原理是从数十年的研究与实践中提炼出来的。它们强调学习过程、动机、发展、社会化过程、个体差异、教学实践的重要性。这些主题和原理同样受到《教学中的心理学》的重视。在美国心理学会的网页上,可以查阅到这14条原理及其阐释。

3

你掌握了吗?

下面哪一条是关于教育心理学领域的最佳描述?

a. 它关注教育者的心理健康。

b. 它研究影响学校教育性质的历史因素。

c. 它主要关注教师、管理者和家长之间的关系。

d. 它运用理论与研究来理解影响教学与学习的各种因素。

1.2　学习教育心理学,助你成为更好的教师

毫无疑问,心理学的相关概念及其在教育情境中的运用,有可能帮助你成为一名更好的教师(照片1-1)。这一可能性能否实现,有赖于你是否愿意保持开放的心态和积极的态度。我们这么说,是因为曾经出现过"教育研究既没有用,也没有什么影响力"的说法

照片1-1　本书能帮助你成为一名更好的教师的三个理由:教学是一项复杂的活动,需要广泛的知识基础;许多教学实践需要研究的支持;那些更熟悉研究的教师会成为更优秀的教师。

（Miller，Drill，& Behrstock，2010；Patrick，Anderman，Bruening，& Duffin，2011）。在你阅读接下来的段落和章节的过程中，你将发现这些批评是很容易被辩驳的。我们提出了一个三面一体的论点来解释教育心理学将如何帮助你成为一个更好的教师，不论你是小学教师、初中教师还是高中教师：教学是一项复杂的活动；研究能启发教师；专业的课程学习能提高教师的胜任力。

1.2.1　教学是一项复杂的事业

论点的第一个方面是，教学并非像某些人所想象的，是一项简单的、容易的事业。事实上，在职业复杂性排序中，教学排在前四分之一（Rowan，1994），好几项分析将教师与会计、建筑师、计算机程序员、咨询师、工程师、律师归为同一个职业组（Allegreto，Corcoran，& Mishel，2004；U.S. Department of Labor，2001）。Marilyn Cochran-Smith（2003）多年来担任《教师教育杂志》（*Journal of Teacher Education*）的编辑，她认为教学"复杂得不可思议"。教学之所以复杂的原因很多，有两点尤其突出。首先，教师面对的学生是一个形形色色的群体，他们可能有着不同的、甚至截然相反的需求，而每一个学生都需要作为独立的学习者得到理解。但是，从根本上来说，教学的复杂性来自其决策本质。教师需要持续不断地作决策，在教学前、教学中、教学后都需要作出决策。杰出的教师教育者 Linda Darling-Hammond（2006a）这样写道"教师需要理解和应对课堂情境的多面性、繁复性，平衡多元化的学业目标与社会要求，这就要求教师随时随地作出各种权衡"（p.305）。下面一段富有见地的描述，深刻地阐释了教学的复杂性：数学家只需要从自己的角度理解一个数学问题，而数学教师不仅需要从自己的角度理解一个数学问题，还需要从30多个不同头脑的角度来理解（也许是误解）这个问题。然后，他们需要教会每一个头脑掌握这一问题。而且，他们需要在45分钟甚至更短时间内完成这一任务（Green，2010）。

教育心理学提供的许多有用的理念，可以帮助你应对教学的复杂性[1]。但是出于某些原因（在本章和本书的后续部分将详细说明），大多数情况下，它并不提供解决具体问题的方法，它提供的主要是需要灵活运用的一般原理。幸运的是，在研究文献中包含了大量的这样的理念。

---

[1]　教学是一项复杂的工作，因为它对知识和技能的要求非常广泛。

1.2.2　研究能启发教师

论点的第二个方面与教育心理学研究的潜在应用价值有关。与Miller等人（2010）、Patrick等人（2011）发表的负面意见不同，研究文献中可以找到大量在实际课堂环境中进行的研究（例如Berliner & Casanova, 1996; Marzano, Pickering, & Pollock, 2005; Simonson, Fairbanks, Briesch, Myers, & Sugai, 2008; Walberg, 2006），这些研究为促进教学提供了许多有用的理念[1]。在本书的每一个章节，你都可以发现，我们所描述的教学实践，都有强有力的支持。

另一个有用的研究资源中心是"美国有效教育策略网"（What Works Clearinghouse）。这一资源中心隶属于美国教育部（U.S. Department of Education），专门为教育者提供多种不同的、他们可能有兴趣运用的教学项目，这些项目都获得过研究的支持。这一网站实用性非常强的原因，在于它的每一个项目都通过同一套严格的标准来进行评判。在这个网站上，可以获得15个主题的研究报告，包括学业成就、辍学预防、教育技术、数学、科学、文学、学生行为与特殊需要。知道"美国有效教育策略网"并经常性地查阅该网站，将会使你的眼界比你的大多数同事更加开阔。政府问责局（the Government Accountability Office）2010年进行的一项调查表明，58%的学校管理者没有听说过这一网站。这意味着采纳教育项目（许多项目需要通过商业购买获得且价格昂贵）的决策，主要是在销售人员的游说或者同事推荐的基础上做出的（Gabriel & Richtel, 2011）。

由美国教育部管理的另一网站"Doing What Works"，为许多不同的实践与教育项目提供研究证据支持。这些项目包括对小学阅读干预的反馈，教幼儿园至小学阶段的学生学习英文读写，鼓励女生学习数学与科学，降低行为问题等。

在约翰·霍普金斯大学数据驱动的教育改革中心网站上，可以看到对数学、阅读、科学、儿童早期教育、学校综合改革的研究分析。这一网站被称为证据最佳的百科全书，它总结了高质量、高实用性的研究综述，并根据证据的数量和说服力，将所有的研究项目分成四个类别。

尽管我们非常重视研究具有帮助你成为一位更有效能的教师的作用，并且希望你在将来能持续运用研究成果，但是你必须将研究成果运用在它适合的情境中。原因我们稍后进行讨论，你应该首先记住的一点是，由科学研究产生的知识通常具有条件性和时效性，尤其对于课堂学习来说。在前文中，我们将教育心理学描述为研究学生、教师、学习任务和教育情境如何相互作用以产生你所期待的效果的学科。因此，你从研究中寻求的启示应该是具

1　教育心理学研究为促进课堂教学提供了许多有用的理念。

体的(这一理念在哪些学生身上更加有效？在什么情境下？用于哪一种类型的任务？用来产生哪一类结果？)而不是一般性的(我的学生从A中受益将多于从B中受益吗？)。换句话说，你应时刻提醒自己，没有什么是适用于任何人、任何情境的。还要注意的是，我们所讨论的研究为你提供的是启发，而不是具体的答案。我们选择的措辞是很严谨的。任何领域的研究都是对现有知识的增减和修正。实际上，我们永远都不会这么说："这是我们知道的，而且它永远都是这样的。"相反，研究者们会这样说："这是目前为止我们所知道的。"这就是为什么我们希望，你把研究发现视为为你提供启发或指导，而不是便捷且无法改变的答案的原因。本章后面会解释，从研究中择取基本理念并因地制宜地将它运用到不断变化的课堂教学情境中的能力，是决定一名教师能否成为讲求艺术的学者的关键因素。讲求艺术的学者，能整合教学的艺术性和科学性。

1.2.3　课程教学与胜任力

"教育心理学可以帮助你成为更好的教师"这一论点的第三个部分，涉及你目前正在学习的课程，尤其是本教育心理学课程。不少研究者这样问过："教师作为学生所学习的课程，与他们作为教师的效能感之间有怎样的关系？"研究者回答这个问题的方法之一是，要求新手教师评定他们处理不同课堂任务的准备程度。

对新手教师的调查(例如：Brouwer & Korthagen, 2005; Maloch, Fine, & Flint, 2002/2003; National Comprehensive Center for Teacher Quality & Public Agenda, 2008a, b)显示，他们对自己所接受的应对特定课堂问题的训练感到高度满意，而对应对其他问题所做的准备不满意[1]。从好的方面来看，大多数新手教师报告说他们所接受的训练为教授特定的学科，提供个性化的教学，管理学生的课堂行为，理解儿童的认知、社会性、情感发展对学习的影响作了充分的准备(Maloch, Fine, & Flint, 2002/2003; National Comprehensive Center for Teacher Quality & Public Agenda, 2008a, b; Zientek, 2007)。从不好的方面来看，新手教师认为他们所接受的教师教育，没有在对待有特殊需要的学生、对待来自不同宗教和种族背景的学生、评估学习、向学生和家长解释测验方面作好足够的准备(National Comprehensive Center for Teacher Quality & Public Agenda, 2008a, b; Ruhland & Bremer, 2002; Zientek, 2007)。本书将讨论以上所有问题，包括新手教师感觉不满意的那些问题。我们认为，本书或者说本课程是为你走进你的第一个课堂作好充分准备的一个有力助手。

1　通常，接受过专业训练的教师效能更高。

通过标准的教师教育项目而获得认证的新手教师，尽管感觉在对待有特殊需要的学生、有不同宗教和种族背景的学生和处理课堂评价方面的问题上没有作好充分的准备，但是与通过其他途径如"为美国人而教项目"（Teach for America program）、"新教师计划"（New Teachers Project）、"军转教计划"（Troops to Teacher Program）获得认证的教师相比，他们对所接受的训练的质量有更高的满意度。在一项调查中，80%通过传统教师教育训练获得认证的教师，感觉为第一年工作作好了准备；而通过其他途径获得认证的教师，这一比率只有50%。同样地，74%通过传统教师教育训练获得认证的教师，感觉他们在训练过程中与一线教师有足够的相处时间；而通过其他途径获得认证的教师，这一比率只有31%（National Comprehensive Center for Teacher Quality & Public Agenda，2008c）。

尽管大多数新教师对他们的职业准备项目的质量总体持赞赏态度，这一点是可信的，但研究者还关心另一个问题：从这些项目中毕业的教师，能否为其学生提供高质量的教育。有两类证据可以帮助回答这一问题。

首先，有不少研究（例如，美国教育研究学会，2004；Darling-hammond，2006b；Berry, Hoke, & Hirsch, 2004；Darling-hammond & Youngs, 2002；Darling-hammond, Holtzman, Gatllin, & Heilig, 2005；Laczko-Kerr & Berliner, 2003；Wayne & Youngs, 2003；Wilson, Floden, & Ferrini-Mundy, 2002）表明，接受标准认证教师的学生与未接受标准认证教师的学生相比，在标准成就测验中得分更高，即使后一类教师对于学科知识有更好的理解，情况也是如此（照片1-2）。在教师教育项目中接受训练并参加标准认证，其突出的优势是显著提升教师的教学法知识（pedagogical content knowledge）。教学法知识包括从本教材和其他课程获得的内容，以及如何运用这些内容，以更加有趣、有意义、有吸引力的方式来呈现不同的学科教学。研究表明，与那些更精通数学知识的数学教师的学生相比，具有更高水平的教学法知识的数学教师的学生，其数学成绩更好

照片1-2　与没有接受标准认证教师的学生相比，接受教师教育计划并由其州立部门认证的教师的学生，在标准成就测验中得分更高。

6

（Baumert，Kunter，Blum，Brunner，Voss，Jordan 等，2010）。

其次，教师在教师职前培训项目中获得的等级，以及他们教育学生时的表现，与标准教师认证测验中的成绩相比，能更好地预测他们是否为高效能的教师（D'Agostino & Powers，2009）。

你掌握了吗？

奥德里奇先生班的一个学生在分数学习上存在困难。下面哪一项最能有效地帮助奥德里奇先生解决这一问题？

    a. 奥德里奇先生应该让这名学生的家长限制他看电视、玩电子游戏，直到这名学生的表现有所改善。

    b. 奥德里奇先生应该监督这名学生在假期里学习分数问题。

    c. 奥德里奇先生应该咨询"美国有效教育策略网"。

    d. 奥德里奇先生应该询问班级里其他学生的意见。

1.3　科学的属性和价值

7

> **InTASC**　　　　标准4（j）　标准5（i）

本书的主要目的是为如何将心理学（研究行为与心理过程的科学）运用于教学提供建议。本教材的前提是，科学研究的成果对于打算从事教学工作的人来说特别有用。当我们考察科学的特征，并拿它们与随机观察的局限作比较时，就会很容易理解上面这句话的缘由。

1.3.1　非科学推理的局限

那些以非科学方式看待他们生活的世界的人，很容易被误导进而得出错误的结论[1]。搞错因果关系是其中之一。换句话说，当两件事情发生的时间接近或者当逻辑上提示一个事件可能是另一个事件产生的原因时，许多人会直接得出第一件事情是第二件事情产生的原

---

[1] 不系统的观察可能导致错误的结论。

因这一结论。举一个常见的例子：一个人去医生那儿打流感疫苗，几天以后得了流感，然后他就会得出结论——注射流感疫苗导致流感（尽管曾被告知流感疫苗中包含一种致命的病毒）。以这种方式思考的人忽视了这样一些可能的解释：感染流感在注射疫苗之后马上发生（免疫系统需要两周的时间才能对疫苗中的致命病毒产生抗体），或者所感染的流感可能并不包含在所注射的疫苗内。另一个常见的错误是从单一事例中进行归纳。例如，因为有个对学习没有兴趣的学生因受到表扬而提升了学习动机，许多教师便会错误地推论，所有的学生都会以同样的方式作出反应。通常学生们并不会这样。当教师以这种方式思考的时候，他们忽视了其他的可能性：能激励其他学生的不是表扬，或者表扬不能激励那些自我概念脆弱的学生。简言之，不系统的观察者倾向于只关注符合他们期待的证据，而忽视不符合期待的证据。

非科学的方法会造成不当的教育决策，留级便是这样的例子：仅仅因为学习成绩不好，而要求学生在某一个年级多停留一年[1]。从幼儿园到十二年级，2007年美国学生的留级率是9.8%，来自低收入家庭学生的留级发生率（22.9%）最高（Planty 等，2009）。留级通常被认为是以一个相对"经济"的方式，来帮助成绩不好的学生达到年级学业标准，但实际并不是这样。2005—2006学年学校为每一位学生花费的经费高达9 556美元（Planty 等，2009）。显然，让学生在学校待更长的时间，存在巨大的经济成本。

在某种程度上，留级率与州学习标准的提高和高利害测验项目（在第15章"标准化测验"中将讨论到）的增加有关。学区经常被要求把测验成绩低于某个特定水平的学生留级（Allensworth & Nagaoka，2010）。

支持留级是建立在以下假设之上的：与升级的同类学生相比较，留级生复读一年之后，他们对该年级的学科内容和技能的理解会有所提升。因此，他们在接下来一年的学习收获也会比升级的同类学生更好。那么，这一假设获得了研究结果的支持了吗？基本没有。与不留级的同类学生相比较，小学低年级留级生接下来一年的成绩通常并不会更好，小学高年级留级生的成绩通常更差。此外，曾经留过级的学生更有可能辍学（Allensworth & Nagaoka，2010；Duffrin，2004a；Hong & Raudenbush，2005；Jimerson，2001；Jimerson & Kaufman，2003；Jimerson，Anderson，& Whipple，2002；Nagaoka & Roderick，2004；Ramirez & Carpenter，2009）。

那么，面对如此压倒性的负面证据，留级政策为什么能持续推行呢？我们能想到两个理由，这两个理由都反映了非科学的思维方式。首先，前述假设非常具有直观的吸引力。它看上去是符合逻辑的，重新给予学生一个掌握某个年级的知识基础与技能的机

1　不系统的观察可能影响留级政策。

会,学生在下一个年级将会有更高的成就表现。当一个看上去很严格的逻辑能快速转变为一个不可动摇的观念时,某个立场就会得到支持。另一个原因是人们通常倾向于从一个积极结果的特例出发,做出普遍性推论(Duffrin,2004b;Graue & Diperna,2000;Owings & Kaplan,2001;Thomas,2000)。

留级不起作用的原因很简单:它没有搞明白学生成绩不好的原因。与他们的同龄人相比较,这些学生开始学校生活的时候,通常可能学习技能发展更不成熟、身体健康问题更加严重、家庭环境更不稳定。而且,留级生在复读的时候,接受的学习内容和教学方式还是相同的(Allenswroth & Nagaoka,2010)。如果无法避免,那么尽可能地减少留级的方法是——提供发展上、认知上、文化上合适的教学(Darling Hammond & Falk,1997)。本书的主要目的是帮助你成为一位懂得如何提供这种教学的教师。

暂停 与 反思

假设你是一位二年级教师。因为今年成绩不好,校长建议你的一名学生明年再读一个二年级。假如你了解与留级有关的研究,你会给出怎样的建议?

1.3.2 科学观察的优势

描述了在常识(或个人经验、个人直觉,如果你更偏好这些措辞的话)基础上行事的主要缺点之后,现在来分析一下为什么用科学方法来研究行为会更加有用。大多数科学研究具备以下五个特征,我们可以用抽样、控制、客观性、公开性、可重复性来命名[1]。

在大多数情况下,研究者关注研究对象的代表性样本,因此,奇特的个体会被筛除。当你去关注可以解释特定行为的各种合理的假设,你会发现每一种假设都可以在可控制的条件下进行检验。在一个实验中,如果保持一个因素变化,其他所有的因素不变,那研究者就可以通过比较暴露在这种条件下的行为与没有暴露在这种条件下的行为,追溯这个特定条件的影响。

为了保持客观性并避免先入之见、愿望思维、选择性证据的误导,科学观察者采取了特别的措施。例如,观察是以一种严格规定的、系统的方式进行,这为不同观察者比较观

---

1 科学方法:抽样、控制、客观性、公开性、可重复性。

察结果提供了可能性。

完整的实验报告,包括对研究对象、研究方法、研究结果和结论的描述,被发表在专业研究杂志上。这种传播方式使得其他研究者能复制这一研究,以发现他们是否能获得相同的研究结果。大量实验报告的存在,可以让人们了解前人已做过哪些研究,从而为一个研究者开始自己的探索提供了起点。

你掌握了吗?

凯丽刚刚读完一年级,阅读缓慢,有时候认不清文字。她的老师建议她重读一年级。这位老师的建议:

a. 可能会有助于调整凯丽的情绪。

b. 不可能解决凯丽的阅读问题。

c. 是正确的,因为这一方法几年前在另一位学生身上有效。

d. 建立在科学方法基础之上。

9　　## 1.4　影响行为和思维过程研究的因素是复杂的

尽管科学的方法可以克服非科学思维的许多局限,但是由于一些复杂因素的影响,将研究发现运用于课堂情境并不像你想象的那么简单。下面,将简要介绍一些有时候让研究者和实践者双方都感到挫败的因素。

1.4.1　研究的有限视角

人类的行为复杂,随着年龄不断变化,且具有多种不同的动因。例如,一个学生历史测试没考好,可能有一个或者多个原因:学习技能没有发展好、课堂学习中注意力不集中、对历史学科没有兴趣、书写差、获得好成绩的成就动机低、回答问题语言含糊不清、回答某一类测试问题(例如:比较与对比式作文)有困难。

为了理解这些因素如何影响学业任务的表现,心理学研究者在一次研究中最多只能研究极少部分的因素,而且是在非现实的情境下。假设研究者有兴趣比较讲授法和问题解决练习对概念理解的不同作用。研究者首先要征集被试,被试在社会阶层、有关阅读主题的先行知识和年龄等条件上要相当。随机地将这些被试分配给以讲述为主的教师,或者经常布置问题解决任务的教师。然后检验每一个组对几种不同阅读理解任务的反应。这种方法没有本质上的错误。你只需要认识到,研究结果与参加研究的人员类型,以及研究进行的情境直接相关。任何一个变量产生变化,你都不可能获得同样的结果。但是,通过将研究同一问题不同方面的各种研究结合和联系起来,我们就可以将研究发现运用于更多更广泛的人群与情境中。

1.4.2 教学和学习的复杂性

教育研究的领军人物 David Berliner(2002)认为,至少有两个原因表明,教育科学研究是所有科学研究中最难做的。首先,统一地推行研究成果和方案是非常困难的,因为不同的学校和课堂在生源的数量与质量、教学方法、预算、管理者和社区支持等方面都存在差异。因此,正如他的研究所指出的,在一个学区或教师的课堂有用的方案或者技术,在其他的学区或者教师的课堂却是没有用的。

其次,教师、学生、家长所重视的学校教育成果是多种变量复杂的交互作用的结果[1](照片1-3)。对于认知(思维)结果和情感(情绪)结果来说,的确是这样的。例如,成绩可能是学生特征(例如先行知识、兴趣和社会经济地位)、教师特征(例如所受训练的类型、关于学习的埋念、兴趣和价值观)、课程资源、社区的社会经济地位、同伴影响交互作用的结果。这种复杂性产生了两种令教师感到苦恼和挑战的结果:(1)即使接受同样教学内容和教学方法,学生学到了什么、学到什么程度都是不同的(Daniel & Poole, 2009; Davis, 2007);(2)随着班级的变化、时间的变化,一位教师的效能也在不断变化(Kennedy, 2010)。

1.4.3 选择和解释数据

你有没有与朋友因为各自知晓的事实和数据及其所支持的立场不同而发生过争执?或者你们采用同样的事实依据,但是产生了不同的结论?好吧,研究者之间也存在同样的情形。为什么?因为即使出于同样的理由,你也经常与他人有分歧。关于行为和心理过程的科学研究已积累了浩如烟海的信息,没有人可以全面地检验或者解释这些信息。因此,研究者必须学会高度选择性地阅读信息。此外,不同的研究者对同一研究结果的解读也有所不同。在阅读本教材的过程中,你会发现,不同心理学家对于发展、动机、智商的特定方

---

1 教学与学习的复杂性影响结果的一致性。

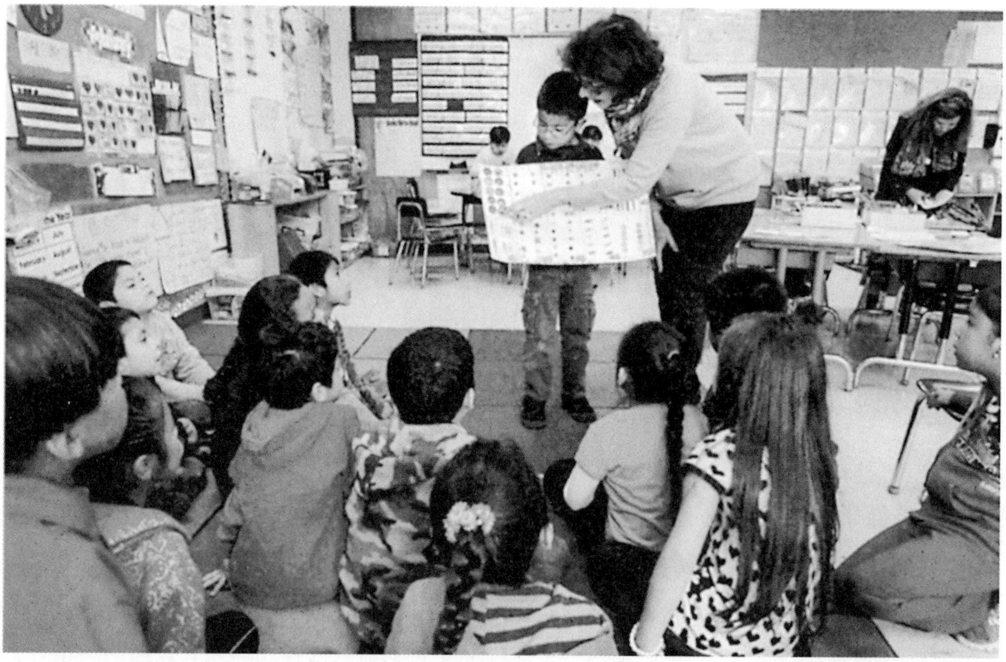

Bill Aron/PhotoEdit

照片1–3　理解并掌控教学/学习过程对研究者和教师来说都是巨大的挑战，因为它们受到多种相互作用的因素的影响。

10

面的认识是不一样的。

如果选择和解释事实证据的方式存在差异，建立在同样科学的事实证据之上的观点可能完全相反[1]。事实上，用科学的方法来研究一个主题，并不是意味着解释数据的观点就是一致的。

现举个例子来说明我们的意思。纽约时报的记者（Richtel，2011）向专家采访电脑技术给学校带来的好处时，获得了两种截然不同的反馈：斯坦福大学前教授Larry Cuban指出，主要依赖计算机学习的学生和采用传统方式学习的学生，其标准成就测验分数没有区别，因此学校不应该在教育技术上投入太多的资金。而时任美国教育部教育技术办公室主任的Karen Cator，尽管认同以上两类学生的测验成绩相同，但是他认为，我们也应该看到电脑技术带来的积极的一面。例如，在如何运用网络工具开展研究、学习如何组织自己的工作、学习如何运用专业性的书写工具、学习如何与他人合作等方面，在学校中运用电脑技术，都带来了理想的效果。这种情形就是，一位专家认为杯子一半（如果不是一大半）是空的，而另一位专家认为杯子至少一半是满的。令人苦恼吧？是的，这是在所难免的。

1　对数据的选择和解释存在不同的见解。

1.4.4 新的发现意味着观点的修改

科学信息不仅繁多、受到不同解释的影响,而且不断地被修正。一组实验可能导致一种新的概念或者教学技术的产生,而这一技术在最初试验过程中可能是非常成功的。

11

然而,后续的研究可能发现原来的研究并不全面,或者对技术的重复运用显示,当新鲜感褪去以后,它并不像在试验过程中那么有效[1]。教育热点的频繁变化,同样也反映着科学的基本特征。将科学与其他智力活动区分开来的品质是,一代科学家的发现为下一代科学家影响深远的发现奠定了基础。现在研究心理学与教育学的研究者,比历史上任何一个时期都要多,每个月都有数以千计的科学研究报告发表并出版。

前面曾经说过,随着知识的累积,我们对儿童如何学习、教师如何教学的理解会不可避免地持续变化。尽管我们对发展、学习、教学的认识更加深刻了,但是由于前面我们讨论过的某些因素的影响和人类行为的复杂性,我们的答案仍然是暂时性的、不全面的。

以神经科学为例。一方面,许多教育者(例如Jensen, 2008)认为,我们对大脑如何在各种情境下工作的认识已经足够多了,可以在此基础上建立以脑科学为基础的教育学研究范式。另一方面,反对者(如Sternberg, 2008;Varma, McCandless, & Schwartz, 2008;Willingham, 2008;Worden, Hinton, & Fisher, 2011)认为,尽管神经科学研究发现充满希望,但是这些研究不是在现实的课堂条件下进行的,而且其研究发现的一致性也不足以作为教学策略或者教学项目的基础。当研究者之间达成了统一,认为以脑为基础的研究成果真正能为教师所用时(社会认知理论也是一样,将在第9章详细讨论),本教材的未来阅读者将

你掌握了吗?

三年级学生马里恩和安娜,在同一堂关于青蛙的科学课后,他们各自的记忆和理解都不同。请问对此最有可能的解释是:

a. 每个人都以自己的方式建构所接受的信息。

b. 其中一位女孩存在学习困难。

c. 教师关注了一位女孩,忽视了另一位。

d. 女孩子通常在理解科学课的内容上存在困难。

---

1 逐步积累的知识使研究者不断修正原有的观点。

能从后继版本中了解到。撰写本教材的目标之一是，向你展示"将实践建立在研究的基础之上"这一原则是极其重要的。

1.5 好的教学，部分是艺术，部分是科学

尽管心理科学可以为教育者提供诸多指导，但是用科学的方式来教学也存在其局限性。因为教学是一个动态的决策过程，因此采用一个系统、客观的框架，可以为你的决策过程提供巨大的帮助。教学与学习研究可以为你提供这样的框架。但是，正如我们在前文中指出的，研究不能为你提供处方或者一套规则，告诉你怎样处理每一种情形。通常，你需要对如何呈现一节课、解释一个概念、应对学生厌倦的情绪、批评一个学生现场做出主观的决定。用系统的、客观的方式来计划教学，对这些计划进行即时的、合适的运用与调整，这两方面的矛盾，引发了一个持续多年的争论：教学主要是一门艺术，还是一门科学？或者是两者的结合？

1.5.1 教学是一门艺术

> **InTASC标准**　　　标准7(i)

有些教育者认为教学是一门艺术，因为其本质上具有不可预测性，因此也不能以客观的或者科学的方式进行训练或者研究（Eisner, 2002; Flinders, 1989; Hansgen, 1991; Rubin, 1985）（照片1-4）。Selma Wasserman（1999）在公立学校和大学从教多年，对于她所接受的教师教育是如何为她作为一名公立学校教师的第一天做准备，她是这样描述的：

> 学习"正确答案"不仅没有帮助我学会应对复杂、混乱的课堂环境，更糟糕的是，它让我误入歧途。我接受的关于教学的学习似乎告诉我，教学仅仅是储备与教学有关的各种信息。如果我知道答案，我会做好面对艰难的教学生活的准备。很不幸，我被欺骗了。我通过训练获悉的答案如同过期的匹萨一样无用。我进入了一个几乎不存在明确答案的职业。在这个职业中，充斥着不确定性和道德困境，连所罗门都会为之畏惧。更糟糕的是，在寻求答案的过程中我变得绝望，因为答案不在我能找到的那个地方（p.466）。

12

照片1-4　当一项极不寻常的作业或者活动吸引了学生的注意力,我们可以从中窥见教学在某种程度上是一门艺术。

　　Wasserman的描述暗示教师面对着各种各样的问题,不存在可以为教师提供万无一失处方的权威渠道。好的教学既得益于个人的正规知识,也得益于他的动机、信念、价值观和情感。我们是怎么知道的? 从实证研究和轶事描述中都可以找到证据。例如,研究表明,与更多由外在动机激发的教师相比,更多由内在动机激发的教师会更加注重在教学实践中促进学生的内在动机(Roth, Assor, Kanat-Maymon, & Kaplan, 2007)。Jonathon Kozol写了几本教育专著,探讨了一些教育问题以及优秀的教师如何解决这些问题。他在最近的一本书——《写给一位年轻教师的信》(2007)中指出这样一些信念的重要性:认为教学是社会上最有价值的、最有回报的工作,每天的教学都应该追求尽善尽美,没有不可教的学生,没有比让学生享受学习过程、对学习感到兴奋更重要的事情。与师范生共事多年的Linda Lehman(2012)指出,那些"对教学有激情,有动力去做任何必要的事情(即使这些事情令人不舒服、不寻常、不简单)"的人,能够持续成功。

　　当Wasserman说教学并不是一个有着明确答案的活动时,她是在极力主张教师应该具有灵活性。灵活性被看作是知道在正确的时间做正确的事情的"感觉",可以有几种不同的形式。当谈到教学时,大多数人认为灵活性指的是,能够从你所能获取的所有信息和技术中作出选择,以形成有效的教学计划,这些计划考虑到所有学生的兴趣和需

13

要。灵活性在这里既包括临场应变能力(做出一些临场改变),也包括修正的能力(在信息收集和反馈之后,采用另一种截然不同的方法)。按照既定的教案上课达不到预期效果时,具有灵活性的教师能很快想出另一种能吸引所有学生参与的替代方式。事实上,专家教师会将临场变化考虑到教学设计中。他们不会巨细无遗地写出所有打算要做的事情,而是形成一些大体思路,然后等待学生如何反应,最后再确定步调、时机和例子的数量等细节(Moshavi, 2001;Westerman, 1991)。显然,这种冒险性行为需要丰富的经验和足够的自信。临场应变的另一个方面是知道在合适的时机有效利用意外事件。从一部小说中可以找到一个合适的例子来说明我们的意思。在 Ursula Hegi(2011)所著的小说《儿童与火》(*Children and fire*)中,一位老师正在听她的学生背诵乘法口诀表。突然,几名学生大笑起来,因为窗户外面的一只蝴蝶注意到窗台里面的天竺葵,正试图穿过玻璃飞进来。这位老师意识到这是一个教学契机,她暂停了乘法教学,并问同学们:"我们知道哪些蝴蝶所不知道的事情?"答案很明显,蝴蝶不知道它无法穿过玻璃。然后老师打开窗户,让蝴蝶飞到花朵上。由此产生了一场有导向的讨论:人们可以怎样通过自己的行动,改变自己所处的世界?

灵活性的另一方面——修正,需要更多的思考且是长期的。它包括用有指导的发现学习来替代更加直接的教学形式,知道何时、如何、为谁提供直接的帮助,知道与其他技术相比,以哪种技术为基础的教学可以帮助学生更好地达成学习目标。芬兰的学生在国际性测验中名列前茅,那里的教师非常擅长对他们的教学进行修正。他们非常尽职、执着,当他们的教学在某些学生身上不适用时,通常就会与同事合作想出其他有效的方法。

其次,灵活性还包括用多种方式进行情感和兴趣的交流。有时仅仅依靠眼神和面部表情,就足以告诉学生,你现在是满意还是不满意他们当前的行为。而有些时候,你可能会觉得有必要用严肃的、公事公办的方式来描述一个学生的行为或者告诉他你怎样看待他的表现。Robert Tauber 和 Cathy Sargent Mester 在他们的《在课堂上运用表演技能来教学》一书中,描写了这些表演技能对成功教学的重要性,这其中包含语言变化(语音、语调、音色、语速等的变化)、形体变化(面部表情和体态)和对教室空间的运用。

14　　　　教师表现出灵活性的第三种方式在于心甘情愿地、想方设法地克服各种障碍来工作。这些障碍通常并不是来自他们自身,但是会影响他们的教学。最突出的障碍包括师资不足、教学材料不足、教材和课程导引质量差、各种干扰(广播、消防演习、校长来访)、某些学生迟到或早退、因为其他职责太多,包括监控走廊、午餐、操场,监管课后兴趣小组和俱乐部活动,而没有足够的时间备课(Kennedy, 2010)。

　　高效能的教师就如同充满热情的艺术家。然而,在某些时候,你可能会被要求教授你没有兴趣的年级或科目,或者年复一年地对同一年级或科目的教学让你厌倦了当前的工作。在这种情况下,你该怎样重拾"艺术家"般的热情呢?

　　通过分析经验丰富的教育者所认为的新手教师最需要学习的东西,教师教育者Sharon Feiman-Nemser(2003)强调了灵活性对于教学作为一门艺术的重要性。一位教育者建议,新手教师应该聚焦于帮助学生理解每一节课的核心内容,尽管这可能意味着要逾越或者忽视教师手册上的指导。事实上,这一建议是明智的且得到了研究的证实。研究表明,高效能的教师除了做事有条理和高效之外,还知道在适当的时候用适当的方法去满足特定学生的需要(Duffy & Kear, 2007)。另一位教育者指出,由于教师本质上是在舞台(讲台)上工作,因此他们需要塑造一个自我感觉舒适的表演性自我。第三位教育者的观点是,新教师需要学会审时度势和随机应变。

　　综上所述,**教学作为一门艺术**(teaching as an art)涉及信念、情绪、价值观和灵活性[1]。因为这些特征是难以触知的,因此即使是能教,也很难被教会。教师必须在自己身上找到这些素质。

　　现在,你可能会这样想:"既然这是一个符合逻辑的、具有说服力的论点,那么我是否会在做一名具有灵活性的教师方面获得支持?"当然,我们没法给出确定的回答,但是我们能告诉你的是,机会在你这一边。在一项近期的全国民意调查中,75%的参与者认为:"教师应该具有灵活性,即用自认为最好的方式来教学,而不是严格遵守安排好的课程。"(Bushaw & Lopez, 2011, p.10)

1.5.2　教学是一门科学

　　教学是一门科学(teaching as a science)的论点同样具有说服力。尽管许多教育心理学家认为,关于教学的科学学科并不存在,但是他们主张,为教学艺术提供科学基础是可行的、可取的(例如:Hiebert, Gallimore, & Stigler, 2002; Kosunen & Mikkola, 2002; Slavin,

---

1　教学是一门艺术:信念、情绪、价值观、灵活性。

2002，2008）。借助已有的研究成果，无论是未入职的还是在职的教师，都可以学到有艺术地开展教学所需要的先决知识和技能[1]。Robert Slavin（2008）的论点也很有说服力，他说，在科学的基础上工作，可以帮助教师避免因跟风而出现的问题。

教学作为一门科学的观点，建立在可用的研究发现的基础之上。研究已经找到了许多能促进学生成绩的教学实践经验。例如，至少有24项独立的研究发现，给予教师更多的教学时间——也就是给予学生更多的学习时间——会提高学生的成就水平（Walberg，2006；Wang，Haertel，& Walberg，1993）。（这一发现常用来支持延长就读时间。）其他一些研究则显示了以下做法的好处：运用目标和预备考试来提醒学生关注重要的学习内容，运用提问和家庭作业使学生投入一项学习任务，运用书面评价、言语解释和表扬来给予矫正性的反馈和强化。

1.5.3 教师是讲求艺术的学者：教学的艺术性和科学性的结合

尽管我们前面提到有许多复杂因素影响教学，但是最近几年基于研究（你将发现更多的地方用的是"基于证据"一词）的教学的呼声越来越多。在我们全盘接纳将基于证据的方法运用于教育之前，还有一些关于我们所收集的证据、我们所采用的教育目标的关键问题，必须先得到回答。

谈到研究证据的本质，我们至少要回答下列问题：什么才算是可信的研究证据？证据具有多大程度的一致性才能宣称某一实践是有效的？在推荐教师采用某一实践做法之前，它需要产生多大的积极效果？也许对于未来的教师来说，最重要的问题是：课堂实践在多大程度上能以研究证据为基础？我们倾向于赞同Gert Biesta（2007）的主张，他认为，尽管研究能告诉我们在特定条件下起作用的因素，但是不能告诉我们它们将继续起作用，因为课堂学习所处的环境是因学校的不同而不同、随着时间的变化而变化的。因此，教师应该把研究发现当作可能性，需要在特定的时间、特定的学生群体中验证这种可能性。这就是我们选择"好的教学部分是艺术，部分是科学"作为这一部分标题的原因。我们的措辞暗示着我们的理念：好的教学是对科学和艺术元素的精妙结合[2]。把所有的行为建立在科学研究证据之上的教师，给人刻板、机械，甚至优柔寡断（当科学证据缺乏或者不清楚的时候）的印象。而忽视关于教学与学习的科学知识且作出武断决策的教师，很可能在运用无效的方法。

15

---

1 研究为艺术性地教学提供科学基础。
2 优秀的教师能够整合科学性和艺术性。

关于教学既是科学又是艺术的分析,让我们得出这样的结论:教师需要在自己的课堂中学会如何扮演讲求艺术的学者的角色。也就是说,他们需要搞清楚如何运用不同类型的信息来修正和完善他们的实践。扮演这种角色是具有挑战性的,在接下来的一部分,将为你提供一个实施这一过程的框架。

站稳立场　不要让他们拿走你的"画笔"

有些教师的学生成绩差,尤其表现在标准化测验中。为了提高这些教师的效能,有些学区要求所有的教师采用同样的课程、进度安排、教学材料和作业。尽管这种做法可能对于能力弱的教师的学生来说是有利的(我们还真不知道),但是它必定抑制了优秀的教师运用其艺术性的能力,因为它限制了灵活性的发挥。

阅读教师使用分级阅读箱(leveled book tubs),是强制教学活动的一个很好的例子。在这一活动中,读本被按照难度水平分类提供给学生自主阅读。由于同一难度水平的所有读本放置在一个容器或者说箱子(tub)里,这就是读本被分级的意思。分级阅读本身不是一件糟糕的事情。但是,当它成为一项强制性的活动时,就大大限制了教师发挥艺术家的角色。因为在这种教学中,学生想阅读低于或者高于其所评估水平的读本时,会被轻易地拒绝,即使教师认为他们可以通过这种方式来提高学生的阅读兴趣和熟练程度。Maja Wilson曾经是一名英语教师,她坚持的观点使我们坚信:"好的教学并不依赖于特定的教学活动,而在于教育者积极地思考并做出大量任何教育项目都无法框定的决策。"她还继续讲述了她和她同事如何说服其学区管理者不再参与分级阅读项目。

我们希望这个例子能让你相信,选择一个立场可以在你的学校和学区产生重大的影响,而不应该把它当作一件没有实际意义的事情(为了象征性目的而为的事情)。如果有支持自己立场的具有说服力的、符合逻辑的论据,请好好利用。

暂停　与　反思

优秀的教师怎样在教学的科学性和艺术性之间取得平衡?他们是天生就具备优秀的个性品质吗?他们是成功的教师教育的结果吗?如果这二者都在起作用,那么哪一个更重要?

你掌握了吗？

雪伦女士是一名新教师，她认识到如果教学想要取得成功，她必须变得富有灵活性。灵活性会带来积极成效的例子是：

a. 忽视大多数不良行为，使课堂教学顺利进行。

b. 跳过课程中学生不感兴趣的部分。

c. 使用多种不同的资源来教一个存在轻微学习障碍的学生。

d. 一年多次修改班级规范。

1.6 教学即探究：在探究中从新手成长为专家

InTASC标准 标准9（g）

前面我们讨论过，研究能启发教师（pp.4-5）、新的研究发现可能会引发对惯例的反思（pp.10-11）。教学是一门艺术的概念，则强调了灵活性的重要性（pp.12-14）。我们认为，对于高效能的教师来说，研究发现和惯例只是他们的起点。他们会修正、完善这些工具来适应他们不断变化的情境（如班级规模、学生背景、教材资料和政府教育管理部门的规定，这里只提到了一小部分）。换句话说，你开展教学活动的情境是非常重要的。你应该认识到并且对教学和学习发生的情境做出应对，这在本教材中是一个非常重要的主题，你在后面的章节将不断看到对这一主题的讨论。我们现在正在做的是，为你成为一名高效能的教师提供指南。简言之，答案是通过一个系统的过程，也就是**教学即探究**（teaching as inquiry）（在本章最后的"进一步学习的资源"部分，你将获得关于这一过程的更多信息）。

教学即探究的概念需要你对课堂实践提出各种疑问，然后收集、分析、运用能对你作为教师的效能产生影响的信息（Bird, 2011; Dana, Thomas, & Boynton, 2001; Dana & Yendol-Hoppey, 2009）。以支架的概念为例，它指的是教师在一段相对较短的时间内运用的、旨在帮助学生学习新知识和技能的教学方法。在第2和第13章中，我们将用积极的措辞来介绍它，因为研究表明，它是一种有效的教学工具。因此，你可能决定选择运用支架来帮助你的学生。但是如果你发现结果并不像你所预期的那样，在做出支架的作用被高估了的定论之前，你应该问自己以下问题：哪种学生需要这种类型的帮助？应该在教学过程中的哪个时段提供支架？什么时候应该移除支架？对于特定的学生，应该使用哪一种支架？是不是应该在每堂课都使用支架？对这个问题的思考过程实际上从检验一般观点开始，然后再对它加以提炼，使之最终符合你的情境和目的。

教学作为一种探究活动背后隐含的过程是基于数据的决策，这种决策被越来越多地用于各级各水平的教育中。联邦政府创建的美国有效教育策略网和"Doing What Works"网站，以及奥巴马政府提出的《"不让一个孩子掉队"法》和《力争上游》计划，都是基于数据的决策。教学作为一种探究活动与这些大规模的计划的区别在于，它关注的范围比较窄，其目的是持续改善课堂教学（Mandinach，2012）。

我们把教学看作以四个步骤进行的探究活动：提出有用的问题、收集数据、对探究结果进行反思（分析）、采取行动。

1.6.1　提出有用的问题

我们已经指出，在我们看来，对教师有用的问题是十分具体的，可以帮助教师明确在哪种特定情境下某一给定的行为可以产生你所期望的结果。那么，这些问题来自哪里？基本说来，这些问题来自你对学生上课和完成学习任务情况的观察和了解。如果有一个或者多个学生没有出现你所期望的进步，那么你应该就我们在前面提到讨的问题，问一遍自己。

17

1.6.2　收集数据

这一步涉及根据你提出的问题收集信息。这些信息从哪里来呢？这里给出一些可能的途径：以往的有关各种不同的教学技术对于特定课程与学生有效性的记录；与同事讨论他们采用哪些教学技术，他们为什么采用这些技术，它们的有效性如何；与同事讨论你们关于教学和学习的假设；请一个或者更多教师同行观察与评价你的教学过程（一个称为课堂研究的过程）；观察其他的教师；阅读研究文献；频繁进行的**形成性评估**（formative assessments）。

形成性评估可以是正式的，也可以是非正式的，目的是帮助你和你的学生，获得学生在多大程度理解了你的教学、达成了你的教学目标有关的信息。它们可以是简单的书面问答、口头评估、行为表现，以及对学生在问答环节如何反应的观察。我们将在第14章详细讨论形成性评估。

前面提到的第一个工具——做笔记，通常采用日志的形式——经常受到推荐，因为书写有助于组织和厘清最初的想法（见Ball，2009；Bennett & Pye，2000；Good & Whang，

2002；McVarish & Solloway，2002）。贯穿本教材始末，我们对你可能感兴趣的日志的开头提出了许多建议，在第16章我们将讨论你可以怎样建立日志。在第16章，我们也讨论了前面提到的其他一些数据收集技术。

1.6.3　反思

思考一个教师如何教学、为什么以这种方式教学、它对学生产生了怎样的影响，这被视为是教学不可或缺的一个部分[1]（参加，例如，Herrell，Jordan，& Eby，2013；Eills，2001；Henderson，2001；McEntee等，2003）。Bill Smoot（2010）曾经和那些被称为杰出的教师（意味着他们获得过州或者国家教学奖励、通常拥有全国范围的认证）交谈过，并对他们进行过研究，他说这些教师最显著的特征之一是"想着学生、为他们而思考、仔细地观察他们、努力去确定他们的需要"（p.xii）。因此，在收集你和他人做什么、为什么做、对学生学习的影响有关的信息的过程中，你需要思考是否采用以及如何运用这些信息（照片1-5）。例如，也许你的一位同事采用高度结构化的讲授方法和反复练习得到的效果让你惊叹，你可能认为这种与你自己的学习理念不一致的教学方法，可能对你没有多大用处。你反而认为某些教学活动，如课堂讨论、计算机模拟、实验室试验，更可能帮助你达成有意义学习的目标。

正如学生需要对学习持积极的态度才能利用好教学，教师也需要持特定的态度才能从反思中获得最大的收益。教师应该持有三种重要的态度，分别是内省意识、对教育理论和实践持开放与质疑的态度、对自己的行为和决策负责任的意愿。这三种态度需要与以下三

©racorn/Shutterstock.com

照片1-5　反思型教师会收集有关学生表现的信息，然后运用这些信息来思考他们做了什么，为什么这么做，以及他们的教育方法如何影响学生的表现。

1　反思型教师会思考他们要做什么、为什么要这样做。

种能力结合起来：从他人角度（学生、家长、校长、其他教师）看待情境的能力、寻求能为课堂事件作出不同解释的信息并因此产生更加有效的教学方法的能力、运用令人信服的证据作出决策的能力。（Eby 等，2002；Ross 等，1993）

简言之，要想成为高效能的教师[1]，你需要有质疑自己关于教学和学习假设的意愿和能力。

但是，说实话，成为一个探究取向的教师是一个长期的、艰难的过程，因为一个人的关于教学与学习的理念是很难改变的（Torff，2011）。在培养前面谈到的态度，以及运用第16章我们将要介绍的探究工具的过程中，你需要坚持到底。

1.6.4　采取行动

在这一步，你将把你所获得的信息融合在你未来的教学中。尽管我们告诉你，你并非需要再次思考你刚刚找到答案的问题，但是你可能会这么做。因为教学发生的情境是在不断变化的，你可能需要再次审视你认为一劳永逸的答案，并为新的问题找到答案。现在，你可能理解了为什么教学被认为是最复杂的事业了吧！

综上所述，本书不是要写成、也不应被看成像菜谱一样的书。因此，我们不能像提供菜谱那样，只要你忠实地按此执行，就能取得教学的成功。我们能提供给你的，只是可以帮助你成为成功教师的原料。这些原料包括得到研究强力支持的关于学习和学习过程的基本概念，以及可以帮助你接纳"教学是一个探究过程"的各种特别板块。如下一部分所述，这些特别板块包括揭示和挑战假设、教学建议、站稳立场、暂停与反思。至于进行具体的、有效的教学实践，那可是你自己的事了。

暂　停　与　反　思

反思型教师会设置几个固定的时间段来思考教学活动，并做出新的教学计划。大多数教师都会抱怨没有足够的时间来进行反思和计划，为了腾出时间你会采取哪些做法？

1　反思型教师具有特定的态度与能力。

你掌握了吗？

　　阿普里尔女士认为，她应该提高自己的英语/语言艺术教学。下列哪一点能给她提供最佳帮助？

　　a.对她在某些特定情境下的行为提出问题。

　　b.收集关于她教学有效性的证据。

　　c.思考她做了什么、为什么做、她的行为有多大的有效性。

　　d.以上皆是。

19　本书的特别板块

　　为了突出专业应用性，本书设置了一些特别板块："要点"、"学习导读"、"揭示和挑战假设"、"教学建议"、"站稳立场"、"通过探究改善教学实践：一位教师的故事"、"重视技术在教学和学习中的作用"、"暂停与反思"、"进一步学习的资源"。在每一章至少有一个板块用来讨论将技术运用于教学的问题，本书还列出了许多与教学、学习有关的网站和参考文献。

要点

　　在大多数页面的边沿（中文版放置在页脚），你会发现有许多观点的简短描述。在这些页面里，对这些观点进行了详细讨论。我们把这些边沿注释称为要点，因为它们是经过挑选的，用来帮助你学习和记忆每一章中对于教师具有重要意义的部分。这些部分可能会出现在测验中，但是它们最初被选择是因为其重要，而不是因为它可以为测验项目提供基础。

学习导读

　　在每一章的开头，该章的所有重点都汇编成简洁的清单，被称为学习导读。同要点一样，学习导读将帮助你学习和记忆本章的重点内容。

揭示和挑战假设

教学是复杂的,它结合了科学与艺术。它既需要随机应变的决策,又需要深思熟虑的反思。作为教师,我们的所作所为影响着未来,因此我们努力去做那些我们认为正确的事情(Moss,2000,2001;Moss & Shank,2002)。正如我们所看到的(以留级为例),有些被认为正确的决策,并不一定能获得科学证据的支持。用我们认为正确的信念来组织自己的行为,这是每一个人都具有的特征,但它更是有志向的教师的特征。有志向的教师对于学习和教学有自己的信念,而这些信念并不倾向于抵触变革(Brookhart & Freeman,1992)。尽管如此,有证据表明,有机会反思自己关于教学和学习的假设,可以帮助有志于教学工作的人(Bean & Stevens,2002;Murphy,Delli,& Edwards,2004;Stuart & Thurlow,2000)。出于这些原因,每一章的开头部分都会呈现一段对话,紧随其后给予"暂停与反思"的机会,来揭示有志向的教师可能持有的某些假设,被称作"揭示假设"。在每一章的结尾,在被称作"挑战假设"的部分,该对话继续进行,但是有一个在本章重要概念的启示下产生的对假设进行挑战的转变。

贯穿全书的"揭示和挑战假设"的对话发生在同样的4位人物之间。唐是一位有抱负的教师,有志于从事小学或者幼儿教育。用他自己的话说,他希望把"阅读的快乐"带给每一位他所教的学生。塞莱斯特同样是一位有抱负的教师,希望在初中或者高中教授科学课,这样她就能"成为年轻女性的楷模"。一年教龄教师安东尼奥是一所中学的跨学科教学组成员,正在面对教学的真实世界。康妮是一位优秀的教师,在长期的职业生涯中,她获得了全国专业教导标准委员会的认证、获得教师荣誉无数、拥有教育学博士学位。康妮已经从一线教师岗位上退休,现在是一个现场观察研究项目(唐和塞莱斯特在这个项目组中)的大学督导。她还是安东尼奥入门指导小组成员之一,在安东尼奥任职第一年,由一组教育专家指导她的工作。这些揭示假设和挑战假设让人初步认识了两种不同教师——新手教师和优秀教师的思维方式。

20

教学建议

在大多数章节,你都会发现一些研究总结,它们将作为相关原则和结论的依据,而这些原则或结论则是提供教学建议的基础。建议后面通常有示例,示范如何应用这些建议。在大多数情况下,会为小学和中学教师提供不同的示例,因为将原则用于小学生和中学生的方式通常是不同的。

我们认为，具体的建议对教学的重要性，与理论和研究对教学的重要性一样。这有两方面的理由：首先，许多研究论文和教材为课堂实践提供了模糊的指导，不提供具体的示例。当以研究为基础的新理念是以具体的、可运用的形式呈现时，教师更有可能尝试采用它（Gersten Brengelman, 1996）。其次，许多教师，特别是初高中教师，对他们接受的培训感到不满，因为这些培训过于强调理论，忽视如何满足课堂教学的日常需求（National Comprehensive Center for Teacher Quality & Public Agenda, 2008a）。正如之前我们所强调的，尽管我们提供的建议非常有用，你不能把它们当作处方来使用。每一所学校，每一群学生都是不同的。你要学会修正你在本书或者其他书上读到建议，以适应特定的、动态的班级情境。这是成为一名反思型教师的基本要求。

站稳立场

前面我们曾讨论过，用科学的方式来研究课堂情境中发生的思维与行为是一项复杂的工作。其中的理由包括：研究关注点具有局限性、教学与学习的复杂性、由于新的研究发现导致理念的更新以至于经常不能对学生的行为原因和教师的应对方式作出绝对的解释。但是，在研究证据足够深入且一致，或者逻辑令人信服的情况下，我们具有足够的自信在某个问题或者理念上表明立场，不论是公开地，还是私下地。

在接下来的每一章，我们将通过"站稳立场"来明确其中的原因，并通过这种方式简明地陈述我们的观念。当然，你可能不同意我们的结论，采取否定或者其他的立场。这没有关系，我们欣赏你能成为一位独立的、具有批判性的思想者，也赞赏你将决定建立在充分的证据和符合逻辑的思考之上。

在学生学习网站上，有一个特别的板块专门用来讨论"站稳立场"中强调的问题。在这里，你可以找到与这些重要问题有关的更多信息。我们恳请你好好利用这一资源，因为探讨一个具有争论的问题是拓展和磨砺你思维的最好方式。

通过探究改善教学实践：一位教师的故事

本书的主要观点之一是高效能教师之所以高效，是因为他们能解决几乎每天可能都要面对的教学挑战。正如本章前面解释的那样（教学是一种探究活动：在探究中从新手成长为专家），他们通过收集、分析相关信息并以此为依据来行动。为了使这一过程更加有意

义，我们向教师征集了有关他们如何成功处理教学问题的简短记录，这些问题与第2章至第15章探讨的内容有关。 21

重视技术在教学与学习中的作用

贯穿全书，我们一直都在讨论与教学、学习的重要方面有关的技术的作用。

当我们使用技术一词时，所指的是能扩展或者增强人们存储、转换、提取、交流信息的能力的设备。尽管这一广义的界定包含了一系列设备（例如计算器、幻灯片与影片投影、盒式录像带、录音笔、DVD播放器和计算机），但我们关注的主要是计算机，因为计算机运用广泛，改变教学和学习的潜力巨大。

研究文献清楚地表明（见Tamim，Bernard，Borokhovski，Abrami，& Schmid，2011），我们无须质疑计算机帮助教师和学生以各种形式分析、分类、转换、呈现信息的能力，也不用怀疑网络帮助学生与他人、与信息资源建立联系的能力。但是要记住，同其他在接下来章节将探讨的教学媒介和方法一样，以技术为基础的教学并不是提高成绩的万能钥匙。学习和教学是极为复杂的过程，而所有的技术都存在自身的局限。

在你审视本书提到的技术资源和理念的过程中，你应该思考它们可能提高你的课堂学习环境的方式。为了帮助你更好地理解这一点，我们建议你查阅由国际教育技术学会（ISTE）提出的国家教育技术标准。该标准对学生、教师、管理者都适用。

暂停 与 反思

正如你在本章看到的那样，我们会不时地提出一个问题来帮助你思考文中提出的那些问题，以及你将在自己的教学中如何处理这些问题。你可以运用这些问题来帮助自己进行反思，也可以用来与同学、与一线教师讨论。

进一步学习的资源

尽管本书努力为教师可能面对的大多数常见问题提供可能的解释，但是你迟早会意识到，还有问题本书没有讨论到。在你学习本课程的过程中或者之后，你可能需要了解更多有关教学的某些方面的信息。因此，我们在每一章最后都提供了一些带有 22

简单描述的参考文献。"进一步学习的资源"列出了你可能会参考的文章、书籍和网络资源。

有关网络信息资源，有一点需要强调：本书列出或者描述的数据库和资源，都按照本书的出版日期查验了其准确性。但是网络信息世界是不断变化的，在互联网中，每天都可能有数据库被更新、移除、重命名或者删除。如果你找不到本书提到的某一资源，我们建议你咨询学校计算机支持人员或者其他同事（因为大多数最新消息通常是通过口口相传的），或者运用搜索引擎寻找类似的著名网站。

你掌握了吗？

一位试图记住本书每一章中的大部分重点内容的教育学学生应该重点关注：

a. 站稳立场   b. 暂停与反思

c. 挑战假设   d. 要点

本书将如何帮助你为达到教学标准而做好准备？

我们生活在一个标准和问责的时代，教育领域尤其如此。正如学生、教师、管理者都对学生达到不同的学习标准负有责任一样，一线及即将入职的教师更多地被期待能表现出已达到一套知识标准，这套标准被认为是高质量教学的基础。在调控教师教育和教师认证的标准中，有两套标准尤为突出：Praxis Ⅱ，这是一套标准测试；一套与10条教学原则相联系的标准，被称作InTASC（州际教师评估和支持联合会）标准。在这里，我们将简单讨论一下Praxis Ⅱ和InTASC标准的内容，它们会让你明白教学中的心理学将如何帮助你达到这些标准。

InTASC标准和《教学中的心理学》

州际教师评估和支持联合会提出的原则和标准代表了该联合会认为所有教师必须具备的核心知识、策略和技能，不管他们任教什么学科或年级。InTASC标准也与全国专业教学标准委员会提出的、针对技术精湛的资深教师的认证计划相兼容。

InTASC标准背后的哲学的一个重要组成部分，是认为接受过良好训练的教师，已具备能帮助学生达到可接受水平的知识、倾向和技能。这一观点同样也是《教学中的心理学》背后哲学的重要组成部分。为了让你看到《教学中的心理学》的内容与InTASC标准知识标准之间的一致性，我们将InTASC标准标注在相应章节标题下，本书目录前面还呈现了一张标准关联表。这张表包括你将在每一章找到的标准的清单，及其他们出现的页码。

Praxis Ⅱ 和《教学中的心理学》 23

作为教育改革的一部分，许多州的教育委员会和教师教育计划，要求新教师显示出熟知可能影响学生课堂表现的心理学与教育学因素，并将此作为教师资格认证的条件之一。服务于这一目的的最受欢迎的工具是Praxis Ⅱ，它由教育考试服务中心（ETS）发行。Praxis Ⅱ的"教学与学习原理"部分主要评估新教师是否具备教学心理学课程中通常囊括的有关的知识。

由于《教学中的心理学》与Praxis Ⅱ中的教学与学习原理紧密相扣，并强调课堂应用，我们相信，《教学中的心理学》将帮助你出色地完成这一重要评估。在本书目录前面，你还能找到一张表。这张表列举了学习与教学测试原理中包含的所有主题和二级主题，并附注了本书讨论这些主题的章节序号与页码。尽管Praxis Ⅱ的发布者—教育考试服务中心，为幼儿园至6年级和7至12年级提供了不同的原理，但它们大部分内容一致。

你掌握了吗？

本教材的优势之一是它的内容与（　　　）紧密相连：

a. 有效教学的管理原则　　　　　　b. InTASC标准

c. Praxis技术　　　　　　　　　　d. 被普遍接受的教学实践

小结

1.1　描述教育心理学研究的主要问题。

• 教育心理学是一门致力于理解与促进学生从课堂教学中学习的科学学科。

1.2 解释学习教育心理学将如何帮助你成为一名更好的教师。

- 学习教育心理学的研究发现和原理可以帮助你成为一名更好的教师,因为:(1)教学是一件复杂的事业,需要广泛的知识和技能;(2)研究文献中包含了大量有用的可以改善教学的理念;(3)接受过专业训练的教师通常比没有接受此类训练的教师效能更高。

1.3 描述用非科学的方法解决教育相关问题的局限以及科学方法的优势。

- 关于学习与教学的非科学推理可能因为弄错因果关系、忽略其他可能的解释、从有限的案例中作出推论,而使教师得出错误的结论。例如,尽管科学证据不支持留级,但它仍然受到教师、家长和教育决策者的欢迎,部分是因为关于其效果的非系统观察。

- 用科学的方式收集的证据比随机观察更加可信,因为它涉及抽样、控制、客观性、公开性、可重复性。

1.4 描述研究所关注的主题的有限性、教学与学习的复杂性、教育心理学家选择和解释研究发现的差异性,以及知识随着时间推移累积的特点如何影响行为与思维过程研究的复杂性。

24

- 受研究关注点的有限性、关于哪一种研究更加有用的争论、学习与教学的复杂性、研究者不可能了解与所有公开发表的研究、对研究发现的不同解释、新知识的不断积累等因素的影响,关于教育的科学研究十分复杂。

- 关于学习与教学的研究为教学决策提供了系统的、客观的基础,但是它不能具体指明如何处理每一种教学情境。而课堂决策必须临场作出。这一反差反映了教学的科学性与艺术性。

1.5 解释为什么"好的教学"部分是科学,部分是艺术。

- 认为教学是艺术的人指出,情感交流、价值观与信念、灵活性,是好教师必须具备的品质,但是这些品质不容易被教会。相反,其他的学者主张,教学存在科学基础,它是可以教会的。

- 好的教师能够在教学的科学性与艺术性之间保持平衡。

1.6 解释"教学即探究"这个概念,以及这一概念如何促进教师效能的发挥。

- 高效能的教师通过系统地探究自身的实践,从而实现从新手成长为专家的转变。这一过程包括对自己的行为提出有用的问题、收集有用的信息、思考信息的含义并采取正确的行动。

进一步学习的资源

- **以学习者为中心的原理与教学**

  在本章开头,我们说美国心理学会的以学习者为中心的原理是一个有用的、可以启发你的教学资源。如果你对这些原理感兴趣,但是在采纳运用方面需要一些指导,我们建议你阅读Barbara McCombs编撰的两份文献。一份是由Judith Meece和Jacquelynne Eccles编著的《学校、学校教育与人的发展研究手册》(*Handbook of Research on Schools, Schooling, and Human Development*)(2010)中的一章,标题为"以学习者为中心的原理:为学习者的积极发展、动机和成就提供环境"。另一个资源是Barbara McCombs和Lynda Miller所著的《以学习者为中心的课堂实践与评估》(*Learner-Centered Classroom Practices and Assessments*)(2007)。

- **教学的科学性与艺术性**

  有两本书从戏剧学的角度详细解释了教学中的表演的概念。一本书是《给教师的表演课:在课堂中运用表演技能》(*Acting Lessons for Teachers: Using Performance Skills in the Classroom*,第二版,2007),由Robert Tauber和Cathy Sargent Mester所著。请别忽视该书的附录Ⅱ,它包含了19名获奖教师(幼儿园教师、中小学和大学教师)提供的关于表演技能在课堂中运用价值的证据。另一本书是《无脚本的学习:在幼儿园至8年级课堂中运用即兴表演活动》(*Unscripted Learning: Using Improve Activities Across the K-8 Curriculum*)(2007),由Carrie Lobman和Matthew Lundquist撰写,它描述了教师和学生都可以运用即兴表演活动来促进教学和学习。下一个推荐的研究资源有点不同寻常,就是我们在本章前面提到的由Ursula Hegi所著的小说《儿童与火》(*Children and Fire*)(2011)。我们推荐这部小说的原因是它塑造的角色Thekla Jansen是一位小学教师,她体现了一个真正的讲求艺术的学者的所有特征。为了尽可能使她的课堂有意义,她知道在合适的时候对合适的学生做合适的事情。我们相信你不仅会欣赏小说故事本身,还会被这一富有天赋的、使命感的教师形象所折服。

  下面四本关注教学实践的书有着坚实的实证基础。《有效的教学方法:以研究为基础的教学实践》(*Effective Teaching Methods: Research-based Practice*,第七版,2011),由Gary D. Borich所著,它由两个重要部分组成:"有效能的教师"和"促进学生的参与"。在《学习是如何产生的：聪明教学七原理》(*How Learning Works: Seven Research-based Principles for Smart Teaching*)*一书中，Susan Lovett、Michael Bridges、Michele DiPietro、Marsha Lovett 和 Marie Norman 帮助教师在学习和课堂教学实践中架起了桥梁。每一章讨论一个原理，每一章结尾都以名为"这一研究提示了哪些策略"的板块结束。Bobert Marzano 所著的两本书《教学的科学与艺术》(*The Art and Science of Teaching*)（2007）和《教学的科学与艺术手册》(*A Handbook for the Art and Science of Teaching*)（2009）不仅强调了以研究为基础的教学实践，而且用具体的术语（被称为"行动步骤"）来描述这些研究发现将如何在课堂教学中应用。

● 反思性教学

有不少书籍解释了成为一名反思型教师的含义，也描述了将反思运用到教学中的好处。例如：Adrienne Herrell，Michael Jordan 和 Judy Eby 的《小学教学：反思行动法》(*Teaching in the Elementary School: A Reflective Action Approach*，第六版，2013）；Elizabeth Spalding，Jesus Garcia 和 Joseph Braun 的《初高中教师的反思性教学实践》(*An Introduction to Standards-based Reflective Practice for Middle and High School Teaching*)（2010）；Andrew Pollard 和 Julie Anderson 的《反思性教学：以证据为基础的专业实践》(*Reflective Teaching: Evidence-Informed Professional Practice*，第三版，2008）以及由 Grace Hall McEntee 等人编写的《教学的核心：反思性实践指南》(*At the Heart of Teaching: A Guide to Reflective Practice*，2003）。

● 技术、教学与学习

正如本章前面所说，以计算机为基础的技术已经成为老师和学生的课堂实践中不可缺少的一部分。如果你想加强有关技术运用方面的知识，我们建议你查阅 Arthur Recesso 和 Chandra Orrill 的《将技术与教学整合：教学与学习的连续体》(*Integrating Technology into Teaching: The Teaching and Learning Continuum*，2008），以及 Katherine Cennamo，John Ross 和 Peggy Ertmer 的《为有意义的课堂运用进行技术整合：一种以标准为基础的取向》(*Technology Integration for Meaningful Classroom Use: A Standards-Based Approach*，第二版，2014）。

---

* 本书有中译本，庞维国等译，华东师范大学出版社2012年版。——译者注

第一部分

发展特征和理论

第2章 心理社会性发展与认知发展理论

Huntstock/Getty Images

本章涉及的 InTASC 标准　学习目标

1. 学生发展
2. 学生差异
3. 学习环境
4. 学科知识
5. 知识应用
6. 评估
7. 教学计划
8. 教学策略

学完本章内容后，你将能……

2.1　解释社会互动如何影响一个人的人格发展，特别是一个人的勤奋感和自我同一性。

2.2　举例说明如何运用皮亚杰的认知发展阶段理论来指导课堂内外的学习。

2.3　解释维果斯基的认知发展社会文化理论是如何将课堂中的社会互动与学习者的认知能力联系起来的。

2.4　举例说明技术将如何通过挑战当前的概念和鼓励合作互动来促进认知发展。

2.5　解释认知发展对道德思维和道德行为的影响。

在第1章，我们指出，每个人感知与思考他们所处的世界的方式是不一样的。这一日常观察意味着，为了设计更有效的教学，你需要注意到那些学生与学生之间非常不同的方面。对班级里一部分学生适用的教学，对另一部分学生可能并不那么适用。如果你忽视班级之间的重要差异，在去年的班级中成功的教学，对于今年的班级可能是一场灾难。第一部分和第二部分的5章，将向你介绍学生在社会心理发展、认知发展、年龄、心理能力、思维方式、成就、宗教背景、社会阶层方面的差异。从中你将发现这些差异如何影响课堂学习。

人类发展是一个复杂的话题。除了需要分析多种不同的行为模式，我们还需要追踪随着儿童的成熟，每一种行为变化的方式。为了应对这一挑战，在论述发展时，研究者们采用了不同的策略。有些人提出了描述特定行为类型出现的阶段的理论。有些人则总结了在连续的年龄阶段中的重要行为类型。还有一些人考察了不同的行为类型，并说明了每种类型在不同年龄的变化。每一种方式都有其优劣势。

尽管发展理论关注了发展的不同方面的次序性、连续性和关联性，但是它们仅解释行为的有限的侧面。根据年龄阶段组织的教材，可以让读者认识到儿童在某一特定年龄听教行为的不同方面，但是对特定行为的出现和变化则介绍得不清楚。根据行为类型组织的教材，能清楚地介绍特定行为的出现和变化，但是读者很难获得某一年龄阶段行为模式的全貌。

为了充分利用每一种方式的优势，尽量减少其不足，本章和下一章综合运用了三种方法来讨论发展。本章主要介绍埃里克森的心理社会阶段理论、皮业杰的认知阶段理论和维果斯基的社会互动理论。此外，本章也介绍皮亚杰的道德发展观、科尔伯格对皮亚杰工作的扩展，以及卡罗尔·吉利根（Carol Gillgan）对科尔伯格理论的批评和修正。下一章分五个年龄段来描述学生的年龄阶段特征：幼儿园、初小、高小、初中、高中。在每一个年龄段，讨论四种行为：身体的、社会性的、情绪的和认知的。这两章的内容，可以帮助你根据所教学生的年龄阶段来调整教学方法，也可以帮助你根据学生所处的年龄阶段来形成合适的预期。这两章所介绍的行为模式，都是有代表性的儿童与青少年所展现出来的。

在接下来的3章，将讨论个体差异及其应对方法。第4章，"理解学生的差异"，介绍差异的本质，以及学生在性别、心理能力和认知方式方面的差异。第5章，"应对文化和社会阶层的多样性"，讨论来自不同宗教与社会阶层背景学生的特征。第6章"包容学生的差异性"，描述那些在各方面与班级同学极度不同以至于需要接受某种特殊教育的学生。

26

27

学习导读

下述要点能帮助你了解本章的重要内容。为了帮助你学习，这些要点也会出现在正文页脚位置。

埃里克森：心理社会性发展

- 埃里克森的理论涵盖了人的一生，并强调个体和文化在发展中的作用
- 人格发展以渐成原理为基础
- 人格成长于成功地解决心理社会危机
- 2至3岁：自主对羞怯和怀疑
- 4至5岁：主动对内疚
- 6至11岁：勤奋对自卑
- 12至18岁：同一性对角色混乱
- 同一性混乱：不确定什么样的行为会得到他人的赞同
- 对分数的不健康竞争会伤害学生的勤奋感
- 同一性：接纳自己的身体，有目标，能获得认可
- 心理社会性延缓（阶段）会推迟职业定向
- 青少年会展现一个特定的过程来确立同一性，这个过程被称为同一性状态
- 处在同一性弥散状态中的个体，逃避思考职业、社会角色和价值观
- 处于同一性早闭状态中的个体，不加质疑地认同父母的目标和价值
- 处于同一性延缓中的个体，搞不清楚自己的身份。
- 达到同一性达成状态的个体能决定他们自己的职业志向
- 对埃里克森理论的批评：很大程度上以个人经验为基础；不适用于许多其他的文化背景；存在性别偏差

皮亚杰：认知发展

- 组织：认知系统化的倾向
- 适应：根据环境进行调节的倾向
- 图式：行为或思维的组织形式
- 同化：新的经验纳入已有图式
- 顺应：创造新的图式，或者修正原有的图式以吸纳新的经验
- 感知运动阶段：图式反映感觉与运动经验
- 前运算阶段：儿童形成了许多新的图式，但是不能有逻辑地思考
- 阻碍逻辑思维形成的因素有：知觉集中倾向、不可逆性和自我中心主义

- 自我中心主义：认为他人看待事物的方式和自己是一样的
- 具体运算阶段：儿童可以执行心理上的逆运算，但只能从具体经验中进行概括
- 形式运算阶段：儿童具备处理抽象概念、形成假设以及心理操作的能力
- 青少年自我中心主义：青少年认为自己是世界的中心，过分地关注自己在他人眼中的形象
- 皮亚杰认为，认知发展受到同伴的影响大于成人
- 教学可以加速图式的形成
- 皮亚杰的理论低估了儿童的能力
- 大多数青少年都不是形式运算思维者
- 发展阶段的顺序具有文化普遍性，但是发展的速度存在文化差异

维果斯基：认知发展

- 我们的思维方式受到当代社会因素和历史文化因素的影响
- 心理工具辅助并改变思维过程
- 那些认知水平更高的人对儿童认知发展有着重要影响
- 教学应该帮助学生学习使用心理工具
- 处在最近发展区内的教学能促进认知发展
- 支架技术能支持学生的学习

利用技术促进认知发展

- 虚拟学习环境可以创造不平衡、促进探索、辅助抽象概念的直观表征、帮助学生建构知识
- 技术可以扮演优秀的合作伙伴的角色，也可以提供优秀的合作伙伴

皮亚杰、科尔伯格和吉利根：道德发展

- 约束性道德（道德现实主义）：规则是神圣的，行为后果决定是否产生内疚
- 合作性道德（道德相对主义）：规则是灵活的，是否内疚主要取决于行为意图
- 前习俗道德：避免惩罚，应得到相应的好处作为回报
- 习俗道德：给他人留下好印象，尊重权威
- 后习俗道德：相互达成的共识，一致性的原则
- 对科尔伯格理论的批评：很难加快道德发展，道德两难困境不能反映日常生活，以宏观的道德问题为基础，过于重视道德推理，而忽视其他的特征

- 尽管存在略微的差异，男性和女性都采用关怀和公正的两种取向来处理现实生活中的道德困境
- 道德知识并非总能引发道德行为

揭示假设　学生知道什么，又是如何知道的

康妮感觉像在家一样。她正在一所学校里，准备指导年轻教师学习。尽管已经是周五下午很晚的时候了，在她办理登记手续的时候，学校办公室的秘书们还是非常热情地接待了她。她咚咚的脚步声在学校大厅里回响，十分钟之前，这里还挤满了匆忙回家过周末的孩子们。她回想起自己三十多年的教学生涯："在这三十年间，我的学生学到了很多，我也一样。"她加快了脚步，她最新的学生正在转角处的房间里等着她，她很期待她和他们将来的共同学习。

"博士，你好！"唐和塞莱斯特说。康妮是他们的大学教师教育项目中的课堂观察课程的督导。在多年的教学生涯之后，康妮很享受现在作为大学督导这一新的教学角色：指导像唐和塞莱斯特这样有抱负的教师的学习。当安东尼奥走进来一屁股坐在椅子上说"好累的一周呀，这个周末我要睡过去"，康妮打算和他们谈谈这一个星期的教学生活。安东尼奥在一所初中获得了他的第一份教职，目前已经有6个星期了。康妮是他第一年教学工作——入门年——的导师之一。

康妮允许闲聊一会儿，然后她说："让我们找出这一周我们学到了什么？你们观察到了什么？你们做出了什么推论？"康妮鼓励她的年轻同事们认真观察，然后以同样认真的态度反思观察结果。她的目的是帮助他们成为自身教学工作的研究者。

安东尼奥先发言："上一周我谈到我们的跨学科单元。我们的七年级学生试图确定一个真实世界的问题，然后他们针对这一问题提出一种解决方案。这一周我组织了一场确定问题的讨论，并将学生分成小组来工作。一个小组建议将问题定为'环境'，另一个小组则提出'毒品'，然后有个学生大声喊出：'对，性、摇滚也可以！'从这里开始，局面越来越混乱。我们没有确定任何一个问题。我认为他们根本不知道什么算是一个问题。"

康妮看着唐和塞莱斯特说："从安东尼奥的描述中，你们能推断出在他的课堂中发生了什么事情？"

塞莱斯特说："也许学生根本不关心社会问题，但是我认为他们只是不知道问题所在。

我观察过一些高中班级,那些学生对时事真的不关心。"

唐同意塞莱斯特的看法,并用一段与四年级学生对话的例子来论证:"他们确实什么都不知道。他们刚刚阅读过有关环境的文章,然后我与三名学生讨论全球变暖问题。他们对全球变暖一点也不知道,因此我花了十分钟的时间帮助他们理解什么是全球变暖。"

康妮停顿了一下然后说:"好的,我们先暂停下来,反思一下你的所见所言。首先,你实际观察到了什么? 根据你的观察,你做出了什么推论? 其次,你的推论——学生对社会问题知之甚少是否正确? 第三,你是否认为教学只是简单地关注学生知道什么,还是理解'学生是如何获得知识的'也同样重要?"

暂　停　与　反　思　　　28

在课堂中观察学生的时候,作出推论来解释或者描述我们所看到的,是非常自然的。不论是我们的观察,还是我们的推论,都受到我们认为正确的观念的影响,受到我们对教学和学习本质的假设的影响。许多人认为,教学只是在学生已有知识的基础上增加知识。那么,为什么教师还需要理解学生是如何认识世界、认识自我的? 这段小插曲有没有揭示其他关于教学与学习本质的假设? 你会怎样构想关于发展的理论,在你的构想背后,对教学和学习有着怎样的假设? 你将如何验证这些假设?

2.1　埃里克森:心理社会性发展

> **InTASC标准**　　　标准1(e)　标准1(f)　标准7(i)

在所有我们可以选作讨论的发展理论中,为什么我们选择埃里克森(Erik Erikson)的心理社会发展理论来开始这一章? 做出这一选择有以下原因:

- 埃里克森描述了从婴儿到老年的心理成长。因此,可以为任何一个年龄阶段的教学提供指导,包括学前教育到成人教育。
- 埃里克森的理论认为,个体通过理解、组织和整合自己的日常经验,在自身的心理发展过程中扮演着积极的角色。
- 这一理论强调文化目标、理想、期望、要求和机会在个人成长中的重要作用。这一主题将在第5章讨论[1]（Newman & Newman, 2012）。

2.1.1　埃里克森理论的基本原理

渐成性原理[2]

埃里克森将他的人格发展理论建立在**渐成性原理**（epigenetic principle）的基础之上。这一原理指的是，在胎儿的发展过程中，人体特定的器官在特定的时间出现，最终结合形成一个孩子。埃里克森假设，正如在胎儿形成的过程中，人体各部分以相互联系的方式发展，随着自我通过一系列相互联系的阶段发展，人格得以形成。在生命之初，所有的自我阶段都以某种形式存在，每一个阶段都有一个发展的关键期。

心理社会性危机

在埃里克森看来，人格发展随着个体成功地处理一系列转折点或者心理社会危机而产生。尽管危机一词通常指的是威胁健康的极端事件，但是在埃里克森看来，这个词更具褒义色彩。当个体感到不得不做出调整以适应社会常规要求和期望，但他们并不确定已经作好了完全满足这些要求的准备时，危机就产生了。例如，西方社会希望小学生和初中生形成基本的勤奋感，大多数人通过在学校学习成功而获得。人们期望青少年思考这样的问题：我是谁？我将何去何从？（Newman & Newman, 2012）。

正如你在下一个部分将看到的那样，埃里克森用个体通常发展出来的对立的品质来描述危机。对于每一个危机，都存在一个可出现的理想品质和一个相应的消极特征。埃里克森并没有有意暗示，一个健康的个体只发展积极的品质。他强调，当个体同时具备某一个阶段的积极与消极品质，但积极品质显著强于消极品质时，个体对世界的适应性最好。例如，在第一个阶段，儿童学会信任是重要的，但是一个从未经历过不信任的人是难以理解这个世界的。在埃里克森看来，发展与适应过程中的困难产生于，任意阶段的消极品质强于积极品质，或者大多数阶段的结果是消极的（Newman & Newman, 2012）。

在阅读下面对心理社会发展理论的阶段的简短描述时，请注意，每一个阶段问题的积极解决，依赖于上一个阶段的问题得到了何种程度的解决。例如，一个高度怀疑自己能力的青少年，在成年时期的同一性发展过程中，可能难以做到同一性达成（Fadjukoff, Pulkkinen, & Kokko, 2005; Marcia, 2002, 2007）。

1　埃里克森的理论涵盖了人的一生，并强调个体和文化在发展中的作用。
2　人格发展以渐成性原理为基础。

2.1.2　心理社会性发展阶段

下面关于各个人格发展阶段的命名、年龄范围和基本特征的描述，均是由埃里克森在《儿童与社会》(1963)一书中提出的[1]。

信任对不信任(0—1岁)

婴儿需要学习的基本心理态度是：他们可以信任他们所处的世界。父母在满足婴儿基本需要过程中保持"经验的一致性、连续性和相同性"，培育了基本信任感。相反地，获得的关爱不足、不一致或者消极的儿童，则带着怀疑和恐惧进入世界。

自主对羞愧和怀疑(2—3岁；托儿所)

当儿童学会信任他们的父母之后，他们需要达到某种程度的自主。如果在家长或者教师的正确监护下，学步儿童被允许、被鼓励按照自己的方式做自己能做的事，那么他们将发展出一种自主感(主导自己行为的意愿和能力)。但是，如果父母和教师没有耐心，替儿童包办了太多的事情，或者因为不能接受的行为而指责儿童，那么这些儿童将发展出自我怀疑感。

主动对内疚(4—5岁；托儿所到幼儿园)

能够参与大量的身体运动和使用语言，为形成主动感(initiative)奠定了基础，也就是，"为上一阶段的自主(autonomy)增加了承担、计划和开始一项任务(为了保持积极和不断进步的状态)的品质"。如果给予四五岁孩子探索和实验的自由，如果父母和教师愿意花时间回答他们的问题，他们的主动发展的倾向将得到推动。相反，如果这个年龄阶段的孩子受到限制，感到他们的活动和疑问都是没有意义的，或是认为自己的活动和疑问对于大人或者年长的同伴来说是麻烦，他们将对自己的行为感到内疚。

勤奋对自卑(6—11岁；小学到初中)

进入学校的儿童处于这样一个发展阶段：他们的行为由好奇心和成就表现所主导。"现在他开始通过创造事物来获得认可……他形成了一种勤奋感。"如果鼓励这一阶段的儿童出色地进行创造和做事情，帮助他们坚持，允许他们完成任务，鼓励他们尝试，儿童就能产生勤奋感。如果儿童的努力不成功，或者他们被嘲笑、被当作讨厌的人来对待，他们就会产生自卑感。感到自卑的儿童可能永远都学不会享受智力活动的快乐，也不会因为至少还做好了一件事情而感到自豪。最糟糕的是，他们认为自己永远不能把任何事情做好。

30

1　所有的心理社会发展阶段均引自《儿童与社会》的第七章。

同一性对角色混乱（12—18岁；初中到高中）

这一阶段的目的是发展出可以帮助青少年作好准备，从而在成人社会取得有意义位置的角色和能力。这一阶段的危险是**角色混乱**（role confusion），亦即对于他人赞许的合适的行为没有清晰的认识。如果青少年成功（从他人的反应中得到体现）整合不同情景中的角色，并体验到自我知觉的一致性，同一性就形成了。用日常用语来说，他们知道他们是谁。如果他们不能在生活的不同方面建立起稳定感，角色混乱就会产生。

亲密对孤独（成年早期）

为了在这一阶段有令人满意的发展，青年人需要与他人建立亲近的、有承诺的亲密关系和伴侣关系。亲密感的标志是"坚守承诺的道德力量，即使这将需要重大的自我牺牲和妥协"。不能成功建立亲密感，将产生孤独感。

繁殖对停滞（中年）

"繁殖……主要指的是生育与引导下一代。"埃里克森有意采用了含义广泛的用语繁殖（generativity）一词。一方面，它指的是生、养子女；另一方面，它还指成人从事的对年轻一代有积极影响的生产性与创造性活动（如教学）。那些不能或者不愿"生育"与"教育"下一代的人，将成为停滞感和自我专注的受害者。

自我整合对失望（老年）

整合是"接受自己唯一的生命历程，认为它是注定的、必然的，不可替代的……失望表达了对剩余生命过于短暂的感受，感觉人生剩余时间太少以至于无法再尝试另一种生活，也因此无法尝试其他达到整合的生命旅途"。

对于埃里克森的这八个发展阶段，你应该特别关注的两个阶段是勤奋感对自卑感和同一性对角色混乱，因为它们是小学生、初中生和高中生必须解决的主要心理社会问题。如果你有志于帮助这些学生竭尽所能地学习，你需要对这两个阶段有基本的理解，这样你的课程计划和教学方法才能帮助学生获得强烈的勤奋感和同一性。接下来的两个部分，将简要地描述有助于学生建立勤奋感、理解当下自我和未来自我的主要因素。

2.1.3　帮助学生形成勤奋感

大部分幼儿园到六年级的学生都渴望表现出他们能学会新的技能，能成功地完成指定的任务。长久以来，争取有限数量的奖励被认为是影响一个人的勤奋感的决定性因素。如果你的老师曾经采用曲线图来评价考试成绩或者任务，你应该很熟悉这种在学校里发生的最常见的竞争。教师所做的事情，是将每一个学生的分数与班级里所有其他的学生进行比较。少数获得最高分数的学生名列最高等级，不论他们实际的分数水平如何。然后，评定一个预先确定的等级：A、B、C、D和F。由于评定结果的分布看上去像一只钟的轮廓，因此这一曲线被称为"钟形曲线"（这解释了最初的术语"按曲线上划分等级"的意思）。

这里至少有两个原因说明这种做法会损害学生的勤奋感：

1. 不论每个学生真实成绩的水平高低，在曲线上评价，决定了获得最高等级的学生只能是少数人。如果教学质量很高，学生学到了大部分指定的学习内容，分数的分布范围会相对较小。想象一下，如果你答对了考试中85%的题目，但是你只得到C，这对你的勤奋感有什么影响？不管何种原因，当所有的学生都考得不好时，也存在同样的问题。本书一位年长的作者曾经经历过有一个大学化学班在一次考试中，获得最高等级的学生仅答对了48%的题目。

2. 曲线评定总会让一部分学生不得不接受不及格的评价，不论他们真实的成绩水平如何。那些被迫参与这种不健康的竞争的学生（在第13章，介绍了一些更可取的竞争方式）可能发展出不自信和自卑感，这将危害他们接下来的学校学习生涯。

提前设计切实可行的评价标准，并且与学生事先沟通，可以解决这一问题。在第14章讨论评估的时候，我们介绍了如何这样做。在第13章，我们也介绍了几种教学方法，它们对学生的勤奋感有积极影响，因为它们都能促进学习和成就感的产生。总之，它们营造了一种课堂氛围，在这种氛围中，学生感到自己被接纳，并认识到教师既关心成绩，也关心他们个人。在一个单元教学完成后，对学生的行为提出清楚的期待，设计有逻辑的、有意义的课程，运用支持有效学习过程的教学方法，都有助于以上目标的达成。

站稳立场 **促进勤奋感，消除自卑感**

对于某些教育者、家长和教育政策制定者来说，教育的一个很重要的目的是，通过强迫学生竞争数量有限的顶尖等级，将学生划分为不同的能力类别。我们强烈反对这种做法，也强烈建议你们反对这种做法，因为它通过干扰自我效能感、自我价值感、自我调节学习技能和内部动机之类的重要因素的发展，使大部分学生产生自卑感。在本书接下来的章节，你可以找到支持这种观点的证据。相反，我们应向学生和其他人强调，与学习关联度更高的、更有用的目标，有助于所有的学生发展出能产生更高水平有意义学习的态度、价值观和认知技能。

你怎么看？

你是否赞同曲线评定会导致那些没有获得顶尖评定的学生产生自卑感？

2.1.4　帮助学生形成同一性

　　埃里克森的阶段理论中最复杂的是同一性对角色混乱。与其他阶段相比较,他更加详细地描述了这一阶段。由于这一阶段常常被误解,因此我们用埃里克森自己的话来描述**同一性**(identity)的概念:"最理想的同一性……被体验为一种心理社会健康感。它最显著的特征是感觉自己的身体就是自己的家(身心合一)、知道自己的去向(知道自己的发展方向)和能获得重要他人认可的内在确定性。"(1968, p.165)从自己和他人的经验可知,同一性形成的过程可能并非总是顺利的,也并非总是遵循同样的路径。但是,意识到青少年在努力发展"我是谁"的过程中可能经历的困难和不确定性,你就能帮助他们积极地解决这一重大发展里程碑。

心理社会性延缓

　　同一性形成的一个方面,也是常给青少年带来困难的方面,是确定自己想做的工作,或者说是进行职业选择。对于那些没有准备好作出职业选择的个体,埃里克森认为可能存在**心理社会性延缓**(psychosocial moratorium)。处于这种状态的标志是推迟职业选择。在埃里克森自己的人生中,也发生过这样的推迟:在离开高中以后,他花了几年的时间游历欧洲,对于他将从事的工作,没有做出任何确定的决定。在理想的情况下,心理社会性延缓是一段冒险、探索的时期,它对个人和社会有积极的或者至少是中性的影响。

2.1.5　青少年的同一性状态

James Marcia关于**同一性状态**(identity statuses)的研究(Kroger & Marcia, 2011; Marcia,

照片2-1 埃里克森界定的同一性,包括对自己身体的接纳,知道自己的发展方向,来自重要他人的认可。对其外表满意、已经决定了大学主修科目、受到家长和亲朋好友青睐的高中毕业生很可能体验了一种心理社会健康感(幸福感)。

1980, 2002, 2007)有效扩展了埃里克森对同一性形成的观察。Marcia认为,同一性有四种状态,它们反映了个体探索和认同与职业、宗教、性别角色以及政治等关键问题有关的价值观的程度(照片2-1)。Marcia提出的这一观点,是科学地验证埃里克森关于同一性的思想的一种方式。

在Marcia完成了与男性青年样本的半结构式访谈之后,他提出了四种同一性状态。对这些青年访谈的问题包括,他们关于职业的想法、他们自己的个人价值系统、他们的性别态度和他们的宗教理念。Marcia指出,达到同一性成熟状态依赖于两个变量:"危机与承诺。危机指的是在青少年时期,个体积极地参与职业与价值观选择;承诺指的是个体在某种职业或者价值观中表现出来的个人投入的程度。"(1967, p.119)

根据这两个标准分析了访谈记录后,Marcia确定了四种同一性状态,如表2-1所示,它们在危机和承诺两个方面的程度各不相同:

- 同一性弥散
- 同一性早闭
- 同一性延缓
- 同一性达成

Marcia的同一性状态概念得到了研究的有力支持。当你比较我们在表2-1中关于同一性状态的简短描述及后面的相关研究结果时,你会看到这一点。

- 青少年逐渐地进入同一性达成状态,并且能进入这一状态的只是相对少数的人。因为许多处于青少年早期的学生(六年级、七年级和八年级学生)尚未碰到与同一性相

33

关的问题,因此也不能把他们归到Marcia分类中的任何一种状态。能够划归到其中的某个状态的学生,也多处于同一性弥散或早闭的状态(Allison & Schultz, 2001)。

- 处于同一性达成或延缓状态的大学生与处在弥散状态的大学生相比较,更可能表现助人行为,更可能受内在动机驱动(Padilla-Walker, Barry, Carroll, Madsen, & Nelson, 2008)。
- 那些通过探索不同职业、信念和价值观系统,并作出志愿选择而达到同一性达成的青少年,比同龄人更具适应性,更加幸福。在适应量表上得分较低的是那些处于同一性延缓或早闭状态的人。适应问题最严重的,可能是那些处在弥散状态的人(Luyckx, Goossens, Soenens, Beyers, & Vansteenkiste, 2005)。
- 与处在弥散状态的同龄人相比较,处在早闭状态的青少年更容易卷入浪漫关系;而与处在延缓和同一性达成状态的同龄人相比较,他们较少在浪漫关系中感到焦虑(Berman, Weems, Rodriguez, & Zamora, 2006)。

34   在阅读表2-1对每一种同一性类型的简短描述中,请记住以下几点:首先,同一性达成状态是在一段时期内(在情况下大多数,需要10年甚至更长的时间)逐渐实现的,并且可能只发生在相对较少一部分人身上(Marcia, 1999; Luyckx, Schwartz等人, 2011)。第二,一种同一性状态并不是一劳永逸地达成的,成年以后,同一性可以继续发展变化(Fadjukoff, Pulkkinen, & Kokko, 2005; Kroger & Marcia, 2011)。如果动摇自我的事件(失业,离婚)在人生后期发生了,已经达到同一性达成的个体,也可能发现他们自己对原来的价值观和行为模式产生怀疑,因而再次处在危机之中。对于大多数个体来说,会不断产生对自我的新认识。这种对于自己是谁、在社会上适合处于什么位置的肯定与怀疑的循环,可能发生在埃里克森的最后三个阶段,通常被称为MAMA(延缓-达成-延缓-达成)循环(Marcia, 1999, 2001, 2002)。

最后,经过40年的同一性研究后,James Marcia(2007)提醒我们,个体是他们经验的混合物,他们的同一性也可能表现为各种同一性状态的混合。

表 2-1	James Marcia 的同一性状态		
同一性状态	危 机	承 诺	特 征
同一性弥散	尚未经历。几乎没有认真思考过职业、性别角色和价值观。	弱。与职业、性别角色和价值观的想法因为消极或积极的反馈而变化。	非自我导向的。无组织的、冲动的、低自尊的、与父母疏离的。避免参与学业活动和人际关系。
同一性早闭	不会经历。可能永远都不会遭受同一性问题的困扰。	强。接受并认可父母的价值观。	心理封闭的、信奉权威、低焦虑。难以在压力状态下解决问题;与其他状态相比较,更依赖父母和其他权威人士的引导和赞同。

（续表）

同一性状态	危　机	承　诺	特　征
同一性延缓	部分经历过。已经思考过与同一性有关的问题。	弱。还没有获得满意的答案。	焦虑、对学校不满意；经常改变主修科目、好做白日梦、卷入紧张但不长久的人际关系；可能短暂地排斥父母和社会价值观。
同一性达成	完全经历过。思考并探索过与职业、性别角色和价值观有关的各种选择。	强。至少在同一性的某些方面已经决定了自我选择的志愿。	内省的；与其他同一性状态相比较，更加有计划性、有理性、有逻辑性；高自尊，能在压力下高效工作；可能建立亲密的人际关系。通常是最后出现的一种同一性状态。

来源：Cramer（2001）；Hoegh & Bourgeois（2002）；Kroger（2004）。

同一性状态中的文化、种族和性别因素

　　尽管早闭状态曾是西方社会青少年的一种历史形态，但是时势变迁。例如，20世纪六七十年代，与80年代相比较，有更多的个体处于延缓状态。因为这是一段社会与文化动荡的时期（反对越南战争、公民权利运动、妇女运动），为了应对由这些变化带来的不确定性，许多青少年放弃对职业、性别与政治的价值观作出志愿选择（Scarr, Weinberg, & Levine, 1986; Waterman, 1988）。同样地，更多的证据表明，与过去的年代相比较，现在的青少年更可能处于延缓和同一性达成状态，或者处在这两种状态的过渡阶段，而不是早闭状态（Branch & Boothe, 2002; Forbes & Ashton, 1998; Watson & Protinsky, 1991）。

　　同一性状态中的性别差异在政治理想、家庭、职业首选和性别角色方面最为显著。在政治信仰方面，男性更可能表现早闭过程，女性更可能表现弥散过程。在家庭、职业首选和性别角色方面，男性更可能是早闭或弥散状态，而女性更可能表现出同一性达成或延缓状态。这些发现表明，女性青少年比男性青少年更可能在家庭、职业与性别角色方面，作出更成熟的决策。这种现象或许可以通过"女性性别角色在这20年间是否改变"来解释。尽管现在大多数女性都走出家庭工作，但是仍然被期望承担子女抚养的主要责任（Stier, Lewin-Epstein, Braun, 2001）。

　　如果你计划在国外从教或者教育来自不同文化背景的学生，你可能会对Marcia的同一性状态提出这样的疑问：这些状态是否只存在于美国？答案显然是否定的。不同国家研究者，如韩国、印度、尼日利亚、日本、丹麦、荷兰、哥伦比亚和海地的研究者，都在研究中发现了所有四种状态，尽管每一种状态的青少年和年轻人的比例是各不相同的（Portes, Dunham, & Del Castillo, 2000; Scarr 等人, 1986）。

　　在你思考学生的同一性与其身份的多样性相互影响时，很重要的一点是不要混淆同

35

一性状态和同一性的其他方面。例如种族同一性。随着美国种族构成的变化（有色人种儿童将逐渐超过白人儿童），越来越多的研究开始关注种族同一性的发展（例如 French, Seidman, Allen, & Aber, 2006; Ghosh, Michelson, & Anyon, 2007）。对同一性状态的研究只是理解同一性从初中到高中如何变化的一种方式。在其他章节，我们将探讨其他背景与环境因素对个人同一性这一重要发展结果的影响。

2.1.6　对埃里克森理论的批评

尽管埃里克森的理论总体上得到了研究的支持（Steinberg & Morris, 2001），但是也存在一定的局限性。例如，虽然埃里克森有时候也开展研究调查，但是他的大多数研究都是以个人的主观解释为依据，而这些依据只有部分得到了大多数心理学家所重视的控制性研究的证实。因此，他的理论被许多人视为"一种对社会与情绪发展的描述性总结，并没有对这一发展产生的原因和方式作出充分的解释"（Shaffer & Kipp, 2010, p.46）。

其他的批评集中于埃里克森的这一观点：个体通过积极地探索与个人职业、理想信念、人际关系有关的不同选择而实现自我同一性。无论如何，这都不是一种普遍的事实。在某些社会和文化中，对于大部分人来说，这些决定都是由成人来作出，然后强加于青少年（Marcia, 1999, 2001; Sorell & Mongomery, 2001）。个体能够探索和建构同一性，需要两个基本的社会条件：容忍一个不断壮大的、对社会作出最小贡献的青少年群体的意愿和一定水平的社会财富。此外，个体还需要与父母以及其他有影响力的个体建立安全的依恋关系（成功地解决信任与不信任阶段的危机），以及高水平的认知发展（Hoegh & Bourgeois, 2002; Marcia, 1999）。这两个条件的缺失，可能解释这样一个事实：只有33%的成年人经历过同一性延缓和达成所需要的探索和建构过程。

有些批评者，例如Carol Gilligan（1982, 1988），认为埃里克森的阶段更能准确地反映男性而不是女性的人格发展。Gilligan指出，同一性形成的过程和时机对于不同性别的个体来说是不一样的。从四年级开始（勤奋对自卑阶段），女生对人际关系和学习成绩同样关注，而男生主要关注学习成绩。在青少年期，许多女生同时经历形成同一性和亲密感的危机，而大多数男生遵循埃里克森描述的顺序：同一性对角色混乱，然后是亲密对孤独（Gilligan, 1982; Ochse & Plus, 1986; Sorrell & Montgomery, 2001）。Gilligan观点的有效性还没有得到确认，最近有研究涵盖了更多的女性被试（Beyers & Seiffg-Krenke, 2010），但支持了埃里克森原来的顺序。

如果你记着这些保留意见，你将发现，埃里克森的观察（还有Marcia描述的同一性状态）澄清了发展的重要方面。接下来的部分是根据埃里克森的观察提出的教学建议。

教学建议　运用埃里克森的心理社会性发展理论

> **InTASC标准**　　标准4(1)　标准8(k)

1. 请记住,某种类型的行为和关系在不同的年龄阶段可能具有特定的意义。

2. 对于低幼学龄前儿童,给予大量自由玩耍和探索的机会以鼓励自主性的发展,但是应加以引导以降低儿童经历怀疑的可能性。还要避免因为不可接受的行为羞辱儿童。

3. 对于较大的学龄前儿童,鼓励参与允许运用主动性的活动,并提供体验成就感的机会。避免因为动机良好但给你带来不便的行为和提问而让儿童感到内疚。

4. 小学和初中阶段,提供他们能成功完成的任务来帮助儿童体验勤奋感。

安排这样的任务,使儿童知道他们成功过。为了减少自卑感,要弱化比较,鼓励合作和自我比较。还应该设法让有嫉妒心的儿童从自己的行为中获得满足感(在后面的几章,将介绍实现这些目标的具体方法)。

5. 在高中阶段,帮助学生发展"我是谁"的感知以及怎样适应成人社会的意识是大有裨益的。

埃里克森强调的同一性的构成因素包括接纳自己的外表、知道自己的发展方向、获得来自重要他人的认可。通常,不能形成与性别角色有关的明确观念和事业选择的不当决策,会导致角色混乱。在帮助学生发展积极的身份认同、避免角色混乱上花些时间是值得的,因为它有助于达到一些基础的目标,如高水平的学业成就,教会学生与他人高效合作,帮助学生理解学校学习与不同职业路径之间的关系(Schachter & Rich, 2011)。

你可以做这些事情来帮助学生发展积极的同一性。例如,你可以通过表扬他们的成就(与其他学生相比较,不论他们如何谦虚)和潜能来对他们表示认可。第二,你可以营造一个有利于养成同一性达成状态的班级氛围。例如,你可以对在低龄学生身上看不到的标新立异的行为更加包容。你还可以设计允许学生运用他们具备并看重的能力的课程和作业(Hamman & Hendricks, 2005)。第三,你可以通过组织与男子气、女子气和家庭责任有关的课堂讨论(例如在社会科学课程上),来帮助他们明晰与性别角色有关的观点。例如,你可以鼓励男生对他人的需要更加敏感,鼓励女生更加关注学习成就。结合了男子气概和女子气概的性别角色发展方式被称为**心理双性化**(psychology androgyny)(Karniol, Gabay, Ochion, & Harari, 1998; Steinberg, 2011)。

37

可用来进行此类讨论的另一个平台是在线公告栏或班级网页。在线输入有利于探讨敏感的问题，因为它提供了相对较慢、更深思熟虑的节奏，为男生女生提供了平等的话语权，即使对于那些怯于在班级里发表意见的学生，也是如此。由经验丰富的教师认真主持的在线讨论，可以示范并探索心理双性化的范围（Woodhill & Samuels, 2004）。

6. 请记住，某些学生的漫无目的可能是处在心理延缓期的表现。如果可能，鼓励这样的学生在寻找长期目标的过程中聚焦短期目标。

有许多使学生追求短期目标的方法，特别是在课堂中。在后面的章节，将详细介绍这些促进教学和激发动机的方法。

7. 运用技术来帮助青少年确定与发展他们的政治价值观。

虽然许多青少年在思考和发展他们的社会、职业、宗教和性别价值观方面耗费了不少的时间，但是对于政治价值观，他们很少花同样的时间。熟知当前的政治事件、选举，参加政府教育会议，向当地报社投稿，或者参加某一位政治候选人的选举活动，这样的青少年非常少。看似缺少兴趣的原因之一是：个人单打独斗不能对政治或者他人的行为产生什么影响（许多成年人也持这种观点）。技术的运用，尤其是社交媒体，可以改变这一点。例如，一位社区的高中生通过脸书公告，征集了18 000名学生反对削减国家教育预算（Kahne & Middaugh, 2012）。

从社会研究和班级管理的角度，教师可以鼓励更强的政治意识和更多地参与政治，例如，创建针对当地、州和国家问题的在线讨论组或者博客。YouTube上可以观看政治演讲，可以把这些演讲在同学、朋友和家人之间传播，或者相互评论。鼓励这类活动能否激发政治意识和政治行为？一项调查发现，参与群体性政治活动的学生，与没有参与此类活动的学生相比，有两倍可能性回答他们参与了选举（Kahne & Middaugh, 2012）。

你掌握了吗？

家长允许其两岁的孩子自己倒牛奶，尽管牛奶很可能会洒出来。这位家长在帮助孩子发展：

　　a. 信任　　　　　　　　　　b. 自主性

　　c. 勤奋感　　　　　　　　　　d. 亲密感

2.2 皮亚杰: 认知发展

InTASC标准	标准1(e) 标准1(f) 标准7(i) 标准4(k)

2.2.1 皮亚杰理论的基本原理

让·皮亚杰(Jean Piaget)1918年获得生物学博士学位,并开始了一项名为 "大师计划" 研究项目,用来回答 "知识是如何产生的"(Smith, 2002, p.515)。他的智力发展理论,反映了他对生物学和知识的基本兴趣,并激发他继续对知识是如何产生的这一问题开展研究(Miller, 2011)。

皮亚杰假设,人类继承了两种基本的倾向: **组织**(organization)(将过程系统化、并整合到具有内部一致性的一般系统中的倾向)与**适应**(adaptation)(适应环境的倾向)。对于皮亚杰来说,这两种倾向既支配生理功能,又支配心理功能。如同消化这一生理过程将食物转化成人体可利用的形式,认知过程将经验转换成某种形式,使得儿童可用来应对新的情境。正如生理过程必须保持一种平衡状态(通过体内平衡),认知过程也通过平衡化(equibration)(所有个体都拥有的用来对自己感知的世界保持一致和稳定的一种自我调节)的过程寻求平衡。

组织

组织指的是所有个体将过程系统化或者整合到具有内在一致性(逻辑上相互联系)的系统中的倾向。当我们把郁金香和玫瑰作为更一般的类属花卉的子类别,而不是相互没有联系的类属,我们就在运用组织来辅助思维过程。组织能力使得思维过程变得更有效、更强大,让个体对环境有更好的适应。

图式

随着儿童与他们的环境、父母、教师和同龄人互动,他们形成了有组织的、概括化的行为或思维模式,亦即**图式**(schemes)。在最初的两三年,图式大部分是感觉性和运动性的(婴儿和学步儿通过把物体放进嘴巴、抓物、扔物来学习)。在儿童期,图式是认知性的,但仍是具体的(球是有着不同大小、颜色、材质的圆形物体,可以弹、扔、投等等)。在青少年时期,图式变得更具有内在性和抽象性(想象人类DNA的结构为双螺旋形)。

适应

在一个人感知的现实(个人的图式)和个人遭遇的真实生活经验之间建立良好匹配的过程被称为适应。皮亚杰认为,适应通过两个子过程实现: **同化**(assimilation)与**顺应**(accommodation)。儿童的适应,要么通过转变新经验与已有图式相匹配(同化),要么通过改变已有图式以包纳新经验（顺应）。

想象一个6岁儿童第一次去水族馆，称鲦鱼为"小鱼"，鲸鱼为"大鱼"。在这两种情况下，这一儿童都在经历同化——试图将新的经验与已存在的图式（在这一案例中，所有生活在水中的生物都是鱼的概念）相匹配。当她的父母指出，尽管鲸鱼生活在水中，但他们不是鱼，他们是哺乳动物，这名6岁的儿童开始顺应——修正现有的图式以匹配她所遇到的新经验。逐渐地（顺应过程通过不断重复的经验缓慢完成），一个新的包含了生活在水中的非鱼类的图式形成了。

组织、图式、适应三者之间的关系

为了让你对皮亚杰的观点有一个基本的理解，我们在前面把相关的概念分开了来讲。

39 但是这些概念都是相互联系的。在组织过程的驱动下，个体努力为所有的事物提供位置（顺应），这样他们才可以把所有的事物放在正确的位置上（同化）。组织和适应的结果，是创建新的让个体在更高水平组织和更有效适应的图式。

平衡、不平衡和学习

皮亚杰认为，个体被驱使对其图式进行组织，以达到对其环境可能的最佳适应。他称这一过程为**平衡化**（equilibration）（详细讨论见Boom, 2009）。但是什么激发了人趋向平衡？是一种不平衡状态，或者感觉到现存图式与新事物之间的不一致。换句话说，当人们遇到某些与已有知识和信念不一致的或相反的事物，这一经历就产生了一种他们试图消除的不平衡（假设他们有足够的兴趣从新经验开始）。

一位学生可能会思考，为什么在一篇科普文章里把西红柿和黄瓜作为水果。因为她一直把它们当作蔬菜并且已经能够根据甜度来区分蔬菜和水果。这种不一致会导致学生更加认真地阅读这篇文章或者向教师寻求解释。慢慢地，这位学生重新组织了自己对蔬菜和水果的分类，根据植物可食用的根、茎、叶和果实分类，这样就与专家的观点更为一致。这个过程体现了学习的两面性：平衡要产生，必须先出现不平衡（照片2-2）。不平衡可通过成熟或经验在个体身上自发产

Stockbyte/Getty Images

照片 2-2 通过实验、提问、讨论和发现来鼓励儿童创造新的想法或图式的活动，由于存在趋向平衡的内在动力，通常产生有意义的学习。

生,或者它也可以由其他人来激发(例如教师)。

另一个关于平衡的案例来自本书作者之一的孙子,那时候他正好6岁。他母亲选的日常路线要从他们家穿过一个公墓,在这里有许多陵墓。有一天,他提出了一个相对于他那个年龄阶段的图式而言合理的问题:"妈妈,谁住在那些小房子里?"他的妈妈提供了一个她认为简单且满意的解释:"它们不是房子,它们是掩埋死人的地方。"她的解释没有平息问题,而是创造了一种不平衡状态,可导致几个另外的问题,这些问题可用来创造一种新的心理结构。尽管是暂时的,这种新的结构可使他的心理世界重新趋于平衡。在接下来的几天,他可能会问一些这样的问题:"如果你死了,是不是意味着你不能说话了?""如果我触碰他们的房子,我会死吗?""人为什么会死?""如果我死了,你会不会把我放进其中的一个小房子然后再养一个小男孩?"以坦诚、令人满意的方式回答这些和其他的敏感问题,并不是一项简单的任务,这也从一个侧面表明教学为什么是一项具有挑战性的工作。

40

建构知识

当人们从现有的信息(例如事实、概念和程序)中创造新的观念或知识(可解释事物的规则和假设)时,有意义的学习就发生了。为了解决一个问题,我们需要从记忆中搜寻可用来形成解决方案的信息。运用信息可能意味着实验、质疑、反思、发现、发明与讨论。这一创造知识用来解决问题和消除不平衡的过程,被皮亚杰学派的心理学家和教育学家称为**建构主义**(constructivism)(Brooks & Brooks, 2001; Elkind, 2005; Haney & McArthur, 2002; Yager, 2000)。这是一种强大的观点,激发了大量的可用于教学和学习的心理学研究(Johnson, 2010)。建构主义将在后面的章节出现,也会以不同的形式出现(每一章的"暂停与反思"板块就是用来激发建构性思维的)。

2.2.2 认知发展阶段

组织和适应被皮亚杰称作"不变函数"(invaciant functions)。这意味着这些思维运算功能对于婴儿、儿童、青少年和成年人是一样的。但是,图式不是恒常不变的。在特定的时间转折点,它们发生着系统的变化。因此,幼儿和大龄儿童之间,儿童与成年人之间的思维方式存在真正的差异。例如,婴儿与学步儿的图式,本质上是感觉性和运动性的。它们通常指的是习惯或反应。在儿童早期,图式在性质上逐渐变为更加具有心理特性。在这一阶段,它们被称为概念或类属。最后,在青少年晚期或成年早期,图式变得复杂,因此出现策略性或计划性行为。

根据他的研究,皮亚杰总结出图式通过四个阶段演化。某一特定的儿童在这些阶段之间进步的速度是变化的,但是皮亚杰相信所有儿童进步的顺序是相同的。

我们将在后面的部分介绍皮亚杰提出的四个阶段。为了帮助你了解这些阶段的顺序，表2-2简要地列出了每一个阶段大致适用的年龄范围和其典型特征。

41 　　尽管皮亚杰运用"阶段"或者阶梯隐喻来描述认知发展模式，但是请不要误认为儿童是跳跃式地从一个阶段发展到另一个阶段。为了理解某些概念或者解决某些问题，在某些时候，儿童可能运用更加高级的思维方式，而在另一些时候，他们可能回到更早形成的、不太高级的思维形式。随着时间的推移，更高级的概念与策略取代不太精巧的思维形式。由于儿童思维过程中的这一变化性，某些发展心理学家（例如Siegler, 1996）倾向于采用相互交叠的波浪而不是阶段来描述认知发展的本质特征。但是因为皮亚杰用阶段这一术语，我们也将如此。

表2-2	皮亚杰的认知发展阶段	
阶　段	**年龄范围**	**特　征**
感知运动阶段	0—2岁	通过感觉与运动活动发展图式。认识客体恒常性。
前运算阶段	2—7岁	逐步获得守恒和去中心化的能力，但是不能进行运算，也不能进行心理上的可逆操作。
具体运算阶段	7—11岁	能进行运算，但是解决问题是通过对具体经验进行概括来进行。不能从心理上控制条件，除非他们曾经经历过。
形式运算阶段	11岁以上	能抽象、形成假设、系统地解决问题。能从事心理操控活动。

感知运动阶段（婴儿与学步期）

2岁之前，儿童主要通过感觉印象与运动活动获得理解。因此，皮亚杰称这一阶段为感知运动阶段。在出生后最初的几个月里，婴儿不能依靠自己的能力移动，他们通过探索自己的身体和感觉来发展图式。但是，在学步儿学会走路和控制事物之后，他们对所有的事物都感兴趣，并建立了一个相当大的图式集合，包括永恒客体和各种情境。

认知发展的重要里程碑——客体恒常性，产生在4至8个月之间。在此之前，"眼不见，物不在"是真实存在的。婴儿对待消失在其视野的物体，就像它们从来没有存在过一样。例如，当物体从他们的手中落下，或者他们寻找的物体被遮盖了，他们就不再找寻。随着客体恒常性的发展，他们有意图的搜寻行为变得明显。

大多数两岁以下的儿童能够运用图式进行心理上或者身体上的试误行为。到两岁的时候，学步儿的图式在本质上变得更加心理化。在学步儿模仿他人行为的过程中，你可以看到这一点。他们模仿之前没有观察过的人，他们模仿动物的行为，最重要的是，他们模仿示范者不再展示的行为（被称为延迟模仿）。这些类型的模仿，显示出学步期儿童日益增长的用符号来思考的能力。

前运算阶段（学前与小学初期）

学前与小学初期儿童（大致是2至7岁）的思维集中于符号（例如词汇）的掌握，这使得他们更多地从过去经验中获益。皮亚杰认为，许多符号产生于心理模仿，既包括视觉形象，又包括身体感觉（请注意，这一阶段的图式是如何整合前一个阶段的图式，并以其为基础）。虽然这一段阶段的思维与一两岁时期相比较更加成熟（例如，他们能模仿他人不再展示的行为，参与假装游戏），学前期儿童运用符号指向的图式的能力有限。从成年的视角来看，他们的思维和行为都是没有逻辑的。

当皮亚杰使用运算一词，他指的是通过逻辑思维进行的行为。因此，前运算指的是前逻辑。学前期儿童需要克服的主要逻辑思维障碍是知觉集中倾向、不可逆性和自我中心。当儿童试图解决**守恒问题**（conservation problems）的时候，最能清楚地看到这些障碍的影响。守恒问题可以检验他们能否认识到即使物体的外观和位置变化了，它们的其他属性仍然保持不变的能力。

最著名的守恒问题是连续数量的守恒。一名实验者将一名儿童带到一个安静的地方，然后实验者将水（或者果汁、豆奶或者其他的东西）倒入同样高矮的杯子里，直到儿童认为每个杯子里装有同样多的液体。然后，将水倒入一个高瘦的杯子里并问儿童："这个杯子（指着高的杯子）还是这个杯子（指着矮的杯子）里有更多的水？"在儿童回答之后，实验者马上问："你为什么这样想？"如果儿童的回答难以琢磨或者模棱两可，实验者继续追问直到儿童的思维过程清晰地呈现出来。42

在用不同年龄阶段的儿童进行这一实验（和其他类似的实验）的过程中，皮亚杰发现，6岁以下的儿童坚持，高瘦杯子比矮胖杯子里有更多的水。尽管在实验开始时，他们认同两个同样杯子里的水是一样多的，然而当水被倒出之后，这些幼儿坚定地认为高杯子里装有更多的水。当被问到"你为什么这么想"，许多学前期儿童迅速而自信地回答"因为它更高"。6岁以上的儿童更可能回答"看上去这个杯子里有更多的水，因为它更高，但是它们其实是一样多的"。

前运算阶段的儿童难以解决守恒问题（还有其他需要逻辑思维的问题）的原因之一是**知觉集中倾向**（perceptual centration）：一次只关注物体、问题或者情境的一个方面特征的强烈倾向。幼儿只关注两个容器中水的高度，而忽视宽度差异，因为他们缺乏能够结合这两个维度的逻辑结构。另一种解释方法是儿童还没有掌握**去中心化**（decentration）——一次思考一个以上的品质，因此没有思考其他可能的倾向。

第二个逻辑思维障碍是**不可逆性**（irreversibility）。这意味着幼儿不能从心理上将水从高瘦的杯子倒入矮胖的杯子（因而可证明两个杯子装有同样多的水）。出于同样的原因，这些幼儿不能理解简单数学逆运算背后的逻辑（4+5=9；9−5=4）。

第三个主要障碍是**自我中心主义**（egocentrism）。对于学前期儿童来说，自我中心并不意味着自私或者自大。它指的是，幼儿很难（也许不是完全不可能）站在他人的视角思考。在实验情境中，当要求他们描述他人眼中看到的事物的样子时，他们的回答表明，学前期儿童通常很难从他人的视角观察事物（Piaget & Inhelder, 1956）。他们似乎认为，他人看到的事物与自己看到的一样。因此，试图解释守恒问题背后的逻辑时，他们通常会显示出迷惑的表情，并坚持高瘦杯子里有更多的水（有时候被错误地称为顽固）。

具体运算阶段（小学到初中低年级）

通过正式教学、非正式经验、社会接触和成熟，7岁以上的儿童逐渐摆脱知觉集中倾向、不可逆性和自我中心的影响（DeVries, 1997）。随着图式的不断发展，儿童对守恒（物质不会被产生，也不会被毁灭，只不过被改变了形状、形态或位置）、类包含（建立有关联的项目类属之间的层级关系）和序列（以一定的顺序安排项目）这样的以逻辑为基础的任务有了更好的理解。

但是，运算思维仅仅局限于眼前存在的客体或者儿童直接具体地经历过的经验。因此，皮亚杰大致将7至11岁这一阶段描述为具体运算阶段。具体运算的本质可通过儿童掌握的各种不同的守恒得以显现。

到7岁的时候，大多数儿童能够解释将高瘦杯子里的水倒入矮胖杯子里，水量是一样多的。虽然7岁儿童能够解决倒水的问题，但是他（她）不一定能解决类似的橡皮泥问题。一个刚刚解释了为什么高杯子里的水和矮杯子里的水一样多的儿童，可能会认为，将两个同样大小的橡皮泥球中的一个滚成长条，被拉长的那一个看起来包含更多的橡皮泥。

43

暂停 与 反思

根据皮亚杰的观点，为什么将儿童看作"小大人"是不正确的？

小学低年级的儿童倾向于根据具体经验对这些情境作出回应。在小学结束之前，通过概括一种问题解决方法，然后推广到另一种问题情境中，这种能力是很不稳定的。

尽管如此，处在具体运算阶段的儿童，比大多数人所预想的，更有能力学习高级概念。例如，根据美国国家研究协会（National Research Council, 2000），幼儿园至小学四年级学生应获得的基本能力包括：针对物体提出问题，进行简单的观察，运用简单的工具（例如放大镜）收集信息和拓展感觉，建构和交流观点。

形式运算阶段（初中、高中及之后）

皮亚杰认为（照片2-3），当儿童能够进行概括和心理上的试误（想出假设并在头脑中进行验证）时，就达到了形式运算阶段。形式一词反映了对问题的形式而不是内容做出反应的能力和形成假设的能力。例如，进行形式运算的思考者可以理解类比"5对于15来说和1对于3是一样的"，"1美分对于1美元来说和1年对于1世纪是一样的"，并能认识到，尽管内容不同，但是这两个问题的形式是相同的（两个类比都是以比率为基础）。同样地，形式思考者可以理解并运用更复杂的语言形式：谚语（趁热打铁）、隐喻（拖延是时光小偷）、嘲讽和反讽。

通过观察简化版的皮亚杰压杆实验，我们可以看出形式运算思维的本质，以及它与具体运算思维的区别。在这个实验中，向青少年提供一个装有水的盆，一组不同长度的金属杆（小于盆的直径）和一组砝码。金属杆一端固定在水盆的边沿上，另一端压上砝码。被试的任务是找出需要多少重量可以正好把金属杆压弯至刚好接触水面。我们假设被试选择最长的金属杆（9英寸长），把它固定在水盆的边沿，在它的另一端吊上足够多的重量使它刚好接触水面，然后记录观察结果。接下来，选择较短的金属杆，进行同样的操作。到被试选到4英寸长的金属杆时，所有的砝码都吊上去了，金属杆还是没法弯下来接触水面。

44

照片2-3 处在皮亚杰形式运算阶段学生的认知发展水平允许其系统性地运用抽象符号来表征实际物体，以此来解决问题。

然而,还剩下三根更短的金属杆没有经过检验。

这就是形式运算与具体运算的不同所在。形式运算思考者推论,既然所有可用的砝码都不能把4英寸的杆压至接触水面,那么剩下的杆也同样的情况。本质上,剩下的实验是以符号化的、心理演练的方式进行的。然而,具体运算思考者仍然会继续检测每一根金属杆,记录每一次的观察结果,不管其他金属杆的结果如何。尽管两类被试得到了同样的结论,形式运算者的思维方式则显得更加强大有效。

但是,请记住,新的图式是逐渐发展起来。尽管青少年有时候能够处理表征具体物体的心理抽象,但大多数12岁左右的青少年偶尔还会运用试误的方式解决问题。直到高中快结束的时候,青少年才会以下方式处理问题:形成假设,心理上列举各种可能的解决方式,系统地检验最有希望的方式。

有些皮亚杰学者(例如Moshman, 2009)指出,形式思维极其重要的一个方面是,它使得青少年更加关注可能性而不是现实。这是埃里克森和其他人(例如Kalbaugh & Harviland, 1991)认为的在同一性危机出现时非常具有工具性的能力。当大龄青少年意识到,在选择职业的时候,需要考虑各种因素,并能想象被录用以后的情形时,有些人会感觉到威胁、混乱,因此推迟做出最终的选择。同样的能力可有助于同一性危机的解决,因为青少年可以对可能性进行逻辑推理。例如,一位少女可能考虑在穷困环境下当儿科医生、教师或儿童心理学家,因为她很喜欢并有意寻找与儿童一起互动的活动,并且她有兴趣了解匮乏的物质环境对发展的影响。

正如之前提到的,尽管对形式思维的掌握会让大龄青少年表现出令人赞叹的智慧技能,但是他们也可能将这些新获得能力运用到极端程度。形式思考者认识到,现实不过是许多可能性中的一种。因此,青少年经常尖锐地辩论,某种可能性在逻辑上是否可行,并且比现实存在的更加优越,应该得到施行。他们不太有耐心,例如,当成人说:"是的,很不幸,某些人是不公平待遇的牺牲品,但是由于各种现实的原因,不能用立法来规范。"他们的反应是,不仅可以通过立法来规范,还应该这样做。

David Elkind(1968)将青少年不能区分他们想象的世界和真实的世界称为**青少年自我中心**(adolescent egocentrism)。当高中生开始运用新获得的形式运算能力来思考自己和他人时,这种现象就出现了。因为青少年过于关注自己以及他人眼中的自己,他们认为同伴和成人也是如此看重他们的想法与行为。Elkind认为,这就是青少年普遍过于自我的原因。Elkind的研究对儿童自我中心与青少年自我中心的主要区别进行了总结:儿童的自我中心是因为他们无法获取他人的视角,而青少年的自我中心,则是因为过于极端地采取他人的视角(1968, p.153)。

Elkind认为,青少年自我中心同样可以解释,为什么同伴群体在高中阶段会成为如此强大的力量:

在某种程度上,青少年自我中心能部分地解释这一阶段同伴群体的力量。青少年是如此重视他人对自己的反应,尤其是同伴的反应,以至于他们愿意做许多可能违背之前所接受的教育、损害自身最大利益的事情。这种自己总是在舞台的中心的自我印象,也有助于解释青少年多种多样的旨在获取关注的小花招(1968, p.154)。

尽管青少年自我中心的概念得到了研究者的广泛接受,但是把它的起因归结于形式运算思维的观点并没有得到一致的支持。有些研究发现了这种联系,有些研究则没有(Rycek, Sthhr, & McDermott, 1998; Vartanian, 2000)。

2.2.3 社会互动和教学对认知发展的影响

社会互动如何影响认知发展

说到社会经验,皮亚杰明确表示,同伴互动比与成人互动更能促进认知的发展。原因是,相较于与成人严肃地对待某议题,儿童更可能讨论、分析、辩驳另一个儿童关于某些问题(例如,谁应该持有哪一个玩具或游戏的规则应该是怎样的)的观点。儿童与成年人之间的力量平衡明显是悬殊的。不仅是因为儿童很快学习到,大人知道得更多,采用更高级的思维方式,而且因为人人到最后总是说:废话太多了,今天睡觉前不许吃点心了!但是,当儿童与另一个儿童互动时,结果更多地依赖于儿童如何运用各自的智慧(Light & Littleton, 1999)。

正是这种理解同伴或玩伴想法并对其作出反应的需要,导致自我中心的降低,促进新的、更加复杂的图式的形成。换句话说,强烈的认知冲突感自动地推动儿童达到更高水平的平衡。不管教学设计得如何好,由成年专家承担的正式教学无法具有同样的影响。这就是家长和教师为什么经常惊讶地发现,儿童在反对成人对某一事情的解释以后,又认同了这些事情。因此,以皮亚杰的观点为基础的教育计划,通常为儿童社会互动、通过互动发现世界运作的基本原理提供了充分的机会(Crain, 2011; Rogoff, 1990; Tudge & Winterhoff, 1993)。在第13章的教学方法(Approaches to instruction)中,我们详细地介绍了一个可以达到这一目的的系统性方法:合作学习。有关这种方法可行性的证据,可以在几篇综述和分析合作学习效果的文章中找到(例如:Johnson & Johnson, 1995; Qin, Johnson & Johnson, 1995; Slavin, 1995)。

教学如何影响认知发展

如果说,皮亚杰对于教学促进认知发展的作用的看法,如果不是消极的,那么毫无疑问也是谨慎的。一方面,他认为,由成年专家承担的正式教学,可能会促进某个阶段图式的形成,但是必须是这些图式快要成形的时候。另一方面,如果教学进行得太早,如在儿童真正理解属概念之前,教他们数到20或者50,是在浪费时间(Piaget, 1983)。

46　　在过去的30多年中，为了验证皮亚杰立场的正确性，进行了无数的实验。对这一类研究进行过分析、评估的心理学家，得出的结论各不相同，从不确定到谨慎乐观（例如，Case，1975；Good & Brophy，1995；Nagy & Griffiths，1982；Sprinthall, Sprithall, & Oja，1998）。研究结果的不确定，源于某些研究方式的不足，不一致的研究结果，以及对具体运算思维或形式运算思维证据的不同看法。

　　对研究结果的谨慎乐观，来自英国Michael Shayer等人的工作（Adey, Shayer, & Yates，2001；Shayer，1999）。有一项名为CASE（科学教育促进认知计划）的科学教育计划，结合了皮亚杰理论和维果斯基理论的某些方面。研究发现，参加了这项计划的学生与没有参加这项计划的学生（学生年龄13、14岁）相比较，有更多比例的学生处于或者高于形式运算阶段。CASE计划还用来帮助乡村学校的前运算阶段的学生，获得具体的运算图式（Cattle & Howie，2008）。但是，这一举措对于青少年，或者城市学校的前运算阶段儿童，没有起到上述提到的积极作用（Adey, Robertson, & Venville，2002）。

　　从这些文献（例如Sigelman & Shaffer，1991；Sprinthall等人，1998）中可得出的最保险的结论是，与一般情况相比较，在主导下一阶段认知功能的图式即将形成的过程中，高质量的教学，可以帮助儿童更快地优化这些图式。例如，教师可以通过简单的解释、使用具体的材料和允许儿童自己操控材料来教授守恒原理。这意味着，通过提供与学生现有图式一致但略微高级的课程形式，教师可以培育处在任一阶段的认知成长过程，目标是帮助学生尽可能有效地同化和顺应新的不同的经验。

2.2.4　对皮亚杰理论的批评

低估儿童的能力

　　有数以千计已发表的文章对皮亚杰的发现做出了回应，其中有不少文章对他的工作提出了批评。有些心理学家认为，皮亚杰低估了儿童的能力，不仅因为他对某种认知能力的存在提出了严格的标准，而且因为他采用的任务都是复杂的、远离儿童真实生活经验的。例如，前运算一词就忽视已存在的，强调不存在的。在过去的20多年中，研究者已经更多地关注前运算阶段儿童可以做的，尤其是在适当的教学帮助下可以做的事情（例如，Bibok, Muller, & Carpendale，2009；Metz，2011；Miller，2011）。有一组研究者（Metz, Sisk-Hilton, Berson, & Ly，2010）提供的证据表明，小学生可以在有帮助的情况下，预测、解码、解释基本的逻辑过程。

高估青少年的能力

　　另一些证据表明皮亚杰可能高估了青少年具备的形式思维能力。Michael Shayer

（1997）总结的研究表明，到青春期末期，只有20%的儿童展示出发展良好的形式运算思维。一项对法国青少年进行的研究也报告了相似的百分比，这项研究也试图找出是否出现了一种新的模式。研究文献显示，一组10至12岁的青少年在1972年接受了形式运算任务，只有9%的人处在形式运算阶段之初，只有1%的人是成熟的形式运算者。1993年对一组10至12岁青少年进行相同的测试，百分比只是比前面的结果略微高了一点。在1967年的测试中，26%的人是早期形式运算者，9%的人是成熟的形式运算者。但是在1996年接受测试的群体中，40%的人是早期形式运算者，15%的人是成熟的形式运算者。该项研究的研究者认为，13至15岁青少年群体中形式运算思维者比例的提高，部分可以归因于促进形式运算图式发展的教学实践（例如创建表格来呈现信息、运用树形图来澄清语法结构）。

尽管事实上，现在青少年中存在的形式运算者可能比过去更多，最好的方式仍然是把他们看作例外，而不是常态。以Moshman（2009）之见，"皮亚杰的理论最好被看成是对最佳表现的解释，而不是对典型行为的描述（p.264）"。同成人一样，青少还依赖于具体运算思维、模仿和自动化的认知过程。

对认知发展的解释比较模糊

皮亚杰的理论还因为没有明确提出促进认知发展的因素而受到批评。尽管皮亚杰认识到，儿童的思维在不同的任务中、不同的时间段，可能并不一致（例如，他们可能先表现出守恒反应，然后又逆转到非守恒的反应），但是他的理论很少对这一点做出解释。

Robert Siegler（1996）提出了一种解释：他认为，变化性在儿童的思维中扮演着重要的角色。例如，在连续的情境中，听到儿童运用特定动词的不同形态是很常见的，例如"我吃了、我吃好了、我吃完了"（I ate it, I eated it and I ated it）。在使用记忆策略（5岁、8岁的儿童并不总是采用复述策略来记住他们想要记住的信息）、加法规则、计时规则和搭积木任务中可以发现类似的变化性。Siegler的解释是，变化性给予儿童一些看似合理的选择来应对特定的问题。请注意限定词是看似合理的。大多数儿童并不会尝试所有可能的解决途径。相反，他们采用那些与问题暗含的原则在逻辑上相一致的选项。一旦儿童获得了对解决问题的逻辑解释，他们可以学习更多，坚持更久（Siegler & Svetina, 2006）。

文化的差异

InTASC标准　　　标准2（k）

皮亚杰理论背后的关键假设，如适应、建构，激发了大量的跨文化研究（Maynard, 2008）。有一个问题被提出来，那就是来自不同文化的儿童，是否都按皮亚杰描述的方式来发展。到目前为止，对这一问题的回答既是肯定的，又是否定的。阶段出现的顺序看上去是普遍的，但是发展的速度在不同的文化中各不相同（Dasen & Heron, 1981; Hughes & Noppe, 1991; Leadbeater, 1991; Rogoff & Chavajay, 1995）。

尽管西方工业社会（例如美国）通常不会在儿童未满10岁的时候，就让他们承担临时保姆的任务，因为他们高水平的自我中心特征会妨碍他们照顾到另一个儿童的需求，但是在墨西哥村落中，玛雅儿童5岁就能承担这一角色，因为他们的文化强调合作行为的发展（Sameroff & McDonough, 1994）。

20世纪70年代进行的研究发现，几乎没有接受过正式教育的非西方文化个体，不会进行形式运算思维。尽管采用皮亚杰用过的任务对他们进行测试，他们运用了具体运算图式，但是与皮亚杰最初研究过的瑞士儿童相比较，在较大的年龄阶段，他们仍然采用具体运算图式。这一结果被归因于他们缺乏学校教育，因为他们不熟悉正式测验的规范。当采用来自他们日常生活中的材料（例如要求来自赞比亚的儿童用绳索而不是纸笔构造图形）进行具体运算任务的时候，他们的表现与西方儿童用纸笔画得一样好（Rogoff & Chavajay, 1995）。

暂停 与 反思

由于美国学生在标准化成就测验中的表现不如欧洲和亚洲学生，批评家指出美国正式教育应当在五岁前就开始，并关注基础阅读和数学技能。在皮亚杰理论研究的启发下，你如何看待这个提议？

教学建议 运用皮亚杰的认知发展理论

InTASC 标准4(1) 标准8(k)

一般原则

1. 关注每一个阶段儿童能做什么，避免呈现他们无法进行有意义理解的事物。

近期研究表明，处在前运算和具体运算阶段的儿童比皮亚杰所认为的能做得更多，因此这条原则的含义需要慎重地解读。尽管如此，由于前运算阶段的儿童（托儿所儿童、幼儿园儿童、大多数一年级以及部分二年级学生）可以运用语言和其他符号来表征物体，因此可以给予他们大量的机会，使之通过语言、绘画、体育、角色游戏和音乐活动来描述和解释事物，这种说法是可靠的。尽管在这一时期可以介绍守恒、序列、类包含、时间、空间等概念，但是，儿童要掌握这些内容，可能要推迟到具体运算阶段。

可给予处于具体运算阶段的儿童（三年级至六年级）通过操作具体的物体或符号，来掌握排序、分类、交换、乘法、除法、减法和加法等的认知活动。尽管极少数五六年级学生或许能进行抽象认知活动，但是大多数包含推理、假设、概括的活动，都应该利用具体的物体或符号来完成。

可给予处于形式运算阶段的儿童（七年级至高中阶段）提供有关假设演绎推理、反思性思维、分析、综合和评价的问题。

2. 每个人认知发展的速度是不一样的，因此，教学材料和活动应适合每个学生的发展水平。

3. 由于认知成长发生在消除不平衡的过程中，为了最大限度地促进同化和顺应，介绍新概念的教学和材料应该能激发学生的兴趣和好奇心。

4. 虽然通过直接教学，可以有效地将信息（事实、概念、程序）从教师传递给学生，但是每一个学生获得知识（规则和假设），则需要通过对信息的内外加工。

因此，课时计划应该包括参与操作、探索、讨论、运用信息等活动的机会。小组科学项目是达成这一目标的范例之一。

5. 在某一个阶段，图式的产生是过去图式发展的自然结果，因此应该向学生指明，新的观念是如何与其旧的观点相联系，并拓展他们的理解的。避免单纯为了记忆而记忆信息。

6. 一节课应该从具体的物体或观点开始，逐渐将解释转向更加抽象的、概括的水平。

学前儿童、小学生和初中生[1]

1. 对皮亚杰的理论烂熟于心，这样你就能明白你的学生如何组织、分析各种观点。

如果你分析自己的思维，你会获得更多的洞察。因为，你很可能会发现，在有些情境

49

---

[1] 这些指导方针改编自 Elkind（1989）；Ginsburg 和 Oppere（1988）；Kamii（2000）；Singer 和 Revenson（1996）；Wadsworth（1996）。

下,你是在具体而非抽象水平上进行思维运算。

2. 如果可能的话,评估班级里每一位学生的思维水平和类型。要求学生进行某些皮亚杰实验,用充分的时间倾听每一位学生如何解释他/她的反应。

3. 请记住,通过活动和直接经验进行学习是必不可少的,这为学生的自主学习提供了大量的机会和资源。

4. 安排有利于社会互动产生的环境,以便于学生相互学习。

聆听他人解释自己的观点是学生学习"不同的人看待事物的方式不同"最自然的方式;把高水平思维者与不那么成熟的思维者安排在一起,与同质群体相比,更有利于促进这一过程的产生。

5. 在设计学习经验的过程中,考虑每一个个体或群体的认知水平。

在要求学生处理需要把两种或两种以上属性进行关联的问题之前,鼓励学生根据实物的单一属性进行分类。

6. 请记住,学生有可能受到自我中心语言和思维的影响。

应考虑存在这样的可能性:每位孩子都有可能认为其他人对世界的概念和他/她一样。如果孩子明显地存在困惑,或者因交流失败而失去耐心,应要求他/她采用不同的术语进行解释。也可以要求几个孩子一起解释他们对某一事物或者某一情境的理解。

50 初中生与高中生[1]

1. 熟悉具体运算思维和形式运算思维的特征。这样的话,当你的学生运用任何一种思维方式或者二者的结合形式时,你就能分辨出来。

2. 为了更好地明确每一个学生运用的思维方式,请他们对问题解决的过程进行解释。

把它作为你课堂教学的一部分,或者用这样的方式对与皮亚杰设计的实验相类似的情境做出反应。

3. 教学生如何用更加系统的方式解决问题(在后面的章节中,将对如何实现这一点提出建议),提供亲身体验科学实验的机会。

4. 请记住,有些高中生对可能性的兴趣比对现实的兴趣更大。

如果班级讨论变得不现实地理论化、假设化,请学生注意事实和实践上的困难。如果学生对成人在解决学校、地方、国家和国际问题上不太成功的尝试持鄙视的态度,向学生指

1　这些建议大多改编自《青少年》第2章中的某些观点(Steinberg, 2005)。

出很多事态是复杂的,与利益冲突有关。这也许可以通过让学生就这两种立场进行辩论来实现。

5. 允许这样的情形存在:青少年可能会经历一段自我中心时期,这让他们表现得似乎他们一直在舞台的中心,对于同伴的反应极度关心。

你掌握了吗?

一位儿童第一次看到一辆玩具摩托车。他开始推着它到处走,与此同时,他发出他推玩具小汽车时一样的音效。根据皮亚杰的理论,他的行为体现了:

a. 同化　　　　　　　　　　　　b. 顺应

c. 创造性　　　　　　　　　　　d. 不平衡

2.3　维果斯基:认知发展

> InTASC标准　　　　标准1(e)　标准1(f)　标准7(i)

20世纪60年代初,皮亚杰的工作开始被诸多美国心理学家注意到。从这个时候到20世纪80年代,皮亚杰理论是解释认知发展的主导理论。期间,也不是没有人反对皮亚杰。正如前面一个部分所介绍的,尽管有不少心理学家质疑了他的工作的某些方面,但是没有与之相匹敌的认知发展理论存在。然而,在20世纪80年代早期,俄国心理学家维果斯基(Lev Vygotsky)开始以越来越高的频率出现在心理学文献中。维果斯基因肺结核逝于1934年,但他是皮亚杰的同代人。对于形成学习和思维的主要动力,他有截然不同的看法,特别是在有关文化、社会互动和正式教育的作用方面(Rowe & Wertsch, 2002)。

2.3.1　文化如何影响认知发展

维果斯基的认知发展理论通常被称为社会文化理论,因为它认为,我们如何思考受社会与文化共同影响。例如,给你一组名词(如盘子、盒子、桃子、刀、苹果、锄头、杯子、土豆),要求对它们进行分组,你很可能会把盘子、刀和杯子放在一组,命名为"工具",把桃子、苹果和土豆放在一组,命名为"食物"。为什么呢? 这些分组具有内在的不可违背性吗? 并没有。

我们可以有逻辑地将盘子、刀和土豆放在一组,因为我们用前二者来吃第三者。但是,我们更倾向于把物体按照分类学类别而不是功能类别进行分类,因为教育我们的人,大多数时候都是以分类学的方式组织观念。我们为什么是这样思考的? 因为我们生活在这种文化下,即奖励那些在最抽象水平进行思考的成员(这也是为什么皮亚杰发现形式运算是最高级的思维阶段)。

通常,家长和学校塑造儿童的思维过程,以反映文化所重视的内容。即使个体是独自一人生活,其思维与行为仍是文化价值和实践的产物。文化价值与实践可以追溯到千百年以前,也可以是最近发生的社会关系(Cole, 2005; Daniels, 2011; Wertsch & Tulviste, 1996)。

心理工具的重要性

维果斯基认为,文化传递给其成员(及其后代)最重要的东西是心理工具(psychological tools)。它是我们探索周围世界并与其进行交流的认知策略和程序,能促进和改变我们的心理功能。例如,言语、作品、手势、图表、数字、化学公式、五线谱、规则、记忆技巧就是一些常见的心理工具(Daniels, 2011; Gredler & Shields, 2004)。

例如,早期的探索者创造出地图来帮助他们标注他们曾经所处的地理位置,把这些信息告诉别人,以及规划将来的旅程。现在,我们运用同样的工具,在长距离跋涉或者距离相对短但复杂的环境(如大城市)中进行有效的导航。另一个例子是乘法的运用。如果要求你解决乘法问题343×822,十有八九,你将像通过以下程序,轻松快速地得出答案281946。

$$
\begin{array}{r}
3\ 4\ 3 \\
\times\ 8\ 2\ 2 \\
\hline
6\ 8\ 6 \\
6\ 8\ 6 \\
2\ 7\ 4\ 4 \\
\hline
2\ 8\ 1\ 9\ 4\ 6
\end{array}
$$

但是,你也可以通过把343和它自己相加821次得到相同的答案。你为什么会自然地倾向于选择第一种算法? 因为你身处其中的文化,通过正式教育为你提供了被称作乘法的心理工具。乘法是一种可以更加有效和准确地解决某类复杂的数学问题的方法(Daniels, 2011; Wertsch, 1998)。

儿童先通过与家长的社会互动,而后通过在正式教育中与教师互动,了解文化所重视的心理工具。这些社会互动最终内化为自动化的认知过程。维果斯基是如此文雅地描述这一过程："通过他人，我们成为自己。"（Tudge & Scrimsher, 2003, p.218）

2.3.2　社会互动如何影响认知发展

维果斯基有关认知过程发展和起源的观点与其他认知发展心理学家的差异，类似于这样一个经典问题：先有鸡还是先有蛋？受皮亚杰的影响，许多发展心理学家认为，儿童通过内在的同化、顺应、平衡过程克服认知冲突，变成更有能力的高级思维者，从而更好地理解他们生活的世界以及自己的处境（见下一章儿童社会性发展中对 Robert Selman 工作的讨论）。

然而，维果斯基认为，事实恰好相反。他把社会互动视为认知发展的主要动因。与皮亚杰不同，维果斯基认为，儿童从那些比他们自身更有智慧的人所传递出来的知识与概念工具中收获巨大。不管这些人是他们的同龄人，还是年长的儿童，或者是成年人（照片 2-4A 和 2-4B）。

例如，思考一下简单如"祖母"这样的概念。在正式教学缺失的情况下，小学阶段儿童对祖母的概念很可能是有局限的，因为它建立在个人经验基础之上（我的祖母七十多岁了，头发花白，戴着眼镜，她做的苹果派无人能敌）。但是，在家谱图等教学工具的帮助下，他们将在更加宽泛和普遍性的基础上理解祖母（或其他亲戚称谓）这一概念的本质。他

照片 2-4A 和 2-4B　A 皮亚杰认为，与同伴交往比与成人的交往能更快促进儿童图式的发展。
B 但是维果斯基认为，儿童在正式教学中通过与更加智慧的教师互动学得更多，特别是当教学正好设计在儿童的最近发展区内。

们可以运用这一个概念来比较朋友间的家庭结构，以后也可以用来做宗谱研究（Tappan，1998; Tudge & Scrimsher, 2003）。

维果斯基认为，社会互动要想促进认知发展，必须有一个称作中介（mediation）的过程。当一个知识更加丰富的个体，解释某个儿童的行为，并帮助他/她将其转化为内部的、符号化的表征，且这些表征的含义对儿童与他人相同时，中介就发生了（Light & Littleton, 1999; Tudge & Winterhoff, 1993; Wertsch & Tulviste, 1996）。也许，下面的例子可以澄清这一点：想象一名儿童去够一个她够不着的东西。旁边的大人看到她指着这个物体，就会说"哦，你想要这盒蜡笔"，然后拿给她。久而久之，最初的抓取行为通过成人的中介，转变成一个内在的信号（我想让你把这个物体拿给我），这个信号对儿童和成人来说含义是一样的（Driscoll, 2005）。因此，儿童潜在的认知发展水平，只有通过他人更加高级的认知过程的介入才能产生。

2.3.3 教学如何影响认知发展

维果斯基把儿童入学前学习的信息与儿童入学后学习的（应该学习的）信息进行了区分。在儿童早期，儿童获得的是维果斯基所称的**自发概念**（spontaneous concepts）。也就是说，尽管他们学习各种不同的事实、概念和规则（例如如何说母语，如何对物体进行分类），但是他们这么做最多算是其他活动（如与父母或玩伴玩耍和交流）的副产品。这种类型的知识是不系统的、无意识的，指向的是儿童日常的具体经验。因此，维果斯基采用了自发一词。

而学校教育应该指向被维果斯基称为**科学概念**（scientific concepts）的学习。科学概念是让我们用来有意识地、系统地控制环境的心理工具。维果斯基认为，儿童心智的正常发展，有赖于学习如何去运用这些心理工具。只有当课堂教学设计得恰如其分，儿童才能学会心理工具的运用。这意味着，教学的第一步应该是先向学生提供明确清楚的定义。因此，教学的基本目的不是像把硬币放进存钱罐一样的知识积累，而是刺激和引导认知发展（Crain, 2011; Daniels, 2011）。

当代心理学家扩展了维果斯基有关"自发概念与科学概念"的观点。他们用**经验学习**（empirical learning）来指代儿童获得自发概念的方式。经验式学习的特点是能发现物体或事件的大部分可观察的特征，它可作为形成一般概念的基础。这种方式的主要局限在于，突出的特征并不一定是关键的或者定义性的特征，而后者才是形成正确概念的基础。例如，由于正式教学的缺乏，儿童会认为包含两个或两个以上词语的语句就是句子，鲸鱼是鱼类，竹子不是一种草本植物。

另一方面，**理论学习**（theoretical learning）涉及用心理工具来学习科学概念。由于这些一般化的工具被重复地用于各种各样的问题，它们逐渐被内化和推广到更广泛的情境和问题类型中。这种观点认为，高质量的教学致力于帮助学生从注重实用的经验式学习转向更加一般化的理论式学习，从在成人的帮助下刻意地运用心理工具，转向不需要外部帮助的、内隐地运用这些工具（Karpov & Bransford, 1995; Morra, Gobbo, & Sheese, 2008）。

这里呈现一个比较两种方式的有效性的例子：两组6岁儿童被教育如何书写22个俄语字母。组1采用经验式学习。教师为每个学生提供每个字母的模板，向他们展示如何书写每一个字母，并为如何书写每一个字母提供口头解释。然后，学生在教师的监控下仿写每个字母。当他们写出一个字母的样子比较像样了，就教他们开始写下一个字母。组2采用理论式学习。首先，教导学生分析每一个字母的形状，以便他们能分辨每一条轮廓线的走向在什么位置有变化。然后他们在这些位置标上点，描绘出轮廓的变化。然后，他们在页面的其他位置再现这些点的模式，并用铅笔将这些点连起来。

结果显示，两组学生学习正确地书写字母表中的字母的速度差异巨大。经验组的中等生学习第一个字母需要尝试170次，学会书写最后一个字母大概需要尝试20次。学习所有22个字母总共大约需要尝试1 230次。理论组的中等生只需要尝试14次就能正确书写第一个字母，从第8个字母开始，只需要尝试一次就能学习每一个字母。第二组学生学习所有22个字母总共需要60次左右的尝试。此外，这些学生能够运用所学过的一般方法来帮助自己学习拉丁字母和阿拉伯字母（Karpov & Bransford, 1995; Morra等人，2008）。

教学与最近发展区

关于经验学习和理论学习的讨论印证了维果斯基的观点：好的教学设计就像一块磁石。如果它的目标稍微高于儿童现有的知识和能力，它将推动儿童进步，帮助他们掌握独立学习所不能学到的知识和能力。维果斯基（1986）描述的一个实验可以说明这一点。他给两名能力中等的8岁儿童呈现一些对他们来说难以独立完成的问题（尽管维果斯基没有明确这是什么类型的问题，可以假设它们是数学问题）。然后，他通过基于启发性的提问和提示来帮助儿童解决这些问题。他发现，有一名儿童在提示下，能解答为12岁儿童设计的问题。而另一名儿童，尽管得到了提示，但只能达到9岁儿童的水平。

维果斯基把儿童能独立做的事情和在有帮助的情况下能完成的事情之间的差异称为**最近发展区**（zone of proximal development, ZPD）。第一名8岁儿童的最近发展区是4（也就是，这名8岁儿童在有帮助的情况下，能解答专门为比他年长4岁儿童设计的问题），而第二名儿童的最近发展区是1（他可以解答专门为比他年长1岁儿童设计的问题）。据维果斯基的观点，当教学定位正好高于儿童的最近发展区的底线时，最近发展区宽的儿童比最近发展区窄的儿童更可能经历更大的认知发展,因为前者能够更加充分地利用教学。最近发展区包含了成熟过程中只能通过帮助才能发展的能力、态度和思维模式(Daniels, 2011; Holzman, 2009; Tappan, 2005)。

通过提供线索或者询问引导性问题,来帮助学生回答难题或者解决问题,是运用**支架**(scaffolding)技术的一个例子。正如建筑工人用支架来支撑他们搭建的建筑物,维果斯基建议教师在学生学习的早期阶段提供类似的支持。支架的目的是帮助学生获得他们无法自主习得的知识和技巧。当学生的表现表明他们已经掌握了问题中的内容时,可以逐渐减退和移除这种学习支持。能够帮助学生穿越他们的最近发展区的支架技术,包括提示、建议、检查表、示范、奖励、反馈、认知结构化(运用理论、分类、标签和规则,帮助学生组织和理解观点)和提问(Daniels, 2011; Gallimore & Tharp, 1990; Ratner, 1991)。当学生到达他们最近发展区的顶端时,他们的行为会变得更加自如、内化和自动化。而在这个阶段提供的任何帮助,都可能被视为一种干扰且引人愤怒。

55

Mark Tappan(1998)曾经提出了以下四元模型,教师可利用这些元素优化支架技术的作用,帮助学生跨越最近发展区:

1. 示范所期待的学习行为。儿童可以模仿许多依靠自己能力无法独立展示的行为,外部示范和模仿等经验,可以激发他们依靠自身的能力表现出这些行为。

2. 与学生建立对话。通过问答、解释、师生(处在最近发展区内的儿童)之间的反馈,儿童对概念、程序、原理的理解变得更加系统化、组织化。与示范一样,这种对话的有效性,至少部分地取决于教师和学生建立和维持一种关系的责任。在这种关系里,他们都会为了满足对方的需求而做出忠实的努力。

3. 练习。练习会加速学生对观察到的、与他人讨论的思维技能的内化(见Schmitz & Winksel, 2008)。

4. 肯定。肯定他人就是通过关注他们在帮助下可以做到什么,从而激发出他们最好的一面,这一过程有助于在师生之间建立相互信任、支持的关系。例如,你可能对一位学生说:"我知道,这一任务目前对你来说有点困难,过去在面对类似的任务时,你存在一些问题,但是在我的帮助下,我确信你会有非常棒的表现。"

维果斯基通过将教学嵌入学生的最近发展区来促进认知发展的观点,既具有吸引力,又具有许多教学意义。例如,在第9章介绍社会认知理论时,我们将讨论如何运用这一观点来促进低成就的七年级学生的阅读理解技能。在第13章,我们将介绍一位四年级教师如何通过运用不同类型的提示作为一种支架,来帮助学生更好地理解他们所读到的故事,以及这些提示对后续的阅读任务讨论的影响。

　　像父亲一样，马里奥运用各种手势来表现他的语言。马里奥的手势可以作为以下哪种例子：

　　a. 经验学习　　　　　　　　b. 理论学习

　　c. 搭支架　　　　　　　　　d. 一种心理工具

2.4　利用技术促进认知发展

56

InTASC标准　　　标准3（m）　标准8（n）

　　皮亚杰和维果斯基认为，人们用身体的、心理的、社会性的经验来建构个人关于"世界是什么样"的概念（图式）。与环境以及环境中的他人互动，是影响认知发展的关键因素。尽管每一天都有大量的机会去观察他人的行为、尝试各种想法、与他人面对面地互动，但我们的活动，通常受制于构成当下环境的各种物理与社会刺激。空间、时间、成本等因素，限制了我们进行大范围的互动。但是，技术扩大了我们的经验范围。尤其是随着 Web 2.0 技术的发明，我们的经验范围得到了切实的扩大。Web 2.0技术包括交互式信息共享、协作、多用户虚拟环境、社交网络、博客等等。

　　目前，运用于中小学校的各种技术不断增多（Kulik，2003; Pullin, Gitsaki, & Baguley, 2010）。尽管教室作为教师和学生聚集的主要场所，将来可能会继续保留，但在未来的某些时候，技术可容许教师和学生超越时间和空间的限制，进行人员、信息交流。因此，教室不再是学习的唯一场所。现在，有许多虚拟的、通过技术可进入的学习环境。

2.4.1　基于皮亚杰理论的技术运用

　　皮亚杰关于认知发展的核心观点是认知失衡，也就是学生对世界的理解与他的经验不相匹配。呈现让学生去思考和解决的问题情境，可以促进其学习和发展，因为这种情境能引发不平衡。技术可以拓展学生的有助于产生不平衡的经验。

　　例如，**微世界**（microworlds）就是模拟性的学习环境，它为学生提供机会，思考那些没有明显解决方案的问题,探索那些无法直接"理解"的情境。它也可以使研究者探讨,在或多或少可控的情境中,学习者是如何作出决策的(Elliott, Welsh, & Mills, 2007; Healy & Hoyles, 2001)。

　　面积守恒及其测量(The Conservation of Area and Its Measurement)(C. AR. ME)就是一个微世界,它提供了一系列几何工具,激发学生创造不同的方式来表征面积测量的概念。一组高中生运用C. AR. ME创造了11种方法来表征面积测量。另一个微世界——概率探索者(Probability Explorer),允许学生设计一些与真实世界活动相关的概率实验,如天气预报;其主要目的是帮助学生完善他们对概率的直觉认识(Drier, 2001)。如上述例子所呈现的,微世界通过鼓励学生探索、控制、用视觉方式表征抽象概念来促进认知发展。有些微世界包含一些与微型计算机相连接的传感器,用来产生与温度、声音、运动和电动势等物理现象有关的图像(Pena & Alessi, 1999; Trumper & Gelbman, 2000, 2002)。由于这些微世界(有时也被称为以微型计算机为基础的实验室),在动手操作、具体经验和对经验的符号化表征(图像)之间建立了直接的联系,它们的运用可以促进从具体运算思维到形式运算思维的转变(Trumper & Gelbman, 2000)。

　　建构新理解和概念(图式)的机会,不仅仅来自与环境中的信息和事体的互动,也来自环境中的人际互动(照片2-5)。虚拟学习允许学生进入某些环境,与某些人合作,这是采用其他方式所不能实现的。

照片2-5　技术化的学习环境能提供促进知识的社会建构的挑战性问题。

2.4.2　基于维果斯基理论的技术运用

你还会记得，维果斯基认为，那些认知能力更强的人所传递的知识与概念工具，让儿童收获巨大。Roy Pea（1985，2004）和 Gavriel Salomon（1988）率先提出，在写作和阅读这样的任务中，技术可以扮演有力的辅导者的角色。从根本上说，在阅读和写作任务中，软件可以提供提示和专业的指导。随着学生更有能力调节自己的行为，这些支持或支架可以逐渐隐退。某些研究者（Cotterall & Cohen, 2003; Donovan & Smolkin, 2002）认为，这样的支持在写作中是非常关键的，因为年幼的儿童往往缺乏相应的认知资源和技能，他们在写作中无法摆脱简单地进行知识讲述的局限。Salomon 曾助力研发出软件工具"写作伙伴"和"阅读伙伴"。他发现，这些软件能提高儿童的阅读理解和文章撰写能力，增加他们的努力程度和对有用的自我提问策略的意识（Salomon, Globerson, & Guterman, 1989; Zellermayer, Salomon, Globerson, & Givon, 1991）。尽管同一时期的此类研究并非总能得到这样积极的结果（Bonk & Reynolds, 1992; Daiute, 1985; Reynolds & Bonk, 1996），然而，随着教育者和研究者对技术化学习环境的日益熟悉，维果斯基的观点得到了更好地理解，也因此得到了更有效的利用（Alavi & Leidner, 2001; Borthick, Jones, & Wakai, 2003; Roth & Lee, 2007）。例如，Yelland 和 Masters（2007）发现，在技术化的环境中，儿童可以相互支持，在这类环境中的支架可以为学习者提供认知、情感和技术上的支持。事实上，在技术驱动的学习环境中，专门为支持学习者而设计的技术，有时候就被认为是一种支架（De Lisi, 2006）。

尽管如此，维果斯基还是把社会互动视为认知发展的主要动因。在许多情境中，技术可以将人与人联系起来，让学习者通过社会互动获得有助于智力发展的知识和心理工具。技术将人与人联系起来的方式之一是使用多用户虚拟环境（MUVEs）。探秘亚特兰蒂斯（Quest Atlantis）是一个有名的多用户虚拟学习环境，集合了来自四个州 20 000 多名学生（Brab, Gresalfi, Ingram-Noble, Jameson, Hickey, Akram, &Kizer, 2009; Gresalfi, Barab, Siyahhan, & Christensen, 2009）。在第 10 章，将对探秘亚特兰蒂斯项目进行更加详细地讨论，我们将看到学生是如何参与虚拟环境中的在线学习活动和线下学习活动的。这里所讲的重点是技术可以支持同一虚拟环境中的许多学生进行社会互动。

58

InTASC　　　标准 5（n）

技术将人与人联系起来的第二种方式是形成在线辅导关系,这通常被称为**远程辅导**(telementoring)(Duff, 2000; Murray, 2009; Rea.2001)。在教育和技术文献中,从幼儿园到12年级教育的远程辅导的例子随处可见。例如,国际气象计划中的"儿童是全球科学家项目"(the Kids as Global Scientists project)(Mistler-Jackson & Songer, 2000)和有益于环境的全球学习与观察项目(the Global Learning and Observations to Benefit the Environment program)就是让学生远程参与真实的数据收集和报告(Barab & Luehmann, 2003; Finarelli, 1998)。学生与同伴、辅导者建立的协作关系,会让他们在集体活动中有一种强烈的参与意识。教师同样也具有接受远程辅导的机会(Whitehouse, McCloskey, & Ketelhut, 2010)。国际远程导师计划(International Telementor Program)网站为教师和学生提供来自世界各地的志愿辅导者。

你掌握了吗?

　　一名生活在格陵兰岛偏远地区的儿童加入了一个多用户虚拟学习环境,在这个环境中,为了获得新的知识和问题解决技能,他必须与年长的儿童进行互动。维果斯基会把这件事视为:

　　a. 对学习的干扰。

　　b. 一种可以促进认知发展的教学形式。

　　c. 不会像同伴学习那么有效。

　　d. 一种有效地促进同化与顺应的方式。

2.5　皮亚杰、科尔伯格和吉利根:道德发展

> InTASC　　　　　标准1(e)　标准1(f)　标准7(i)

2.5.1　皮亚杰对儿童道德判断的分析

儿童思维发展的所有方面都深深地吸引着皮亚杰,他对儿童的道德发展也具有浓厚的研究兴趣。皮亚杰的道德发展研究是从观察儿童如何玩弹珠开始的。(他先自己学会玩,这样他就能理解其中的微妙之处。)皮亚杰发现,随着年龄变化,弹珠游戏参与者对规则的解释也在变化。

不同年龄儿童对规则的理解

刚刚学会这一游戏的4至7岁的儿童,把规则看成是年长儿童社会行为的有趣范例。他们不能理解规则,但是努力去遵循规则。7至10岁的儿童将规则看成是年长儿童或成年人传递的神圣的宣言。大概在11、12岁,儿童开始将规则视为双方一致同意的共识。皮亚杰推论,年幼的儿童把规则视为是绝对的、外在的。

尽管4至10岁的儿童不会质疑规则,但是他们可能经常破坏规则,因为他们不能完整地理解规则。大致在11岁后,儿童日益能理解为什么规则是必要的。皮亚杰推论,在这个时期,儿童开始对成人强加的规范失去兴趣,而乐于根据特定的情境来制定自己的规则。通过描述一群10岁、11岁的儿童如何为一场雪球大战做准备,皮亚杰阐明了这一观点(1965,p.50)。在这一活动中,儿童们把自己分成几组,选出了领导者,制定了用于限制雪球投掷的距离的规则,并就如何惩罚规则破坏者达成了共识。尽管他们花了大量的时间去进行这类准备性讨论,但是他们看上去非常享受自己新的能力,即制定规则的能力,因为过去的规则都是年长者强加在他们身上的。

道德现实主义与道德相对主义

不同年龄的儿童对规则的反应启发了皮亚杰,他决定采用访谈法来获得有关道德发展的更加系统的信息。他编制了对偶故事,然后要求不同年龄的儿童来讨论这些故事。下面是一个典型的对偶故事:

> A. 有一个小男孩名叫 Julian。他爸爸出门了,他觉得爸爸的墨水瓶可能会很好玩。开始,他玩起来了钢笔,然后他在桌布上留下了一小块墨渍。

> B. 有一个名叫 Augustus 的小男孩,注意到爸爸的墨水瓶空了。有一天,他爸爸出去了,他想帮爸爸把墨水瓶装满,这样爸爸回家后就会发现墨水瓶满了。但是,在他打开大墨水瓶的时候,他在桌布上留下一大块墨渍。

暂 停 与 反 思

回想一下我们此前讨论皮亚杰的理论时谈到的去中心化。你认为儿童缺乏去中心化的能力会对其道德推理产生怎样的影响?

在儿童读完这些故事之后,皮亚杰问:"这两个小孩会一样自责吗? 哪一个更加淘气? 为什么?"同对规则的解释一样,皮亚杰发现,年幼的儿童对这些故事的反应与更年

60 长的儿童不一样。年幼的儿童认为,与Julian相比,Augustus会更加自责,因为他在桌布上弄了更大的一块墨渍。他们完全不考虑Julian是因为顽皮,而Augustus是为了帮助他爸爸。然而,更年长的儿童,更可能根据儿童的意图来判断谁更自责。皮亚杰把大致10岁以下儿童的道德思维视为**约束性道德**(morality of constraint),但他称之为道德现实主义。他把11岁及以上儿童的道德思维被称为**合作性道德**(morality of cooperation),有时也用道德相对主义一词。皮亚杰断定,这两种基本的道德推理存在几个方面的差异。表2-3概括了这些差异。

表2-3	约束性道德对合作性道德
约束性道德(6岁最为典型)	合作性道德(12岁最为典型)
持有单一的、绝对的道德视角(行为对错分明)	意识到对规则有各种不同的看法
认为规则是不可改变的	认为规则是灵活可变的
根据行为的破坏程度来判断罪责	根据犯错者的意图来判断罪责
根据什么被禁止或惩罚来判断道德过失	根据是否违背合作精神来判断道德过失
请注意,这四项差异让人们注意到,10岁以下的儿童倾向于认为规则是外在的权威传递给他们的神圣的宣言。	
认为惩罚应该强调赎罪,而不需要考虑适应"罪行"	认为惩罚应该包括补偿或者遭受与受害者同样的境遇
认为侵犯同伴应该由外部权威来惩罚	认为侵犯同伴应该受到受害方的报复性行为的惩罚*
认为儿童应该遵守规则,因为规则是由权威人士制定的。	认为儿童应该遵守规则,因为他人的权利需要相互尊重。
(请注意,这三项差异让人注意到,10岁(左右)以上的儿童倾向于认为规则是地位平等的人达成的共识。)	
*12岁以上的青少年,日益坚信对等反应或者"回报"应该只适用于好行为,而不是坏行为。	
来源: Freely adapted from interpretations of Piaget (1932) by Kohlberg (1969) and Lickona (1976).	

心理学家们历来对认知发展以及认知发展与相关心理过程的关系有着浓厚的兴趣。因此,一点也不用惊讶,皮亚杰的观点激发了大量后续研究,这些研究探讨了儿童如何理解道德及社会正义问题(Lapsley, 2006; Turiel, 2008)。率先扩展皮亚杰观点的心理学家中,最具代表性的是劳伦斯·科尔伯格(Lawrence Kohlberg, 1963, 1969)。

2.5.2　科尔伯格对道德发展的描述

就像James Marcia完善了埃里克森的同一性形成概念一样,劳伦斯·科尔伯格完善了皮亚杰有关道德思维的观点。与皮亚杰一样,科尔伯格认为,道德推理遵循着一个固定的发展阶段。在早期阶段,儿童对道德问题的理解是狭窄的、具体的、自我中心的。随着他们对自己所生活的世界的理解能力的提高,他们对什么是可接受的道德行为的判断,变得更加宽泛、抽象,并且以他人利益为依据(Thoma, 2006)。

科尔伯格使用的道德两难故事

科尔伯格开展道德发展研究的方法,是分析个体对一系列包含道德两难困境的小故事的反应。如下故事在有关科尔伯格研究的讨论中最为常见:

> 在欧洲,有个女人因罹患癌症生命垂危。有一种药物可以救她的命,它是一种镭,由生活在同一城镇的一位药剂师刚刚发现。药剂师要价2 000欧元,这是药物成本的10倍。患病女人的丈夫Heinz,向每一个可以借钱的人寻求借款,但是他依然只筹到了一半。他告诉药剂师,他的妻子快死了,麻烦他卖便宜一点,或者允许他赊账。但是药剂师不同意。最后,Heinz绝望了,他破窗进入药店,为他的妻子偷到了药物。这位丈夫应该这样做吗? 为什么?(1969, p.376)

科尔伯格的道德推理六阶段　　　　61

在分析了10至16岁的儿童对这类道德两难困境的反应之后,科尔伯格(1963)提出了道德推理六阶段理论。表2-4简要概括了科尔伯格所提的道德发展顺序。在科尔伯格发展他的理论的不同时期,他都描述了这一顺序。

表2-4　　科尔伯格的道德推理阶段
水平1: 前习俗道德。(9岁以前的儿童。被称作前习俗是因为年幼儿童并没有真正理解社会规则或习俗。)
阶段1: 惩罚-服从定向。行为的身体结果决定了行为的好坏。权威人士拥有超级权力,应该服从。应该通过不惹是非来避免受到惩罚。
阶段2: 工具性相对主义定向。行为若是为了满足个人需要或者包含了平等交换,那么就应该被判定为是得当的。遵守规则应该带来利益作为回报。

（续表）

水平2：习俗道德。（9至20岁。称为习俗，是因为大多数9—20岁的人遵从习俗，认为社会习俗就是社会规则。）

阶段3：好孩子定向。能够取悦或者打动他人的行为才是好的行为。

阶段4：法律和秩序定向。为了维持社会秩序，必须确立并遵守特定的规则。尊重权威是必须的。

水平3：后习俗道德。（通常要20岁以后才能达到，只有一小部分成年人能达到这一阶段。被称为后习俗，是因为社会习俗背后的道德原则得到了理解。）

阶段5：社会契约定向。旨在维持社会秩序的规则，不应该建立在盲从权威之上，而应以双方共识为基础。与此同时，个人的权利应该得到保护。

阶段6：普遍伦理原则定向。应该根据自我选择的伦理原则来作出道德决策。原则一旦被选定，就应该得到一致遵守。*

*在科尔伯格最初描述这六个阶段的几年后，他在1978年发表的一篇文章中，指出最后一个阶段本质上是一个理论化的理想阶段，在现实生活中很少遇见。

来源：以科尔伯格的描述为依据（1969，1976，1978）。

为了帮助你更好地理解每一个阶段的标志性的思维，在下面列举了一些基本的例子，说明人们对Heinz所面对的这类困境会作出什么样的反应。为了介绍得最清楚，这里只呈现了对"你为什么不能偷药店？"这一问题的典型回答。

阶段1：惩罚-服从定向。"你可能会被抓。"（行为的身体后果决定了行为的好坏。）

阶段2：工具性相对主义定向。"你不能从店里偷东西，店主也能偷属于你的东西。"（对法律的服从应该包含平等交换。）

阶段3：好孩子定向。"你的父母会为你的诚实感到骄傲。"（好的行为能打动他人。）

阶段4：法律和秩序定向。"这是违法的，如果我们不遵守法律，我们的社会就会分崩离析。"（为了维持社会秩序，必须遵循固定的规则。）

阶段5：社会契约定向。"在特定情况下，可能不得不忽视法律。例如，在为了挽救一个人的生命，必须要破坏一条法律时。"（规则应该包含双方的共识；个人的权利应该得到保护。）

阶段6：普遍伦理原则定向。"在特定的情境中，你必须权衡所有的因素，然后努力做出最合适的决定。在有些情况下，不偷才是不道德的。"（道德决策应该以一贯地运用自我选择的伦理原则为基础。）

从表2-4和后面的例子中可以看出，在科尔伯格看来，儿童对"正确"或道德行为的理解，会按照我们在前面介绍的顺序推进。每一个阶段的最终产物，都是对道德价值观（或者用皮亚杰的术语来说，一个更加高级的认知平衡状态）的更加全面、稳定的理解。这些道德认识最初是外在的、具体的（做出他人期待的行为是为了避免麻烦，获得奖励），然后发展为因满足个人的利益而接受、重视社会规则，最后是建构起可能与社会习俗相冲突的抽象原则。

对科尔伯格理论的批评和评价

科尔伯格认为道德推理按照一个固定的、普遍的顺序发展，这个观点正确吗？并不是所有的人都认同这一点。例如，Larry Nucci（2006）就指出，根据情境的不同，个体对道德两难困境的反应水平可能有高有低（例如，游戏中违反规则与不公平地对待他人，就被认为是两个全然不同的道德问题），而且道德推理还可能存在文化差异。Carol Gilligan（1979）（稍后我们会具体讨论其观点）也提出了两种不同的发展顺序，来反映男性与女性社会化过程中的性别差异。

Pual Vitz（1990）批评科尔伯格所用的道德两难困境，因为它们距离儿童和青少年所参与的日常社会互动太远了。他认为道德研究应该运用叙事性的故事，虚构或真实的对他人的描述都可以，因为这种故事可以在一个易于理解的语境中，描述诚实、怜悯、公平和勤劳等基本的道德价值观。这里有两个例子（来自 Nucci & Gingo, 2011）可以支持 Vitz 的观点——当涉及更加熟悉的社会互动的时候，道德推理并不总是遵循科尔伯格提出的阶段。首先，来自不同的文化群体和社会阶层的不同年龄阶段的儿童（包括学前儿童），都会认识到某些行为就是错误的。例如，无缘无故地攻击他人总是会被认为是违背道德的行为，尽管不存在任何规则禁止这样的行为。第二个例子非常有趣，涉及一种每个人都可能遇到的情境：当你看到有人把钱掉在地上而不自知的时候，你会怎么做？大多数8岁儿童会说你应该告诉这个人，然后用前习俗（水平1）的解释来合理化他们的行为。大多数16岁儿童会做出同样的反应，并采用某种习俗（水平2）解释。那么，你预期13岁的儿童会出现什么样的反应？如果你说他们会做出同样的反应，他的解释可能处于水平1或者水平2，你就错了。这些10岁出头的孩子会说，自己拿着这些钱是可以的，因为并不是他们导致那个人丢了这些钱，而且即使他们当时不拿这些钱，这个人还是会失去这些钱。

另一类批评关注科尔伯格最感兴趣的道德问题的类型（见 Rest 等人，1999; Thoma, 2006）。科尔伯格理论主要与宏观的道德问题有关。它们都是宏大的社会问题如公民权益、言论自由、妇女运动和野生环境保护。关注的重点是个人行为如何影响社会结构和公共政策。在这一水平上，一个有道德的人，会因为内心深处持有的原则而努力去影响法律法规。与宏观道德问题不同，微观道德问题与个人的日常社交行为有关，这些社交行为包括礼貌（在别人说完之前不插话），助人（在拥挤的公共汽车或火车上给老人让座），记得朋友和家人的重要事件，准时赴约等。从微观道德问题上来说，一个有道德的人是忠诚的、奉献的，会关怀特定的人。

63

暂　停　与　反　思

如果有人（比如某位学生的父母或你的同事）认为,比起在课堂中讨论解决道德两难困境的方式,学生们有更好的事情可做,对此,你会做何反应?

2.5.3　道德发展的关怀取向和教育

卡罗尔·吉利根（Carol Gilligan）和内尔·诺丁斯（Nel Noddings）是杰出的教育学家,她们提出了一种新的思路来研究道德发展与道德教育。她们都用自己的方式提出了如下质疑:我们对"同一性如何发展、在道德情境中如何思考和行动、如何看待自己以及与他人的关系"等问题的看法,是否更多地适用于男性而不是女性? 首先,我们看看吉利根对埃里克森和科尔伯格理论的反对意见,然后我们来了解一下诺丁斯的关怀理论。

吉利根关于同一性和道德发展的观点

卡罗尔·吉利根（1982,1988）认为,埃里克森关于同一性发展和科尔伯格关于道德发展的观点,更准确地描述了男性青少年的发展,而不是女性青少年。她认为,埃里克森和科尔伯格的观点强调了对父母权威和社会习俗的分离。随着个体的成熟,他们不再继续忠诚于权威,而是忠实于抽象的原则（例如自力更生、独立、正义、公平）。分离的过程使得青少年可以与成年人处于平等的地位。当青少年说"你有你的生活,我有我的生活,你不要干涉我的生活,我也不会干涉你的生活",说的差不多就是这个意思。

但是吉利根认为,许多青春期少女的关注点有所不同。她们不太关注分离、独立,反而通过表达关怀、理解和经验分享,来更多地关注对他人保持忠诚（照片2-6）。分离对于这些少女来说是一个道德问题,而不是一个乐意追寻的发展里程碑。她们关心的问题是,在表现关怀和维持关系的同时,如何保持自主。

吉利根的观点意味着,由于女性在社会化过程更加重视理解他人、帮助他人与他人合作等品质,而不是保护个人权利,以及这些道德定向大多在科尔伯格的两个习俗水平（阶段3和阶段4）得到了强烈反映,因此与男生相比,女生更容易被判断为处于道德发展的低水平阶段。这一假设尽管是非常合理,但是并没有获得研究证据的强烈支持。

关于这一问题的系列研究综述（例如Jaffee, Hyde, & Shibley, 2000; Thoma, 1986; Walker, 2006）,得出了两个结论:首先,男性和女性都采用关怀/助人/合作和正义/公平/个人权利两种取向来解释他们如何处理道德困境。其次,女性确实更倾向于采用关怀/助人/合作取向。

照片2-6 卡罗尔·吉利根认为,埃里克森的同一性发展理论和科尔伯格的道德发展理论不能正确地描述女性的同一性和道德推理发展。她认为,相比独立、自力更生和正义,女性更重视关怀、理解和经验分享。

诺丁斯的关怀理论

通过批评埃里克森和科尔伯格理论未能准确地解释女性青少年的心理社会和道德发展,吉利根提倡的关怀取向理论在20世纪80年代兴起。1984年,教育哲学家内尔·诺丁斯在其著作《关怀:女性主义的伦理与道德教育方法》中,扩展了吉利根的观点。

在过去的三十年中,关怀理论开始明确地关注关系以及这些关系如何产生影响。在诺丁斯看来,仅仅说我们关心某人或某群人,还不足以表达对他们的关怀。关怀理论关注的是关怀关系是否存在。诺丁斯用一个例子来说明这一观点:学校教师可能声称,他们深切地关心学生并支持他们的诉求,在服务学生以及增进学生幸福的过程中,他们付出了大量的时间和辛苦的劳动。但是,如果学生真实感受到的是"没有人关心",那么不论教师如何努力地工作、如何频繁地向学生表达他们的关心,如何迫切地想要帮助学生,这种关怀关系都不存在。

诺丁斯的观点对吗?与学生建立一种关怀关系,意味着应对他们的需求做出敏感响应,这是教育的一个重要方面吗?在第13章研究回顾部分提供的研究证据,以及相应的轶事证据都表明,她的观点是对的。我们意识到,最有说服力的轶事证据在第1章已经谈到。它是指Bill Smoot对优秀教师的访谈结论。这些优秀教师的经验表明,把学生作为人、作为学习者来关心,对于自己成为成功的教师非常关键。

诺丁斯提出的关怀理论支持了吉利根对埃里克森和科尔伯格的批评(2008)。她们提出的关于社会性和道德发展的"关怀取向",是对科尔伯格理论中出现的正义/公平/个人权益取向的一种补充,这种取向可能在实践和政策方面带来更多的社会正义。

当教育者要求学生讨论道德问题时,他们采取的最好方式可能是,强调两种取向的作用。前面引用的研究表明,男性和女性都运用关怀/助人/合作及正义/公平/个人权利两种道德取向，本身也支持这一方式。在课堂中讨论有关对错问题时，强调两种取向，也是接纳学生差异的一种方式。

2.5.4 道德思维会引发道德行为吗？

哈茨霍恩和梅的研究

休·哈茨霍恩（Hugh Hartshorne）和马克·梅（Mark May）在较早的时候为这一问题提供了一个答案（1929，1930a，1930b）。他们调查了数以千计的不同年龄阶段的儿童，要求他们回答关于行为对错的问题，然后观察他们在不同情境中的真实行为。他们的发现令人惊讶。尽管这些儿童参加了童子军，接受宗教教育课程，能就假设的情境提供道德上正确的回答，但是他们并不一定按照他们所宣扬的方式来行动。许多儿童不仅表现出不诚实行为，而且经常以非常具体的方式表现出来。例如，一名成绩优秀但体育属于中下的男孩，在订正自己的试卷过程中不会作弊，但是会夸大他的运动技能分数。

近期的研究表明，哈茨霍恩和梅的基本研究发现现在仍然有效。一项对 23 000 多名高中学生（Josephson 研究所，2012）进行的调查发现，学生的行为与他们发表的观点并不一致。这里呈现了一些学生发表的观点，以及他们声称自己至少曾经做过一次的行为。请注意第一方面的调查结果与后几条之间的差异。

- 81%的人说，在做正确的事情方面，他们比他们所认识的大多数人要做得好；98%的人说，信任和诚信在个人关系中是最基本的；86%的人赞同撒谎或欺骗是不值得的，因为这样做损害人品；93%的人对自己的道德水准表示满意。
- 52%的人在考试中作弊，74%的人抄他人的家庭作业，32%的人逐字逐句地抄袭网络文章来充当家庭作业。
- 18%的人说，他们曾经从父母或亲人那里偷过东西，14%的人偷过朋友的东西，20%的人偷过商店的东西。
- 76%的人曾经就某些重要的事情对父母撒谎，65%的人曾经就某些重要的事情对教师撒谎。

如果说这些发现中存在积极因素的话，那就是与在2010年进行的调查相比，这些百分比要低几个点。

还有研究发现，来自高包容性而不是高控制性家庭环境的学生，较少可能对父母撒谎，对撒谎的接受性也比较低（Jensen，Arnett，Feldman，& Cauffman，2004 ）；认为教师不是有效的学习促进者的学生比，认为教师是有效的教学者的学生，更有可能作弊（Murdock，

Miller, & Kohlhardt, 2004）；当班级文化更强调好成绩、考高分时，学生也更可能作弊
（Anderman & Midgley, 2004; Anderman & Murdock, 2007）。

2.5.5 作为教育目标的品格发展

当研究者就某一现象的本质达成普遍的共识之后，他们之间的对话将逐步转向思考我们如何运用这一知识。就道德推理而言，这种对话已持续多年。基于哈茨霍恩和梅的研究所揭示的言行之间的差异以及源源不断的轶事证据，研究者针对通常所谓的品格教育，提出了许多建议。

一个有趣的建议是教育者应该将品格发展作为教育的基本目标之一，并认为品格教育由四个方面组成：智慧品格、道德品格、公民品格和成就品格；品格之所以应该成为一个基本目标，是因为品格意味着亲社会的性格倾向以及与他人互动的方式，有助于支持积极的学习环境的营造（Lickona & Davidson, 2005; Shields, 2011）。下面简要介绍一下品格的这四个成分。

智慧品格指的是，当个体面临学习任务时，引导和驱动个体行为的思维方式，它通常会导致有意义的学习结果。例如，拥有智慧品格的学习者好奇心强、头脑开放、善于反思、讲求策略、善于质疑。将智慧品格作为一种教育目标的最有说服力的一个理由是，一旦在某一学科领域形成了前述良好的思维习惯，它们很容易迁移到其他的学科领域中去。

道德品格是做正确、恰当的事情的性格倾向。例如，20世纪60年代，公民权利示威者知道他们的行为违背了当地的法律，但是他们相信自己的行为选择是好的、正确的，因为这些行为将给各种种族的人带来平等的权利。一名学生告诉老师，她无意中看到了老师打算在明天使用的试卷，这同样表现出了道德品格。之所以这样说，不仅是因为这么做是正确的，而且因为这么做是有益的，因为它保证了考试的真实性，使得教师对于学生学会了什么、没有学会什么，能够做出没有偏差的推论。

公民品格是运用个人的知识和技能成为一名有作为的、负责任的公民的主观意愿。塑造公民品格是公立学校创立的初衷之一。对自由、平等和理性思维的尊重，对多样性和法定诉讼程序重要性的理解，参与公民事务的意愿，是构成公民品格的重要基石。服务于公共事务部门、为公益和社会服务组织做志愿工作，出席市政参议会，为政府候选人工作，或者参与政府负责人竞选，都展现了公民品格。

成就品格指的是促进个人目标达成的个性品质。它包括坚持性，尤其在面临阻碍的情况下；及时开展任务；能够从失败中奋起；愿意选择一个立场或者表达反对意见；有着乐观的心态；关注细节。

66

同样的故事，不同的人物

作者：Tia M. Wanzo

大学毕业以后，我回到了母校担任校长且兼任教师。我注意到，在资优班级里有色人种的学生数量很少。这与我学生时期的感受一致。从一年级到八年级，我都在尖子班级里。回顾那些岁月，我记得在好几年内，班级里只有3名有色人种学生，我是其中之一。我查阅了当前的数据，结果令人担忧。我反思了自己曾经作为一名学生的经历，而现在作为一名教育者，我想知道同样的社会压力和社会期待是否继续存在。作为一名青少年，聪慧和获得好成绩被认为是"表现得像白人"。我同样也经过这样的阶段——故意获得不好的成绩。在高中时期，我并不认为名列光荣榜是一件很酷的事情。因此，作为一名教育者，现在我决定与学生谈一谈，了解他们为什么不愿意进入尖子班。有些人是这样回答的：

"我的父母没有要求我这样做。"

"那些教师看上去并不愿意我在这样的班级中。"

"在这样的班级中学习太苦了！"

"有什么意义？我在普通班级也可以获得好成绩。"

"我的朋友都不在尖子班级里。"

"只有书呆子才进尖子班级。"

新的开始

我决定通过以下方式来帮助学生：

1. 成为一名导师。我愿意与拥有相同经历的有色人种学生分享我的个人经验。在与我交谈的过程中，学生会感到放松、自在，因为我曾经跟他们一样。

2. 鼓励学生自我主张。我一直努力教育学生自己作出主张。许多有色人种学生的父母不会挑战、质疑体制。因此，我希望我的学生靠自己来声张相应的权益。例如，咨询相关教师，进入尖子班级需要做什么。

3. 教育父母和社区成员。我发现，父母和社区成员通常并不能意识到，他们的孩子有足够的能力进入尖子班。因此，很有必要在PTA（家庭教师委员会）会议、当地教堂服务、社区活动和娱乐中心中，与他们就此事进行沟通。

4.建立一个社区促进教师团队。为了改善有色人种学生的学习环境,我们组建了一个教师团队。这个小团队将查找学生的问题根源,寻找他们的可改善的方面。我会向这些教师分享我的个人经验,以及学生的个人叙述和相关数据。然后,这一团队将通力合作,设计并检验改善措施的效果,并与学校中的其他教师分享他们的做法。

[Tia M. Wanzo曾经是一名教师,现在是双河小学(Twin Rivers Primary)的校长。]

关于品格教育项目的研究

67

许多父母、教育者和政治领袖认为,现在的学生缺少前几代人身上具备的道德价值观。他们把校园暴力、广泛蔓延的药物滥用等问题,当作道德滑坡的证据。如前所述,一种得到普遍称道的解决学生品格问题的方式是学校设立道德教育项目(也被称作品格教育项目)。James Leming(1993)对品德教育项目有效性的研究进行梳理之后,得出了以下结论:

- 通过口号(如直接说不)或者行为规范告诉学生应该做什么、不应该做什么,不可能对品格有显著或者持续的影响。
- 帮助学生在较高的水平上思考如何处理道德两难问题,并不一定会自动增加道德上可接受的行为。
- 个体所处的社会环境在学习和表现美德行为方面发挥重要的作用(照片2-7)。如果学生对引导他们行为的规则有清晰的了解,并认为这些规则是合适的、有价值的,并且如果遵守这些规则后会受到奖赏,他们就更可能表现出道德上可接受的行为。
- 要想使学生在谊德行为方面产生改变,道德教育项目要做到策划周密、长期实施。

照片2-7 学生的社会交往环境的性质、在这一环境鼓励什么样的社会交往行为,都会影响学生学习和表现可接受的行为。

JLP/Jose L. Pelaez/Corbis

最近，Leming（2008）主张用一种工程学的方法来设计课堂环境，从而把从有效的品格教育项目中得到的经验纳入课堂。许多社会批评家建议，作为品格教育项目的一部分，儿童应该阅读或者听包含道德主题的故事（有时称美德故事）。他们认为，接触这样的故事，可以帮助儿童发展一系列传统道德价值观，例如正直、诚信、有责任感、忠诚等。Darcia Narvaez（2002）指出，不管倡导者是否意识到，这样的主张实际上是建立在五大假设之上的，而这些假设并没有得到当代学习研究的支持。

假设1：阅读是一种被动的活动。从数以千计的研究中可以看到，阅读理解并不是一个被动的过程。相反，它是大量认知活动的结果。儿童总是试图通过整合已有知识和文本信息，对文本创建一种具有内在一致性的、有意义的表征。

假设2：所有的读者从同一文本中摄取同样的信息。由于已有知识、兴趣、阅读技能不同，对于同一个文本，每位读者都建构一个独特的表征。此外，与有着更多熟悉观点的文本相比较，有更多陌生观点的文本，令人更难回忆，更容易产生信息扭曲。

假设3：所有的读者都能理解作者的中心思想。同样地，由于在已有知识、兴趣和对文章中呈现的观点的熟悉程度等方面存在个体差异，有些读者可以理解作者的中心思想，有些读者则形成了完全不同的理解。（如果你曾经与人争论过小说或电影的中心思想，你就能认可这一点。）关于文本段落大意总结的研究发现，在10岁以前，儿童可以正确地复述他们阅读到的大部分内容，但是难以综合这些信息来识别作者的中心思想。

假设4：读者通过阅读可以接受道德主题。对于如何与他人相处，为什么这样的行为是重要的，儿童的认识（道德图式、原有的道德知识）互不相同，因此文章中的道德主题不一定会被接受。如前所述，人们根据不同的标准来进行道德判断，包括个人利益（对我有利的行为才是道德正确的行为）、维持常规（维护法律和秩序的行为才是道德正确的行为）和理想（与高级原则一致的行为才是道德正确的行为）。年龄大的、认知发展水平较高的儿童，比年龄小的、认知发展水平较低的儿童更可能理解反映维持常规和理想的道德主题。近期的一项研究（Williams等人，2002）尽管没有采用道德故事，但很好地证实了这一观点。该研究训练二、三年级的学生识别和理解故事主题，结果显示，他们的表现的确比没有接受过训练的儿童更好，但是他们不能将这些主题运用到现实生活情境中，也不能识别和运用那些没有经过指导的故事主题。

假设5：道德主题不过是文本传递的另一种信息。由于道德主题的复杂性和抽象程度各不相同，而且儿童对这些主题的理解按照一定的阶段而发展，因此不能把道德主题与以事实为依据的信息等同。

尽管在研究文献中，品格教育项目的效果并没有得到有力支持（可能是因为这些项目没有设计好，或者没有得到有效实施），但这类项目仍然在家长和教育者这里得到普遍应用，某些项目似乎能产生积极的结果。

不管你的学校有没有品格教育项目，影响学生道德发展的方法依然是存在的。接下来的"教学建议"板块将提供几种建议。但是，在你的班级中运用任何道德教育技巧之前，最好先征得校长的同意。在有些社区中，家长坚持认为，应该由他们，而不是教师，承担道德教育的责任。

教学建议　鼓励道德发展　　　69

InTASC	标准4（1）

1. 认识到年龄小的儿童与年龄大的儿童对道德冲突的反应不一样。

2. 尽量站在学生的视角，激发学生的观点采择能力。

3. 通过讨论各种真实的和假设的道德困境来形成道德问题意识；利用课堂中的日常机会来提高道德意识。（道德教育应该是课程的一个必不可少的组成部分，它不应该发生在特定的"道德教育时间"内。）

一名一年级教师向她的学生呈现了这样一个假设的道德困境：

> Mark在去看电影的路上遇见了他的朋友Steven。尽管Steven很想和Mark一起去看电影，但是他已经花光了所有的零花钱，而且在这部电影下映之前，他也不会得到任何零花钱。尽管这两名男孩已经12岁了，但是他们看上比实际年龄要小很多。如果他们谎报年龄，仅用Mark所有的钱，就可以让两个人都看上电影。Mark不确定他是否应该谎报自己的年龄，Steven说："你的钱，你做主。"Mark应该怎么做呢？

学生作出的反应体现了科尔伯格前习俗道德水平的两个阶段：惩罚和服从定向阶段（阶段1）和工具性相对主义定向阶段（阶段2）。

Ms Kittle:　　你们认为，Mark应该怎么做呢？

John:　　　　他和Steven应该告诉他们自己的实际年龄。

Emily：	他们应该谎报自己的年龄。
Ms Kittle：	为什么你觉得他们不应该谎报年龄？
Tina：	因为如何他们撒谎了，他们会被打屁股。
Jone：	Mark 不应该谎报自己的年龄，因为这将带来麻烦。
Ms Kittle：	什么样的麻烦？
Jone：	他的妈妈可能会发现。
Sara：	爸爸也会。
Erin：	他们会受到惩罚。
Ms Kittle：	那么，你们认为 Mark 和 Steven 不应该撒谎是因为可能会被发现并受到惩罚。如果没有人能发现他们，那么撒谎是对的吗？
大多数学生：	对的。
Billy：	不，不对。电影院的经理会发现他们。
Ms Kittle：	但是如果没有人发现他们呢？
Billy：	那就没有关系。
Ms Kittle：	谁认为撒谎仍然是不对的，即使没有人会抓到 Mark 和 Steven（有5名学生举手）？
Troy：	他们仍然处在说不清的麻烦中。
Ms Kittle：	怎么会呢？
Troy：	有些人会告诉其他人他们撒谎了。
Ms Kittle：	说得对，这可能会。但是如果 Steven 没有告诉任何人，撒谎仍然是错的吗？
Troy：	是的。
Ms Kittle：	为什么，Troy？
Troy：	我不知道，但是撒谎就是错的。
Emily：	撒谎不好。
Troy（很着急）：	对的，而且这对其他人不公平！
Ms Kittle：	谁会觉得不公平？
Troy：	电影院里的其他人。他们必须买全票。
Ms Kittle：	你认为，如果12岁的孩子应该购买全票，那么 Mark 和 Steven 用更

70

便宜的票价看电影就是不公平的。

Troy：　　　　是的（Lickona, 1998）。

4. 营造一种鼓励开放式讨论的班级氛围。例如，安排面对面的讨论小组、树立可接受的榜样、培养聆听和交流技能，鼓励学生之间的互动。

对于引导班级讨论，Richard Hersh，Diana Paolitto 和 Joseph Reimer（1979）提出了以下具体建议。

- 强调所讨论的道德问题是什么。例如，描述一个真实的或者假设的道德困境。
- 提问"为什么"。例如提问学生"如果你遇到我们所讨论的道德困境，你将怎么做？为什么要这样做？"
- 使情境复杂化。例如，在学生对原本的困境作出反应以后，提出一个使情境变得更加复杂的因素——例如，有一个好朋友处在这个困境中。
- 运用个人的和真实的案例。例如，请学生设身处地地将自己放在某人所处的位置上，在报纸上或电视里，这个人正面临着某种道德困境。

挑战假设　　**学生知道什么，又是如何知道的**　　

"好，"唐说，"因此，有许多研究表明学生与教师思考的方式完全不同。"

"是的，"塞莱斯特说，"假定班级里的学生比我们懂得少，这也许是正确的——至少我希望如此——但是在为我们的学生设计学习经验的过程中，这样的假定对我们没有多少帮助。我们需要去了解学生如何建构他们的知识，他们采取什么样的视角来判断什么是重要的、什么是对的或错的。"

安东尼奥点点头："这么说，我的学生之所以不能上好我的'问题识别'课，是因为他们可能采用了不同于我的思维方式。对于什么是重要的，我的看法与他们不同。我正在用不同的发展视角，一系列不同的角度，来探索'问题'这一概念。我开始意识到，问题并不是出在他们不知道我所知道的知识，而是出在我不能与他们建构知识的方式相对接，未能呈现他们这个年龄阶段的人所关心的问题。"

康妮说："对于哪些因素会影响学生与他人的互动，这些互动如何影响他们建构理解自己的世界的方式，包括对自己的身份的认识发展理论和研究给我们提供了思考的路径。意识到学生与我们的思考方式不同,这一点非常重要。我们需要去理解他们是如何建构知识的。"

唐说:"你们知道,我从不认为教学不过是给予学生知识。但仅仅有这样的认识是不够的。我们还必须想一想如何帮助学生建构他们对自己以及对自己所处的世界的理解。这一点看上去非常重要。"

"是的,"康妮说,"将你的观察、推论与相关的理论、研究进行比较也是非常重要的。事实上,这对你作为一名教师的成长非常关键。我们必须进行观察和推论,这是人类应该做的事情。但是作为教育者,我们应该更进一步,检验我们的观察和推论,这样就能提出我们的假设,然后用理论和研究来检验这些假设。"

你掌握了吗?

在学年的第二个月,伯克利先生决定修改他的班级行为规范。下列哪些学生更可能会因为教师的决定而感到焦虑?

a. 一年级学生   b. 六年级学生

c. 高一学生   d. 以上都不是

小结

72

2.1 解释社会互动如何影响一个人的人格发展,特别是一个人的勤奋感和自我同一性。

- 埃里克森的心理社会发展理论之所以值得关注,因为它涵盖了整个人生历程,并且认为人在自身的心理发展过程中扮演着积极的角色,而不是被动地对外界做出反应,该理论还强调文化规范和文化目标的作用。

- 埃里克森的理论描述了8个阶段,从出生到老年。与学生人格发展有关的阶段是自主对内疚(4至5岁)、勤奋对自卑(6至11岁)、同一性对角色混乱(12至18岁)。

- 迫使学生为了获取好成绩相互竞争,可能对他们的勤奋感有消极影响。

- 具有强烈自我同一性感受的个体,对他们的自我形象感到满意、有目的性和方向感、知道他们会得到他人的认可。在需要做出职业选择的时候,有些青少年显示出心理社会性发展延缓。

- James Marcia扩展了埃里克森关于同一性的观察,他描述了四种同一性状态:同一性弥散、同一性早闭、同一性延缓和同一性达成。每一种状态都反映了个体在职业、宗教、性别角色和政治等关键问题上,对相应价值观的探索和坚持程度。

- 由于高度依赖个人经验,缺乏在其他文化中的应用价值,以及对女性人格发展描述不够准确等原因,埃里克森的理论受到了批评。

2.2 举例说明如何运用皮亚杰的认知发展阶段理论来指导课堂内外的学习。

- 皮亚杰认为个体具备两种基本的与生俱来的认知倾向:组织(将心理过程组合成更为概括的系统的倾向)和适应(适应环境的倾向)。

- 适应通过同化(将一种经验纳入有的图式)和顺应(改变图式或者创造一种新的图式以整合新的经验)而发生。

- 图式是一种组织化的、概括的行为与思维模式,它引导我们的所见、所思、所为。

- 平衡是努力组织一个图式系统的过程,它使得我们能适应当前的环境条件。平衡是不平衡状态发展的结果。

- 根据自己的研究,皮业杰认为图式发展经历四个阶段:感知运动(出生全2岁)、前运算(2岁至7岁)、具体运算(7岁至11岁)和形式运算(11岁以上)。

- 在感知运动阶段,婴幼儿运用感觉和运动技能来探索和理解环境。

- 在前运算阶段,儿童掌握了符号系统,但是不能有逻辑地操作符号。

- 在具体运算阶段,儿童拥有逻辑思维能力,但是只能思考与直接经验有关的问题。

- 在形式运算阶段,个体可以进行假设性推理,处理抽象的问题,进行心理操作。虽然有些青少年可以进行形式运算推理,但是青少年的自我中心主义会限制这种推理的范围和水平。

- 皮亚杰认为,与和成人互动相比,处于同一认知发展水平上的同伴互动,能更多地刺激认知发展,因为同一认知水平的社会互动更可能引发富有意义的讨论、分析和辩论。

- 随着掌控下一阶段的图式开始形成,系统的教学对认知发展速度的积极影响逐渐变弱。

- 由于低估儿童的能力、高估青少年的形式运算思维能力、对个体如何从一个阶段进入下一个阶段的解释含糊,以及没有探讨文化差异,皮亚杰的理论受到了批评。

2.3 解释维果斯基的认知发展社会文化理论是如何将课堂中的社会互动与学习者的认知能力联系起来的。

- 维果斯基认为,儿童与他人的互动(特别是与成人的互动)以及历史文化,共同影响着认知发展。父母和教师帮助儿童获得其文化中重要的心理工具(如语言技能、概念和程序)。

- 维果斯基认为,儿童与认知水平更高的个体(如同伴、哥哥姐姐、成人)互动,是推动认知发展的主要因素,但这种互动需要一个中介过程,亦即将外部行为转化为内部符号。

- 维果斯基认为,清晰地教会学生运用认知工具去获得基本概念,以及在学生的最近发展区内教学,可以促进认知发展。

- 与皮亚杰的认知发展观一致的技术,可以帮助学生探索和建构知识、形成与抽象概念有关的具体表征、理解他人的观点。

2.4 举例说明技术将如何通过挑战当前的概念和鼓励合作互动来促进认知发展。

- 与维果斯基的认知发展观一致的技术,提供了一个虚拟的环境,该环境扮演着专家导师的角色,可以提供高质量的学习支持和逐渐消退的学习辅助(支架)。技术可以帮助我们进行在线辅导,并为学生提供机会,使之能够在复杂的虚拟环境中与他人进行互动。

2.5 解释认知发展对道德思维和道德行为的影响。

- 皮亚杰提出了儿童的两种道德推理:约束性道德(规则是不可变的、外部的)和合作性道德(规则是可变的、内部的)。

- 科尔伯格界定了道德推理发展的六个阶段:惩罚和服从、工具性的相对主义、好孩子、法律和秩序、社会契约和普遍伦理原则。每一阶段的最终产物,都是对道德价值观和行为作出更加全面和稳定的理解。

- 科尔伯格的道德阶段理论受到了批评,有以下几个原因:个体对道德两难困境的反应水平受到困境性质的影响;道德推理可能存在文化差异;科尔伯格采用的道德两难困境与日常社会情境缺乏关联;他的理论主要探讨宏观的道德问题。

- 吉利根认为,埃里克森的同一性发展理论和科尔伯格的道德发展理论更准确地描述了男性而不是女性的发展,尽管研究表明,这种差异并没有吉利根原本设想得那么大。
- 诺丁斯的关怀理论强调关怀关系的关键属性,亦即在这种关系中的每个人都感到自己得到了他人的关心。
- 品格发展作为教育的一个基本目标,越来越多地得到学校的采纳;品格包括智慧品格、道德品格、公民品格和成就品格等方面。
- 品格教育项目通常建立在没有得到学习研究支持的假设之上。

进一步学习的资源

- **埃里克森对发展的描述**

由于书中提出了关于发展和教育的论断,艾瑞克·埃里克森的著作具有相当重要的地位。在《儿童与社会》(*Childhood and Society*)(2nd ed., 1963)的前六章,他描述了他是如何通过研究印第安人和观察接受治疗的病人,逐步提出发展的八阶段理论的(在本书的第七章将会提到)。《同一性:青少年与危机》(*Identity: Youth and Crisis*)(1968)对发展八阶段进行了修正,着重强调同一性和角色混乱。在对 Richard Evans 的访谈中,他对自己工作的许多方面都进行了评价,最后以《与埃里克森对话》(*Dialogue with Erik Erikson*)为题发表(1967)。在 Jane Krogers 所著的《青少年的同一性:自我与他人之间的平衡》(*Identity in Adolescence: The Balance Between Self and Other*)(2004)一书中,可以找到对中学生自我同一性的深入讨论。Laurence Steinberg 在《青少年》(*Adolescence*)(9th ed., 2011)一书中,对埃里克森的理论以及相关研究进行了综述。

- **皮亚杰的认知发展理论**

让·皮亚杰或许是近代心理学史上对发展理论和教育实践影响最大的心理学家。在他的著作中,你可能想了解的有《儿童的思维与语言》(*The Language and Thought of the Child*)(1952a)、《儿童智慧的起源》(*The Origins of Intelligence in Children*)(1952b)和《儿童心理学》(*The Psychology of the Child*)(1969),最后一

本是与Barbel Inhelder合著的。Howard Gruber和Jacques Vonèche主编了《皮亚杰思想精华：诠释与导读》(*The Essential Piaget: An Interpretive Reference and Guide*)（1995），在这本书的序言中，皮亚杰描述到，"在有关我的工作的所有文集中，它是最好的、最全面的"。Herbert Ginsburg和Sylvia Opper合著的《皮亚杰的智力发展理论》(*Piaget's Theory of Intellectual Development*)（3rd ed., 1988）介绍了皮亚杰的生平和他的研究工作，这是一本不贵的平装书。其他有关皮亚杰的书还有：Hans Furth所著的《写给教师的皮亚杰理论》(*Piaget for Teachers*)（1970），Barry Wadsworth所著的《皮亚杰的认知与情感发展理论》(*Piaget's Theory of Cognitive and Affective Development*)（5th ed., 1996），Patricia Miller所著的《发展心理学理论》(*Theories of Developmental Psychology*)（5th ed., 2011），Harry Beilin和Peter Pufall主编的《皮亚杰理论：前景与可能性》(*Piaget's Theory: Prospects and Possibilities*)（1992）。

让·皮亚杰社会数据库可以在线提供皮亚杰的相关信息与出版物，网址是www.piaget.org。它包含了相关的杂志与会议信息，并致力于呈现"与人类知识及其发展相关的学术工作讨论与报告"。

- **维果斯基的认知发展理论**

在Harry Daniels，Michael Cole和James Wergtsch主编的《一场针对维果斯基的剑桥运动》(*The Cambridge Companion to Vygotsky*)一书中，可以找到对维果斯基认知发展理论的全面介绍和分析。Carl Ratner著有《维果斯基的社会历史心理学及其当代应用》(*Vygotsky's Sociohistorical Psychology and Its Contemporary Application*)（1991）。Fred Newman和Lois Holzman著有《维果斯基：革命性的科学家》(*Lev Vygotsky: Revolutionary Scientist*)（1993）。在Robert Lake所著的《维果斯基对教育的影响》(*Vygotsky on Education*)（2012）和Sandra Smidt所著的《认识维果斯基：对早期教育实践者和学生的指导》(*Introducing Vygotsky: A Guide for Practitioner and Students in Early Years Education*)（2009）两本书中，可以找到维果斯基的教育观点。在Carol Garhart Mooney所著的《儿童理论》(*Theories of Childhood*)（2013）中，对埃里克森、皮亚杰和维果斯基的理论进行了综述。

- **皮亚杰对道德发展的论述**

在《儿童的道德判断》(*The Moral Judgement of Child*)（1965）一书中，皮亚杰论述了他对道德发展的观察。Thomas Lickona在《道德发展与道德行为：理论、研究与社会问题》(*Moral Development and Behavior: Theory, Research, and Social Issues*)
(1976)一书中,以"关于皮亚杰道德理论的研究"为题,对皮亚杰的结论激发的调查
研究进行了综述。Lickona认为,这是关于道德各方面研究报告的精彩汇编。

- 科尔伯格的道德发展阶段理论

如果你想阅读科尔伯格自己对道德发展阶段的解释,请查阅 Thomas Lickona 主编
的《道德行为与道德发展:理论、研究与社会问题》(*Moral Development and Behavior:
Theory, Research, and Social Issues*)(1976)中的一章——道德阶段与道德化:认知发
展取向(Moral Stages and Moralization: The Cognitive-Developmental Approach)。在
William Damon 主编的《儿童发展研究的新进展:道德发展》(*New Directions for Child
Development: Moral Development*)(1978)一书中,科尔伯格在"对道德发展理论与实践
的修正"(*Revisions in The Theory and Practice of Moral Development*)一章中,讨论了他
的理论所发生的变化。John Gibbs 在《道德发展与现实:超越科尔伯格和霍夫曼的理
论》(*Moral Development & Reality: Beyond the Theories of Kohlberg and Hoffmam*)(2010)
一书中,在对科尔伯格道德发展理论的主要观点进行介绍时,也提出了批评,并提出
了一种新的理论。

- 吉利根和诺丁斯的关怀理论

在 Mark Timmons 主编的《行为与品格:道德理论读物》(*Conduct and Character:
Readings in Moral Theory*)(2012)一书中,吉利根和诺丁斯论述了关怀在道德发展中
的作用。吉利根的那一章的标题是"一种关怀伦理观"(An Ethic of Caring)。诺丁斯
那一章的标题是"关怀与邪恶"(Caring and Evil)。

- 品格教育项目

在 Noël Marino 主编的《应该在学校教授品格吗?》(*Should Character Be Taught
in School?*)(2010)一书中,质疑学校是否应该进行品格教育。书中,不同的撰稿人
提出了一系列支持与反对的意见。

品格教育伙伴(Character Education Partnership,简称CEP)是致力于在学校
开展品格教育的个人和组织者的联盟。在它的网站中,提供了11条原则,学校
可以利用它们来设计与评价本校的品格教育项目(CEP, 2000)。Larry Nucci 和
Darcia Narvaez主编的《道德与品格教育手册》(*Handbook of Moral and Character
Education*)(2008),探讨了有关道德推理、道德发展和品格教育的各种问题。

第3章 年龄特征

© iStockphoto.com/shaunl

本章涉及的InTASC标准	学习目标
1.学生发展	学完本章内容后,你将能……
4.学科知识	3.1 描述学前儿童在身体、社会、情绪和认知等方面的发展
7.教学计划	3.2 描述小学低段学生在身体、社会、情绪和认知等方面的发展
	3.3 描述小学高段学生在身体、社会、情绪和认知等方面的发展
	3.4 描述初中学生在身体、社会、情绪和认知等方面的发展
	3.5 描述高中学生在身体、社会、情绪和认知等方面的发展
	3.6 描述如何使用技术资源帮助学生成功应对在自我中心、人际归因和认知发展方面的挑战

前一章中的理论让我们注意到心理社会、认知和道德的发展问题。虽然这些行为类型很重要，但它们仅仅代表儿童青少年所有行为中的一小部分。本章按照年龄和年级水平编写，主要呈现超出特定理论的各类行为的概览。在选择重点时，我们遵循一条基本原则——这条与发展相关的信息要对教师有潜在的意义。

在组织讨论时，我们按照学校中常用的年级分组方式把整个发展过程分为5个水平：学前阶段（3—5岁），小学低段（一至三年级；6—8岁），小学高段（四至五年级；9—10岁），初中阶段（六至八年级；11—13岁），高中阶段（九至十二年级；14—17岁）。

因为各种学制中年级划分的方式各异，你所任教的学校系统可能并不按照本章中描述的方式安排。如果是这样，你只需参考合适的年龄水平；如果有必要的话，还可以关注两个水平的内容。

每个水平中，都从身体、社会、情绪和认知四个方面的特点来讨论行为。每个特点后都给出了其对教师的启示。为了帮助你建立对每个水平孩子情况的总体认识，我们对前一章中学者们所提出的行为类型进行了简要总结，呈现在每部分的表格中。

学习导读

这些要点能帮助你了解这一章的重要内容。为了帮助你学习，这些要点也会出现在正文页脚位置。

学前阶段（3—5岁）

- 大肌肉控制强于小肌肉控制和手眼协调能力
- 自由玩耍对年幼的孩子来说益处很多
- 孩子对于玩具和游戏的偏好，在幼儿园之前就表现出显著的性别差异
- 在4岁以前，孩子形成心理理论：注意到自己的心理过程，并意识到别人可能和自己想法不同
- 同伴比较可以帮助4—5岁的孩子更加准确地评估自己的能力

小学低段（一至三年级；6—8岁）

- 小学低段儿童在阅读小字印刷品时难以聚焦
- 由于在身体技能方面的自信，三年级孩子的意外事故率最高
- 小学低段孩子对规则的解读较为僵硬
- 要鼓励勤奋，应使用表扬，避免批评

- 开始意识到认知过程

小学高段（四至五年级；9—10岁）

- 男孩在与运动相关的动作技能方面稍有优势，女孩在灵活、平衡和有节奏韵律的动作技能方面略有优势
- 同伴群体的行为规范开始取代成人设定的行为规范
- 通过同伴比较（主要途径），儿童的自我印象趋于整体化和稳定化
- 少年罪犯朋友更少，易被分散注意，对学业不感兴趣，缺乏基本的技能
- 小学高段学生能够进行逻辑推理，但仅限于具体问题

初中阶段（六至八年级；11—13岁）

- 女生的快速生长期早于男生出现，所以女生比同龄男生看起来成熟一些
- 早熟的男孩更招人喜欢
- 晚熟的男孩可能感到信心不足
- 早熟的女孩可能受到低自尊的困扰
- 晚熟的女孩可能更受欢迎、更无忧无虑
- 青春期的平均年龄：女生11岁，男生14岁
- 讨论具有争议性的话题在这一年龄段相对较难，因为他们迫切希望符合同龄人的规范，与同龄人保持一致
- 青少年会经历不同程度的情绪动荡
- 如果初中的环境不能满足青少年的需要，将会导致较低水平的学习表现
- 对学业和社交任务的自我效能感开始对行为产生强烈影响

高中阶段（九至十二年级；14—17岁）

- 与性行为启蒙相关的因素在不同性别、民族群体中有所不同
- 父母影响青少年的价值观和计划；同龄人影响青少年的当前地位
- 在友谊方面，女生相较于男生更有可能体验到焦虑
- 抑郁在女性、有色人种学生中更为常见
- 抑郁和不稳定的家庭环境让青少年处于自杀风险中
- 政治思维开始变得更加抽象和丰富，更少独裁专制

揭示假设 **不同的理论视角**

今天的会议,唐早到了。他静静地坐着,开始思考上周三观察的两个不同的教室。当康妮走进会议室,唐抬头说道:"好吧,博士,告诉我为什么二年级的学生会一直觉得教师对他们的关注不够,而四年级的学生甚至意识不到教师在教室里呢?"

康妮放下包,坐在唐对面的椅子上,说:"这是个好问题。我们可以等塞莱斯特和安东尼奥来了开始讨论这个问题。同时,想想有什么理论、研究和你的问题是相关的。还要好好想想这些让你推测二年级和四年级学生与教师互动方式不同的现象。"

塞莱斯特和安东尼奥来的时候正在讨论八年级的学生。塞莱斯特正在思考为什么她观察的两节科学课——同一个教师上的同样的内容——在不同的两个班上有巨大的区别,一个进展如此顺利,一个进展如此糟糕。

77

"听起来你们两个正在反思关于八年级的谜团,我们还是回到这里吧,我让唐来开启今天的话题,说说看他的一些观察。"唐就描述了他观察到的二年级学生是如何寻求教师注意的,同时四年级学生看起来好像连和教师说话都很犹豫。他分享了一些学生和教师间的特定的相互作用。

"所以,"康妮说,"你们从唐的观察中有什么推测?"塞莱斯特推测说,可能是因为二年级学生在教室的互动中比四年级学生获得更多的成就体验,结果就是,二年级学生发展出勤奋感,而四年级学生产生自卑感。安东尼奥怀疑这一差异与前运算阶段和具体运算阶段的思维模式有关。

"好了",康妮说,"塞莱斯特在用埃里克森的观点来解释这一差异,安东尼奥用的是皮亚杰的理论。有别的观点吗?"

唐静静地坐了一会儿,然后看着康妮说:"有,有一大堆呢,"他说,"我想维果斯基应该会说关于支架的问题,然后我想到科尔伯格和吉利根甚至玛西亚关于同一性的观点。但是这些每个理论都会给你不同的解释,你怎么知道对于某个问题来说,某个理论就是正确答案呢?"

康妮抬眼说道:"那么有这种可能性吗:从不同的理论视角来看待同一种情境,我们可以得到多个答案。如果是这样的话,我们应该如何处理这好几个正确的答案呢?"

暂停 与 反思

对于每种课堂情境来说只有一个"正确答案"吗？唐似乎假设是这样。很多没有研究过教学和学习的人也会作同样的假设。相应地，他们认为教学就像"按着菜谱来做菜"的过程，学习就是一系列的技能训练——只需训练有抱负的教师，让他们能识别每一种课堂情境中可能的"正确答案"。每种课堂情境都用一种"正确理论"来解释，得到唯一的"正确答案"，这种假设有什么危险呢？为什么我们要从多元的理论中寻求不止一种"正确答案"呢？为什么有抱负的教师必须被教育而不是被训练呢？

3.1 托儿所和幼儿园阶段（3—5岁）

InTASC	标准 1(e) 标准 1(f) 标准 7(i)

3.1.1 身体特征：托儿所和幼儿园

1. 学前儿童非常活跃。他们对自己的身体有良好的控制，并且享受活动过程本身。可以为他们提供大量的奔跑、攀爬和跳跃的机会。尽量多地安排此类活动，这样可以使他们在你的掌控范围内。如果你奉行的是"完全自由"原则，你可能会发现30个随性发挥的3—5岁孩子是非常可怕的。

2. 因为常常有大量活动，幼儿园孩子也需要频繁的休息时间，但他们自己常常意识不到他们需要停下来。制定时间表时，在耗能大的活动后安排一些安静的活动，让孩子可以有休息时间。如果"捣蛋鬼"及其追随者的注意无法被转移，他们的兴奋很可能演化成一场"暴乱"。

3. 学前儿童的大肌肉比控制手部和手指精细动作的肌肉发展得好。[1]所以，在诸如系鞋带或扣纽扣之类的任务中，他们可能相当笨拙甚至根本不能完成。要避免安排太多小肌肉动作的活动，比如用纸粘成锁链。应提供大一点的刷子、蜡笔和其他工具。

---

1 大肌肉控制强于小肌肉控制和手眼协调能力。

4. 年幼的孩子很难把视线集中在小的物体上。因而,他们的手眼协调可能还不太完善。如果可能的话,把孩子看小物体的可能性降到最小。(视力发育不完善是儿童书使用大字印刷的原因。)如果你正在打算用计算机或其他软件程序,你需要注意,这些非常年幼的孩子只适合从事那种高度图片化并且只需要做出简单点击反应的任务。

5. 虽然孩子的身体灵活有韧性,但是保护大脑的头骨仍然比较软。要非常警惕游戏中对头部的冲击或者孩子之间的打斗。如果你意识到某活动可能会带来这样的冲击,应立即干预,警告全班这样的活动是危险的,并且向孩子们解释原因。

6. 不同性别的孩子在身体发育和动作技能熟练程度上的差异,通常只有在幼儿园阶段才能被注意到,而且这种差异非常小。这些差异,一部分源于生理上的不同,一部分源于社会化过程的差别(Berk, 2013)。相应地,你可以鼓励所有的孩子参加那些强调粗大动作和精细动作的活动。表3-1对上一章中学者们强调的行为类型作了简要的总结。

表3-1	在托儿所和幼儿园阶段应用发展理论
心理社会性发展	主动对内疚。孩子需要自由玩耍和试验的机会,也需要获得成就感。
认知发展	前运算阶段的思维。孩子渐渐获得了守恒和去中心化的能力,但是还不能进行运算思维,也不能完成心理上的逆运算。
道德发展	属于约束性道德和前习俗阶段。他们把规则看作是权威人士发出的宣言,不能改变,遵循惩罚—服从的取向,更关注有形的结果,而不是意图。
需要留心的关键点	儿童在这个阶段开始接触学校秩序,开始与更多的同伴互动,也在小组情境中进行一些初步的学业体验。他们需要学会听从指引以及与他人良好相处。

78

3.1.2 社会性特征:托儿所和幼儿园

1. 大多数的孩子有一到两个好朋友,但是他们之间的友谊会快速改变。学前儿童在社交方面非常灵活,他们通常愿意也能够和班上大部分的孩子一起玩。最好的朋友往往是同性,但很多男孩女孩间的友谊也开始发展。年幼的孩子总体上会和托儿所或幼儿园班里的大多数同学互动,但是他们眼中的朋友是那些一起分享玩具和玩得最多的同学。如果有个孩子打了另一个孩子,或是拒绝分享玩具,或是对一起玩不感兴趣(Berk, 2013; Kail, 2012),他们之间的友谊可能会在短时间内瓦解。尽管如此,如果他们的友谊建立在能够分享想法、感受、关注点或是对别人福祉的关怀的基础上(Howes, 2009),这份早期的友谊也可以维持很长时间。有一些孩子独自玩,是因为偏好自己玩或者喜欢观察同伴,但也有一些孩子是因为缺乏加入同伴的技巧和信心。在后一种情形中，教师需要提供一些帮助。

2. 游戏活动对年幼孩子的发展有重要的作用，应该被鼓励[1]。很多成年人认为年幼儿童的游戏活动（孩子自发的、自己组织的）相对而言并不重要，教育者可以忽视或是不需要十分重视它们。这真是大错特错。研究结果清楚地显示，任何年龄的孩子都能从游戏中获益，无论是在社会性方面、情绪方面，还是在认知方面（照片3-1）（Bergen & Fromberg, 2009; Lillard, Pinkham, & Smith, 2011）。

年幼儿童所玩游戏的类型和形式非常多样。例如，他们可能各自玩着各自的玩具，也可能和其他孩子玩着同样的玩具但实际上并没有"一起玩"，也可能与其他孩子合作，一起玩有组织的游戏。常见的游戏类型包括假装游戏（模仿父母、兄弟姊妹和同伴的行为），运动游戏（奔跑、攀爬、跳跃和其他大肌肉活动），还有打闹游戏（大多是摔跤类型的活动，也可以是假装打斗）（Bukatko, 2008; Coplan & Arbeau, 2009）。男孩比女孩更有可能参加打闹游戏。

3. 托儿所和幼儿园儿童在玩伴的性别和玩耍方式（两两玩耍还是多人玩耍）上有明确的偏好。一项对超过200名学龄前儿童（平均年龄4.25岁）进行的持续三年的研究（Fabes, Martin, & Hanish, 2003），发现了以下游戏偏好：

Petr Bonek/Alamy

79   照片3-1   年幼儿童玩各种各样的游戏，这些游戏对发展大有助益。

---

1   自由玩耍对年幼孩子来说益处很多。

- 同性间的游戏比异性间的游戏更多。
- 女孩更可能两个人一起玩,而男孩更可能多人一起玩。当女孩参与多人游戏时,她们比男孩更倾向选择进入那些至少有一名以上同性玩伴的小组。
- 当男孩在一起玩耍时,不管是两两玩耍还是多人玩耍,他们与女孩相比更有可能选择主动—有力的游戏。这种趋势在男孩参加其余成员全是女孩的组时不太明显。但当女孩参加其余成员全是男孩的组时,她的主动—有力游戏的水平会提高。

4. 对性别角色和性别定型的意识变得清晰可见。进入幼儿园时,大多数儿童已经发展出性别差异和男性化/女性化角色的意识(Wynn & Fletcher, 1987)。这种**性别角色**[1]意识在男孩和女孩偏好的玩具和活动中清晰显现。男孩子相对更可能在户外玩耍,玩打闹游戏,且表现得具有攻击性。男孩子玩车辆和建筑类玩具,还玩运动类游戏(比如足球)。女孩偏好艺术类活动,玩洋娃娃和跳舞(Cater, 1987)。到6岁时,一些孩子会把原本中性化的职业名称(比如医生、图书管理员、空中乘务员)和某种性别联系起来,比如认为医生是男性,服务员和图书管理员是女性(Liben, Bigler, & Krogh, 2002)。在游戏中存在的如此强的性别定型,在很多种文化中都存在,包括在非西方文化中。而且,这些性别定型还常常会因为父母的行为而得到强化。例如父母会示范所在文化中界定的合适的性别角色,鼓励男孩子独立、主动,鼓励女孩子温顺听话。同伴也可能助长这种趋势。男孩或女孩可能会注意到,当他们选择一个"适合性别"的坑具时,别的孩子更愿意和他们一起坑。

所以,如果你教学前儿童,当小女孩请求帮助时,你可能需要警惕,不要太快地做出回应。如果她们需要协助,你理所应当提供;但如果这些学前的女孩能够自己承担这些任务,你就应该敦促她们自己完成。你也要提醒自己,需要鼓励女孩更具有成就定向,鼓励男孩更多地关注他人的需求。

3.1.3 情绪特征:托儿所和幼儿园

> InTASC　　　标准 1(e)　标准 1(f)　标准 7(i)

1. 幼儿园的儿童倾向于自由和开放地表达他们的情绪,且很容易愤怒。为了让孩子能识别和面对自己的情绪,允许这个年龄水平的孩子开放地表达他们的情绪,或者至少是有较宽松的表达情绪的范围,是必要的。在《亲子之间》(*Between Parent and Child*, 1965;

1　儿童对于玩具和游戏的偏好在幼儿园时期已表现出显著的性别差异。

Ginott, Ginott, & Goddard, 2003）和《教师与孩子》（*Teacher and Child*, 1972）两本书中, 对于教师和家长如何帮助孩子发展情绪感知和调控能力, Haim Ginott 提供了几条具体的建议。他的书还可以帮你自己培养处理过激情绪的理念和技术。

举个例子, 假设一名男孩在分享发言的环节一直挥舞着手, 渴望被教师点名发言, 但整个发言时间, 都被一个女孩迷人的"消防员营救被困小猫"的故事所占据, 后来这名男孩撞到了女孩堆的积木塔。当你走过去想要平息这个刚刚发起的冲突时, 男孩生气地把你推开了。在这种情形下, Ginott 建议你带着这个男孩到一个安静的角落, 然后和他开始以下一段对话：

> **你**: 康纳, 看起来你好像因为什么事不开心。
>
> **男孩**: 是的。
>
> **你**: 你是因为今天上午发生的什么事不开心吗?
>
> **男孩**: 是的。
>
> **你**: 跟我说说吧。
>
> **男孩**: 在分享发言的时, 我也想跟同学们说一些事, 但是你让莉莉一个人说了三个小时, 却什么都不让我说。
>
> **你**: 这让你对我和对莉莉很生气, 对吗?
>
> **男孩**: 是的。
>
> **你**: 好吧, 我理解你为什么失望和生气了。莉莉确实有个激动人心的故事要讲, 然后我们就没有时间让其他同学来讲了。你可以明天早上第一个来讲。不过现在, 我们来画架这边画画怎么样? 你画的画总是很有趣。

Ginott 表示, 当我们鼓励儿童分析自己的行为时, 他们更有可能意识到造成自己当前情绪的原因。这种意识, 有助于他们学习接受和控制自己的情绪, 并找到恰当的方式来表达情绪。但是由于这些孩子有可能正处于皮亚杰认知发展理论中的前运算阶段, 我们需留心, 这种方法可能不是在每个孩子身上都适用。四五岁孩子的自我中心倾向, 让他们很难反思自己对自身或他人的想法。愤怒在儿童疲劳、饥饿或是被成人过度地干涉时最容易爆发。如果你考虑到这些情形, 并试着缓解这些情形给他们带来的压力（比如让孩子小睡, 或是加餐）, 他们的情绪发作可能会降到最低程度。

81

2. 同学间的嫉妒相当常见, 因为幼儿园的孩子很喜爱老师, 总是主动地寻求老师的表扬。当有 30 个孩子同时竞争一个教师的喜爱和关注时, 嫉妒不可避免会出现。试着让你的注意尽量合理地分配给全部学生; 当你表扬特定的孩子时, 请用一种私下或不经意的方式。如果一个孩子得到大量公开表扬时，其他同学对他产生憎恨就再自然不过了。你可以回想自己求学时，对"老师的宠儿"有何感受。

3.1.4　认知特征：托儿所和幼儿园

InTASC　　标准1(e)　标准1(f)　标准4(k)　标准7(i)

1. 到4岁时，很多孩子开始形成心理理论。在托儿所的最后阶段，儿童展示出被研究者称作"人类发展中最令人印象深刻的成就之一"的**心理理论**(theory of mind)[1]。心理理论涉及这样一种能力，即4岁左右的儿童意识到自己和别人在思考和体验某件事上存在差异。同时，他们也开始懂得，有时候推测出他人的想法是可能的。这些能力对于理解社会生活中的惊喜、秘密、把戏、失误、谎言等，都至关重要。

到3岁时，大多数孩子意识到思考某件事和实际经历这件事之间的差别。但是直到4岁，儿童才开始意识到"想法"可能是错的，这是一个重要的转变。在Janet Astington (1998)的研究中，研究者在一个儿童通常认为是用来装糖果的盒子中装满了铅笔。当3岁的儿童打开盒子发现里面的铅笔时，研究者问他们"在打开盒子前，你的朋友会以为盒子里有什么"，他们回答说，朋友们知道里面是铅笔（就像他们现在一样）。稍后再被问到这个问题时，他们会给出"糖果"的答案，而不是"铅笔"。这表明3岁的孩子不能回忆起自己的想法已改变了。但是4岁的孩子能懂得朋友也会被"铅笔替换了糖果"的事实所误导，他们也记得自己在开盒子以前，也以为盒子里是糖果。所以，从4岁起，儿童开始意识到人们的行为是建立在他们对世界的思考之上的。

从不同的角度谈论某些观点，可以帮助儿童理解人们对于世界的看法，亦即不同的人有不同的信念，而这些信念会因为获得新的信息而改变。Astington(1998)提供了以下的例子，来说明教师如何帮助孩子发展心理理论：

> 我最近观察到，在一年级的课堂上，教师常常讲述她自己的思考过程。比如说，当她发现有一个学生在家养了一只宠物兔，她会说"我刚刚知道了一件有意思的事情"。当她感到惊讶或是犯错误时，她会说出自己的错误信念；在讲故事时间，她会让学生谈论故事人物的动机和信念。她的谈话风格，有助于班上的学生即

1　到4岁时，儿童形成心理理论：意识到自己的心理过程，并意识到别人可能与自己想法不同。

关注思维的内容,也关注思维过程——即使这位教师并不知道"心理理论"这一术语。(p.48)

2. 幼儿园儿童能熟练地使用语言。大多数幼儿园儿童喜欢讲话,尤其是在一群人面前说话。提供一个相互分享时间,可以让孩子有自由的说话机会,但是很多孩子需要帮助才能成为好的倾听者。为了把说话的机会均等地分配给爱说话的孩子和比较安静的孩子,用一些轮换的方式是很有必要的。可以给不那么自信的孩子提供一些机会,谈论他们的活动或经历,比如一次郊外之旅、一本书或是一部电影。

3. 很多幼儿园或托儿所儿童不能准确地评估自己对某些特定任务的胜任能力[1]。这些孩子常常大大高估自己的能力,即使他们看到自己的表现比同伴差很多。他们还不能区分努力和能力这两项影响表现的因素。这种自我评估方面的不足,一方面是受到儿童前运算阶段思维特点的影响,另一方面也受到相对非结构化的、强调自由玩耍的、弱化同伴间比较的课堂环境的影响。在以色列基布兹(集体农场、公社的生活方式),儿童一般是在一群同龄人中间而不是在核心家庭中成长起来的。因此,这里的儿童比城市里那些大多数时间都在自己家庭中生活的儿童,通常会提前一年通过使用同伴比较的方式来建构起对自身能力的认识(Butler, 2005)。

除了自我能力评估方面的不足,研究还发现,在特定的条件下,就算只有4岁的儿童也能对自己在任务中的表现好坏作出准确的判断。在一项研究中,研究者要求4—5岁的儿童完成一个简单的迷宫类的任务(沿着弯弯曲曲的道路找到插图中孩子和房子之间的路径),有一组儿童在其他儿童做的基础上来做,另一组儿童则和自己之前在同一任务中的尝试做对比。在前一组中,大约有40%的儿童能够准确地评估自己的表现,其余的大多数儿童则以目标作为参照,对自己的表现作出评估(比如,我只走到了到房子的路的一半)。而在后一组中,即使把两次的尝试摆在一起,儿童仍然不能根据自己之前在这个迷宫任务中的表现,来评价自己这一次是表现得更好还是更差。大概要到7—8岁,儿童才能在这种情境下准确地对自己的能力作出评价(Butler, 2005)。

4. 互动、兴趣、机会、督促、限制、欣赏和情感信息,都有助于促进儿童的能力发展。对高能力的幼儿的研究(Burchinal, Peisner-Feinberg, Pianta & Howes, 2002; Clawson & Robila, 2001; Schweinhart, Weikart, & Hohmann, 2002)显示,要让学前儿童充分发展他们的能力,成年人应该:

---

1 同伴比较可以帮助4—5岁的孩子更准确地评估自己的能力。

- 经常以各种方式与儿童互动。

- 表现出对儿童所讲和所做事情的兴趣。

- 为儿童提供充分的研究和体验的机会。

- 允许并鼓励儿童做各种事情。

- 鼓励儿童把行为做得熟练和完善。

- 对不能接受的行为设定坚决一致的限制，并且及早（只要儿童能够听懂）向儿童解释设定这些限制的原因。如果儿童觉得这些限制太过严苛，成年人要倾听他们的怨言；如果这些限制在儿童抱怨后也要维持原样，应给出更充分的解释说明。

- 对儿童的成就表示钦佩和赞赏。

- 用温暖和真诚的方式表达爱。Diana Baumrind 在跨越40多年的研究（1971, 1991a, 2012, 2013）中，找到了4种家庭教养方式及其影响儿童能力的方式。正如在本章与前一章中所讲到的，儿童的社会互动塑造了他们。在儿童拥有何种社会互动和体验这件事上，父母有着巨大的影响力。Baumrind 和她的同事们（Baumrind, Larzelere, & Owens, 2010）发现，父母运用（或者不运用）权力的方式对儿童有着深远的影响。

权威型父母（authoritative parents）：他们倾向于培养出有能力的孩子。权威型父母对于自己作为父母的能力很有信心，所以他们为孩子提供了一个可以模仿的有力的榜样。当他们设定限制并解释设定这些限制的理由时，他们鼓励孩子为自己设定标准，并思考为什么要遵守某些特定的程序。根据Baumrind的研究（2012），"……权威型父母对孩子施加的影响是坦诚直接的（讲理的，可商量的，结果取向的，关注行为约束的）"（p.35）。因为这些父母同时也是温暖而充满爱心的，儿童看重父母的积极反应，并把这些反应视为对自己成熟行为的嘉奖。权威型父母的孩子倾向于主动行事。他们能够坚持自己的想法，也能够卓有成效地与他人合作。

专制型父母（authoritarian parents）：相比之下，他们提出要求并行使权力，却不考虑儿童的观点，他们还缺乏温暖，这都会让儿童产生怨恨和不安全感。"专制型父母对孩子施加的影响是强制式的（武断的，不容辩解的，专横的，突出身份的差异）……"（p.35）。专制型父母的孩子倾向于按照大人说的做，但这是出于顺从或者害怕，而不是出于对爱和赞赏的渴望。同时，他们也更可能被他人指挥，而不是按自己意愿做事。

放任型父母（permissive parents）：在Baumrind的定义中，这类父母的教养行为没有规划、前后不一致且缺乏信心。他们的孩子也可能模仿这类行为。放任型父母对孩子的要求少，允许他们自己做很多决定，不要求孩子展示出成熟的行为，也倾向于避免与孩子发生对峙。结果是，这些孩子不如在权威型家庭成长起来的孩子有主见，智力上也不够成熟。

拒绝—忽略型父母（rejecting-neglecting parents）：这类父母对孩子既没有要求，也没有情感上的回应。他们不去营造有利于孩子成长的家庭环境，对孩子的目标和活动也不支持，还有可能主动拒绝或忽视养育孩子的责任。这些拒绝—忽略型父母所养育的孩子，在社会性和智力表现方面都最差。教师，尤其是幼儿的教师，在与自己的学生互动时会运用权力。教师是否或是如何运用这种权力，会对学生产生长期的影响。

暂 停 与 反 思

考虑到学龄前儿童的特点，你会营造什么样的课堂氛围、使用什么样的教学技巧来促进他们的学习，使之喜欢学校？

你掌握了吗？

杰西今年4岁，被普遍认为是一个很有能力的孩子。你认为杰西父母的教养方式最有可能属于以下哪种类型？

a. 权威型   b. 专制型

c. 放任型   d. 拒绝—忽略型

84

3.2 小学低段（一至三年级；6—8岁）

InTASC   标准 1(e)   标准 1(f)   标准 7(i)

3.2.1 身体特征：小学低段

1. 小学低段的儿童仍然非常活跃。因为他们频繁地被要求坐好，所以他们的能量只能以一些紧张时的习惯来释放——比如咬笔、咬指甲和坐立不安。为了将儿童的坐立不安降至最少，要尽量避免要求孩子长时间坐在座位上。应经常性地安排课间休息，并努力把活动（比如把作业交到讲台上）作为课的构成部分。当孩子使用有音效的计算机软件时，给他们分发耳机，以保证每个孩子都能聚焦于自己的任务，最大限度地减少学生之间的相互干扰。

当下的教育强调让儿童达成州学习标准，它带来的结果之一是学生的休息时间减少甚至被取消，即使在幼儿园和小学低段也是如此（Bornstein, 2011; Pellegrini & Dupuis, 2010）。教育者试图通过减少儿童的休息次数和时间，来集中教授学业技能，这种做法明智吗？根据认知发展理论和研究成果，这种做法是有问题的。

在上一章中我们提到，皮亚杰认为，同伴交往会在很大程度上帮助儿童习得站在他人视角思考的能力，因为在同伴交往中，儿童必须理解和适应他人的观点。在学校中，这类交往最常出现在非结构化的活动中，比如课间休息时间。另一种理论观点——认知不成熟假设，认为为学生提供非结构化的休息，可以减少前面的教学所带来的认知干扰，让学生在接下来的学习中注意更加集中。很多研究发现支持以上理论观点。在一项研究中发现，幼儿园学生在休息时间得到的与同伴玩耍的机会，可以显著预测其在一年级的学业成就（Pellegrini & Bohn, 2005）。在另一项对三年级学生进行的研究中发现，至少有一次超过15分钟休息时间的学生，相对那些没有或只有很少时间休息的同伴，能够得到更高的课堂行为评分（Barros, Silver, & Stein, 2009）。最后，一篇关于近期研究的综述（参见Pellegrini, & Dupuis, 2010; Tomporowski, Davis, Miller, & Naglieri, 2008）发现，活动能提升儿童的注意和认知执行功能（本书将在第8、9、10章详述这部分内容）。这些认知过程对于自主学习来说至关重要，它们涉及选择、组织和正确地使用目标导向行为的能力。

2. 儿童仍然需要休息的时段。在体力和脑力活动后，儿童很容易变得疲劳。因此，可以在体力消耗大的活动后，为其安排一些安静的活动（比如在课间休息后，安排一段故事时间），或者在一段时间精神高度集中的活动后，安排一些放松的活动（比如在拼写课和数学课后，安排一节艺术课）。

3. 大肌肉的控制仍然优于精细动作的协调。仍有一些儿童，尤其是男生，使用铅笔还有困难。尽量不要一次性安排太长的书写的时间。如果训练的时间太长，儿童在技能方面的表现会下降，也会因此对书写甚至上学都形成一种消极的态度。

4. 很多学生可能难以把注意集中于小的印刷品或物体[1]。有不少学生的眼球还是扁形

---

[1] 小学低段儿童在阅读小字印刷品时难以集中注意。

的，因而他很可能是远视。不要让孩子一次阅读太多。要注意观察儿童的揉眼和眨眼动作，这些都是代表眼睛疲劳的信号。当你准备课堂练习卷时，不管是纸质的还是电子的，都要用大一些的字体。在眼睛的晶状体能够轻松聚焦以前，年幼儿童在来回观看近处和远处物体方面，还一直存在着困难。

85　　　虽然这个年龄的很多孩子已广泛地接触电脑游戏和视频游戏，并通过与屏幕上的画面互动，已经发展出较好的手眼协调能力，但是在选择软件程序时，最好还是选用那些图片直观、按纽易于点击的软件，以避免其遭受挫折。

　　5. 在身体活动方面，儿童会比较极端。他们对自己的身体有很好的控制能力，对自己的技能充满信心。结果，他们常常低估自己的那些"大胆开拓"所带来的危险性。三年级时意外事故率达到最高[1]。你需要熟知学校关于受伤处理的规程，也要尽量阻止那些鲁莽的游戏。例如，在课间休息时间，鼓励班上学生玩一些"有些野"但是本质上很安全的活动（涉及技巧的接力跑），这样可以帮助孩子远离"不计后果"的冲动倾向。

　　6. 骨骼发育尚不完全。因此，骨骼和韧带还不能承受较大的压力。如果你发现儿童沉醉于一些对力量考验极大的活动（比如用手臂猛推对方，直到其中一方不能反击），可能需要建议他们换别的比拼方法，比如开展一些需要协调能力的竞赛活动。在团队游戏或比赛中，有些特别累人的位置，需要经常进行轮换（比如棒球运动中的投掷手）。

3.2.2　社会性特征：小学低段

> **InTASC**　　　标准 1(e)　标准 1(f)　标准 7(i)

这里所描述的特征在小学低段和高段都很典型，但这些特征是下一部分要讲述的小学高段特征的基础。

儿童在选择朋友方面在一定程度上变得更挑剔，可能或多或少地有一些永久性的好朋友。友谊通常是在同性之间建立，特点是互相理解、忠诚、合作和分享。不要鼓励朋友间的竞争，因为这种竞争会演变得非常激烈，导致对彼此不满。虽然朋友间比非朋友间会发生更多的分歧，但他们之间的冲突往往是短暂的，强度不大的，也不大可能会引起友谊的瓦解（Laursen & Pursell, 2009; Ross & Spielmacher, 2005）。在表3-2中列出了上一章中学者们关于这类行为的论述要点。

1　三年级孩子的意外事故率最高。

1. 小学低段的儿童一般比较喜欢以小组形式开展的有组织的游戏,但是他们可能过于关注规则,或是太过着迷于团队精神。请记住,根据皮亚杰的理论,这个年龄的孩子处于约束性道德阶段,他们难以理解为什么在特定的情境下要调整规则,也很难知道如何调整这些规则[1]。如果你把班上的学生分成几个小组,你可能会惊讶地发现,小组之间的竞争是如此之激烈、学生们发出的噪声是如此之高。降低竞争和噪声的一种方式是增强其"游戏是为了好玩"的观念。另一种方式是频繁地轮换团队的成员。你也可以参考Robert Slavin的著作《合作学习:理论、研究和实践》(*Cooperative Learning: Theory, Research, and Practice*,1995,第二版)书中描述了几种强调合作的小组学习游戏。

2. 争吵仍然很常见。吵架比身体攻击更常见,但还有一些孩子,尤其是男孩,喜欢拳打、摔跤和推搡。对偶尔会发生的打斗要有心理准备,如果某些(尤其是某两个)孩子有可能卷入长时间的"战斗",你可能需要出面制止他们。但是如果可以的话,给学生一个机会,让他们自己去寻找解决办法,因为人际冲突对认知发展是很有效的刺激(Howe, Rinaldi, Jennings, & Petrakos, 2002; Murphy & Eisenberg, 2002; Tudge & Rogoff, 1989)。

虽然偶尔的争吵和轻微的身体攻击对学生只有短暂的影响,但你还是需要留心那些常常被同伴侮辱、威胁、进行身体攻击和排挤的学生。研究显示,在同学中常常被欺负的三、四年级学生,无论是在欺负事件发生时,还是在发生一年之后,当没有受欺负的同学相比,他们在标准化成就测验中的得分更低、成绩等级更低、抑郁程度更高(Schwartz, Gorman, Nakamoto, & Toblin, 2005)。

86

表3-2	在小学低段应用发展理论
心理社会性发展	勤奋对自卑。学生需要通过成功地完成任务来体验勤奋感。要尽量减少和纠正他们的失败,以避免其产生自卑感。
认知发展	从前运算阶段向具体运算阶段过渡的时期。通过总结和概括具体的经验,学生逐渐掌握了解决问题的能力。
道德发展	约束性道德和前习俗阶段特点。他们把规则看作是权威的人士发出的宣言,不能更改。更关注物质结果,意味着他们认为遵守规则应该会带来好处。
需要留心的关键点	学生对学校学习有了初步体验,渴望学习阅读和写作;如果没有进步,他们可能会变得烦躁不安。对学校学习有了初步的态度。自己在群体中的角色初步形成,这些角色可能会形成一个长期的稳定的搭配模式(比如,领导、跟随者、不合群者、运动员或后进生)。

1　小学低段孩子对规则的解读较为僵硬。

3.2.3　情绪特征：小学低段

1. 学生对批评和嘲笑特别敏感，对失败也很难适应[1]。他们需要频繁地被表扬和被认可。他们钦佩、甚至是崇拜教师，教师的批评则可能把他们压垮。要尽可能频繁地为他们提供积极的强化，应把负面评价限制在非学习方面的不良行为上。切忌嘲讽学生。请记住，这是一个勤奋对自卑的阶段；如果让一个孩子产生了自卑，可能会妨碍他发展勤奋感。

2. 大多数小学低段的学生渴望取悦教师。他们喜欢帮忙，喜欢承担责任，希望自己的学业表现优异。为了满足他们想要帮忙的迫切愿望，可以使用一个被沿用很久的有效技术——把任务轮流分配给学生，比如让他们轮流清洁黑板擦、倒垃圾、发放纸张等（照片3-2）。

3. 儿童对他人的感受变得敏感。但不幸的是，这使他们具有了深度伤害别人的能力。他们能够攻击他人情感的脆弱点，但却意识不到这样的攻击带来的杀伤力之大。有时候，某个孩子会成为大家消遣取笑的对象，因为大家注意到他（或她）已往对嘲笑的反应。对

Geoffrey Biddle/Time Life Pictures/Getty Images

照片3-2　大多数小学低段的学生渴望在班级中获得"帮忙"的工作。因此，你可以为这类工作制定一个值日表。

1　要鼓励勤奋，请使用表扬，而避免使用批评。

这种情况要保持警觉。如果你能私下里呼吁始作俑者不要这么做，就可以防止嘲弄同学的行为进一步升级，也会很大程度上改变"受害者"对学校的感受。

3.2.4　认知特征：小学低段

1.儿童明白认识事物的方式有多种，而且有些方式效果更好。当一个现象可以用两种方式来解释时———一种是可能的解释（也就是理论上的），一种是基于证据的解释，学前儿童不能分辨出哪种解释更令人信服，而小学低段的儿童往往比较青睐基于证据的解释。这是科学思维的开始（Kuhn, 2011）。在Deanna Kuhn的一项研究中，学前儿童观看了一堂描述两个人赛跑的图片。然后研究者要求他们指出谁赢得了比赛，并给出相应的理由。其中一位赛跑者穿着一双高档鞋，有一些儿童说这是他能够战胜对手的原因。但是由于在最后一张照片中，同一个人拿着一个奖杯，很开心地笑着，有的儿童就把这一事实作为证据，作出这个男孩赢得了比赛的结论。进入小学后，事实上所有儿童都明白，基于事实的解释优于基于理论的解释，所以他们把第二张图作为自己作出结论的理由。

2.小学低段的儿童开始懂得，学习和回忆都是特定的认知过程带来的，他们可以控制这些认知过程[1]。大约到7—8岁，儿童开始意识到，学习和记忆源于某些认知过程，而他们可以有意识地控制这些过程。例如，年幼儿童学习单词时，可能需要一些提醒或者指导，引导他们将单词按类别进行分组记忆，因为他们意识不到这样的策略可以帮助回忆。同样地，他们也意识不到自己在阅读较难的或不熟悉的材料时，可能是缺乏理解的。因此，可能也需要别人提醒，进而反思自己对所读内容的理解情况。到小学低段，这种对自身学习过程的觉察和监控（也称元认知），开始出现（Schneider, 2011）。我们将在第8章"信息加工理论"的部分，再进一步讨论这个话题。

3.由于小学低段儿童的神经系统还在发育，他们对正式学习任务的体验也很有限，所以与大一些的儿童相比，他们的学习效率还比较低。因此，你给小学低段儿童布置的作业任务应该相对简短一些，同时，还要注意交替呈现认知要求高低不同的学习任务。要为年幼儿童提供一些间歇时间，比如课间休息。这可以提升他们的注意力，使之在接下来的课堂活动中表现得更好。至于采用何种形式的休息，这本身并不太重要。它可以是学校操场的体育活动，也可以是课堂上的游戏活动（Pelligrini, 2009）。

1　开始意识到认知过程。

4. 自言自语在6—7岁之间达到顶峰,随后迅速下降。如果你观察到学生自言自语,不管他们是在和同学在一起,还是独自呆着,都不要惊讶,也无须担心。这是一个被证实的普遍现象,被维果斯基称为"私人言语"。维果斯基认为,私人言语是对他人说话和进行独立思考之间的过渡状态。私人言语最早出现,大致在3岁左右;在6—7岁时,可能占到儿童总言语量的20%—60%。然而,到了8岁,这种言语全都消失了,取而代之的是无声的、内部言语(Berk, 2013; Bukatko, 2008; Feigenbaum, 2002)。

顾名思义,私人言语并不是为了向他人传递信息,也并非总是以完整的句子形式呈现。这些可能以单词或短语为载体的言语,出现的一个重要目的,是帮助儿童澄清自己的思维、解决复杂的问题,如在解答数学问题或者阅读不熟悉的材料过程中出现的问题。譬如,一个孩子做数学题时,可能会掰着手指大声数数,然后说出"答案是10"。那些用私人言语来帮助自己解决稍微有些困难但是充满挑战性的问题的孩子,对任务更加投入,表现得也更好。相比之下,那些不怎么自言自语的孩子,在这方面的表现要相对差一些(Berk, 2013)。

你掌握了吗?

在每周的拼写测试之后,一个三年级的教师会放一些轻音乐,并允许学生玩一些比较安静的游戏。她这么做的原因是:

a. 在一段时间的努力之后,小学低段的学生需要一段时间休息。

b. 音乐和安静的游戏是小学低段课程中的标准内容。

c. 拼写测试会让竞争和焦虑上升到不健康的水平。

d. 这位教师需要一点休息时间,以便整理思绪准备下一堂课。

3.3 小学高段(四至五年级;9—10岁)

InTASC　　　　　标准1(e)　标准1(f)　标准7(i)

3.3.1 身体特征: 小学高段

1. 男生和女生都变得瘦而强壮。总的来说,脂肪组织的生长减少,骨骼和肌肉发育增加。在一年的时间里,这个年龄段的儿童平均长高2—3英寸(约为5—8厘米),增重5—7

英磅。所以，该年龄段的孩子看起来身材瘦长。虽然一般情况下9岁男孩会比9岁女孩稍微高一些、重一些，但这些差异在一年后都会消失。从11岁到大致14岁半，女孩都要比男孩稍稍高一些、重一些。因为第二性征尚未出现，所以弄错这个年龄孩子的性别的事时有发生，尤其是当女孩头发很短、男孩头发很长，或是当他们都穿得很中性化的时候。

2. 肥胖可能成为这一年龄组中某些孩子的问题。由于与年幼儿童相比，9岁、10岁的孩子在饮食习惯方面拥有更多的主动权，所以他们更有可能会饮食过量（特别是吃垃圾食品）。当这样的饮食方式碰上较少的运动量（常常是因为看电视、玩电脑或者玩电动游戏）和遗传的易胖体质，儿童就会从微胖发展为严重肥胖。从1976年到1980年，只有6.5%的6—11岁儿童被判定为超重。到2004年，这一比例增长了1.5倍，变为17.5%。超重的儿童在未来的生活中有更高风险罹患心血管疾病和Ⅱ型糖尿病，在现实生活中也会成为同伴嘲笑和排挤的对象（Eberstadt, 2003; Kelly & Moag-Stahlberg, 2002; National Center For Health Statistics, 2007）。

3. 虽然程度不高，但是在运动技能方面的表现还是存在明显的性别差异[1]。男孩在涉及踢、扔、抓、跑、跳远和击球方面任务上的表现要优于女孩。女孩在需要肌肉灵活、平衡和有节奏韵律的运动方面，表现优于男孩（照片3-3A和3-3B）。这些差异可能部分地源于关于

照片3-3A和3-3B　小学高段的男孩倾向于在涉及大肌肉的运动技能方面优于女孩，这一阶段的女孩则倾向于在涉及肌肉灵活性、平衡和韵律节奏的肌肉运动技能方面优于男孩。　　　89

1　男孩在与运动相关的动作技能方面稍有优势，女孩在灵活、平衡和有节奏韵律的动作技能方面略有优势。

性别角色的刻板印象。也就是说,因为社会化过程中的差异,女孩更有可能玩跳房子和跳绳之类的游戏,而男孩更有可能玩棒球或篮球(Berk, 2013)。

这一年龄段的男生和女生都能够熟练使用大肌肉和小肌肉,这一发展带来了相对较好的课堂秩序。四五年级的学生能够静坐更长时间,也更能专注于当前各种各样的脑力活动(Hetherington & Parke, 1993)。这种发展还让儿童更好地享受艺术、手工和音乐活动中的乐趣。

4. 这是一个身体发育相对平静且可预测的时期。这一阶段儿童的身高和体重的增长速率稳定、适中,未出现荷尔蒙失调。相比其他任何阶段,疾病出现的频率都更低,身体协调性相对稳定(Berk, 2013; Hetherington & Parke, 1993)。表3-3中简要列出了上一章中学者们所强调的该年龄段孩子的行为类型。

表3-3	在小学高段应用发展理论
心理社会性发展	勤奋对自卑。让学生保持积极的忙碌;尽量减少最好和最差学生之间的比较。
认知发展	具体运算阶段。除了智力方面发展得最好的学生,大多数孩子还是需要从具体的经验中概括出一般认识。
道德发展	约束性道德。从前习俗阶段向习俗阶段的过渡时期。对规则的理解开始有所转变,开始把规则看作是通过协商来制定的。但是对"官方"规则的服从,是因为敬重权威,或是因为希望给他人留下好印象。
需要留心的关键点	随着学习中的新异性减少、技能的完善变得更难,学生对于学习的初始热情可能会减退。就所掌握的知识和技能而言,学得最快的和最慢的学生之间的差异变得更加显著。之前对于教师的"自然而然"的尊敬开始减少,同伴之间的影响开始增强。

90

3.3.2　社会性特征: 小学高段

> **InTASC**　　标准 1(e)　标准 1(f)　标准 7(i)

1. 同伴群体变得更具有影响力,开始取代成人在行为标准设置和成就认可中的地位[1]。在入学的最初几年,父母和教师设定一系列行为标准,大多数孩子会尽量达到这些标准。但是到了四五年级,儿童越来越喜欢在没有成人的监督下交往。很快,儿童

1　同伴群体的行为规范开始取代成年人设定的行为规范。

开始发现,同伴群体中的行为规则可能和家里或者班上的规则有所不同。因为这个年龄段的儿童开始更加在意自己是否被同伴群体接纳,也没有足够的自信与群体规范相抗衡,所以不论男生还是女生身上,都出现了更多的对他人说长道短的现象(Ross & Spielmacher, 2005)。另一方面,被一个同伴群体接纳、在该群体中有朋友的儿童,比起那些不被接纳也没有朋友的孩子,更可能拥有高水平的动机、学业等级和测试成绩(Wentzel & Watkins, 2011)。

2. 友谊的建立变得更具选择性,更关注性别差异。小学高段的儿童在选择朋友或玩伴时,比小学低段儿童更具鉴别力。大多数儿童会精心选择一个好朋友,而且这个好朋友常常是同性。这些友谊关系常常建立在共同的观点、人生观和世界观的基础上,可能一直延续到青春期。如果家长和教师要求他们与异性互动,他们很少会拒绝;不过如果由他们自己选择,这个年龄段的孩子倾向于回避异性。

3. 游戏对这个阶段儿童的发展持续发挥着重要作用。在本章的前面,在描述学前和幼儿园阶段儿童的各种特征时,我们指出了游戏活动对几个方面发展的重要性。在小学高段,游戏的作用同样重要。如果允许该年龄段的孩子玩他们自己的游戏,他们可以从中获益匪浅,这表现在改善自我指导和自我控制的技能,学习如何加入他人的游戏活动,促进计划或者使用符号等认知技能的发展(Bergen & Fromberg, 2009)。所以,尽管今天的教育承担着各种问责压力(我们将在第15章详细讨论这一点),我们仍需尽量让学生在学校里有一些自由玩耍的机会。

3.3.3 情绪特征: 小学高段

InTASC　　　　标准 1(e)　标准 1(f)　标准 7(i)

1. 在这一阶段,儿童开始拥有更为概括化、整合化和更复杂的自我形象。自我知觉的研究者(比如 Harter, 1990, 1999; Marsh & Hattie, 1996)对自我描述、自尊和自我概念三个概念进行了区分:

- **自我描述**(self-description)——简单来说,是指个体如何向他人描述自己。自我描述基本上(但不是全部)不涉及评价。典型的自我描述的例子有"我今年11岁","在同龄人中我算长得比较高的"和"我是一个外向的人"。
- **自尊**(self-esteem)——有时也被称为自我价值感,是指个体对自己所做的总体评价。如果一个人说"我觉得我是一个有价值的人",或者"我为我自己感到高兴"之类的话,当中就包含了一些自尊的信息。

- **自我概念**(self-concept)——是指个体对自己的某些具体方面(如学业表现、社会交往、运动技能和外貌等)所做的评价。例如,"我有一个适合学数学的好头脑","交朋友对于我来说很困难","我的大鼻子让我看起来很丑"。

91

把自我描述、自尊和自我概念整合在一起,就构成了一个人的**自我形象**(self-image)或自画像。到童年中期时,自我形象的这三个方面都分别有展现;儿童能够准确地描述自我,对自己作出概括的评价,指明自己在特定领域的优势和不足。

关于儿童自我形象的形成,有几个方面的重要事实需要牢记于心。首先,因为随着年龄增长、经历的丰富,小学高段儿童在任务和环境中获得了更全面的信息,因此他们的自我形象比小学低段儿童更加概括化和整合化。一个孩子认为自己很擅长社交,不仅仅是因为她在学校受欢迎,还因为她和成人也相处得很好、受到成年人的喜欢,在同龄人中也是如此,等等。这种在不同情境中都能显现的概括化的品质,有助于自我形象变得相对稳定[1]。

其次,在小学高段,与他人比较是儿童形成自我形象的重要基础。他们之所以使用这种方式来给自己定位,一定程度上是因为他们不再像几年前那样自我中心,并且具备了从多元视角来思考问题的能力。同时,由于竞争和个人主义是很多西方文化中高度认可的价值观,所以,为了弄清自己是什么样的人,儿童也会自然而然地拿自己和他人做比较(比如,"我比我的朋友高一些"),或者拿自己与宽泛的标准做比较(比如,"我比我的同龄人都要高一些")。这一社会比较的过程,在某种情况下会给学生的自我形象带来负面影响。比如,一个普通学校或班级中的"优生",到了更优秀的学校班级里成了"差生",他(或她)在学业方面的自我形象会受到毁灭性的打击。这种现象也被称为"大鱼小池效应"(参阅Dai & Rinn, 2008; Seaton, Marsh, & Craven, 2010; Marsh, Seaton, Trautwein, LÜDtke, Hau, O'Mara, & Craven, 2008)。

第三,在小学高段,关于自我的描述中首次出现了情绪(比如自豪、羞愧、担心、生气和快乐)及自己对情绪的控制情况。第四,重要他人(如父母、教师和朋友)传递的信息和态度,以及儿童对自己在重要任务上的能力表现的感知,都会对其自我形象产生影响。关于这些事实的进一步讨论,将在本章接下来的部分展开。

因为发展中的重大变化通常不会发生在小学高段,所以除非有家庭或社会环境的重大改变,否则一个儿童的自我形象在这几年中会保持得相当稳定。但是就如你在本章后续内容

---

1 通过同伴比较,儿童的自我形象趋于概括化和稳定化。

中将看到的，在初中和高中阶段发生的变化，却常常给自我形象带来巨大的改变（Alasker & Olweus, 2002）。

2. 破坏性的家庭关系、社会拒斥和学业失败，可能导致少年犯罪行为[1]。Gerald Patterson, Barbara Debaryshe, & Elizabeth Ramsey（1989）整理了一系列的证据，说明亲子关系功能失调会引起一系列因果反应，而少年犯罪行为恰恰是这种因果反应的结果。他们认为，恶劣的亲子关系会导致行为问题，行为问题导致儿童不被同伴接纳和学业失败，这就让儿童倾向于向离经叛道的同龄人寻求认同，进而引发了少年犯罪行为。这些孩子的父母，往往会在管理孩子时使用严苛且标准不一致的惩罚，他们很少使用正面强化，也几乎不对孩子参与的活动和行为进行监督。

因为这些孩子没有学过如何遵守成年人的规矩和规范，只学会了如何通过胁迫满足自己的需求，所以他们被同伴拒斥，完成学习任务时容易分心，对所学内容几乎没有兴趣，也未能掌握对接下来取得成就而言不可或缺的基本学业技能。如果要截断这一反应链，尽早和尽量多方面地干预，更有可能产生作用。在这其中，除了进行咨询和给予父母训练，让儿童掌握一些基本的学业技能也是很重要的。

92

暂停　与　反思

　　小学高段和小学低段相当于埃里克森的勤奋对自卑阶段。这意味着，教育者应该鼓励每一个学生的勤奋感和胜任感。如果从1—10打分，你认为学校教育完成这一目标的程度是多少？你在评分时考虑的主要因素有哪些？

3.3.4　认知特征：小学高段

InTASC　　　　标准 1（e）　标准 1（f）　标准 4（k）　标准 7（i）

1. 尽管在逻辑思维方面能力有限且不稳定，但小学高段的儿童已经具备这种思维能力[2]。根据皮亚杰的阶段划分，小学高段中年龄稍大的儿童，已经具备了具体运算阶段的思维特征。这一阶段的大多数儿童，已经很好地掌握了一些逻辑图式，这些图式使他们能够

1　少年罪犯朋友少，易于分心，对学业不感兴趣，缺乏基本的技能。
2　小学高段的儿童能够进行逻辑推理，但仅限于具体问题。

照片3-4 虽然小学高段学生能够理解一些逻辑基础（如类包含、顺序排列和守恒），但他们只能解决以具体事物或形象为基础的认知任务。

理解和解决涉及如下一些过程的任务：类包含（理解构成层级系统的上位—下位关系）、顺序排列、守恒和符号象征（如，看地图）等。当然，这些任务的内容同时还应指向真实的可触知的世界，要么是儿童经历过的、要么是能够想象到的（照片3-4）。需要注意，处于具体运算阶段的儿童，还是常常不能理解概括和抽象的内容，比如讽刺、隐喻、寓言等。

2. 在简单记忆任务中，小学高段儿童的表现与青少年甚至成人不相上下；但是在复杂的记忆任务中，他们的表现就会欠佳。如果任务是再认先前习得的信息（如单词、关于某人或某事的信息），或者为了即刻使用而复述信息，他们能够和年龄大一些的儿童表现得一样好。到这一阶段，相对简单的记忆过程，如再认、机械地重复记忆，已接近发展的最高水平。但是相对高级的记忆过程（如精细加工和组织）仍有待充分发展。例如，完成图片分类任务时，相比年长儿童和成年人，小学高段的儿童分出的类别更少，分类方式也更古怪；总体说来，他们的分类对后续回忆的帮助也不大（Kail, 2012）。这里需要记住，小学高段儿童要想熟练、有效地使用复杂的记忆技能，他们需要在各种各样的任务中不断地进行练习（Schneider, 2011）。

93

你掌握了吗?

一群五年级的女生对"忠诚和友谊"这一话题进行了长达一周的争论。但是对于这件事，她们对家长或老师都只字未提。这种行为：

　　a. 说明儿童还没有对生活中的成年人形成信任

　　b. 是适应不良的表现

　　c. 属于这个年龄段儿童的典型行为

　　d. 说明她有人格障碍

3.4　初中阶段（六至八年级；11—13岁）

InTASC　　标准1（e）　标准1（f）　标准7（i）

在这一部分，我们首次使用"青少年"这一术语。虽然把11—13岁儿童称为"青少年"，可能让你有点惊讶，但是发展心理学家已把10岁儿童称为青少年了。他们这么做的原因是，青春期包括了一系列进入到更成熟的生命阶段的过渡时期（包括生理的、社会的和认知的），在部分个体中，这些过渡时期早在10岁左右就开始了（Steinberg, 2011）。尽管有很多术语被用来描述标志着青春期到来的最初阶段（10—14岁），这里我们选择最广为使用的两个：青春期早期和青春期。

3.4.1　身体特征：初中阶段

在这一阶段，儿童的身体发育快而不均衡。平均而言，每个孩子每年会长高2—4英寸，增重8—10磅。身体的某些部分，尤其是手和脚，会比其他部分长得更快一些。所以，初中阶段学生看起来大多瘦高且笨拙。因为女生性成熟比男生快，她们的**快速生长期**（growth spurt）[1]从11岁左右就开始，大致在14岁达到顶峰，在15岁左右结束。而男生的快速生长期大约从13岁开始，17岁时达到顶峰，在18岁左右基本完成。这一快速生长期的时间差异所带来的结果是，很多初中女生看起来比同龄的男生要成熟。然而，在快速成长期之后，男生的肌肉、心脏和肺都普遍比女生更大（Steinberg, 2011）。表3-4简要总结了上一章中学者们强调的该阶段儿童的典型行为。

表3-4	在初中阶段应用发展理论
心理社会性发展	从勤奋对自卑过渡到同一性对同一性混乱，逐渐增强的独立意识引发对同一性（"我是谁"）的初步思考，这一时期对外表和性别角色的关注超过对职业选择的关注。
认知发展	在一些领域开始进入形式运算阶段。进行心理操作和假设检验的能力增强。
道德发展	以人际和谐为准则，向习俗水平过渡。更加愿意把规则看作是灵活的相互协定。对"官方"规则的服从，可能仍是出于敬重权威，或是因为希望给他人留下好印象。

1　女生的快速生长期早于男生出现，所以女生比同龄男生看起来更成熟一些。

（续表）

需要留心的关键点	青春期和快速生长期会从多个方面影响学生的行为。进入初中对学生而言有一项陡然转变——从前在小学，他们是哥哥姐姐，个子高大也成熟老练；而在中学中，他们是弟弟妹妹，个子矮小还年幼无知。被同伴接纳极其重要。在学业中表现较差的学生，开始感到痛苦、怨恨和焦躁不安。在有关个人价值的事情（比如穿着、婚前性行为和道德规范等）方面，他们自己做决定的愿望和意识增强。

关于早熟和晚熟的研究发现，身体成熟水平的差异，会对后期的行为产生特定的影响（详见表3-5）。

表3-5	早熟和晚熟对青少年的影响	
成熟状态	**青春期特征**	**成年后特征**
早熟男生	自信、高自尊，有可能被选作领导（但这种趋势在社会经济地位较低的男生群体中更为明显，在中产阶级家庭中出现的可能性较小），更有可能和更年长的男孩子交往和卷入物质滥用与少年犯罪的问题	自信、富有责任感、善于合作、社交能力强，但也有可能更死板、乐于说教、缺乏幽默感、注重服从
晚熟男生	精力旺盛、很活跃，惯于吸引他人注意，对自己的身材不满意，低自尊，在学业方面成就动机更低，不太受欢迎	冲动、武断，但同时也具有洞察力和远见，喜欢游戏且有创造性，有能力应对新的情况
早熟女生	更有可能和更年长的男生约会，低自尊，缺乏安全感（在这方面，来自中产阶级家庭的女生，会比来自低社会经济地位家庭的女生稍好一些）更有可能更早地约会、抽烟和喝酒，有更高罹患抑郁和进食障碍的风险	冷静有自制力，自主的，有应对问题的能力，情绪稳定，兴趣广泛
晚熟女生	自信、外向、有安全感、受欢迎，可能被选作领导	可能出现应对压力的困难，乐群性差，情绪易波动
来源：Hetherington & Parke (1993); Harold, Colarossi, & Mercier (2007); Steinberg (2011); Steinberg, Vandell, & Bornstein (2011); Weichold, Silbereisen, & Schmitt-Rodermund (2003)。		

对于**早熟的男生**（early-maturing boys）[1]来说，因为外表长得更像成人，他们在同龄人中可能更受欢迎，有更积极的自我概念，也有更多年龄稍大一些的朋友。但是和年龄稍大一些的青少年做朋友，会使这些早熟男孩有卷入少年犯罪、毒品和酒精滥用、旷课逃学和性行为增加的风险。而且，最近也有研究显示，早熟的男孩易受抑郁的困扰。

1　早熟的男生更招人喜欢。

当他们成年后,这些早熟者更有可能成为有责任感、善于合作、自控、遵守规则和传统的人。与之相反的是,**晚熟的男生**(late-maturing boys)[1]在成年以后,更有可能低自尊,对自己更加缺乏信心。与早熟者一样,他们也易受抑郁的困扰。但是在青春期的晚期,他们表现出更高水平的求知欲、探索行为和社会自主性。成年以后,晚熟的男生大多更冲动、武断,但同时也更有洞见和创造性(Derose & Brooks-Gunn, 2009; Steinberg, Vandell, & Bornstein, 2011)。

因为**早熟的女生**(early-maturing girls)[2]比同龄人长得更高、更胖,也不符合时尚模特所代表的"苗条"或"纤细的大长腿"等审美标准,所以她们有可能低自尊,从而更有可能受到抑郁、焦虑、进食障碍和惊恐等问题的侵扰。她们在男生中,尤其是年龄稍大一些的男生中,可能更受欢迎,这让她们与正常发育的团体相比,体验到更多的约会压力,在性交往方面变得更加活跃。

对于**晚熟的女生**(late-maturing airls)[3]而言,她们的快速生长期并不那么剧烈,外貌和体型上也更接近之前提到的社会对女性形象的刻板印象,她们和早熟的男生一样,有积极的自我概念,更受欢迎。晚熟的女生在同伴的眼中更有可能是有吸引力的、交际能力强的和善于表达的。

如果你班上的晚熟男生看起来是在寻求关注,或者是担忧自己晚熟这件事,你可能需要尽量为他们多提供一些机会,使之在学业或者其他不涉及运动竞技的项目中取得成功,以此来帮助他们改善在班级中的地位,并增强自信。如果你注意到早熟的女生看起来好像很不安,可以通过给予她们额外的关注,表扬她们取得的成就,来增强她们的自尊。

1. 青春期的身体发育在所有男生和女生中都很明显。从11岁到13岁,大多数女生开始长出大量的阴毛和腋毛,胸部也渐渐长大。男生的睾丸和阴囊开始生长,颜色很浅的阴毛开始出现(Mcdevitt, & Ormrod, 2010)。

2. 对性的担心和好奇非常普遍,尤其在女生中间。在美国,一些女生的青春期可以早至7岁晚至13岁才开始,一些男生的青春期可以早至9岁晚至13岁半开始[4](Steinberg, Vandell, & Bornstein, 2011)。因为性成熟会给生理和心理适应都带来巨大的挑战,所以这一阶段的学生都对此既关注又好奇。显然,对于性问题,他们需要准确且不带情感的答案。

95

1　晚熟的男生可能感到信心不足。
2　早熟的女生可能受到低自尊的困扰。
3　晚熟的女生可能更受欢迎、更无忧无虑。
4　青春期的平均年龄:女生11岁;男生14岁。

然而，为了保护自己，你应该了解自己所在学校关于性教育的政策和规定。很多学区都有经社区代表表决通过的正式的性教育项目，并由指定的教育者来领导实施。非正式的、一时兴起的课堂讨论不可取，这样也许能勉强解决一些问题，但由此给青少年带来的关于性问题的困惑或许更多。

3.4.2　社会性特征：初中阶段

1. 人际推理能力的发展让这一阶段的学生更能理解他人的感受。所谓人际推理是指理解他人动机和行为之间关系的能力。Robert L. Selman（1980）是一位儿童人际推理能力发展方面的研究者，他在这方面做了大量研究，表3-6呈现了他的研究结果。表中描述的阶段特征显示，在小学高段，儿童逐渐掌握"人们的所言所行并非总是与他们的所思所想相一致"这一事实，也开始理解一个人对艰难情境的反应表现在多个方面。到小学快结束时，儿童开始能够在一定程度上对自己和他人的行为进行分析。到青少年时期，这种能力进一步提升。比如，在青春中期，他们懂得，如果他人没有求助而贸然提供学业上的帮助，会令对方很尴尬（Hoffman, 2000）。

表3-6	Selman 的人际推理发展阶段
阶段0 **自我中心水平** （约4—6岁）	儿童还不能够意识到，对于同一社会事件或行为，他人与自己的理解可能不同；也不能够反思自己或他人的想法。他们能够区分他人外在表达的情绪，但还不能理解社会行为的因果关系。
阶段1 **社会信息的角色采择** （约6—8岁）	儿童能认识到对于同一社会互动，自己与他人的解读有所不同。但这种能力还非常有限，他们不能同时站在自己和他人的角度进行思考。
阶段2 **自我反思的角色采择** （约8—10岁）	开始这样理解人际关系：在某一特定情境下，每个人都能理解他人的期待。但此时儿童还是不能同时从两个角度看待问题。
阶段3 **多元的角色采择** （约10—12岁）	儿童开始能够从第三者的角度来看待某一社会互动，并在各种各样的情形之下同时理解自己和他人的期待，就好像自己是一个旁观者一样。
阶段4 **社会和习俗视角的角色采择** （约12岁—超过15岁）	每个个体都能理解与他人关系中大量的微妙互动。而且，他们开始形成一种社会视角；也就是说，他们会考虑某一行为对所有个体的影响，而不是只考虑与行为直接相关的个体。

来源：由Selman（1980）的论述改编。

Selman认为,对于那些在角色采择技能发展得比同龄人滞后的个体,教师和心理治疗师可以帮助他们增加对他人感受的敏感性。如果一个8岁的男孩仍然处于有自我中心阶段的发展水平,比如他不能适当地解读同学的行为,导致他被同学孤立,Selman提出,可以鼓励他持续地思考自己和他人社会行为背后的原因,以此使之获得足够的社会敏感度,进而更好地与他人相处。

我们可以用一种自然而非正式的方式来运用Selma提出的讨论技巧。比如说,如果你看到一个男孩因为受到玩伴的推挤而辱骂或攻击对方,你可以说:"你知道吗?人们不会故意地撞击别人。如果你不对这种事情大动干戈的话,对所有人都好处,除非你十分确定某个人要故意伤害你。"

2. 在初中的几年中,学生从众的愿望最强。青春早期的学生喜欢在行为、穿着上模仿他人,这让他们感到很安心。他们还有可能会改变自己的观点,使之与群体中其他人的观点保持一致(照片3-5)。当你鼓励学生参与课堂讨论,你可能需要警惕,因为这一阶段的学生不想他们的发言成为"少数人的观点"。如果你想要他们思考具有争议性的话题,请他们匿名写下自己的观点,可能比在课堂上发言更好一些[1]。

97

Angela Hampton Picture Library/Alamy

照片3-5 由于看重同伴群体的价值观,初中生常常在穿着和行为方面保持一致。

---

1 讨论具有争议性的话题在这一年龄段相对较难,因为他们迫切希望符合同龄人的规范,与同龄人保持一致。

由于青春早期的学生非常看重来自同伴的社会赞许,因此为了达到这个目的,他们可能会改变自己对学业表现的解释。Jaana Juvonen(2000)的一项以四、六、八年级学生为研究对象的研究中证实了这种倾向。研究者要求被试想象自己在一次很重要的考试中得到一个很低的分数,并思考在这之后会如何向自己的教师和同伴说明获得这样的成绩的原因。被试给出的结果可能会让你感到惊讶——四年级和六年级的学生,不管是对教师还是对同伴,都愿意把得低分解释为自己能力较差,而不是努力不够;而八年级的学生,则很可能向同伴而不是教师作出类似的解释。这一结果看起来与直觉相悖,为什么青少年想要在同伴面前维持一个笨蛋(说白了就是这样)的形象呢? 答案是,在青少年看来,能力是他们所不能控制的,所以他们把不良的学业表现归因为能力差,比归因为自己不够努力,更有可能获得同伴的同情而不是轻蔑("在上次数学考试中得那么差一个成绩,这不是马修的错,马修只是没有数学头脑而已")。

暂 停 与 反 思

在初中,青少年所认同的规则和行为主要来自同伴群体。为什么? 这样的特点带来的好处和坏处分别有哪些?

3.4.3 情绪特征:初中阶段

InTASC 标准 1(e) 标准 1(f) 标准 7(i)

1. 把青春早期称作"暴风骤雨期"的说法略有夸张。从斯坦利·霍尔(G. Stanley Hall)在其先驱性的两卷本著作《青春期》(1904)中的相关论述开始,一些学者就一直把青春期描述成一个动荡的时期。迷茫、焦虑和抑郁之类的情绪,剧烈的情绪波动和低自信等,常常被当作这一年龄组的典型特征。对于这些现象,研究者们提到的原因有:身高、体重和身体结构快速变化,荷尔蒙增加,同一性建立,学业负担增加,形式运算阶段思维发展等(Harold, Colarossi, & Mercier, 2007; Larson & Sheeber, 2009; Susman, 1991)。

但是,从20世纪70年代开始,大量的心理学家开始质疑青春早期(和青春晚期)的动荡是不是像描述中那样普遍(如 Harold, Colarossi, & Mercier, 2007; Larson & Sheeber,

2009; Steinberg & Morris, 2011)[1]。当前的证据显示：第一，不论对积极情绪还是消极情绪，青少年体验到的强度都比成年人更高（Larson & Sheeber, 2009）；第二，即使很多青少年会不时地体验到社会或情绪问题，也会尝试冒险行为，但这些经历大多不会使他们产生明显的社会、情绪或行为问题。比如，虽然大多数青少年在高中毕业前至少喝过一次酒，但是很少有青少年发展出了酗酒的问题，或者让酒精对他们的学业或社交产生负面的影响。那些最终持续地出现犯罪行为、物质滥用和抑郁的青少年，可能在儿童时期就有过类似行为。也就是说，在青春期中出现的问题，并不一定是青春期本身带来的问题（Steinberg & Morris, 2001）。

虽然青春期的情绪动荡并非是普遍现象，但确实有一部分学生在青春期受到焦虑、低自尊和抑郁的困扰。从小学高段向初中的过渡，是带来这些低落情绪的主要原因。在这一过渡期，很多学生担心：要同时面对若干位教学风格和教学要求都不尽相同的教师；在不熟悉的楼里面会迷路；不得不交新朋友；被高年级的学生挑刺；要做更多更难的作业；成绩不好。良好地应对这些新生活的要求，需要很强的自信心和自我效能感（Jindal-Snape & Miller, 2008）。在下一节（认知特征：初中阶段），我们将阐释教师可以通过哪些做法，来帮助学生达成学业的要求，进而提升其自信水平。

98

2. 因为一直受到自我中心思维的影响，初中生的自我意识特别强，也特别以自我为中心。因为青春早期的学生对自身正在发生的生理和情绪的变化特别敏感，所以他们认为别人也应该注意得到，并且会一刻不停地评价他们的外貌、感受和行为。结果是，对于什么场合该穿什么样的衣服、在公共场合应该或不应该被看到跟谁在一起（比如千万不要被看到和父母一起去商场），如何和各种各样的人打招呼或聊天……诸如此类的问题，他们都非常关注。

青春期自我中心的另一个表现是：认定成年人不会、实际上也不能理解青春早期孩子的想法和感受。就像在青春早期一样，这一时期的孩子会觉得自己正在经历着别人都从没有经历过的事。所以，一个青春期或快到青春期的孩子，会跟父母说这样的话："你根本就不懂爱上一个人是一种什么样的感受"（Wiles, Bondi, & Wiles, 2006）。

由于社会性和情绪发展对于初中生（对年龄更小或更大的学生也一样）是如此之重要，那么这里就有一个问题：学校能否积极地引导其发展？答案是肯定的。到目前为止，美国各地的学校都已经开始运行所谓的社会和情绪学习项目。这些项目通常有以下几个特定的目标：识别和管理情绪、采纳现实的目标、理解他人的想法和感受、建立积极的关系、做出合理可

1　青少年会经历不同程度的情绪动荡。

靠的决策、与他人和谐相处。研究发现，如果这些项目执行得当，学生会在社会和情绪技能、对自己和他人的态度、积极的社会行为和学业成就等方面，取得显著进步，他们的问题行为、抑郁、焦虑和社会退缩都会显著减少（Durlak, Weissberg, Dymbicki, Taylor, & Schellinger, 2011）。

3.4.4 认知特征：初中阶段

InTASC   标准 1（e） 标准 1（f） 标准 4（k） 标准 7（i）

1.青春早期的心理需求，决定了初中生需要一个开放、支持和能够启发智慧的课堂环境。由于在身体发育、社会角色、认知发展和性等方面都发生了很大的变化，青春期早期对于学生来说是一段令人不安的时期。如我们在前一节中所述，他们还要承受另一个压力，亦即应对从小学高段到预备班（从六年级开始）或初中（从七年级开始）的过渡。这些个人和环境的压力，在一定程度上导致青少年的自我概念、学习动机和成就水平的下降，有时候甚至是急剧下降。学校应该为此承担主要责任吗？答案是，或许应该。一些研究者（如，Clements & Seidman, 2002; Juvonen, 2007; Jindal-Snape & Miller, 2008; Roeser & Lau, 2002; Wigfield & Eccles, 2002a）提供了一些有力的证据，证明青少年身上的这些负面的变化，部分地甚至很大一部分，是因为典型的学校环境不能满足他们发展过程中的需求[1]。

这些研究者对青春早期学生的心理需求进行了分析，还分析了从小学的最后一年到初中的第一年一个学生会经历哪些课堂组织、课堂教学和课堂气氛方面的变化（照片3-6），并以此为基础提出了他们的上述论点。虽然典型的初中课堂已经在满足学生的群体交往、被接纳和归属感等方面的需求上有了很大的改善，但还是不能很好地与学生的智力需要相适应（Anderman & Muller, 2010; Juvonen, 2007; Midgley, 2001; Midgley, Middleton, Gheen, & Kumar, 2002; Wigfield & Eccles, 2002a）。它们共同存在的问题如下：

- 诸如课堂规则、座位安排、作业布置和各项任务分配的时间之类的事，大多由教师制定和实施，学生没有多少选择的余地。有研究显示，与三到五年级的学生相比，大多数初中生（从六年级到八年级）更倾向于认为他们的课堂活动缺乏乐趣，能自由选择的机会更少（Gentry, Gable, & Rizza, 2002）。

- 受整班授课、能力分组和标准化评分（也叫作曲线化评分，这种做法会在第14章

---

[1] 如果初中的环境不能满足青少年的发展需要，将会导致其出现较低水平的学习。

详细讨论)、对个人表现的公开评价等因素的影响,学生之间的竞争和社会比较增加。小组教学很少,个别化教学几乎没有(Brinthaupt, Lipka, & Wallace, 2007)。对于这种充满压力的学校气氛,学生并非没有感受到。与11个其他国家的初中青少年相比,美国的学生对学校气氛持更多的批评态度,在社交方面也觉得更加孤独(Juvonen, 2007)。

- 初中的很多课堂任务都是低水平的课内作业、对信息的逐字回忆,课堂讨论或小组活动的机会几乎没有。一项针对11所初中学校科学课的研究发现,学生最为频繁的活动是把黑板上或者课本上的信息抄写到作业本上。这种对机械学习和回忆

照片 3-6　青春期初期的学生面临发展上的几个方面的挑战。因此,初中教师应致力于建立一个支持性的班级气氛,以满足学生的社会、情感和认知需求。

的强调,随着近年来各州对学业标准、标准化测验和问责制的推广,不幸被进一步加剧了。我们在这里说"不幸",是因为这类测验和各种问责制度导致教师更少地使用能促进有意义学习(Meaningful Learning)的教学方法(Anderman & Mueller, 2010)。

- 与低年级的学生相比,初中生更多地认为老师对自己不够友好,缺乏支持和关心(Anderman & Mueller, 2010)。

如果初中学校不能为学生提供充满智力挑战和情感安全的课堂环境,所产生的一个负面结果是学生的动机受到影响。一些学者,比如Carol Dweck 把成就目标分为掌握性目标和行为表现目标。持有掌握目标的学生,主要对理解观点以及观点之间的联系,掌握新技能以及不断完善技能感兴趣;持有表现目标的学生,非常看重自己胜过别人(但这也要看怎么说),会回避那些让自己显得能力弱的情境。掌握目标与个体的多方面的积极感受相关联,这包括对自身能力、潜能以及对学科和学校的感受;它与有效的学习策略的使用也密切相关(学习策略在第9章的"社会认知理论"部分中将会详细讲到)。

最近的研究证据显示,当学生从小学升到初中,他们的价值观和行为会有所转变,以至于他们开始更看重表现性目标(Anderman & Mueller, 2010)。一些研究者把这些变化归咎于教学行为。比如说,初中的教师更倾向于采取以下做法:公布分数最高或者成绩最好的考试和作业、按照正态分布打分、让学业成就高的学生享有特权、提醒学生取得高分和杜绝失误的重要性……这样的环境实际上告诉学生:有意义学习并不一定是必要的,教师也不会为学生提供学习支持(Midgley, 2001)。受此影响,学生就不再关注自己能学到什么,而知关心自己的分数和等级。

2. 自我效能对智力行为和社会行为产生重要影响。就如我们在3.4.2"社会性特征:初中阶段"中的第一点所述,初中生已能分析自己和别人对于某一人际互动的看法。这种新发展起来的分析能力,也会把分析对象转向自身,进而引发对自己的智力和社会能力的评价。学习理论研究者班杜拉(Albert Bandura, 1986)最早提出了"**自我效能**"[1]概念,他的研究在本书的后面几章也会谈到。自我效能是指人们在多大程度上认为自己能够应对某一类任务。一个学生可能对数学学习有很强的自我效能感("不管是什么代数方程,我基本上都能解出来"),对某项运动有着中等水平的自我效能感("我认为我打棒球和篮球的水平,在同龄人中算是中等"),而对人际关系有着低水平自我效能感("我就是不善于交朋友")。

这种自我评价影响学生的任务选择,也影响他们在某一特定任务上的坚持时间,尤其是任务进展变得困难时。拥有中等或高水平自我效能的学生,在任务中能够坚持足够长时间,使得他们能够获得成功或矫正性反馈,这都会让他们进一步产生对未来成功的期待。然而,低自我效能的学生,很可能在刚刚感受到任务困难的时候就放弃了,因此他们也建立起失败的模式,对未来的成功不抱期望,开始回避同类任务。因为与自我效能相关的信念,是通过自己的表现、观察其他人如何完成同一件事以及言语劝说等途径逐渐形成的,所以你可以参考我们在后面各章(关于榜样和模仿、学习策略和有效教学)中提供的建议,帮助学生提高自我效能感。

100　**站稳立场**　满足初中生的智力发展需要

发展和认知心理学家描述的初中生特点很一致——他们能够处理更加抽象和复杂的任务,能够更加独立地学习,同时他们渴望自主权和社会交往。因此,初中教师应该尽量少

1　对学业和社会任务的自我效能感,开始对行为产生强烈影响。

地使用一言堂的讲授、独立的课堂作业和等级竞争的制度。相反,初中教师应该根据建构主义学习原理设计教学。比如,教师们可以把作业内容设定为青少年很熟悉也很关心的话题或经验,让学生可以小组合作,在学生完成作业的过程中,为其提供任何他们需要的智力方面或是情感方面的支持,让学生认识到教育的目的是个人成长,而不是等级竞争。那些无法提供此种环境的教师,可能是在误人子弟。

你怎么看?

初中的教学实践还有许多有待改进之处,你同意这个观点吗?

你掌握了吗?

虽然希纳只有13岁,但他的个子很高,还需要每天刮胡子,声音也比较低沉。他的同伴有可能会:

a. 有意避开他

b. 欣赏他,并想和他成为朋友

c. 把他放在一个很崇高的地位上,但不愿意和他做朋友

d. 常常嘲笑他

3.5　高中阶段(九至十二年级;14—17岁)

> InTASC　　　标准 1(e)　标准 1(f)　标准 7(i)

3.5.1　生理特征:高中阶段

1. 大多数学生达到了生理成熟,而且几乎全部进入了青春期。几乎所有的女生达到了她们身高的峰值,但有些男生还在继续长高,甚至持续到高中毕业以后。这一阶段的学生在身高和体重方面存在很大的个体差异,成熟的速度也各有快慢。美国疾病控制与预防中心2008年的调查显示,有接近16%和13%的学生分别达到超重和肥胖的标准。正如我们早前所述,晚熟的男生好像很难适应自己相对较慢的成长速度。这一阶段的学生仍然关注外貌,只是比初中阶段有所减弱。腺体分泌的变化导致粉刺出现,这可能会让一些学生感

到担心和难为情。青春期最显著的内分泌变化是性觉醒。表3-7中简要罗列了上一章中学者们关于该阶级儿童行为的论述要点。

表3-7	在高中阶段应用发展理论
心理社会性发展	同一性对同一性混乱。对性别角色和职业选择的关注增加。个体之间表现出明显不同的同一性状态。
认知发展	很多学生能够进行形式运算思维。进行心理操作、理解抽象概念和假设检验的能力都有所提升。
道德发展	合作道德阶段、习俗水平。学生越来越愿意把规则当作是双方的协定,也更愿意考虑到行为的动机和情有可原的情况。
需要留心的关键点	性成熟对很多方面的行为都有深刻的影响。同伴群体和朋友的反应变得极为重要。对毕业后的生活景象非常关注,尤其是那些不准备升学的学生。日益认识到学业能力和成绩对特定职业的重要影响。对于使用毒品、婚前性行为和道德规范,需要作出个人的价值判断。

2. 很多青少年在性方面变得活跃,虽然从历史对比角度看有所下降。从2001年到2007年,高中学生性交的比例,相对20世纪90年代有所下降(具体数据如表3-8所示)。在2007年,几近2/3的学生报告在十二年级结束前曾经有过性交[1]。

与高中生开始性活动显著相关的因素在不同的种族和性别中有明显差异。在白人男性和女性中,那些学业目标较低和学习成绩较差的学生,比学业目标和学习成绩都较好的同龄人,更有可能较早地开始性活动。非裔美籍的女学生中,与开始性活动相关最强的因素有"母亲的受教育年限达到或超过12年"(我们可以假定,受教育更多的母亲花更少的时间在家关心和照顾孩子),"与母亲在一起的时间少"和"不参加教会活动"。能够预测非裔美籍男生开始性活动的因素包括:低平均绩点、生活在单亲家庭、与父亲的接触有限和在家庭决策中缺少参与。另外,开始性活动与随后降低教育目标、成绩下降及物质滥用危险性的增加,都存在密切关联(Hallfors等人,2002; Ramirez-Valles, Zimmerman, & Juarez, 2002; Schvaneveldt, Miller, Berry, & Lee, 2001)。

这些研究结果都显示了在高中阶段开设性教育课程的重要性和紧迫性(照片3-7)。青少年尤其需要懂得性与成熟之爱的区别。成熟之爱的典型特征是"对方的幸福要比我自己的幸福更重要一点"(Gordon & Gilgun, 1987, p.180)。

1　与性行为启蒙相关的因素在不同性别、民族群体中有所不同。

表3-8	高中生性活动的趋势	102

	报告有性交行为的学生比例（%）	
	2001	2007
性别		
女性	44.5	47.2
男性	49.4	51.2
年级		
九年级	34.8	33.2
十年级	40.7	43.7
十一年级	51.8	55.4
十二年级	60.5	64.5
民族		
非裔	60.8	66.5
西班牙裔	48.4	52.0
白种人	43.2	43.7

来源：疾病控制和预防中心（2009）。

3. 虽然未婚青少年生子率近年来有所下降，但这一数据仍然超过了可以接受的范围；性传播疾病的比率也是类似的情况。1991年，15—19岁的青少年中，生子率是61.8‰；2005年，这一比例下降到41.9‰。15—19岁青少年的怀孕率同样有所下降。1990年，怀孕率是117‰；2004年，这一比率下降到72.2‰。这一下降归功于性节制和避孕两方面措施的实施（全美卫生统计中心，2008）。即使这样，美国的青少年怀孕率和生子率还是显著高出加拿大和很多欧洲国家，因为比起加拿大和欧洲的同龄人，美国的青少年更不愿意使用避孕措施（Guttmacher研究所，2006）。与青少年性行为趋势相关的众多因素中，有一个因素有着清晰的教育意义：留级至少一次且学习落后的学生，与没有这种情况的学生相比，更有可能进行没有保护的性行为

Adam Smith/Getty Images

照片3-7　因为很多青少年在这一阶段是性活跃的，所以非常需要在学校中开设性教育课程。

（Abma & Sonenstein, 2001）。

　　青少年中相对较高的性活跃水平和相对较低的常规避孕使用水平，特别让人担忧，因为这让他们有感染性传播疾病的风险。根据疾病控制与预防中心2009年的数据，美国青少年群体比其他任何年龄组都更频繁地出现性传播疾病。例如，在15—19岁青少年中，梅毒、淋病和衣原体的发病率分别是6.0/100 000、977.4/100 000和3 559.8/100 000。

103　　　最严重的性传播疾病莫过于HIV/AIDS。HIV是人类免疫缺陷病毒（Human Immunodeficiency Virus）的简称，AIDS是获得性免疫缺陷综合征（Acquired Immune Deficiency Syndrome）的简称。HIV病毒是艾滋病的病原。在2006年，每十万个15—19岁的青少年中，就有接近12个被诊断为患HIV/AIDS（疾病控制与预防中心，2009）。

暂停　与　反思

　　学校性教育的利弊分别是什么？为了更好地回答这个问题，你可以访问全国预防青少年和非计划怀孕运动（National Campaign to Prevent Teen and Unplanned Pregnancy）网站和美国性知识教育理事会（Sexuality Information and Education , Council of the United States）网站。

3.5.2　社会性特征：高中阶段

> **InTASC**　　　　标准 1（e）　标准 1（f）　标准 7（i）

　　1. 父母和其他成年人可能会影响到他们的长期计划，同龄人可能影响他们的即时状态[1]。当青少年需要着装、发型、讲话方式、友谊和休闲活动等方面的榜样或建议时，同伴群体对他们的影响最大（到任何一个高中都会发现这样的情况）。同伴的价值观也能影响学业表现。当他们面临着在学校选什么课、如何做生涯规划等问题时，教师、辅导员和父母可能就比同伴对他们的决策更有影响力了。关于价值观、道德伦理和未来计划等问题，青少年往往会听取父母的意见和建议（Steinberg, Vandell, & Bornstein, 2011）。

　　勿要惊讶，父母和他们的青少年子女之间的大多数冲突，是关于那些"同伴影响"的话

1　父母影响青少年的价值观和计划，同龄人影响青少年的即时状态。

题,比如个人的外表、交友、上网、手机使用、约会、时间安排和饮食习惯(Nucci, 2006)。这种常见的局面,可以通过教养方式的改变来得到改善。经历专制型教养方式(参见3.1.4托儿所和幼儿园阶段儿童认知特征部分中,Diana Baumrind关于教养方式的研究)的青少年,做决定时更可能与同伴保持一致;另一方面,经历权威型教养方式的青少年,却更有可能与父母的建议保持一致(Steinberg & Morris, 2001)。可能就是因为这样,所以当父母和孩子之间相互尊重和彼此有爱时,父母对孩子的影响最大(Baumrind, 1991b, 2012; Baumrind等,2010)。

2. 相对男生,女生在交友方面产生更多的焦虑[1]。上一章中归纳了引起女生关注他人反应的因素。青春期的女生倾向于在友谊中寻求亲密感。而男生则相反,他们在建立友谊时常常看重技能和兴趣,倾向于在友谊中寻求竞争和自立,这些倾向都有碍于男生之间产生亲密的关系。因为青春期的女生常常希望和另一个女生建立亲密的关系,所以她们在与同性伙伴建立友谊的过程中,相对男生更有可能产生焦虑、嫉妒和冲突。因此,如果高中女生因友谊问题而心事重重,不管是因为友谊的积极还是消极方面,你都无须惊讶(Hardy, Bukowski, & Sippola, 2002; Pleydon & Schner, 2001; Steinberg, Vandell, & Bornstein, 2011)。

3. 很多高中生放学后会打工。出于各种各样的原因,相当比例的学生在高中几年会做一些兼职工作。2000年,大约有34%的16—18岁青少年在放学后打工。这一比例从那以后就一直下降。到2010年,这一比例下降至16%(Aud等,2012)。

业余打工的利与弊,一直是大家热烈争论的一个话题。积极地米看,打工可以增强青少年的自我约束、责任感、自信,改善其对工作的态度。但另外一方面,兼职工作会挤占完成作业、参加课外活动和发展友谊的时间,这可能会导致压力增加,学业成绩下降,职业期望降低。大部分专家认为,每周工作超过20小时的学生,学业成绩可能不如工作时间更短甚至完全不工作的学生(Steinberg, Vandell, & Bornstein, 2011)。

3.5.3 情绪特征:高中阶段

104

| InTASC | 标准 1(e) 标准 1(f) 标准 7(i) |

1. 很多精神疾病如饮食障碍、物质滥用、精神分裂、抑郁和自杀,要么在青春期出现,要么在这一时期变得明显。与男性相比,饮食障碍在女性中更为常见。神经性食欲缺乏是饮食障碍的一种,它的特点是心理上对体重和食物的过于担忧,行为上指向减轻体重。通常表现为节食、减肥、对体重增加的恐惧,以及对自己身体形象的扭曲认识。这种障碍主要在女

---

1 在交友方面,女生相较于男生更有可能体验到焦虑。

性（在所有病例中超过90%）中出现，常常发生在14—17岁之间（美国精神病学会，2013）。

神经性暴食症是一种以暴食（不受控地在短时间内快速吃下大量食物）加暴食后自行催吐为主要特点的饮食障碍。暴食后常常还会伴随罪恶感、抑郁、自我厌恶和禁食。和厌食症一样，超过90%的厌食症患者都是女性（美国精神病学会，2013）。

物质滥用（烟草、酒精和毒品）会让青少年的身体和情绪健康受到威胁，也会增加他们在学校表现不佳甚至辍学的风险。在2007年的一项对高中生的调查中（疾病控制与预防中心，2008），研究者发现：

- 20%的受访者报告在调查前的30天内曾一次或多次抽烟，大约8%的受访者报告在调查前的30天内曾抽烟超过20次。
- 接近45%的高中生报告在调查前的30天内曾喝过酒，24%的女生和27.8%的男生报告有不定期的大量饮酒（就是俗称的酗酒）。
- 38%的学生报告曾经至少吸食过一次大麻，19.7%的学生报告在调查前的30天内曾经一次或多次吸食大麻。
- 稍多于7%的学生报告曾经一次或多次摄入某种形式的可卡因，4.33%的学生报告在调查前的30天内曾经摄入过可卡因。
- 大约4.5%的学生报告曾经使用过脱氧麻黄碱（冰毒）。

精神分裂，是一种思维障碍。它的特点是，产生不合逻辑且不切实际的思维、错觉和幻觉。这种疾病在青少年中相对少见，大约有0.25%的13—19岁青少年发病，但它仍是最常发生的精神疾病。在被诊断出的个案中，12岁—18岁的个案数量稳步递增。精神分裂的早期症状包括怪异、不可预知的行为，与他人交流困难，社会退缩和被同伴拒绝（Beiser, Erickson, Fleming, & Iacono, 1993; Conger & Galambos, 1997; Gilberg, 2001）。

2. 青春期最常见的情绪障碍是抑郁。从症状最轻到最严重的抑郁中，最常见的形式是抑郁心境、抑郁综合征和临床抑郁。抑郁心境的主要特点是感到悲伤和不开心，同时也经常伴随着焦虑、恐惧、内疚、愤怒和轻蔑等情绪（Peterson等，1993）。2007年，35.8%的女高中生和21.2%的男高中生报告曾在连续两周或以上的时间里，几乎每天都感到悲伤和无望，以至于他们停止了过去常常进行的一些活动（照片3-8）。这种回答在白人、黑人和拉丁裔的学生中的比例分别是26.2%，29.2%和36.3%（疾病控制和预防中心，2008）。从这组数据中可以看出，女生和有色人种学生（尤其是拉丁裔）更多地报告出现抑郁的情绪反应。[1]就青春期女

1　抑郁在女性、有色人种学生中更为常见。

生的情况而言，性激素尤其是睾酮和雌激素的增加，往往和抑郁联系在一起（Angold, Worthman, & Costello, 2003）。

抑郁的常见症状包括感到一无是处，对自己生活的失去控制，不明原因的哭泣，自杀的想法、威胁或企图。伴随的症状包括情绪低沉或情绪不稳、社会孤立、疲劳、多疑和专注困难（Cicchetti & Toth, 1998; Peterson 等, 1993）。青少年抑郁常常会导致物质滥用（Mackay 等, 2000）。有以上症状的高中生，往往会通过无休止的活动、把他人当作救命稻草，或是逃避与他人接触等方式，来尝试着阻挡抑郁。他们也可能会出现问题行为或犯罪行为，而这些行为都是他们求助的信号（比如说，一个抑郁的15岁男生可能会在明知道校方或警察会调查的情况下还故意破坏公物）。

照片3-8　很多高中生，尤其是女生，都会经历一段时间的抑郁、孤独和焦虑。因为严重的抑郁往往会引发自杀企图，所以教师应该把自己认为是抑郁的学生转介给学校的心理咨询师。

虽然有很多改变消极自我概念、建立积极自我概念的技术，但降低抑郁的一个最有效的方法是尽量帮助你的学生体验到学习的成功。对于达成这一目标的技术，我们将在本书下一章中讨论。

3. 如果抑郁变得严重，个体可能会产生自杀企图。2007年，14.5%的高中生在过去的12个月中曾认真地考虑过尝试自杀，11.3%曾制定过自杀计划，6.9%曾经有过一次或多次自杀尝试。就考虑自杀的人数比例而言，女生比男生多得多（女生的比例为18.7%，男生的比例是10.3%）。有过一次或多次自杀尝试的人数比例，也是女生显著高于男生（女生的比例为9.3%，男生的比例为4.6%）。唯一的好消息是，2007年的这一组数据相较2005年已有所下降。

根据美国疾病控制和预防中心2008年的数据，拉丁裔青少年，相比白人或黑人青少年，产生过自杀企图的可能性更大（比例分别为15.9%、14%和13.2%），做出自杀尝试的可能性也更大（比例分别为10.2%、5.6%和7.7%）。2005年，自杀造成15—24岁年龄群体的死亡率数据中，美洲印第安或阿拉斯加原住民的男性和女性最高，比例分别是32.7/100 000和10.1/100 000；亚裔或太平洋岛屿住民的男性和黑人女性最低，比例分别为7.2/100 000

和21.7/100 000（全美卫生统计中心，2007）。

青少年受到自杀威胁的唯一最重要的信号就是抑郁[1]。加上本节第2点中提到的常见症状，以下症状可能是抑郁或自杀风险的征兆：胃口不佳、体重减轻、睡眠模式改变、注意困难、学业问题、自我概念不良、回避朋友或社会退缩、分发珍爱之物、对个人外表毫无兴趣，以及感到孤独。学生出现这些症状，且伴有家族自杀史或父母吸毒酗酒的情况，要特别引起重视。一些耻辱或丢脸的经历常常会触发自杀，比如个体在学校被当作失败者、被喜欢的人拒绝，或被父母拒斥（Fisher, 2006; Perkins & Hartless, 2002; Sofronoff, Dalgliesh, & Kosky, 2005）。

如果注意到所教的班级中，有学生看起来非常抑郁，你要问问他是否需要老师提供什么帮助，并寻求学校心理咨询师的建议。为了鼓励学生向你敞开心扉，你可以建议他们读一些专门写给青少年的直截了当地讨论自杀问题的书（Fisher, 2006）。你的关心和共情，将可能阻止一次自杀尝试。同样，你要知道近期的自杀预防工作包括了很多校本项目。这些项目由心理健康教育者或专家主导，专门面向高中生及其家长和教师。在这些项目中，通常包含自杀统计数据综述、预警信号清单、社区心理健康资源、联系方式清单，以及如何引导学生去接受专业咨询的指南。

3.5.4　认知特征：高中阶段

> **InTASC**　　　　标准1(e)　标准1(f)　标准4(k)　标准7(i)

1. 高中生进行形式思维的能力逐步增强，但他们可能不运用这种能力。与更年幼的学生相比，高中生更能掌握关系，在开始做事前在头脑中形成计划，系统地检验假设。然而，在缺少监督和指导的情况下，他们可能不会持续地使用这些能力（Harold, Colarossi, & Mercier, 2007）。因此，你应该找些机会，向学生展示高中生应该怎样进行形式思维。要提醒学生关注关系，关注先前习得的知识以何种方式应用到新情境中。要为学生提供关于解决问题技巧的具体讲解（你可能用到的讲解方式会在第10章"建构主义学习论、问题解决和迁移"中讨论）。虽然一些学生可能会无视你的建议，但是总有一些学生会认真对待。尽管青少年总是试图使自己显得能力充分、完全独立，但涉及学业成就方面的问题时，他们仍然视教师和父母为有知识的权威人物（Amiram, Bar-Tal, Alona, & Peleg, 1990; Harold,

---

1　抑郁和不稳定的家庭环境让青少年处于自杀的风险中。

Colarossi, & Mercier, 2007）。

2. 在12—16岁之间，学生的政治思维开始变得更加抽象、自由和丰富[1]。Joseph Adelson（1972，1986）曾用访谈法考察了政治思维在青春期的发展。在访谈开始的时候，研究者要求被试想象有1 000个人冒险前往太平洋中的一个岛屿，目的是在那里建立一个新的社会。然后研究者要求被试解释，这些人将如何在这个岛上建立政治秩序、设计法律体制，在权力、责任、个人自由和共同利益之间建立平衡，以及如何处理其他公共政策方面的问题。

通过对访谈中被试回答的分析，研究者发现在理解政治概念方面，不存在显著的性别差异，也不存在智力和社会阶层因素造成的显著性差异；聪明的学生能更好地处理抽象的概念，而上层社会的学生更少可能出现专制思维。最让研究者感到吃惊的是，青少年的政治思维在12—16岁这几年之间的变化之大。Andelson总结出的最显著变化有以下四点：(1)理解诸如言论自由、法制公平正义和共同体等抽象概念的能力提升；(2)独裁专制的想法减少；(3)设想当前行动带来的后果的能力提升；(4)政治知识增加。

理解抽象概念的能力的提升，是从具体运算思维向形式运算思维转变的结果。当你问一个13岁的学生"法律的目的是什么？"可能得到的典型回答是"为了防止人们偷盗或杀人"（Adelson, 1972, p.108）。但一个16岁的学生可能会这样回答："法律是为了保证公民安全和巩固政府"（p.108）。

考虑对犯罪行为的惩罚时，年龄较小的学生（皮亚杰所说的道德实在论者）坚信法律是铁定的，惩罚必须严厉。但是Adelson研究中访谈的那些14岁和15岁的青少年，更倾向于考虑各种情形和个人权利，并建议对罪犯进行改造而非惩罚。

如果你要教授社会研究方面的课程，这些信息可能对你备课有一些帮助。这些信息还可以帮助你理解，为什么学生对政治或其他抽象问题的回答和反应可能是多种多样的。

你掌握了吗？

15岁的学生最不可能针对以下哪项内容寻求同伴群体的建议？

a. 衣着的类型   b. 食物的种类

c. 最常浏览的网站   d. 大学中应该学习什么专业

---

1 政治思维开始变得更加抽象、自由、丰富。

帮助低成绩的毕业班学生

作者：Jennifer Mann

我和一位从事特殊教育的同事，被一起指定去教一个由28名学生组成的高中班级。这些学生在国家规定的考试中成绩很差，如果不把他们的成绩提高到"熟练"，他们将不能毕业。这是一项令人生畏的任务。对于我们即将负责的这些学生，我们决定首先收集其相关信息。从分析他们的学业历史着手，我们发现，他们所有人的成绩都在中等或中下水平，并且存在各种各样经鉴定的学习困难、高缺席率及大量的行为问题被转介的经历，而且其中的很多问题在初中就出现了。他们身上到底发生了什么？他们是如何发展成现在这种境况的？最重要的是，我们如何帮助这些过去充满失败经历的孩子，才能使之获得成功？

在了解了他们的学业史之后，我们要求学生每天记日记，写下他们对学校的感受，包括哪些是他们喜欢的，哪些是不喜欢的；是什么给他们带来最大的麻烦。之后我们问他们："你想改变什么？"我们还对每个学生实施测验，以确定他们的阅读水平。我们发现，我们班的每个学生的阅读水平都低于年级水平，有些滞后一年左右，有些甚至滞后八年；所有的学生在精读课上都存在困难。他们的日记所提供的信息，很大程度上说明了他们的问题所在。他们中的很多人觉得被分配到"矫正班"很尴尬，觉得"矫正班"是为笨学生准备的；他们觉得自己好像不是学校中的一员，并且被其他同学和老师看不起。

对他们的行为，我们在课堂上讨论了很多次。他们说到，他们知道学校的教职员工讨厌他们，对待他们也不像对其他聪明一些的学生一样尊重，所以他们要让这些教师不好过。另外，很多人提到，他们为走出高中后不能取得成功而担忧。毕竟，他们在高中都无法及格，在别的地方如何合格呢？这个班级情况比较复杂：很多学生是在单亲家庭或亲戚家长大的；有一名学生无家可归；一些学生的父母吸毒或酗酒；也有学生来自正常家庭。不管他们的家庭生活如何，他们都有一个共同点：需要感到自己被尊重、有价值、有能力。

让他们通过考试，只是我们要完成的工作中一小部分；我们还需要证明，他们是能取得成功的学生。班上学生在学业和社交领域都很努力。随着阅读熟练程度的提高，他们的成绩也逐步提高，缺席率降低，因为行为问题被移交矫治的情况也减少了。除了下功夫收集数据、评价和评估，我们也想尽各种办法，让学生们在教室内外展现他们的天赋。根据他们的日记,我们建立了按兴趣和经历划分的阅读小组。其中一个特别成功的项目,是阅读一本小说(小说中的主角被他的母亲虐待)所带来的副产物。这些学生决定制作一个公益广告,教授大家如何识别虐待儿童的行为。后来,他们将这条广告播放给其他班级的学生和教师观看。

在这一年结束的时候,只有两名学生在州测试中没有得到"优秀"或"熟练"水平,这是我们班取得的巨大的成功。不过,班级的真正成功,是表现在学生之间变得能够互相帮助和鼓励,感觉自己有能力,有资格参加任何讨论。这些进步才是所有成功中最重要的。

(注:Jennifer mann 是 Dear Lakes 高中的一名教师。)

3.6 为不同年龄的学生选用技术

正如在本章及前一章内容所指出的,你的教学方法需要适应学生的发展水平。单纯把教育技术纳入教学,本身并不能改善教学效果。对于幼儿园和小学低段的教师来说,应优先考虑提高学生读写能力的工具;对于小学高段和中学教师来说,提高学生思维、问题解决和沟通能力的工具,是最重要的。

3.6.1 运用技术减少自我中心,发展人际关系推理能力

在前一章中我们指出,自我中心限制了小学生的逻辑思维能力。自我中心是指个体只能从自己的视角理解世界。根据第一个提出"自我中心"概念的皮业杰的观点,减少自我中心的主要途径是在社会互动中接触不同的观点。由于这些互动不一定非要面对面,所以通过计算机分享经验和观点,很有可能也能产生同样的效果。

Kidlink 是可以完成这些互动的一种途径。它是一个帮助教师和学生与世界各地学生互动的公益组织。其目标是帮助学生认识自己,确定和优化生活目标,以及帮助学生与同伴互动。中学教师 Joyce Burtch 讲述了一个她如何为学生在 Kidlink 上创建项目的经历,其中涉及 3 个有中度神经病症状和生理障碍的学生(Burtch, 1999)。

在意大利和希腊,曾经有一个在五年级学生中减少自我中心的项目。项目要求每个组的学生都要写一个童话故事的开头,并把它上传到一个网站,这个故事还应包含一个道德

问题。另一个国家的五年级学生下载这些只写了一部分的童话,在课堂上讨论,并把这个童话续写完成,然后把完整的童话上传到这个网站。写故事开头的那个组,再下载完整的故事,进行组内讨论,写出最终稿并把讨论内容概要上传到网站。从学生作出的评论看,他们会十分认真地了解并抓住对方组的主题(Ligorio, Talamo, Pontecorvo, 2005)。

对于不能负担实时视频会议所带来的昂贵费用的学校来说,通过电子邮件进行互动也可以达成同样的目标。邮件往来的一个好处是,它规避了外向和爱说话的学生给其他学生带来的压力,学生们的参与度不会受到影响。为了验证这一点,研究者对来自荷兰两所不同学校的五六年级学生进行了实验。研究要求这些学生在数周的时间内共同完成一项生物作业,有的是和本校学生合作,有的是和另外一个学校的学生合作,都通过定期的邮件往来讨论关于这项作业的各方面内容。结果发现,在这种学习的过程中,参与学生都变得更加善于反思,也更注意同伴中的不同观点(De Vries, Van Der Meji, Boersma, & Pieters, 2005)。

近年来,出现了一些新的旨在减少自我中心和提高人际推理能力的新技术,可供大家选择。随着网络时代发展到 Web 2.0,类似于博客、播客、视频的工具,以及 Facebook、Twitter、Google Plus、My Space、Linkedin 等类的社交网站,都可以为教师所用(参见,如 Bull, Hammond, & Ferster, 2008; Rosen & Nelson, 2008)。这些工具和网站使得拥有共同爱好的个体,在不用购买昂贵软件的情况下,可以一起创造、讨论或是改善一个特定的产品,比如虚构或纪实的故事(Alexander & Levine, 2008; Berson, 2009; Nebel, Jamison, & Bennett, 2009)。Epals 网站也为教师备课提供了一个"数字故事课堂"项目,在这个项目中,学生可以创作、分享并反思他们的故事。正如我们在前面指出的,为了确保项目的成功,这类活动要求学生考虑不同于自己的观点,并思考如何与线上伙伴互动才能取得最佳效果。

3.6.2 技术对认知发展的影响

教育技术的一个优点是,可被用于支持探究、批判性思维、问题解决等高水平认知技能的发展。比如说,"探险学习"(adventure learning)项目使学生可以和全世界的专家和探索者通过电子产品互动。各个学校的学生可以聚集在一起,参加各种虚拟实地旅行,比如参观自由女神像以了解移民政策,参观南北战争中葛底斯堡战役的战场以了解军事战术(Siegel & Kirkley, 1998)。他们还可以与正在穿越北极冻原和亚马逊雨林的探险者交流(Veletsianos, 2012)。在虚拟的实地考察旅行中,学生就像真的来到了一个景点,可以看到历史的重现、聆听专家讲解、提出问题,还可以与全国各地的同龄人互动。

探险学习的这些"探索",可以纳入基于问题学习(Problem-Based-Learning, PBL)的教学法中。基于问题的学习这种教学法，是一种能够促进形式运算思维的技术，它强调解决真实生活世界中的问题。我们将在第13章的"教学方法"中讨论这种技术。全球线上探险学习网站（Global Online Adventure Learning Site）和Thinkquest海洋探险网站（Thinkquest's Ocean Adventure Site），是两个关于探险学习的专门网站，你可以在网上浏览一下，看看能否为自己所用。

挑战假设　不同的理论视角
110

　　"好吧，"唐说，"所以说发展理论倾向于关注行为和思维某些特定的方面，而不是面面俱到。如果我们真的想理解孩子们是如何变化的，理解他们行为背后的原因，我们不仅要考虑他们是如何推理的、如何与他人互动的，或者其生理和情绪是如何发展的，而且还要考虑所有这些方面是如何共同影响了他们的课堂表现。"

　　康妮点点头："通过已经很成熟的理论视角来看学生，确实能够给我们带来一些深刻见解。不过行为是非常复杂的，学生发展的方式也很复杂。举个例子，当一个学生走进课堂的时候，他不单纯是一个'道德推理发展到习俗水平、具有自卑感的具体运算阶段的儿童'，他比所有这些都要复杂得多。学生们是带着无数的生活经验，还有自己的学习能力、不安全感、在班上的社会地位、家庭关系和外貌体态等等属性进入我们的课堂的。没有任何理论可以解释一切，但这并不意味着理论对我们无用。理论从研究中来。当一个理论得到研究的支持时，我们就有理由借助该理论来分析学生，并用它来检验我们帮助学生学习的方式是否有效。"

　　康妮接着说："我们再来简要回顾一下塞莱斯特和安东尼奥关于八年级学生的对话。塞莱斯特看到同样一堂课，在一个班上得效果很好，在另一个班情况却完全不同。安东尼奥遇到过这样的情况吗？"

　　"当然，"安东尼奥说，"我给一组孩子上课，他们在课上表现得非常好。后来我给另一组孩子上同样一节课，他们却完全听不懂。我曾经认为，出现这种情况的原因是我碰到了'差生'，或者是因为他们不喜欢我，根本不努力。"

　　"那你现在有其他的解释吗？"康妮问。

　　"对，有其他的解释，"安东尼奥说，"在我看来，造成学生在我的课上无法集中精力听讲的原因很多——毕竟他们正在经历很多变化，同时也非常关注其他同学的想法。"

　　"如果这样解释的话，那你打算怎么办呢？"康妮问。

　　"给他们做测试，直到我找到帮助每个班上每个学生的方法为止。"

　　康妮微笑着说："这就是高效教师会做的事。"

皮尔利老师无意中听到他的四年级学生谈论来自不同文化背景和国家的同学。他们取笑这些同学的想法和行为，还很奇怪为什么这些学生不可以像他们一样。为此，皮尔利老师决定通过在课程计划中加入Kidlink交流来解决这个问题。皮尔利老师通过Kidlink交流想要达到的基本目标是：

  a. 提升学生的自信   b. 降低学生的自我中心水平

  c. 提升学生的自我中心水平 d. 提高学生的写作技能

小结

3.1 描述学前儿童在身体、社会、情绪和认知等方面的发展。

- 幼儿园和托儿所儿童相当活跃，他们喜欢活动。他们的肌肉发育尚不完全，运动能力也很有限，所以他们还不能完成需要精细动作技能、手眼协调和视线聚焦的任务。

- 托儿所和幼儿园儿童的社会行为特点是：友谊变化快速，喜欢群体游戏和多种多样的游戏，争吵过程短暂，性别角色意识逐渐增强。

- 幼儿园小朋友会公开表达他们的情绪。生气和嫉妒是其常见的两种情绪反应。

- 到4岁时，儿童能够熟练地运用语言，开始注意到自己的心理活动并认识到别人看待世界的方式可能与自己不同。虽然在评价自己的任务表现方面还不擅长，但是如果有机会和完成得更好的同伴作比较，他们在这方面的不足将会得到弥补。

- 家长和教师采用权威型（相比专制型、放任型和忽视型）的养育或教育方式能培养出更有能力的学前儿童。

3.2 描述小学低段学生在身体、社会、情绪和认知等方面的发展。

- 小学低段学生在生理方面展现出很多与学前儿童相似的地方（高活动水平、不完全的肌肉和动作发展，易于疲劳）。大多数事故发生在三年级，因为三年级学生倾向于高估自己的身体技能而低估了所从事活动的危险性。

- 小学低段儿童之间的友谊是典型的同性友谊，且比年幼儿童更具选择性。同伴间争吵主要是言语争论，男孩子之间可能还会出现拳打、摔跤和推搡。

- 小学低段学生在情绪方面变得更加敏感。因此，他们更容易因批评而受到伤害，他们对表扬反应强烈,在争吵中更可能伤到其他儿童的情感。

- 小学低段儿童认识到基于事实的解释优于基于理论的解释,并开始意识到自己可以控制自己的认知过程。他们在两种情况下学得最好:(1)学习任务相对简短;(2)对认知要求高的任务和要求不高的任务穿插呈现。

3.3 描述小学高段学生在身体、社会、情绪和认知等方面的发展。

- 在小学高段,不论男生还是女生都长得更瘦、更强壮,看起来身材瘦长。但是一些孩子因为饮食习惯不良和缺乏锻炼,可能有超重的风险。男生在一些与运动相关的动作技能方面,如踢腿、投掷、抓握、跑动和跳跃,通常优于女生。而女生在涉及身体灵活性、平衡性和韵律节奏感的动作技能方面优于男生。

- 同伴群体对小学高段学生的行为规范开始产生重要影响。与小学低段相比,这一阶段的交友变得更具有选择性,更倾向于选择同性伙伴。

- 孩子的自我形象(自我描述、自我概念与自尊的综合)在小学高段变得更加稳定、概括。由于自我中心的减弱与美国社会的竞争文化盛行,自我形象的建构主要基于同伴比较。

- 相比之前的任何年龄段,小学高段少年犯罪的现象都更为频繁。少年犯罪行为与亲子关系功能失调及学业失败都有关。

- 虽然小学高段儿童的思维更具逻辑性,但因为处于皮亚杰认知发展理论中"具体运算阶段",大部分儿童的逻辑思维能力还很有限且不稳定。

3.4 描述初中学生在身体、社会、情绪和认知等方面的发展。

- 大多数儿童在初中阶段身体成长得都很快,其中女生比男生成长得更快,也更早进入青春期。早熟和晚熟可能会影响到个体后续的人格发展,这些影响在男生和女生中间不尽相同。

- 初中生的社会行为更多地受同伴群体规范和人际推理的影响。这一阶段的学生能够理解自己为何对别人有某一行为表现,反之亦然。因为同伴群体是行为规范的主要来源,所以从众、关心同伴的想法在初中阶段达到了一个顶峰。

- 在很多青少年中突出的情绪表现是对自己在自尊、外貌、学业成功及同伴接纳等方面的状况感到担忧,但还是有一部分学生能比他人更好地调控这些情绪。

- 在满足青春早期学生的社会和情感需求方面,学校比过去做得要好一些;但在满足这些学生的智力需求方面,学校仍有许多欠缺。

- 自我效能感,或者说一个人在完成某一特定任务时对自己胜任力的感受,在初中阶段开始变得稳定,并且会影响学生参加并坚持完成各种学习任务和社交任务的意愿。

3.5　描述高中学生在身体、社会、情绪和认知等方面的发展。

- 高中阶段生理发展的主要特点是几乎所有学生都进入了青春期,且大部分学生达到生理成熟。学生性活动增加。

- 青少年的长期目标、信念和价值观更可能受父母影响,而他们的即时状态更有可能受同伴的影响。很多青少年利用业余时间做兼职。

- 饮食障碍、物质滥用、精神分裂、抑郁和自杀,是青少年中最为突出的情绪情感障碍。抑郁在青春期最为常见。抑郁且伴随不稳定的家庭状况,会导致青少年出现自杀风险。

- 在认知方面,虽然高中生还会处于具体运算阶段很长一段时间,但他们的形式运算思维能力已日益增强。这一能力的增强在青少年的政治思维能力的发展中可以看到——他们的政治思维变得更加抽象和丰富。

3.6　描述如何使用技术资源帮助学生成功应对在自我中心、人际归因和认知发展方面的挑战。

- 技术工具可以帮助小学阶段的儿童应对因自我中心而产生的逻辑思维方面的障碍,还能帮助更高学段的学生提升探究、批判性思维和问题解决等高级认知技能。

进一步学习的资源

- **儿童发展**

  Helen Bee 和 Denise Boyd 编著的《儿童发展》(*The Developing Child*)(13th ed., 2012),描述了儿童的身体、社会、情绪和认知发展。Robert V. Kail 编著的《儿童与发展》(*Children and Their Development*)(6 th ed., 2012)一书也是如此。

- **儿童游戏行为**

  Fergus Hughes 所著的《儿童、游戏与发展》(*Children, Play, and Development*)(1999),主要讲述了西方世界游戏的历史,不同的游戏理论,游戏行为的文化差异,学步期、学前、学龄儿童和青少年的游戏模式,游戏中的性别差异以及残障儿童的游戏行为。Anthony Pellegrini 所著的《游戏在人类发展中的作用》(*The Role of Play in*

Human Development）（2009），对儿童游戏的本质和作用作了综合讨论；该书第12章中讨论了游戏在教育包括课间休息中扮演的重要角色。

- 认知发展

　　John Flavell, Patricia Mille 和 Scott Miller 所著的《认知发展》(*Cognitive Development*)（2012），David Bjorklund 所著的《儿童思维：发展与个体差异》(*Children's Thinking: Development And Individual Differences*)（2005），对认知发展作出了基础性、综合性的阐述。Usha Goswami 主编的《布莱克威尔童年期认知发展手册》(*Blackwell Handbook of Childhood Cognitive Development*)（2002），是一本关于婴儿期、儿童早期及儿童期认知发展的著作，书中介绍了非典型的认知发展及各种发展模型。如果你对使用最新科技感兴趣，尤其是对通过应用 Web 2.0 时代的技术来促进学生的社会性和认知发展感兴趣，以下两本书非常值得一看：Will Richardson 主编的《博客、维基、播客和其他有用的课堂教学网络工具》(*Blogs, Wikis, Podcasts, and Other Powerful Web Tools for Classrooms*)（2nd ed., 2009）；Timothy Green, Abbie Brown 和 Leanne Robinson 编著的《在课堂中充分应用网络》(*Making the Most of the Web in Your Classroom*)（2008）。

- 初中学段的教学

　　Bruce Larson 和 Timothy Keiper 编著的《初高中教学策略》(*Instructional Strategies for Middle and High School*)（2007），讲述了初中和高中的各种教学策略（比如，讲授、提问、合作学习、课堂讨论和辩论）。Jon Wiles, Joseph Bondi 和 Michele Tillier Wiles 编著的《初中教学概论》(*The Essential Middle School*)（2006）讨论了初中教学的很多方面，比如教学原理、青春前期学习者的特点、初中学校课程，以及教学材料和教学技术。

　　有几个基金会和组织致力于帮助教师做到初中教育和青少年初期的发展特征相适应。例如，"全美加速初中改革论坛"网站，就包含着一个"学校须知"网页，详细列出了一个初中要被评为拥有模范项目，必须达到哪些标准。该网页还对因达到这些标准而获奖的学校作了介绍。

　　Middleweb 网站涵盖了初中学校改革的近况和最新消息，还提供一系列涉及如下主题的网络链接：教学的秘密——驯化混乱的课堂，教师备课资源、使用 Twitter 帮助专业成长、鼓励学生接受有难度的学习任务，以及家校合作。

- **青春期的特征**

Laurence Steinberg 主编的《青春期》（*Adolescence*）（2011）第九版，对青春期的主要发展变化作了全面阐释，该书对生理、认知、道德推理、自我概念和自尊、自我同一性、性别角色社会化、性和职业选择等方面的发展，均有论述。

如果你想教青少年，你应该读读如下两本书：Michael Nakkula 和 Eric Toshalis 编著的《理解青少年：青春期发展》（*Understanding Youth: Adolescent Developmet for Educators*）（2006），该书讨论了青少年的自我同一性发展、冒险和从学校到职业生涯的过渡等很多话题。Rena Harold, Lisa Clarossi 和 Lucy Mercier 编著的《一帆风顺还是波涛汹涌：青春期的家庭转变及其对实践和政策的含义》（*Smooth Sailing Or Stormy Waters: Family Transitions Through Adolescence and Their Implication For Practice And Policy*）（2007），书中的每一章都引用了很多家长和青少年对相关话题的有趣论述。

第二部分

学生的差异和多样性

第4章　理解学生的个体差异

kkgas/E+/Getty Images

本章涉及的InTASC标准　学习目标

2. 学习差异

3. 学习环境

5. 知识应用

8. 教学策略

9. 专业学习与道德

学完本章内容以后,你将能……

4.1　给智力下定义,解释怎样进行智力测验,指出当前智力理论与传统理论的差别。

4.2　举例说明怎样用罗伯特·斯腾伯格和霍华德·加德纳的智力理论来指导课堂。

4.3　描述反思/冲动型、场独立/场依存和心理自我调控等学习风格。

4.4　指出认知与成就测验中存在的性别差异,并且解释性别偏见怎样影响学生。

花几分钟时间来回忆一下你的小学和高中的同学以及朋友们,列举一下他们的身体特征(例如身高、体重、视力和运动技能等等),社会性特征(外向、矜持、合作、对他人的需求非常敏感、果断),情感特征(自信、乐观、悲观、自我主义)以及智力特征(有条理和创造性、易冲动、良好的数字运算能力、糟糕的组织能力)。现在,依据你的描述来分析一下他们的异同点。你的朋友和同学们很有可能在一些方面有着相似点,但他们往往在更多方面表现出自己的独特性。事实上,虽然人类拥有一些共同的重要特征,但人与人之间还是存在明显的区别(我们更倾向于关注人们之间的不同而不是相似性)。

现在想象一下未来的几年后,当你成为一名教师,你的工作是帮助每一位学生获得尽量多的知识,而不管这些学生之间的差异有多大。以四年级为例,某些班级的成绩分布范围远远超出四年级学生应有的水平。例如,有些学生的阅读或数学技能还停留在二年级水平,而有些学生则已经达到了六年级的水平。到六年级时,每个班级有三分之一的学生其学习表现会比普通学生低一个或一个以上年级的水平(Biemiller, 1993)。一项针对郊区学校的一年级学生的研究发现,在含有100个单词的列表中,学生能够正确阅读的单词数量从0到100不等。到初中时,能力最差的学生的阅读量将达到约10万字,普通学生的阅读量将达到约100万字,而能力最强的学生的阅读量将达到1 000万到5 000万之间(Roller, 2002)。

每一位学生都有其独特性,任何一组学生之间都存在差异性,这是教学既有趣又具有挑战性的一个原因。Richard Snow 撰写了大量的关于教育中个体差异的文章,他把教师会遇到的相关挑战概括如下:

> 在任何主题的教学开始时,不同年龄和不同文化的学生在智力、运动能力和技能方面都会存在差异,他们拥有的一般和特定领域的知识不同,他们的兴趣和动机不同,学习时的思维和工作方式也不同。这些差异,与学生的学习进度的差异直接相关(1986, p.1029)。

尽管根据学生的典型特征来备课、布置作业、运用教学技术,这一点对你来说很重要,但你也必须同时考虑到学生之间的差异。根据学生的智力、学习风格、性别、种族和社会阶层方面的差异,使用不同的学习材料、教学策略,安排不同的学习活动,这种教学方式通常被称为差异化教学(参阅 Benjamin, 2005; Tomlinson, Brimijoin, & Narvaez, 2008)。 这种教学实践已被证明是帮助所有学生达到相同目标的有效途径(Reis, Mccoach 等, 2011)。

在接下来的两章中,我们将探讨影响学生学习的五个方面的差异性特征。本章中,我们将重点关注心理能力（通常被称为智力）、学习风格和性别三方面的差异。在下一章中，我们将探讨文化和社会经济背景方面的个体差异。这两个方面的差异在近年来显得日趋重要。教师和研究人员近年来对这五个方面的差异都表现出了浓厚的兴趣，并且已经发表了许多相关论著。

学习导读

这些要点有助于你学习本章的重要内容。为了帮助你学习，这些要点也会在正文页脚列出。

智力的本质和测量

- 智力测验成绩与学业成绩关系最为密切，而与事业成功、婚姻幸福或生活幸福的关联度不高
- 智商分数随着经验和训练而改变
- 智力包含了比智力测验所能测到的更多的东西
- 三元智力观：智力包含着实现个人目标的能力
- 多元智力理论：智力由八种不同形式的智力组成
- 拥有某种高水平智力的人，可能以不同的方式来使用这种智力
- 除了某种高水平智力外，还有很多因素会影响兴趣、大学专业以及职业选择

运用新的智力观指导教学

- 三元智力理论认为，教学和评估应该强调各种不同的能力
- 各种技术工具能增强各种不同的智力

学 习 风 格

- 学习风格是以特定方式完成智力任务的偏好
- 冲动型学生偏好快速行动；反思型学生偏好在行动前收集和分析信息
- 场独立型学生偏好自己构建结构，场依存性的学生更倾向于依赖现有的结构
- 立法型风格更偏好创造和规划；执行型风格倾向于遵循明确的规则；评判型风格更倾向于评价和判断
- 教师应该灵活地使用各种教学方法，使各种学习风格的学生都能充分参与到学习中
- 教师应使用各种形式的测验，以适应各种学习风格的学生，从而准确地测量其学习情况

性别差异与性别偏见

- 有证据表明,男孩在视觉空间能力和数学推理测试中的得分较高,女性在记忆力和语言能力测试中的得分较高
- 性别偏见:没有任何正当的教育理由,而对男女学生作出区别对待
- 性别偏见可能影响男女学生的课程选择、职业选择和课堂参与度
- 学业成功、鼓励和榜样会影响女性选择与科学和数学有关的职业
- 观点隐瞒:学生在父母、教师和异性同学面前掩盖他们对于一些事件的真实想法
- 女生和男生有同等接触电脑的机会,但是存在着不同的焦虑程度

揭示假设　**集体思维**

　　为了准备他们每周的会议,康妮一直在读这些成长中的教师的日志。安东尼奥,作为第一年开始教学的新教师,将把自己的成长日志汇总成一个教学档案,作为评估他就职这一年来的工作情况的一部分。塞莱斯特和唐也将使用他们教学日志来创建教学档案,用于接受入职前的评估。由于康妮指导的这几位年轻教师,处在教师职业生涯发展的不同阶段,他们的课堂观察以及根据这些观察得到的推论有时会有所不同,有时又非常相似。而康妮则在深入思考其中的相似性。不论如何,这三位教师都对班级里"群体差异问题"感到担忧。康妮决定在下次会议上着重讨论这个问题。

　　在星期五的会议上,康妮提出:"有一天,我读到了一项令人沮丧的研究。该研究发现,学生不能说出特级教师与初级教师的区别。所以,从学生的角度来看,教师之间并没有优劣之分。如果真是这样,对于我们来说,每周的会议或者撰写教学日志,进行教学分析,甚至是获得相关学位,就变得都没有意义了。这样看来,教师就是教师,并没有什么差别了。"

　　"等一下,"安东尼奥说,"这不是事实。这不可能是这样的。"

　　"这就是研究结果所说的。"康妮回答。

　　塞莱斯特和唐也表示了反对,并发表了各自的意见:"不可能,我遇到过真正伟大的教师和一些非常糟糕的教师。""我见过好教师如何教学,我知道我有很多方面要向他们学习。""听着,我的一个教师改变了我的人生。我不是在开玩笑,她绝对改变了我的人生。我的意思是说,如果不是她,我现在将在监狱里。"

　　康妮说:"嘿,不要把矛头指向我这个信息传递者。我只是告诉你们我读到了这样的研

究结果——学生认为特级教师和初级教师没有区别。"

"那么这个研究是不对的,就是这样。"安东尼奥说,"这讲不通。你怎么能说所有教师都是一样的,就因为他们都是教师?"

暂停 与 反思

康妮提到的这个研究发现,只是有关学生对于年轻教师和有志向的教师所持观念的一系列研究结果之一,而这些研究的结果并不一致(Murphy, Delli 和 Edwards, 2004)。许多人没有将研究结果与正确的结论区分开来。他们还认为基于群体的研究结果适用于描述个人。鉴于教育研究的性质,我们经常会遇到基于组间比较的研究结果。为什么要牢记不能用群体特征去定义群体中的个人?除了康妮提到的这个发现之外,你认为这篇文章中还会有什么其他发现呢?

4.1 智力的本质和测量

> InTASC   标准 2(g)   标准 2(j)   标准 3(j)

4.1.1 什么是智力?

智力是一个被广泛讨论且已被研究了100多年的概念,因此你可能认为心理学家很久以前就对其内涵达成了一致的意见。然而事实并非如此。人们从各种不同的视角研究智力的观点(参见 Davidson & Kemp, 2011),并且给智力所下的定义各有不同。例如,我们在接下来的几节中将要介绍的心理测量视角的研究将智力视为运用各种心智能力来成功地回答各种测试题的能力。另一种方法是根据大脑活动的效率和适应性来界定智力。还有一种方法,将智力定义为使用各种能力来成功适应日常需求的能力。在本章后面,我们将根据罗伯特·斯腾伯格(Robert Sternberg)和霍华德·加德纳(Howard Gardner)的研究,来描述这种方法。尽管心理学家目前已提出了几十种智力定义,但我们更倾向于使用Raymond Nickerson(2011)的定义,因为它涵盖了相当数量的人类行为,并且得到了有关智力可以改变的最新研究的证据的支持。Nickerson将智力定义为"良好的学习、推理及解决新颖问题的能力，有效应对日常生活中所面临的挑战（往往是不可预测的）的能力"（2011, p.108）。

尽管对智力的本质目前还缺乏共识，但是对人类的这一基本特征的测量，可以追溯到19世纪末。然而，直到20世纪初，第一个有效和广为使用的智力测验才被开发出来。

4.1.2　智力测验的起源

当代智力测验的形式和内容，很大程度上依赖于法国心理学家阿尔弗雷德·比奈（Alfred Binet）的开创性工作。1904年，比奈被任命为由巴黎学校系统的公共教学部负责的专家委员会的成员，以研究并找出一种准确客观的方式，把那些可以从正常的课堂教学中获益的儿童和需要特殊教育的儿童区分出来。由于这个项目的目的在于预测未来的学业成功程度，因此比奈创造了一系列问题和任务，来反映与日常课堂活动要求相同的认知过程。比奈的第一个量表实际上所测量的是记忆、注意、理解、辨别和推理等心理过程。

1916年，斯坦福大学的刘易斯·推孟（Lewis Terman）发表了Binet测验的深度修订版。这个修订版就是广受欢迎的斯坦福—比奈智力量表。其受欢迎的原因之一是，推孟根据德国心理学家William Stern 1912年的建议，提出了一个能反映儿童整体智力水平的指数，亦即智商（IQ）。Stern的原始公式是将孩子的心理年龄（通过测试表现来确定）除以孩子的实际年龄，并将结果数乘以100，以消除小数（Seagoe, 1975）。

我们简要回顾这段历史是为了说明两个要点：

1. 当代智力测验的形式和功能直接受到一个世纪以前比奈测验任务的影响。智力测验项目目前仍然是根据它们与学业成绩的关系来确定的（Furnham, Monsen, & Ahmetoglu, 2009）。因此，基于智商分数对事业成功、婚姻幸福、生活幸福所进行的各种预测，不过是对智力测验的尝试运用，这并不符合智力测验的本意[1]。正如一些心理学家所指出的，与称之为智力测验相比，这种类型的测验或许被称为学术能力或学习能力的测验更合适（照片4-1）。

2. Stern和推孟将IQ作为儿童表现的量化指标未得到比奈的认可，比奈担心教育工作者会以智商分数低为借口，去忽视或排斥对学习缺乏兴趣或遇到麻烦的学生。比奈的宗旨是"鉴定是为了帮助和改进，而不是为了限制"（Gould, 1981, p.152）。

在本节的后面，我们将看到比奈所关心的问题确实也受到了人们的重视。但在这里，我们将首先讨论一下智力测验到底测量了什么。

1　智力测验成绩与学业成绩关系最密切，与事业成功、婚姻幸福或生活幸福的关联度不高。

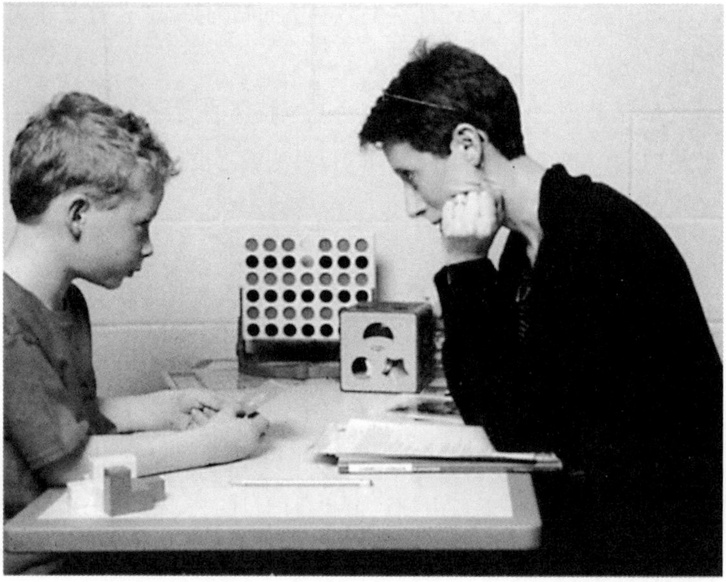

Rick Friedman/Corbis

119 照片4–1　单独施测的智力测验(如图所示)通常用来确定学生是否应该进入某个特殊班级。其目的是为了预测学业表现,而确实也能够较好地预测学业表现。

4.1.3　传统智力测验测什么?

1904年,英国心理学家查尔斯·斯皮尔曼(Charles Spearman)注意到,参加成套智力测验(如比奈和推孟所使用的记忆、推理和理解测试)的儿童在不同测试分数上表现出高度的一致性:在记忆测试中得高分(平均或低于平均水平)的孩子,也倾向于在推理和理解测试中取得高分(平均或低于平均水平)。我们用“倾向”这样的词,意思是说,不同测验之间的得分当然是不一样的。事实上,还有一些孩子在一些测试中取得了很好的成绩,但在其他测试中却表现较差。

斯皮尔曼用智力的两因素说来解释这种现象:一般因素(简称G)会影响个体在所有智力测试中的表现,特殊因素(简称S)仅会影响特定的智力表现。斯皮尔曼认为G因素是评分排名在不同的测试中倾向于保持不变的原因。而个体在不同测试中的排名不同是因为在S因素上的个体差异所导致的。毫不奇怪,斯皮尔曼的解释被称为智力的双因素理论。

当你分析斯坦福—比奈智力量表—第五版(SB-5; Roid, 2003)、韦克斯勒儿童智力量表(Wechsler, 2004年)和韦克斯勒成人智力量表(Wechsler, 2008)等智力测验时,你会注意到,各个分测验中的项目彼此间有很大的不同。它们可能涉及心算,解释单词的意义,用木块再现几何图形设计,或者从三张图片中选出具有共同特征的图片并组成新的一组。这些不同的项目,尽管看上去存在明显的差异,但它们彼此密切相关,并且与课堂的表现也高度相关。换言之,智力测验仍然反映了比奈的初衷和Spearman的双因素理论。在实践中,施测者可以把每个分测验的分数合并成一个整体指标（IQ分数），对个体未来一年左右的学业成就作出预测，并对其具体的优势和劣势作出一些判断。

4.1.4　智力测验的局限

传统的智力测验到底测量什么、不测什么？对这一问题，我们依次列举出以下五点回答：

1. 智力评估受制于不能直接测量这一事实。我们所能测量的只是基于大脑功能和经验所作出的外在表现（对测试项目的反应）。

2. 我们所测的智力是与学业成绩相关较高的部分智慧能力，而不是与其他事情相关的能力。这就是为什么如前所述，许多心理学家更喜欢称之为学术能力的测验或学习能力的测验的原因。

3. 由于目前的研究表明，通过系统教学可以提高智力测验所测得的认知能力（Sternberg, 2002a, 2002b, 2003; Sternberg, Jarvin, & Grigorenko, 2009），所以智力测验成绩不应被视为绝对的能力测验。许多人（特别是父母）没有认识到这一点。IQ分数并不能作为制定孩子聪明程度的根本指标。IQ分数只是反映，与同龄的孩子相比，一个孩子在特定时间、特定测验中成功地解决某些问题的程度。[1]

4. 由于IQ测验旨在预测学业成绩，因此任何提升课堂表现的做法（例如提供更多的事实信息或更有效的学习技能）都可能对智力测验表现产生积极影响。这意味着，IQ分数不一定是持久不变的。个人的IQ分数，可以在相对较短的时间发生改变，而一个群体的IQ分数也可以在更长的时间内发生改变。我们先来看个人分数的情况。虽然大多数人的IQ分数并没有显著变化（Deary, Whalley, Lemmon, Crawford, & Starr, 2000），但是对于某一个体来说，他们的分数可以在不同测试间上下变化15到30分。虽然这种幅度的变化通常在学前和小学阶段的儿童身上最容易看到（Weinert & Hany, 2003年），但在青少年身上也有表现（Ramsden等，2011）。智商发生变化的证据来自20个国家数十年的IQ分数分析。从1920年到2000年，得分每十年上涨了三个百分点，其中大部分改变发生在非语言项目上。这种变化可以归因于教育水平和营养水平的提高，家庭规模的缩小，以及技术的发展（意味着电视观看、电脑使用和视频游戏增加）（Flynn, 1998, 2011; Greenfield, 2009）。

5. 智力测验不能测量其他的对学业和生活具有重大影响的因素。例如，动机（第11章讨论）和学习策略（第9章讨论）已被证明对数学成绩及其后续走势具有重要影响

1　智商分数随着经验和训练而改变。

（Murayama, Pekrun, Lichtenfeld, & Hofe, 2013）。另一个可能与动机有关的因素是自我控制或尽责。自我控制的人，愿意持续地运用自己的认知技能、情感和行为去实现有价值的目标。自我控制水平高的学生会认真做好家庭作业，积极参与课堂活动，及时完成作业，主动排除干扰。对于追求长期目标的人来说，尽管他们可能需要很长时间去达到目标，而且经常遇到困难，但他们会将这些困难当成"磨砺"（Duckworth & Quinn, 2009）。研究表明，与IQ分数相比自我控制的测量得分，能更好地预测各科考试成绩的分数变化，而IQ分数能更好地预测标准化测验成绩的变化（Duckworth, Quinn, & Tsukayama, 2012; Duckworth & Allred, 2012）。

121

暂 停 与 反 思

　　试想一下，一个同事告诉你，她的一名学生平均成绩是C+，并且在最近的智力测试中只得到92分（低于平均）。你的同事说，因为学生正在努力达到自己的能力水平，所以不应该鼓励他设定更高的目标，因为这只会给他带来挫折。你的同事询问你的意见。你该怎么回应？

　　由于传统的智力理论及相应的智商测试，将智力视为由一小部分与学业成就相关的认知技能构成（Canivez, 2008），并且由于智商测试的结果主要用于筛选需要接受特殊教育的学生为了克服这些局限，当代理论家提出了更宽泛的智力概念，以期能够对课堂教学产生更好的引导作用。

4.1.5　智力的当代观点

戴维·韦克斯勒的综合能力观

　　戴维·韦克斯勒（David Wechsler, 1975）令人信服地指出，智力不只是一个人所测得的能力的总和。[1]韦克斯勒将**智力**（intelligence）定义为个人能够有目的地行动、理性地思考以及有效地应对环境的综合能力。依据这个定义，许多心理学家认为智商分数反映的只是一个人的综合能力的一个方面——有目的地、合理地、有效地在课堂环境中学习的能力。然而，人们在其他环境（例如工作、家庭和娱乐）中也会表现出智力行为，

1　智力包含了比智力测验所能测到的更多的东西。

另外也有一些有助于增强智力行为的因素(例如意志力、设定现实目标、对正确反馈的有效利用、创造力、道德和审美观)。因此,对智力的真正评估应该将这些相关的行为和因素考虑进去。

事实上,研究(Perkins, Tishman, Ritchhart, Donis & Andrade, 2000)已经表明,在日常生活中,智力行为与识别不同场合的能力以及实际使用这些能力的动机都相关。例如,在可能产生对抗和敌对的情境中,智力可能表现为思维的开放性和幽默感。这听起来像是描述一个众所周知的概念——智慧。事实上,当代杰出的智力理论家和研究者斯腾伯格,也表达了同样的观点。我们将在下一节中详细介绍斯腾伯格的理论。斯腾伯格将智慧定义为个体通过适应环境,或改变环境以适应自己的需要,或选择更加兼容的环境,来使自己和他人受益的能力(Keane & Shaughnessy, 2002; Sternberg 等, 2009)。

日常环境中的智力评估是非常主观的,并且需要大量的时间。这是目前智力测验只能评估一小部分认知能力的一个原因。但是如果斯腾伯格和加德纳近年来提出的智力理论被广泛接受,那么未来的智力测验可能会比传统测验得到更为广泛的应用。即使相应的测验还没有被设计出来,这些理论也是很有意义的,它提醒我们,智力是多面的,可以用多种方式表现出来。

斯腾伯格的三元观:成功智力理论

与韦克斯勒一样,斯腾伯格(Robert Sternberg, 2002a, 2002b, 2003)认为,大多数研究证据支持这样的观点:智力有许多方面或维度,传统的心理能力测试只测到了其中的一些方面。斯腾伯格的**三元智力理论**(triarchic theory of intelligence[1],在以后的版本中被称为**成功智力理论**),顾名思义,由三个主要部分组成(见图4-1):

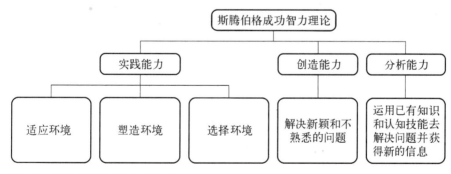

图4-1 斯腾伯格成功智力三元观
来源:改编自 Sternberg (1985, 2003); Stemler, Sternberg, Grigorenko, Jarvin, & Sharpes (2009).

122

---

1 三元智力观:智力包含着实现个人目标的能力。

照片4-2　斯腾伯格认为智力由实践能力、创造能力和分析能力构成。

- 实践能力包括把知识应用到日常情境中,使用知识和工具,探寻其中的关联。
- 创造能力包括发明、发现、想象和假定。
- 分析能力包括将想法和产品分解成若干构成成分,作出评判,作出评价,比较和对比,作出批判等。

由于需要知道如何去使用这些能力,因此记忆能力是上述三种能力的基础(照片4-2)。

斯腾伯格的理论在两个方面对传统观点有所超越。首先,它包括了曾经但仍然被忽视的一个智力方面:人们如何使用实践智力去适应他们的环境。第二,斯腾伯格认为,每一种能力都可以通过教学来改善,并且只有当三种能力都发挥作用时,学生才能学得最好。

123　　在描述实践智力的性质时,斯腾伯格指出,一个人是否聪明部分地反映在他实现个人目标的能力上(例如,从高中或者大学以荣誉学位毕业,有特殊的能力为某特定的公司工作,或者拥有成功的婚姻)。实现个人目标的一个方法是理解和适应特定环境中支配行为的价值观。例如,如果一所学校中的大多数教师(或某家公司的管理人员)看重遵从与合作的价值,那么坚持挑战权威的人,没有询问就提出新想法的人,或者没有考虑他人意愿就直接行动的人,相比那些更愿意遵守规矩和合作的人,将会得到更少的奖励。而根据斯腾伯格的理论,这种人就不太聪明。

当价值观无法保持一致时,或者个体不能适应主流价值观时,聪明人就会去探索如何使他人的价值观与自己的价值观和技能保持一致。例如,一个有进取心的学生,可能会试图说服教师,简答题比论述题更能反映学业成绩,或者,付出的努力和课堂参与度也应该算成绩,就像考试分数一样。最后,如果所有试图适应或改变他人观点的尝试都失败了,聪明的人就会重新选择一个他人行为与自己的行为更为一致的新环境。例如,许多资优学生可能会转学到一些私立的学校,因为在这些学校,他们的杰出能力更受赞赏。

斯腾伯格的基本观点是,应该把智力视为一个宽泛的概念,它不仅反映在人们回答一组特定的测试问题的能力方面,更反映在人们在不同情境中的应对能力方面。如果一个在智力测试中获得中等成绩的人,成功地让人们做了他或她希望做的事情,依据斯腾伯格观点,这个人最起码应该跟科学学科测验中得分高于百分之九十九的人群的人一样聪明。

Elena Grigorenko、Linda Jarvin 和 Robert Sternberg(2002)做了三个实验来测试三元智力论的教育适用性。在每项研究中,教学课程和材料都旨在提高初中和高中学生的分析、创造和实践技能,以及词汇和阅读理解技能。研究使用的分析任务如:学生们读了一个关于美洲拓荒者的家庭的故事,然后被要求绘制一张家谱图,展示人物之间的关联以及关键事件发生的时间表。创造性任务的例子如:学生们在另外一个故事中寻找例子,说明作者是如何吸引人们的注意力,以及如何描述人们在公园、匹萨店、动物园等场所的所听、所见及所闻。实践任务的例子如:在阅读了关于家庭圣诞节庆祝的故事之后,学生讨论为一大群人准备餐点的所有步骤,以及如何解决主菜烧煳了的问题。

第一项研究在市中心的小学进行,被试是两组五年级在读生。对于每一组,研究持续约五个月。每组学生中有一半的学生接受了三元智力的教学,一半的学生接受了强调学习和回忆事实信息的教学。研究用学生的基础读本作为实验材料。实验(三元智力)小组的学生,在完成课堂和作业任务时,强调使用分析、创造和实践能力。控制组的学生完成了那些需要回忆的任务。结果如预期的那样,实验组学生在需要运用分析、创造和实践能力的词汇和阅读理解测验中,得分显著高于控制组的学生,而且在标准化阅读测试中的成绩也更好。

第二项研究的被试是市区小学六年级的学生,目的是探讨为期六周的三元智力阅读计划对那些有高学业成绩、低社会经济地位的学生的影响。如同第一项研究,实验组和控制组在课堂和家庭都进行了段落阅读的任务,并回答强调分析性、创造性和实践思维能力的问题。研究同样发现,在后期测试中,实验组的分析、创新和实践能力明显高于控制组。

124

第三项研究考察了为期六周的三元智力的训练对市区高中学生的分析、创造和对词汇的运用以及理解能力的影响。与第二项研究进行一个独立的阅读计划不同,本研究中的三元智力教学被纳入学生的英语、社会科学、法语、自然科学、历史和艺术课程中。结果显示,实验组的学生在词汇和理解能力测验中得分较高,但他们的得分和对照组相比没有显著差异。尽管这个结果令人失望,但迄今为止的研究表明,基于三元智力的教学,可以促进学生的词汇和阅读理解能力,以及他们的分析、创造和实践思维能力(Sternberg & Grigorenko, 2004)。正如我们在本章后面将看到的,近年来越来越多的实验结果开始支持这些结论,这也给认知能力评估的发展带来了新的希望(Stemler, Sternberg, Grigorenko, Jarvin, & Sharpes, 2009; Sternberg 等,2009)。

加德纳的多元智力理论

与斯腾伯格一样,加德纳对智力内涵的认识,也比传统认识更为宽泛。然而,他与斯腾伯格的不同之处在于,他描述了八种独立的智力类型。因此,加德纳的理论被称为"**多元智力理论**"(Multiple Intelligence Theory, MI理论)(照片4-3A和4-3B)。加德纳描述的八种智力是逻辑数学、语言、音乐、空间、身体运动、人际(理解他人)、内省(对自我的理解)和自然智力(通过植物、矿物或动物的特性来区分它们以及创建有效的图式进行分类的能力)(Gardner, 1999)。表4-1解释了每种智力,并提供了最能代表每种智力的例子。[1]

由于这些智力被认为是彼此独立的,因此个体在每个领域中可能表现出不同的技能水平。例如,一名学生可能会表现出成为一名杰出的庭审律师、小说家或记者的能力,因为他或她的语言智力使其可以进行生动的描述、解释或说服活动。另一名学生可能擅于操纵声音的各个方面(如音调、节奏和音色),从而创造出让人们觉得非常愉快的音乐。而善于理解自己和他人感受,以及将感受与行为联系起来的学生,将表现出高度的内省和人际智力。与斯腾伯格的研究一样,加德纳的理论提醒我们,不要只注重IQ分数而忽略了其他值得关注的行为[2]。

照片4-3A和4-3B 当代智力理论通常将智力视为由几种能力构成。例如,加德纳的多元智力理论描述了智力行为的几种不同表现方式。

---

1 多元智力理论:智力由八种不同形式的智力组成。
2 拥有某种高水平智力的人,可能以不同的方式来使用这种智力。

表4-1	加德纳提出的八种智力	125
智 力	**核 心 成 分**	**最佳代表**
逻辑数学智力	对逻辑或数字模式的敏感和识别能力，进行复杂的推理的能力	科学家 数学家
语言智力	对声音、节奏和词语意义的敏感性；对语言的不同功能的敏感性	诗人 记者
音乐智力	能够制作并懂得欣赏节奏、音调和音色；喜欢不同的音乐表现形式	小提琴家 作曲家
空间智力	能够精确地感知视觉空间世界，并能对自己的最初感知进行转化	雕塑家 航海家
身体运动智力	能够灵巧地控制身体运动和有技巧地操纵目标物体	舞蹈家 运动员
人际智力	能够分辨他人的情绪、气质、动机和愿望，并作出恰当的反应	治疗师 销售员
内省智力	认识到自己的情绪，能够辨别并利用情绪来引导行为；了解自己的优势、弱点、愿望和智力	能进行细微且准确自我认识的人
自然智力	能够对自己所处的环境中的各类动植物进行辨别和归类，并能有逻辑地、合理地描述它们之间的关系；具有照顾、驯服且与各种生命良好相处的天赋	植物学家 昆虫学者

来源：Armstrong, 2000; Gardner (1999); Gardner & Hatch (1989).

　　加德纳的MI理论在教育工作者中非常受欢迎。然而在很多情况下，其理论观点也经常被误解：

　　误解1：某种智力非常高的个体，将擅长该领域内的所有任务。事实并不是这样，一名具有高水平语言智力的学生，可能会擅长撰写有关各种话题的、有见解的论文，但可能无法写出一首好的诗歌。另一名学生可能擅长直接的、面向事实的写作风格，写出非常好的新闻报道，但是可能并不擅长写篇幅较长且需要高度分析的文章。

　　相比关注学生智力的高低，我们更应该注重如何让学生以不同的方式来充分发挥他们的智力[1]。例如，加德纳的助理托马斯·哈奇（Thomas Hatch, 1997）发现，有三个被他们评为拥有高水平人际智力的孩子，以不同的方式使用了这种能力。一个孩子非常擅长组织同学的课堂活动。第二个相比于班级的其他同学，能够更好地解决同学之间的冲突。第三个孩子缺乏领导能力，有时甚至被排斥在团体活动之外，但是他非常擅长与同伴建立友谊。比如，他可以和一个班级里最不受欢迎的学生进行很好的交流。

1　除了某种高水平智力外，还有很多因素会影响兴趣、大学专业以及职业选择。

126　　　　误解2：能力决定命运。一个孩子表现出高水平的语言智力，并不意味着她就一定会选择英语或新闻专业，或者找一份写作的工作。智力不仅随着时间的推移而变化，而且大学专业和职业的选择也受到许多其他因素的影响。爱写有趣小故事的学生，也可能长大后，成为一位在撰写学术论文和教科书方面表现优异的大学教授，或者成为著名的政治家或成功的商业领袖（Hatch, 1997）。

误解3：每个孩子在每一个学科都应该接受八种不同的教育方式，以发展所有的智慧。MI理论并未指出或说明这样一个步骤对于学习是必要的。事实上，如果学生被强制性、格式化的课程所捆绑，学习效果可能会适得其反。另外，在现实生活中也没有足够的时间以八种不同方式对学生进行每一个学科的教学（Gardner, 1999; Hatch, 1997）。

虽然批评者认为MI理论缺乏证据支持，但是支持者仍然不知疲倦地为其进行辩护（Gardner & Moran, 2006; Waterhouse, 2006）。

不管研究证据是否充分，MI理论对世界各地教师的职业准备和职业发展、课程设计和教学实践都产生了影响（Chen, Moran, & Gardner, 2009）。教育家们以多种方式使用MI理论来帮助学生懂得，他们的聪明才智表现在不同的方面；每个人都拥有八种不同的智力，只是每种智力的水平有高有低。

你掌握了吗?

六岁的肯尼亚在IQ测验中获得了110分。在未来：

a. 她在IQ测验中的分数可以通过结构化教学来改变。

b. 她在IQ测验中的得分可能会上升。

c. 她在IQ测验中得分将始终保持110分。

d. 她在IQ测验中的得分可能会下降。

4.2　运用新的智力观指导教学

InTASC　　　　标准2(g)　标准2(j)　标准3(1)

20世纪前半个世纪提出的各种智力理论对教育者的价值有限，因为它们无法让教师把教学方法、学习评估与学生的能力匹配起来。例如，传统的智商测验，如斯坦福-比奈量表或韦克斯勒智力量表，旨在依据得分给学生排名，而不是评估他们的思维。它们的基本教育用途是确定针对超常学生、学习障碍者和精神残疾者所开设的教育项目是否适当。斯腾伯格和加德纳的智力理论的特色在于，它们对智力采用了宽泛的定义，从而可用于指导教学实践，提高学生的学业成绩（Armstrong, 2009; Chen等, 2009; Sternberg等, 2009）。正如我们已经看到的，已有初步的证据表明这些智力理论是有价值的。下面，我们将对您在课堂中如何使用斯腾伯格和加德纳的理论，分别作一些说明。

暂停　与　反思

假设罗伯特·斯腾伯格和霍华德·加德纳的智力理论是正确的，亦即人们的智力不限于传统的分析、语言和逻辑数学能力，还包含其他能力，你认为学校为什么不愿意强调其他能力呢？

4.2.1　斯腾伯格的三元成功智力理论

根据三元成功智力理论，斯腾伯格提出了一个教学和评估模型（Stemler等, 2009; Sternberg, 1996, 1997a）。他建议，对于任何年级和任何科目，在设计教学和测验时，应凸显三元理论中的三种能力，即分析能力、创造能力和实践能力，同时还要考察记忆能力[1]。考虑到个人差异，教学和测验应该涉及所有这四种能力。当任务和相关测验与学生的能力相匹配的时候，每个学生都有机会表现得非常优秀。表4-2显示了如何教授语言艺术、数学、社会研究和科学并强调这四种能力。请注意，斯腾伯格并不是说，所有的教学和评估都必须与学生占据优势地位的能力相匹配，而是强调努力提高学生相对较弱的能力。

如前所述，从我们回顾的研究中可以看出，斯腾伯格的三元智力理论最近已经被称为"成功智力"（Successful intelligence）的理论。运用成功智力框架，有时被称为WICS（wisdom, intelligence, creativity, success）模型（指的是智慧、智力、创造力和成功），斯腾伯格和他的同事们已经给出了教师如何能够成功地与其他教师、父母以及校长和其他管理人员进行互动的方法（Stemler, Elliott, Grigorenko, & Sternberg, 2006; Sternberg等, 2009）。他们的理论框架也暗示，未来研究应更清楚地描述有效的教学和成功的学校的本质。斯腾伯格的理论可能会盛行一段时间，并保持影响力。在你准备进行教学的过程中，以及你作为

1　三元智力理论认为，教学和评估应该强调各种不同的能力。

一个实习教师要开始更专业的职业发展时,你都需要这一理论支持。

4.2.2 加德纳的多元智力理论

加德纳对于课堂上应用MI理论的建议,在本质上与斯腾伯格基本相同。他认为,教师应以MI理论作为一个框架,设计学科教学的各种方法(Chen等,2009)。

MI理论可以促进学习更多地向课堂外迁移。由于MI理论有助于学生以多种方式来表征自己的想法,所以以这种理论指导的教学可能会让学生更好地理解学习内容,并能够在日常生活中使用这些知识。出于同样的原因,MI理论也表明,课外学习能够促进学科学习的迁移。例如,各种音乐体验——包括听音乐和上音乐课,都被证明与各种认知测验(包括IQ测验)的分数呈现正相关(Schellenberg, 2006a)。不管成人还是儿童,听喜欢的音乐都可以提升他们在各种认知测验中的表现。对于学龄前儿童来说,听音乐可以提高创造力(Schellenberg, 2006b)。即使考虑到其他因素的影响,如家庭收入、父母受教育水平和参加音乐以外的活动,上音乐课本身仍然与学习能力呈正相关(Schellenberg, 2006a)。

128　　　MI理论强调不同的学习方法以及用不同的方式来表达自己的理解,这一点非常符合目前强调的行为表现评估的思想(第14章"课堂学习评估")。例如,为了测量学生的语言能力,教师可以让学生扮演报纸编辑,写一篇社论来回应当前的问题,而不是仅仅使用多项选择题。

正如我们前面提到的,认为每一堂课都必须涉及八种智力,这是一个误解。但有一种想法是可行的,比如设计一些课程内容,其中包括两三种智力。例如,高中代数教师结合运动和逻辑数学能力来教授绘图课程。这位教师不是在教室里让学生做纸笔练习,而是将学生带到校园里,以水泥路围成的方块作为格子,方格之间的凹槽作为X和Y坐标,让学生站在不同的交点并报告自己的位置。同样,小学一年级的一门课程是了解小鸟的筑巢习性,学生设计并建造了鸟巢,然后观察鸟类是否使用它们,这样的课程就同时涉及了空间、身体运动和逻辑数学能力(Armstrong, 2009; Campbell, 1997)。

4.2.3 运用技术发展智力

InTASC　　　　标准3(m)　标准5(1)

由于当代理论将智力视为由各种可以改变的认知技能所构成,因此运用技术来促进智力发展,这一点也没有什么好惊讶的。事实上,技术教育可以促进隐喻、类比等高水平思维,能为学生提供了"打破常规"思考的机会,并以此发展学生的认知能力(Lewis, 2005)。罗伯特·斯腾伯格(1997b)表示:"毫无疑问地说,技术可以使人们更好地发展自己的智慧。"(p.13)技术环境为学生提供了发展实践能力、创造能力和分析能力的机会,而这些机会在传统课堂中并非都能出现的(Sternberg, Grigorenko, & Zhang, 2008)。以下研究(Howard, Mcgee, Shin, & Shia, 2001)提供了一个例子,说明了如何使用技术,从三元智力角度来促进某些方面智力的发展(表4-2)。

研究对九年级学生实施了斯腾伯格三元智力测验,并根据他们在分析思维、创造性思维或实践思维方面的强弱,把这些学生分为三组。然后,三个人一组,借助一个被称为天文学村(以亚利桑那州著名的基特山顶观测站进行模拟)的计算机仿真程序,一起学习如何执行一个科学研究并就结果进行沟通。为了评估他们对内容的理解程度和解决问题的能力,研究者给学生们提供一些场景并让他们回答相关问题,如下所示:

场景:你是一个研究小组的一员,任务是计算到特定星球的距离。一位著名的天文学家已经表示,这一星球比较接近地球(25光年内)。

对内容的理解:在五个相关概念中,选择一个与"计算星球距离"最相关的概念。

问题解决:你们小组要与新闻界会面,讨论本小组将如何继续进行这个研究。假设那些能读懂你们的解释的人,很少或根本就没有相关的天文学背景知识。写下你们的解释,做到任何人都容易理解。对于接下来如何测量该星球与地球的距离,要提供具体的说明。你们也可以使用绘画来说明你的想法。

正如预期的那样,具有相对较强的分析能力或实践能力的学生,在内容理解问题上的得分明显高于创造力相对较强的学生。作者的解释是,分析导向的学生做得更好,因为这是他们最常看到并且回答成功的问题。高实践能力的学生做得很好,是因为模拟吸引了他们对现实生活中的任务的喜好。但在解决问题的方法上,却出现了不同的结果。具有相对较强的创造力或实践能力的学生,得分明显高于分析能力相对较强的学生。这可能是因为,对天文学问题的不熟悉,给学生提供了一个很好的使用创造性思维的机会。具有高实践能力的学生在两种类型的问题上都表现良好,可见计算机仿真程序类的任务与他们的能力非常匹配。

与斯腾伯格一样,加德纳也认为技术在促进智力发展方面发挥重要作用(从他的角度来说是促进多元智力)。例如他指出,计算机程序可以使得不懂如何识别乐谱或玩乐器的学生创作音乐作品,而交互式的虚拟环境可以使多种智力参与其中(Gee, 2007; Weiss,

129

2000)。在后面的章节中,特别是在第8章"信息加工理论"和第10章"建构主义学习理论、问题解决和转移"中,我们将更详细地研究虚拟学习环境,包括多用户虚拟环境(MUVE)。

表4-2	三元智力理论视角下的学科教学			
	记　忆	分析能力	创造力	实践能力
语言艺术	记住汤姆·索耶的阿姨的名字	比较汤姆·索耶与哈克贝利·芬恩的个性	用汤姆·索耶作为角色写一个非常简短的故事	描述你如何学习汤姆·索耶的说服能力
数学	记住数学公式:距离=速度×时间	运用距离=速度×时间公式来解决一个数学问题	创作一个需要用到公式距离=速度×时间来解决的数学问题	如何运用距离=速度×时间公式来计算从一个城市到另一个城市开车所需的时间
社会科学	记住导致美国内战的各种原因	比较、对比和评估支持奴隶制的人与反对奴隶制的人的观点	从南部邦联或北部联盟士兵的角度写一篇杂志文章	讨论美国内战对当今国家有哪些教训
科学	说出细菌的主要类型	分析免疫系统用于对抗细菌感染的手段	提供一些建议,说明如何应对细菌对抗菌药物的免疫力	给出个人可以采取的三个步骤,以减少细菌感染的机会

来源:摘自Sternberg(1997a)和Sternberg等(2009).

对于许多教育工作者来说,技术可以很好地帮助我们来应用加德纳的MI理论[1](Mckenzie, 2002)。例如,基于网络的会议可以促进学生的人际智力,使得画概念图、流程图、照片编辑和三维成像变得更容易的软件程序,与视觉空间智力发展密切相关(Lach, Little, & Nazzaro, 2003; Mckenzie, 2002)。观点生成和预写软件工具,如Sunbuddy Writer, Imagination Express和Inspiration可以促进语言智力(Quenneville, 2001)。使用电脑编程工具,如LEGO / LOGO,可以促进学生问题解决能力和逻辑数学智力(Doppelt, 2009; Gillespie & Beisser, 2001; Suomala & Alajaaski, 2002)。其他软件也可以提高音乐智力(例如,当播放曲调的时候学生可以看到对应的乐谱)和身体运动智力(通过提供诸如网球挥拍动作等运动技能的视频动作分解)。显然,技术工具可以促进斯腾伯格和加德纳所描述的智力的所有方面。

作为教师,这些工具可以让你的教学有很大的灵活性。通过数字技术的应用,你可以为学生提供众多选择,可以让学生选择符合自己擅长的能力的学习方式,或者让学生使用软件来改善他们较弱的能力。

130

1　各种技术工具能增强各种不同的智力。

你掌握了吗?

　　三年级的教师想教两位数的加法。她决定在她的课堂里运用包含身体运动智力、逻辑-数学智力、语言智力、音乐智力、自然智力和反省智力的课程内容,以此来吸引更多的学生参与。这位教师:

　　a. 应该包括其他两种智力类型,以避免忽略任何学生。

　　b. 应该将所教授的智力类型数量限制在两到三个。

　　c. 应该回到基础,只包括逻辑-数学智力。

　　d. 应该根据学生的需要调整课程,而不是用多元的智力类型来吸引学生。

4.3　学习风格

InTASC　　标准 2(g)　标准 2(j)　标准 3(1)

　　不管智力被认为是由一种主要成分或者几种成分构成,心理学家都认为它是一种能力。通常情况下,拥有更强的能力总是更好的。近年来,心理学家们也研究了能力的特征问题,但更重要的是这些特征的表现形式。我们在这里称之为学习风格(在本书中,认知风格也是相同意思的替代术语)。不同于能力,风格被认为是价值中立的;也就是说,所有风格在适当的情境中都是可接受的。

　　学习风格(learning style)[1]可以被定义为不随时间和学科内容而改变的、以特定的方式感知、思考和组织信息的偏好(Moskvina & Kozhevnikov; 2011; Zhang & Sternberg, 2006, 2009)。例如,有些学生更喜欢考虑任务的本质,收集相关信息,并在采取任何行动之前制定详细的计划;而有些学生则倾向于坚持他们的第一感,并沿着这种直觉一直往下思考。一些学生喜欢同时处理任务的几个方面,而另一些学生则倾向于按逻辑顺序一次只处理一个方面。

　　请注意,这里说的风格是指偏好。它们不是个人固化的行为模式。当情境需要时,个体可以暂时采用不同的风格,尽管有些人能比别人转换得更好。

　　多年来,已经有许多人提出了不同的学习风格。例如,你可以发现有关文章中提到了视觉学习型、言语学习型、同化型、顺应型、整体型、分析型、抽象学习型和具体学习型(参

1　学习风格是以特定方式完成智力任务的偏好。

见，例如，Rayner & Cools, 2011）。在林林总总的学习风格类型中，我们将讨论三种。其中两种（反思/冲动和场依存/场独立）是40年前提出的，有着悠久的研究历史。近年来，有人提出了第三种风格（心理自我调控），它既包含一些原创性的成分，也包含了某些研究中所涉及的学习风格。

4.3.1 反思型和冲动型

首先要探讨的学习风格维度是反思型—冲动型[1]。在1960年代初，杰罗姆·卡根（1964a, 1964b）发现，有些学生似乎是典型的**冲动型**（impulsive），而另一些是典型的**反思型**（reflective）（照片4-4A和4-4B）。冲动型学生有一个快速的认知步调（Zhang & Sternberg, 2009）。面对没有准备好解决方案的任务或者答案是不确定的问题时，冲动型学生比反思型的学生作出的反应更快。在解决问题的情境中，冲动型学生相比反思型学生收集的信息

照片4-4A和4-4B　在小学几年中，学生们以不同的方式来完成学习任务。这种以特定方式做事情的偏好通常被称为学习（或认知）风格。例如，一些学生是冲动型的思考者，当被问到一个问题时，他们会很快作出反应；另外一些学生是反思型思考者，他们倾向于在回答之前进行细致的思考。

1　冲动型学生偏好快速行动；反思型学生偏好行动前收集和分析信息。

更少,思维的系统性更差,对各种解决方案的思考也较少。相比之下,反思型学生更愿意花费更多的时间收集信息(这意味着搜索记忆和外部来源),并在提出答案之前,分析所收集的信息与解决方案的相关性(Morgan, 1997)。

与IQ分数一样,这些风格往往相当稳定,但是它们也可以根据环境需求而改变。研究表明,六岁儿童减少了电视观看的频率后,他们的冲动性会下降,反思性会增强,阅读的时间也会增加(Greenfield, 2009)。

4.3.2 场依存型与场独立型

另一个非常受欢迎的学习风格维度,是由 Herbert Witkin(Witkin, Moore, Goodenough, & Cox, 1977)提出的场依存型与场独立型,它所指的是一个人对特定信息的看法和思考是否受周围环境的影响。例如,个体看一组简单的几何图形,并被要求在一个更大的、复杂的、有各种交叉线条的显示框中找出每个图形时(通过用铅笔勾画它),场依存的个体要比场独立的个体花费更多的时间,且找出的图形更少。前者之所以被认为是**场依存的**(field dependent),因为他们的感受会受到当时环境的强烈影响。后者之所以被称为**场独立的**(field independent),是因为这种风格的个体更加擅长在更大、更复杂的环境中分辨出目标信息[1]。

当我们谈论具有场依存风格的个体,并将其与具有场独立风格的个体进行比较时,并不意味着我们就认为个体有两种截然不同的风格类型。这就像说人的身高有高有矮。人的高矮是根据测量的高度相对而言的;同样地,学生属于场依存型还是场独立型,也是根据他们在这一维度的得分相对而言的。事实上,只有较少的个体会表现出纯粹的场依存或场独立的风格(Morgan, 1997; Zhang & Sternberg, 2009)。

在学校,场依存学生的笔记更有可能反映出教师或教科书作者所提出的思想结构和顺序,而场独立的学生的笔记更有可能反映自己对于所学内容的组织结构和顺序。阅读时,场独立的学生比场依存的学生能更好地分析故事的结构。当学习材料或任务的结构不明确时,这种学习方法上的显著差异可以清楚地表现出来。在这样的情境中,场独立的学生通常表现得更好,因为他们愿意创造一个更有意义的结构。

场独立风格在科学领域里产生的积极影响特别值得注意。因为科学学科强调把物体和观点分解成组成部分,将分解的部分重新组合成新的结构,并识别该信息的潜在新用途。例如,学习生物学科的学生需要能够识别组织、器官和系统,因为它们嵌入在生物体的周围

1· 场独立型学生偏好自己构建结构,场依存型学生更倾向于依赖现有结构。

组织中,很难一眼就看得出来。

在社会情境中,场依存的个体比场独立的个体需要花更多的时间识别他人的面孔;但他们能够更加理解普遍大众的态度、价值观和行为,更愿意为别人的公司工作,并且通常被认为比场独立风格的个体更加有分寸、体贴、友好以及有爱心(Fehrenbach, 1994; Morgan, 1997; Witkin等, 1977)。不足为奇的是,在一项研究中,幼儿园的孩子们给了场依存的教师更高的评价;他们也更喜欢与自己的风格相匹配的教师(Saracho, 2001)。

4.3.3 心理自我调控风格

本章前面讨论过斯腾伯格的智力理论。斯腾伯格还提出了一种有趣的学习风格理论,该理论大致模仿了"公民政府"的不同功能和形式。 斯腾伯格的**心理自我调控风格**(mental self-government styles)理论已吸引了大量的研究(Black & Mccoach, 2008; Nielsen, Kreiner, & Styles, 2007; Zhang, 2005)。尽管验证该理论的研究仍在继续,但它仍被认为是了解各种情境中学习风格的有用理论。在斯腾伯格的理论中,他把13种心理自我调控风格从五个方面进行分类:功能、形式、水平、范围和倾向。按照功能,可分为立法型、执法型、司法型;按照形式,可分为君主型、等级型、寡头型和无政府主义型;按照水平,可分为整体型和局部型;按照范围,可分为内倾型和外倾型;按照倾向,分为自由型和保守型。大多数人,在每个方面中,都有自己偏好的风格。[1]

采用个性化教学以适应不同的学习风格

作者:Shamira Underwood

一般在一周内,教师就会发现教室里的孩子们拥有不同的学习风格和倾向。我也很快发现,我的一个学生(在记忆和回忆能力上都非常有天赋)很难用批判性思维去完成几个学习任务。

我叫他"Kyree"。Kyree四岁,他是我作为教师所见过的有着极端分离焦虑的个案。

1　立法型风格偏好创造和规划;执行型风格倾向于遵循明确的规则;评判型风格更倾向于评价和判断。

当我试图与他谈谈何时能再次看到他的妈妈时，他只关心这两个事实：（1）妈妈现在要离开了；（2）我不开心。

经过几天的号啕大哭和企图逃跑，Kyree终于意识到，妈妈会把他留在学校，不管他哭不哭闹，她都会回来。我们让他参加一些活动，最终他开始享受在学校的生活，每天都属于第一批到达教室里的孩子。故事到这里讲得有点快了。

Kyree刚来学校的时候，已经能够识别和回忆彩虹的每种颜色，拼写他的名字，识别字母表中的所有字母，识别每个数字，并能从0数到100。[实际上，在年底之前，他一直在阅读常见单词和混合辅音-元音-辅音（CVC）单词]。在进行与此相关的学业任务时，他能完成得很好。在我们的教学活动中，我第一次意识到我们遇到了一个教学上的挑战：Kyree在课堂问题中无法进行批判性的思考，并且针对任务建立的联系也是碎片式的、与任务无关的。我们还发现，他也很难和其他同学一起玩。当与同伴发生冲突时，他常常不知道应该怎么做。他也非常喜欢搬弄是非。当Kyree被问及他应该说些什么来解决和同伴的冲突，或者他当天到校时感觉如何，他似乎不知所措，Kyree对这类问题的回答也往往答非所问。即使重复地向Kyree提到这些问题，他也只能在问题被重新描述并有答案可选择的情况下才给了回应。尽管这种方式有助于保持他的参与性，但也限制了他的反应。这样并不能帮助他进行批判性思维，也不能使他把自己的经验和课堂讨论内容联系起来。

由于Kyree处于较高的学业水平，学习评估的结论是他并不需要个别化的帮助。但是，我决定为他设计一个个性化课堂教学。在小组对话中，我开始在阅读故事或讨论似乎与孩子们有关的话题时，将Kyree的名字用在想象的场景中。一个成功的例子是，在阅读Britta Teckentrup写的《臭臭熊变成了教室最受欢迎的东西》故事时，我停下来表示，"这只熊太臭了！我不知道他能做什么，我敢打赌Kyree知道这只熊可以做什么。"所有的孩子们都很兴奋地想回答这个问题，我问孩子们可以允许Kyree来回答吗？随着这个故事越来越有趣，Kyree大喊："他需要洗澡！他需要洗澡！"这是我第一次意识到，个性化的课堂教学让Kyree注意到了，并帮助他与自己的思维、想法和解决方案建立联系。这表明他的思维方式开始有所改变。他不仅仅是记忆信息，而是开始将他已经知道的内容与新的情境联系起来。他虽然不是班上最擅长批判性思维的学生，但我知道，班级里的每个孩子都处在的不同的水平，具有不同的能力、个性和学习风格。Kyree的思维能力已经在增强，这就是成功的。

（Shamira Underwood任教于匹兹堡公立学校的幼儿教育计划。）

在表4-3中,我们简要介绍了各种风格的主要特征,并提出了与之相匹配的教学活动。如果你想知道如何识别这些风格,斯腾伯格为你提供了一个简单的解决方案:教师只需记下各种学生喜欢的教学类型,以及他们表现最好的测试类型,这样就可以了。

这些风格能适用于不同文化的证据,来自香港。相比美国许多学校,香港学校的教学方法倾向于强调死记硬背,严格管束。学习风格属于立法型、自由型和司法型的香港高中生,往往比属于保守型和执法型的学生的成绩要低(Zhang & Sternberg, 2001)。

134

表4-3	斯腾伯格的心理自我调控风格及其相匹配的教学活动	
学习风格	特　征	教　学　活　动
立法型	偏好于制定规则和计划,想象可能性,创造新想法和产品。	要求学生设计科学项目,写故事,想象历史人物如何用不同的方式完成任务,组织工作组。
执法型	偏好于遵循规则和准则。	让学生做结构清晰的报告;要求学生准备读书笔记;给出问题的答案。
司法型	偏好于比较事物,并对质量、价值、有效性进行评估。	让学生比较文学人物,批判性地读一篇文章,或评估一个项目的有效性。
君主型	偏好于每次只从事一个任务或使用一种特定的任务完成方法。	一次只分配一个项目、阅读作业或家庭作业。在分配另一个之前,请给予充足的时间充分完成前一个任务。
等级型	几项工作同时进行时,会决定先做哪个,再做哪个,以及需要多久完成。	给学生分配长度、难度和知识点不同的几项任务,完成时间限制在未来几周内。
寡头型	偏好于几项工作同时进行,平均分配。	分配长度、难度和知识点相同的几个任务。
无政府主义型	偏好于非结构化、随机的学习方法,不喜欢规则、程序或指南。	分配需要非常规思考和方法来完成的任务和问题,给予自我导向的学习形式。
整体型	在开始工作之前,优先考虑一个任务的整体面貌。	要求学生粗略浏览阅读作业,以确定主题,撰写制作大纲,或在开始复杂的任务之前制定计划。
局部型	在开始另一部分工作之前,倾向于分析并处理好当前任务的特定部分的细节。	提供讲座或项目的详细大纲或概述。要求学生分析内容并将相关的细节联系起来。
内向型	喜欢独自工作。	分配不需要依赖他人完成的课堂作业、项目和任务。
外向型	喜欢与他人合作。	安排小组项目或报告,鼓励创建研究组或讨论组。
自由型	喜欢对问题提出自己的解决方法。	给学生分配必须找到解决步骤的项目。例如,提出并报告关于环境的法案,以供审议。
保守型	喜欢根据已有的程序工作。	分配作业或项目,指定完成任务的步骤、过程或规则。

来源:摘自Sternberg(1994)和Zhang(2005)。

4.3.4 关于学习风格的研究

任何教育者都应该思考有关学习风格的两个基本问题。第一个是:"学习风格存在吗?"因为存在许多风格类型,这个问题的答案是"是的"。而且现在也有相关工具,能够准确可靠地测量一组特定的风格(Rayner & Cools, 2011)。 这就引出了第二个问题:"针对那些展示出特定学习风格的学生,可以设计让他们表现更好的教学方式吗?" 换句话说,如果我们为同一材料设计了视觉和言语形式的教学,我们期望视觉型学习者,在以视觉为基础的教学指导下会有最好的表现,而言语型学习者,在接受言语形式的教学时表现最好。同时,我们也会认为,当不同学习风格的学生接受与他们风格不一致的教学时,他们的表现会更差。然而在这一点上,相关的研究结果并没有得到显著的正相关。除了一两个例外,研究人员发现,与学习风格相适应的教学并没有让学生取得更高的学习成就(Hattie, 2009; Pashler, Mcdaniel, Rohrer, & Bjork, 2009; Peterson, Carne, & Freear, 2011)。为什么结果不显著呢? 文献表明至少有两种可能的因素在其中产生影响:教学质量以及个体记忆能力的高低。在某些情况下(Pitta-Pantazi, 2009; Zacharis, 2010),高质量教学带来的影响已经完全覆盖了学习风格差异造成的影响。 另外(Alloway, Banner, & Smith, 2010),那些拥有高工作记忆容量的学生(详细请参考第8章)几乎可以无视学习风格的影响。

那么是否应该忽略学习风格的差异,使用无差异的教学方法来指导所有学生呢? 并不是这样的。虽然现在研究人员尚未发现我们提到的学习风格和教学方式之间的交互作用,但是并不意味着它们永远不会。 有许多变量和变量的组合仍有待研究。 当你了解学生的特征和学习风格时,你至少可以根据部分学生的风格来设计、调整教学。在下一节中,对于如何将学习风格的概念纳入你的教学,我们将提供一些概括性的建议。

4.3.5 运用学习风格理论指导教学

InTASC	标准2(g) 标准3(1)

典型的班级通常有25名或更多学生,他们拥有各种不同的学习风格,因此教师必须灵活使用各种各样的教学和评估方法来进行教学[1]。这样,在不同时段里,每个学生的学

---

[1] 教师应该灵活使用各种教学方法,使各种学习风格的学生都能充分参与到学习中。

习风格都可以被考虑到（请回忆一下本书前面讨论过的教师作为艺术家的话题）。例如，冲动的孩子会脱口而出脑子里浮现的第一想法，进而扰乱了课堂，此时反思型的孩子可能还在脑中搜索更多可能的答案。为了尽量减少这种情况，你可能需要有一个轮流回答问题的课程安排，或者有时要求每个学生在回答之前，先思考两到三分钟的时间。为了给冲动型学生表现的机会，你可以安排快速抢答或问答环节，对以前学习过的材料进行巩固。

为了激励立法型风格的学生，可以安排诸如此类的问题：如果一个著名历史人物做出了不同于历史上记载的行为，会出现什么样的情况呢？例如，如果杜鲁门总统决定不将原子弹投向日本，第二次世界大战会怎样结束呢？为了激励司法型风格的学生，可以让他们对比汤姆·索耶（Tom Twain 的同名小说）和霍尔顿·卡菲尔德（来自 J. D. Seninger 的小说"黑麦的捕手"）的文学角色。正如这些例子所显示的那样，考虑智力风格的多样性，不仅对设计教学活动有影响，而且也正如我们将在第14章中看到的那样，它对设计评估也有影响（Sternberg 等, 2008）。

我们有充足的理由来使用多种教学技术和评估[1]。首先，学生的学习方式随着时间的推移和情况变化而改变（Compton-Lilly, 2009; GutiÈRrez & Rogoff, 2003; Pacheco & GutiÈRrez, 2009）。其次，使用多种教学技术和测验形式，可能会激发学生去丰富自己的学习风格，使之不仅仅习惯于一种风格（Sternberg, 1994; Zhang & Sternberg, 2009）。最后，最近的研究表明，虽然学生有不同的学习风格偏好，但他们仍可以通过不同的教学任务来学习（Krätzig & Arbuthnot, 2006）。

暂停　与　反思

根据本章讨论的学习风格进行自我分析。回想一下与你风格相适应的、让你感到舒适的教学环境，以及因为风格不一致而感到不愉快的课堂环境。现在想象一下，你的教室坐满了学生，你是否会尝试设计你的教学和评估，使得至少在一些时段内能适合大多数学生的学习风格？如果会，你想怎么做？

1　教师应使用各种形式的测验，以适应各种学习风格的学生，从而准确地测量其学习。

4.3.6 运用技术来适应多种学习风格

InTASC　　　标准 3（m）　标准 5（l）

正如技术可以提高不同形式的智力一样，它也可以用来适应不同的学习风格。最近的一项研究发现，使用基于网络的虚拟科学实验室（将信息和传播技术融入科学课程）的小学生，比通过传统课堂教学的小学生能够取得更好的成绩（Sun, Lin & Yu, 2008）。虽然使用基于网络的虚拟实验室的学生表现出不同的学习风格，但他们之间的成绩并没有差异。这一发现使研究者相信，基于网络的虚拟实验室可以包容学习风格的多样性。

除了基于网络的虚拟科学实验室等具体项目，网络2.0时代中的各种技术工具也可以在各个年级使用，以满足班级不同学生的学习风格。事实上，王敏娟和迈吉·卡（2006）提出了"网络教学法"（cybergogy）这个术语，用于说明信息和传播技术可以用来适应不同学习风格及文化背景的学习者。Amy Benjamin是一名资深教师，撰写了一些关于中学差异化教学的书籍（参见本章末尾的"进一步学习的资源"）。她认为，技术不仅是适应学生差异的有效工具，而且还为新手和资深教师提供了合作的机会。她对教师说："我们的年轻同事和我们的学生一样，习惯于电子通信和电子学习。我们知道如何进行课堂管理，他们熟知与技术相关的操作。以前从未有这样的契机，新手教师和资深教师都可以为对方提供很多帮助。"（2005, p.5）当你遇到经验丰富的教师，并在学习如何适应学生的差异时，一方面要考虑如何使用新技术使不同学习者都能够参与学习，另一方面要考虑与资深教师合作，为学生提供更好的教学。

你掌握了吗？

十岁的豪尔赫喜欢的学习方式是，从章节的第一页阅读到最后一页，而不是随机阅读不同的部分。豪尔赫的学习方法可以被描述为：

a. 按照教师的想法来学习

b. 强迫/冲动阻碍

c. 说明其智商一般

d. 学习风格

4.4 性别差异与性别偏见

InTASC   标准 2(g) 标准 2(j) 标准 3(1) 标准 9(i)

在本章开始的时候,我们要求你思考你与朋友和同学之间的差异。很可能,你想到了这些人与你在认知、社会和情感特征上的差异。这并不稀奇。正如我们之前提到的,学生的认知、社会和情感特征在很大程度上会影响他们的学业表现。但是你可能忽略了另一个主要的特征:性别。虽然可能并不明显,但男性和女性的成就模式及其接受的教学方式存在显著的差异。在接下来的几节中我们将讨论这种差异。

4.4.1 认知和成就测验中的性别差异

大量的研究表明,在认知功能和成就方面存在着显著的性别差异。在一些测试中,男孩表现出优势,但在另外一些测试中,女孩成绩更好。不过,在了解具体细节之前,我们希望你记住两点:首先,虽然这些差异具有统计学意义(意味着它们并不是偶然发生),但它们有时相当小,甚至最终会消失。其次,如下面所总结的,这些差异是平均差异。这意味着,即使大多数女性比男性表现更差,也总会有一些女性超越男性;反之亦然。

一般说来,关于性别差异的研究结果显示,男性往往会在以下测试中超过女性:

- 视觉空间能力。这一类别包括空间感知、心理旋转和空间可视化的测试。除了空间可视化任务之外,男性在另外两个方面显著超过女性[1](Halpern & Lamay, 2000)。在心理旋转测试中,男性能更好地判断自己的准确性(Cooke-Simpson & Voyer, 2007)。

- 数学运算。虽然一些研究人员声称数学中的性别差异不存在(参见 Hyde, Lindberg, Linn, Ellis, & Williams, 2008),但其他证据表明,这种差异虽然相对较小但仍然存在。以国家教育进步评估(National Assessment of Educational Progress, NAEP)为例。NAEP是由美国教育部的国家教育统计中心实施的全美测试项目。它会对几个科目(包括数学和阅读)进行定期测试,代表性样本包括四、八和十二年级的学生(尽管每次并不是测试所有的三个年级)。该测试的结果报告被称为国家成绩报告单。2011年的数学报告显示,自1995年以来,四年级和八年级男生分数略高于女生

---

1 有证据表明,男孩在视觉空间能力和数学推理测试中的得分较高,女性在记忆力和语言能力测试中的得分较高。

（国家教育统计中心，2011a）。

关于数学技能的第二个数据来源是1998—1999年间的早期儿童跟踪研究幼儿园组项目（ECLS-K），它也是由美国教育部的国家教育统计中心实施。这是一项长期的研究，从1998年开始，以儿童为样本，在他们从幼儿园成长到八年级的时间内，定期测量他们的数据。尽管这项研究的结果与NAEP报告中的结果相似，但因为其纵向性质，所以提供了更多的结论。男孩不仅在数学上超越女孩，很早就显示出来这样的优势，而且随着时间的流逝，他们的这种优势会逐渐增加。不管学生的成绩是前百分之十、百分之五十或者前百分之九十，这样的优势都是存在的（Robinson & Lubienski, 2011）。

从更宽泛的视角去看，我们可以考虑一下2009年度国际学生评估项目。该项目是一个包含65个国家参与的标准化测试。在男孩分数显著高于女孩的35个国家中，美国男女间的分数差距排名第六，约为20分。女孩的平均成绩在五个国家中超越男孩（经济合作与发展组织，2010）。

- 大学入学。SAT和ACT等测试旨在预测大一学年结束时的平均成绩。男生在这一类测试中的整体优势可能是因为：男生在数学项目上的优势幅度，大于女生在言语类项目上的优势幅度（Mau & Lynn, 2001）。

女性在以下测试中倾向于超越男性：

- 记忆。这是一个广泛的测试类别，包括记忆单词列表中的单词、工作记忆（一个人意识到的、可立即使用的信息的数量）、姓名与人脸配对、姓与名配对、记忆空间位置和情景记忆（自己生活中的事件的记忆）。这种差异似乎在毕生发展中都一直存在（Halpern & Lamay, 2000）。

- 语言使用。这是另一个广泛的类别，包括拼写、阅读理解、写作、发音和词汇量增长的测试。虽然多年来语言技能的性别差距已经缩小，但女性在拼写测试（Horne, 2007）和阅读理解（国家教育统计中心，2011a, b）上的表现仍然优于男性。全美成绩报告单显示：四年级和八年级女生在阅读上的优势幅度远远超过男生在数学上的优势幅度（国家教育统计中心，2011b）。我们前面提到的ECLS-K研究发现，女孩早期就会在阅读上显示出优势，这种差距在阅读能力低于或居于平均水平的男女生之间，会越来越大（Robinson&Lubienski, 2011）。

为什么在认知和成绩中存在性别差异？虽然荷尔蒙的差异、脑结构的差异、认知过程的差异和社会化的差异都一度被认为是导致性别差异的影响因素，但目前还没有确切的解释。尽管人们逐渐意识到社会存在男女性别的刻板印象，并且采取了一些措施来尽可能确保性别的公平性，但女孩和男孩仍然会被告知哪些行为才是符合他们的性别的。例如，由于女孩在性别认同和社会生活方面受到消极的刻板印象的影响，她们感觉自己在数学和科学方面的能力比男孩差，对这些科目的成功期望也较低（Bussey, 2011）。性别差异究竟是与社会压力有关的活动导致的，还是生理差异引发的社会化模式的结果，还是两个因素都起作用？我们现在还不清楚。

4.4.2　学校表现中的性别差异

除了在标准化测验分数上存在性别差异外，男生和女生在学校中获得的成绩等级以及与之相伴随的情绪，也存在明显的差异。一项对900多名四、五、六年级儿童的研究（Pomerantz, 2002年）显示，女孩在语言艺术、社会科学、科学和数学方面的平均成绩要比男孩高。但是，有些出乎意料的是，女生对学业成绩表现出更大的担忧，焦虑水平和抑郁症水平均较高。女孩在社会科学、科学和数学上的自我效能感低于男孩。

换一个简单的说法，女孩们的成绩比男孩高，但似乎也不能尽情地享受她们的劳动成果。其中一个可能的原因是，女孩比男孩更在意能否取悦教师和父母。因此，失败或低于预期的成就，会让她们理解成会让给予她们认可的人失望。另一个可能性是，女孩比男孩更有可能以学业成绩作为她们的能力指标，这使得女孩想达到更高的学习水平，而失败的可能性就会导致她们更高程度的焦虑。通过否认学业表现和能力之间的联系，男孩则可以更好地保持更高的自信水平。

Angela Duckworth和Martin Seligman（2006）最近的一项研究，为认知和成就中的性别差异提供了另外一种可能的解释。他们注意到，在整个学龄期间，女孩在所有主要学科中的成绩都比男孩高，尽管他们的成就或者是IQ分数可能没有比男孩高。在一项对于城市公立学校八年级学生的研究中，Duckworth和Seligman发现，女性比男性表现出更多的自律。在这项研究中，八年级女生的平均成绩高于男生，但在成就测试和智商测试中成绩仅略好于男生。经过详细的分析，Duckworth和Seligman（2006）得出的结论是，女孩的自律能力高是她们拥有更高的GPA的部分原因。女孩这种自律（或自我调节，如果你更喜欢这个术语）优势早在幼儿园就可以看到，它至少可以部分地解释为什么女孩比男孩取得了更好的成绩（Matthews, Ponitz, & Morrison, 2009）。对性别差异的研究越多，人们发现认知和知觉能力之外的影响两性差异的因素越多，这也意味着在认知和知觉能力方面的性别差异，并没有以前认为的那么重要。

虽然你应该注意到我们所提及的性别差异，并采取措施来减少这些差异，但你也应该

照片4-5 选择数学或科学职业的女性，可能是在科学课上学得很好的人；她们被家长或教师鼓励去从事数学或科学职业，且拥有值得尊敬的榜样来模仿。

注意以下几点：首先，在许多任务上是不存在性别差异的。事实上，国家科学基金会支持的最近关于性别差异研究的综述，对"性别差异"假设提出了"性别相似性假设"（Hyde, 2005；另见 Marsh, Martin, & Cheng, 2008）。第二，正如斯腾伯格和加德纳所说，几乎所有的认知技能都可以在一定程度上借助精心设计的教学来改善。这里有两个减少数学和科学中性别差异的简单实用的建议：提醒所有学生，特别是女孩，成功是因为能力和努力，而失败是由于努力不足；对女孩在数学和科学方面取得的成就，给予和男孩（男孩通常会获得更多的表扬）一样多的表扬（照片4-5）（Bussey, 2011）。

4.4.3 性别偏见

如果你在课堂上提了一个问题，有些学生没有等待点名就进行了回答，你觉得你会如何反应？你认为你对男生的反应会跟女生有所不同吗？不要那么肯定你不会。研究发现，相比女学生，教师更愿意倾听和接受男生的自发回答。

女生经常会被提醒，回答问题之前要举手并得到教师的允许。男生在回答问题后往往能得到更详细的反馈，但是当他们犯了与女孩同样的错误的时候，受到的惩罚比女孩更严重。在没有合理的教育理由的情况下，教师对男女学生作出差异反应，本质上就是**性别偏见**（gender bias）[1]。

为什么有些教师对男生和女生有不同的反应？可能因为他们被传统的性别角色刻板

1 性别偏见：没有任何正当教育理由，而对男女学生作出区别对待。

印象所影响：他们期望男孩更加冲动和不守规矩，女孩更加有序和顺从（美国大学妇女协会，1999; Corbett, Hill, & St. Rose, 2008）。

在孩子的早期学校生活中就开始面临性别偏见。大多数学前教育课程强调遵循指导和规则（冲动控制）的重要性，并包含许多促进小肌肉发育和语言技能的活动。因为女孩在去幼儿园之前，通常在这些方便比男孩表现得好，所以典型的学前教育经历并不能帮助女孩获得新的与学术相关的技能和观点。例如，学龄前女孩通常在大肌肉活动（如跳跃、攀爬、投掷和挖掘）或调查活动（例如翻转岩石或木块，看看它们下面是什么）中展示的能力不如男孩。你可能认为攀岩、挖掘和探讨环境是不足为道的能力，但请记住，它们对实地研究的科学家（如植物学家、地质学家、人类学家和海洋学家）的工作至关重要，而女性在这些职业中的人数显著更少。随着技术在教学中的应用越来越广泛，许多人希望数字教学环境可以减少性别偏见，但最近的研究表明，偏见在以技术辅助的学习中又以一种新的方式存在。此外，有证据表明，近年来在教学中引入的一些减少偏见的做法，在以技术辅助的学习环境中反而没有产生效果（Plumm, 2008）。

性别偏见不是一个简单的问题，理解它需要将性别放在种族、家庭结构和社会经济阶层等其他社会影响因素的背景下（Corbett, Hill, & St.Rose, 2008）。然而，性别偏见已经以各种方式影响学生。

4.4.4　性别偏见对学生的影响

性别偏见至少可以通过三种方式影响学生：课程的选择、考虑的职业以及他们对课堂活动和讨论的参与度[1]。

课程选择

高中男女生在数学和科学课程的选择人数的百分比方面，存在微小但明显的差异。1998年，在代数Ⅱ（63.7%，59.8%）和三角学（9.7%，8.2%）的选择上，女生人数在很大比例上高于男生，尽管男孩和女孩在选择几何和初级微积分课的人数比例上没有差异，但男孩比女孩稍微多一点（11.2%，10.6%）。科学类课程的选择人数比例是相似的，在生物学（94.1%，91.4%）、高级生物学（18%，14.5%）和化学（63.5%，57.1%）的课程选择上，女生人数显著多于男生。在物理（31.7%，26.2% ）和工程（7.1%，6.5%）课程的选择上，男生的人数明显多于女生（Bae, Choy, Geddes, Sable, & Snyder, 2000）。

1　性别偏见可能影响男女学生的课程选择、职业选择和课堂参与度。

职业选择

你可能知道,受媒体上的众多故事的影响,相对较少的女孩选择科学或数学方面的职业。有几个因素会影响男女生选择从事科学或工程学方面的职业。一个是对科学领域中的工具的熟悉程度和兴趣。在一项关于中学科学课程的研究中发现,即使这个学校的教师已经致力于通过鼓励女生多实践来提高她们在课堂上的参与度,但性别差异依然存在。男生比女生花更多的时间去操作设备,从而迫使女生以更加被动的方式参与到课堂活动中(Jovanovic & King, 1998)。

暂停 与 反思

你能回忆起任何你的教师或朋友曾表现出的性别偏见吗? 如果有的话,你认为它对你的职业选择有影响吗?

第二个因素是自我效能感(人们对自身能否利用所拥有的技能去完成某项工作的自信程度)。在刚才提到的中学班级中(Jovanovic & King, 1998),虽然女生和男生的科学成绩在期末的时候是差不多的,但女牛认为自己的科学能力在整个学年里有所下降。一项1996年的调查发现,虽然四年级的男生和女生对自己的数学能力表示出同等的信心,但在十二年级,只有47%的女生对自己的数学能力有信心;相比之下,有59%的男生展现出了对数学能力的自信(Bae等,2000)。

第三个因素是由家长和教师给予的与能力相关的信念和期望。相信她们有能力在男性主导的领域取得成功的女生,往往接受了来自家长和教师的鼓励(Wigfield等,2002)。

最近,一项对15名在数学、科学或技术方面取得成就的女性的研究表明,包括自我效能在内的一些因素会影响职业选择。在数学或科学领域也一直有女性取得成就,Amy Zeldin和Frank Pajares(2000)想知道她们与在其他领域取得同样成功的女性的区别在哪里。Zeldin和Pajares发现,这15名女性对数学和科学的高自我效能感,主要有三个来源:(1)早期就取得并持续维持的学业成功;(2)对她们有影响力的他人,如父母与教师,鼓励她们从事数学和科学事业;(3)能够观察和模仿榜样(不管男女)。

这三个来源,对于促使女性考虑从事数学、科学或技术方面的职业,都是必要的[1]。教师可以为学生提供机会去接触课外的科学活动,提高她们对科学的兴趣,也可以培养她们从

---

[1] 学业成功、鼓励和榜样影响女性选择与科学和数学有关的职业。

事科学事业的想法，特别是少数民族女性来说（Barton, Kang, Tan 等，2013）。

课堂参与

正如我们前面指出的，许多孩子倾向于采纳社会所描绘的性别角色，以使他们显得更为合适和令人接受。通过家庭教育、广告宣传、同伴规范、教科书和教学实践的影响，女生被强调要礼貌、乐于助人、听话、服从、安静、理解并满足他人需求。尽管有关女生学习能力的看法正在发生变化（Corbett, Hill, & St. Rose, 2008），但男生比女生在更大程度上被认为是坚定、独立、具有侵犯性、有竞争力、求知欲强和追求成就。女生感到舒适的表达自我以及观点的程度，则被称为"呼声水平"。

据吉利根（Carol Gilligan）等人的研究，青少年时期的女生学会压制她们的真实个性和信仰。她们不会表达出她们对于某一话题的真实想法，更倾向于回答说她们没有意见，说出一些她们认为别人想听的话。吉利根称这种行为为**"观点隐瞒"**[1]（Harter, Waters, & Whitesell, 1997）。

为了测量不同情境中的"观点隐瞒"程度，苏珊·哈特（Susan Harter）、帕特里夏·沃特斯（Patricia Waters）和南希·怀特塞尔（Nancy Whitesell）给六至十二年级的几十名学生发放了问卷。问卷项目要求学生评价他们在与教师、男同学、女同学、父母和亲密的朋友交流时，诚实地表达自己想法的程度。主要研究结果如下：

- 男生和女生最有可能在与同性别的亲密朋友和同学交谈时表达自己的想法，而在面对异性、家长和教师时不太可能这样做。
- 六至十二年级之间"观点隐瞒"的情况并没有增加。
- 某些情况下，男生和女生压抑自己真实想法的人数没有差异。
- 在与教师和男同学进行互动时，强烈认同女生性别角色的女生，更有可能比中性化的女生（那些表现出两性行为特征者）抑制自己的真实想法。这种差异在与亲密朋友和家长交流时消失了。
- 经常被教师鼓励和支持去表达自己意见的中性化的男生和女生，最有可能在课堂和其他情境中说出自己的真实想法。

这些发现对于教师如何帮助女学生，特别是那些有强烈女性性别角色认同的女生，以及如何更好地将建构主义教学方法运用在教学中，提供了一定的参考（在第13章"教学方法"中将详细讨论）。因为建构主义依赖于自由公开的讨论来产生效果，教师需要仔细观察学生之间发生的言语交流，必要时还要进行干预，以确保所有学生都认为他们的意见得到了公平和充满敬意的聆听。

1　观点隐瞒：学生在父母、教师和异性同学面前掩盖他们对于一些事件的真实想法。

消除性别偏见

性别偏见既不正当也不可取,它不应该在任何教师的课堂中出现。由于这种偏见通常是基于刻板印象和成见而形成的(属于我们在第1章"把心理学运用到教学中"中所批判的非系统性数据的类型),因此,它会对学生对待学校的态度以及学习动机、课堂参与、课程选择和职业选择产生消极影响。研究已经证明了这一点。

避免这种不良做法的一个方法是,反思你对男生和女生的能力、动机和兴趣所作出的正常属于无意识的假设,想一想这些假设是不是自己社会化的产物。当学生、同事或家长做出宽泛的刻板印象陈述时,如"女孩对技术不感兴趣"或"男孩不喜欢表达自己的想法",你应该回应说:"哦,哪个女孩[或男孩]?"以此来传达出一个观点——任何个体都可能偏离平均趋势。

你怎么看?

你认为所有教师都需要采取具体措施来消除性别刻板印象吗?

4.4.5　追求课堂中的性别公平

大多数关于性别偏见的文献所关注的是使得女孩难以充分发挥自己的才能的课堂障碍,而追求性别公平就是为不同性别的学生创造同样有意义的教育体验。有几位研究者(Bailey, 1996; Jobe, 2002/2003; Taylor & Lorimer, 2002/2003)建议使用以下技术来使男女生共同受益:

1. 借助任务安排和奖励制度,鼓励所有学生重视对学科或任务的全面了解,强调小组成功及个人成就。在第13章"教学方法"中,我们将描述合作学习如何实施,以保证性别公平。

2. 强调具体的动手操作的科学、数学和技术活动。

3. 将数学、科学和技术概念,纳入音乐、历史、艺术和社会等其他科目的学习。

4. 讨论数学和科学在日常生活中的实际应用。如果理解了科学知识如何应用到日常生活中,女孩对科学似乎会更感兴趣,事实上很多男孩也是如此。当课程变得更有意义且与自身更加相关时,每个人都能享受其中。

5. 注重使用突出女性(如希拉里·克林顿、琳达·达令-哈蒙德和索尼娅·索托马约尔)以及妇女团体的成就或特征的材料。

6. 在网站中列出"男生阅读"的标题,创建一个吸引男孩的阅读列表。

当你思考如何在课堂上实现性别公平的时候,要注意性别只是课堂上学生多样性的一个方面。近期关于在社会研究中做到性别平等的建议,强调研究中不仅要包括更多关于妇

143

女和女孩经历的材料,而且要从种族、民族、社会阶层和性取向等角度对女性的经历作深入的分析(Hahn, Bernard Powers, Crocco, & Woyshner, 2007)。在下一章中,我们将探讨其他多样性来源。多样性可以成为课堂上的一种优势,它可以营造一种充满多元视角和经验的学习环境,丰富课堂讨论,促进新颖问题的产生。然而,要发挥这种优势,教师们必须欢迎学生提出不同见解,并把阐发不同观点作为学习的过程。

4.4.6 性别差异和技术:填平数字化的鸿沟

> **InTASC**　　标准 3(m)　标准 5(1)

20世纪80年代,台式电脑开始出现在教室中。调查显示,相比男生,女生在学校和家庭中使用电脑频率更低。这个差距在进入21世纪的时候消失了。2001年对全美5至17岁儿童与青少年的调查结果显示,约80%的男生和女生在学校会使用电脑,大约65%的男生和女生在家使用电脑(Debell & Chapman, 2003)。

虽然使用电脑的男生和女生的人数没有差异,但性别差异依然存在[1]。在大学时代,女生与男生相比,对电脑有更高的焦虑。即使女生认为自己能够"流利"地使用电脑进行交流和访问网络(Bunz, 2009),这种焦虑依然存在。

女生在使用电脑方面产生的较高焦虑,被认为与女生在技术领域(如工程学)的代表人数不够有关(Bunz, 2009; Kusku, Ozbilgin, & Ozkale, 2007)。为了继续减少技术领域的性别差异,可以使用"电子导师",将女生与职业领域中的女性联系起来,特别是要与女性任职人数不足行业中的职业女性保持交流(Murray, 2009; Whitehouse, Mccloskey & Ketelhut, 2010)。

接下来的教学建议,将有助于你更好地应对智力、学习风格和性别差异问题。

教学建议　应对学生的差异

144　　1. 设计需要记忆、分析、创造和实践能力的课程和测验项目。

斯腾伯格(1997a; Sternberg等, 2008)指出,许多教师倾向于强调记忆和分析能力,这对于善于记忆事实或将事情分解成几个部分,并解释不同部分如何相互关联的学生(不管

---

1 女生和男生有同等接触电脑的机会,但是存在着不同的焦虑程度。

男生女生)来说是好的。但是,对于那些具有高实践能力或创造力的同学来说,这种做法会让他们显得能力不足。你可以借助各种教学线索和评估项目,来更好地了解每个学生的优势和不足,以及学生对于所教授的知识的掌握程度。

在教学和评估的过程中,为了强化学生的记忆能力,请使用以下提示:

"谁说……?"

"总结……的观点"

"谁干的……?"

"什么时候……?"

"如何做……?"

"描述……"

要强化学生的分析能力,请使用以下提示:

"为什么在你的判断中……?"

"解释为什么……"

"解释什么造成……"

"批判……"

要强化创造力,请使用以下提示:

"想象……"

"设计……"

"假设……"

"如果……会发生什么?"

要强调实践思维,要求学生:

"展示如何使用……"

"实施……"

"演示如何在现实世界中……"

2. 设计强调不同智力的课程。

正如加德纳和其他人所指出的,我们要求学生掌握的大部分任务,所反映的是语言和逻辑-数学形式的智力。但是还有其他方法可以让学生学习并展示自己学到的知识。对任何课程所进行的教学设计,都有机会纳入加德纳的八种智力中的任何一种。以下是Thomas Armstrong(2009)和David Lazear(2003)提出的几个例子。

小学:标点符号

145

- 身体运动智力:学生用身体模仿各种标点符号的形状。
- 音乐智力:学生把每个标点符号谱成不同的声音或歌曲。
- 人际智力:在四到六人的小组中,学生们互相教授并检测标点符号的正确使用。

中学:美国历史

- 语言智力:学生辩论关键性历史决策的利弊(如亚伯拉罕·林肯决定使用军事力量防止联邦国家脱离联盟;最高法院在普莱西诉弗格森案中裁决黑人和白人使用不同的设施;哈里·杜鲁门总统决定将原子弹投放到日本)。
- 音乐智力:学生们学习以及演唱一些在该国历史的特定时期受欢迎的歌曲。
- 空间智力:学生画壁画来讲述历史时期的故事。

高中:波义耳定律(物理学)

- 逻辑数学智力:学生解决需要使用波义耳定律的问题:对于固定质量和气体温度,压力与体积成反比,或 $P \times V = K$。
- 身体运动智力:学生呼吸空气进入口腔,将其移至口腔的一侧(以便一个脸颊膨出),指出压力是否上升或下降。再将其分布在嘴巴两侧,并指出压力是否上升还是下降。
- 内省智力:学生描述生活中让他们感到很大或很小的心理压力的时刻,以及他们是否觉得自己有足够或很小的心理空间。

3. 认识到不同学习风格需要不同的教学方法。

斯腾伯格关于心理自我调控风格方面的研究,就像其在智力方面的研究一样,强调使用各种教学方法和评估方式。你不仅需要更准确地了解学生所获得的知识,还应帮助他们学习如何改变风格以适应不断变化的环境。例如,司法型风格的学生优先选择"为什么"

的问题(例如,为什么美国在2003年与伊拉克发生战争?),而立法型风格的学生则优先考虑"假设"或"如果"问题(例如,如果你是布什总统,你是否会和伊拉克开战?)。表4-3显示了斯腾伯格的学习风格与特定教学方法的最佳匹配。

4. 帮助学生意识到性别偏见的存在。

教师们已经使用了以下技术,来证明男生经常以某种微妙的方式在我们的社会中得到优待(Bailey, 1996; Rop, 1998; Rutledge, 1997):

- 让学生计算一个月内,当地报纸的体育板块分别提到男性和女性运动员的版面大小,并让学生创建一个描绘差异的图表。
- 让学生对年龄相仿的朋友和同学零花钱的多少进行问卷调查,并按性别报告结果。
- 让学生综览几本教科书,并记录提到男生和女生的频率。
- 让学生记录参与课堂讨论的男生和女生,他们发言的频率和时长,以及他们对评论的回应

146

5. 鼓励女孩追求科学职业。

我们前面提到的高中化学教师安娜·卡索夫(Anna Kasov)为教师提供了以下建议来鼓励青少年女孩追求科学职业:

- 邀请女科学家上课,分享从事科学事业的经历,或通过电子邮件安排电子交流。
- 让学生阅读由女科学家撰写的文章,与作者交流与文章有关的问题,将交流结果在课堂上报告。
- 联系近期毕业的,在大学攻读科学专业的女性,并邀请她们来课堂上谈论她们的经历。

6. 认识到你不可能做到总能应对所有学生的各种能力和各种认知风格。

虽然本章已经描述了学生间差异的三种主要方式,并解释了为什么使教学与这些差异相适应很重要(差异化教学的目标),但我们不希望你认为自己需要满足每个学生每天的每一分钟的独特需求。当你有25个或更多的学生在课堂上的时候,这样的目标几乎是不可能实现的。但这并不意味着你可以放弃了解并帮助作为独立个体的学生。例如,您可以采用六年级教师Lori Tukey(2002)的做法。她允许学生自己提供关于写作的各个方面的基本教学。首先,她让每个学生列出自己想要改进的写作方面,如拼写、标点符号和组织。其次,精通一个或多个这些方面的学生被认定为"专家",让他们帮助其他学生。这个策略给了教师足够的额外时间,以保持一个月两次的频率,去给予每个学生单独的辅导。

塞莱斯特说："所以你提到的研究表明，学生不能说出资深教师和新手教师之间的差异，这只是一个发现，而不是一个结论。"

"是的，没错，"康妮说，"这是墨菲教授及其同事在进行自己的单独研究之前进行的早期研究的结果。墨菲教授和她的同事真的很有兴趣研究什么是学生和教师认为良好的教学。但是，您提出了重要的一点，塞莱斯特。研究可能会有发现，但是这些发现必须放在有意义的背景下。"

"那你提及这个发现的时候，为什么不先告诉我们背景呢？"唐说，"我们三个人几乎要愤而离开了。"

他们笑着说："事实是？"然后康妮继续说："还记得你对所有教师都没有差别这一观点的反应吗？""当然，"安东尼奥说，"我一点都不喜欢。这个观点一点都不尊重我所知道的伟大教师，或是与我合作过一些伟大的教师；甚至不尊重我和我的才华，即使我还在学习如何成为一名好教师。"

康妮说："你正在学习，所以不要忘记，当你被作为一个个体而不是集体中的一员时，你的感受如何。不要忘记，你的学生也会有同样的感受。"

你掌握了吗？

格蕾丝是一名大二的学生，每当她为了工程学课创建并使用电脑生成的三维模型时，就会感到紧张。格蕾丝：

a. 是正常的，因为相比男性，更多女性在涉及空间可视化的任务上做得不好。

b. 是不正常的，因为相比女性，更多的男性在涉及空间可视化的任务上感到困难。

c. 可能在过去有与电脑相关的创伤。

d. 大概来自一个有科技恐惧的家庭，她没有接触过电脑。

小结

4.1　给智力下定义，解释怎样进行智力测验，指出当前智力理论与传统理论的差别。

• 学生存在不同程度的差异，即使在小学阶段也是如此。 到四年级，学生之间的成绩可以相差四个或更多个年级水平。

- 智力可以被认为是学习、推理、解决新颖问题、有效应对日常生活中的挑战的能力。

- 第一个实用的智力测验是由比奈设计的，其目的是鉴别出需要接受特殊教育的学生。

- 由于智力测验旨在预测学业成功的程度，因此它对成绩的预测，要比对其他方面（如工作成就、婚姻幸福度或生活满意度）的预测更准。

- 传统的智力测验似乎测量了一般智力因素和特定测试中特有的因素。

- 传统的智力测验，测量了很小一部分随着时间的推移会通过新知识和技能的获得来改变的认知技能。它不能测量对学业和生活成功有重要贡献的其他因素。

4.2 举例说明怎样用罗伯特·斯腾伯格和霍华德·加德纳的智力理论来指导课堂。

- 斯腾伯格的三元成功智力理论认为智力由分析能力、创造能力和实践能力构成。传统理论忽视了实践部分，亦即适应自己的环境以实现个人目标的能力。

148

- 研究表明，当学习任务要求学生使用全部三种能力的时候，学生会学到更多的知识。

- 加德纳的多元智力理论（MI）认为，每个人都有八种不同的智力，有些人的某些智力发展得比其他人更好。

- 人们对加德纳多元智力理论存在一些误解。不应期望在某种特定智力上高水平的人，在涉及该智力的所有任务上都表现出色，或者从事一种要求该智力的职业。此外，尝试以八种不同的方式教授每一门科目是不必要的，甚至有可能适得其反。

- 斯腾伯格的三元观点意味着设计教学和评估时，应涉及记忆、分析、创造和实践能力。

- 为了适应典型课堂中存在的不同智力类型，加德纳建议教师使用MI理论作为框架来设计不同学科的教学。

- 数字工具可以增强斯腾伯格和加德纳所描述的智力的不同方面。

4.3 描述反思/冲动型、场独立/场依存和心理自我调控等学习风格。

- 学习风格是学生感知、思考和组织信息的持续性偏好。

- 面对答案不确定的问题时,具有冲动型学习风格的学生在做出回答之前,相比反思型的同学,会花费较少的时间收集和分析信息。

- 具有突出的场依存性特征的学生,更倾向于在程序明确和清楚界定的情况下工作,因为他们可以从工作的指南中获取可接受的行为。属于典型的场独立性风格的学生,更喜欢在可以针对任务构建自己的结构和程序的情况下工作。大多数学生会随着任务性质的变化,表现出不同程度的场独立或场依存风格。

- 斯腾伯格提出了一种以公民政府的结构和功能为模型的心理自我调控理论,其中包含13种学习风格。

- 虽然研究表明存在学习风格,但尚未有证据表明,采取与学生风格相适应的教学方法会使学生获得更高的成就。

4.4 指出认知与成就测验中存在的性别差异,并且解释性别偏见怎样影响学生。

- 男生在视觉空间能力、数学技能和大学入学考试上会比女生表现得好。女生在记忆测验和语言技能上的表现比男生好。

- 小学高年级和中学的女孩在语言艺术、社会研究、科学和数学方面的成绩要高于男孩。这些年级的女生也表现出较高的自律水平,但他们对自己的学业成绩也表现出更高的焦虑和担忧。

- 性别偏见就是在没有适当的教育理由时,对男女学生作出的持续性的差异反应(无论是积极的还是消极的)。

- 教师和学生表现出的性别偏见,可能来源于对传统性别角色的刻板印象。

- 持续的性别偏见,会对学生产生影响,特别是对于女生;高中生的课程选择、职业选择以及课堂讨论的参与度,都会受性别偏见的影响。

- 选择科学或数学职业的女性对科学和数学的高自我效能感,源于早期和持续获得的学业成就,重要他人鼓励她们去追求科学或数学方面的发展,以及在数学和科学领域有值得尊重的榜样去模仿。

- 与教师、家长和异性的交流中,青春期的男性和女性都倾向于隐藏自己的真实想法和意见。这种现象被称为"观点隐瞒"。

- 在5岁至17岁的儿童中,男女生在学校和家庭中使用电脑的人数比例是相当的。然而女性对电脑的使用表现出更高的焦虑,这可能会影响其职业选择。

进一步学习的资源

- 智力的新观点

在《为智慧、智力、创造力和成功而教》(*In Teaching for Wisdom, Intelligence, Creativity, and Success*)(2009)中,斯腾伯格,Linda Jarvin 和 Elena Grigorenko 提供了 WICS 模型的概述,并介绍了促进学生学习的教学案例和建议。

加德纳在《多元智能:新视野》(*Multiple Intelligences: New Horizons*)(rev.ed, 2006)中描述了 MI 理论的 25 年发展以及多元智力的教育启示。 Thomas Armstrong 在《课堂中的多元智能》(2009)中,介绍了如何将 MI 理论应用于课程开发、备课、评估、特殊教育和认知能力发展以及其他方面。Thomas Hoerr、Sally Boggeman 和 Christine Wallach 在《赞美每一个学习者:创建多元智能课堂的活动和策略》(*Celebrating Every Learner: Activities and Strategies for Creating a Multiple Intelligences Classroom*)(2010)中,为加德纳的每种智力类型提供了十多种教案。

《当代智力评估》(*Contempoprary Intellectual Assessment*)(2012)由 Dawn Flanagan 和 Patti Harrison 主编,该书对智力测量的理论与研究作了全面的介绍,其中包括加德纳撰写的章节("智力概况评估:多元智力理论的视角")和斯腾伯格撰写的章节("三元成功智力理论")。

- 学习风格和课堂教学

在《当代思维教学》(*Teaching for Thinking Today*)(2009)中,Selma Wasserman 提供了一些创造性的课堂策略,可以帮助学生学习和思考更好的思维方法。在《思维风格》(*Thinking Style*)(1997c)一书中,斯腾伯格提供了他对心理自我调控理论的富有可读性的详细描述,包括影响学生发展的因素,以及教师如何利用这一理论来改进学生的课堂表现。第一章包含了有关斯腾伯格本人在第一次心理学课程中表现不佳的有趣叙述,以及如何因为他的思维方式与导师的方式不一致,使他暂时放弃了选择心理学作为大学的专业。来自不同观点的学习风格的讨论,可以在《智力风格手册:认知、学习与思考偏好》(*Handbook of Intellectual Styles: Preferences in Cognition, Learning, and Thinking*)(2012)和《智力风格本质论》(*Perspectives on the Nature of Intellectual Styles*)(2009)中找到,这两本书的主编都是张丽芳和斯腾伯格。

- 性别差异和性别偏见对学生的影响

Colin Hamilton 在《认知与性别差异》(*Cognition and Sex Difference*)(2008)一书中分析了知觉、注意、记忆和智力的性别差异。

在科学研究中长期存在的一个问题就是女性榜样太少。一些资深的研究人员,包括这一章和其他章节中提到的一些研究人员,在《为什么没有更多的女性从事科学? 顶尖研究人员辩论的证据》(*Why Aren't More Women in Science? Top Researchers Debate the Evidence*)(2007)中分析了这一现象,该书由 Stephen Ceci 和 Wendy Williams 主编。

你应该意识到性别偏见可以影响到男女双方。根据不同的情境,男生和女生都会在课堂受到不公平的待遇。Barbara Sprung, Merle Froschl 和 Nancy Gropper 在《支持男孩学习:教师实践策略,学前—三年级》(*Support Boys' Learning: Strategies for Teacher Practice, Pre-K-Grade 3*)(2010)中提出了这一观点。

Susan Klein 是《通过教育实现性别公平手册》(*Handbook for Achieving Gender Equity Through Education*)(2007 年)的总编辑。该手册介绍了与性别公平问题有关的事实和假设,并提供了关于实现性别公平的策略以及与人口多样化的性别公平相关的内容(例如,Olga Welch 及其同事撰写了关于非裔美国人的性别公平问题)。

- 差异化教学

你将在 Carol Ann Tominson 和 Amy Benjamin 的研究中找到有用的想法。Tomlinson、Kay Brimijoin 和 Lane Narvaez 在小学和高中研究了差异化教学,并在《差异化学校:教学与学习的革命性变化》(*The Differentiated School: Making Revolutionary Changes in Teaching and Learning*)(2008)中报告了他们的发现。Amy Benjamin 写了两本涵盖各个年级的书籍:《差异化教学:小学教师指南》(*Differentiated Instruction: A Guide For Elementary School Teachers*)(2003)和《基于技术的差异化教学:中学教师指南》(*Differentiated Instruction Using Technology: A Guide For Middle and High School Teachers*)(2005)。两本书的作者是一位资深的英语教师。在 2005 年的第一章中,她通过讨论关于这个概念的七个谬见,解释了什么是真正的差异化的教学。在第 4 至 9 章中,她描述了如何针对各学科实施差异化教学。第 10 章包含了 14 个案例研究,以说明如何在高中阶段使用差异化教学。

第5章　应对文化和社会阶层的多样性

Commercial Eye/Iconica/Getty Images

本章涉及的 InTASC 标准　　**学习目标**

2. 学习差异

3. 学习环境

4. 学科知识

5. 知识应用

7. 教学计划

8. 教学策略

9. 专业学习与道德

10. 领导与协作

学完本章内容后,你将能……

5.1　定义文化多元主义,解释移民和出生率模式如何导致美国文化多元化程度的加深。

5.2　描述学生种族特点和社会阶层是如何影响课堂学习和教师期望的。

5.3　定义多元文化教育,描述多元文化教育的四种基本方式。

5.4　描述下列双语教育项目的类型:过渡、维持和双向双语。

5.5　描述基于网络的资源和互动(聊天回话和讨论板块)是如何帮助英语学习学生提高听说读写技能的。

151　在本书前面,我们已指出,你的教学计划要做到有效,必须充分考虑到学生的特征。在前几章中,我们讨论了不同年龄层次的学生在心理、认知、道德发展方面的差异。同时,我们从生理、社会和认知特征等方面讨论了学生的典型差异和类似点。在本章中,我们将转向学生差异的另外两个重要方面:文化背景和语言。在下一章,我们将讨论多样性的另一个维度:能力和障碍的概念。

文化是描述一类人如何知觉世界、形成信念、评估事物、观点和经验以及如何做出行为的术语。它可以被看作是一个蓝图,以此来引导群体中的个人与他人进行言语的和非言语的交流、处理时间和空间问题、表达情感、进行工作和游戏。文化的概念通常既包括民族,也包括宗教信仰和社会经济地位。

不同群体的人在信念、态度、价值观和行为模式上都有很大的差异,这是因为文化规范各不相同。(这里的规范,指的是能够反映群体大多数成员特征的知觉、信念和行为。)例如,在美国主流价值观下长大的学生,认为独立学习、与他人竞争学术奖励并无什么不妥。相比之下,印第安人和墨西哥裔美国儿童,就不太强调竞争和个人成就,而是看重协作和群体团结(Sadker, Sadker, & Zittleman, 2013)。

为了提供合适的课堂和校园环境来帮助不同文化背景下的学生掌握公共课程,你必须了解学生的不同文化背景并在教学中加以考虑。有文化意识的教师,会强调不同民族的文化丰富了美国社会(强调学生所属的群体文化),也不会在部分学生可能离开学校参加宗教节日的时候安排重大的考试或实地考察。

学习导读

如下要点能帮助你了解本章的重要内容。为了帮助你学习,这些要点也会出现在正文页脚。

文化多元主义的兴起

- 文化多元主义认为,社会应该保持不同的文化,每一种文化都应该受到尊重,个人有权利参与社会而不放弃文化认同
- 由于移民和出生率的改变,美国将会变得更加文化多元化
- 种族中心主义:认为自己的文化优于其他文化

种族和社会阶层

- 文化:一个群体如何知觉、相信、思维和做出行为

- 不同种族群体成员在言语和非言语交流方式上不同

- 不同种族群体成员可能持有不同的价值观

- 有色人种家庭贫困率高于白人

- 有色人种孩子在考试中往往得分较低,退学较早

- 少数社会经济地位较低的学生和白人学生的成绩差距,可以被归因于生活条件、家庭环境、学生特征和课堂环境

- 社会经济地位较低的孩子,更有可能生活在充满压力、干扰其学习的环境中

- 课堂氛围和教师的教学方式与低社会经济地位的学生成就水平相关联

- 教师期望效应:学生的行为与教师的期望相一致

- 教师期望对学生的成就和参与有重要影响

- 教师期望受学生的社会阶层、种族背景、成就水平、吸引力、性别等因素的影响

多元文化教育项目

- 多元文化教育旨在提高对多样性的尊重,减少种族中心主义和刻板印象,促进学生的学习

- 多元文化教育可以采用不同的方法

- 同伴辅导可以提高学生的成绩

- 合作学习:学生以小组的形式共同学习

- 合作学习可以增进不同种族学生间的相互理解

- 掌握学习:大多数学生可以掌握课程内容

- 通过电子化的途径将不同文化背景的学生联系起来,可以促进多元文化理解

双 语 教 育

- 过渡项目关注的是快速提高英语能力

- 维持项目关注的是保持母语的能力

- 双向双语教育项目以双语教学为特征

- 双语教育项目对学习能产生中等水平的促进效应

我们将在本章中描述的教学和学习方法,旨在培养对不同文化群体的价值观、信仰和实践的相互尊重和相互理解,通常被称为多元文化教育(尽管有时也用文化响应教育和文化关切教育这两个术语)。由于不同文化背景下的孩子往往会有不同的语言背景,因此在本章的最后,会讨论另一个相关的问题,即双语教育。

揭示假设 **价值观评估**

康妮正在读塞莱斯特的日志。塞莱斯特描述了一节十年级的生物课，并写道："我对即将到来的关于水质的实验非常兴奋。在两个星期的观察后，这个实验将成为我第一个观察学生'做事'的机会。老师花费了一个星期的时间为实验作准备——这是今年的第一场实验——大多数学生期盼着检测水样，并判断水的来源。虽然这个实验将分小组进行——各小组被称为'实验团队'——但学生们知道，每个人都必须独立完成一份实验报告，而这份报告是每个学生单元成绩的主要组成部分。因此，学生虽然对实验感到兴奋，却对评估感到紧张。"康妮想了一下明天的例会，继续阅读。

根据赛莱斯特的描述，实验进行得并不顺利。学生并不是按小组工作，而是平行工作。每个人都在为了自己做事：没有实验分工。塞莱斯特着重描述了其中一个小组。一个学生提到她非常喜欢在有合作精神的团队中工作，她建议他们各自执行既定的测试，然后比较他们的结果，并将其他所有人观察结果都呈现在报告中。她说："这非常酷，每个人的报告都是基于四项观测值而不仅限于一项。"另一个学生则不认同："我们不能这样做！每份报告都将被评分。这是作弊。"康妮写了张"评价中的价值观"的便条，然后继续阅读唐的日志。

暂停 与 反思

为了知道学生是否学到了我们希望他们学到的知识，我们必须对学生的学习进行评价。我们努力使评价切题和恰当，以达到公平和客观。换言之，我们倾向于假定学习评价是价值中立的。但是我们对适切性和恰当性的评判，又是以我们的价值观、我们所看重的标准为基础的。我们经常忘记了一点：评价就是赋予价值（Mclown 和 Hopson，2006; Schieiber 和 Mclown，2006）。不同文化价值下的人们会对同一事物作出同样的评价吗？在实验报告中的评分反映了什么价值呢？为什么一些学生认为合作是一个好主意而另一些认为这是作弊呢？你对康妮的便条"评价中的价值观"作何解读？

5.1 文化多元主义的兴起

InTASC　　　　标准 1（g）　标准 2（k）　标准 7（i）

5.1.1　从文化融合到文化多元主义

相比于其他大多数国家,美国由多民族构成,这些民族有着各种各样的历史、文化背景和价值观。随着成千上万黑人奴隶被带到美国,美国掀起了移民的浪潮,这些移民大多来自欧洲、亚洲和拉丁美洲。在18世纪和19世纪,美国需要大量的劳动力来开拓西部边境、建造铁路、开发自然资源、在不断增多的工厂中工作。如表5-1所示,1820到1920年期间,大约33万人移民到了美国。

在此期间,美国社会对于移民的基本看法是,他们必须尽快放弃自己的旧习俗、观念、忠诚和抗争,以英语作为他们的主要语言,同时接受美国的主流思想、价值观和习俗。这种把不同种族融合成一种民族主流的现象被称为**文化融合**(melting pot)。文化融合这一术语和观点在伊斯瑞尔·冉威尔(Israel Zangwill)1909年的戏剧《文化融合》中提出并得到广泛传播。推动这种同化现象的主要机构是公立学校(Ornstein, Levine, & Gutek, 2011)。

美国作为一个文化融合大国的理念,在20世纪60年代末和70年代初的社会动荡中被普遍接受。随着城市暴动和民权运动的兴起,少数民族团体要求不仅要在公立学校进行双语教育,而且也要进行种族研究。自从20世纪70年代初,诸如歧视、保持文化独特性的渴望以及来自世界各地的持续移民等因素,都对于维持乃至加速这种文化多样性,或者说**文化多元主义**(cultural pluralism)[1],产生了重要影响。文化多元主义基于三个信念:(1)一个社会应该努力维持它包含的不同文化;(2)每种文化都应该受到尊重;(3)个人有权利参与社会而不放弃自己的文化认同(Sleeter & Grant, 2009)。

5.1.2　美国面孔的改变

近年来的出生率及移民模式的变化,以及对未来30—50年人口的预测,让一些人认为,在未来几年中,文化融合哲学会衰落,而文化多元主义和多元文化教育会加速兴起。让我们看一下以下统计数据。

从2000到2010年,85%的合法移民从非欧洲国家来到美国。大多数移民来自亚洲(主要是中国、菲律宾群岛和印度)和美洲(主要是墨西哥、加勒比海和南美),他们定居在加利福尼亚、纽约、佛罗里达和得克萨斯州的主要城市。在2001到2010这十年间,有超过1 050万的合

1　文化多元主义认为,社会应该保持不同的文化,每一种文化都应该受到尊重,个人有权利参与社会而不放弃文化认同。

法移民抵达美国,这是美国有史以来移民人数最多的十年(美国国土安全部,2012)。移民本身带来的变化是,移民母亲的平均生育率高于土生土长的母亲。在2010年,土生土长的女性平均每1 000人中只有57人生育,然而移民女性生育者达到了77人(美国人口普查局,2010a)。

表5-1	每十年美国移民人数		
年 份	人 数	年 份	人 数
1820—1829	128 502	1910—1919	6 347 380
1830—1839	538 318	1920—1929	4 295 510
1840—1849	1 427 337	1930—1939	699 375
1850—1859	2 814 554	1940—1949	856 608
1860—1869	2 018 261	1950—1959	2 499 268
1870—1879	2 742 137	1960—1969	3 213 749
1880—1889	5 248 568	1970—1979	4 248 203
1890—1899	3 694 294	1980—1989	6 244 379
1900—1909	8 202 388	1990—1999	9 775 398
		2000—2009	10 209 430
		总计	75 356 722

来源:美国国土安全部(2012)。

这些移民和出生率模式预计将在未来15年对学龄人口的构成产生重大影响(如图5-1所示)。

根据人口普查局的预测,拉美裔和亚裔美国学生的人口将迅速增加,两者总计将增长到占总学龄儿童的35%。黑人学龄儿童的比例预计将下降到14%左右。非拉美裔白人学龄儿童的比例将从61%下降到51%。像这些数字显示的一样,不仅仅美国变得更加种族多样化,一些特定区域(例如,加利福尼亚南部,得克萨斯州,佛罗里达南部和纽约)也已经有很多在外国出生的人口[1]。

本章余下的大部分内容,将集中讨论某些学生群体的特征。但对你和你的学生来说,要从对文化多样性的了解中获益,必须从正确的角度看待问题。我们鼓励你从三个方面正确地看待文化多样性,在以下的教学建议中,描述了这三个方面。

---

1 由于移民和出生率的改变,美国将会变得更加文化多元化。

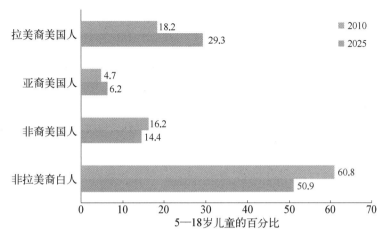

图5-1　2010和2025年四个种族学龄儿童比例变化预测
*由于四舍五入误差,每年的百分比之和不是100%。
来源:美国人口普查局(2008b)。

154

教学建议　考虑学生的文化差异

1. 差异不一定是缺点。

学习持有不同的价值观,表现出不同的交流方式、时间定向、学习方式、动机和愿望,不能把他们看成缺乏能力(Garcia, 2012)。把种族和社会阶级的差异看成缺点,通常是源于一种叫作种族中心主义[1]的态度。种族中心主义是一种认为自己的种族文化优于其他文化的倾向。你应该做到缓和你的民族中心倾向,并有意识地运用适应于不同文化背景的学生的教学策略,来鼓励学生的学习。

2. 认识到经常被贴上某种标签的群体,事实上也是由某些在特征存在一定差异的子群体构成。

155

事实上,这些子群体会使用不同的标签来指代自己。比如,在美国原住民中,那瓦霍人与霍皮人的外貌、衣着、发型不同。被称为拉美裔的人,可能会将他们的祖先追溯到十几个或更多的国家之一,并常常认为自己是奇卡诺人、拉丁美洲人、墨西哥人等墨西哥后裔或西班牙后裔(Okagaki, 2006; P.Schmidt, 2003)。一位有着18年教龄的教师,发现自己难以在齐配瓦族克里族居留地教书,部分原因是她对所执教的地区的历史、文化、族群知之甚少(Starnes, 2006)。

1　种族中心主义:认为自己的文化优于其他文化。

你要尽可能了解你所教的孩子们所属的子群体,并在授课的时候记住这些子群体的特点。

3. 最重要的是,记住每个学生都是独一无二的。

尽管对不同种族和子群体的描述可能会准确地描绘出一群人的一般倾向,但这种描述可能只适用于部分人,或根本不适用于个人。如果你花时间去了解个体学生参与族群文化的程度,你将会更好地为学生和他们的父母服务,这比你去思考名义上属于某种文化(或许因为姓或者国家的起源)的个体都拥有同样的知觉、思维、信仰和行为,要重要得多。例如,一些拉丁裔的学生可能更喜欢合作学习,因为这在家里和社区是一种行为规范,而其他人则更喜欢独立工作,因为这对于他们来说是典型行为(Gutierrez & Rogoff, 2003)。虽然许多拉丁裔的学生比白人学生的成绩差一些,但也有许多拉丁裔学生的成绩更好一些。研究者发现,那些在家说英语、来自双亲家庭、比同伴花更多的时间做作业、有更高的父母期望的拉丁裔学生,比其他的拉丁裔学生成绩要好,而与有这些特征的白人学生在成绩上无显著差异(Ramirez & Carpenter, 2005)。

暂停 与 反思

你如何利用建构主义的概念(见第二章)来帮助学生克服自身可能秉持的种族中心主义,并理解其他文化信仰和实践?

你掌握了吗?

为什么文化多元主义已经成为当代美国的一种流行理念?

a. 移民现象　　　　　　　　　　b. 非本土女性的出生率

c. 文化融合现象的衰退　　　　　d. 以上全部选项

156 **5.2 种族和社会阶层**

InTASC　　　　标准 1(g)　标准 2(g)　标准 2(j)　标准 2(k)　标准 3(l)　标准 7(l)

正如我们在本章开头所指出的，**文化**[1]指的是一个群体知觉、思考以及与世界相互作用的方式。它为我们的言语交流、情感反应、行为举止提供了一套规范。能够把不同文化区分开来的两个重要的因素是种族和社会阶层。

5.2.1 种族对学习的影响

种族群体是以下列一个或多个特征为基础而彼此认同的人的集合，这些特征包括：祖先来自哪个国家、人种、宗教、语言、价值观、政治利益、经济利益和行为模式（Banks, 2009; Gollnick & Chinn, 2013）。分开来看，美国的种族群体，特别是有色人种，是一系列少数民族；合起来看，种族群体是美国社会的重要构成（Banks, 2009）。大多数美国人认同其他种族群体（黑人、华裔美国人、拉丁美洲人、德裔美国人、爱尔兰裔美国人、意大利裔美国人等等）。作为教师，你必须了解学生的种族是如何影响师生关系的。

Christine Bennett（2011）指出了种族问题中可能引发学生之间、师生之间误解的五个方面，它们分别是：言语交流方式、非言语交流、时间定向、社会价值观、教学方式和学习过程。

言语交流方式

言语交流问题可以以多种方式出现。首先，如果学生不理解轮流发言的主流习俗或感到会受此限制，课堂讨论可能会无法按计划进行。例如，在一些拉丁裔的家庭中，有很多的兄弟姐妹，父母的教养方式往往是专制式的，这种家庭的孩子可能不愿意在课堂上参与教师主导的讨论。这是因为，在他们眼中，教师像父母一样是权威的人物，提出自己的观点是不尊敬老师。他们在课堂上是为了学习教师教授的内容。但是和兄弟姐妹在家的时候，这些孩子可能会非常主动地参与都是同龄人参加的小组讨论（Garcia, 2002）。

其次，因为文化经验的差异，一些学生可能不愿意在公共场合进行发言或表现，而另一些学生可能喜欢类似于辩论战式的交流。例如，一些美国印第安孩子更喜欢在私下里思考和学习技能，他们只在所学内容达到自己满意的掌握程度之后，才会公开表达自己的观点（Bennett, 2011; Morrison, 2009）。显然，这种做法并不是美国印第安文化独有的。事实上，音乐课程和实践通常都是在私下进行的，直到学习者掌握了整个曲目才会在公开场合表演。

非言语交流

美国主流文化高度重视的一种非语言交流形式是直接的目光接触。大多数人被教导在与他人谈话时直视对方，因为这种行为代表了说话者的诚实和听众的兴趣。然而，在某

---

1 文化：一个群体如何知觉、相信、思维和做出行为。

些美国印第安人、拉丁裔和亚裔的文化中，避免直视别人是顺从和尊重对方的信号，而直接看着别人则是一种反抗的表现。因此一个亚裔美国人、拉丁裔美国人或印第安学生，当被问及或纠正某件事时低着头，并不意味着他们试图隐瞒过错、无视或缺乏兴趣（Bennet, 2011; Castagno & Brayboy, 2008; Pewewardy, 2002）。不同种族群体的学生也可能对其他形式的非言语交流如接近（身体靠近别人）、手势和触摸方式，作出不同的反应（Hansen, 2010）[1]。

时间观念

主流的美国文化是强调时间观念的，知道如何有效安排时间和工作的人，会受到表扬和奖赏。我们向孩子传递"时间就是金钱"和"永远不要把今天的事放到明天去做"等价值观。在我们的学校中，时间观念显现得更明显。不管学生对开展一个项目、进行讨论或者完成一个实验是否有兴趣，课程都在指定的时间开始和结束。但是对于那些来自时间观念不强的文化的学生来说（例如拉丁裔、美国印第安人），这种死板的学习方式可能会让他们感到烦恼。事实上，这也会让一些来自主流文化的学生感到厌烦（Bennett, 2011; Pewewardy, 2002）。

社会价值观

美国主流社会中有两种核心价值观：竞争（竞争使人最优秀）和强烈的个人主义（成就取决于自己的努力）。因为学校倾向于反映主流的信念，许多课堂活动都是有竞争的，并且要靠自己赢得个人利益。然而，来自一些少数民族的学生，例如墨西哥裔美国人，更有可能被教导重视合作关系和家庭忠诚。因此这些学生可能更喜欢集体项目，他们也可能对强调家庭自豪感而不是个人荣誉感的表扬，作出更积极的回应（Bennett, 2011）[2]。

教学方式和学习过程

最后，不同种族群体所偏好的教学方式和学习过程可能有所不同（照片5-1）。主流的教学方式，尤其是初中和高中阶段的教学方式，是所有学生使用相同教材、练习簿和练习题。学生面对讲台坐着，教师通过交谈、提问和倾听来调控与学生的互动（Sleeter & Grant, 2009）。虽然我们不主张完全放弃这种教学方式，但是我们相信需要其他教学方式，如角色扮演、同伴教学、小组活动等，这些方式都会鼓励人际交往和多种感官并用。举个例子，当教师把教学从整班教学和学生单独排座位转向小组合作学习时，夏威夷原住民儿童的成绩有所提高，因为后一种教学更接近于孩子的校外社会活动结构（Okagaki, 2001）。

黑人学生似乎也更喜欢要求人际互动、多活动以及多感官并用（例如把身体移动与声音联系起来）的学习任务（Sleeter & Grant, 2009）。对有这些偏好的学生进行数学教学，一种较好的方法是让他们解决涉及购买、交易或借贷的问题。

1　不同种族群体成员在言语和非言语交流方式上不同。
2　不同种族群体成员可能持有不同的价值观。

照片5-1 来自不同种族群体的学生偏好不同的教学方式和学习过程。例如，黑人学生或许喜欢合作学习而不是演讲/背诵，而美洲印第安学生或许不喜欢辩论和竞赛。

美国印第安文化的一些方面也要求在教学方式和过程中要有灵活性。由于在纳瓦霍文化中，对话之间有比英裔美国文化更长时间的沉默，因此教师需要更多时间等待学生回答问题（Okagaki, 2001）。此外，纳瓦霍学生受他们的文化影响，将认真的学习视为隐私，因此他们可能不会全面参与传统的西方活动，如问答、测试、辩论和比赛（Morrison, 2009; Okagaki, 2001; Solider, 1997）。Bobby Ann Starnes 在蒙大拿北部的一个奇普瓦居留地任教，她发现她的学生在使用合作学习、开放式提问、归纳推理、从整体到部分展开教学、强调视觉学习策略和文化认同的教学中，学习效果最好（Starnes, 2006）。在教授美国印第安学生时，有些教学方法也已经被证明是成功的，其中包括以更慢、更有节制的速度教学，将部落的历史和故事融入课程中，将土著部落对动物的行为和植物的用途的知识融入科学课程，以及邀请部落中的长者来教学（Castagno & Brayboy, 2008）。

一些研究者发现，在学习过程中，许多美国印第安人更喜欢将视觉形象和绘画作为书面和口头教学的补充形式，并且在这种情形下学得更好（Castagno & Barayboy, 2008; Marley & Levin, 2006; Marley, Levin, & Glenberg, 2007）。关于学生的文化背景影响他们的学习过程另一证据，来自 Nola Purdie 和 John Hattie 的研究（1996）。他们试图确定，日本学生是否以牺牲自己的观点和解释为代价来死记硬背。认同这种说法的人，将其归因于日本文化强调个体观点服从集体看法和目标。

Purdie 和 Hattie 发现，他们所采访的日本学生选择记忆作为他们偏好的学习过程，而情况类似的澳大利亚学生并不偏好记忆过程（在24个学习过程选项中将记忆过程排在第18位）。一群在澳大利亚生活了近三年的日本学生，偏好的学习方式则是在这两个极端之间。

学习过程中的这些差异，可能与学习态度的差异有关。西方学生更看重独立工作、与他人竞争、高效完成任务（在这些方面，澳大利亚学生可以被认为是西方学生）。相比之下，日本学生更看重与他人合作、遵守权威，并将这一点彻底贯彻于完成任务的过程中（Li, 2002）。

这些研究结果表明，虽然文化背景会影响学习活动的选择，但随着人们对另一种文化的价值观和做法变得更加习惯和适应，文化的影响似乎减弱了。

5.2.2　社会阶层对学习的影响

> **InTASC**　　标准 10（m）

学生的社会阶层对其行为有重要影响。社会阶层是指个人或家庭在社会中的相对地位。它由诸如年收入、职业、教育程度、居住地、家庭成员所属的组织的类型、衣着方式和物质财产等因素决定。前三个因素被联邦政府用来定义与社会阶层意义高度相近的**社会经济地位**（socioeconomic status, SES）这一概念。

当你读到下面几页时，请记住，尽管我们经常提到社会阶层对黑人、拉丁裔和美国印第安学生的影响，但对于较低社会经济地位的白人来说，影响往往是一样的（例如，Entwisle, Alexander, & Olson, 2010; Wiggan, 2007）。

由于种族歧视的严重性和持久性，美国有色人种群体中许多人受教育年限较低，从事的好职业更少，收入也比一般的白人低[1]（Wiggan, 2007）。2011年，有21%的18岁以下的美国儿童生活在贫困线以下的家庭。尽管大多数此类儿童都是白人（欧洲血统），但图5-2显示，黑人、美国印第安人和拉美裔美国家庭的贫困率几乎是白人儿童的三倍（Aud, Hussar, Johnson等, 2012）。贫困的生活会对孩子在学校里完全投入学习的意愿产生毁灭性的影响。一名大学教授由于家庭生活水平周期性地跌到贫困线以下，他说自己已有"持续的自卑感"和"可怕的不安全感"（Marsh, 2011）。

退学率和成就水平

社会阶层差异在学校中是如何影响学生的学习和成绩的呢？一个主要的影响就是与白人相比，较少的黑人、拉丁裔、美国印第安青少年从学校毕业，从而影响了他们的受教育年限和赚钱的潜力。美国教育部把在16到24岁之间没有获得任何学历和证书（如普通教育发展或GED证书）定义为退学。根据他们给出的数据（来源于美国人口数据），2010年

1　有色人种家庭贫困率高于白人。

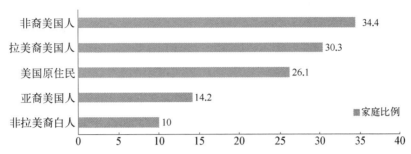

图5-2　2011年社会经济水平低于贫困线的学龄儿童家庭比例

来源：Aud等，2012.

主要种族退学率如下：7%白人，9%黑人，10%西班牙裔，2%亚裔，15%美国印第安人/阿拉斯加原住民（Aud, Hussar, Johnson等，2012）。调查显示，社会阶层因素、经济因素、学校环境因素和个体因素都对学生的退学产生影响。与白人学生相比，少数民族的学生在动机、自尊和学习技能方面都比较弱，也更加冲动。其次，那些没有毕业的学生报告了一种来自学校的疏离感，这是因为教师对他们抱有低期望（更多相关内容将在本章后面介绍）教师和同学对他们表现出种族歧视，对他们存在不公正的对待。任何种族或民族的学生，无论是白人、黑人还是拉美裔，只要被要求留级，就在很大程度上会退学（Menzer & Hampel, 2009; Ramirez& Carpenter, 2009）。

　　在校期间，许多有色人种学生的成绩明显低于白人学生[1]。相比于白人高中二年级学生和高年级学生，黑人、拉丁裔和美国印第安学生在词汇、阅读、写作、数学、科学等学科的标准测验中成绩都较低（Reardon, 2008; Reardon & Galindo, 2009）。这种低成绩在中等社会经济地位的黑人家庭孩子中也存在（Ogbu, 2003; Rothstein, 2004）。这些差异在幼儿园就出现，而且在整个小学阶段持续加大。在1到3年级，数学成绩差距增长了10%，而阅读差距增长了40%。这一差距在随后的成绩中继续扩大但速度变慢（Reardon, 2008; Reardon & Galindo, 2009）。在过去15年间，在缩小成绩差距方面所取得的进步（根据全美教育进步评估结果）不太稳定。1992年至2007年，四年级白人学生和黑人学生的阅读成绩之间的差距逐渐缩小，但此后一直保持在26分左右。自2007年以来，同样的成绩差距大小和在减少差异方面的缺乏进步，在八年级学生中也有体现。在2002年至2009年期间，白人和拉美裔学生之间的阅读成绩差距，对四年级学生来说没有变化，但在2011年该差距变得略小（国家教育统计中心，2011a）。在数学方面，1990至2005年间，四年级白人和黑人的差距在缩小，但在2011年之前没有进一步的进展；在八年级学生中，1990年至2011年间，白人和黑

1　有色人种孩子在考试中往往得分较低，退学较早。

161

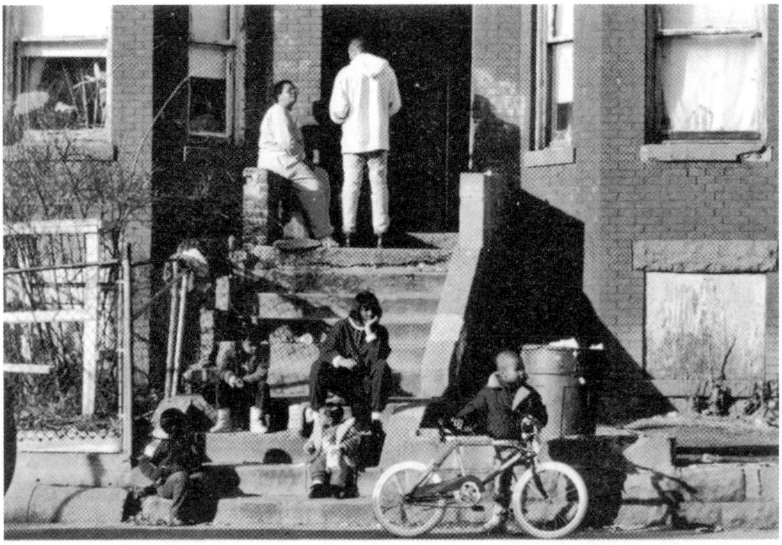
Catherine Karnow/Corbis

照片5–2 受医疗保健不足、家庭环境不稳定、低学习动机、对学校的消极态度和糟糕的课堂环境等因素影响，少数民族和低SES学生在学校的表现整体上不如其他学生。

人的差距基本没有改变；1990年至2011年间，白人和西班牙裔学生之间的差距没有改变（国家教育统计中心，2011b）。很明显，对于这些差距为什么存在，以及我们可以做些什么来持续消除这些差距，还需要进一步研究。

在社会阶层对学习的影响中，有色人种和白人学生之间长期存在的成绩差距，可能是研究最深入的（例如，Barton & Coley, 2010; Entwisle, Alexander, & Olson, 2010; Gardner, 2007; Ladson-Billings, 2002; Lee & Bowen, 2006; Nieto, 2002 /2003; Ogbu, 2003; Rothstein, 2004; Singham, 2003; Sirin, 2005; Wiggan, 2007）。造成这一差距的原因确实与多种相互交织的因素有关，包括生活条件、家庭环境、学生特征和课堂环境（照片5–2）[1]。举个例子，那些最近从墨西哥或中美洲移民来的幼儿园孩子，在阅读能力和数学能力测试上的得分，比从古巴或南美移民来的学生低（Reardon & Galindo, 2009）。这个例子支持了我们在本书中反复提到的一些观点。首先，大多数问题都有几个相互作用的原因造成。第二，认为某一特定群体的所有成员都是相似的，并且可以用同样的方式来教授，这也是一种刻板印象。请记住，并非所有亚裔美国人都是优等生，也不是所有的有色人种学生，都对教育持消极态度，且拥有低水平的学习动机。

健康和生存条件

1959年，美国人口普查局开始追踪贫困状况。历史上最大的贫困人口数字出现在2010年：有5 000万居民没有医疗保险，462万人生活在贫困之中（美国人口普查局，

1 少数社会经济地位较低的学生和白人学生的成绩差距，可以被归因于生活条件、家庭环境、学生特征和课堂环境。

2010b）。许多低社会经济地位的儿童的家庭没有医疗保险，因此，他们更可能得不到令人满意的医疗保健，遭受诸如哮喘、糖尿病、听力缺陷和视力缺陷等慢性疾病的折磨（Magnuson &Votruba-Drzal, 2009）。贫穷和健康问题之间的联系，不仅仅是缺乏预防保健。因生活贫困所带来的压力，对健康和认知功能都有负面影响（Burke, Hellman, Scott, Weems, & Carrion, 2011; Henson, Derlega, Pearson, Ferrer, & Holmes, 2013; Tough, 2012）。

贫困加剧对生存条件所带来的一个重要影响，是越来越多的学生和他们的家庭成员变得无家可归（Miller, 2011a, 2011b; Miller& Bourgeois, 2013）。与他人相比，来自无家可归家庭的学生成绩较低[1]（Obradovic 等, 2009）、成就较低（Masten, Sesma, & Si-Asar, 1997）、出勤率较低（Kennedy, 2007）、家长参与度较低（Haig Friedman, 2000）、转学次数更多（国家流浪者中心, 2009）、更易被社会孤立（Anooshian, 2003）。无家可归并不只是大城市中出现的现象，近些年，这种现象在城镇和乡村也存在。在2008—2009和2009—2010学年，在城镇和农村地区接受无家可归救济项目支持的人数，增长了57%（美国无家可归跨部门委员会, 2011）。无论一个人生活在何处，生活条件如何恶劣，如无家可归，都与较低的上大学愿望相关（Stewart, Stewart, & Simons, 2007）。

家庭和社区经验

162

大量研究表明，童年经历会影响孩子的认知发展和学业成绩（例如，Barton & Coley, 2007; Raudenbush, 2009）。例如，社会经济地位较低的学生，与中等SES的学生相比，更有可能是生活在单亲家庭中的。在低SES的学生中，有大约65%的黑人学生与单亲父母同住，而有约25%的白人学生只是与母亲住在一起（Aud 等, 2012）。与无家可归等许多其他危险因素一样，单亲家庭对孩子学业表现的影响也不是直接的，它还依赖于很多因素，如父母离异的持续时间和原因、孩子的年龄和性别，以及孩子与一起生活的父母的互动方式。尽管单亲家庭不见得一定会对孩子在学校的表现产生负面影响，但相比之下，双亲家庭对孩子可能会有更有效的积极影响（Barton & Coley, 2007）。

一些研究表明，在不同社会阶层和种族群体中，父母对孩子的在校学习支持是不同的。例如，白人和亚裔美国学生与黑人和拉丁裔青少年相比，更有可能从父母和朋友那里获得学业成就方面的支持（Castagno & Brayboy, 2008; Lee & Bowen, 2006; Okagaki, 2001, 2006）。

其次，与社会经济地位较低的学生的父母相比，社会经济地位处于中等水平的孩子的父母会给予孩子更丰富的经历。他们会给孩子买更多的书和教育类玩具及游戏，会带孩子去旅行以扩展其关于世界的知识，会多读书给孩子听，多和孩子交流。低社会经济地位的

1　社会经济地位较低的孩子，更有可能生活在充满压力干扰其学习的环境中。

父母每小时只对孩子说600个词,而中等和中上层社会经济地位的父母每小时能说2 100个词,因此许多黑人和拉丁裔学生在上学初始只有5 000的词汇量,而白人学生平均能达到20 000(Hart & Risley, 1995)。这类经验会不断累积,并使得学校学习变得熟悉和容易。一个没有这些经历的学生,可能会在竞争性的学术环境中处于劣势(Barton & Coley, 2007; Raudenbush, 2009)。此外,人们日益对家庭无法负担电脑和在线服务的孩子的技术素养感到担忧。在2009年,接近80%的双亲家庭拥有宽带,而在单亲家庭中,这一比例是58%。种族和民族之间也存在着类似的差距。能通过宽带上网的白人、黑人和拉美裔家庭的比例分别为68%、49%和48%(经济统计管理和国家电信与信息管理局,2010)。

家庭和社区经历的差异不仅仅是物质上的,也不仅仅限于积极的社会经历,它还包括创伤经历。几年前,医学研究人员开始追踪所谓的不良童年经历(Felitti, 2002)。不良童年经历量表可测量身体和性虐待的情况,身体和情感上的忽视,离婚,分离,以及监禁、精神疾病和家庭成员的成瘾性。医学研究表明,该测验的高分者的健康问题明显增多。此外也有研究显示,不良童年经历能预测学校中的学习困难(Burke 等,2011; Tough, 2012)。

在不良童年创伤经历中,最多的是遭受身体暴力。在那些居住在城市社区的人当中,估计有70%的青少年是社区暴力的受害者(Aisenberg & Herrenkohl, 2008)。即便如此,那些在家庭和社区中有人支持的青少年和那些在学校和社区活动中有建设性参与机会的青少年,都能更好地克服暴力的影响(Jain & Cohen, 2013)。拥有社会资源,即所谓的社会资本,在面对不利的、甚至是创伤性的童年经历时,能增强人的适应力。

总的说来,儿童和青少年在家庭和社区中所经历的人际互动,产生了中介作用(我们之前在书中提到的概念,与维果斯基的认知发展理论有关)。当中介作用发生时,那些智力更发达的人,比那些独立工作的人,会以一种更有意义的方式来呈现、解释和理解刺激。

学生的动机、信念和态度

根据主流理论,动机由两个因素决定:个体对自己能够达到某个特定目标的自信程度,以及他对该目标的看重程度。尽管人们普遍认为,许多低社会经济地位的学生和少数族裔学生会认为自己的学术能力不如中等社会经济地位的学生,但研究人员发现,平均而言,他们之间在这方面并没有多大的差别。然而在对成就的看重程度方面,他们之间却存在明显差异。与社会经济地位中等的白人学生相比,低社会经济地位的有色人种学生并不会把学生成功看得这么重,因为他们不相信在以后的生活中,社会会为他们提供同等的机会,而这种信念足以抵消他们对自身能力的积极认识所产生的积极作用(Kumar & Maehr, 2010; Rowley, Kurtz-Costes, & Cooper, 2010)。以下是一些少数民族学生(尤其是男生)的消极价值观和态度的例子,这些价值观和态度会阻碍他们取得好成绩:

- 黑人和拉丁裔青少年比起亚裔美国人和白人青少年，更相信即使自己没有获得好的教育，也依然能找到好的工作。而那些在学校有良好表现的亚裔美国人、白人和拉丁裔青少年，则把好的教育看作是好工作的先决条件（Ogbu, 2003; Okagaki, 2001）。

- 与中等和低成绩的同学相比，二年级、四年级和七年级的黑人和拉美裔女孩更倾慕、尊重也并想成为高成绩的女生。二年级和四年级的黑人和拉美裔男孩在这方面也是类似的，但是七年级的黑人和拉美裔男孩在他们的仰慕和尊敬的同伴名单中包含了更多的低成绩者。其他研究数据显示，虽然黑人男性认识到努力工作的重要性，他们中的许多人对于在学校取得高分持有不同态度（Taylor & Graham, 2007）。

- 遭受种族歧视的个人经历（甚至只是怀疑自己被歧视的经历），与对自己掌握知识能力的低信心、对教师和学校规章的不信任以及对学校的消极态度相关联（Graham& Hudley, 2005; Taylor & Graham, 2007）。

这种少数民族男性青少年在与成就相关的价值观和态度上的减弱，有时被称为厌恶"装白人"，并且也被教师的观察所证实。例如，教师评论道："他们能做这项工作，但他们似乎并不在意"；"在同伴文化中，一旦努力学习则有被同伴拒斥的风险"（Graham & Taylor, 2002）。而且，研究人员发现，相比于那些成绩差的黑人和拉丁裔学生而言，那些绩点达到B+或C+及以上的黑人和拉丁裔学生更不受欢迎（Fryer & Torelli, 2005）。这种不能正确地认识自己的学生身份的情况，看上去与下列感知有关：我不是学校共同体的一部分；学校并不能满足我的需求；我不能达到学习要求；学校所做的并不是人们期望做的事情（Fryer & Torelli, 2005; Jackson, 2003; Okagaki, 2006）。

一名黑人女学生在"少数学生成就联盟"的学生会议上表示自己感到沮丧，因为同伴不认同自己的学术价值观：

> 我来自马萨诸塞州的阿姆赫斯特，那里主要是白人。我可以与白人儿童相处得很好，反而无法与黑人儿童轻松地相处。在课堂上，他们总是想："这个女孩想变得聪明，想要像个白人。"那种感觉就像我跟他们没有联系，但我始终是个黑人。这会让我有何感想呢？我尝试着适应两边的世界，但无处立足（Ash, 2000, p.6）。

低自尊显然和低成就有关，但它们之间的关系并没有那么简单。一项研究发现（Van Laar, 2000），即使大学和高中黑人学生的成就水平相对较低，但他们的自尊水平与白人一样高。这个看似矛盾的现象，来自少数族裔学生的信念：由于歧视，他们无法获得与白人学生相同的就业机会和职业发展机会。把责任归咎于环境而非自己，这样能保持一种健康的自尊感。这种看法也可能会影响到本节开头部分讨论的一个特征，即，少数民族学生对成绩持有低需求。

课堂环境

尽管教师无法使学生的社会阶层、健康、家庭或同伴群体发生明显改变，但正如下面的研究所示，他们可以鼓励所有社会阶层中的学生学习。一些一年级的孩子之所以被认为有学习失败的风险，或是因为他们母亲的受教育水平低于平均水平，或是因为他们表现出了不适应的课堂行为，例如攻击、挑衅、有限的持续性注意以及不具备遵循指示的能力。但当他们的教师给予其高水平的情感和教学支持时，他们在标准化测验中的得分与不存在风险的同伴一样高。相比之下，那些较少得到教师情感和教学支持的风险儿童，其测验分数显著低于没有风险的同龄人（Hamre & Pianta, 2005）。遗憾的是，通常情况下，那些能力不足的教师会被分配到拥有低收入和少数民族学生比例最高的学校（Gardner, 2007）。

其他研究表明，低社会经济地位的学生之所以取得高成就水平，与教师下列态度和教学方法都有关系[1]（Burris & Welner, 2005; Denbo, 2002; Gardner, 2007; Hamre &Pianta, 2005; Mathis, 2005; Pogrow, 2009b）。

- 意识到学生的需要、情绪、兴趣和能力
- 课堂中充满了愉快的谈话、自发的笑声和兴奋的感叹
- 教师对学生抱有较高但现实的期望
- 强调掌握目标（在本章后面和第12章"课堂管理"中将讨论这一教学方式）
- 从不接受低质量的作业
- 使用支架式教学（第2章"心理社会性发展与认知发展理论"中已有描述）
- 教授思维技能（第9章"社会认知理论"中会有更详尽的描述）
- 教学和课程标准保持一致（第13章"教学方法"中会有更详尽的描述）
- 使用形成性评估（第14章"课堂学习评估"中会有更详尽的描述）
- 消除能力分组（在小学和初中）和成绩分组（在高中），使用异质性分班方式，辅以额外的辅导班和课后辅导。一所组约高中采用了这种方法，使得白人学生的升学率从88%上升到了98%，黑人学生的升学率从32%上升到了82%（Burris & Welner, 2005）。我们将在第6章"包容学生的差异性"中更加详尽地探讨能力分组和按成绩分组。

165

1　课堂氛围和教师的教学方式与低社会经济地位的学生成就水平相关联。

将之前的许多建议付诸实践的一个普遍建议是,营造一种类似于运动员训练的课堂环境和教学过程。像优秀的体育教练那样,你应该努力在你的课堂上营造出这样一种氛围:学生相互尊重和扶持,学生认识到犯错误是学习不可避免的一部分,每个学生的长处都可以为小组作出贡献,学生不断收到关于他们进步的反馈,成绩更好的学生能够积极帮助同伴一起学习(Nasir, 2008)。教师的期望对学生来说十分重要,我们将在下一节专门讨论这个问题。

5.2.3　种族和社会阶层对教师期望的影响

InTASC　　　标准9(i)

到目前为止,我们已经描述了学生的种族和社会阶层背景如何影响他们对各种学习任务的完成方式及成功程度。现在,我们要讨论这些特征和其他特征如何影响教师对学生的成绩期望,以及这些期望如何影响学生学习的数量和质量。教师期望会影响学生行为这一现象在1968年首次被提出,一直以来都被广泛地研究,现在一般称之为**教师期望效应**(teacher expectancy effect)[1]。如果你能意识到影响教师对学生的期望及相应行为的主要因素,你就能把自己的主观性降到最低,特别是对于那些文化背景与你不相同的学生。

教师期望效应通常以如下方式发生:

1. 根据种族、社会经济地位、民族背景、服饰、言语模式、考试成绩等特征,教师们对不同学生在课堂上的表现形成不同的期望。

2. 教师以各种方式巧妙地将期望传达给学生。

3. 学生按照教师的期望来做事。

暂停　与　反思

你与少数民族学生打交道的经历和你听说的或者读到的关于他们的描述是否相同?哪些途径(个人经历或他人想法)会影响你对少数族裔学生的期望?

1　教师期望效应:学生的行为与教师的期望相一致。

关于教师期望效应的研究

由于教师期望效应对于塑造学生的行为具有显而易见的教育含义,在过去的40年中,研究人员一直在探讨其积极作用和局限(参见,Spitz对最初研究和后续研究的优秀总结和分析,1999;以及Rosenthal作为资深研究者对最初研究的看法,2002)。

研究表明,教师期望对课堂成绩和参与度都有显著的影响,这种影响既有正面的也有负面的[1](Benner & Mistry, 2007; Good & Nichols, 2001; Hinnant, O'Brien &Ghazarian, 2009; Mckown, Gregory, & Weinstein, 2010)。例如,一项对几百名年龄在9到16岁之间的低收入学生的研究发现,母亲和教师的期望值都与学生的期望和对自身能力的知觉呈现正相关,而学生的期望和能力知觉又与其成绩呈现正相关。这项研究也发现,母亲和教师的期望值太低会对学生的成就产生消极影响。此外,教师的期望更可能去维持现有的倾向,而不是彻底改变既定的行为。例如,小学低年级教师对快速阅读组和慢节奏组的学生有不同的反应。当与快速阅读组的学生一起工作时,教师往往会微笑,且更频繁地与学生进行眼神交流,他们会用比在慢速小组中更友好、更温暖的语调来表达批评的观点。他们常常忽略熟练读者的口语阅读错误,当他们给予纠正时,也会在句子或其他有意义单元的阅读结束而非中间进行。他们更会问理解性的问题而不是关于事实的问题,并以此作为引导学生注意重点阅读内容的手段。

相比之下,当与慢节奏组的学生一起工作时,教师更经常在那些进行意义加工的地方打断学生,给这些学生更少的时间去解读难懂的单词,纠正自己的阅读错误,并提问一些低水平的事实性问题,以此作为一种检查学生注意力的方式。教师的身体姿势通常以皱眉、噘嘴、摇头、用手指和坐立为特征。主动为黑人学生提供不必要的帮助,并给予其热情的表扬,可能会导致他们中的一部分人认为自己学习能力较低。总而言之,教师通过各种微妙的方式,向学生传递老师期望他们表现得好或差的信息,进而创造出了一种与期望相符的情境。结果,在校期间,阅读能力强和阅读能力差的学生之间的差异要么维持不变,要么进一步扩大(Graham & Hudley, 2005; Mckown, Gregory, & Weinstein, 2010)。

影响教师期望的因素

除了探讨教师期望效应是否存在,在什么条件下出现,研究人员还试图找出可能导致教师期望高或低的因素。以下是一些重要的因素,它们由 Thomas Good 和 Andsharon Nichols (2001), Douglas Ready 和 David Wright (2011), Sonia Nieto (2012), Harriet Tenenbaum 和 Martin Ruck (2007), Bruce Torff (2011), 以及 Yong Zhao 和 Wei Qiu (2009) 提出[2]:

---

1 教师期望对学生的成就和参与有重要影响。
2 教师期望受学生的社会阶层、种族背景、成就水平、吸引力、性别等因素的影响。

- 中等社会经济地位的学生比起低社会经济地位的学生,会被期望获得更高的分数,即使当他们的智商分数和成就测验分数是相近的。
- 相比于少数民族(黑人和拉丁裔)学生,教师对亚裔美籍学生有更高的成就期望,对白人学生有更积极的期望。
- 与对少数族裔学生相比,教师对白人学生的态度更为中性和积极(提问和鼓励),但他们对所有学生的批评通常是一样的。
- 少数族裔学生比白人学生更有可能受到纪律处分或特殊教育安置。
- 教师倾向于把低社会经济地位的孩子们视为不成熟,缺乏遵循要求做事的能力,认为他们缺乏独立学习的能力,也不太可能从强调高级思维能力的课程中获益;但对那些来自条件优厚的家庭的孩子则不同。
- 认为智力是一种固定而稳定的能力的教师,更有可能对学生产生消极或积极的期望,而那些认为智力是一系列可以发展的技能的集合的教师则不同。
- 相比中性或积极信息,教师受学生的负面信息(比如考试低分)影响更大。
- 成绩优异的孩子受到的表扬要比成绩差的孩子更多。
- 长得好看的孩子常常被教师认为比面貌没有吸引力的孩子更聪明、更有能力、更善于社会交往。
- 教师往往更倾向于赞许女生的行为,而非男生的行为。

167

重要的是,我们要记住,这些因素(再加上其他一些因素,如种族背景、对兄弟姐妹的了解,对父母的印象)通常会一起发挥作用,共同影响教师的期望。以下教学建议将为您提供一些克服教师期望效应的负面影响的想法,以及解决低社会经济地位和少数民族学生常面临的问题的方法。

教学建议　提升所有学生的课堂成就

1. 利用一切可能的方法,激励教育处境不利的学生在学校中取得好的成就。

教育处境不利学生的好建议,不仅来自那些教授他们的教师,也来自学生自己。你可能会注意到下面两个列表有一些重叠,但这只会增强建议的有效性。

David Gardne(2007)在那些低收入和少数民族学生集中的学校执教33年,他通过以

下做法激励学生,提高他们的成就水平:

- 为学生设定高标准,因为他相信学生有能力达到。

- 每天都明确或含蓄地告诉学生,他相信他们有能力达到高水平的成就。

- 告诉学生,他不会接受低质量的作业,并会将其归还他们重做。

- 在学生确信自己有能力完成任务时,避免帮助学生达成任务要求。

- 告诉学生失败是不可避免的也是可以接受的,因为就是这个样子。

- 让学生们以物理方式或虚拟方式操作游戏环境,通过游戏使学习变得有趣。

根据将近400名低收入、来自市中心的中学生和高中生的回复,好教师会采取如下做法:

- 用行动督促学生学习而不接受不交作业或迟交作业的理由,经常检查作业,给予奖赏,并且与父母保持联系。

- 保持课堂有序、进行良好,使打扰降到最低。(你会在第12章"课堂管理"中看到具体描述)

- 能够根据学生的需要提供相应的帮助。有些学生在课后需要帮助,有些在课堂上需要帮助;有的希望单独接受帮助,有的希望与同伴协作时受到帮助,有的则希望在课堂问答环节得到帮助。有的学生则只有确信了只有教师知道自己在接受帮助时,才会寻求教师的帮助。

- 努力让所有学生理解学习材料,而不要匆忙地赶教学进度。要以一种清晰的循序渐进的方式,以多种形式,为学生提供解释。

168

- 使用各种各样的教学策略,如小组作业、讲座、课本阅读、做练习、全班教学和动手活动。

- 通过了解学生的个性和校外生活,努力理解学生的行为(Corbett & Wilson, 2002)。

David Gardner 的教学经验和对这些高中生的调查结果,得到了一项关于高效能教师的研究的支持。该研究调查了31名在城市低收入学校的优秀教师,发现他们做了很多与上述列表中同样的事情。事实上,他们的学生在英语和数学方面获得的成绩,也比其他教师所教的学生更好(Poplin, Rivera, Durish 等, 2011)。

对于家庭作业能够促进成绩这一问题,我们最后要作些说明。在过去15年的时间里,分配给学生的家庭作业数量有所增加,这是因为有必要增加学生的作业量以达到国家标准,并符合2011年的《"不让一个孩子掉队"法》的规定。教育工作者认为,增加学生的家庭作业将会带来更高的成绩等级和测验分数。这是真的吗?不足为奇的是,从研究文献中(参见,例如,Cooper, 2001; Cooper, Robinson, & Patall, 2006; Maltese, Tai, & Fan, 2012; Marzano & Pickering,

2007）得出的结论是，这取决于学生的年级水平以及家庭作业的结构。与没有做家庭作业的同学相比，做作业对于高年级小学生和初中生有一些益处，而对于中学生来说益处有限。但是，只有当家庭作业足够简单并且学生成功地完成全部或大部分作业时，这种好处才会出现。对于高中生来说，他们从做作业中得到的任何好处，似乎都取决于使用的结果度量。研究表明，家庭作业质量与数学和科学的期末成绩没有任何关系，但与标准化测验成绩有重要关联。很明显，教师在布置作业时，使用了与标准化测验类型相同的问题（Maltese, Tai, & Fan, 2012）。

2. 运用各种各样的教学技巧，帮助教育处境不利的学生掌握基本的和高级知识与技能。

1970 年代的研究（Brophy & Evertson, 1976）发现，如果教师遵循以下七条指导原则，教育处境不利的学生的课堂成绩和标准化测验成绩都会提高：

- 消除干扰，最大限度地利用学生实际花费在学习上的时间。
- 设置高期望，创建支持成就的课堂气氛。
- 将任务分解成小的、易于管理的模块，然后按逻辑顺序排列。
- 让学生在小组中进行具体的练习。
- 直接提问有确切答案的问题。
- 提供经常练习和复习的机会。
- 及时提供纠正性的反馈。

按照这些指导原则设计课堂教学既有好处也有代价。好处是学生会在学习任务上投入更多的时间，有更多的学生取得学业成功，有更多的学生对内容性知识和技能达到更高水平的掌握。主要的代价是当知识和技能在没有意义的环境中被当作孤立的片段来学习时，迁移是有限的。第二个代价是学生很少有机会与他人互动。

如果教师将这七项指导原则与当前考虑促进面临风险的学生的高水平学习的想法结合起来（Gordon, Rogers, Comfort, Gavula, & Mcgee, 2001; Knapp, Shields, & Turnbull, 1995; Torff, 2011; Zohar & Dori, 2003; 就像本书后面几章一样），他们可能会提高教育处境不利学生的基本技能水平，提高这些学生将所学到的知识迁移到有意义、现实的情境的能力。为了实现这两个目标，教师还应该做到以下几个方面：

- 为学生提供机会，使其将想法和技能运用到现实生活中或现实情境中，使得课程更有意义。例如，在收集和分析信息之后，学生们可以写信给市长，或者改进篮球场和棒球场。
- 给学生机会，允许他们讨论自己的想法及可能的用途。在向政府官员提出要求时，应鼓励学生讨论哪些论据可能是最有效的，以及如果官员们拒绝建议，他们应如何回应。

169

- 在复杂和现实的任务中嵌入基本技能教学。例如，书信写作活动可以用来练习诸如词汇习得、拼写、标点和语法等基本的英语技能。

- 指出课堂学习任务与校外经历的联系。例如，把注意力集中在诗歌和说唱音乐的基本相似点上。

- 向学生示范并解释，从事复杂的任务时，激活和使用哪些思维过程。当你读到第9章"社会认知理论"时，你会发现，高效率的学习者会有策略地完成任务，也就是说，他们分析任务、制定任务完成计划、使用各种特定的学习技能并监控任务进展情况。这些基本的学习过程，学生几乎从未明确地意识到。

- 让学生逐渐能够轻松处理复杂而现实的任务。毫无疑问，这里所描述的方法比20世纪70年代的结构化、小规模指导的方法，所承担的失败风险更大。但是这种风险可以通过搭建支架而达到最小化，我们在第2章中描述过这一点。你可能还记得，在支架式教学中，教师最初通过各种解释、演示和提示，为学生提供了大量支持。当学生能够独立完成更多任务时，支架就会被撤除。

3. 要警惕教师期望效应所产生的潜在危险；防范刻板印象的影响时要关注个人。

Myrna Gantner（1997）在靠近墨西哥边境的一所市内中学任教，是一名八年级的教师，形成了以下关于对待拉丁裔学生个体的经验：

- 对待拉丁裔学生与对待其他学生一样。如果教师们认为内城区的拉丁裔学生比其他学生能力差时，就倾向于给予他们较少的时间和注意力。学生们会很快注意到这些区别对待，并可能会以低质量的学习和更具破坏性的行为作出回应。

170

- 不要对学生做预判。如果你认为大多数拉丁裔学生使用毒品、加入了某些帮派或者学术能力有限，学生最终会意识到你的偏见，并采取相应的行动。Gantner的学生说，他们最欣赏那些对他们感兴趣且对他们有很高期望，并向他们展示如何实现目标的教师。

- 不要取笑学生的英语能力的不足。掌握第二语言的最好方法是经常使用。如果学生认为教师和其他学生会嘲笑他们的错误，他们就不会这么做了。

4. 记住，除了成为一名熟练的教师外，你也是一个有时会对学生产生主观反应的人。

试着控制诸如姓名、种族背景、性别、身体特征、兄弟姐妹或父母的知识、成绩和考试分数等因素的影响。如果你认为自己可以做到直率，那么就坦诚地描述你的偏见，并在特定的情况下提防它（例如，当你读到关于某个宗教或民族团体成员的事迹描述时，你会感到恼火吗？）。试着只关注学生自身，而不是他的父母和兄弟姐妹。

下列哪一项不是区分种族的一个方面?

a. 时间观念   b. IQ 分数

c. 言语交流方式   d. 社会价值观

5.3 多元文化教育项目

| InTASC | 标准 1(g) 标准 2(k) 标准 4(m) 标准 5(p) 标准 7(i) |

多元文化教育的概念已经存在一段时间了。许多构成当代教育项目的要素都是70到80年前设计的,并且是当时国际教育强调的成分(Gollnick & Chinn, 2013)。在这一节中,我们将通过描述现代教育项目的基本目标、假设、方法和特点,帮助你从多元文化的角度来理解多元文化教育项目教什么。

5.3.1 假设和目标

支持多元文化教育的各种论据起源于一系列假设(例如, Banks, 2008, 2009; Bennett, 2011; Castagno & Brayboy, 2008; Garcia, 2002; Gollnick & Chinn, 2013; Singer, 1994)。这些假设和目标呈现在表5-2中。

表5-2	多元文化教育的假设与目标
多元文化教育假设	**多元文化教育目标**
美国文化是由不同群体的文化组成的	让学生认识到种族刻板印象的起源及其不可靠性(例如,黑人暴力、犹太人吝啬、亚裔美国人数学和科学很好、拉丁美洲人脾气火爆)
与来自其他文化的人合作时,个人必须有自尊和文化尊严	教师要通过表达积极态度,使用合适的教学方法,建立公平的纪律,使学生感到被尊重和有价值
了解自己文化群体的成就,有利于提高自尊和群体尊严	通过学习少数民族群体对美国社会文化的影响,来促进自我接受感和尊重

（续表）

多元文化教育假设	多元文化教育目标
美国社会受益于不同文化群体成员的积极相互作用	通过了解种族群体的观点和作品,减少种族中心主义,增强不同种族群体成员间的关系
当教师将不同的文化价值观和经验融入教学中时,学生的学习成绩会提高	通过将学生置身于具有个人意义(如与种族相关的)情境中,帮助他们掌握基础阅读、写作和计算技能

5.3.2　基本方法

四种方法

James Banks（2009）是一位著名的多元文化教育权威,他描述了多元文化教育的四种方法[1]。大多数的多元文化教育项目,尤其是小学中的项目,都采用他所说的"贡献法"。在这种方法中,学生的学习对象是价值观和行为与美国主流文化相一致的民族历史人物(例如, Booker T. Washington, Sacajawea),而那些挑战主流观点的人(例如, W. E. B. Du Bois, Geronimo)则被忽视了。

第二种方法叫作"种族添加法",它包含了第一种方法。在这种方法中,只是在课程中简单地添加与种族相关的主题、观点和个人成就组成的教学单元。然而,看待一个种族的贡献的视角,则是取自主流文化。

第三种方法,Banks 称之为转换法。其假设是:对于人、事件、概念和主题的理解,没有唯一有效的方式,因此应该采用多元视角,发挥每种视角的长处。例如,早期定居在美国西部的拓荒者的观点,可以用诸如"西部是怎样胜利的"和"西部运动"这样的短语来概括。但是,在那里居住了几千年的印第安人部落,很可能会把同样的事件称为"西部被占领的方式"或"西部瘟疫"。你可能会发现,转换法是以建构主义原理(在前文中已提及)为基础的。由于这种方法需要学生具备第2章中所描述的具体运算图式,因此它通常是在中学阶段引入。

最后,还有一种方法叫作"决策和社会行动方法"。它整合了前面几种方法的所有成分,并要求学生针对自己正在学习的概念问题作出决策并采取行动[2]。

1　多元文化教育可以采用不同的方法。
2　多元文化教育旨在提高对多样性的尊重,减少种族中心主义和刻板印象,促进学生的学习。

暂停　与　反思

　　思考一下本节描述的四种方法。它们分别有什么优点和缺点？你会使用哪一种方法？为什么？

5.3.3　有效的多元文化教师的特征

　　尽管Banks对于如何构建多元文化教育项目有充分的构想，但是要实现这些项目的潜在价值，还需要有效的教师为之努力。一些研究人员（例如，Castagno & Brayboy, 2008; Garcia, 2002）已经提炼出了多元文化教师应具备的一些具体特征，这些特征有助于教师在教授不同文化背景的学生方面取得成功。简单地说，有效的多元文化教师会采取以下做法（照片5-3）：

　　1. 为学生提供清晰的目标。

　　2. 持续性地向学生表达高期望。

Robert Holmes/Alamy

照片5-3　为了让孩子们能更好地理解和认同不同文化的价值观和经验，教师需要将这些价值观和经验整合到教学中并给予强化。

173

照片5-4　多元文化教育者相信，当少数民族学生的学习材料和学习任务包含与他们文化相关的内容时，他们的学习效率会更高。

3. 监控学生的进步，并提供及时的反馈。

4. 有数年教授文化多样性学生的经验。

5. 能够清晰地解释自己为什么使用特定的教学技术（如下一节中所描述的那样）。

6. 努力在有意义的环境中嵌入教学。例如，一个主题的题目（用杀虫剂控制害虫）可以扩展到其他主题（研究杀虫剂对人类健康的影响，根据作物产量使用不同种类和数量的杀虫剂）。

7. 通过小组学习和手工活动提供主动学习的机会。例如，一名教师创造了写作工作坊，学生们在其中写作、修改、编辑和出版作品，供他人阅读。

8. 表现出高度的奉献精神。有效的多元文化教师是首批到校的人，也是最后一个离开岗位、周末工作、用自己的钱购买辅助用具，并不断寻找机会来改善他们的教学实践的人。

9. 通过能够反映学生的文化和语言背景的教学素材和实践活动，来提高学生的自尊（照片5-4）。

10. 对学生有很强的亲和力。有效的多元文化教师用"我爱他们就像爱我自己的孩子"和"这里是一个家庭"这样的术语来描述不同文化的学生。

5.3.4　教学目标和教学方法

教学目标

那些班级中有较高比例少数民族学生和低社会经济地位学生的教师，往往认为他们需要强调基本技能（比如计算能力、拼写、语法和词语解码）的掌握，因为少数民族学生和低社会经济地位的学生往往缺乏这些技能。虽然按照这种思路教学的确改善了儿童在基本技能测验中的成绩,但是一些教育家认为,这是以牺牲高水平技能为代价的,事实上来自贫困背景的学生是可能同时学到基本技能和高水平技能的。

Michael Knapp、Patrick Shields 和 Brenda Turnbull（1995）实施了一项研究来调查这个问题。他们调查了15所小学近140个一到六年级课堂的教学实践。这些学校都有大量来自低社会经济地位家庭的学生,因此便于考察低社会经济地位的儿童是否能够同时获得基本技能和高水平技能。在两年的时间里,这些研究者探讨了学习基本技能的课堂,以及强调更高层次和更有意义结果的课堂。第一组的教师广泛运用了训练和练习,对学习任务有明确要求,而且学习任务可以很快被完成。第二组的教师会使用课堂讨论的方式来让学生找出数学解题步骤背后的原因,或者探索解决数学问题的另外一些方法,要求学生阅读更长的文章,并给他们机会讨论他们所阅读的内容,教授他们阅读理解策略并给予他们更多的书面作业。

Knapp 和他的同事们发现,教学中强调概念理解和问题解决的孩子,在数学、阅读理解和写作测试项目上的表现,要比那些注重基本技能的学生更好。他们在基本技能方面的表现,也和那些强调基本技能的教师所教授的学生没有差别。

教学方法

多元文化教育的支持者最常建议的三种教学策略是同伴辅导、合作学习和掌握学习。尽管这些技术适合于任何一类学生,而且几乎可以达成任何目标,但它们非常适合于实现多元文化教育的目标,因此人们用"文化响应教学"来描述它们（Wlodkowski & Ginsberg, 1995）。

同伴辅导　顾名思义,**同伴辅导**（peer tutoring）就是由一个学生来教另一个学生[1]。这些学生的年龄可能是相似的,也可能相隔一岁或更大（后一种通常称为跨年龄辅导）。同伴辅导的理论基础来自让·皮亚杰关于认知发展的概念。回想一下我们在书中关于皮亚杰的讨论:认知增长依赖于一种不平衡的刺激,即学习者是被激励去消除这种不平衡。当拥有不同认知图式（因为年龄、知识或文化背景的差异）的孩子被迫相互影响时,认知冲突就会产生。当孩子们试图通过比较和对比彼此的观点来解决这一冲突时,就会发生认知成长。正如这一理论分析所显示的那样,做辅导的学生和接受辅导的学生都应该从互动中受益。在接下来的两段中,我们将简要总结一下同伴辅导对双方所产生的认知促进的研究。

研究人员发现,同伴辅导（也称为同伴辅助学习或结对学习）有助于学生的学习（例如, Graesser, D'Mello, & Cade, 2011; Wentzel & Watkins, 2011）。平均而言,在成绩方面,接受同伴辅导的学生得分为63（满分100）,而不接受同伴辅导的学生则为50。这在年幼学生（1—3年级）、城市学生、少数民族学生身上反映最为明显（Rohrbeck, Ginsburg-Block,

---

1　同伴辅导可以提高学生的成绩。

Fantuzzo, & Miller, 2003）。同伴辅导对非成绩类的学习结果也有积极的影响。前述研究人员（Ginsburg-Block, Rohrbeck, & Fantuzzo, 2006）对36项研究做了综合分析，他们发现，同伴辅导对学生的社会交往（例如交友能力和协作能力）也有积极影响。

提供辅导的学生也会获得实质性的学习受益，但前提是他们必须接受培训，并定期受到提醒：要提供关于知识怎样形成的解释和问题。辅导者应该像一名优秀的教师那样，提供新的例子，讨论基本概念，把不同的观点联系起来，提出一些需要整合和应用的问题，而不是简单地告知他人答案、总结事实，或描述步骤（Graesser 等, 2011; Roscoe & Chi, 2007）。

合作学习　与同伴辅导密切相关的是**合作学习**[1]（cooperative learning）。合作学习背后的基本观念是：通过在一个小的异质性小组（总共有4—5名学生）工作，并且互帮互学，掌握一个特定任务的不同方面，学生的学习动机更强，学到的东西比独立学习时学到的更多，所建立的人际关系也会比独立学习时形成的人际关系更加牢固。

David Johnson 和 Roger Johnson（1998, 2009a）对合作学习的作用的研究已超过25年，他们对合作学习与多元文化教育项目目标的关联形成了一种基本认识：学生难以通过阅读书籍和文章中学习到他们想要了解的文化多样性。他们只有通过学习如何与不同文化背景的人合作，才能对多样性的本质和价值有更深入的了解[2]。

Robert Slavin（1995）是合作学习的主要倡导者，他分析了99项关于合作学习的研究，发现其中有63项（64%）研究表明合作学习能显著提升学生的成绩。参与小组学习项目的学生，其学习结果都是最为积极的。与本章主题特别相关的是，在学习方面进行合作的学生，比没有进行合作的学生更有可能把不同族群的同龄人列为朋友且待人更加友好。

合作学习是一种普遍有效的教学策略，它对拉丁裔、黑人和美国印第安学生可能尤其有效。因为在这些学生的文化中，强调合作和分享。因此，这些学生可能比其他人更容易把自己作为团队的一部分高效地进行工作，他们履行自己的职责，同时帮助其他人来履行职责（Bennett, 2011; Castagno & Brayboy, 2008; Nieto, 2012）。一项研究发现，相较于独立或成对学习的学生，那些被告知必须帮助他人学习阅读短文的五年级黑人学生，会回忆起更多的课文内容（Dill & Boykin, 2000）。在13章中，我们会更多地谈到合作学习以及它对学习的影响。

掌握学习　第三种常用的教学策略——**掌握学习**[3]（mastery learning），是一种教学和学习方式。其基本理念是，如果满足下列条件，大多数学生都能掌握课程内容：（1）有足够的能力去学习一项特殊的任务；（2）有足够能力去理解教学；（3）愿意坚持不懈，直到达成一定

1　合作学习：学生以小组的形式共同学习。
2　合作学习可以增进不同种族学生间的相互理解。
3　掌握学习：大多数学生可以掌握课程内容。

水平的掌握程度;(4)拥有达成掌握水平所需要的充足时间;(5)接受高质量的教学。

掌握学习的提倡者认为,如果这些条件当前不具备,它们都可以被创造出来。例如,能力可以被视为部分地取决于个体习得的先行知识和技能。毅力也可以通过运用创造性教学方法和对成功的各种形式的奖励来增强。基本的掌握学习方法包括:明晰学习内容、将内容组织成一组相对较短的单元、使用各种各样的教学方法和材料、允许学生以自己的速率进步、监控每个学生的进步以确定问题并提供纠正性的反馈。同时,允许学生对每个单元进行重新学习和重新测试,直到他们掌握为止(Block, Efthim, & Burns, 1989; Gentile & Lalley, 2003)。

当同伴辅导和合作学习的相关研究结果一样,对掌握学习的研究结果表明,它对学生的学习通常具有积极影响。基于对相关文献的综合分析,Chen-Lin Kulik、James Kulik 和 Robert Bangert-Drowns(1990)得出的结论是:掌握学习项目对成绩有中等水平的显著影响。在实施掌握学习的班级,普通学生的考试得分属于第70个百分位,而在传统班级中的一般学生则居于第50个百分位。掌握学习的积极影响在较低能力学生中体现得更为明显。相比于传统班级里的学生而言,那些掌握学习班级里的学生对于所学习的课程和课程所教授的方式都有更积极的感受。

176

5.3.5 多元文化教育的必要性

有些人认为,多元文化教育项目代表了对美国基本价值观的拒斥,而这种反对传统价值观的做法是实施这类项目的唯一理由。我们感觉这两种观点都是对多元文化项目的误解。我们认为,多元文化教育项目与美国的基本价值观(例如容忍差异和机会均等)是一致的,并且在几个方面存在其合理性。

1. 多元文化项目促进的教学实践,对于一般学生及某一特定群体的成员来说都有效。例如,通过偶尔的触摸和微笑来表达对学生的兴趣,并允许孩子辅导一个更年轻的学生,可能会使大多数学生受益,而不仅仅是拉丁裔学生。

2. 所有学生都可以从理解不同的文化价值观中受益。例如,随着美国老年人口比例的增加,美国印第安人和亚裔美国人尊敬长者的文化特征,越来越令人向往。类似地,当我们耗尽自然资源并试图减轻环境污染时,学习与自然和谐相处的美国印第安人的价值观,就变得必不可少(Triandis, 1986)。

3. 美国社会变得越来越多元化,因此学生们必须懂得如何与不同文化的人们相处。

4. 多元文化教育项目向学生传达了"真相"取决于视角的观念。从欧洲的角度来看,克里斯托弗·哥伦布确实发现了一个新世界。但是,从那些土生土长于加勒比海的阿拉瓦克印第安人的角度来看,哥伦布入侵了他们已经居住了几千年的领土。类似地,我们可以把美国的历史描述为不断追求民主理想的持续进步史,也可以把它描述成进步不断受冲突、斗争、暴力和排斥干扰的历史(Banks, 2009)。

5. 多元文化课程可以促进学生的动机和学习。这些项目展示了对儿童文化的尊重,并且教授学生所在文化群体对美国社会的贡献。多元文化项目的支持者认为,这些特点使教育更加个性化和有意义。相反,如果孩子们觉得他们自己的文化背景不受到尊重,那么结果可能是灾难性的。下面是一位墨西哥裔美国学生的评论,他第一次意识到他的教师把自己看作另类、低人一等:

在足球比赛的中场休息时间,我花了一些时间去找洗手间。我在操场北边发现了一栋建筑并迅速向它跑去。当我正要进去的时候,一位教师把哨子吹得很响,我顿时呆住了。她向我走来,问我要去哪里,我是谁,我在操场那边做什么。我目瞪口呆,不敢回应,于是她拉着我的耳朵穿过操场回到南边。她严厉地告诫我,不要越过这条线,好好和其他墨西哥人待在一起。

就在这时,我停下来,转过身,看着学校,就像初次进入学校一样。我看到操场上画了一条白色的线,一边是白人孩子,一边是墨西哥孩子。然后我看了一眼这座被一分为二的建筑。办公室在中间,有两个翅膀向南和北伸展——一个是属于白人的翅膀,另一个是墨西哥的。我被我无法理解的情绪所淹没。我感到受伤、失望和沮丧。但最重要的是,我非常生气(Mendoza, 1994, p.294)。

177

6. 提供多元化教育的必要性已经得到了大量研究的支持,这些研究显示许多少数民族学生的学业成绩令人失望。正如我们前面所提到的,黑人、拉丁裔和美国印第安学生在标准化的词汇、阅读、写作、数学和科学考试中往往比白人学生得分低(Ornstein, Levine, & Gutek, 2011),而且这些差异早在四年级就出现了。虽然这些问题不容易解决,但在课程中包含与种族相关的内容和活动,有助于使课堂作业更有意义,也会鼓励少数民族学生掌握阅读、写作、计算和推理能力(Castagno & Brayboy, 2008)。

5.3.6 借助技术架起文化和社会经济地位之间的桥梁

InTASC标准　　　　标准 7(k)　标准 8(n)

正如我们前面所说的，多元文化教育的一个基本目的，是让学生有机会了解不同文化背景的人的特征，并试图理解这些人看待世界的方式。对于招收民族、种族和社会经济多样化的学生的学校来说，获取关于不同文化的历史、信仰和实践的第一手经验，这并不是什么大问题。但是对于招收同质性较高的学生的学校来说，多元文化教育的资源传统上主要限于书籍、杂志、视频和DVD。但随着技术的进步，这种不利于多元文化教育的局限性被打破了，我们可以借助技术手段，把一个真实的世界展现在学生面前。

现代通信技术允许来自不同地方和不同背景下的学生相互交流，分享想法和经验，学习新的观点（照片5-5）。这种交流可以使人们更加尊重多样性（Kontos & Mizell, 1997; Salmon & Akaran, 2001）。例如，Michaele Salmon 和 Susan Akaran（2001）描述了一个电子邮件交换计划，该计划是在来自新泽西的幼儿园学生和来自阿拉斯加的一年级爱斯基摩儿童中进行的，它让孩子们更加理解和尊重彼此的文化。有兴趣为学生提供更多关于阿拉斯加本土文化的知识、了解其相关教学方法的教师，可以在阿拉斯加原住民知识网络（Alaska Native Knowledge Network）网站上找到丰富的教学资源。

"四向计划（4 Directions Project）"是另一个重要的例子[1]。该项目将10个州的19所美国印第安学校与11所公立、私立大学和组织组合成一个联合体，使得分布在美国各地的印第安学校的学生可以与全国各地的印第安人部落分享当地的习俗和价值观。学生们通过网络电话会议展示他们的项目和成就，并参与虚拟社区。尽管这个"四向"网站是为

178

照片5-5　通过提供多种多样的参考资源和接触几乎来自全世界各地的人，计算机技术帮助学生更多地了解其他文化和社会阶层。

Ian Shaw/Alamy

1　通过电子化的途径将不同文化背景的学生联系起来，可以促进多元文化理解。

了促进美国印第安社区的交流，但该项目也欢迎其他学校参与或使用其资源（Allen et al.，1999）。该资源页面包含了一些重要模块，包括八个主题区域的文化相关课程计划和美国印第安人国家博物馆的虚拟游览。

本章前面部分，我们指出，许多来自低社会经济地位家庭的学生，存在教育失败的风险，因为他们在身体、社会、情感和认知发展方面都受到不良条件的影响。技术可能是解决这一问题的一种有效工具，研究已证明它在提高低社会经济地位和高风险学生的成绩水平方面显示出了有效的作用。在一项针对一所市内学校的研究中（Cole & Hilliard，2006），有一组低社会经济地位的三年级学生的阅读水平落后于就读年级两个等级甚至更多，他们接受了为期八周的网络阅读训练——基于"提升阅读"项目。该项目旨在互动的环境中使用音乐和视频来维持学生对课程的注意和兴趣，课的重心聚焦于提升学生的解码、语音意识、流畅性和理解能力。结果显示，在仅仅八周的时间内，阅读提高组在解码、流畅性和理解能力方面取得的分数，明显超过了相类似的没有算机辅助的传统阅读教学的学生群体。

在另一项研究中（Page，2002），在五所学校的三年级和五年级低社会经济地位的学生中抽取半数学生，使之在技术丰富的课堂上学习，而其他学生则在没有技术帮助的情况下学习同样的课程。例如，在银河系内行星和星座的这一单元的教学中，在技术丰富的课堂里，学生将收集来自科学软件或在线报告的信息，然后用PPT制作幻灯片演示文稿。在另外一些课程中，他们可能会与其他学校的同年级学生进行视频会议。虽然这两组学生在阅读标准测验的分数上不存在明显差异，但是在技术丰富课堂上的学生，在数学标准测验和自尊心测试中的成绩要显著高于没有技术帮助的学生。另外，在技术丰富课堂上，学生之间的互动更多，而师生之间的互动较少。

在本书的前几版中，我们指出，拥有大量低社会经济地位学生的学校，不像拥有大量富有家庭出身孩子的学校那样有很多接触网络的机会，但现在这种差距已经逐渐消失了。2005年，在低贫困和高贫困学生所在的学校中，前者平均3.8个学生使用一台联网电脑，而后者是4.0个学生。然而，从城市、农村、大学校—小学校的对比结果看，它们在信息技术方面的使用仍存在较大的差距（Wells & Lewis，2006）。这里，不要忘记我们之前所提到的学生之间的差异：单亲家庭的学生接触网络远不及双亲家庭的学生。因此，正如我们在过去的版本中所指出的，技术资源不足可能会阻碍我们在本节中描述的缩小文化和社会经济地位之间的鸿沟的努力。

至此，您已经熟悉了多元教育文化项目的性质和目标，以及一些可供使用的教学工具，下面的教学建议可以帮助你实施相关的教学。

InTASC	标准 2（g）　标准 4（m）　标准 5（p）　标准 8（k）　标准 9（i）

1. 使用文化关联教学方法。

为了实现多元文化教育的目标，教师应该采用文化关联教学法（Ladson-Billings，2002）或称文化响应教学法（Nieto，2002/2003）。这种教学方法基于两个前提：首先，所有的学生，不管他们的民族、种族和社会阶层背景如何，都拥有可用来帮助他们学习的资产。其次，教师需要意识到并以各种方式满足学生的学习需求。换句话说，单纯使用多元文化基础阅读，并不能称为文化响应教学法。除了采用多元文化阅读材料外，你还应该尽一切可能帮助所有学生学习阅读。比如，亚利桑那州和加利福尼亚州的拉丁裔学校的成功教师，对学生有很高的期望，对学生的要求明确，永远不接受低质量的作业，用支架式教学引导学生学习，使用西班牙语教学或允许学生在学习时说西班牙语（Rolon，2002/2003）。

Gloria Ladson-Billings（2002）写过大量关于针对少数民族和处于风险中的学生的教学的文章，她提供了一些文化关联或响应教学的例子。一名二年级的教师允许她的学生从不讨人嫌的说唱歌曲中引出抒情诗。学生们演唱了这些歌曲，教师和学生们讨论了这些词的字面意义和象征意义，以及诗歌的押韵格式、头韵和拟声词。学生们对于诗歌的理解超过了州和学区的学习标准。另一位教师邀请她的学生家长在课堂上进行为期 2 到 4 天的"研讨会"，每次一到两个小时。一位以制作高质量红薯派而闻名的家长，教会了学生如何制作红薯派。此外，学生们还需要完成相关项目，例如撰写关于乔治·华盛顿·卡夫研究"红薯"的书面报告、制订销售红薯派的营销计划、撰写一份关于成为厨师所需的教育和经验的说明。另外一些类似的研讨会，是由一位木匠、一位前职业篮球运动员、一位有执照的临床护士和一位教会音乐家主持的，他们都是学生的父母或亲戚。

2. 帮助学生意识到每个种族对美国和世界发展所做的贡献。

像我们之前提到的，James Banks（2009）已经阐明了四种多元文化教育的方法，其中第一种是贡献法。这种方法强调了大量少数民族群体中杰出的成员对于美国的贡献，以及每个群体的主要节日、庆典和习俗。对于实施这种方法的一个建议是，邀请来自不同种族背景的学生家庭成员（以及其他当地居民）进入教室，请他们描述自己的种族成员所遵循的价值观，并解释这些价值观是如何促进美国和世界其他国家的生活的。

180　　　3. 使用与具有特定文化背景的学生价值体系相一致的教学技巧和课堂活动,鼓励学生学习和了解彼此的文化。

来自拉丁文化的学生,非常看重集体主义或家庭成员的相互依赖。从很小的时候开始,这些孩子们就被教导如何通过与他人合作来促进群体的成功(Rothstein-Fisch, Greenfield, & Trumbun, 1999)。为了体现这种价值观,可以考虑采取如下一些做法:

- 分配两或三个孩子而不是一个孩子,完成一项课堂任务。例如在一个艺术节后清理现场。如果必要的话,允许他们互相帮助。
- 对于英语能力不足的学生,多采用集体朗诵的方式,这样他们就可以在不成为他人注意中心的情况下,练习自己的解读和发音技能。
- 布置完作业后,让学生先讨论问题,而不要写下答案。这样,那些精通英语并拥有较好智力技能的学生,就可以帮助能力较差的同学更好地理解作业任务。一位使用这项技术的三年级教师惊奇地发现,每个学生都完成了作业。

我们要记住,那些最近移民到美国的学生,可能不熟悉、不习惯这种以学生为中心的教学方法。例如,在一些文化中,学生被教导不要说话,除非教师问了一个需要直接回答的问题;也不要在老师不提问的情况下,主动回答问题(以免显得自负);即使老师讲的是错的,也不要对老师提出质疑(Miller & Endo, 2004)。如果你的班级里有刚刚移民来的亚洲学生,你可能也需要谨慎使用让同学在网上彼此修改的写作软件。由于看重保持面子(公共形象),新加坡学生对公开纠正同班同学的错误十分抵触(Young, 2010)。对于与他人一起工作,向教师寻求进一步的解释,评价同伴的学习,这些学生都需要一段时间去适应。

4. 在中学阶段,让学生参与探索认识、信仰和价值观方面的文化差异的活动。

一个精心构思的多元文化教育项目,不能也不应该回避文化冲突问题,或者把它最小化。帮助学生探讨文化冲突问题至少有两个理由。其一,冲突一直是文化群体之间关系的一个重要方面。其二是,文化冲突常常会带来有利于所有社会成员的变革(一个典型的例子是,20世纪60年代的民权运动中的抵制、游行和示威活动)。文化冲突起源于观念、信仰和价值观的差异。例如,美国文化很重视自力更生。美国人通常尊重并赞扬那些通过自己的主动、坚持和聪明才智实现个人目标的人,他们往往看不起依赖他人为自己谋福利的人。

181　因此,在经济上依赖子女的美国父母,即使孩子们有足够的条件来奉养他们,他们也可能会因为羞愧而隐瞒事实。在中国,同样的情况可能会引发不同的反应,因为中国人对于自力更生和家庭责任有着不同的价值观。中国父母如果在晚年无法自力更生,而孩子事业成功,足以奉养他们时,他们很可能会向别人炫耀(Appleton, 1983)。

探索文化冲突的一种方法是让学生通过报纸和新闻杂志寻找描述冲突的文章。然后让他们找出冲突的根源以及如何积极地解决这一冲突。另一种方法是让学生参与模拟群体冲突的游戏。例如,班级成员可以扮演代表不同种族群体利益的州议员的角色,或者游说资助的人,以便于让贫困学区得到更多经费(Appleton, 1983)。在高中阶段,使用模拟方法和讨论文章可能是最好的。因为青少年比年轻的学生更能理解这些活动中涉及的抽象概念。

5. 让学生,特别是中学生,参与社区服务活动。

在许多学校系统中,我们发现服务学习项目有很多用途。首先,它为学生提供机会,通过努力解决社区环境中的实际问题来拓宽他们在学校学到的知识。因此,参与服务项目的学生会获得更高的成绩,并提高了社交技能。第二,它帮助学生形成公民意识和社会责任感。第三,它帮助学生进一步了解职业选择。第四,它为社区提供了有益和必要的服务(Billig, 2000; Furco & Root, 2010; Nucci, 2006)。举个例子,Natalie Russell(2007)作为一位高中英语(作为第二外语)教师,就使用一些服务学习项目,比如编制一个西班牙语/英语短语手册,免费发放给社区成员,以帮助学生更好地融入社区,并且让英语课更有意义和有用。关于服务学习项目和组织的更详细的信息,可以在国家和社区服务公司的网站上找到。

6. 与少数民族学生家长密切沟通,共同努力。

为了帮助学生和他们的父母成功地过渡到一个新的国家和学校系统中,教育工作者和多元文化教育学者(例如,Castagno & Brayboy, 2008; Soldier, 1997)建议尝试下列做法:

- 在学年的第一周,举办家长—教师—儿童会议。如果必要,这些会议也可以在晚上在学生家里举行。
- 招募双语家长志愿者,帮助教师和工作人员与家长和学生进行交流。
- 与家长讨论课堂任务和学生表现时,避免使用术语和缩略词。这样不仅会减少误解,还会减少家长的自卑感。
- 参与学生社团举办的文化活动。
- 招聘社区成员来帮助学生举办一些你希望学生能实施的特定文化项目。

充实学生的背景知识

（作者：Carol April）

关于阅读过程的研究表明，建立背景知识是理解的基本要素。作为一名小型农村社区学院的阅读教师，我一直面临着教授不同社会经济水平和文化背景的学生的挑战。我的学生的图式或先行知识的数量和类型，在学校的每个年级和每个班级都有所不同。

为了补充五年级的课程，我选择了由罗伯特·派克所写并获得纽博瑞银奖的《远离芝加哥》（*A Long Way from Chicago*）一书，与六名学生一起阅读。这是一部历史题材的小说，讲述了两个孩子在20世纪30年代和祖母一起度过暑假的故事。主要人物的发展脉络是易懂的，但为了充分理解和欣赏这些人物，尤其是祖母，对时间和地点（故事发生在伊利诺伊州的农村）的了解至关重要。我的一些学生不知道伊利诺伊州在哪里，但是另一些学生已经在美国旅行过了。我怎样才能让我的学生参与进来，同时帮助他们加强理解呢？

《远离芝加哥》的每一章都以某一特定事物或人物为中心。例如，有一章讲的是一个卫生间，另一章提到了黄麻袋，还有一章描写了醋栗烘烤。一幅双翼飞机的图片装饰了这本书的封面，乔伊是主角之一，他垂涎哈德逊公司生产的泰拉普林8型汽车。大萧条的影响也被提及，同时还提到了约翰·洛克菲勒和约翰·迪林杰。了解这些东西是什么，了解时间对故事的影响，了解一些历史数据，对我来说成了关键的教学点。我希望我的学生喜欢这本书，我也知道我必须为他们建立背景知识。

我决定，对于每一个项目，我都要挑选一个学生作为班级专家。这意味着学生将研究这个项目，并为小组准备一个简短的报告，包括对指定的信息、视觉辅助和文本链接的描述。在教学中，学生们对使用技术感到兴奋（他们可以使用电脑、Ipad和打印机），他们可以自由决定自己想要分享的新信息，并为成为当天的专家感到荣幸。

这是多么大的成功啊！每一名学生都可以向全班展示自己的研究项目，并充满着自信心与创造力。通过允许他们领导讨论并帮助同伴扩展知识，群体的凝聚力变得越来越强。学生们能够掌控自己的学习，加深对这本书的理解和欣赏。就我自己来说，也对这个故事喜欢得不得了。我的学生们希望能够读一读续集，但我们已经没有时间了。明年我会给他们充足的时间来阅读这两本书，同时让学生自己做专家和我一起来讲解。

（Carol April是哈密尔顿中心学校的一名阅读专家。）

你掌握了吗？

下列哪一项是对James Banks多元文化教育方法中的"转换法"的最佳描述？

a. 对于涉及理解文化问题和事件的主题，要从多个角度进行探讨

b. 从美国主流文化的角度研究历史人物和事件

c. 著名历史人物对美国社会的贡献是研究的重点

d. 学生要针对某一文化理念或问题采取具体的行动

5.4 双语教育

InTASC 　　标准1(g)　标准2(k)　标准7(i)

正如我们在前面所提及的，21世纪头十年，美国移民数量创下了历史最高纪录。从2000年到2009年，美国有超过1 020万合法移民。不足为奇的是，这些家庭中学龄儿童要么英语能力不足，要么根本没有英语能力。2009到2010年，有470万幼儿园到十二年级的学生被列为英语学习者（约占所有学生的10%）（Aud等，2012）。

为了满足这些学生的需要，联邦政府为建立双语教育项目提供了财政支持。由于语言被视为群体文化的重要组成部分，许多学区将双语教育与多元文化教育结合起来。在本节，我们将探讨双语教育项目的性质和效果。

在我们介绍不同的双语教育方法之前，有三个要点需要你记住。

1. 双语项目已经成为一个充满情感和政治化的话题（Macedo, 2000; Perez, 2004; Porter, 2000; Thompson, Dicerbo, Mahoney, & Mac Swan, 2002）。教育工作者、家长和立法者对于应该投入多少时间和资源来帮助学生掌握母语技能，以及这些项目是否应该包括文化意识目标，都有自己的观点。有些人主张让学生尽快进入所有以英语讲授的课程，而另一些人则认为学生应该先牢固地掌握母语和英语，然后再向常规课堂过渡。尽管对这个问题的研究有助于我们了解当前的情况如何，但是没有告诉我们怎么做。

2. 单凭双语教育无法解决一些小语种学生的问题，例如与低社会经济地位相关的多种困难。

3. 没有一种双语教学的方法对所有小语种学生都有相同的效果。一些对低社会经济地位的波多黎各儿童来说有效的方法,可能对中产阶级的古巴孩子并不适用;反之亦然。

5.4.1　目标和方法

大多数双语教育项目都有一个共同的长期目标,但是在实现这一目标的方法上存在分歧。它们的目标是帮助学生尽可能高效地获得在学校和社会成功所需要的英语技能。实现这一目标的方法通常分为三类:过渡、维持、双向双语。

过渡性项目

采用过渡方法的项目,完全(针对无英语能力学生)或部分地(针对英语能力较弱的学生)用学生的母语上课,以避免妨碍他们的学习进步,但他们能够熟练地使用英语后,就不再用其母语授课[1]。此时,学生就进入常规课堂,接受全英文授课。为了尽可能缩短过渡的时间,有些项目会额外添加一个"英语作为第二语言"(English-as-a-second-language, ESL)的子项目。在ESL项目中典型的做法是将学生从普通班中抽出来,进行全天的强化英语教学(Gersten, 1999; Mora, Wink, & Wink, 2001; Thomas & Collier, 1999)。

维持性项目

184　　　采用维持方法的项目试图维持或提高学生的母语技能。学校会教授学生母语很长时间,然后才转向英语教学[2]。维持项目的支持者指出,心理学和语言学研究结果表明,强大的母语基础对英语和学科知识的后续学习很重要。此外,许多多元文化的提倡者倾向于支持维持方法,因为他们认为语言是群体文化遗产的一部分(Mora等, 2001; Robledo & Cortez, 2002)。

双向双语项目

一些双语教育学者(比如, Calderon & Minaya-Rowz, 2003; Perez, 2004; Thomas & Collier, 1997/1998, 1999)认为,过渡项目和维持性项目都是至关重要的,因为这些项目都属于补习性的,且参与此类项目的学生往往在某一方面存在不足[3]。这些教育者青睐所谓的双向双语教育(two-way bilingual education, TWB,也被称为双语浸入、双向浸入和双语言)。在双向双语项目中,同时使用两种语言对所有学生实施学科教学(照片5-6)。这种方法常用于一半在校学生主要使用英语,另一半学生主要使用另一种语言(通常是西班牙语)的情况。

1　过渡项目关注的是快速提高英语能力。
2　维持项目关注的是保持母语的能力。
3　双向双语教育项目以双语教学为特征。

双向双语项目在美国的27个州的346所学校被使用(应用语言学研究中心,2009)。虽然这些项目中的大多数采用英语加西班牙语这种双语形式,但也包括英语加汉语普通话、法语、广东话、那瓦霍语、日语、阿拉伯语、葡萄牙语、俄语和韩语这些作为少数民族的语言。与传统的过渡项目和英语作为第二语言项目不同的是,这些项目从幼儿园就开始了,并在小学期间持续,以保证促进学生的母语发展的同时,促进其非母语的发展。

照片5-6　一些双语教育项目强调利用学生的母语能力来帮助学生尽可能快地学习英语。其他项目则强调同时维持或提高学生的母语和英语。

加拿大和迈阿密(佛罗里达州)拥有两个最古老和最大型的双向双语项目。加拿大说法语的人数最多,特别是在魁北克省。由于许多父母希望他们的孩子对于英语和法语都很熟练,加拿大的学校在20世纪60年代就在K-12年级实施双向双语项目。在幼儿园和一年级,有90%的教学用法语,而剩下10%用英语。从二年级到五年级这一比例渐渐变成了50%与50%。到了六年级,大多数学生可以运用任何一种语言有效地学习。

迈阿密地区实施双向双语项目的动因是有大批从古巴来的移民。与其他所有双向项目一样,主要语言为西班牙语和主要语言为英语的学生一起参与该项目。与在低年级有很强的浸入式成分的加拿大模式(80%—90%的教学使用法语)不同的是,迈阿密项目中的教师在一天中有一半时间在教英语,而另一半时间在教西班牙语。

双向双语项目通常具有以下特征:

- 至少六年的双语教学
- 两种语言的高质量教学
- 两种语言的独立教学(例如,一天中的某段时间,一星期中的某一天,或间隔一周)
- 至少有50%的时间用少数民族语言进行教学和课堂讨论
- 每种语言的学生比例大致相同
- 同伴辅导

185

尽管双向双语项目不断增长并取得了成功，而且数据也显示大多数英语学习者可以用五到七年的时间来熟练地掌握英语，在学习上与他们的同伴达到差不多的水平（Cook, Boals, & Lundberg, 2011），但一些州（如亚利桑那州、加利福尼亚州、马萨诸塞州）已经取消或严格限制了双语教育项目。作为替代，他们会提供一年的英语浸入项目，在该项目中少数民族学生仅用英语进行学习（Thompson 等，2002）。马萨诸塞州2002年通过了英语浸入项目，但是后来又修改了法案，继续实施双向双语项目（马萨诸塞州，2013）。

研究结果

大多数双语教育研究探讨了以下问题：英语学习者在双语教育中掌握英语快，还是在英语浸入项目中掌握英语快？英语学习者的学科测验得分在两种教育中哪种条件下会更高？在我们对这方面研究做简要概述之前，请仔细考虑这些问题。与我们在本书中提及的其他主题一样，关于双语教育的研究结果是复杂的、不断变化的。用摄影技术作类比的话，我们目前知道的属于快照。然而，已有证据似乎支持以下结论：

- 尽管对于浸入项目和过渡项目哪种能够更好地帮助英语学习者获得英语能力的争论很激烈，但至少在目前，答案可能无关紧要[1]。在一个大规模的研究中，大约800名说西班牙语的幼儿园孩子被随机分配到四种类型项目之一：常规过渡、增强过渡、常规浸入、增强浸入。常规组和增强组之间的主要区别是额外增加每天的英语教学活动。两年以后，两个增强小组学生的英语达到了同等熟练水平，并且两个小组的英语熟练程度均优于传统的过渡组。

- 与浸入项目相比，参与双语教育项目的学生在用英语进行测试时，在阅读、语言技能、数学和总成绩上有小到中等的优势。当用母语进行测试时，参与双语教育的学生在听力、阅读、写作、语言总分、数学、社会科学、对学校和自己的态度方面有明显更好的表现。因此，增加用英语教学的时间，并不一定能够带来更高水平的学业成就（Cummins, 1999; Slavin & Cheung, 2005; Willig, 1985）。对加利福尼亚州的浸入项目的早期分析结果显示，虽然英语学习者的分数在斯坦福-9测试（一种标准化成就测验）中的分数有所增加，非英语学习者的分数也有相似的提升。因此，二者之间的成绩差距并没有改变（Thompson 等，2002）。

- 在马萨诸塞州实施英语浸入项目的前后，用州标准化测验检测三年级英语学习者的语言和阅读/文学，结果显示，与加州的情况类似，学生的语言技能和阅读能力总体上几乎没有明显差异。换句话说，无论是过渡方法还是浸入方法，都没有明

1　双语教育项目对学习产生中等水平的促进效应。

显优势。

- 参加双向双语教育的学生在阅读和数学测试中的得分，相较于只用英语学习的学生要高。

站稳立场 **双语教育：改变越多，越不改变** 186

"改变越多，越不改变"这一法国短语，也适合于描述目前对双语教育的目标与方法的争论。在20世纪早期，第一次世界大战之前，双语公立学校很普遍，尤其是在那些有大量德国移民的区域。然而，战争过后，对双语学校的公共资金支持突然削减，部分是由于对德国的抵制（德国在战争中战败并被视为侵略者），还有一部分原因是因为民族主义和孤立主义的发展。美国社会十分认同一个国家/一种文化的政策，并且一再强调美国是一个熔炉的观点。因此，对移民来的学生实施浸入式英语项目成为一种规范。

但是在第二次世界大战期间以及大战之后，与现在一样，美国学生在外国语言上的欠缺变得十分明显并引起了广泛的关注。这种情形催生了1965年第一版《双语教育法》，该法案强调要像掌握英语一样维持个人的母语。

作为一个未来的教育工作者，你的决定将部分地依赖于科学证据，因此我们建议你尽可能地忽视关于双语教育优缺点的争论，因为这些争论往往带有偏见和政治考量。你要关注当前的研究怎么说。通过对当前研究的分析，我们认识到双语教育项目，特别是双向双语教育项目，可以让英语不熟练的学生和以英语为母语的学生，都能从中受益。鉴于当前的技术能让来自不同国家的学生一起交流和工作，以及全球化贸易的发展趋势，我们应鼓励并大力支持可以提高学生双语表达能力的教育项目。

你怎么看？

你曾经参加过双语教育项目吗？你怎么看待在美国学校中扩展这类项目？

你掌握了吗？

只会说英文的塔米所在的学校采用广东话和英语教授数学、科学和社会研究课程。他的学校实施了以下哪个项目？

a. 过渡性项目 　　　　　　　 b. 泛亚项目

c. 维持性项目 　　　　　　　 d. 双语双向项目

5.5　技术和双语教育

> **InTASC**　　　标准 7(k)　标准 8(n)

多媒体、超媒体、电子邮件和其他技术，正在日益增加双语学生和英语学习者更有效地获得英语技能和其他学科知识的机会。例如，以前做英语（作为二语）教师的 Jan Lacina 描述道，网上聊天会话、讨论板和计算机程序，都可以用来帮助学生完善他们的语言技能。聊天室和讨论板可以让学生们好好复习他们之前已经写了的东西，这对于那些害羞或者担心发音错误的学生尤其有益（Lacina, 2004/2005）。一款名叫"科学地学习阅读辅助系统"的计算机程序值得关注。使用该程序时，学生大声对着麦克风朗读，程序就会提供音频和视频，来帮助学生学习发音错误或发音有困难的单词。

还有许多支持双语教学的网络资源。一个同时为教师和学生服务的网站是"戴夫英语咖啡馆"（Dave's ESL Café）。它的"学生物品"的菜单中包含帮助中心（论坛）、习语、短语动词、发音、测验、俚语和学生论坛。另一个叫作"科学博览助理"的网站，是用英语和西班牙语制作的，它旨在帮助八年级的孩子找到科学学习的目标和想法。最后，还有许多出版物描述了如何使用网站创建课程，来提高英语学习学生的听力、口语能力、阅读能力和写作能力（例如，Feyten 等，2002）。

> **挑战假设**　　**价值观评估**

"你们的日志非常有趣，"康妮对她年轻的同事们说道，"通过阅读你们的日志，我从中学到了很多，我将会单独地和你们每一个人谈论日志的内容。但是现在，我想重点讨论塞莱斯特观察的实验。"康妮让塞莱斯特向安东尼奥和唐详细叙述了她的观察。塞莱斯特讲完后，康妮说："我记得实验期间学生们都是以小组为单位进行实验的，为什么你们认为以小组为单位并不一定有效呢？"

安东尼奥露出想表达的神情。他看着天花板说道："当塞莱斯特在描述实验小组时，我想在塞莱斯特观察的小组中，也许会有学生出生在相比个人奖励更看重团队成就的家庭。我就是出生在这样的家庭中。我记得有一次，那时我才二年级，我们班转来了一个新同学。他是在当地出生的，口音也和我们其他人一样，但是他的父母是逃难到我们这里的。我原来以为他是中国的汉族人，没想到是苗族人。我们当时要求每人写一个故事，新来的孩子并不想写故事,老师问他为什么,他说'故事是我们聚在一起讲的,而不是我们一起写的'。老师对此表示理解,但还是告诉他必须要写一个故事,这样老师才能知道他能做成这件事,这样他就不会是'父母之夜'那天唯一没有故事的小孩。我那时感到很伤心甚至有点生气,因为我们家庭中认为的大多数重要的事情,在学校中并不重要。"安东尼奥说完看向窗外。

过了一会之后,唐说:"你们知道的,我一直努力寻找各种材料以使得我的课程多元化。但是安东尼奥刚才说的话让我认识到,不是我们所使用的教学材料,而是我们决定学生们做的事——以及他们应该如何做,会让学生感到或多或少地受到了关注。"

"学生带给我们的人生课程,"康妮说,"比学生将会在我们这里学到的知识更加重要。他们把他们的价值观带给我们。我们如何评价他们的价值观,以及如何把他们的价值观吸纳进我们的学生工作中,是对他们带入课堂的价值观表示尊重的一种方式。我们必须承认价值观评估是必要的。"

你掌握了吗?

一位小学双语教育的老师正在探寻帮助学生学习英语和其他学科的方法。你会为她提供什么建议?

a. 做大量的练习作业,因为熟能生巧;

b. 使用各种技术工具,因为它们具有提升学习效率的功能;

c. 让具有同等英语熟练水平的学生一起学习;

d. 让英语能力不足的学生,教英语更为熟练的学生.

小结

188

5.1 定义文化多元主义,解释移民和出生率模式如何导致美国文化多元化程度的加深。

• 文化是指一群人共有的认识、情感、信仰、思想、经验和行为模式。

• 从20世纪60年代开始,将美国作为一个文化融合大国的概念不再受欢迎,同时文化多样性、文化多元主义的概念得到了认可。当后者逐渐被接受,美国公立学校建立了多元文化教育项目。

• 文化多元主义建立在三个信念之上:(1)一个社会应该努力维持它包含的不同文

化;(2)每种文化都应该被尊重;(3)个人有权利参与社会而不放弃文化认同。

- 移民模式的变化和少数民族群体的高出生率,使得美国变得越来越多元化。

5.2 描述学生种族特点和社会阶层是如何影响课堂学习和教师期望的。

- 区分不同文化的两个重要因素是种族和社会阶层。

- 同一少数民族群体的人们通常会有以下共同特征:祖先原在地、宗教、价值观、政治利益、经济利益和行为模式。

- 沟通模式和偏好、时间观念、价值观、教学模式和学习过程偏好等方面的民族差异,会导致学生之间、师生之间产生误解。

- 学生所属的社会阶层对其行为有很重要的影响。社会阶层是指个人或家庭在社会中的相对低位。它由诸如年收入、职业、教育程度、衣着方式和物质财产等因素决定。前三个因素被用来定义社会经济地位这一更窄的概念。

- 许多低社会经济地位的学生和少数族裔学生的学习成绩之所以显著低于白人和中等社会经济地位的学生,可能有很多原因。这可能是因为低社会经济地位的学生比中等社会经济地位的学生更可能体验到无家可归及其他不良的童年经历,包括目睹暴力或成为暴力的受害者。有社会资本(在家庭、社区、学校有支持他们的人)的学生,更容易克服不良经历的消极影响。

- 教师期望效应是指教师向学生表达了特定的期望之后,学生朝着教师期望的方向来改变自己的行为。

- 研究显示,教师期望会影响学生的课堂成绩和参与水平,但这种影响既可能是积极的,也可能是消极的。

- 对教师期望效应起重要作用的因素主要是学生的社会阶层、少数民族背景、性别、成绩、吸引力,以及教师对于智力本质的认识。

5.3 定义多元文化教育,描述多元文化教育的四种基本方式。

- 多元文化教育项目假定,如果教师理解、接受和奖赏带有少数民族特征的行为模式,少数民族学生将会学得更多并有更强的自我概念。

- 高水平的多元文化教师使用已经被证实有效的一些技巧,例如提供清晰的目标、表达高期望、监控学生的学习进步、提供及时反馈和使教学内容变得有意义。

- 同伴辅导、合作学习、掌握学习是三种有效的教学策略,尤其适用于多元文化教育项目。

- 移民和出生率模式的改变,少数民族学生在学校的低水平成绩,以及学生必须与不同文化的人一起工作等因素,促进了多元文化教育项目的发展。

- 对于住在文化同质社区的学生而言,使用视频会议和电子社区这样的技术工具,可以帮助他们理解不同文化背景下的学生的特征和面临的问题。

5.4 描述下列双语教育项目的类型:过渡、维持和双向双语。

- 大多数双语教育项目拥有过渡、维持、双向双语三种目标。在过渡项目中,完全或部分地用母语来授课,直到学生熟练掌握英语后,再把他们安置到常规课堂。维护项目试图维持或提高学生的母语技能。双向双语项目按主要语言和少数语言比例大致相等的方式,向所有的学生提供学科教学,目前日益变得普遍。

- 一些州已经取消了他们的双语教育项目,而代之以为期一年的英语浸入课程。

5.5 描述基于网络的资源和互动(聊天回话和讨论板块)是如何帮助英语学习学生提高听说读写技能的。

- 教师可以使用网络聊天板、电子邮件、电脑程序和网站等技术工具,来帮助学习英语的学生改善他们的英语技能。

进一步学习的资源

- **多元文化教育:理论与实践**

James Banks 在《种族研究的教学策略》(*Teaching Strategies for Ethnic Studies*)(8th ed., 2009)一书中,对多元文化教育作了详细的描述。第一部分讨论了多元文化项目的目标、关键概念并设计了多元文化课程。第二到第五部分提供了10个不同种族的背景信息以及针对每一个种族的教学策略。这本书提供了十分有用的附件,包括一系列美国种族的可视化媒介、一系列关于种族和多样文化教学的网络资源,以及一份有关美国种族历史的关键事件年代表。

另一本实用的书籍是 Christine Bennett 所著的《综合性多元文化教育:理论与实践》(*Comprehensive Multicultural Education: Theory and Practice*)(7th ed., 2011)。该书的第一部分(1至3章)呈现了多元文化教育的一些实例。第二部分(4章和5章)描述了八种多样文化群体的同化与多元化。第三部分(6、7、8章)描述了影响教学和学习的文化上的个体差异和社会不公平现象。第四部分(第9章)呈现了一个多元文化课程开发模型、六个教学目标以及针对六个教学目标中的其中一个的26个教案。教案中包括教学目标的陈述、教学顺序的描述、所需要的教学材料的列表，以及一种评估目标达成程度的方法。

在《多元文化教育与网络：交集与整合》（*Multicultural Education and the Internet: Intersections and Intergrations*）（2nd ed., 2005）一书中，Paul Gorski描述了教师应该如何运用网络来帮助他们实现多元文化教育目标，并提供了丰富的在线资源。在该书中提到的一些网站，有他自己的"多元文化展示馆"网站。该网站包含教师角、研究室、意识活动、相关网站索引和多元文化意识测验等栏目。

我们曾把文化关联教学法称为"文化精通教学"。在《文化精通教学》（*Culturally Proficient Instruction*）（3rd ed., 2012）一书中，Kikanza Nuri Robin、Randall B. Lindsey、Delores B. Lindsey和Raymond D. Terrell描述了这种方法的构成要素，并为读者提供了一系列与这种教学方法相关的指导或问题，以便于读者反思和记录自己对这种教学方法的思考。例如，在第37页，作者提出了这样一个问题并留出空白让读者回答："为什么你试图成为一名文化精通教育的教师？你是怎么看待它的？"在第86页，作者问道"你听说过同事或其他学习者，通过指出非主流群体中某个人是十分优秀的，以此来原谅该群体中的低学业水平的学习者吗？你在这种情境下会作何反应？"

网络中有大量可利用的与多元文化相关的资源。一些优秀的平台包括：

全美多元文化教育学会（National Association for Multicultural Education）
多元文化教育中心（Center for Multicultural Education）

● 双语教育

Judith Lessow-Hurley在《双语教学的基础》（*The Foundations of Dual Language Instruction*）（6th ed., 2013）一书中，对双语教育作了介绍。Tony Erben、Ruth Ban和Martha Castañeda在《运用技术来教授英语语言学习者》（*Teaching English Language Learners Through Technology*）（2009）一书中，讨论了运用技术来教授英语学习者。

避免将所有的英语学习者都看作是相同的，是Alice Quiocho和Sharon Ula-noff

所著的《英语学习者差异化素质教育》(*Differentiated Literacy Instruction for English Language Learners*)(2009)的主题。他们描述了如何根据课堂上每个英语学习者的需求,量身定制课程和教学过程。

对于那些对英语浸入式课程感兴趣,或者在沉浸式课程比较流行的州(如亚利桑那州和加利福尼亚州)执教的人来说,Johanna Haver所著的《结构化英语浸入:学前—6年级教师和管理者的分步指南》(*Structured English Immersion: A Step-by-Step Guide for K-6 Teachers and Administrators*)(2003)一书,是一个有用的资源。具有32年课堂教学经验的退休教师Haver女士,在该书中讨论了结构化英语浸入(SEI)课程的特征,并为学前—6年级教师和管理人员提供了SEI教学方法的具体实例。另一个双语教育信息的优秀资源是"应用语言学研究中心(Center for Applied Linguistics)"网站。该网站提供了一个双向双语教育项目目录和一系列关于双向双语教育的在线文章。

第6章　包容学生的差异性

Jim West/Alamy

本章涉及的InTASC标准　学习目标

2. 学习差异

3. 学习环境

5. 知识应用

7. 教学计划

8. 教学策略

9. 专业学习与道德

学完本章内容后,你将能……

6.1　描述同质课堂会产生更好教育效果这一假设的历史渊源。

6.2　解释各种能力分组形式、评估研究的结果以及研究所建议的实践。

6.3　描述残疾人教育法(IDEA)的关键要点与其对教学实践的影响。

6.4　描述智力障碍学生的特征,并说明如何支持他们的学习。

6.5　描述有学习障碍和注意缺陷/多动障碍(ADHD)的学生的特点,并说明如何支持他们的学习。

6.6　描述有情绪困扰的学生的特点,并说明如何支持他们的学习。

6.7　描述超常学生的特点,并说明如何支持他们的学习。

6.8　解释如何使用全方位学习设计(UDL)与辅助技术来支持学生。

在20世纪之前，很少有教育工作者会面临教授非常多样的学生的挑战。大部分社区都相当小，而同一个学校的学生往往来自相似的背景。许多孩子，特别是较低社会经济地位（SES）的孩子，上学不规律甚至辍学。比如在1900年，只有8.5%合格的学生进入高中学习（Boyer, 1983），而这些学生几乎全部来自中等和上层阶级（Gutek, 1992）。此外，有精神、情绪和生理缺陷的孩子，会接受特殊学校教育、家庭教育，或者不接受任何教育。与当今学校相比，早期学校的学生缺乏多样性。

在上一章中，你已了解到当今学生在文化和社会经济地位方面的多样性。在本章，我们将集中讨论多样性的另一个维度：能力正常与能力缺陷这一成对（但界限经常有些模糊）的概念。在阐述教育工作者如何满足各类学生的需求之前，我们先简略地回顾一下当今教育实践的发展历程。

192

学习导读

这些要点能帮助你了解本章的重要内容。为了帮助你学习，这些要点也会出现在正文页脚。

能 力 分 组

- 能力分组背后的假设是：人的智力是遗传的、不可改变的，反映在智商（IQ）上；教学不是为了改变智力。
- 没有研究支持跨班级的能力分组。
- 乔普林计划和班内能力分组能适度提升学生的数学和科学学习。
- 跨班级能力分组对教学目标和方法均有消极影响。
- 乔普林计划和班内能力分组可以使教学更加聚焦。

残疾人教育法（IDEA）

- 残疾儿童被纳入特殊教育项目前，必须经过完整、有效、恰当的评估。
- IEP必须包括目标、相关服务和评定成绩的标准。
- 残疾学生必须在限制最少的环境中接受教育。
- 回归主流：将残疾孩子安置到常规课堂的政策。
- 纳入政策旨在让残疾学生全天在常规课堂接受教育。
- 学习困难、言语障碍、智力障碍或者情绪困扰的学生，最有可能成为IDEA的受益者。
- 多学科评估团队决定着学生是否需要接受特殊教育。
- 课堂教师、家长和几位专家共同准备IEP。

智力障碍学生（原称智力落后学生）

- 智力障碍学生容易遭受挫折，缺少自信和自尊。
- 智力障碍学生的认知趋向于过分简单化，难以进行概括。
- 要给予智力障碍学生一些简短的、能全速完成的作业。

学习困难学生

- 学习困难：是指由于基本的心理过程存在障碍，而非其他因素，导致学生出现问题。
- 学习困难学生在知觉、注意、记忆和元认知方面存在问题。
- ADHD的症状包括注意力涣散、过度活跃和冲动。
- 要帮助学习困难学生减少分心，把注意集中在重要信息上。

情绪困扰学生

- 情绪困扰：人际关系差，行为不当，抑郁，恐惧。
- 行为障碍主要是指那些可以客观地加以评估且需要改变的行为。
- 行为障碍学生倾向于变得要么有攻击性，要么退缩。
- 促进退缩型学生的人际交往。
- 运用技巧，预先阻止攻击性和反社会行为。

超 常 学 生

- 超常学生通常在一个或多个领域表现出色。
- 由于过度依赖测验分数来鉴别超常学生，很多有色人种超常学生没有被安置在超常班。
- 超常学生与普通学生在智力和情感方面存在差异。
- 为超常学生单独编班有助于促进其成绩，但这会让其中的某些学生降低学业自我概念。

运用技术支持特殊学生

- 全方位学习设计（UDL）将多样性视为学习环境中存在的一个优势。
- 美国联邦立法促进了多种辅助技术的发展。

揭示假设 **服务于学习**

每逢周五，只要康妮问唐关于周三上课的问题，他们的例会就会变得很活跃。上个周五，唐非常兴奋，因为他有机会为他一直观摩的二年级班上一节语言艺术课。赛莱斯特和安东尼奥已经根据唐的想法为他提供了很多上课的建议。结束例会时,他向康妮敬了个礼,露出一个大大的笑容,说:"这个教学计划一定能成功!"

　　然而在这周,一切变得不太一样。很明显的是,这节课完成得并不顺利。"那么,发生了什么意外?"康妮问。唐回答,"其实刚开始的时候一切很顺利。我派发了课堂资料并且导读了前言。"他的同事点头表示同意,犹记得他上周自信地认为导读前言可以帮助学生对课文人物有进一步的理解。"但是在进入正课不久,一个有学习障碍的小女孩问我为什么要阅读前言。"唐接着说,"我当时想,我们继续上课吧。因为在我的观察中,这个小女孩总是提问,扰乱课堂。我保持冷静,并又一次告诉她接下来要做什么。我又一次导读了前言,并且带领学生进入下一环节。而这个小女孩一直不停地问问题,让我无法落实我的教学计划。一节课只有25分钟,我却要花15分钟回答她的问题。我认为这个小女孩应该去特殊班级。她很可爱,但真的令我无法专心上课。"

　　赛莱斯特同情地说:"我知道个别学生不断扰乱课堂是一件多么令人沮丧的事,特别是你投入了这么多时间和精力进行准备。"而康妮思考了一会儿,说:"唐,我很好奇,你是否考虑了每个学生的需求?你的教学是为了帮助学生学习,还是为了完成某些任务?"

193

暂停　与　反思

　　如果我们仔细分析唐的语言,就可以发现,他似乎认为教学就是完成他预先的计划,而任何阻碍他计划的意外都阻碍了他的"教学"。我们通过阅读第2章中皮亚杰的理论发现,顺应需要变化。在本章,我们将再次思考顺应问题,但此时的情境是学生带入课堂的各种各样的需求。唐对教学和学习过程的理解,影响了他对妨碍课堂的突发事件的看法。这些看法如何影响了他接纳特殊需求的学生的能力?什么叫包容学生的差异性?你认为唐正在开展康妮所说的"服务于学生学习的教学"吗?

6.1　历史发展

| InTASC | 标准7(i)　标准7(j) |

6.1.1　公立教育的发展与按年龄分班

到1920年，美国的公共教育已不再是一个小规模的可选择的事业，这在很大程度上出于三个原因。首先，在1918年，所有州都通过了义务教育法。其次，许多州通过了童工法，而国会也在1916年通过了这一法案，禁止矿山与工厂雇佣儿童或青少年。第三，1901年至1920年期间，大量移民儿童进入美国。结果，这一时期上小学和高中的儿童，无论在数量上还是在多样性上，都有大幅增加。

教育者最初通过实施年龄分班，来应对学生的多样性不断增加的问题。在19世纪中期马萨诸塞州昆西的学校，每年都将相同年龄的学生分在一个班级，让他们一起学习某一部分学校课程（Cuban, 2012）。这种做法背后的假设是，当课堂更加同质而不是异质时，教师能更加有效地帮助学生学习，学生对自己和学校的态度也会更积极（Oakes, 2005; Peltier, 1991）。无论这些假设是否成立（这个问题我们稍后会讨论），它们曾经并且现在依旧为许多教育者认同，以至于又催生了另外两种更加同质的分班方法——能力分组课堂与特殊课堂。

6.1.2　按能力分组

按能力分组是通过标准化能力测验或学业成就测验，来把学习能力非常相近的学生分成一组。在小学或初中，学生们通常被分在低能力、中等能力和高能力班中。在高中，学生们被根据高中毕业后是准备读大学、做秘书还是进入职业学校，而分在不同班级。

能力分组也是学校当局应对移民学生大量流入的手段。因为许多移民学生英语不流利，在家乡时接受的教育匮乏，他们与美国本地学生相比在标准化测试中得分很低。另外，他们中的很多人来自贫困家庭，身体素质差。此时，将他们分入低能力班看似既合乎逻辑又是恰当的（Worthy, 2010）。

在本章的下一部分，我们会讨论当前按能力分组的应用情况。这种分组方法目前有若干不同的形式，并且依然被用来减少普通课堂中，正常范围内的学生的认知能力与成就的差异。

6.1.3　特殊教育

对于那些能力和障碍在正常范围的学生，按年龄分班级和进行能力测验是创建同质课堂的两种切实可行的方法。然而，义务教育法也规定，学校必须接收存在中度甚至重度身心障碍的孩子。这些学生不适应任何一种常规的教学，因此进入特殊学校。不幸的是，正如Alfred Binet所担忧的，给学生贴上"弱智"或"残疾"的标签，会使得他们接受低人一等的教育。在20世纪初，特殊学校沦为接收无法适应常规教育的学生的"垃圾厂"（Vallecorsa, deBettencourt, & Zigmond, 2000）。

在本章剩余部分，我们会详细讨论针对智力、社会性、情绪或者身体发展超过或低于正常水平的学生，而开设的各种特殊教育班级。在讨论这种教育方法时，我们应该特别关注残疾人教育法（IDEA）中的公法101-476条款，它反对开设过多的特殊教育班，鼓励把残疾儿童安置到常规课堂。

你掌握了吗？

在20世纪初，下列哪个因素导致公立学校通过能力分组和设置特殊班级来解决学生多样性的问题？

a. 义务教育法　　　　　　　　　　b. 童工法

c. 移民孩子数目激增　　　　　　　d. 以上均是

6.2　按能力分组

能力分组是一种广为使用的方法（Dornbusch & Kaufman, 2001; Lleras & Rangel, 2009）。在小学阶段，几乎所有教师在班级中组织不同的小组，传授不同的阅读或者数学知识。在初中阶段，大约三分之二至四分之三的学校，根据学生在某几个科目上的标准化测试分数，将他们分配到不同的独立班级。这个比例在高中阶段提升到百分之八十五，学生们依据每一科目的成绩被分到不同班级（如重点班、大学预备班、普通班）（Dornbusch & Kaufman, 2001）。在中学阶段，学校使用"能力追踪"而不是"能力分组"这一术语。本节中，我们会描述几种最常见的能力分组方式，并分析这种教育实践的背后的理由和假设，总结关于能力分组有效性的研究，考察是否有可替代的方法。

195

6.2.1　能力分组的种类

有四种常见的能力分组方式——跨班能力分组、二次分组、乔普林计划以及班内分组。你可能回想起，在一些班级中曾使用过这些分组方式。如果你想不起来，在你成为教师的第一年,你至少会碰到上述某一种分组方式。

跨班级能力分组

跨班级能力分组(between-class ability grouping)的目标是将智商或者成绩处于同一个水平的学生,分在同一个班级(照片6-1)。一般分为高能力、中等能力、低能力三种水平。每个能力组的学生几乎不和其他组的学生交流。尽管每个组学习的科目一致,高能力组学习得更加深入和广泛。在高中,这种分组方法经常被称为"能力分轨"。

二次分组

相比于跨班能力分组,**二次分组**(regrouping)能更加灵活和细致地区分学生。来自不同班级但是有同样年龄和能力的学生,同时学习同一个学科(通常是阅读或者算术)。如果某个学生表现得特别优异,他将会被分配到更高能力的小组。

然而,二次分组有两个劣势。第一,它需要参与的教师拥有较高配合度和计划能力。比如,教师们必须安排同步的阅读或算术课程。第二,许多教师不习惯于教每天只见一次、每次见面只有1小时左右的学生。

196　　**乔普林计划**

虽然二次分组将不同班级的学生组合在一起,这些学生依旧来自同一个年级。与之相反的是,乔普林计划(Joplin plan)将不同年级的学生组合在一起。比如,所有阅读分数达到4.6

照片6-1　按能力分组时,学生被选择并分配在与其具有同等学习能力的同学共同组成的小组中。

（四年级的达标分）的三、四、五年级学生将会一起上阅读课。数学课亦是如此。乔普林计划与普通的二次分组有相同的优点和缺点，并且该方法是一个成功的阅读计划——让每个人都成功（Success for All）——的基础（Kulik, 2003b; Slavin, Madden, Chambers, & Haxby, 2009）。

班内能力分组

班内能力分组（within-class ability grouping）是最流行的分组方式，几乎应用于所有小学中。在这种分组中，同一个班级的学生被分为2—3个小组，学习阅读和数学。就像二次分组和乔普林计划法一样，班内分组一方面具有可以为小组灵活安排作业的优势，另一方面还具有在1—2个学科就可以实施的优势。它的一个缺点是，教师需要让不同小组的学生互相交流学习以提高效率。它的其他缺点，我们会在接下来的部分阐述。

暂停　与　反思

在你小学或是中学阶段，你可能经历过能力分组。思考一下，它属于跨班能力分组、二次分组、乔普林计划或班内分组中的哪一种？你能说出你在什么小组吗？你在该小组中感受如何？

6.2.2　能力分组背后的假设

20世纪初按能力分组刚出现的时候，人们对影响课堂学习的各种因素知之甚少[1]。因此，教育者简单地假定某些想法是对的。其中的一个假定是，影响学习能力的智力是遗传的、固定的特质，因此个体的学习能力也几乎无法改变。第二个假定是，智力可以通过智商（IQ）测试来充分反映。第三个假定是，当能力相似的学生分在一组时，所有的学生都能达成最佳学习效果（Hong & Hong, 2009; Ornstein, Levine, & Gutek, 2011）。虽然许多教育者今天仍然坚信这些假定是对的（参见Worthy所做的一个访谈研究，2010），但本书总结的研究证据对这些假定的可靠性提出了质疑。

6.2.3　按能力分组的效果

由于能力分组几乎出现在所有的学区中，因此对于它的效果，研究者做了大量的探讨

1　能力分组背后的假设是：人的智力是遗传的、不可改变的，反映在智商（IQ）上；教学不是为了改变智力。

（Abrami, Lou, Chambers, Poulsen, & Spence, 2000; Applebee, Langer, Nystrand, & Gamoran, 2003; Callahan, 2005; Kulik, 2003b; Lleras & Rangel, 2009; Lou, Abrami, & Spence, 2000; Robinson, 2008; Yonezawa, Wells, & Serna, 2002）。研究的主要结果如下：

1. 几乎没有研究支持跨班级的能力分组[1]。被分到低能力班级的学生，他们的成绩比异质性班级里能力相仿的同学的成绩更差。被分到中等能力班级的学生，他们和没分组的同龄学生在成绩上差不多。高能力的学生，分到同质班后，成绩略好于处于异质班时。 来自卡耐基公司的一项关于青少年教育的报告（Jackson & Davis, 2000）显示："在不同能力班实施的教学，在公平性和卓越性方面都有所不足。按能力分班是不公平的，因为这会把有色人种和经济地位不利的学生分入低能力班级，使他们失去了公平的教育机会。低能力班级的教学往往比较差，常采用死记硬背和填鸭式教学，且进度缓慢。"（p.66）有一项在美国加利福尼亚州实施的研究支持了卡耐基报告。该研究的被试为将英语作为第二语言的高中学生。相较于学生的英语熟练度，能力分组能更好地预测学生各方面的学术成绩——包括学习等级及标准化成就测验的分数。低能力分组也意味着学生将上更少的课，这让他们达不到大学录取的标准（Callahan, 2005；也参见 Robinson, 2008）。

2. 有关阅读课或数学课的二次分组教学的效果的研究还没有什么结论。在为数不多的研究中，有的研究表明，当教学步骤和课本难度与学生真实学术能力而不是学生所在年级相匹配的时候，二次分组是有一定效果的。换言之，一个五年级学生在阅读得分只能匹配四年级的水平时，他应该读四年级的阅读书籍。

3. 与异质性班级的教学相比，乔普林计划对学生的学习有中等水平的促进作用[2]。

4. 在一至十二年级的数学与科学课中，班内分组教学与全班统一教学和混合能力小组教学相比，产生了一定的促进效果（分别提升8个和24个百分位）。普通学生在同能力小组中获益最多，而后进生在混合能力的小组中获益最多。由于几乎所有年级都会在阅读课上进行班内分组，研究者们并没有机会比较它与全班统一教学的效果差异。虽然如此，我们可以合理地认为，班内分组对阅读课的促进作用，应该与我们在数学课和科学课所发现的结果相似。

研究还显示，有些班内分组形式比其他形式更加有效。在以下两种条件下，班内分组的促进效应最大：（1）分组的方式不仅根据学生的能力，还根据其他因素，如对班级凝聚力的贡献；（2）所运用的合作学习中包含积极的相互依赖与个体责任两个特征（Abrami 等，2000; Lou et al, 2000）。（参阅第13章"教学方法"，该章还讨论了合作学习的其他特征）

5. 在自尊测量中，同质性班级的学生与异质性班级的学生得分相同。

---

1 没有研究支持跨班级的能力分组。
2 乔普林计划和班内能力分组能适度提升学生的数学和科学学习。

6. 与低能力班级的学生相比，高能力班级的学生对学校生活有更积极的态度，并且有更高的学习抱负（Ireson & Hallam, 2009）。

7. 跨班级能力分组在以下几个方面影响教学质量[1]：

a. 最好的教师往往去教能力最强的班级，而缺乏经验或者能力差的教师去教能力差的班级。

b. 高能力班级的教师强调批判性思考、自我定向、创造力和主动参与，而低能力班级的教师强调安静地学习、遵守规则和与同学良好相处。这种差异在数学和科学课上表现得尤为明显。

c. 与高能力组的教师相比，低能力组的教师使用更少和更简单的教学材料。

d. 与高能力组的教师相比，低能力组的教师对学生的要求与期望更少。

尽管有证据反对跨班级能力分组，但是有色人种学生和低社会经济地位的学生仍经常被分到低能力班级，这让他们与白人学生和中等社会经济地位的学生之间的差距越拉越大（Lleras & Rangel, 2009）。这种情况引发了关于歧视的控告，让某些学区通过了同意低能力班级的学生参加高阶课程学习的政策。然而，这种做法（有时被称为"自由选择计划"）并非必然会增加有色人种学生参加高阶课程的几率。根据实施该政策的四所初中和六所高中的测试结果，鼓励有色人种学生和低社会经济地位的学生参加高阶课程，这种做法基本上没有效果（Yonezawa 等, 2002）。这个计划失败的主要原因是：

198

a. 在部分学校，低能力班级的学生（大多数是贫困的和有色人种学生）并没有被告知他们可以参加高阶课程。

b. 在某些情形中，低能力班级学生的诉求被有意地延误，因为他们约不到咨询教师。事实上，有些咨询教师会劝阻这些学生参加高阶课程。

c. 只有在询问高能力班级的学生之后，低能力班级的学生才知道需要上预备课程或者达到最低绩点要求。在一个事例中，咨询教师竟然要求学生在参加高阶课程之前，必须通过一项缩减版的阅读理解测验。

d. 低能力班级学生的学习经历，让他们觉得自己没有能力和信心通过高阶课程。本质上他们已认同自己"低能力"或者"学得慢"（见 Hong & Hong, 2009）。

e. 有些学生对高阶课程不感兴趣，因为修习这类课程会将他们与朋友和熟悉的文化分开。另一些学生则认为他们不会被其他（大多数是中等社会经济地位的白人）同学接纳。

---

1 跨班级能力分组对教学目标和方法均有消极影响。

站稳立场　按能力分组或分班：背离初衷的举措

在本书开头，我们指出，运用科学方法研究教育的一个优点是，它能帮助我们避免由于主观或不系统的思维而带来的错误结论。当人们用个人价值观和经验来取代系统的研究成果时，通常所做出的教育决策对学生都会有不良影响。这在初高中的跨班级能力分组和严格的能力分轨系统中，也有体现。许多教育者坚信，与在能力异质性课堂相比，在能力同质课堂中，教师的教学将更加有效，学生也会学得更多。但是在过去几十年，几乎所有关于能力分组的研究都反驳了这个观点。因此，这种实践应该尽量少用，乃至完全不用。能力分组还有许多不利影响，比如损害学生的学习动机，抑制他们的智力发展。

我们认为，教师应该旗帜鲜明地反对跨班级能力分组，支持对所有学生都有效的教学方法，特别是合作学习和同伴辅导。当时机出现时，你要让你的同事们知道，他们所秉持的能力分组有益处的想法，并没有得到科学研究文献的支持。

你怎么看？

你是否与本书作者一样反对能力分组或能力分轨？你认为这样的做法是促进了还是妨碍了你自己的教育进步？

6.2.4　分组，还是不分组？

根据上一节总结的研究结果，我们建议采取三种思路。第一，停止使用全天的、跨班级的能力分组。尽管大多数初高中持续使用这种能力分组形式，但学生们并不会从中学得更多，也不会对自己和学校形成更积极的态度。停止使用这种能力分组，必须要借助有力的证据，去纠正或清除人们对此普遍持有的不当认识。

第二个思路是只使用有积极效果的分组方式，如班内分组和乔普林计划，特别针对阅读和数学教学。至今我们仍不知道，这两种能力分组方法为什么能够产生积极作用。Tieso（2003）认为小组越是同质，越有利于实施恰当、有效的教学（比如，教师会花更多的能力，去把成绩低的小组提升到成绩高的小组的水平）。如果这个假设成立，那么班内能力分组和乔普林计划的实施就必须以确保小组的同质为前提[1]。要实现学生的认知能力同质或相似，可采取的最佳方法是，根据他们过往的课堂表现和标准化测试分数进行分组。而最不理想（但是最常用）的方法是仅仅根据IQ测试分数进行分组[1]。

1　乔普林计划和班内能力分组可以使教学更加聚焦。

第三个思路是去除所有形式的能力分组，采取一种被称为"取消分轨"（detracking）的做法。取消分轨有多种形式。研究表明，如果实施得好的话，取消分轨可以让异质性班级中所有学生的学习，均得到支持（Burris, Wiley, Welner, & Murphy, 2008; Rubin, 2006; Watanabe, 2008）。

为了实施本书前面提到的差异化教学（Tomlinson, Brimijoin, & Narvaez, 2008），教师可以使用多种组织技巧和教学手段，帮助他们应对异质性课堂，他们也可以结合班内分组和乔普林计划，来运用这些教学方法。在下面的章节，当你学习各种教学方法时，要记住，每种方法是如何被运用应对异质性班级学生的多样化需求的。

你掌握了吗?

拉蒙纳是一名只能读两三个字母组成的单词的二年级学生。她的教师决定将拉蒙纳和另外四个学生组成一个名为"萤火虫"的小组。这种分组方式被称为

a. 乔普林计划

b. 班内分组

c. 跨班级能力分组

d. 二次分组

6.3 《残疾人教育法（IDEA）》

InTASC　　　标准2（h）　标准9（j）

对于能力分组的批评和质疑，同样也指向为残障学生开设的特殊班级。此外，根据布朗诉教育委员会案（Brown v. Board of Education, 1954），美国最高法院取缔了种族隔离学校，这一举措为残障学生获得同等的免费和合适的教育提供了先行背景（Ornstein, Levine, & Gutek, 2011）。因此，在20世纪70年代初期，国会中有影响力的议员提出动议，联邦政府应着手纠正教育系统中存在的不公平和缺陷。结果，一个司法上里程碑式的法案——《残疾儿童教育法（公民法94-142）》，于1975年颁布。1986年，该法律被修订和扩展为《残疾儿童保护法》（公民法 99-457），并且在1990年被修订为《残疾人教育法（IDEA）》（公民法 101-476）。IDEA在1997年被修订，并且细化了相关条款（"残疾人"，1997；Ysseldyke, Algozzine, & Thurlow, 2000）。受2001年的《不让一个孩子掉队》法的影响，IDEA在2004年再次被修订，它强调了孩子父母的参与（Dardig, 2005），

并且提供一种定义残疾学生的方法——"干预—反应"法（RTI）（Fuchs & Fuchs, 2006, 2009）。

6.3.1　IDEA 的主要条款

最近的关于IDEA的实施规定，是在2006被通过的。在美国教育部的官网上，你可以看到关于IDEA适用范围的完整解释。

免费与合适的公立教育

IDEA 的最基本目标是确保所有被定义为残疾的公民，从出生到21岁，无论他们的残疾程度多严重，都能得到公共财政所支持的特殊教育和相关服务，以满足他们独特的教育需求。这些服务能提供到教室、家里、医院，或者特殊机构，可以包括体育和职业教育，以及对主要学科的教学（"残疾人"，1997）。

纳入前的评估[1]

在残疾儿童被纳入特殊教育项目之前，必须完成"一个关于孩子的教育需求的全面评估"。这样的评估必须遵照以下规则：

1. 测试必须用孩子的母语。

2. 测试必须有特定目的，并且是有效的。

3. 测试必须根据测验出版方提供的指导法，由经过培训的人员来实施。

4. 对感知、操作、言语技能受损的被试所实施的测验，必须反映其能力和成就，而非残疾程度。

5. 一个单一测试（比如IQ测试）不能作为决定合适的教育项目的唯一依据。其他非测试数据，比如其他专业人士（学校教师）的观察记录、医疗记录和父母面谈结果，也需要收集。

6. 评估必须由多学科专家构成的团队完成，评估团队中至少包括一个教师或是孩子被怀疑有残疾的那个领域的专家。

7. 必须检测与孩子疑似残疾的方面相关的所有方面。

当你面对那些母语不是英语的孩子们时，需要特别注意的一点是，所使用的标准化测

1　残疾儿童被纳入特殊教育项目前必须经过完整、有效、恰当的评估。

验反映的是美国主流文化,翻译后的英语单词和短语,并不一定确切地反映原来的意思。因此,这些测验所测的可能不是它原本要测的东西。换言之,它们不一定有效。因此,对这类测验的结果的解释,要非常慎重(Kubiszyn & Borich, 2010; Robinson, 2008)。

个性化教育项目

对于每个被鉴定为残疾并接受特殊教育服务的孩子,必须准备一个**个性化教育方案**[1](Individualized Education Program, IEP)。IEP是一个书面的报告,它描述旨在满足孩子独特的需求的教育方案。IEP必须包括以下要素:

1. 关于孩子当前教育表现水平的陈述。

2. 关于年度目标的陈述,包括短期的具体教学目标。

3. 关于提供给孩子的特殊教育和相关服务,以及孩子在多大程度上能参与常规教育项目的陈述。

4. 服务开始日期和预期持续时间。

5. 合适的目标达成标准、评估程序,以及至少以年度为单位的用于确定短期目标达成进度的时间表("残疾人", 1997)。

IEP需要由多学科领域的专家团队来制订,团队成员要包括任课教师和特殊教育专家、一名或者两名家长、学生本人(如果合适的话)和其他由学校或父母裁定需要参与的人(表6-1是IEP的一个例子)。

最少限制环境

根据1994联邦政府关于IDEA实施的法律,对残疾儿童的教育服务必须在一个适应其残疾状况的**最少限制环境**(least restrictive environment)[2]中开展。学区必须确定一个限制程度逐渐增加的安置序列(常规课堂教学、特殊班级、家庭教学、医院和机构中的教学),并且根据多学科团队的评估结果,选择最能满足学生的特殊教育需求的最少限制环境。

这个政策通常被叫作**回归主流**(mainstreaming)[3],因为该法律的目标是让尽可能多的残疾儿童,不管他们的残疾程度多严重,回归主流教育,和健康的儿童一起上课(照片6-2)。在最近几年,回归主流这一政策已演变为"全纳政策",我们将在下文对

1　IEP必须包括目标、相关服务和评定成绩的标准。

2　残疾学生必须在限制最少的环境中接受教育。

3　回归主流:将残疾孩子安置到常规课堂的政策。

INDIVIDUAL EDUCATIONAL PLAN	11/2008

DATE

STUDENT: Last Name ___ First ___ Middle 53 8-4-98

School of Attendance ___ Home School ___ Grade Level ___ Birthdate/Age

School Address ___ School Telephone Number

Child Study Team Members

	LD Teacher
Homeroom	Case Manager Parents
Name ___ Title Facilitator	Name ___ Title
Name ___ Title Speech	Name ___ Title
Name ___ Title	Name ___ Title

Summary of Assessment results

IDENTIFIED STUDENT NEEDS: *Reading from last half of DISTAR II - present performance level*

LONG TERM GOALS: *To improve reading achievement level by at least one year's gain. To improve math achievement to grade level. To improve language skills by one year's gain*

SHORT TERM GOALS: *Master Level 4 vocabulary and reading skills. Master math skills in basic curriculum. Master spelling words from Level 3 list. Complete units 1-9 from Level 3 curriculum.*

MAINSTREAM MODIFICATIONS:

White Copy—Cumulative Folder ___ Goldenrod Copy—Case Manager
Pink Copy—Special Teacher ___ Yellow Copy—Parent

Description of Services to Be Provided

Type of Services	Teacher	Starting Date	Amt of time per day	OBJECTIVES AND CRITERIA FOR ATTAINMENT
SLD level III	LD Teacher	11-11-96	2 1/2 hrs	*Reading: will know all vocabulary through the "Honeycomb" level. Will master skills as presented through Distar II. Will know 1 2 3 second-symbols presented in "Sound Way to Reading." Math: will pass all tests at Basic 4 level. Spelling: 5 words each week from level 3 lists. Language: will complete Units 1-9 of the 4th grade language program. Will also complete supplemental units from "Language Step by Step."*

Mainstream Classes	Teacher	Amt of time per day	OBJECTIVES AND CRITERIA FOR ATTAINMENT
		3 1/2 hrs	*Out of seat behavior: Sit attentively and listen during mainstream class discussions. A simple management plan will be implemented if he does not meet this expectation. Mainstream modifications of Social Studies: will keep a folder in which he expresses through drawing the topics his class will cover. Modified district Social Studies curriculum. No formal testing will be made.*

The following equipment and other changes in personnel, transportation, curriculum methods, and educational services will be provided: *Distar II Reading Program. Spelling Level 3. "Sound Way to Reading" Program. Vocabulary tapes.*

Substantiation of least restrictive alternatives: *The planning team has determined academic needs are best met with direct SLD support in reading, math, language, and spelling*

ANTICIPATED LENGTH OF PLAN: *1 Yr.* The next periodic review will be held: May 2009

DATE/TIME/PLACE

☐ I approve this program placement and the above IEP
☐ I do not approve this placement and/or the IEP
☐ I request a conciliation conference

PARENT/GUARDIAN

Form 2011 ___ Principal or Designee

表6-1 个性化教育项目的示例

202

照片6-2 IDEA的最少限制环境条款，催生了回归主流政策，即让残疾儿童最大限度地参与到正常的课堂教学中。一些特殊教育专家指出全日制常规课程应该是这些学生的唯一选择。

此作出讨论。然而，当回归主流政策被不公平地应用到不同的种族群体时，争议就出现了。这里的争议主要集中在"不同种族学生之间的成就差异"上，一直持续到今天（Blanchett, Klingner, & Harry, 2009）。

6.3.2　纳入政策

尽管IDEA要求把残疾儿童安置在最少限制环境中,但是"当残疾的性质或严重程度已经是在常规课堂中使用辅助措施或者服务无法达成令人满意的教育效果时"该法律又明确规定可采用与常规课堂更为严格的安置方式("残疾人",1997,p.61)。然而近年来,有一种运动试图消除这种做法,它被称为**纳入政策**(inclusion)[1]或者**全纳政策**(full inclusion)。这种对回归主条款的拓展,也已经成为最受争议的IDEA修正案之一。

作为大部分倡议者使用的术语,"纳入"意味着将接受特殊教育的孩子放入常规课堂,并为其提供支持性的服务。"全纳"是指撤销所有的剥离项目(pullout program)和特殊教育的教师,让常规课堂的教师接受关于教育特殊需求的孩子的训练,以便于他们能在常规课堂教育这些特殊孩子(Kirk, Gallagher, Coleman, & Anastasiow, 2009; Smith & Tyler, 2010)。

关于纳入政策的争论

由于纳入教育带来一些挑战,教师们总是质疑这项措施。但纳入或全纳政策的倡议者提出四个论据来支持他们的观点:

1. 研究表明,与正常孩子隔离的特殊需求孩子,在学习上和社交上的表现,要差于回归主流的特殊孩子(Kavale, 2002)。

2. 大量的证据表明,孩子倾向于观察和模仿更加有能力的同龄人(比如,Schunk, 1987)。由此,我们可以假设,残疾学生在和正常学生在同一个班级里交流的时候,能学得更多(Kleinert, Browder, & Towles-Reeves, 2009; Sapon-Shevin, 1996, 2003)。

3. 在"布朗诉教育委员会案"中,最高法院判定,平等而有别的信条违反宪法。因此,把有特殊需求的孩子分开教育的剥离项目,侵犯了这些孩子的公民权,因为这些项目按照平等而有别的信条,将他们与正常的同龄人隔离开了(Kavale, 2002; Mock & Kauffman, 2002; Skrtic, Sailor, & Gee, 1996)。

4. 少数民族学生被不成比例地纳入特殊教育(Artiles, Klingner, & Tate, 2006; Harry & Klingner, 2006)。比如,2002年国家研究委员会指出,黑人学生被不成比例地归入某些特殊教育范畴,例如纳入"智力障碍"和"学习困难"类别(对于这些和其他特殊需求,会在接下来的部分介绍)。在特殊教育项目中,与白人学生相比,黑人学生成绩更差,更难以离开特殊教育班级(美国教育部,2004)。这个特殊教育中的这种差别,不仅仅反映在第5章所讲的"成就差距"上,也导致了有特殊需求的黑人学生被隔离出正常同龄人的课程

203

1　纳入政策旨在让残疾学生全天在常规课堂接受教育。

（Blanchett, 2006）。这反证了"布朗诉教育委员会案"中的违反种族隔离，也证明了种族间包容性的缺乏（Sapon-Shevin, 2003）。

纳入教育的反对者总是引用一些负面事例，比如特殊孩子违反课堂纪律，或者教师无法照顾到特殊孩子的需求（Kavale, 2002; Mock & Kauffman, 2002）。而纳入教育的支持者则让他们的观点变得流行起来。在2009—2010学年，大约95%的接受IDEA服务的学生被录入常规学校，他们中有59%的人大部分时间都在常规班级中（Aud等，2012）。

对干预的反应

当初版的《残疾人教育法（IDEA）》在2004年被修正为《特殊教育促进法》（称为2004 IDEA）时，有一项重大的调整。在2004 IDEA之前，学校专家被鼓励根据孩子的IQ和学习成绩之间的差异，来鉴定孩子是否存在学习困难。当孩子的成绩水平大幅低于他的IQ所预计的水平时，这个孩子就被界定为有学习困难。2004 IDEA介绍了另一种定义孩子学习困难的方法："**干预—反应**"法（response to intervention, RTI）（Bocala, Mello, Reedy, & Lacireno-Webb, Grisham-Brown, & Romani, 2009; Stepanek & Peixotto, 2009）。

RTI是通过孩子们从教学干预中得到的收益或者反应，来判定孩子是否存在学习困难。孩子们对教学有恰当反应，则说明他们是成功的学习者。但如果孩子们对教学感到吃力，特别是在低年级时，就存在学习问题，使之处于风险之中。这一理念旨在早发现问题，因为如果不早点发现，孩子的学习困难会成倍增加，导致其不得不退学。RTI的一个目的是在早期进行检测，发现孩子可能存在的学习问题，并提供合适的、有研究基础的教学干预（Fletcher & Vaughn, 2009）。第二个目的是帮助教师记录对学生所实施的教学干预，学生对每一种干预的反应如何。这种记录能帮助教师评估自己的教学对学生的学习有多大促进作用（Daly, Martens, Barnett, Witt, & Olson, 2007）。

在接下来的部分，我们会看到，RTI已经演化为一种获取学生学习数据，并使用这些数据来解决所有学生会遇到的学习困难的手段。如果我们将RTI放在一个教与学的动态交互背景下，那么它所提倡的就是一个教—测—教（teach-test-teach）的模式（Fuchs等，2007），并且将测试的目标提升到帮助所有学生，而不仅仅是学习困难的学生（Griffiths, VanDerHeyden, Skokut, & Lilles, 2009; VanDerHeyden, Witt, & Gilbertson, 2007）。如上文所说，我们将会在其他章节中再次见到RTI。现在，我们回到IDEA，讨论它的残疾标准。

6.3.3　IDEA与常规课堂教师的关系

当你成为教师时，规定为残疾学生提供教育服务的法律（PL 94-142），已经生效了将近40

年。从1978年开始,每个州都被要求出台相关的法律和政策,来实行关于残疾学生教育的多种规定。因此对你来说,指导你教学的第一个原则是:明确本地的相关法规。在关于IDEA的介绍会中,你可能被告知本州和本学校实施IDEA的方法。但是如果这个介绍不全面,你可以询问具体需要遵循的指导方针。第二个指导原则是:当有疑问的时候,一定要请教别人。当你成为一名新教师的时候,要牢记这两个原则,并思考一些关于IDEA的影响的问题。

6.3.4　IDEA规定的纳入课堂的残疾条件

据美国教育部的数据(Aud等,2012),在2009—2010学年,有648万3—21岁的儿童和青年(占公立学校入学人数的13%)接受了IDEA规定的特殊教育服务。

在这个年龄段的学生中,IDEA确认了12种残疾状况。第十三种——发育迟缓,只适用于3到9岁的孩子,并且只出现在部分州的项目中。接下来,我们将简要介绍前12种残疾。

- 自闭症:在言语、非言语交流和社会交往方面存在严重困难,对学生表现产生不利影响。
- 聋盲并存:听觉和视觉同时受损,导致严重的交流、发展和学习问题。这种双重残疾并不适合于接单独针对聋或哑的儿童的教育项目。
- 听觉障碍:永久或阵发性地无法听到别人说话,对学生表现产生不利影响。
- 智力障碍:严重低于正常的智力水平,并且在适应性行为(在社会交往环境中的恰当行为)上存在缺陷。这种残疾曾被称为"智力落后"(mental retardation),而在2010年正式改名为"智力障碍"(intellectual disability)(美国教育部,2010)。
- 多重障碍:两种或以上的残疾(比如智力障碍—听障,智力障碍—肢体障碍,但不是聋哑),对学生表现产生不利影响,不适于接受针对单一障碍的儿童的教育项目。
- 肢体障碍:使用手臂、腿、手指或者脚趾的能力受损,对学生表现产生不利影响。
- 其他身体障碍:严重的哮喘、血友病、镰状细胞性贫血、癫痫、心脏病或糖尿病,影响学生的力量、活力和觉醒程度,对学业表现产生不利影响。
- 情绪困扰:在一段时间中,表现出极端的个性或者社会交往问题,对学习和与他人相处产生不利影响(在1997年IDEA修订前,这一种类被称为严重情绪困扰)。
- 特定的学习困难:在与理解或是使用语言相关的基本心理过程上存在障碍,导致学习问题。这些学习问题并非源于身体缺陷、智力障碍、情绪困扰或者文化经济方面的劣势。
- 言语式语言损伤:一种交流障碍,表现为结巴、口齿不清或者发音障碍,对学生表现产生不利影响。

205

- 外伤性脑损伤：由于事故引起的脑损伤，导致认知或心理社会性障碍，对学生表现产生不利影响。
- 视力损伤（包括完全失明）：佩戴矫正镜片都无法改善的视力缺陷，对学生表现产生不利影响。

表6-1列出了2009—2010学年中，每类接受特殊教育的残疾学生的百分比。如你所见，绝大多数接受特殊教育服务的学生（73%）属于存在特定的学习困难、言语障碍、智力障碍或者情绪困扰的学生[1]。

206

表6-1	接受特殊教育的学生，2009—2010	
残疾类型	学校中残疾学生的比例[a]	接受特殊教育的残疾学生比例[b]
特定学习困难	4.9	37.5
言语或语言障碍	2.9	21.8
智力障碍	0.9	7.1
其他身体障碍	1.4	10.6
情绪困扰	0.8	6.3
发育迟缓	0.7	5.7
自闭症	0.8	5.8
多重障碍	0.3	2.0
听觉障碍	0.2	1.2
肢体障碍	0.1	1.0
视力缺陷	0.1	0.4
外伤性脑损伤	0.1	0.4
聋盲并存	0.00	0.0
总体	13.2	99.8[c]

a：学校（从幼儿园到十二年级）中的残疾学生年龄限定为3至21岁。
b：接受特殊教育的残疾学生年龄限定为3至21岁。
c：由于四舍五入，所以总和不是100%。
来源：Aud等（2012）。

---

1 学习困难、言语障碍、智力障碍或者情绪困扰的学生，最有可能成为IDEA的受益者。

6.3.5 IDEA规定的常规课堂教师的责任

InTASC 标准7（m）

常规课堂的教师可以以四种方式参与IDEA直接或间接地要求的活动：指引、评估、准备个性化教育方案、实施和评价个性化教育方案。

指引

因为教师或父母最熟悉孩子的日常学习以及与同龄人对比的进步程度，所以他们往往是评估和可能的特殊教育的推荐者。

评估

评估的第一步，必须通过家长的认可，并由学校拥有心理测试执照的心理学家实施。如果学校心理学家的初步结论支持了教师或父母对孩子需要特殊服务的看法，那么就需要根据IDEA的规定，组建一个多学科评估团队（Multidisciplinary assessment team）（照片6-3）。

照片6-3　儿童是否需要IDEA规定的特殊教育服务，在很大程度上取决于多学科评估团队提供的信息。任课教师通常提供有关学业和社会行为方面的信息。

由于1994年和2004年修订的IDEA要求任课教师加入**多学科评估团队**[1]，并在未来应用RTI，你必须准备多种信息：孩子对教学干预的反应；孩子的作业质量和考试成绩；理解和使用语言的能力；表现多种运动功能的能力；对一日内不同时间点的觉知；以及与同学交往的情况（Fuchs & Fuchs, 2006, 2009；Kubiszyn & Borich, 2010）。

准备个性化教育方案（IEP）

准备IEP时，如果评估团队成员不能全部参与的话，至少要有成员和教师（和家长）一起工作。IEP所需要的组成人员已在前文描述过，表6-1的上面也有说明[2]。

实施和评价个性化教育方案

根据残疾的性质和严重程度，学生可有半天乃至一整天待在常规课堂中，或者被安置在专门的班级或学校。如果学生待在常规课堂中，教师会被要求运用IEP所列的教学手段。因为IEP是由多学科的团队制订的，你会从中得到指导和支持，来为符合IDEA界定标准的残疾学生提供常规课堂教学。此外，教师也被要求确定教学目标是否达到，并提供达到目标的证据。在后面几章中，我们将介绍多种教学方法，以及评估学生的个性化作业完成程度的方法。

第504条：对残疾条件的拓宽

20世纪60年代的民权运动催生了1973年颁布的《职业康复法》。该法的504条款，防止歧视参与政府资助项目（包括公立学校）的残疾人。从2009年1月1日起开始生效的《美国残疾人法修正案》（ADAAA, 2008），拓宽了504条款对残疾的解释。ADAAA谈到的一种情况是，有些学生并不在IDEA的涵盖范围，但是他们自身存在的身体状况如果得不到监护，可能限制他们的学习参与度。在这种情况下，ADAAA规定，学校必须提供一个克服身体限制的计划。比如，对于有糖尿病的学生，必须检测其血糖水平。为糖尿病学生提供的504条款计划，可能包括在学校中设立一个"私人区域"，或者是专门的测试教室。大部分504条款的方案包含了那些不在IDEA范围但是有健康、药理问题，或者有多动症的孩子。

无论其残疾是否在IDEA和ADAAA规定范围之内，你所教的学生在类型上是多种多样的。有些会是特殊教育学生，他们在一天中会有部分时间出现在你的课堂。另一些学生，尽管在某些方面与普通学生明显不同，他们并没有参与IDEA特殊教育的资格。本章的剩余部分，将会描述这两类学生，以及相应的教学方法。有智力障碍、学习困难和情绪困扰的学生，总是需要特殊形式的教育，我们也将关注这些群体。此外，虽然IDEA和504条款没有提到，超常学生也需要特殊形式的教育。这一点，我们也会在后面加以讨论。

1　多学科评估团队决定着学生是否需要接受特殊教育。
2　课堂教师、家长和几位专家共同准备IEP。

暂停　与　反思

　　许多教师说,虽然他们认可IDEA背后的哲学,他们觉得自己的训练并不足以面对有特殊需求的孩子。你是否认为自己所接受的教师教育项目也是如此? 你将会怎样使自己做更好的准备?

你掌握了吗?

　　IDEA 的基本目的是:

　　a. 增加提供特殊教育的班级,让所有相关学生都可以进入。

　　b. 为特殊教育的教师提供高水平的训练。

　　c. 确保残疾学生能接受免费和合适的教育。

　　d. 开展与孩子能力相匹配的职业训练。

6.4　智力障碍学生

208

| InTASC | 标准2(h)　标准9(i) |

6.4.1　智力障碍的界定

　　2007年1月1日,美国智力落后学会(AAMR)改名为美国智力和发展障碍学会(AAIDD)。在2009年,最初的研究刊物,已发刊130年的《美国智力落后杂志》改名为《美国智力和发展障碍杂志》。改名是为了反映研究者和学会的工作范围,更好地呼吁相关的政治和社会变革,并且找到一个社会接受度更高的方法来称呼智力障碍群体。正如本书205页所写,美国教育部使用"智力障碍"而不是"智力落后"。AAIDD对**智力障碍**(intellectual disability)的定义是"……以智力功能和适应行为存在严重缺陷为特征的障碍,它体现在日常交往和实践技能的多个方面。该残疾发生在18岁之前"(美国智力和发展障碍学会,2009)。

老的智力落后概念是以IQ分数为衡量指标。如果一个人的IQ标准化测验分数，低于平均水平两个甚至更多的标准差（70至75或以下），他就被定义为有显著的智力功能问题。（如果你不懂标准差的意思，可以参阅第15章。）

第十一版的AAIDD鉴定手册，名为《智力障碍：定义、分类、支持系统》，它对智力障碍提出了一个新的定义（Schalock等，2010）。该书由18位专家编撰七年，关注三个方面的智力功能和适应行为：认知技能、交往技能和实用的日常生活技能。因此，对于智力障碍的理解，不能仅仅停留在智力测验分数上，还应考虑个体赖以在其环境中成功生存的适应性行为的发展情况。也许这个新观点让你想起来斯腾伯格的智力三元理论，又名成功智力理论。斯腾伯格认为，智力在各种情境中、以各种不同的形式表现出来。这一观点与将智力落后改为智力障碍的理念不谋而合。智力障碍这一概念包含多层面的评估，将这些评估与规划和支持系统关联起来，以便于帮助智力障碍的学生成功地参与日常生活。

6.4.2　智力障碍儿童的特征

智力低于平均水平的孩子与正常孩子有相似的发展轨迹，但是他们的发展速度和程度不同[1]。因而，低智商的学生所掌握的社交和实践技能，可能与正常智商的更年幼的学生一样。这些学生共有的一个特征是，他们与同龄人相比表现得不够成熟。当不成熟的学生发现自己不能做同学能做的事情时，他们就容易频繁地体验到挫折感。许多智力障碍学生对挫折有较低的容忍度，倾向于低自尊、低自信和低成就动机。这些感受与下一段描述的认识缺陷一起，使得智力障碍的学生很难与智力正常的同龄人成为朋友、良好相处。

智力障碍学生的认知特点包括：将概念过分简单化、缺少归纳能力、记忆容量小、注意时间短、只关注学习情境的一个方面而忽视其他的相关特征、无法创建适合于特定情境的学习策略、延迟的语言发展[2]。这些孩子的元认知能力有限，对于如何学习和影响学习的因素，缺乏相应的认识。（在第8章"信息加工理论"，我们将进一步讨论元认知这一概念。）

这些认知缺陷往往同时产生影响，造成智力障碍学生的学习问题。如，不能进行问题解决的泛化（也称迁移）。问题解决的泛化是指学生将在某个情境中学到的东西，比如纸笔运算能力，用来处理一个相似但不同的任务，比如计算店内付钱后找回的零钱是否准确。轻度智力障碍的学生可能不能自发地展现出迁移，原因有三：首先，他们的元认知缺陷限制了他们寻找两个任务中的相似点。其次，他们的注意力时间短，使他们无法注意到相似

1　智力障碍学生容易遭受挫折，缺少自信和自尊。
2　智力障碍学生的认知趋向于过分简单化，难以进行概括。

点。第三,他们有限的记忆容量和技能削弱了他们回忆相关知识的能力。

如果把这些特点与皮亚杰的认知发展理论联系起来,我们的理解将更为透彻。初高中智力障碍学生,可能永远不会超越具体运算阶段。他们可以处理具体的情境,但是很难掌握抽象信息,将一种情境泛化到另一种情境,或者提出和检测假设。年幼的智力障碍孩子趋向于将物品根据单一特点进行分类。

在接下来的教学建议部分,我们将综合考虑以上特点,以及如下一些研究者的观点:Michael Hardman, Clifford Drew, 和M. Winston Egan (2011); William L., Heward (2013); Nancy Hunt 和Kathleen Marshall (2012); Samuel Kirk, James Gallagher, Mary Ruth Coleman, 和Nicholas Anastasiow (2012); 以及 Deborah Deutsch Smith 和 Naomi Chowdhuri Tyler (2010)。

教学建议　指导智力障碍学生

InTASC　　标准7(k)　标准8(k)　标准8(l)

1. 尽可能避免让智力障碍学生处于容易遭受挫折的情境中。如果你努力后,学生仍然显示出快要到达挫折容忍的极限时,你要鼓励他们放慢节奏,或者参加一些身体放松活动。

由于与普通学生相比,智力障碍学生更容易产生挫败感,所以我们应尽量减小他们在课堂上产生这种感受的频率。也许最有效的方法是,给智力障碍学生单独的作业,这样他们不会将作业与同伴进行比较。然而,无论你多努力地尝试,你不能完全杜绝挫败的体验。因为你必须安排一些全班性的活动,而且就算是单独作业,对智力障碍学生而言也可能太难了。如果你注意到,一个学生因为不能完成作业而变得不耐烦,你可能要试着把他的注意力转移到一个更轻松的活动上,或者允许他短暂地休息,比如整理一下材料或是喝水休息。

2. 尽一切可能,鼓励孩子的自尊心。

智力障碍的孩子有贬低自己的倾向,因为他们认为自己在诸多方面不如同班同学。减轻自我贬低趋势的一个方法是,教师对那些能力弱的学生表示积极的看法。比如,教师可以说:"很开心又看到你。你让教室环境变得更加美好。"如果教师对学生表示积极的情感,他也会对自己产生积极的情感。

正如前文所说,许多教师通常不经意间向有些学生传达了自己对他们较低的期许。为

210

了避免犯这种错误，你可能需要做以下一件或几件事：给所有学生一些时间，让他们想出问题的答案；重复问题并且在问下一个问题前给予提示；提醒自己要给予智力障碍学生充分的个人关怀；传递给这些学生"老师相信你能学好"的信息。帮助智力障碍学生树立自尊心的最佳方法，或许是帮助他们成功地完成学习任务。建议3—5提供了一些你可能用得上的方法。

3. 布置的学习任务应含有较少的要素，且至少有部分要素是学生熟知的，这些任务应在短时间内可以完成。

由于智力障碍的学生趋于将概念过分简单化，教师应该给他们布置一些仅含有几个要素的学习任务，而且至少有部分要素是学生之前学过的[1]。比如，你可能让上社会研究课的有智力障碍的初中生，准备一份关于某位警官的工作的报告，而不是准备一份关于执法机构的分析报告（这个话题可能适合于班级里能力最强的学生）。

此外，由于智力障碍学生的注意持续时间短，给他们布置的作业应该是短作业而不是长作业。

4. 尝试将学习任务分为几个小步骤，而且对每个步骤都有即时反馈。

由于注意持续时间短，智力障碍学生从事需要长久注意的任务时，由于缺乏即时强化，容易分心和失去兴趣。因此，相比于使用任何形式的需要学生自觉努力来达成长远目标的学习任务，安排一系列短的学习任务并有即时反馈的方法更好。

缺乏自信的学生倾向于每次只思考一件事，难以进行泛化，他们的记忆和注意时间都较短，对程序教学和某些计算机辅助教学通常反应比较积极（详见第7章"行为主义学习论：操作条件作用"）。某些电脑程序提供了分步骤的系统学习方式，在每一步只突出某个特定的概念。它们也会提供即时反馈。这些特点与教育智力障碍儿童的需求相契合。你可以寻找相关学科的电脑程序，或者自己来开发一些程序，来辅助设计学生的作业。

5. 教授一些提升记忆力的简单方法，并且不能指出这些方法如何带来更准确的回忆。

在第9章"社会认知理论"中，我们描述了一系列名为记忆术（Mnemonic devices）的记忆辅助方法。几千年来，不同国家的教师和学者都在使用这些方法。它们中的大部分都简单易行，能帮助学生组织信息，对信息进行有意义地编码，生成有助于记忆提取的线索。最简单的记忆术是押韵、首字母记忆（首字母缩写）和句子记忆法。比如，美国五大湖的首字母记忆术是HOMES: Huron, Ontario, Michigan, Erie, Superior.

---

1 要给予智力障碍学生一些简短的、可以快速完成的作业。

6. 运用某种记录技术,清晰地表明学生成功完成了功课并取得进步。

学习困难的学生特别需要自己的进步得到明证。比如,当他们答对了电子练习册里的填空题,并且发现他们的答案是正确的,就会被鼓励去继续答下一题。你可以使用类似的方法,记录智力障碍学生的学习过程,展示他们的进步(这个方法可以应用于所有学生)。比如,你可以给一年级学生做个人表格。当他们成功完成作业,在作业栏涂上颜色,或是贴上一个星星、动物图案、火箭或其他贴纸。

你掌握了吗?

下列哪个是智力障碍学生的主要特点?

a. 低于平均水平的IQ   b. 容易疲劳

c. 遭受挫败时表现得有攻击性   d. 能记忆大量信息

6.5 学习困难学生

InTASC   标准2(h)   标准9(i)

根据IDEA的判定标准,学习困难学生目前占了特殊教育学生的最大百分比。美国教育部(2009a)统计结果显示,学习困难学生由1976—1977年的80万增至2004—2005年的250万。在1978—1977学年,学习困难学生占所有残疾学生的24%。在2004—2005学年,学习困难学生大约占50%。由于太多学生被贴上学习困难的标签,因此对学习困难学生特征的界定和探索非常重要。

212

6.5.1 学习困难学生的特征

根据IDEA,有学习困难[1]学生有以下特点:

---

1 学习困难是指由于基本的心理过程存在障碍,而非其他因素,导致学习出现问题。

1. 在一个或多个基本的心理过程方面存在障碍。这些过程是指内在的必备能力,例如记忆、听觉和视觉。

2. 学习存在困难,特别在听、说、读(识别单词与理解)、拼写和数学(算术和推导)方面。

3. 学习问题并不是由如下等其他原因所导致的,例如听力或视力缺陷、动作缺陷、心理发展迟滞、情绪困扰,或者经济、环境和文化条件不利。

除了认知加工和学习问题,与正常同龄人相比,许多学习困难学生(以及智力障碍和情绪困扰学生)还具有较差的社会交往能力。这些学生更有可能忽视教师的指令,作弊,说脏话,打扰同学,打断集体活动和打架。因此,他们经常被其他同学拒斥,从而变得更缺乏自尊心,成绩更差(Gresham & MacMillan, 1997; Toth & King, 2010)。

有些人拒绝承认学习困难的存在,因为在他们看来,每个人在某些时候都可能会读错数字、字母和单词,混淆单词和字母的发音,并有尴尬的记忆和注意失误。但是学习困难学生的确与别人不同——主要在程度而非种类上。虽然正常人可能偶尔经历基本信息加工的失误,但学习困难学生却经常有这种失误,并且很难自我纠正。重要的是,你必须知道,学习困难学生(还有成绩差的非学习困难学生)能做什么,不能做什么,这样你才能有效地修复其缺陷(Lerner & Johns, 2012; Spear-Swerling & Sternberg, 1998)。

6.5.2　识别学习困难学生

大部分学区用于识别学习困难学生的主要标准是,至少在标准化智商测试上处在平均水平,而在标准化学业测试上显著地低于平均水平(等于或大于一个标准差)。换言之,学区主要根据学业成绩和IQ分数之间的差异来界定学习困难。

由于约80%的学习困难学生存在阅读困难(Meyer, 2000),有大量研究试图确定,IQ和阅读理解分数之间的差异能否作为学习困难的一个有效指标。回答这一问题的一个方法,是对存在这种差异的孩子与IQ和阅读分数都在平均水平以下的孩子作对比。研究者总是把前一种孩子称为“IQ不符”,后一种称为“IQ相符”。对于探讨这一问题的近50项研究所进行的两项元分析研究(Meyer, 2000; Steubing等, 2012)表明,IQ相符的学生和IQ不符的学生在阅读技能(例如语音意识和词汇命名)和行为(例如交往技能和精细运动技能)上,均不存在显著的差异。

这些研究对差异标准的有效性提出了质疑。学习困难当然存在,但是教育者可能要开发出一个更为有效的鉴定它的方法。

213

6.5.3 基本的心理过程问题

根据法律所写,学习困难的基本问题是"在一种或多种基本心理过程中存在障碍"。尽管这种描述有些模糊,学习困难通常是指学生在接收和处理信息以及表达所学内容方面存在问题[1]。具体说来,许多学习困难学生在知觉、注意、记忆和元认知方面存在问题(照片6-4)。

一些学习困难学生在辨别不同声音(比如f和v,m和n)和字母(比如m和n,b、p和d)方面存在巨大困难。结果,开头是某字母的单词(例如vase)有时被知觉为另一个字母开头的单词(例如fase)。你可以毫不费力地分辨这两个单词,但是对有些学生来说,这种缺陷会让他们学习阅读及阅读理解的时间变长并产生挫折感。

许多学习困难学生在注意和冲动控制方面(专心于一个任务、注意到重要线索和观点、坚持到任务完成)存在障碍。分心的来源可能是教室里的物品和活动,或者是无关的想法。在任一情况下,学生都会错过教师的讲解、书本上的重要内容,或者对学习要求产生误解。

由于许多学习困难学生在知觉和注意方面存在困难,因此他们在准确地回忆方面也存在问题。准确回忆与信息的初次储存形式和信息储存的具体位置息息相关(Hunt & Marshall, 2012),因此只对信息进行部分编码、编码不正确或者编码不重要信息的学生,通常存在记忆问题。

与智力障碍学生一样,许多学习困难学生在元认知技能方面存在缺陷(Hunt & Marshall, 2012)。结果,他们的学习活动是混乱的,就像年幼儿童一样。比如,他们可能在

照片6-4　由于在知觉、注意和记忆方面存在困难,学习困难学生比其他学生学习得更慢。

Mike Goldwater/Alamy

1　学习困难学生在知觉、注意、记忆和元认知方面存在问题。

没有想清楚完成任务的所有步骤之前，就开始进行该任务。

学习困难学生倾向于被动和缺乏组织性：被动是指他们几乎不会主动地去获取相关信息，将它们有效储存在记忆里，并且在需要时提取出来；缺乏组织性是指他们的学习活动通常缺乏规划，很容易受学习过程中发生的事情的吸引而分心。

针对这些基本认知过程问题，研究者们探讨了一些帮助学生组织学习的方法。例如，有一种已被证明有效的帮助学习困难学生提升阅读技能的方法是，教学生运用阅读理解策略（Gersten, Fuchs, Williams, & Baker, 2001）。运用此方法的一个项目已在存在阅读困难的初中生身上进行了测试（Bryant et al., 2000），该项目包含以下成分：

1. 单词辨认：学生使用首字母记忆法来回忆解码多音节词语的七个步骤。

2. 同伴阅读：为了提升阅读流畅性（用合适的速度来准确阅读所有单词），选择一个学生做示范，帮助另一个学生解码不熟悉的单词。

3. 协作式策略性阅读：这个方法是为了提升阅读理解能力，并且融合两种已经被证明有效的教学手段——互惠式教学和合作学习（在下几章会详细介绍）。学生们首先学会如何使用四种理解辅助技巧：a. 预览一个段落，帮助学生预想他们将要阅读的内容和话题；b. 监控阅读以识别和解决理解困难；c. 确定中心思想；d. 提问和回顾。学生们可以在两人或多人小组中运用这些技巧。

与前测分数相比，使用这些阅读理解策略的学生在后测的单词识别、阅读流畅性和阅读理解测验中会取得更高的分数。在单词识别和阅读流畅性方面的前后测得分，存在显著差异（意味着这种提升不是偶然的）。

6.5.4　注意缺陷／多动障碍

许多学习障碍学生被诊断为**注意缺陷／多动障碍**（attention deficit/hyperactivity disorder, ADHD）。这两种障碍同时出现的概率为25%—40%（Lerner, 2003; Lerner & Johns, 2012）。大约5%的6—11岁儿童被确诊为注意缺陷多动障碍症，男女生比率为2∶1（美国精神病协会，2013）。此外，有研究表明，大约30%的ADHD患者表现攻击行为（例如打架、偷窃、撒谎、故意破坏公物），与行为障碍的精神病理诊断相一致（Connor, 2002）。美国城区孩子同时患有ADHD与行为障碍（称为共病）的比例高于郊区中产阶级家庭的孩子，并且与社交、行为和学习问题显著相关（Bloomquist & Schnell, 2002）。

美国精神病协会把三种儿童界定为ADHD[1]:(1)儿童明显无法集中注意力;(2)儿童明显过度活跃和冲动;(3)孩子同时出现前两种情况。被判定为ADHD患者的学生,其症状必须在7岁前就出现,并且出现在家庭、学校和游戏场所等情境中,而且要持续一段时间(美国精神病协会,2013)。虽然ADHD在IDEA中并不是一个单独的类别,但面向这些孩子的教育服务可以得到IDEA里"特定学习困难"、"情绪困扰"或者"其他身体障碍"类的资金支持(Lerner, 2003)。

通过探究改善教学实践:一位教师的故事 215

纳入性课堂:让碎片拼合起来

(作者:Elizabeth Merrill)

Maggie是一名接受特殊教育的学生,她身上存在学习困难和行为障碍。她的英语文学和数学的分数显著低于平均分,并且经常打断课堂。她会推倒桌子、快速冲出课堂、遭受挫折时尖叫。她需要被持续的关注,对她的要求必须明确,在她的行为发生后需要立即给予反应。此外,她所接受的教学需要包含动手活动,并且在小组中进行。这些都要发生在常规的课堂中。在课堂中,还有23个能力各异的学生。

教导Maggie是我目前职业生涯中最困难也是收获最多的经历。她在我的课堂中有了惊人的社交和学术成长。我们走了许多弯路,但是我知道通过不断努力,她可以克服挑战,并且变成一个开心的、对社会有用的人。

第一个挑战是,在常规课堂中没有常规的事。你必须对每一个学生负责,对他们的学习负责。当你关注其他学生时,你还要想办法应对最具挑战性的学生,对这些学生的处理,并不是特殊教育教师或是助教的责任。我需要时刻提醒自己,Maggie是我的学生,我需要帮助她成长。然而,我很快意识到,我也需要别人的帮助。Maggie的需求很难由一个人解决。

纳入教育课堂,特别是有像Maggie这种高需求的学生的课堂,需要借助专家团队的力量,设计一个最小限制的环境。任课教师和特殊教育教师、阅读专家、学校咨询教师、心理学家、演说和职业理疗师、行政人员需要协同合作,设计并实施教学计划,帮助Maggie在同龄人的课堂中成功地发展。我非常依赖于同事的每周例会(一般午餐后),帮助我设计并

---

1 ADHD的症状包括注意力涣散、过度活跃和冲动。

实施符合Maggie需求的计划。这个计划会随着Maggie的改变而改变。所有教师会告诉你孩子们在这一年中发生了改变：他们不是机器人；先前起作用的做法后面可能对他们就无效了。在融合课堂里，这种情况更加明显。

随着Maggie年龄的增长，她不断取得进步。虽然她距离成为模范学生还很远，但是她能够参与到课堂学习并试图有所表现。当Maggie的活动日程被改变时，她并不开心。我花很多时间写社会故事，帮助她理解并准备接受这些改变。我建立了关于处理挫折、愤怒和输掉比赛时应该做出什么样的反应的行动指南与课程。我们用了大量的时间在走廊、咖啡厅和休息室学习和复习。没有任何方法能永远有效。我的助教和我建立了清晰的行为规划，我们定期见面，讨论我们需要实现的社会性发展和学习目标。当我们回应Maggie的需求时，她变得更加自信。随着时间的流逝，我们变得更加平静且更加高效。

我们以团队的形式做出决定，常规课堂的阅读教学对Maggie而言难以掌握。就算用不同的教学方式，她依旧不能进步。我们决定谋求阅读专家的帮助。她的阅读指导一半是一对一的，另一半是在课堂内的小组中进行。Maggie表现得很好！她对于写作和阅读很兴奋，在那一年进步很多。

在学期的最后一天，我与Maggie和其他同学告别。我知道我永远不会忘记与Maggie在一起的这一年。当我反思过去，我非常感激有和她一起合作的机会。她对我的职业和个人来说都是重大的挑战。融合课堂真的有效。我希望当我在秋季学期看到Maggie时，她会给我灿烂的笑容，希望她的新教师能看到她的潜力。

（Elizabeth Merrill 是 Hamilton Central School 的五年级教师。）

216　　　通常，应对ADHD的方法有以下三种（Lerner, 2003; Purdie, Hattie, & Carroll, 2002）：

1. 中枢神经兴奋的处方药：ADHD学生最常用的药品是精神兴奋剂。精神兴奋剂主要有利他林、右旋苯丙胺、匹莫林和阿得拉。这些药剂的效果视个人而定。有些孩子适合于服用某种药，其他的则适合服用另一种药，甚至还有些孩子不适合服用所有的药。

2. 校本心理学/教育项目：这些计划包括行为管理、认知行为治疗或课堂环境重建。行为管理计划（详见第7章"行为主义学习论：操作条件作用"），包括系统地使用奖励和惩罚措施，从而增加期望行为并减少不期望的行为。认知行为治疗计划，包括教学生提醒自己使用有效的学习技巧、监控自己的进步并且自我嘉奖。课堂环境重建计划使用一些手段：降低课堂噪声、将学生位置固定、把ADHD学生分配在教室前几排、两个任务之间短暂休息。

3. 多模式项目：多模式项目将前文讲过的一个或多个治疗法相结合，尤其是将精神兴奋剂和认知行为计划相结合。

关于74项研究结果的元分析（Purdie等，2002）显示，目前对于ADHD的全面的最佳治疗方法尚未出现。不同的治疗方法在不同的方面有独特的强效。比如，精神兴奋剂在减少冲动、过度活跃和缺乏注意力方面，强于其他治疗方法；多模式项目在减少同班同学的不满、增加亲社会行为和促进同学关系方面效果最好；校本项目在提升认知技能方面效果最好。

在接下来的教学建议部分，我们将为你提供一些建议，来帮助学习困难和ADHD学生提升他们的学习技能，形成更好的自我认识。

教学建议　指导学习困难学生和ADHD学生

> **InTASC**　　　标准7(k)　标准8(k)　标准8(l)

1. 组织学习任务，帮助学习困难和ADHD学生弥补心理过程方面的不足。

由于学习困难和ADHD学生在心理过程存在缺陷，他们经常容易分心、冲动、健忘、缺乏组织性、理解能力弱，并且不关心那些影响学习的因素。研究结果表明，针对这类学生的最有效的教学方法是将直接教学和策略教学（详见第13章"教学方法"）结合在一起。这种方法对其阅读理解、词汇、词语辨析、记忆、写作、认知加工和自我概念方面都有明显促进作用（Lerner & Johns, 2012; Rotter, 2009; Swanson & Hoskyn, 1998）。

下面是一些将直接教学和策略教学结合在一起的例子。

217

- 对于难以区分形状相似或者声音相似的刺激（比如字母、词语、短语）的学生，指出并强调它们不同的特点。比如，强调环形部分的字母b、p、d，然后在直线部分尾端放一个指向箭头，强调它们有同样的形状，但是有不同的空间指向。

另一个例子是，强调 though, thought 和 through 中的 t 和 r，强调它们的区别在于是否有这个字母。

- 对于容易分心的学生，让他们只把需要用的材料放在桌子上和视线范围内[1]。

- 对于不能注意到重要信息（例如课本的重点部分）的学生，教他们如何用详写和概括的方法区分主要和次要的内容。或者，建议他们把尺子或是指示器放在阅读的每一行下，这样他们可以品读一个句子。为了帮助他们找到重点部分，可以标亮或用大写字母突出重点词语和短语。对于特别重要的任务，你可以让孩子们解释或逐字重复。

- 对于注意时间短的学生，让他们做简短的作业，并把更复杂的内容分割成几个小部分。在完成每个小部分后，提供即时的积极反馈和进步的证据。（许多针对学习困难学生的印刷材料是用这种方法设计的。）

- 为了提升学生对信息的记忆和理解，教授记忆技巧以及如何将新知识和已有知识的图式联系在一起，从而提升长期记忆的储存和提取。此外，应经常使用简单具体的类比和例子，来解释和描绘复杂和抽象的观点。（我们将在第9章"社会认知理论"中介绍几种提升记忆和理解的方法）

- 为了提升学生的组织能力，建议学生使用笔记本记录作业，列出上课所需材料清单，列出回家做作业所需的材料和书本清单。

- 为了提升学生对学习过程的意识，向学生强调思考影响某一任务表现的因素的重要性，强调做事之前制订计划的重要性，强调监控学习效果的重要性。

- 教师应该考虑应用多媒体软件创建各种学习环境。有些学习困难学生可能在视听结合的环境表现得更好，但其他学生可能在动手学习中获益最大。多媒体软件可以满足学生的不同学习风格的要求，并且允许学生控制学习的方向和节奏。在教育软件网的特殊教育页面上，我们可以找到这些软件的应用实例。

2. 利用课堂资源，改善学习困难和 ADHD 学生的学习、交往和情绪。

尽管你和其他教师是大多数学生的教学和支持的主要提供者，但你要意识到，还有另

1　要帮助学习困难学生减少分心，把注意集中在重要信息上。

外一些可以支持课堂的资源。比如，班里的其他学生可以辅助你的教学。就如上一章所述，同伴辅导会促进学习、交往和学习态度的改善。这些效果在学习困难学生和成绩差但无学习困难的学生身上都会有所体现（Fuchs, Fuchs, Mathes, & Simmons, 1997）。不要忽略一点，学习困难的学生也可以成为辅导者。给他们成为成绩差或是低年级学生的辅导者的机会，可以让他们显著提升自尊心。

另一个方法是合作学习。该方法在前文已经阐述，并将在第13章"教学方法"中详细叙述。合作学习包含了同伴辅导，它对学生的学业表现、人际关系和自尊都有促进作用。

最后，要运用多种方法进行信息传递和反馈。除了文字资料和讲座，你可以使用电影、电脑演示、图表和示范。除了用纸笔测验和其他书面作品来让学生展示他们的学习情况，你还可以用口头报告、画图、制作实物或者表演等形式。动手活动对ADHD学生非常有用。

你掌握了吗？

根据IDEA，以下哪个症状能用于诊断学生是否存在学习困难？

a. 时常出现记忆错误，缺乏阅读动机，不合适的情感爆发。

b. 智力显著低于平均水平，社交能力差，缺乏学习动机。

c. 一个或多个基本心理过程存在缺陷，导致学习困难，而不是因为其他因素。

d. 成绩差，IQ低，缺乏学习动机。

6.6　情绪困扰学生

InTASC　　　　标准2（h）　标准9（i）

6.6.1　情绪困扰学生的评估

根据2012年向国会所做的关于IDEA实施情况的报告，美国教育部指出在2006—2007

学年,有六百万名6至21岁的学生存在情绪困扰。这个数字占所有残疾学生的7.3%,占所有学龄儿童的0.7%(美国教育部,2012)。并不是所有人都同意这个数字能准确反映问题的严重性。其他学者认为,有3%—5%的学龄儿童符合IDEA规定下的情绪困扰标准,该接受特殊教育(Heward, 2013)。

6.6.2　情绪困扰的界定

关于**情绪困扰**(emotional disturbance)[1]患者的数量报告之所以有很大差别,原因有两方面:一是缺少对这类行为的清晰描述,二是对相关描述有多种解释。情绪困扰学生在IDEA中的定义是:

1. 这一术语意味着长期存在如下中的一个或多个特征,并且达到了对孩子的学业表现产生明显的不利影响的程度:

a. 不能学习,但是无法用智力、感官和健康因素解释;

b. 不能与教师和同学建立令人满意的人际关系;

c. 在正常环境下,出现不合时宜的举动和情绪;

d. 处于一种弥散的不开心或抑郁的心境中;

e. 倾向于发展成影响个性和学习的生理症状或恐惧。

2. 这一术语包括精神分裂症。该术语不适用于社交适应不良的孩子,除非他们已被确定有严重的情绪困扰(联邦登记办公室,1994,pp.13-14)。

有几位特殊教育学者(Kirk等,2012; Heward, 2013; Smith & Tyler, 2010)指出,描述术语上的模糊,给鉴定情绪障碍学生的工作带来了一些困难。例如,"长期"并没有在法律中定义有多久(虽然许多特殊教育专家默认六个月为长期)。"令人满意的人际关系"、"弥散的心境"和"在正常环境下的不合时宜的举动和情绪"等指标,很难客观地测量,并且常常在无情绪无困扰的人身上观察到。由于长期的行为观察对于准确诊断情绪困扰至关重要,因此你可以通过持续记录可能有情绪困扰问题的学生的行为,来帮助多学科评估团队进行这方面的评估。

许多教育者和心理学家把"情绪困扰"、"社交适应不良"和"行为障碍"当作同义词使

1　情绪困扰:人际关系差,行为不当,抑郁,恐惧。

用,这进一步加剧了人们在理解情绪困扰方面的混乱。**行为障碍**(behavior disorder)[1]这一提法有很多支持者,并且已被几个州采纳。原因有二:一是它可以让人们关注存在障碍且需要改变的实际行为,二是行为可以被直接而客观地评估。尽管"情绪困扰"和"行为障碍"这两个术语之间存在着一些细微差别,但它们实际上可以交换使用,因此你可以认为使用这两个术语的人,所指的是具有相似特征的儿童。然而,由于官方如此称呼,那些希望能为被心理学家称为行为障碍儿童的孩子赢得特殊教育支持的人,就把这些儿童称为"情绪困扰"儿童,就如在IDEA中所称的那样。

6.6.3　情绪困扰学生的特征

情绪困扰[2](或行为障碍)的最常用分类系统包括两个基本范型:外化和内化(照片6-5)(Heward, 2013; Wicks-Nelson & Israel, 2003)。

Phanie/RGB Ventures LLC dba Super/Stock/Alamy

- 外化型学生往往表现攻击性、不合作、焦躁不安和否定一切。他们易于撒谎和偷窃,藐视教师,并且仇视权威。有时他们鲁莽而残忍。
- 相反的是,内化型学生往往表现得害羞、胆小、焦虑和恐惧。他们经常抑郁,并缺乏自信。

教师倾向于更关注有攻击性障碍的学生,因为他们的行为总会刺激到他人并迫使他人作出反应。然而,那些退缩型的学生更有可能形成严重的情绪问题,例如抑郁症,甚至在青少年时自杀。在接下来的教学建议部分,我们将为你指导退缩型和攻击型学生提供一些建议。

照片6-5　情绪困扰学生倾向于攻击或沉默寡言。因为攻击型学生会扰乱课堂秩序,所以教师需要注意课堂管理,并应用行为管理技术来减少这种行为。

220

1　行为障碍主要是指那些可以客观地加以评估且需要改变的行为。
2　行为障碍学生倾向于变得要么有攻击性,要么退缩。

教学建议　指导情绪困扰学生

> InTASC　　标准7(k)　标准8(k)　标准8(1)

1. 设计课堂环境,规划课时计划,鼓励学生的社会交往和合作。[1]

社会退缩型的情绪困扰学生可能会有目的地远离他人(可能因为他们觉得社会交往很可怕),或者他们发现别人在远离自己(可能因为他们的社交技能很差)。无论对于哪种原因,你都可以设计好课堂环境和教学活动,帮助他们进行合适的社会交往。

示例:

221

- 学前班和小学教师可以用玩具和材料,或者有组织的活动和体育运动,来鼓励合作游戏,并且减少对某个学生的单独关注。活动可以包括化妆游戏或木偶戏;运动可以包括足球、事物接龙(例如标签)、儿童足球或者优化的垒球,让团队里的所有人在去场地玩之前,都有机会踢球或打球。
- 小学和中学教师可以使用一个或多个团队导向的学习活动。Robert Slavin写的《合作学习》(1995)详细描述了这些活动,例如学生"团队——成果分配"、拼图式合作和团队加速教学(参见Slavin, Lake, & Groff, 2009)。

2. 督促和强化适宜的社会交往。

督促和正强化是第7章"行为主义学习原理:操作条件作用"中要讨论的基本学习原理。本质上,督促是一种引发期望的反应的刺激,而正强化涉及在期望的行为发生之后,立刻给予积极的强化物(学生想要得到的东西),其目的是让学生再次做类似的行为。典型的强化物包括口头表扬、贴纸和小奖品。

示例:

- 你可以开展一个合作任务:"Marc, 我希望你帮助Carol和Raquel为下周的演出描绘场景。你可以画树木和鲜花,Carol会画草,而Raquel可以画人像。"几分钟后,你可以说:"做得好,我非常高兴看到你们合作得这么好。"随着他们的合

1　促进退缩型学生的人际交往。

作活动的推进,可以不时地对他们做出这样的评价。

3. 训练其他学生主动进行社会交往。

十分可能的是,你有太多教学职责,以至于并没有时间直接处理退缩型的孩子。然而,你也可以根据以下步骤,训练其他学生主动与退缩型的学生进行社交。

示例:

- 首先,选择一个学生作为助人者,他必须能自在地与他人进行良好交往,并且能跟得上你的教学,能把注意力集中在训练任务上至少十分钟。其次,告诉他培训的目的是为了帮助退缩的同学不再退缩或者是与他(帮助者)一起玩,但是他在一开始可能会遭到退缩者的拒斥。通过扮演退缩者,助人者可以理解你所说的拒斥的意思。同时,要强调阶段性地尝试交往的重要性。再次,指导助人者想出一些能吸引退缩者的游戏或活动。最后,对助人者与退缩者的社会交往尝试进行强化。

4. 设计课堂环境,减少破坏性行为发生的可能性。

应对攻击性和反社会行为的最好方法是防微杜渐。这个策略至少有三个好处:第一,你可以更好地完成你的计划,减少破坏性行为。第二,与你花半天时间做一个调解人相比,你有可能会有更积极的心态。第三,由于更少的破坏性行为和更积极的心态,你会更少使用被允许甚至不被允许的身体惩罚措施(经常产生负面影响)。[1]

222

示例:

- 在学生的参与下,制定课堂行为纪律及破坏纪律的惩罚措施。提醒所有学生注意惩罚措施,特别在破坏性行为将要发生时。在纪律被打破时,坚持实施惩罚措施。
- 当贵重物品和材料不需要使用时,把它们放在手够不到的地方。
- 使用针对智力困难学生的方法(例如把大任务细化成几个小任务;提供清晰的指导;强化正确的反应),把攻击型学生的学习挫败感降到最低程度。

---

[1] 运用技巧,预先阻止攻击性和反社会行为。

5. 强化恰当的行为,必要时,惩罚不当的行为。

在第二条建议中,我们已经阐述了正强化能够鼓励理想化行为的出现。在教导攻击型学生合适行为的时候,奖励有双重效果。一方面可以告诉学生什么是合适的行为,另一方面可以减少不当的行为。然而,破坏性行为依旧会出现。在强化理想行为的同时,可用三种有效的方法来抑制破坏性行为,它们是:相倚契约,代币法和罚款,隔离。我们将在第7章介绍这些方法。

6. 运用团体相依管理技术

当攻击型学生在一段时间内表现良好,你可以奖励全班学生。这里的奖励,可以是自由活动时间、特定的课堂活动或者某些特权,它能让攻击性学生成为英雄,并且建立更好的同伴关系。

你掌握了吗?

情绪困扰的最常见的两种类型是?

a. 不正常的低自尊心或高自尊心

b. 否定一切/攻击性,和焦虑/恐惧

c. 不合作的,过于热切地取悦他人

d. 不正常的悲观或乐观主义

6.7 超常学生

InTASC　　　标准2(h)　标准2(j)　标准9(j)

超常学生的学习速度比普通同龄人快很多,且在一个或多个方面有特殊天赋。但他们的能力要想得到充分发挥,则需要接受特殊的教育方式。然而,与智力障碍、学习困难和情绪困扰的学生不同,有卓越能力的学生并不在IDEA支持范畴。联邦政府对州和本地校区提供技术支持,开展适用于超常学生的项目。虽然许多州有类似的项目,但有些特殊教育的专家(Colangelo & Davis, 2003b; Gallagher, 2003)认为,学校系统并没有足够的资源来满足所有超常学生的需求。在接下来的教学建议部分,我们将会谈到这个情况。关于超常学生的所有教学建议都是容易实施的,且极少需要额外的人员参与。

超常(gifted and talented)的定义是国会1988通过的法案的一部分:超常儿童和青少年这一术语是指在智力、创造力、艺术、领导能力或特定的学术领域表现出色的儿童和青少年[1]。为了充分发展其能力,他们需要学校提供非常规性的服务或活动。

6.7.1 超常学生的识别

能否有资格进入超常项目通常是根据标准化测试分数,尤其是IQ分数决定的。过去几年,学生IQ测验分数往往要超过130分才能进入这类项目。但是批评者认为,这些测试只包含了狭窄的几个领域(并且主要依赖于选择题),因此大部分州不再关注乃至取消了这些传统智力测验和鉴别分数线(Reid, Romanoff, & Algozzine, 2000; Renzulli, 2002)。

研究表明,一些新的测试方法可以更好地识别超常学生。在一项研究中(Reid等,2000),434名被推荐参与超常学生计划的二年级学生参加传统和非传统的测试。传统评估是非语言的类比推理。而非传统评估是将加德纳和斯腾伯格的智力理论结合起来设计的,集语言、逻辑数学和空间问题解决任务(需要分析、综合和实践思维能力)为一体的测试。例如,学生们得到一系列物品卡,并用它们编一个五分钟的故事。在另一个任务中,学生们收到一系列的彩色硬纸片,让他们制作不同的物品,例如动物、建筑、运动的物体或者任何物品。根据类比推理测试结果,大概17%的样本被推荐进入超常学生项目。而根据问题解决任务结果,40%的样本得到推荐。另一个有趣的统计结果是,大概70%的根据问题解决任务得到推荐的学生,他们的类比推理成绩并不足以得到推荐。

Joseph Renzulli(2002)是超常学生和天才教育的领军人物,他认为超常这一概念应超越前述研究所涉及的维度,应该把那些能够调动自己的财产、资源来从事造福他人的社会行动的学生,也纳入超常学生的范畴。比如,他提到一名五年级女生Melanie和一名因视力障碍而被许多同学忽视的一年级学生Tony,他们是好朋友。Melanie说服几个受欢迎的学生坐在Tony旁边吃饭,并雇佣其他同学制作字体较大、Tony感兴趣的书。经历几个月后,Tony被许多同学接受,而他对学校的态度也改善了许多。根据加德纳的多元智力理论,Melanie的天资是高于平均水平的人际(并且可能还有内省)智力。在成人世界,有两个例子,特蕾莎修女和马丁·路德·金——没人真的在意他们的考试成绩和平均分。

拓宽超常天资的定义和测试方法是必要的,因为超常学生本身具有多样性(Harris, 224

Plucker, Rapp, & Martinez, 2009; Reis & Renzulli, 2009)。来自少数民族文化的学生,在超常儿童项目中的数量不成比例[1]。事实上,与在主流文化中相比,在少数民族文化中受到高度重视的特征,通常会被忽视。比如,有些印第安部落并不强调天资,因为这与他们的文化相悖。根据他们的文化,团队的福祉与团结比培养和庆祝个人的天资更重要。其他部落的成员,可能非常看重孩子对部落传统的了解、讲故事的能力和艺术能力,并把它们看得与问题解决能力和科学推理能力一样有价值(Callahan & McIntire, 1994)。因此,可能只有从特定的文化视角去考察,才能确定一个孩子是否是超常儿童。相同的情况还出现在界定母语不是英语的孩子是否为超常学生的时候(Harris 等, 2009)。

6.7.2 超常学生的特征

在某种意义上,超常学生与其他学生相似。有些人身体健康、动作协调,而有些人则不是;有些人特别受欢迎,而有些人则不是;有些人适应良好,而有些人则不是(Kirk 等,2012);有些人形成强烈的个人认同(Marcia 的同一性达成状态),并在之后获得成功,而有些人则不是(Zuo & Cramond, 2001)。但是从整个群体看,超常学生往往显示出自己的与众不同(Hardman 等, 2011)。以下是许多超常学生拥有的特点:

- 他们在语言、抽象逻辑思维和数学科目上表现出色。
- 他们能更快地编码信息并把它从记忆中提取出来。
- 他们非常在意学习方法以及影响学习的因素。因此,他们能很好地将以前学到的知识迁移到新的问题和情境中。
- 他们展示出高水平的动机和任务坚持性,以至于人们有时会用"征服的愤怒"来形容他们的行为。他们的学习动机部分源于高水平的自我效能和恰当的归因。也就是说,他们相信自己有能力掌握他们选择的任务和学科,而他们的成功来源于能力强和刻苦努力。
- 他们比一般孩子更内向,更喜欢独处。
- 他们有非常深刻的情感生活。对于故事、音乐或者社会遭遇,他们会产生强烈的情绪反应,例如开心、后悔、伤心。他们往往具有较强的情绪敏感性,有时候洞察和识别他人的情感的能力会超过成年人。[2]

---

1 由于过度依赖测验分数来鉴别超常学生,很多有色人种超常学生没有被安置在超常班。
2 超常学生与普通学生在智力和情感方面存在差异。

支持拓宽超常天资的定义的研究者，又给超常儿童添加了一些其他特点。例如 Joseph Renzulli（2002）认为 Melanie（与不受欢迎的男孩交朋友）这样的人，拥有乐观、勇气、热情、活力、对他人敏感以及有眼光这样的特征，而这些特征通常处于领导地位的人拥有的（参见 Sternberg, 2005）。在一项纵向研究中，Wai, Lubinski & Benbow（2005）发现，在13岁被定义为智力超群的学生，易于在20年后显现出他们的创造力和成就。而且，如果把年轻人的偏好也考虑进去的话，对于其成就的类型和质量会有很好的预测。

最后一点是，有些超常学生会存在学习困难、注意障碍或者自闭症谱系疾病——例如阿斯伯格综合征——他们很难建立社会关系。这些学生被定义为"双重异常"：他们是异常的，一方面因为他们有超常天赋，另一方面因为他们有智力、社会、生理或情绪障碍（例如，Assouline, Nicpon, & Doobay, 2009）。如果你发现你正在面对双重异常的学生，你可能需要综合采用下述教学方法和前文提到的教学建议。

225

6.7.3 面向超常学生的教学方法

超常学生经常挑战教师的技能、才智和课堂资源。尽管将班级作为一个整体来教，教师还需要为超常学生提供更多有趣的、有挑战性的教学材料和观点。在本节，我们将考察三种培养这些学生的方法。

加速式教学

加速教学是一个常见的满足超常学生需求的方法（照片6-6）。对许多人而言，加速教学意味着允许学生跳级。跳级在现在尽管已不那么盛行，但也时有发生。然而，至少还有其他三种方法能达成与跳级相同的目标：(1)压缩课程，允许超常学生在常规年级完成超过一个年级的学习；(2)学年可以延长到暑期课程；(3)学生可以在高中完成大学课程。

无论加速教学的形式怎样，这个话题一直备受争议，各有褒贬。给超常学生机会完成复杂的任务的两个优点是：这能让他们不觉得

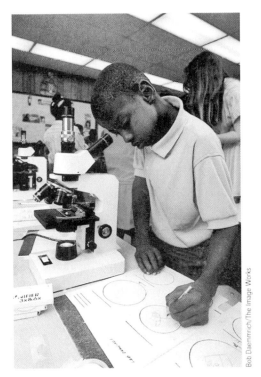

226

照片6-6　由于超常学生比班级中的正常学生在理解和整合抽象的观点方面更加快速，因此他们能够成功完成较大年龄学生才能完成的任务。

无聊，并且对学习有更积极的态度。而加速教学的缺点也有两个：超常学生可能难以达到加速带来的对社交和情感的要求，并且会产生精英主义不受欢迎的思维。研究证据支持了加速教学能带来学术受益但并没有它会对超常学生的社交和情感产生负面影响的假设（Gallagher, 2003; Kulik, 2003b）。与在其他方面进行的教育决策一样，在确定面向超常学生的最佳课程政策之前，我们需要考虑其个人和情境的独特需求。

超常儿童班或学校

有些公立学校校区将超常学生单独编班，作为加速教学的替代形式或者是作为加速教学的后继形式。此外，所谓的精英学校，所招收的学生的能力平均水平也高于典型中小学的学生。许多州资助学生处于高能力水平的高中，特别是学生在数学和科学学科能力突出的高中。最后，可用的网上项目也越来越多。西北大学的超常学生学习链接项目、斯坦福大学的超常少年教育项目、约翰霍普金斯大学的超常少年研究中心，都提供适宜K-12超常学生的网上课程。

最近的研究结果显示，这些措施并未产生一致的积极效应，研究者建议，在确定采用什么方式的教育之前，应充分考虑学生和项目的特征[1]。研究者还提出了所谓的"大鱼小池效应"（Mendaglio, 2013; Seaton, Marsh, & Carven, 2010）。超常学生与普通学生相比，通常在课堂上表现得非常出色。但是如果一名超常学生处在一个周围都是超常学生的班级中，他们可能开始对自己产生不同的认识。他们将不再是"小池中的大鱼"，他们的学业自我概念会遭到损害（Dai, Rinn, & Tan, 2013）。

丰富式教学和差异化教学

由于跳级可能存在负面影响，而有限的特殊班级和学校又对某些超常学生而言并不合适，于是有些超常学生被安置在常规课堂，教师们可能发现其班级中有一两名超常学生。满足这些学生的需求（还有那些残疾学生）的一个方法是差异化教学。这种方法我们在前文已提到。总的来说，这意味着要使用不同的学习材料、教学方法、作业和考试，来包容学生在能力、学习风格、知识基础和文化等方面的差异性（Benjamin, 2005; Gregory, 2003; Gregory & Kuzmich, 2005; Tomlinson等, 2008）。

Joseph Renzulli 和Sally Reis开发了一种面向超常学生的差异化教学方法（Reis & Renzulli, 1985; Renzulli, Gentry & Reis, 2003; Renzulli & Reis, 1985）。根据他们的看法，超常是高于平均水平的认知能力、创造力和任务完成承诺的综合体现。Renzulli和Reis描述了面向超常学生的三种水平的丰富课程。

1　为超常学生单独编班有助于促进其成绩，但这会让其中的某些学生降低学业自我概念。

丰富类型1　设计探索型活动,让学生接触不属于常规课程中的话题、事件、书籍、人
物和地点。这些活动的基本目的是激发新兴趣。Renzulli 和 Reis 提供了许多建议,包括让
学生欣赏电影和电视节目(例如《猛鹰雄风:阿波罗11号飞机》)并撰写报告,或者让本地
居民为学生报告他们的职业和爱好。

丰富类型2　教学方法和教学材料旨在发展学生的创新思维、分类和分析数据、解决
问题、鉴赏和估价等思维和情感过程。

丰富类型3　让学生调查和收集真实话题和问题的数据。例如,学生可以记录学校的
发展历史,关注学校规模、教学资料和方法以及课程等方面的变化。

在互联网上,有大量网站可以提供远程教育、丰富教学和辅导。杜克大学的天才识别
计划的网站中,包含许多面向超常学生的在线教学和学习项目,以及各种辅导项目。

暂停　与　反思

与残疾人教育项目相比,投入到超常学生项目的资金相当少。这种资源分配方
式的拥护者有时提出,因为超常学生天生有优势,我们应该将大部分资源投给残疾
儿童。你是否同意?为什么?

在接下来的教学建议部分,提供了一些教育超常学生的方法。当你考虑这些建议时,
请牢记本节介绍的教学方法。也请牢记最近一项关于有抱负的教师对于超常学生态度的
研究。Debra Troxclair(2013)发现,她调查的有抱负的教师对有些教学方式持抵制态度。
她总结,有抱负的教师应该对班内加速教育和差异化教学策略有更多的了解。

教学建议　指导超常学生

InTASC　　　标准7(k)　标准8(k)　标准8(l)

1. 与超常学生协商,设立个性化的学习项目,必要时制订一份学习契约。

应对超常学生的一个最有效方法是布置个性化的学习任务。这可能需要订立一个契
约,在这一过程中,你应与学生协商,让他同意在某段时间内完成一项个人作业。

这些作业可能与课程有些关联。例如，如果你们在研究墨西哥，就可以让一名超常学生用课余时间完成关于他感兴趣的墨西哥人生活的特别报告。在这些作业的过程中，你必须牢记，就算很聪明的学生，也可能难以吸收、组织和应用抽象概念，除非他们成为形式思维者。因此，在初中之前，最好将作业简洁化而不是综合化。

作为个性化学习项目的一个变式，你可以让超常学生担任研究专家，报告如何解决其他同学感到疑惑的问题。另一种个性化学习项目是创建一份开放性的个人年鉴。一旦超常学生完成了作业，她就可以为年鉴写故事或者画画。

如果可能，要尽量选用一些不那么张扬的项目。也许你会回想起，之前有老师奖励学习速度快的学生，把他们的作业放在侧面的墙上展览（或类似的行为）。如果你是一名中等学生，你可能会认为，班里的这些正在享受愉快时刻的聪明的同学，其才智让他们在完成作业时，无须付出普通学生那样的艰苦努力和勤奋。因此，对学生的奖励或许应该限定在他们完成不那么张扬的项目上的个人表现方面。

2. 鼓励补充阅读和写作。

鼓励学生课余时间多阅读和写作。一种可以融合两种技能的合乎逻辑的方法是准备读书报告。在运用这种方法的过程中，如果你把读书报告称为书评，并强调你感兴趣的不是内容概要，而是个人感受，学生将更容易接受这种方法。有些超常教育专家建议，超常学生应该阅读传记和自传。其推理的逻辑是，潜在领导者可能从中被鼓舞，并且模仿名人的做法。就算这种鼓舞没有产生，你可以向学生推荐生活故事，因为它们通常都很有趣。

另外一些写作方式是，与其他同学、在大学的兄弟姐妹或者不同领域的朋友进行邮件交流。或者，学生可以写一个关于她刚刚浏览过的网站的评论。还可以鼓励学生去自己创建主页或网站，网站的主题可以通过师生讨论确定，也可以由学生根据自己的个人兴趣来确定（后者更像是年鉴的网络版）。

3. 让超常学生成为助教。

根据年级、科目和学生的个性，可以安排超常学生在某些时候担任助教、实验室助理或其他相似岗位。有些聪明的学生非常乐于得到这种机会，并能恰当地指导同学，且不让他们觉得难为情或羞愧。但有些聪明的学生可能不愿意花费学习时间去帮助同学，或者缺少人际交往技能。如果你决定让超常学生担任助教，你需要循序渐进并且小心谨慎。

你掌握了吗?

IDEA 评判超常学生的标准是:

a. IQ 高

b. 学业成绩好

c. 创造力强

d. IDEA 中没有涵盖超常学生

6.8 运用技术支持特殊学生

229

InTASC　　　标准3(m)　标准5(l)　标准7(k)　标准8(n)　标准8(o)

　　技术对特殊教育领域的重要影响,目前可能是所有教育领域中最大的,而这在很大程度上要归因于全方位学习设计(UDL)的理念的出现和辅助技术的使用(Hitchcock & Stahl, 2003; Scott, McGuire, & Shaw, 2003)。

　　全方位学习设计(universal design for learning, UDL)[1]致力于消除所有学生的学习障碍,无论这些障碍给学校带来多大的挑战。根据特殊技术应用中心(Center for Applied Special Technology, CAST, 2008),UDL有三个原则:(1)提供多种表征学习内容的手段(学什么);(2)提供多种行动和表达的手段(怎么学);(3)提供多种参与的方法(为什么学)。UDL的基本假设是,学生的差异是一个连续体,因而不能简单地把他们分为两类:正常的和残废的。此外,UDL假设这种多样性是常态而不是特例。在学校和班级中,多样性是学习环境的一个优点(Grabinger, Aplin, & Ponnappa-Brenner, 2008; Meo, 2008)。

　　虽然UDL应用于面对面的学习环境,例如教室,它也被用于实现Web 2.0工具与教学和学习的结合[2](Grabinger等, 2008, p.68)。根据CAST关于UDL的原则,Scott Grabinger和他的同事已经找出了相关的Web 2.0工具,来支持有注意、记忆、语言、执行功能、问题解决和社交功能问题的学生。我们将会在第三部分"学习与思维"中谈到这些认知过程。这里,我们主要探讨辅助技术在支持学习者方面扮演的角色。

　　为了满足IDEA规定的残疾学生的学习和发展需求,在IDEA中**辅助技术**(assistive

1　全方位学习设计(UDL)将多样性视为学习环境中存在的一个优势。

2　美国联邦立法促进了多种辅助技术的发展。

technology）被定义为"用于提高、维持或改善残疾儿童的各种能力的物品、设备或产品系统,它可以通过商业化的方式购买、改造或定制"（"残疾人",1997,602［1］）。

辅助技术工具包括低技术含量的平价设备,例如矫正勺子、操纵杆、录音故事、适应性开关、头点设备、标题下编程和交流板（信息展示器,包括孩子可能选择作为答案的各种单词选项）。还有高科技的商业设备,例如屏幕扩大器、语言同步器和数字转换器、声音识别设备、触摸屏、特制键盘、单词预测程序和特殊阅读软件（Maanum, 2009）。

6.8.1　对听觉障碍学生的技术支持

帮助听障学生的科技手段有很多,包括同步字幕、音频放大器和人工耳蜗。同步字幕（将说的话编辑成字幕）最常在电视节目里出现。但是这种技术也可以用在课堂里,帮助听障学生跟上教师的讲座或解释。有几个系统允许助手每分钟打120到225字（使用速记键盘）并且发送到学生的电脑。另一个方法也能达到这个效果,即通过音频放大器。借助这些系统,教师佩戴一个小麦克风,通过一个能放大信号的发射器,就可以把信号传递给戴着轻型接收器的听障学生（Camp & Stark, 2006; Compton, Tucker, & Flynn, 2009）。永久性听障的第三种选择是植入人工耳蜗。这个系统包括几个外部组件（麦克风、语言加工器、发射器、电源）和一个手术植入的接受刺激器。人工耳蜗也可以与音频放大器结合使用（Moore & Teagle, 2002）。华盛顿特区著名的听障学校——高立德大学的网站呈现了其"技术使用项目"的相关资料。

前面介绍的设备尽管有用,但绝不能"包治百病"。例如它们不能解决学生缺少学习技能的问题。在主流高中读书的一组听障学生,尽管使用了把声音转化成文字的讲义,但他们只是阅读文字（大多数非听障学生会这样做）,而不会结合其他学习方法来使用这些讲义（Elliott, Foster, & Stinson, 2002）。

6.8.2　对视觉障碍学生的技术支持

同步字幕和音频放大在听障学生中很流行;语言同步器和放大器对视障学生也有相似的帮助。有了语言同步器,用户就可以从手写或扫描的文本中选择一个单词、句子或者一组信息,然后听到同步发音。例如,Kurzweil 阅读器可以打印或扫描的文字转化为高质量语音。Braille'n Speak是一个笔记系统,依赖于语言同步器。当学生在七键键盘上打字时,他们的输入就被转化为标准文本,要么可以大声读出来,要么可以储存在系统的内存中。除了放大电脑屏幕内容的设备，头戴式放大器可以让学生看到远方的事物（Duhaney & Duhaney, 2000; Griffin, Williams, Davis, & Engleman, 2002; Gold & Lowe, 2009）。

屏幕阅读软件（例如Job Access with Speech, Window-eyes 和 WinVision）让视障学生通过语言同步器了解屏幕上的内容。美国盲人联盟和美国盲文出版社的网站，对于视障学生可用的屏幕阅读软件及其他软件都有介绍。

6.8.3 对肢体障碍学生的技术支持

对于有生理缺陷的学生，嘴用式、头戴式和声控式的触屏设备，可以帮助他们来进行设备控制。有更严重的运动障碍但是精细动作技能尚好的学生，也可以从压缩或迷你键盘（键比较紧凑，需要更少的力量使用）中获益。对于精细动作技能差的学生，触屏延伸设备为其在键与键之间提供了更多空隙，并且通过覆盖塑料板来满足不同的应用和用户需求（Duhaney &Duhaney, 2000）。有助于身体或其他方面存在残疾的个体有效使用电脑的免费软件和便宜软件，可以在虚拟辅助技术中心网站找到。

6.8.4 对言语或语言障碍学生的技术支持

技术能帮助有交流障碍的学生。研究表明，对于患有唐氏综合征的学步期儿童，以及存在语言和行为障碍的年幼儿童，电脑训练可以对其词汇、早期的语法技能和社会性交流均产生积极影响（Westwood, 2009）。在一个小型的现场实验中，研究者发现父母志愿者经过短暂的软件使用培训，就可以比专业语言病理学家更有效地运用软件去干预孩子。为语言障碍学生开发的电脑程序，可以帮助学生获得语言和交流技能。这些程序可以在苹果电脑官网和国际扩大替代沟通协会网站上获得。

231

6.8.5 对学习困难学生的技术支持

如前文所讲，学习困难（LD）学生主要是在阅读、写作和数学方面存在问题。但是研究已经表明，使用针对学习困难儿童的软件，可以减轻这些问题的严重程度（Westwood, 2009）。例如，在一项研究中，使用电脑学习导航的LD学生（在十五分钟内尽可能多地阅读一个段落，默默回答两次电脑导航问题，然后进行十五分钟的选择题测验）比不参加导航项目的LD学生得分更高。在另一项研究中，光盘辅助项目使LD学生学习数学中的分数时，获得了更高的成绩。在第三项研究中，使用面向社会研究课程的超媒体导航的学生，比听相应的讲座的学生，在事实和推理题目上得分更高（Maccini, Gagnon, & Hughes, 2002）。最后，研究还表明，对文本进行视听同步展示的软件，可以帮助ADHD大学生阅读更长的时间，并降低其紧张和疲劳（Hecker, Burns, Elkind, Elkind & Kat, 2002）。

在写作领域，也有许多工具可用来帮助学习困难学生和其他学生，生成基本语句，誊写和润色文本。拼写、风格和语法检查软件可以帮助学生把自己的注意力，从写作的表面要求，转向高水平的要求，例如文本连贯和统一问题。单词预测软件可以根据学生已经写的单词，提供几个备选单词，进而帮助学生写出更加连贯和有意义的句子（Duhaney & Duhaney, 2000）。有时候，简单如e-友（电子版的笔友）的软件，也可以帮助LD学生提升写作的不同方面。在一项研究中（Stanford & Siders, 2001），六、七、八年级的学习困难学生完成如下三项任务中的一项：与大学生通过电子邮件交流，与大学生通过纸质信件交流，或者写信给一个想象中的笔友。八周后，e-友组的学生比其他两组学生能写出更长、更复杂的信件。然而，技术本身不会提升LD学生的写作技能。相反，可靠的教学实践，如利用同伴辅导来写文字，可以提升学生的修改次数和质量以及整体写作质量（MacArthur, 1994）。

6.8.6 对超常学生的技术支持

超常学生可以从教学技术的发展（如远程教育）中获益。例如，斯坦福大学一直通过超常少年教育项目（EPGY），为高中里的超常学生提供每年一轮的数学、物理、英语和计算机科学的加速教学（Ravaglia, Alper, Rozenfeld, & Suppes, 1998; Ravaglia, Sommer, Sanders, Oas, & DeLecone, 1999）。除了在线讲座和网上小测验，EPGY的学生还可以用电子邮件联系教师，打电话给项目支持人员，参与斯坦福讨论会，并且可在家尝试各种物理实验。有如此多的支持，学生在这个项目中表现优异，也就不让人惊讶了（Tock & Suppes, 2002）。

另一个在线丰富课程——网上探究，可以为任何学生所用，包括超常学生（Ridgeway, Peters, & Tracy, 2002）。这是个探究导向的活动类课程，学生所需要的大多数乃至所有信息，都可以从互联网上获得。在圣地亚哥州立大学的网站上，有一些优秀的网上探究活动。你可以从中找到几十个适用于不同年级、不同学科的活动。

挑战假设 **服务于学习**

唐考虑康妮的名言"教服务于学",并且说,"回顾我上课的方法,我发觉我太关注自己的教学,而没有多考虑学生的学习。我认为,只有当我想要他们在课堂上做事的时候,才会想到他们。我是说,我真的思考过设计一堂课,帮助学生预测故事里的要素。规划好课程后,我太在意执行我的计划,从而忽略了其他。我的意思是,那个问问题的小女孩对我而言是干扰,因为我只在乎我的教学而不是她的学习。"

"我认为这是个很重要的顿悟,"赛莱斯特说,"但是,如果小女孩不需要问这么多问题,其他同学不是会学得更轻松吗?"

安东尼奥想起他的第一次中学课,说到,"我曾经也这么想过。但是我现在知道,教学计划不过就是一个计划。我的计划可以引导我自己,也可以引导学生。那些一开始对我而言是干扰的问题,后来则成为我辨别学生需求的线索。我们来这样想一下:即使你的课按计划进行,而且也没有受到干扰,也不意味着你的学生如同你预期的那样学习。要帮助学生,你必须知道他们的需求。你对孩子的各种需求了解得越多,你就会越自信。"

康妮点头:"在教学生涯初期,我们会担心自己教得怎样,所以我们关注我们将要做的事。但是当我们有了经验,我们的目标转到学生和他们学习中的需求。如果特殊教育意味着我们在设计教学时需要将学生的需求考虑进去,那么所有的教育都属于特殊教育。"

你掌握了吗?

辅助技术是指:

a. 技术工具,帮助教师组织和呈现教学。

b. 技术工具,帮助学生完成作业。

c. 有电脑的成人,他能帮助残疾学生完成课堂任务。

d. 技术工具,补偿残疾学生,学生可用它来完成作业。

小结

6.1 描述同质课堂会产生更好教育效果这一假设的历史渊源。

• 应对学生差异性的三种早期做法是:年级分组、能力分组和设置特殊班级。年级分组课堂将差不多年龄的人分在一个班。能力分组将健全的学生根据其能力测试分数分在不同班级。特殊班级设置是将健全与生理心理有缺陷的学生分开。

6.2 解释各种能力分组形式、评估研究的结果以及研究所建议的实践。

- 几乎所有小学和大多数初高中学校都使用能力分组。在初高中,常使用"能力分轨"这个术语。

- 目前四种最流行的能力分组方式是跨班能力分组、二次分组、乔普林计划以及班内分组。班内分组最频繁出现在小学阶段,而跨班能力分组最常出现在高中阶段。

- 能力分组基于一个假设:智力是基因决定的,不可改变的,且由IQ分数反映。对同质组的学生的教学更有效。

- 没有研究支持跨班能力分组,同时对二次分组的研究支持也很少。乔普林计划和班内分组有中等的促进效果。

- 低能力分组的学生总是接受低质量的教育。

- 允许低能力的学生上高级课程,本身并不能让他们走上高能力的轨道。

- 根据能力分组的研究结果,教育者可以选择中止跨班级能力分组,只用班内分组和乔普林计划,或者停止所有能力分组。

6.3 描述残疾人教育法(IDEA)的关键要点与其对教学实践的影响。

- 残疾儿童教育法(公民法94—142条)在1975年实行,保证残疾学生与普通学生同样接受免费和合适的教育。从那以后,该法律不断被修订和扩展,从而成为残疾人教育法(IDEA)。

- IDEA的主要规定包括免费和合适的公民教育权利,合适有效的纳入前评估,个性化教育项目(IEP)的开发,残疾学生在最少限制环境中接受教育(也称回归主流)和程序保障。

- 在某些学区,回归主流被延伸到残疾学生只在常规课堂中上课,由常规教师和特殊教育教师教导。这种做法叫纳入或者是全纳。

- 关于纳入教育的研究证据,尽管还比较有限且不太一致,但已表明这种做法对有些残疾学生至少有中等促进效应,而对其他人几乎没有有益的影响。

- 对那些可以在常规课堂中上学,并且其教师的教学方法被证明适用于各类学生的残疾学生而言,纳入教育最为有效。

- 根据IDEA,常规课堂教师的职责包括参与指引、评估、准备IEP和实施IEP。

6.4 描述智力障碍学生的特征,并说明如何支持他们的学习。

- 中等智力障碍的学生在标准智力测验中得分低于平均分两个或更多个标准差。他们可以在某些时候加入常规班级。他们对挫折容忍度低、缺少自信和自尊、对事情的理解过度简单化,并且很难把一种情境泛化到另一种情境。

- 学习困难学生在残疾学生中超过半数。他们有一个或多个基本的心理过程存在障碍,例如在知觉、注意、记忆和元认知方面,从而导致学习问题。其他因素不是学习困难的原因。

234

- 学生的IQ分(平均或高于平均)与标准学业测试分数(低于平均分一个或多个标准差)的差异,并不适合于作为学习困难的主要判断标准。

6.5 描述有学习障碍和注意缺陷 / 多动障碍(ADHD)的学生的特点,并说明如何支持他们的学习。

- 大约25%到40%的学习困难学生同时有ADHD。ADHD孩子可能在较长一段时间内,在不同情境中,例如家、学校和游戏场所,表现得注意力不集中、过度活跃、冲动,或者三者都有。

- 对ADHD学生可以使用中枢神经兴奋类处方药治疗,通过心理或教育项目来干预,或者两者结合使用。

6.6 描述有情绪困扰的学生的特点,并说明如何支持他们的学习。

- 患有情绪困扰的学生的准确数量是未知的,因为情绪困扰的定义模糊,且解释各有不同,但是估计这类学生占学龄儿童的3%到5%。

- 对于情绪困扰者的行为分类主要聚焦在攻击行为或者退缩行为。

6.7 描述超常学生的特点,并说明如何支持他们的学习。

- 超常学生在需要智力、创造力、艺术和领导力的项目上表现得非常卓越。

- 在超常学生班级中少数族裔学生较少,因为在筛选超常学生时,强调标准测试分数而忽视了其他诸多指标。

- 超常学生的学习需求可以通过加速教育、开办超常班或教学丰富项目来满足。特殊班级和学校会导致"大鱼小池效应",有时会导致超常学生降低其学术自我概念。

6.8 解释如何使用全方位学习设计（UDL）与辅助技术来支持学生。

- 现有的各种各样的自适应技术，可以帮助有特殊需求的学生。技术包括同步字幕、语言同步、声音识别、屏幕放大、特殊键盘、写作工具和远程教育。

进一步学习的资源

- **能力分组**

关于能力分组及其他分组方式的更多讨论可以从很多著作和论文中找到。要想全面地了解这一主题，请参阅 Jeannie Oakes 的《保持在轨》（*Keeping Track*）（2nd ed., 2005）。20 年前，该书的第一版被南卡罗来纳教育博物馆誉为"世纪之书"。新版本讨论了过去几十年的"分轨之争"。

- **特殊孩子教育的文本**

下面两本书，涵盖了特殊儿童教育的常见内容：Nancy Hunt 和 Kathleen Marshall 所著的《特殊儿童与青少年》（*Exceptional Children and Youth*）（5th ed., 2012），Samuel Kirk, James Gallagher, Mary Ruth Coleman 和 Nicholas Anastasiow 所著的《特殊儿童教育》（*Educating Exceptional Children*）（13th ed., 2012）。Cecil D. Mercer, Ann R. Mercer 和 Paige C. Pullen 出版的《存在学习问题的学生的教育》（*Teaching Students with Learning Problems*）（8th ed., 2011）一书，对存在学习问题的学生的一般教学方法和特定教学方法，都有系统论述。该书第一部分"教学基础"，描述了适用于所有特殊教育教师的通用教学技能。第二部分"教授学习技能"，描述了提升学生的语言技能、阅读、拼写、写作、数学和学习技能的教学和评估方法。

- **主流教育和纳入教育**

Michael Coyne, Edward Kame'enui 和 Douglas Carnine 的《适应多样化学习者的有效教学策略》（*Effective Teaching Strategies that Accommodate Diverse Learners*）（4th ed., 2011）一书，描述了如何面向不同文化背景、社会阶层和学习能力的学生，有效地教授各个学科（如阅读、写作、数学、科学和社会研究）。关于学科教学的每一章，都是围绕已经被研究所支持的六个教学原理组织的，这些原理是：大观念、直观的策略、搭建支架、启动背景知识、策略性整合和明智的回顾。Jodi O'Meara写了两本书，描述如何将RTI和差异化教学方法相结合。每本书有三个部分：两个概念，如何结合，如何在课堂中实施。这两本书的名字为《差异化教学的反应干预法，学前—5年级》(*RTI with Differentiated Instruction, Grades K-5*)(2011a)和《差异化教学的反应干预法，6—8年级》(*RTI with Differentiated Instruction, Grades 6-8*)(2011b)。

Edlaw是一个全国性法律组织和出版社，它有一个网站，在其中介绍了IDEA的法律发展，及其对教育者和特殊教育项目的管理者的要求。

- **智力障碍学生的教育**

对于智力障碍学生的特定教学方法的学习，可以借鉴Phil Foreman的《智力障碍学生的教育：研究与实践》(*Education of Students with an Intellectual Disability: Research and Practice*)(2009)和June Downing的《全纳课堂中轻度与重度智力障碍学生的学科教学》(*Academic Instruction for Students with Moderate and Severe Intellectual Disabilities in Inclusive Classrooms*)(2010)。

- **学习困难学生的教育**

Janet Lerner和Beverly Johns的《学习困难以及相关的轻度障碍：特征、教学策略和新方向》(*Learning Disabilities and Related Mild Disabilities: Characteristics, Teaching Strategies, and New Directions*)(12th ed., 2012)、William Bender的《学习困难：特征、鉴别和教学策略》(*Learning Disabilities: Characteristics, Identification and Teaching Strategies*)(6th ed., 2008)和《学习困难学生的差异化教学》(*Differentiating Instruction for Students with Learning Disabilities*)(3rd ed., 2012)，论述了关于学习困难的本质，以及如何教育学习困难学生。

- **情绪和行为障碍学生的教育**

关于行为障碍的本质，以及常规课堂教师如何应对这类学生，在James M. Kauffman和Timothy J. Landrum的《儿童与青少年情绪与行为障碍的特征》(*Characteristics of Emotional and Behavioral Disorders of Children and Youth*)(10th ed., 2013)、Patricia Gallagher的《行为障碍学生的教学：课堂教学方法与活动》(*Teaching Students with Behavior Disorders: Techniques and Activities for Classroom Instruction*)(3rd ed., 2008)和Mary Margaret Kerr和C. Michael Nelson的《课堂中行为问题的应对

策略》(*Strategies for Addressing Behavior Problems in the Classroom*)(6th ed., 2010)等书中,均有很好的论述。

- 超常学生的教育

下列著作描述了教育超常学生的方法:David Dai 的《超常学生的本质和培养》(*The Nature and Nurture of Giftedness*)(2010)、Steven I. Pfeiffer 的《超常儿童手册:心理教育理论、研究和最佳实践》(*Handbook of Giftedness in Children: Psychoeducational Theory, Research and Best Practices*)(2008)和 Jeanne Purcell 和 Rebecca Eckert 的《为高能力学生设计服务与项目:超常教育指导手册》(*Designing Services and Programs for High-Ability Learners: A Guidebook for Gifted Education*)(2006)。

你也可以浏览美国超常儿童协会、美国超常人才研究中心的网站,以及 2e: *The Twice-Exceptional Newsletter* 杂志的网站。

第三部分

学习和思维

第7章　行为主义学习论：操作条件作用

© iStockphoto.com/JulNichols

本章涉及的InTASC标准　学习目标

1. 学生发展

3. 学习环境

4. 学科知识

5. 知识应用

6. 评估

7. 教学计划

8. 教学策略

学完本章内容以后，你将能……

7.1　了解操作性条件作用的定义及至少五个基本原理。

7.2　描述操作性条件作用原理在教育中的至少三方面的应用。

如果你问人们：我们为什么需要学校？他们可能会这样回答：为了帮助孩子习得成人所认为的能适应社会生活的必备知识和技能。他们的回答是正确的，因为实际上这就是学校教育的主要使命。既然如此，那么逻辑上来讲，教师的教学和课程决策就应该基于对"人们如何学习"的理解（同样也要基于对个体差异的发展事实及来源的理解，因为这将影响学生可以学得多好）而进行。然而，正如本书所讨论的其他主题一样，学习是一个非常复杂的现象。在接下来的4章中，我们将带你了解学习过程的复杂性，以及在不同的视角下它是如何被研究的。

本章旨在介绍"行为主义学习理论"的基本概念。更准确地说，本章介绍了一个名为"操作性条件作用"的理论以及它的一些应用。操作性条件作用聚焦于外部环境对个体的行为表现及其未来行为模式的影响。在随后的几章，将探讨他人及个体自身的思维过程在学习中扮演的角色。

学习导读

这些要点能帮助你了解本章的重要内容。为了帮助你学习，这些要点也会出现在正文页脚。

操作性条件反射

- **操作条件作用**：自发的反应被后续结果所增强或削弱
- **正强化**：通过在行为发生后给予正强化物来增强目标行为
- **负强化**：通过在行为发生后移除厌恶刺激来增强目标行为
- **惩罚**：通过在行为发生后给予厌恶刺激来削弱目标行为
- **隔离**：通过在行为发生后暂时移除正强化物来削弱目标行为
- **消退**：通过忽略来削弱目标行为
- **自发性恢复**：已消退的行为可能会自发性地再现
- **泛化**：对相似刺激做出相似反应
- **分化**：对相似刺激做出不同反应
- **复杂行为是通过强化更接近目标的行为来塑造的**
- **固定间隔程式**：以固定的时间间隔给予强化
- **变化间隔程式**：以随机的时间间隔给予强化
- **固定比率程式**：在特定数量的行为出现后给予强化

- 变化比率程式：每次在不同数量的行为出现后给予强化

操作性条件作用的教学应用原则

- 斯金纳的教学策略：清晰的目标、符合逻辑并序列呈现的配套材料、自己控制节奏
- 计算机辅助教学项目包括操作与练习、个别辅导、模拟教学及游戏等几大类
- 个别辅导和模拟程序能比传统教学带来更高的学业成就
- 综合学习系统：综合的、自己控制节奏的学习系统
- 计算机辅助教学（CBI）无法代替高质量的教学
- 行为矫正：通过忽略非期望反应、强化期望反应的方法来塑造行为
- 普雷马克原理：先完成必需的功课，然后再选择奖励
- 代币法是一种灵活的强化系统
- 相倚契约：在学生履行事先商议好的承诺后给予强化
- 隔离法对具有破坏性、攻击性的儿童最有效
- 尚未有研究清楚地回答体罚的负面影响到底有多严重

揭示假设　**旁观者眼中的奖赏**

安东尼奥和他的跨学科小组在尝试使用一个奖赏制度来激励他们任教的初中生。这个奖赏制度看似非常合理，但安东尼奥和他的团队对结果却并不满意。塞莱斯特在观察了高级物理和地球科学概论两门课后，建议道："高级物理课上的孩子不需要奖赏，而在科学概论课中的孩子显然需要奖赏。"康妮问唐，上周他观察的三年级课堂上是否使用了奖赏。

"是的，"唐说，"教师在使用一个叫每日积分的奖赏制度。孩子们在完成作业、日常教室打扫、遵守规则或其他类似任务后，可以获得积分。获得的积分每天会记录在一张表格里。当一周结束时，孩子们可以用积分兑换铅笔、钢笔、备忘卡片或贴纸。或者他们也可以用积分来兑换玩电脑游戏的时间——当然是教育类的游戏。有些孩子对此非常着迷，但也有些孩子根本不感兴趣。"

康妮提出了一个怀疑，即教师和学生对奖赏的看法总是一致的吗？"我永远记得在我还是个实习教师时，带一个六年级班级的那天。在那天的前一天，我给学生们做了一个随堂测验。当时我想，如果学生们看到他们的同学因为测验取得好成绩而被奖励的

话，他们一定会更加努力地学习。于是，在发测验试卷前，我做了一个关于家庭作业以
及测验如何反映出谁在努力学习、谁没有努力的大演讲。然后我说'我可以很明显地看
到我们班最努力学习的同学是……嗒哒……'我边说出了这个孩子的名字，边把测验试
卷递给了他。我确实说了'嗒哒'。我以为我是在奖励这个男生，然而结果却是，我几乎
毁了他接下来一个月的学校生活——他的朋友们因为这件事一直在指责他。至今我仍
然对我犯的这个错误感到内疚，但是我也从中学到了一点，那就是奖赏应该是从旁观者
的视角来定义的。"

暂停　与　反思

　　我们都喜欢因为自己的成就而得到奖赏；这是人类的天性（我们将会学到，这
也是正强化之所以有效的原因之一）。然而，我们往往会理所当然地认为，他人对奖
赏的看法与自己是一致的。我们总是倾向于认为，我们所认为的奖赏对他人而言同
样能起到奖赏、激励作用。你是否曾有过被教师单独奖赏的经历，而这奖赏却让你
的同伴们感到痛苦？你对这种情况的反应是什么？你的行为发生了怎样的改变？
你认为一个实习教师应该如何避免犯和康妮一样的错误呢？

7.1　操作条件作用

> **InTASC**　　　标准1（d）　标准7（i）

　　为了更全面地了解什么是操作性条件作用以及它的来源，我们需要回到20世纪初
心理学刚成为一门独立学科的时期。在1913年，美国著名心理学家约翰·华生（John
Watson）发表了题为"行为主义者眼中的心理学"一文，指出如果心理学继续执着于研究
无法直接观察与准确测量的内在心理与情绪状态，那么这门学科将很快失去其科学性。这
一问题的解决办法是，心理学要研究那些可以被直接观察、客观和准确测量的对象：人们
接受的外在刺激和作出的相应反应，即行为。

　　自该观点提出到20世纪60年代末，各种不同类型的行为主义主导了学习心理学的研
究。如今，尽管它们已经不再那么受欢迎，但仍然为教师们提供了很多有用的方法。

7.1.1　基本观点

行为学习理论在斯金纳(B. F. Skinner)的研究中达到巅峰。斯金纳提出了一种理论,不仅成功整合了很多不同的观点,也成为人类行为研究的基石,它就是**操作条件作用**(operant conditioning)[1]理论。斯金纳的操作性条件作用理论基于这样一个事实:动物和人类的很多自发反应会在被激励后(即跟随一个好的结果)得到强化,而被忽略或惩罚后则会削弱。个体正是以这种方式来学习新的行为、学会何时展示这些行为,以及"遗忘"已有的行为。所谓"操作性条件作用",是指个体学会"操控"所处的环境(通过做出某种特定的行为反应)以达到或避免某种特定结果的过程。

操作条件作用的实验研究大多基于斯金纳发明的一个精巧的仪器——斯金纳箱。斯金纳箱是一个狭小的密闭空间,包含一根杆子(或称杠杆)和一个小托盘。箱子外是一个盛着颗粒状食物的漏斗。当杠杆在特定条件下被按压时,漏斗中的食物就会掉在托盘上。

一只饥饿的老鼠被放入斯金纳箱,在探索新环境的过程中,它靠近并按压了杠杆,随即便获得了一颗食物。得到奖励后,这只老鼠就会更频繁地去按压杠杆。如果食物只在某种特定条件下按压杠杆才能获得——比如当响起某个音调时——而其他情况下按压杠杆无效,那么这只老鼠就会辨认出这个特定条件。在音调没有响起时,它按压杠杆的频率明显下降了。当一个与目标音调频率非常接近的音调响起时,老鼠会将之泛化(即认为两种音调是等同的),因此按压杠杆的频率与在目标音调下相近。而如果老鼠按压杠杆后不会获得食物,那么按压杠杆行为就会停止或者消退。

这是在说我们与实验动物没有区别吗?当然不是。上述描述只是为了说明在实验条件下动物的行为如何受环境刺激的影响,与我们在日常生活中的行为如何受环境刺激的影响,两者的原理是一致的。但由于某些原因(第8章和第9章将会提到),我们的行为并不像实验老鼠那样容易被预测。

7.1.2　操作条件作用的基本原理

再来复习一遍操作性条件作用背后的基本观点:所有的行为都伴随着特定的结果,而这些结果很大程度上影响了(或说决定了)这些行为是否会被重复以及以何种强度重复。

1　操作条件作用:自发的反应被后续结果所增强或削弱。

总的来看,行为的结果要么是令人愉悦和喜欢的(如升职或考试中得了A),要么是令人不快和厌恶的(如被开除或考试中得了F)。依赖于我们接下来要讨论的条件,这些结果会提高(加强)或降低(削弱)相应行为在相同或类似场景中发生的概率。

当结果增强了后继行为的发生,就意味着"强化"出现了。当结果削弱了后继行为的发生,则意味着"惩罚"和"消退"已经产生了。强化和惩罚各有两种不同的形式,下面我们将具体介绍它们及一些相关理论。

暂停　与　反思

操作性条件作用理论认为,我们之所以对特定的刺激做出或不做反应,是因为我们的反应会伴随着令人愉悦或厌恶的结果。你认为自己有哪些行为可以用这一理论来解释呢?比如,你为何要阅读本书、思考这些问题?

正强化

正强化的概念很容易理解。如果你曾经因为得到某个学科教师的表扬或考试得高分而愿意花费更多时间来学习这门学科,那么你已经经历过正强化了。**正强化**(positive reinforcement)[1]指的是通过在行为发生后立即给予刺激(正强化物)来强化一个目标行为,即增加该行为被重复的概率。对很多学生(并非全部)而言,表扬、认可和自由活动的机会都是正强化物(照片7-1)。

负强化

负强化的概念比较难理解,通常会被误解为惩罚,因此将在此作详细说明。负强化的目的和正强化是相同的:增加某一特定行为的强度。但两者

照片7-1　当学生们因完成一个项目或任务而受到正强化时,他们会更积极地学习。对许多学生来说,获得来自教师或同伴的奖励和表扬能起到很强的正强化作用。

241

Yellow Dog Productions/The Image Bank/Getty Images

1　正强化:通过在行为发生后给予正强化物来增强目标行为。

所使用的方法不同。与正强化给予令人愉悦的刺激不同，**负强化**（negative reinforcement）[1]是在行为发生后立即移除一个个体不想要的、令人厌恶的刺激。在学习这个概念时，要同时关注这个方法本身及其对行为的影响。正如"正"指的是增加一个刺激，"负"则是指移除一个刺激。通过移除学生不喜欢的事物，你可以激励他们习得新的行为。

在日常生活中，负强化出现的频率非常高。孩子通过收拾自己的衣物或玩具，来阻止父母继续唠叨。司机通过系好安全带，来阻止恼人的蜂鸣提示。园丁通过拔掉杂草，来避免花园显得破败（关于这一点，本书的某位作者有着丰富经历）。

除了通过使用某种形式的强化来增加期望行为之外，操作性条件作用也提供了用于削弱不被期望的行为的策略。在接下来几段中，我们将简单介绍其中的三种，前两种即惩罚的不同类型。

惩罚

行为主义心理学家将**惩罚**（punishment）[2]定义为通过给予厌恶刺激来减少不被期望的行为的发生频率。其中一种是已经有着几百年历史的方法：在一个不被期望的行为出现后，立即给予某种形式的厌恶刺激。这就是第一类惩罚，或称呈现性惩罚，它依赖于诸如斥责、用戒尺打、嘲笑或让学生抄写500遍"我不会再在上课时嚼口香糖"等传统的方法。如果这样的策略没能减少或消除不被期望的行为（这是经常会发生的情况），那么你就不能说已经惩罚过该学生了。从操作性条件作用的视角看，只有目标行为的发生频率真地下降了，你才能说完成了"惩罚"。惩罚是否有效以及符合伦理也是十分重要的问题，尤其是对于教育者而言，我们将在本章后面对此展开讨论。

隔离

第二类惩罚通常被称为"隔离"，也被称为移除惩罚。不同于给予厌恶刺激的惩罚，**隔离**（time-out）[3]是指短暂剥夺个体接受正强化的机会（照片7-2）。例如，将一名总是通过扰乱课堂秩序来寻求关注的学生，安排到一间空教室中静坐五分钟。将个体带离一个强化环境（以及伴随着"离开教室"这一指令的生气语调和面部表情）对当事人来说就是一种厌恶后果。这类惩罚的另一个例子是运动员被禁赛。

消退

能削弱不被期望的行为的第三类方法是"消退"，它不属于惩罚。**消退**（extinction）[4]指

---

1 负强化：通过在行为发生后移除厌恶刺激来增强目标行为。
2 惩罚：通过在行为发生后给予厌恶刺激来削弱目标行为。
3 隔离：通过在行为发生后暂时移除正强化物来削弱目标行为。
4 消退：通过忽略来削弱目标行为。

照片7-2　行为矫正的热衷者推荐使用"隔离"的方法，即通过暂时移除正强化（如当其他同学在进行娱乐活动时，将一名行为不端的学生安排到教室的角落独自待五分钟）来削弱不恰当的行为（如在操场推搡他人）。

242

的是曾被强化的行为由于强化的终止而逐渐减少，直至消失。消退的典型例子是母亲忽略孩子的啼哭，或教师忽略随意发言的学生。"消退"和"暂停"一样，往往与其他方法（如正强化）结合使用才能达到最好的效果。图7-1能帮助你更好地学习和记忆正强化、负强化、惩罚和消退的不同特征。

在继续学习其他的基本原理前，我们要再次复习前文中提到过的一点，以确保你已经清楚掌握了强化、惩罚和消退的概念。从一个操作性条件作用的角度看，只有当目标行为在某个你所认为的厌恶刺激的作用下，降低了发生的频率，你才完成了"惩罚"他人的过程。太多不熟悉操作性条件作用理论的教师说："我已经因为杰森欺负玛拉的事惩罚了他，但并没有效果啊。"猜猜接下来会发生什么呢？如果杰森继续欺负玛拉，他将不会受到惩罚。同样的道理也适用于正强化和负强化。你给某个学生更多的表扬，或者停止一直以来对他的批评，只有在特定的期望行为出现频率增加的情况下，才能被称为"强化"。

泛化

当个体学会了对某一特定刺激作出特定反应，而对其他相似刺激作出相同或类似的反应后，**泛化**（generalization）[1]就发生了。例如，在历史学科中因为使用高效学习方法而得到正强化的学生，会将同样的方法应用于化学、社会研究、代数和其他学科的学习中。或者，我们再看一个不那么鼓舞人心的例子，即学生会无视或质疑教师的每一个要求和指令，因为他们在家时以同样的方式对待父母的行为而被强化过了。新的刺激与原有刺激的相似度越低，导致相似反应的概率也就越低。

1　泛化：对相似刺激做出相似反应。

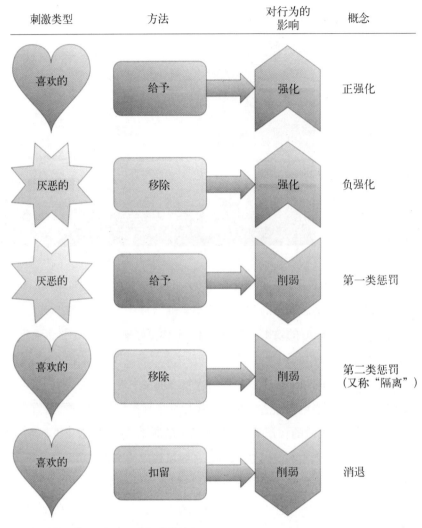

刺激类型	方法	对行为的影响	概念
喜欢的	给予	强化	正强化
厌恶的	移除	强化	负强化
厌恶的	给予	削弱	第一类惩罚
喜欢的	移除	削弱	第二类惩罚（又称"隔离"）
喜欢的	扣留	削弱	消退

图7-1　定义强化、惩罚和消退的情境

分化

当发生如上述例子中的不适宜的泛化现象时，我们可以通过分化训练来逐渐消除它。在**分化**（discrimination）[1]训练中，个体要学会关注看似相同的情境所具备的独有特征（如教师并非家长，虽然他们同为成年人），并在不同情境中做出不同的反应。教师们可以只对期望行为（如注意、守规、合作）进行强化，而在不被期望的行为（如分心、违规）发生后不给予强化。

塑造

到目前为止，我们还没有对相对容易习得的行为与复杂行为进行区分。然而稍微想一

1　分化：对相似刺激做出不同反应。

下，你就能意识到，人类的大部分行为（如掌握一项运动技能或书写论文）都是复杂且需要逐渐学会的。**塑造**（shaping）[1]这一原理可以很好地解释人类是如何学习复杂行为的。

在塑造的过程中，那些更接近最终目标行为（用斯金纳的说法）的反应会被强化。而那些不能接近最终目标行为的反应则会被忽略。成功的关键是一步一步分步骤进行。塑造的过程必须是循序渐进的，要让个体意识到每一步都是不可或缺的。这个过程被称为"强化一系列合乎期望的行为"。

强化程式

如果你仔细阅读了基本原理这一部分，你可能会开始疑惑，教师在使用操作性条件作用，特别是正强化时，是否需要在每次期望行为发生时，都给予相应强化呢？如果是这样，就意味着你开始对这一理论的实用性产生了合理的质疑。在行为塑造的某个阶段之前，答案当然是肯定的，但在那之后，答案则是否定的。正如我们已经指出的那样，如果你正在尝试建立一个新的行为，尤其是当这个行为是需要塑造的复杂行为时，那么最好的学习过程就是对每一个合乎期望的行为给予正强化，同时忽略每一个不被期望的行为。这个过程被称为连续强化。

而一旦行为被习得，正强化就可以以不连续或间歇的形式呈现，旨在固化该行为。间歇强化包括四种基本类型：固定间隔程式（FI）、变化间隔程式（VI）、固定比率程式（FR）及变化比率程式（VR）。每种类型会导致一种不同的行为模式。

固定间隔程式 在这类间歇强化中，学习者将在特定的时间间隔（如5分钟、1小时或7天）后首次做出期望行为时得到强化[2]。一旦期望行为出现并得到了强化，就意味着下一个时间间隔启动了。在一个时间间隔内出现的任何其他期望行为都会被忽略。期望行为在一个间隔期的前期总是维持在一个较低的水平，而随着强化时间的逼近，期望行为发生的频率会逐渐升高。一旦被强化后，该行为的发生频率会先下降，然后在间隔期快结束时又逐渐上升。

固定间隔程式适用于教师们对考试或项目进行固定间隔的周期性安排。分数或等级就是其中的强化物。众所周知，在考试周期刚开始的时候，学生们几乎不学习、不进步的情况并不少见，而到了考试或项目截止日期的前几天，学生们学习的节奏会有明显的提升。

变化间隔程式 如果你想看到一种更为连续的行为模式，那么可以尝试使用变化间 245隔程式[3]。使用变化间隔程式时，两次强化之间的间隔时间相对是随机的，但其平均间隔期

1　复杂行为是通过强化更接近目标的行为来塑造的。

2　固定间隔程式：以固定的时间间隔给予强化。

3　变化间隔程式：以随机的时间间隔给予强化。

是预先设定好的固定时间周期。比如一个系列中的四次强化可以以下面的间隔期出现：一周、四周、两周、五周。平均间隔期是三周。有些教师会进行突击随堂测验或以平均每三天一次的频率请学生口头回答问题，这就是在使用变化间隔程式。

固定比率程式　使用这种方法时，强化会在一定数量的期望行为发生后出现[1]。比如斯金纳箱中的老鼠在每按50次杠杆后都会得到食物奖励；工人每组装好5块电子线路板即可获得20美元的报酬；教师会在学生每次答对10道数学题后给予表扬。固定比率程式看似会引发更高的反应频率，因为学习者越快给出相应反应，就能越快获得强化。然而，在强化出现之后紧接着会出现一段暂停期，在这期间很少或没有期望行为会发生。另一个更准确的例子是人们普遍都有的一个习惯——频繁地查看手机以确定是否有新消息。根据一个调查显示（Richtel, 2011），人们收到的大部分文字消息、语音留言、邮件或推送等包含的信息都不重要，是可以被忽略或延迟再回复的。那么，为何还是有那么多人会频繁地查看手机呢？因为我们偶尔会收到一些包含有用、重要并且需要及时处理的消息。就像一个赌徒总是觉得玩老虎机的下一把就能赢，我们也总是觉得收到的下一条消息可能就是需要自己立即处理的。

变化比率程式　如同变化间隔程式，变化比率程式的目的是减少行为发生频率的不规律性，从而引发一种更一致的行为频率[2]。这一方法通过在不同数量的行为发生后给予强化来实现，而这些"不同数量"的平均数是一个预先设定好的数字。如果你想使用15次变化比率程式，你可以在行为发生12、7、23及18次后给予强化（也就是在第12次行为后、第19次行为后、第42次行为后及第60次行为后）。由于无法预测强化何时出现，学习者倾向于在较长的时间内更频繁地做出相应行为反应。如果你需要证据，那么去看看在赌场里玩老虎机的赌徒们吧！

你学会了吗？

操作性条件作用背后的基本原理是：

a. 个体的行为并非完全受自己控制。

b. 如果你希望让人们去做你想让他们做的事，最高效的方法是通过威胁或惩罚。

c. 人们的行为会被伴随其后的结果所增强或削弱。

d. 塑造个体行为的关键是了解他们的想法。

1　固定比率程式：在特定数量的行为出现后给予强化。
2　变化比率程式：每次在不同数量的行为出现后给予强化。

7.2 操作条件作用原理在教育中的应用

在20世纪40年代,斯金纳的女儿上小学的时候,他发现教学中存在一系列困扰他的问题。这些问题包括塑造行为过程中对厌恶后果的滥用(学生为了逃避低分或在全班面前丢脸而学习),学生获得反馈的间隔太长(包括参加测验或上交作业后得到批改反馈之间的间隔),以及教学内容和作业题的粗糙排列并不能达到特定的教学目标。由此斯金纳坚信,如果操作性条件作用理论可以被系统地应用于教育,那么这些问题就能被减少或彻底消除。

在此后直到1990年去世期间,斯金纳反复重申这一信念(参阅Skinner, 1984),这一信念源于他在操作性条件作用实验研究中得出的四个准则[1]:

1. 搞清楚要教授的是什么。
2. 分层教学,先教基础的内容。
3. 分小步骤以符合逻辑的顺序呈现学习材料。
4. 允许学生以自己的步速学习。

这些直截了当的准则构成了两种教育方法的基础:一个是被我们称为"计算机辅助教学"的方法,另一个是行为矫正(用于帮助学生习得合适的课堂行为的一系列步骤)。接下来的几节,我们将介绍两种教学方法的本质,并对它们如何促进课堂学习进行评估。

在此之前,我们要先说明一点:尽管操作性条件作用理论已不像当初那样受心理学家和教育学家的追捧,有意思的是,一直以来教育学者们都在不断尝试重新发现它们的用途。一篇近期发表于《高等教育纪事报》的文章(Carey, 2011)指出,一些基本的操作性条件作用理论被成功应用于成人职业培训项目中,这些基本理论包括以自己的步速学习、合乎逻辑地组织学习材料、及时并频繁地给予反馈,以及在学习更高级别的技能前要先掌握基础技能。

246

7.2.1 计算机辅助教学

InTASC　　　标准3(m)　标准5(1)　标准8(o)

1　斯金纳的教学策略:清晰的目标、符合逻辑并序列呈现的配套材料、自己控制节奏。

计算机辅助教学能促进学习吗?

在20世纪80年代初,随着笔记本电脑在学校中的普及,很多教育学家和心理学家相信,学生通过计算机这一媒介可以学到的,将远比通过传统的教师主导、基于书本的教学方式学到的更多。这种教学方法通常被称为**"计算机辅助教学"**(computer-based instruction, CBI)[1],也有越来越多的人将其称为**"技术辅助教学"**(technology-enhanced instruction)。

基于计算机的教学项目,通常可以被概括为表7-1中所示的几个类别。关于各种CBI的有效性的研究,组成了一幅有趣的图谱。

表7-1	CBI项目的主要类型	
项目类型	**目 的**	**主 要 特 征***
操作与练习	对学过的知识和技能进行反复练习,以达到快速、准确反应的目的。	• 提供大量的问题和练习。 • 批改答案并提供反馈。 • 当学生无法确认正确答案时给予提示。 • 追踪错误。 • 根据学生的能力水平调整问题的难度。
个别辅导	教授新知识(例如事实、定义、概念)和技能。	• 以线性或树状结构呈现新的学习材料。 • 线性结构项目要求所有学生统一从第一个框架开始学习,并按照既定顺序依次学习其余框架。 • 树状结构项目根据学生回答的正误进行个性化选择,当回答正确时可进入下一个框架,而回答错误时则提供补充材料进行再教学。 • 对话项目通过呈现材料、评估回答及调整后续教学材料的难度来模拟师生互动。
问题解决项目:模拟教学及游戏	教授新知识和技能,并提供有意义的情境供学生应用所学的知识和技能。这样的应用情境往往由于成本、受伤风险及时间的限制而无法在传统教学场景中呈现。	• 学生使用新习得的知识及已有信息来解决一个现实问题。 • 情境可能是真实的(例如驾驶飞机),有关历史/冒险的(例如指挥马车队穿越俄勒冈小道),或虚构的(例如克隆一个新世界)。 • 学生对达到同一目标的不同因素的有效性假设进行创造和验证练习。

*并非所有项目都符合上述所有特征。
资源: Grabe & Grabe (2007)。

关于CBI有效性的研究 计算机辅助教学项目是个相当大的产业。据统计,每年有高达22亿的资金被投入到各阶段的教育项目中(Gabriel & Richtel, 2011)。有如此庞大的资

---

1 计算机辅助教学项目包括操作与练习、个别辅导、模拟教学及游戏等几大类。

金投入，教育者就必须知道关于CBI有效性的研究结果，以便做出更好的购买决策。幸运的是，计算机辅助教学是一个被广泛研究的课题，每个时期都有一些学者试着整理和归纳关于这个主题的研究结论。一种经典的研究方法是，一组学生接受部分或全部基于计算机的教学，而对照组接受传统教学（书面作业辅以讲座和课堂讨论）或另一类型的CBI。下面是部分研究的主要结论：

1. 让学生分步骤解决问题并提供反馈的计算机教学项目（被称为"智能化教学系统"），与使用同样步骤的教师的教学效果基本一致（照片7-3）。两者都能将学业成就提高约3/4个标准差。另外，只反馈最终答案是否正确的计算机教学项目（被称为"计算机辅助教学"或"基于计算机的教学"）对学业成就的促进作用，不如分步骤教学项目（VanLehn, 2011）。[1]

2. 参加计算机模拟教学项目的学生，比参加传统教学的同伴们的得分高出13个百分位。

3. 一项对1983年至2003年之间发表的52项研究的综述分析同样发现CBI具有一定的有效性。分析表明，接受CBI的学生比接受传统教学的学生，得分平均高出21个百分位（Liao, 2007）。

4. 在阅读测验中，那些通过CBI完成基础阅读技能（如语音意识、单词阅读、文章阅读、阅读/听力）学习的学生，比通过传统教学学习的学生的得分，高出约10个百分位（Blok, Oostdam, Otter, & Overmaat, 2002）。有趣的是，这项研究的结论和10—15年前的研究结论几乎一致。尽管近年来许多更成熟的计算机项目被推广普及（如增加了语音反馈功能等），但它们对基础阅读技能学习的促进作用基本保持稳定。

5. 一项对1998年至2007年之间发表的78项研究的综述分析发现，CBI对学习的促进作用十分显著——这也是迄今为止证明CBI有效性最显著的研究证据。该研究发现，接受CBI的学生在学业成就测验中的平均分高于全国83%的学生，而对照组学生的平均分仅高于50%的学生（Camnalbur & Erdogan, 2008）。

6. 个别辅导和模拟教学项目能比传统教学带来更高的学业成就。

7. 有研究者从31个国家收集了数以万计的数据进行分析，发现学生的在校表现与在家能使用电脑上网、在家能使用教育类软件、在校能适度使用电脑等几个因素均成正相关。而在校期间使用电脑过少或过多，都与较低的学业成就相关（Bielefeldt, 2005）。

248

1　个别辅导和模拟程序能比传统教学带来更高的学业成就。

照片7-3　研究表明计算机辅助教学可以在一定程度上促进学习，尤其体现在辅导与模拟项目中。

综合学习系统　近年来，一些软件包将基于操作性条件作用理论的辅导项目与学生表现的追踪评估系统整合起来，该追踪评估系统能实时监测学生的表现，并将结果反馈给学生和教师。这样的软件包被称为"**综合学习系统**"（integrated learning systems, ILS）[1]（Kulik, 2003a; Mazyck, 2002; O'Byrne, Securro, Jones, & Cadle, 2006）。

相比传统的CBI项目，这些系统会以一种更序列化、更综合的方式呈现信息。实际上，综合学习系统能涵盖整个幼儿园至八年级的数学、阅读、语言艺术及科学等课程。部分系统会包含一个英语语言课程，来满足那些拥有高英语水平学生的学校的需求。综合学习系统允许学生按自己的步速来学习；它们还提供测验，并跟踪学生的学习进步等级，还能为学生提供合适的补习或拓展性活动。

学区之所以购买ILS，通常是因为他们承诺要提高学生在州通考中的成绩。那么他们花的这笔钱真的值得吗？很难说。因为学习质量和结果总是在变化。有时，那些每周花一些时间在ILS上的学生，与那些只接受传统教学的学生相比，在随后的数学、阅读/语言艺术或科学测验中的得分能高出14%—18%（Kulik, 2003a; Tracey & Young, 2007）。而有时，两者的得分差异又很小，甚至没有（Kulik, 2003a; Paterson, Henry, O'Quin, Ceprano, & Blue, 2003）。ILS似乎对有挂科风险的后进生或低龄学生（幼儿园和小学一年级）有最好的促进作用（Bauserman, Cassady, Smith, & Stroud, 2005; Cassady & Smith, 2005; O'Byrne, Securro, Jones, & Cadle, 2006; Tracey & Young, 2007）。因此，最保险的结论似乎是，综合学习系统

1　综合学习系统：综合的、自己控制节奏的学习系统。

对学习有一定程度的促进作用,特别对那些能从其特性中获益最大的学生而言。

对计算机辅助教学的评价　来自南加州韦克郡、当时正任教六年级的教师William Ferriter,在被问及"哪项课堂技术对你来说最重要"时,他给出了一个出人意料的答案。他说,他不借助任何一项课堂技术就能教好他的学生。他这样回答的理由是,他坚信"好的教学胜过任何好的工具"。但他也马上补充道,高效的教师知道如何利用好工具使学习更高效(Ferriter, 2011)。他也曾指出技术本身并不能激励学生(Ferriter, 2012)。这正是我们使用各种各样CBI技术的真实感受[1]。

在对30余年来关于CBI的研究进行评估之后,我们认为它并非万能灵药,但如果被合理设计与使用,它的确能有效地辅助教师呈现、解释、应用及强化知识和技能。例如,模拟程序特别适合用于辅助学生理解科学概念和流程,而许多操练项目能为教师提供关于每一位学生在特定学科中优势及劣势的详细信息。

这些发现再次证实了我们在开篇一章中提出的"好的教学是艺术和科学的结合"。作为一名教师,在将任何心理学理论应用于课堂之前,你都需要先问问自己这样几个问题:这项教学技术最可能的受益者是谁? 需要哪些材料? 会有什么产出? 换言之,尽管计算机辅助教学技术在特定情况下是有效的,但它并非高质量教学的替代品。有才能的教师总是不可或缺的,他们能创造积极的课堂环境、监控学牛的学习进度,并能将教学活动按一定序列和节奏很好地组织起来。

暂停　与　反思

很多教育学家认为操作性条件作用呈现的是一幅冰冷的、非人性化的学习景象,而忽略了自由意志、动机和创造力等因素。你在阅读本章时是否也有相同感受呢? 你认为操作性条件作用的积极特性会抵销其消极方面吗?

7.2.2　行为矫正

尽管有各种不同的操作方式,**行为矫正**(behavior modification)[2]本质上指的是将操作性条件作用技术应用于矫正行为(正如这个词的字面意思)。使用者的目的是通过对特定

1　计算机辅助教学(CBI)无法代替高质量的教学。
2　行为矫正:通过忽略非期望反应、强化期望反应的方法来塑造行为。

行为给予奖赏,以达到控制行为的目的,因此它有时也被称为相倚性管理。

斯金纳及其追随者们在将操作性条件作用技术应用于矫正动物的行为之后,得出结论是相似的技术同样适用于人类。在本节中,我们将简要介绍几种教师们可以用于强化或削弱特定行为的技术。可被用于强化行为的技术有塑造、代币法和相倚契约;用于削弱行为的技术包括消退和惩罚。

塑造

或许你想要花几分钟复习一下之前我们对塑造的定义。大多塑造重要课堂行为的过程,都至少包含以下几个步骤(Alberto & Troutman, 2013; Chance, 2014; Miltenberger, 2012):

1. 选择目标行为。
2. 建立可靠的基线数据(即确定在当前情况下目标行为发生的频率)。
3. 选择可能的强化物。
4. 逐步地,在合乎期望的接近目标行为的行为每次出现时立即给予强化。
5. 在每次新确立的目标行为出现时立即给予强化。
6. 以一种变化的强化程式对目标行为进行强化。

为了更好地阐述如何使用"塑造",我们假设你现在是一位三年级的教师(或一名初中/高中教师),长期以来面临着这样一个问题:班级里有一名学生总是只能完成你在课堂里布置的很少一部分数学(或代数)作业,尽管你确定这名学生实际上已经掌握了完成作业所必需的技能。一开始,你制定了一个合理的目标,即让这名学生完成作业本中至少85%的题目。接着,你翻看了这个学生过去几周内的作业完成情况,发现目前他平均只能完成25%的题目。下一步就是选择你已知或猜测可能有效的正强化物。

强化可以以各种不同的形式呈现。大多数小学教师常用的强化物包括便利贴、口头表扬、微笑和某种班级特权(如喂沙鼠、清理黑板擦等)。初中或高中教师可以使用字母或数字表示的等级、物质奖励(如桌游或电脑游戏,前提是学校政策及你自己的经济资源允许),也可以是私下的口头表扬。

在特定条件下,也可以使用公开表彰。但需满足的前提是:

- 由于许多青少年都有很强的自尊心,任何公开形式的作品展示或奖励颁发,都应该同时包含多名学生,以避免引起可能的尴尬(Emmer & Evertson, 2013)。
- 奖励不应包含用字母代表的等级。
- 颁发奖励时应考虑到,公开形式的肯定并不适用于所有文化背景。

一项久经检验的常用塑造技术是,让学生在卡片上列出自己最喜欢的一些活动,然后告诉他们,只要达成一系列学习目标,他们就能获得一段时间,尽情地沉浸在其中一项活动中。

这项技术通常被称为**普雷马克原理**(premack principle)[1]——是以最初提出这一技术的心理学家大卫·普雷马克(David Premack, 1959)的名字来命名的。它也常被称为祖母规则(Grandma's rule),因为这是一项被祖母们使用了上百年的技术("先吃完蔬菜,然后你才能吃甜点")。

一旦你已经确定了一系列的目标及一种强化方法,你就可以开始塑造目标行为了。例如,一开始你可以先推动这名学生每天完成5个题目,连续强化几天。然后调整为在他完成5个题目并开始第6题时给予强化(固定比率程式)。接着在他每完成6个题目后再给予强化……以此类推。当该学生可以连续完成至少85%的题目后,你可以改为平均每完成5份作业给予一次强化(变化比率程式)。

通过探究改善教学实践:一位教师的故事

普拉马克原理的实践运用

(作者:Kelly Gustafson)

西沃恩,七岁,是保蒂斯塔夫人班上的一名一年级学生,曾经被建议接受干预。西沃恩无法在独立作业时间完成每天的作业。保蒂斯塔夫人安排了一次和西沃恩以及咨询老师特雷梅尔先生的会面,来讨论这些无法完成的作业。会谈过程中,西沃恩被要求列出一张她的兴趣和习惯清单,其中的项目可以作为当她把完成的作业交给保蒂斯塔夫人时的奖励。西沃恩表示她很喜欢收集贴纸、用蜡笔涂色和用珠宝装饰自己的物品。

特雷梅尔先生和保蒂斯塔夫人告诉西沃恩,如果她能更好地安排时间完成作业任务,那么就能从这张奖励清单中选择一项。保蒂斯塔夫人和西沃恩决定制定一个周目标,来计划每天作业的完成量。他们清点了缺失作业的数量,然后为西沃恩制定了一个目标。第一周的目标是,西沃恩需要连续三天完成三个独立的任务。当西沃恩达到自己的目标时,她就可以选择贴纸、涂色时间或者手工时间。

在保蒂斯塔夫人和西沃恩的共同努力下,每天作业的完成数量有了明显的增加,因为西沃恩获得奖励的频率越来越高了。随着西沃恩的目标的提升,她能继续达到新目标,相

---

1 普雷马克原理:先完成必需的功课,然后再选择奖励。

应的获奖励经历也就增加了。为了保持独立任务的比例,保蒂斯塔夫人、特雷梅尔先生和西沃恩每隔一周都会重新梳理一遍奖励清单,增加或移除一些刺激物或活动。

西沃恩的进步还在继续着,特雷梅尔先生与她会面并创建了一个游戏板,作为可视化表格来记录西沃恩朝着目标前进的每一步成就。西沃恩和特雷梅尔先生约定了每周会面的时间。在每周的会面中,他们会一起回顾她的进度并且画在游戏板上。每当西沃恩完成目标并获得奖励时,她就可以把游戏板上的磁片往前移动一步。特雷梅尔先生和西沃恩的每周会面是持续进行的,这个时间用来反思并庆祝西沃恩学业成绩上的进步。老师和咨询师都将西沃恩参与选择强化物,作为这个案例干预成功的一个关键因素。

（Kelly Gustafson 曾是一名教师。她目前是宾夕法尼亚州 Bower Hill Elementary School 的校长。）

代币法

第二种用于强化课堂行为的技术是**代币法**（token economy）[1],它最早用于情绪困扰患者的治疗,然后是特殊儿童的教育。代币是一种本身无价值但可用来"购买"有价值物品的东西。生活中,钱是最通用的代币。其价值并非由制作的材料决定,而取决于可以被用来购买什么——汽车、房子或大学教育。同样地,对学生而言,积累的代币可以是打勾、星星或笑脸,而这些代币可以用来兑换某种强化物（照片7-4）。在代币法中,做数学习题、用电脑学习、进行课外阅读或玩学习型的游戏等教学活动,都是行之有效的强化物（Higgins, Williams, & McLaughlin, 2001）。研究证明代币法对增加大学生的课堂参与度也同样有效（Boniecki & Moore, 2003）。

Christina Kennedy/PhotoEdit

照片7-4 强化积极行为的一种有效方法是"代币法"——给学生提供本身无价值的"代币",但可以用来累计和兑换更有意义的强化物。

---

1 代币法是一种灵活的强化系统。

代币法产生的一个原因是难以更灵活地、更普遍地使用强化物。以糖果和饼干为例，当持续被作为强化物后，它们很快就会失去效力。而以自由活动时间或一项足够受欢迎的活动作为强化物时，它们又并不总是便于在期望行为出现后立即提供给个体。另外，社会性强化物对部分个体而言不具备强化效果。而代币却总是能在个体做出期望行为后，立即被给予，也适用于前面提到过的四种强化法中的任一种，而且它可用于兑换具有高强化价值的物品或活动。

代币法——特别是当它与课堂规则、合适的强化物及反应代价（这一概念在本章后面会提到）结合使用时——对减少随意说话、离座、打闹和不专心等扰乱课堂的行为十分有效。它可以使这些行为减少50%，甚至更多。代币法对提高很多学科的学业成绩也同样有效（Higgins 等，2001; Kehle, Bray, Theodore, Jenson, & Clark, 2000; Naughton & McLaughlin, 1995）。代币法已被成功应用于个别学生、学生小组、整个班级甚至整个学校范围的行为矫正。

相倚契约

教师可使用的第三种强化行为的技术是**相倚契约**（contingency contracting）[1]。相倚契约只是一种明确指明期望行为和相应强化物之间关系的更正式的方法。这份契约可以是书面或口头的，由双方（教师和学生、家长和孩子、咨询师和来访者）共同约定，其中一方（学生、孩子、来访者）承诺以双方都认可的方式，展示自己的行为，而另一方（教师、家长、咨询师）承诺提供双方都认可的强化物。例如，一名学生承诺将持续30分钟安静坐着并完成一项社会研究作业。当该学生完成自己的承诺后，教师要给予他10分钟的自由活动时间、一个代币或一个小玩具作为奖励。

相倚契约可以与班级中的所有成员逐个签署，或与班级中某些成员签署，也可以与整个班级（作为一个集体）来签署。与其他契约类似，后续也可增加重新商议后的补充条款。另外，这项技术能与代币法或塑造灵活搭配使用。例如，可以签署一份相倚契约，约定对于某些合乎期望的、接近最终目标行为的行为，均给予相应代币（Bushrod, Williams, & McLaughlin, 1995）。

消退、隔离和反应代价

行为矫正的首要目标是强化期望行为。对于这个目标，塑造、代币法和相倚契约都是非常有效的技术。然而，我们也会遇到必须要削弱或消除非期望行为的情况，因为这些非期望行为会干扰教学与学习。在这些情况下，你可以考虑使用"消退"。研究已经证明，消退能有效减少大多数问题行为的发生频率（Miltenberger, 2012）。

---

1 相倚契约：在学生履行事先商议好的承诺后给予强化。

最直接的做法就是忽略非期望行为。例如,当学生通过对周围做鬼脸来吸引你的注意时,你可以通过忽略来减少该类行为的出现次数。然而,如果班级里的其他学生无法忽略这种行为,而是嘲笑它的话,这种来自同伴的强化反应,可能会削弱你所采取的忽略的效果。因此,在采用忽略法时,一定要注意观察环境中会发生什么。

如果其他学生的反应会促进该学生的非期望行为,或当这个行为已经影响到课堂的正常秩序时,你可以试着采用"隔离"法。假设有个好动的三年级男孩总是在课间推搡同班同学,而口头要求、提醒或警告都无法减少这一行为时,你可以试着在这个男孩推搡同学之后,立即对他进行一次5分钟的隔离。在这5分钟内,当其他同学都在操场上玩时,他必须独自一人坐在教室里。

隔离法是一种能减少或消除非期望行为的有效方法,尤其适用于那些具有攻击性或破坏性的行为,它不仅适用于普通儿童,也适用于特殊儿童[1](Alberto & Troutman, 2013; Miltenberger, 2012)。在要求儿童"隔离"时,你必须清楚地告知他规则,而在被"隔离"后(隔离时间不应超过5分钟),应该立即对儿童做出的可被接受的、有益的行为给予强化——例如告诉他:"汤米,谢谢你把操场上的球收拾得这么好!"

另一种技术——**反应代价**(response cost),与"隔离"类似,都涉及移除一个刺激。它常与代币法一起使用。每当儿童做出非期望行为时,一定数量的正强化物就会被剥夺(如扣除原有代币中的5%)。如果你曾经因为超速被处以至少50美元的罚款,那么你可能对反应代价对行为的矫正效果有所体会了。与消退和隔离一样,研究已经证明反应代价可以有效减少很多学生的多种问题行为(如走神、不听从指令及做出破坏性行为等)(Miltenberger, 2012)。

惩罚

惩罚——尤其是体罚,是最常用的行为矫正技术之一,它同时也是最具争议性的技术之一。导致其备受争议的其中一个因素是,一方面许多家长信奉"不打不成才",而另一方面一些社会团体(如"停止体罚儿童"或"全国废除校园体罚联盟")则致力于说服州和联邦官员通过立法来禁止体罚——部分基于伦理原因,部分是因为没有任何科学证据表明体罚可以帮助儿童发展更有效的社交及自控技巧(Dupper & Dingus, 2008; Gershoff, 2002)。

另一个导致该技术备受争议的因素是研究者们对已有的研究结果持有不同的观点。例如, Elizabeth Gershoff(2002)分析了过去60年间的88项相关研究,得出的结论是:体罚与某些消极的行为和经历存在高度的关联,这些消极行为和经历包括道德规范的低内化水

---

1 隔离法对具有破坏性、攻击性的儿童最有效。

平、攻击性、违法和反社会行为、低质量的亲子关系及药物滥用等。Gershoff使用的体罚定义是"使用武力让儿童经历痛苦而非伤害,以达到纠正或控制儿童行为的目的"(p.540)。

但Gershoff的结论遭到了Diana Baumrind, Robert Larzelere和Philip Cowan的质疑(2002),质疑的几方面之一即Gershoff使用的关于体罚的定义。这些研究者指出,Gershoff使用的定义,在一定程度上导致了她把许多不应该列入的研究也纳入了分析范围,而在这些研究中描述的惩罚手段远比大部分家长实际使用的更严重。Baumrind等建议将研究范围缩小到那些涉及更常见的、较温和适度的体罚形式。他们将"打"定义为"体罚的其中一个子集,包括(a)不会造成生理伤害;(b)目的是矫正行为;(c)只用手而不借助其他工具拍打四肢或臀部"(p.581)。他们对Gershoff研究的那些文献进行了筛选,将那些更接近新定义的研究进行了再分析,分析结果显示,打孩子和攻击行为之间的相关性明显弱了很多(但仍然存在正相关)。基于这个理由,及许多研究中存在的其他局限性,Baumrind和同事们提出,不能依据已有的这些研究就一味谴责"打孩子"这一行为(尽管或许这一行为的确是不应该的,但也要基于其他更充分准确的理由)。

暂停 与 反思

斯金纳认为人们太过频繁地使用消极的方法(尤其是惩罚)而非更有效的积极强化来塑造期望行为。在你的记忆中,你的行为是如何被塑造的呢?你同意或反对斯金纳的观点吗?你认为我们为什么要如此频繁地使用惩罚这一手段?

在结束这个话题前,我们需要再指出一点:正如Elizabeth Gershoff所说,她回顾的这些研究实际上都是相关的。也就是说,研究者们的目的都只是想确认体罚和攻击行为之间是否存在联系。因此,我们不能从中得出"打孩子会导致他们更具攻击性"的结论。除非有其他研究更准确地证明这一点,否则我们完全可以得出一个完全相反的结论,即"更具攻击性的孩子会更多地受到家长或其他成人的体罚"。还有一种可能是存在第三个变量,如规则不一致,导致了体罚和攻击行为同时增加。

在美国,华盛顿特区和31个州目前已经禁止学校使用体罚。在其余各州中,有的将是否允许使用体罚的决定权交给了学校,有的允许学校在法定范围内使用体罚,还有的则对此保持沉默。在没有对此作出任何规定的州,当地学区可以选择规范化体罚的使用或者彻底禁止它(有效纪律研究中心,2011a)。总的来看,体罚在学校中的使用率呈稳定下降趋势。在1976年,约3.5%的学生接受过某种形式的体罚。而到了2006年,这一比例已下降至0.46%(有效纪律研究中心,2001b)。

站稳立场 **正强化与惩罚是课堂管理的手段**

在我们的常识中,假如某一项教育技术被大量证明能有效达到特定的目标,而另一项技术则往往是无效的,那么一定会有相当一部分教师会选择使用前者,而大多数人会无视后者。然而,常识并非总是与现实情况一致,尤其是在讲正强化和惩罚作为课堂管理技术这个问题上。正如我们在这几页中所提到的,尽管正强化能有效促进课堂中的好行为,但鲜少有教师在使用它,而有很多缺点的各种各样的惩罚却更受欢迎。

毋庸置疑,导致这一现状的原因之一是教育心理学课本及课程中关于操作性条件作用的介绍减少了。在当前正在师范专业学习的学生中,很少或没有接触过操作性条件作用理论及其课堂应用的,比例相当高。因此,很多教师陷入了所谓负强化的陷阱。它是这样的:学生的不良行为引发教师本能的惩罚反应,因为惩罚能被快速和简单地执行,而且往往能快速(虽然是暂时的)见效。以教师把对抗的学生送去校长室为例。在至少短暂的松口气后,教师就更倾向于把下一名表现不好的学生也送去校长室。现在,让我们从学生的视角来看一看这件事。有些学生有不良行为,原因可能是觉得课程无聊,甚至是因为担心失败。那么把这样的学生带出教室就相当于把他们带离了惩罚环境。这是一种负强化,会导致学生更频繁地做出不良行为。

解决这个问题的最好方法,是在一开始就整合使用高效的教学方法以及正强化。这项技术在文献中被称为积极的行为支持(详见Gettinger & Stoiber, 2006; Marquis et al., 2000)。在本章的"教学建议"部分,我们讨论了一些合理且高效地使用正强化技术的方法。

你怎么看?

你有过文中提到的类似经历吗? 你是怎么认为的?

你该使用行为矫正方法吗?

在花了这么大篇幅介绍完行为矫正的方法之后,提出这样的问题似乎显得很奇怪。显然,过去数十年的研究结果已经为该项技术的使用正名。然而,行为矫正仍然受到一些批评,这些批评是研究结论中没有充分强调的,但你在使用这项技术时必须要认真考虑它们[1]。

对行为矫正的第一个批评是,持续使用这种技术一段时间之后,学生可能会形成"我

---

1 研究尚未有清楚地回答体罚的负面影响到底有多严重。

做了这些可以得到什么"的态度。也就是说,部分学生可能会把学习看作是他们获取及时强化的一种手段。持续使用行为矫正的潜在危害是,当没有人提供强化物时,学生就停止学习了(Kohn, 1993)。(这一点将会在"社会认知理论"一章中详细阐述。)

对行为矫正技术的第二个批评是,它有时会因为过强的威力而陷入不恰当甚至是违反伦理的境地。例如,教师们可能会采用塑造的技术让学生变得安静和顺从,从而使得自己的工作变轻松,但这类行为有时并不能营造出学习的最佳条件。

针对这些批评,斯金纳和其他行为科学家(如Chance, 1993; Flora, 2004; Maag, 2011)反驳道,无论我们做或不做什么,学生的行为总是会被塑造成这样或者那样。因此,与其在这里患得患失,倒不如将行为矫正用于帮助每个人获得能支持其有意义学习的行为上。这种回应暗含的一个意思是:教育者如果明知有高效的学习工具却不使用,那么应被指控为违反伦理。如何明智地使用这项工具当然是一大挑战。接下来的"教学建议"部分,将为你提供更多的关于如何应用操作性条件作用理论的信息。

255

教学建议　把操作条件作用运用到课堂中

InTASC　　标准4(1)　标准7(k)　标准8(k)

1. 时刻牢记行为是特定条件的结果。

与斯金纳箱这样一个被严格控制的环境不同,现实课堂中的很多行为的原因可能不那么明显或可以追踪。因此你需要接受这样一个现实:你的行为塑造很可能是无法提前计划的。无论如何,如果你能不时提醒自己下面的问题,那么你和你的学生们就可能会获益:"那个行为的发生一定有它的原因。我能找出原因并做些什么让事情变得更好吗?我正在做的事是否会给一些班级成员或全班带来麻烦?"当你陷入这样的思考时,要谨记强化会增强行为。检查一下你是否正在不经意间奖励学生的不良行为(如给予他们关注,或没有对做出合乎期望行为的学生及时给予强化)。

示例:

- 当你发现你的学生们总是需要花费很长时间才能安静下来进入状态,你会严厉批评那几个最拖拉的学生、忽略其他拖拖拉拉的学生，同时积极地回应那些已经做好准备开始学习的学生。

- 假设你要求学生在30分钟内完成一张卷子。而令你沮丧的是，绝大多数学生在时间截止之前一直在拖延，因此你不得不反复唠叨他们。事后你开始分析为什么会出现这样的状况，最后发现实际上你对课堂内容的安排，一直在鼓励那些拖延行为。下次你再布置一张类似的卷子时，可以告知学生，如果他们能尽快完成这张卷子，那就可以利用剩下的课堂时间来完成家庭作业，而如果有谁需要帮助的话，你很乐意提供帮助或建议。

2. 学会使用强化，并适当地用它来强化你想要鼓励的行为。

要强化你希望学生们习得的行为，这似乎是显而易见的事，但为什么我们还要特别提醒你这么做呢？难道你不是已经自发地在这样做了吗？好吧，我们当然希望是这样，但数据显示结果并非如此。一个由 John Goodlad（1984）为首的研究团队对全美7个地区、38所学校的1 350名教师和17 163名学生的课堂行为进行了观察研究。他们的发现会让你大吃一惊。在所有观察的时间段内，小学课堂中教师表扬学生的时间约占2%，而高中阶段仅占1%。

一旦你下定决心要系统地强化期望行为，就一定要确保你会合理地完成这项工作。尽管强化看似是一种直觉层面即可理解的简单原理，但只有正确地使用它，才能带来我们期望的结果。Paul Chance（1992）给出了高效使用正强化的七条准则：

- 在强化一个行为时，要使用能起到激励作用的最弱的强化物。换言之，如果表扬同样有效的话，就不要使用物质奖励。要将物质奖励应用到表扬或其他强化物无法起效的那些行为中去。
- 如果可以的话，要避免把奖励当诱因用。Chance的意思是，不要习惯性地每次都告诉学生，如果她能做到你要求的事情，你就会给她某个奖励。有时你应该先请她完成一些事情（如安静地学习或帮助另一名学生），完成后再给予强化物。
- 在学习的初期，要频繁地使用奖励，而随着学习的推进要逐渐降低奖励频率。
- 只奖励你希望强化的行为。尽管你可能还没有意识到，学生们通常对什么行为会被强化、什么不会被强化格外敏感。如果你决定要鼓励学生尽量创造性地写作,告诉他们不用太担心拼写或语法错误,那么接下来你很有可能会看到许多拼写错误的单词或不通顺的语句。而如果你决定只奖励考试的前三名,那就要做好准备——竞争在激发出学生最好的一面的同时,也会暴露出他们最坏的一面(如作弊或拒绝帮助他人)。

- 请记住,对一名学生有效的强化物,对另一名学生则可能是无效的。对部分学生而言,"很有意思的观点"、"你说的对"或"你帮了大忙了"等评价,可以强化目标行为。但对其他学生而言,一些更隐晦的做法,如一个鼓励的微笑就已经够了。我们在本书第1章谈到,教学的艺术性,就是要足够了解你的学生,知道在任何特定情况下如何对待学生。所说的就是这个意思。

- 设定标准时,要考虑到每名学生都有获得成功的可能性。你可能会有一些英文不那么熟练的学生,或者在学习或智力等方面存在障碍的学生。兼顾到学生多样性的一种方法是奖励学生在学习中取得的进步,而不管他们最初的学业水平如何。

- 对教师而言,一个最常被提及的教学目标是提高学生的内在动机或能从成功完成一件事中获得自豪感或满足感的能力。你可以利用日常教学中的机会来自然地引出这一点——例如,当学生在写作时,和他们一起探讨能写出一个清晰而有趣的故事是一件多么令人满足的事啊。

3. 利用不同强化法的作用来推动学生坚持学习、终身学习。

a. 在学生刚开始接触一类新的学习内容时,要频繁地给予强化(照片7-5)。然后逐渐降低奖励频率。

在学生刚开始尝试一项新的技能或学习新的内容时,要鼓励每一个小小的尝试,哪怕它看起来非常笨拙。当他们慢慢变得熟练后,你就只需要在他们有突出表现时再给予鼓励。要避免使用死板的模式来评价学生的表现。而当出现意外惊喜时,要给予与众不同的表扬。

b. 如果你想让学生在活动期间周期性地迸发活力,你可以使用固定间隔强化程式。

有些时候,当稳定的表现很难维持时,你可能会想让学生在活动期间周期性地迸发活力。在这种情况下,你可以每隔一段固定的时间给予一次强化。例如,当学生们在进行一项非常耗费精力或需要全神贯注的活动时,你可以按照一个既定的模式,循环式地表扬和鼓励学生,以便能在预期时间间隔内,与每一名学生保持沟通。

Peter Hvizdak/The Image Works

257　照片7-5　操作条件作用的一条基本教学原则是在教学初级阶段对正确的反应给予及时的强化。

4. 让学生有机会公开表达意见,并提供及时的反馈

a. 要求学生频繁地、公开地、明确地做出回答。

教师总是倾向于表达,而且是花大量时间来表达。基于操作条件作用原理的教学方法建议教师限制自己传递信息和向学生解释的时间,转而更多地为学生提供公开回答的机会。如果你回忆一下本章前面我们所讨论的操作条件作用原理,你就会明白为何会有这样的建议:只有学生做或说了,你才能使用强化、消退或惩罚来增强期望行为或削弱非期望行为。

示例:

- 相比于就20世纪科学技术的发展做一个20—30分钟的演讲,你不妨将这些知识拆分成几个8—10分钟左右的模块,然后要求学生描述某样日常生活用品或工具是如何依据某个科学原理发展而来的。
- 在每次呈现完学习材料后,停下来让学生对刚才的主要内容做一个小结。

b. 及时反馈，以便强化正确的回答，同时能让学生意识到并改正错误。

InTASC　　标准6(n)　　　　　　　　　　　　　　　　　258

　　研究清楚地显示，那些通过材料学习后，回答了关于材料的一系列问题并得到及时的正误反馈及原因解释的学生，比那些没有得到反馈的学生，在之后关于同样一份材料的测验中得分明显更高。两者的差异大约是3/4个标准差，即得到反馈的学生比没有得到反馈的学生得分约高出27个百分等级。这意味着反馈是影响学业成就的最重要因素之一（Hattie, 2009; Hattie & Gan, 2011）。

　　向学生提供关于他们的回答是否准确的反馈，这看似很简单，但事实并非如此。正如在教学的其他方面一样，细节决定成败。你面临的首要挑战是要确保学生能接收到、理解并知道如何使用你提供的反馈。当教师面向整个班级或大部分学生提供反馈时，有些学生难免会认为这并不是针对他们的。另外，如果学生不清楚教师期望他们展示的是哪类行为，那么即使得到反馈，他们也可能不知道应该怎么做（Hattie & Gan, 2011）。因此，请确保你的教学目标是清楚的（见第13章），另外如有必要，要依据某个或某些学生特点适当调整你的反馈。

　　如果这些障碍已经解决了，接下来你要考虑的就是要用哪种或哪些反馈方式。大多数教师最常用的反馈类型是：告诉学生他们的回答是对或错，他们哪里做得好，哪里有错误。但你还可以采用很多其他类型的反馈。是否需要更深入地研究反馈，取决于你的教学目标。如果你希望把学生培养成更高效的学习者（见第9章）和更好的问题解决者（见第10章），那你就应该依据他们的认知过程来给予反馈（Hattie & Gan, 2011）。下面举例说明应该如何给学生及时、有用的反馈。

　　示例：

- "拉蒙纳，在这次阅读测验中，大部分知识层面的问题你都答对了，说明你对这部分知识技能掌握得很好。但那些让你举例说明文章中概念的题目，你的答案都不是很准确。这说明接下来我们要努力提高你的阅读理解和知识迁移能力。"
- "诺亚，你上一篇文章的观点很有趣，也考虑得很透彻。但因为有太多拼写和语法错误，所以没法达到A的要求。在你开始写下一篇文章前，我们先来讨论一下你应该怎么来校对和纠正这些错误。"

5. 当学习材料不符合学生的兴趣以致他们必须很努力才能保持专注时，你可以使用一些特殊的强化手段来激励学生坚持下去。

由于各种各样的原因，部分学生可能特别难专注于做一件事。而众所周知，无论是学习哪种技能或学科，我们都得付出一些艰苦的努力。下面这些行为矫正技术或许能帮到你：

a. 在学生的协助下选择一系列的强化物。

当学生了解并渴望获得回报时，行为矫正方法才能起到最好的激励作用。由于不同学生对奖励的反应不同，且任何一种奖励在反复使用后都可能会失效，因此最好能罗列一些不同的奖励以供学生选择。有些行为矫正热衷者（如 Alberto & Troutman, 2013）甚至建议你为每一名学生列一张"奖励偏好清单"。如果你允许学生罗列自己的清单，那么要引导他们罗列一些他们自己喜欢的学校活动。但明智的做法是要向学生强调，他们的清单必须要经过你的审核批准，这样就可以确保他们不会违反学校规则或干扰他人。学生的奖励清单中可以包含阅读一本自己选择的书、制作一项艺术或工艺作品、在另一个房间看录像或DVD等活动。

b. 与学生商议确定获得奖励需要达到的最基本的目标。

一旦你建立好奖励清单后，你需要和学生商议（如果可能最好是单独沟通），确定要获得清单中的奖励，他必须要完成的任务是哪些（可参见第13章"教学方法"中 Robert Mager 关于制定具体目标的建议）。为了确保学生有能力获得奖励，第一份契约中的目标不可以太难。它可以是非常简单的目标，例如"能正确拼写出曾经拼错的10个单词中的7个"或"能正确回答关于课本某章的10个问题中的6个"。

c. 当学生得到最初的奖励后，需要制定一系列可以频繁、及时获得奖励的小契约。

许多关于操作性条件作用的实验研究指出，强化的频率远比强化的数量重要。因此，相比于让学生为一个庞大的、需要等待的奖励而努力，远不如让他们为频繁且可以即时获得的奖励而努力。

挑战假设　　**旁观者眼中的奖赏**

"所以，"塞莱斯特说，"我们不能推断某位学生喜欢的刺激物，其他学生也会喜欢。"

"没错，"唐说，"而且即使一个孩子的行为确实'进步了'——从我们的角度看，我们

259

也无法肯定这个方法在其他情况下也同样有效。那么,如果我们永远都不能确定某样强化物是否有效,那行为学习理论对我们的课堂教学又有什么帮助呢?"

"很好的问题,"康妮说。她接着问安东尼奥:"你怎么看?"

"我认为了解你的学生真的非常重要,"安东尼奥说,"要知道对每一名学生来说什么是有效的,还要知道今天有效的未必明天也同样有效。我的意思是,每一天、每一节课都是一次实验。在进入课堂时,你对什么方法有效会有一个预期,然后你在课堂里按预期去做实验,通过观察孩子们的行为来验证实验是否有效。"

260

塞莱斯特回到了安东尼奥之前提到的那个科学方法:"所以,你提出了一个假设:如果我们在教学中做了 X,那么 Y——某种形式的学习,就应该产生了。你通过上这节课来验证你的假设。你收集数据(观察学生的行为表现)来确定假设是否被证实或证伪。"她继续道,"现在,就说到重点了——你分析收集到的数据,并得出结论——操作性条件作用原理是最有帮助的:因为它们帮助你弄明白了发生了什么。"

"我明白你的意思了,"唐说,"你永远无法知道你在环境中所做的改变,对学生而言究竟是激励或是惩罚,除非你看到它们对学生的行为造成的影响。你必须要学会观察,看行为是被强化了还是削弱了。"其他三人不约而同地点了点头,在之后的40分钟里,他们又分析了其他一些案例。

会议结束后,康妮在回家的路上边思考边会心一笑:"这类会议给了我很大的启发。我想下周我还会参加。"

你掌握了吗?

下面哪一条原理是斯金纳讨论操作性条件作用理论在教育中的应用时,没有提及的?

a. 确保你已经清楚地定义了自己的教学目标

b. 先教授基础的内容,再教授进阶的内容

c. 分小单元呈现学习材料

d. 确保所有学生都以相同的步速学习

小结

7.1 了解操作性条件作用的定义及至少五个基本原理。

- 操作性条件作用是由 B·F·斯金纳提出的一个学习理论。该理论聚焦于阐释自发性行为是如何被紧随其后的结果所强化（倾向于在将来再现）或削弱的。

- 斯金纳理论中的基本学习原理包括正强化、负强化、惩罚（第一类惩罚或正惩罚）、隔离（第二类惩罚或负惩罚）、消退、自发性恢复、泛化和分化。

- 正强化和负强化可以增强行为，而惩罚、隔离和消退可以削弱目标行为。

- 复杂行为可以通过强化一系列合乎期望的行为，或忽略不符合期望的行为来学习，这个过程称为塑造。

- 一旦新行为被建立，它就可以通过间歇性强化来维持。四种基本的强化频率是固定间隔程式、变化间隔程式、固定比率程式及变化比率程式。

7.2 描述操作性条件作用原理在教育中的至少三方面的应用。

- 在教学中应用斯金纳的理论的四个基本原则是：搞清楚要教授的是什么；分清教学内容的难度层次，先教基础的内容；分小步骤以符合逻辑的顺序呈现学习材料；允许学生以自己的步速学习。

- 在计算机应用于学校教育的三种主要途径中——将计算机作为辅导教师（意味着运用操练、辅导和模拟程序）；将计算机作为学习和解决问题的工具；学习计算机编程——第一种是最符合操作性条件作用原理。

- 总的来看，计算机辅助教学（CBI）对学习有适度的促进作用。特别是，模拟教学系统对科学学科的学业成就有积极的促进作用。

- 综合学习系统（ILS）用计算机呈现完整的课程，追踪学生的表现，并将其反馈给学生和教师。对该系统效果的研究结果不一致，但似乎它对低业业成就和高风险的学生的辅助作用最为有效。

- 操作性条件作用原理的另一个应用是行为矫正。行为矫正的目的是通过忽略或惩罚不符合期望的行为，并强化符合期望的行为，从而帮助学生习得符合期望的行为。为达到该目标，可以使用塑造、代币法、相倚契约、消退和惩罚等技术。

- 研究人员对于体罚的副作用有不同的意见，部分原因是对体罚的定义不同。

进一步学习的资源

- 操作性条件作用的基本原理

在James E. Mazur所著的《学习与行为》（*Learning and Behavior*）（7th ed., 2013）的第5章至第9章中，作者阐述了除本章中提及的操作性条件作用基本原理外的许多其他原理。Paul Chance所著的《学习与行为》（*Learning and Behavior*）（7th ed., 2014）中第5章至第8章同样有详细阐述。另外，在第9章中，Chance还说明了如何在家庭、学校或其他场景中使用操作性条件作用原理。Stephen Ray Flora在《强化的力量》（*The Power of Reinforcement*）（2004）一书中对强化做了辩证说明。该书第一部分包含了八章内容，阐述了人们对强化的迷思和误解（例如强化是一种贿赂，或强化会摧毁创造力）。

- B·F·斯金纳

在三本十分值得一读的书《我的生活》（*Particulars of My Life*）（1976）、《行为的塑造》（*The Shaping of Behaviorist*）（1979）和《关于结果问题》（*A Matter of Consequence*）（1983）中，斯金纳描述了他的爱好、灵感、成功与失败，描写了引领他进入心理学的人和事件，并说明了是什么推动他提出了操作性条件作用理论。《教学的技术》（*The Technology of Teaching*）（1968）是斯金纳关于操作性条件作用理论最精炼并以教育应用为导向的著作。

Robert Nye的《斯金纳的遗产》（*The Legace of B. F. Skinner*）（1992）一书中对斯金纳的操作性条件作用原理有很好的总结和辩证分析。引用Nye的原话是"本书的两大主要思想是：对斯金纳成果的日趋重视，及对斯金纳观点常被误判的意识的增强"（p.ix）。

在《沃尔登第二》（*Walden Two*）（1948）一书中，斯金纳描绘了一个基于行为科学的应用而创造的乌托邦。为了更全面地了解这本小说及斯金纳的观点，你应该完整地读一读它。但如果你目前不能阅读整本书，那么推荐先阅读第12章至第17章。这部分描述了在沃尔登第二这个社区内，儿童是如何被抚养和教育的。将要成为教师的你，或许会对此感兴趣。

- 行为矫正

如果你对行为矫正感兴趣，可以参见以下资料：《小学教师的课堂管理》（*Classroom Management for Elementary Teachers*）（9th ed., 2013），作者Carolyn Evertson

和Edmund Emmer;《中学教师的课堂管理》(*Classroom Management for Middle and High School Teachers*)(9th ed., 2013),作者Edmund Emmer和Carolyn Evertson;《行为矫正:是什么、怎么做》(*Behavior Modification: What It Is and How to Do It*)(9th ed., 2011),作者Garry Martin和Joseph Pear;《写给教师的应用行为分析》(*Applied Behavior Analysis for Teachers*)(9th ed., 2013),作者Paul A. Alberto和Anne C. Troutman,该书的第8章"安排能促进行为的结果"、第9章"安排能削弱行为的结果"及第12章"教会学生管理自己的行为",尤其值得学习和参考。

第8章 信息加工理论

Hill Street Studios/Blend Images/Alamy

本章涉及的InTASC标准　学习目标

1. 学生发展

3. 学习环境

5. 知识应用

7. 教学计划

8. 教学策略

学完本章内容以后，你将能……

8.1 解释"信息加工视角的学习观"

8.2 描述信息加工模型所包含的各种成分和过程

8.3 界定元认知并解释它如何影响学习过程

8.4 描述科技如何帮助学生提高不同学科的学习数量与质量

263 　　在第7章"行为主义学习论：操作条件作用"中，我们指出，操作条件作用强调影响学习的外在因素。行为主义心理学家聚焦于研究学生所接受的刺激、他做出的反应及行为后续的结果。他们认为无须去推测学生在做出反应前后的心理变化。正如该章节的补充部分"教学建议"所呈现的，基于对外在刺激、可观察的反应及可观察的结果的研究，可以得出对教师而言极具价值的结论和原理。

　　然而认知心理学家——研究大脑如何运作并影响行为的心理学家，认为我们有可能可以用科学的方法研究那些难以观察的行为，如思维过程。其中一些心理学家对一个叫作"信息加工理论"的研究领域特别感兴趣。该理论试图探究人们如何获取新信息，如何创造并存储信息的心理表征，如何从记忆中提取信息，以及过去的学习经验如何引导并影响将来的学习。

　　信息加工理论之所以成为一种备受欢迎的研究方法，是因为它为心理学家提供了一个探讨"学习者的本质"的框架，"学习者的本质"这一变量一直以来被行为主义所忽视。在该理论中，学习者不再是只依据可预测模式对环境刺激做出反应的被动角色，而是更具有主动性的、环境刺激的解释者和操纵者。信息加工理论的基础原理是20世纪60年代建立起来的，其后经历了数十年的发展与完善。因此，大约50年前，心理学界就得以从更广阔、更复杂的角度——学习者与环境的互动关系——来研究学习。

　　在阐述信息加工理论的具体内容前，我们同样需要提出下面的警示：不要试图寻找一种普适的理论来解释人类是如何编码、存储及从记忆中提取信息的，没有任何一种解释是适用于所有个体、任务和情境的。由于其复杂性，关于记忆的研究尚未能揭示其背后的一般规律（Roediger, 2008）。人类与环境之间的交互多样且复杂，因此很难被完全预测。再次强调，你需要做的是以一个"教师作为艺术家"的角色，去探索如何将这些洞见应用于学习特定课程模块、接受特定类型测验的某个学生群体中。

学习导读

　　下述要点能帮助你了解本章的重要内容。为了帮助你学习，这些要点也会出现在正文页脚。

学习的信息加工观

- 信息加工：人们如何注意、再认、转换、存储及提取信息

信息加工模型

- 感觉登记：刺激短暂地停留以供后续加工处理

- 再认：注意到刺激的关键特征并把它们与已经存储的信息联系起来
- 注意：对当前存储于感觉登记中的一小部分信息选择性地关注
- 长时记忆中的信息会影响我们的注意指向
- 短时记忆：存储大约七个组块的信息，持续约20秒
- 保持性复述：存储信息用于立即使用
- 精致性复述：运用记忆中的信息辅助学习
- 组织材料能减少信息组块的数量，并为回忆提供线索
- 当结构化材料与已有知识联系起来时，有意义学习就产生了
- 长时记忆：永久存储信息，且无容量限制
- 长时记忆中的信息被组织成图式
- 学生们可以记住在学校习得的大部分信息，尤其是当掌握学习（Mastery Learning）和主动学习（Active Learning）被强调时

教 学 建 议

- 环境中突如其来的变化通常会吸引注意力
- 注意持续性可以通过训练得以提升
- 分散练习：将学习分成多个小单元，间隔进行
- 具体的类比能使抽象信息意义化

元 认 知

- 元认知：我们关于自身如何思考的认知
- 个体对于自身学习过程的觉察会随着年龄的增长而提升

将技术作为一项信息加工工具

- 虚拟环境可以提供有助于合作学习的丰富内容及情境

揭示假设 **信息与意义**

塞莱斯特说："我一直觉得诗歌很难。我总是不能像别人那样'听'这些短语，每次也只能记住几行。"

"它对大多数人来说都是很难的，包括我的中学生们。"安东尼奥说。他谈到了他的跨学科小组曾经教授的一个单元："我们要读的是《古舟子咏》，希望通过读这首诗来了解那

个时期的社会习俗、地理、军事、天气、语言的演变,还有科技的发展。这首诗除了特别长之外——它有七个部分,用语也很不常见,有很多语态和视角的变化。我想了一个好主意,采用戏剧化的合唱式阅读来学习这首诗。我们也这么做了。我们一起练习背诵了每个部分,然后又完整地背诵了5到6遍。事实上,合唱式阅读的效果非常好。我们还用过渡音乐把它录了下来,听起来棒极了!但接下来问题就产生了:即使他们能很好地阅读这首诗,却没有任何应用的能力。他们知道这首诗,却完全不清楚这首诗的含义。"

康妮说:"我猜你们小组已经做了一些调整来帮助这些学生,对吗?"安东尼奥点点头:"是的。他们最终的学习成果大大超出了我的预期。"

8.1 学习的信息加工观

信息加工理论[1]是基于一系列假定提出的,其中有三个假定值得专门指出来:

1. 信息是被分步骤或分阶段加工的。对于一个刺激,主要的加工步骤包括注意、再认、表征,将其与记忆中已有的信息进行比较、赋予其意义,然后以某种方式对其做出反应(Dehn, 2008; Linell, 2007)。在信息加工的早期阶段,人类以某些更表面的形式(如将现实生活中的图片和声音表征成视觉或听觉刺激)来编码信息(将信息在大脑中进行表征);在晚期阶段,则以更有意义的方式来编码信息(如掌握某种观点的主旨或者该观点与其他观点之间的关系)。

2. 每个阶段加工的信息的数量是有限的。尽管人类能学习的信息的绝对数量是无限的,但它们必须被逐步习得。

3. 人类的信息加工系统是交互式的。记忆中已有的信息会影响知觉和注意,也会被它们所影响。我们看什么受过去经验的引导,反过来,我们所看到的又会影响我们的经验。

265

你掌握了吗?

根据信息加工理论,同样一节关于蜜蜂和花朵之间关系的课,可能会产生不同的教学结果——男生了解的是蜜蜂如何定位花朵的位置,而女生了解的则是花朵的形

1　信息加工:人类如何注意、再认、转换、存储及提取信息。

状和颜色,这是因为:

    a. 信息加工会受我们已有知识的影响。

    b. 教师没有恰当地排列材料的顺序。

    c. 部分儿童不知道如何集中注意力。

    d. 教师通常把关于蜜蜂的知识教授给男生,而把关于花朵的知识教授给女生。

从信息加工视角看,学习是环境刺激(被学习的信息)与学习者(加工或转换信息的个体)之间交互作用的结果。信息加工主义心理学家关心的是,在看老师演示了如何计算三角形面积后,或阅读了20页社会研究课本后,学生的大脑中发生了什么变化。当代信息加工理论强调利用已有知识图式来表征新信息并建构新的知识结构,因此它也被称为建构主义学习观(Ashcraft & Radvansky, 2010; Winne, 2001)。(详见第10章"建构主义学习论")

你要认真阅读本章内容,因为你的信息加工决策将影响你什么时候学习、学习到多少、学习效果如何——当然,还有你是否学习了。

暂 停 与 反 思

通常,信息和意义被视为衡量学习的等价指标。我们认为,如果学生记住了,就是习得了。尽管学生确实需要在建构意义前记住信息,但获得信息并不能自动引发有意义的学习。或许你曾记住某一信息,如,为了应对考试而记住某一公式。或许你曾运用该公式解答过几道考试题。那么,现在你还记得这一公式吗?即使你现在还记得,你能解释它的意义吗?安东尼奥关于学习和运用诗歌的想法,凭直觉看是很不错的点子。他是如何把信息和意义混淆的?为了最终能达成积极的教学效果,他在本单元可能会做哪些教学调整?

8.2 信息加工模型

信息加工心理学家认为人们分阶段加工新的信息。每个阶段可以加工的信息数量是有限的,而且之前获取的信息也会影响人们当前的学习内容和方式。因此,很多心理学家认为信息存在和转换于三个记忆存储之中：感觉登记、短时记忆、长时记忆。每个记忆存储在信息的输入和输出过程、能保持信息的数量和保持时间方面，都不相同。这些记忆存储和相关过程，直观显示在图8-1"信息加工模型"中，该模型建立在多个理论家的工作的基础上（例如，Atkinson & Shiffrin, 1968; Norman & Rumelhart, 1970），我们称之为多存储器模型。

要指出的是，我们使用记忆存储器这一术语，并不是说信息储存于大脑中特定的位置，它只是为了划分不同记忆现象而使用的一个隐喻。然而，使用正电子发射断层扫描（PET）、功能性磁共振（fMRI）扫描等技术的神经功能研究显示，不同类型的任务确实会激活大脑的不同区域。例如，言语记忆任务与丘脑的高度激活相关。另一个有趣的发现是，当人们对任务变得更熟练时，皮层的活动会降低，表明大脑在处理信息过程中变得更加高效。但是尽管类似的发现如此有趣，将学习与记忆任务中的神经功能转换到教育材料和实践方面的研究却非常缺乏，教育者应当谨慎对待"基于大脑"的方法（Jorgenson, 2003）。

多存储器模型问世后不久，信息加工理论家分成两派。一派学者认为多存储器模型是解释一系列记忆现象的最好方式。另一派学者则更倾向于支持理论上更为简洁的单记忆系统。尽管这一争论至今还能全然解决，但多存储器模型被认为有足够的效度来解释已知的人类储存、加工和从记忆中提取信息的过程（Ashcraft & Radvansky, 2010; Dehn, 2008; Wickens, Lee, Liu, & Gordon-Becker, 2004）。

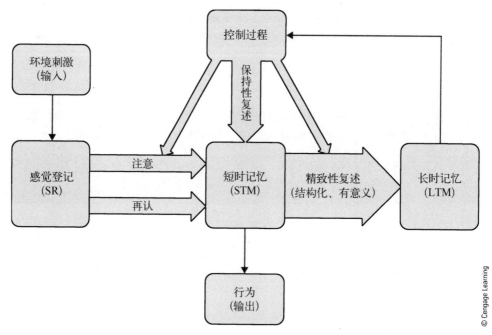

　图8-1　信息加工模型

如图8-1所示,控制过程掌控着信息编码的方式和记忆存储器之间的信息流。这些加工过程包括再认、注意、保持性复述、精致性复述(也叫精细编码)和提取。每个控制过程主要与一个特定的记忆存储器相联系。

控制过程是信息加工的一个重要方面,原因有二:第一,它们决定了学习者存入和提取信息的质量和数量。第二,是学习者决定了是否、何时及如何使用它们。在我们之后讨论教育方面的应用时,控制过程是在个体直接、有意识控制之下进行的,而这一特点会显得更为重要。然而,在我们谈及应用之前,我们需要让你对三个记忆存储系统以及与之相关的特定控制过程有更详细的了解。

8.2.1 感觉登记及其控制过程

感觉登记

关于人类学习者信息加工过程的描述,通常从环境刺激开始。我们的感觉接收器在不断地接受视觉、听觉、触觉、嗅觉和味觉刺激。这些经验最初被**感觉登记**(sensory register, SR)记录下来,这是第一个记忆存储器。之所以叫感觉登记[1],是因为它所存储的信息被认为是以最初被感知的形式存储的,也就是说,它存储的是原始感觉数据。

SR的目的在于将信息保持一段时间(大约1—3秒),以便于我们决定是否要进一步对它进行注意。没有被选择性注意的信息会逐步衰减或从系统中消失。例如,在你读目前段落中这些词语的时候,呈现给你的是纸上打印的文字、你阅读这些文字时的发音和许多其他的刺激。这些感觉登记可以被比作一系列无休止的相机快照,或是录影带的片段,每个只持续1—3秒钟,而后逐渐消失。如果你再认且注意其中某一张快照,它就会被加工并且转移到短时记忆中。

267

再认的实质

再认(recognition)[2]过程涉及提取刺激的关键特征,并把它们与已经存储的信息联系起来。这是一个交互的过程,它部分地取决于从刺激本身提取的信息,部分地取决于储存在长时记忆中的信息。例如,认出一条狗,就需要注意到这一动物身上符合"狗"的属性的物理特征(例如,高度、长度、脚的数目、皮毛种类),并将分析的结果与长时记忆的相关信息相结合(例如,狗是家养宠物,由主人用链子牵着散步,用来看管财产)。

在有些情况下,对象的定义性特征较为模糊(比如当远远看到一条不常见品种的狗),

1　感觉登记:刺激短暂地停留以供后续加工处理。
2　再认:注意到刺激的关键特征并把它们与已经存储的信息联系起来。

或者学习者缺乏相关的先行知识（例如很多年幼儿童就是如此），这时，再认和更有意义性的加工就会受到阻碍。例如，阅读过程中对单词和句子的再认，可以从清晰的印刷、对拼写模式的掌握、对字母发音的了解和自然语言中单词出现的频率等因素中受益。需要记住的重要一点是，当我们充分利用好所有可用的信息来源时，对信息的识别和有意义性加工效率是最高的（Ashcraft & Radvansky, 2010; Leacock & Nesbit, 2007）。

这种信息加工观的一个教育含义是，小学生相较于初高中生而言，需要更具结构化的学习任务。由于他们长时记忆中的知识储备有限，并且将已有知识合乎逻辑地与当前任务联系在一起的能力较弱，因此应当为年幼的学生提供清楚、完整、外显的指导语和学习材料（Doyle, 1983; Palmer & Wehmeyer, 2003）。

注意的影响

环境提供给我们的信息通常会超出我们在此刻能够处理的限度。对于某一时刻环境施加给我们的众多视觉、听觉、味觉和其他类型的刺激，我们只能在感觉登记中注意和记录其中的一小部分。此时，另一个减弱过程往往就发生了。我们只能加工SR中已选择信息的三分之一。我们持续地关注一件事而以忽视其他事物为代价。这种对当前存储于感觉登记中的一小部分信息所进行的选择性关注，被称作**注意**（attention）[1]。

那么，什么决定了我们注意的内容和忽略的内容呢？主要的决定因素是我们已有的知识体系。根据认知心理学的先驱之一Ulric Neisser的观点，"感知者只选择符合他们已有图式的内容，而全然忽视其余内容"（1967, p.79）。换言之，个体通过使用先前知识和经验（图式）来预判即将到来的信息的性质，从而选择自己看（或听）什么。学生上课脑子开小差、涂鸦、写信而不听老师讲课，就是因为他们预期听不到什么有价值的内容。

现在，你可能认为你比大多数人更能意识到周围环境的情况。可能你确实如此，但我们对此表示怀疑。那么，是什么让我们认为你同时关注几个事物的能力，不见得会好于平均水平？这就是下面要讲的实验的结果（Chabris & Simons, 2010）。这个实验是在像你一样的大学生群体中进行的。你会被要求观看一个短片，有三个穿白衬衫的人在相互传篮球，三个穿黑衬衫的人也在做这件事。你的任务是计数，球有多少次经过了穿白衬衫的人，而忽略穿黑衬衫人的传球次数。这不是一个非常难的任务，但它确实需要你将注意力集中在穿白衬衫人的身上。在这个传球活动中的某个时间点，会有另一个人身着大猩猩的套装，走进画面，面向镜头，拍打着自己的胸膛，转身，然后从画面另一端走出。大猩猩总共可见9秒。

---

1 注意：对当前存储于感觉登记中的一小部分信息选择性地关注。

看完短片之后，主试会让你报告你看到了什么。或许你会思考从你嘴中可能说出的是，"你可能不相信，但我看到了一只大猩猩！"尽管我们不想让你失望，但因为有一半的被试在实验中报告没有"看到"大猩猩，你可能也是如此。我们将"看到"打了双引号，是因为大猩猩确实进入了每名被试的视线。我们确信这一点是因为研究者记录了他们的眼动轨迹，并且知道大猩猩的影像是否被记录到了每个人的视网膜。这个现象叫作"非注意盲视"，它引以解释为什么相比于那些专心开车的人，人们开车发短信，或开车打电话更可能发生交通事故。如果你对电话内容进行有意义地加工，你将不能注意和加工马路上的情况。

8.2.2　短时记忆/工作记忆及其控制过程

短时记忆

一旦信息受到了注意，它就被转入第二个记忆存储器——**短时记忆**[1]（short-term memory, STM）。短时记忆可以保持五到九（七是平均数）个相互独立的信息单元，持续约20秒。尽管STM的容量相对来说比较小，但我们可以通过使用组块技术将其容量进行扩展。我们将在教学建议部分描述了这一技术。STM中信息可以获得的时间之短，或许看起来非常令人惊奇，但这很容易解释。想象一下你查找并拨打一个不熟悉的电话号码并收到忙音。如果其他事或人分散了你的注意力15—20秒，你将有可能忘记这个电话号码。

短时记忆并非只是一个暂时储存我们正在思考的内容（理想情况下是本页内容）的地方，它也是我们编码、组织、提取信息的地方。心理学家用工作记忆来代表STM主动加工信息的这一方面。因而，当我们试图解释我们是如何组织语言、解决数学问题、回忆科学公式或是抑制那些可能会阻碍我们达成目标的情绪和想法时，这些活动都发生在工作记忆中（Hofmann, Friese, Schmeichel, & Baddeley, 2011）。

工作记忆日益被视为是个体信息加工系统中的一个关键组成部分（Klingberg, 2009; Rose, Myerson, Roedigere, & Hale, 2010; Thorn & Page, 2009）。个体间工作记忆的差异与其阅读理解、听力理解、口头表达、写作、数学计算和数学推理等基本技能的差异都存在显著相关，这是一种合乎逻辑的观点，同时也已被研究证实（Dehn, 2008; Gathercole & Alloway, 2008）。例如，学前班和一年级的儿童中，在工作记忆测试中得分更高的儿童，能够更好地完成需要持续追踪多方面信息的卡片分类任务（Marcovitch, Boseovski, Knapp, & Kane, 2010）。

1　短时记忆：存储大约七个组块的信息，持续约20秒。

由于工作记忆是影响学业表现的重要因素，因此许多研究都探讨了通过训练来增强学生工作记忆的可行性。但迄今为止还没有明确的支持证据。一项对23个研究的元分析（Melby-Lervag & Hulme, 2013）发现，尽管训练能在短期内显著提升个体在言语和非言语工作记忆任务中的表现（在第10章中我们将之称为"近迁移"），但这种提升会在大约九个月后消失。此外，训练效果也不能被迁移到阅读、文字解码或是数学等其他技能中去（在第10章中我们称之为"远迁移"）。

复述

短时记忆的一个严重的局限是，存储在其中的信息如果得不到进一步加工，会很快消失或被遗忘。但这一问题可以通过复述来解决。大部分人认为复述就是不断重复这些内容，无论是默读还是出声读。通常，这种做法是为了记忆信息以供后续使用，但有时我们只是想要短暂地将信息保存在短时记忆中以便立即使用（例如，在电话忙音后立即重新拨号）。复述可以达到这两种目的，但并非以同样的方式。认知心理学家认为有必要定义两种类型的复述：保持性复述和精致性复述。

保持性复述（maintenance rehearsal）[1]（又称机械复述或重复）具有机械性。它唯一的目的就是通过脑中的或口头的重复，来将信息保持在短时记忆中，以便立即使用。尽管这是一个有效且常用的技能（例如在打电话的例子中），但它对长时记忆储存没有任何帮助。

精致性复述（elaborate rehearsal）[2]（又称精致性编码）则是有意识地将新信息与长时记忆中的已有知识联系起来。精致化体现在我们利用长时记忆中的已有信息为新信息添加细节、解释新想法的含义、作出推论、构建视觉图像以及创造类比（Dunlosky & Bjork, 2008）。这些方法不仅有助于我们将信息转入长时记忆，也能达到在短时记忆中保持信息的目的。例如，如果你想要学习戏剧中角色的台词，你可能会试着把角色的对话和行为联系到你记忆中类似的个人经验中去。当你在努力记忆台词和动作时，你大脑中的"精致化"会帮助你将该部分信息存储到长时记忆中，以便你能在后来回忆起它们。

精致性复述通过使用长时记忆中已有的信息来学习新信息，这是信息加工的规则，而非例外。成熟的学习者不会经常使用保持性复述。选择哪种复述方式取决于你所认为的环境对你的要求。如果你需要记忆信息以便将来使用，那就选择精致性复述；如果你只想要在这一刻记住一些信息，那么就可以选择机械复述。

到目前为止，我们解释了精致性复述在将新信息与长时记忆中的已有信息进行联结方面所起的作用。这对于一般解释来说已经足够了。但更准确地说，精致性复述是基于组织

1　保持性复述：存储信息用于立即使用。
2　精致性复述：运用记忆中的信息辅助学习。

（例如在诉讼的例子中，多项信息依据某种基础被组合在一起，并以集合的形式被复述）和有意义性（例如前面的例子中，戏剧台词会与类似的个人经验存在联系）。

组织

270

我们想要学习的信息常常是复杂且相互关联的（照片8-1）。我们可以通过将多个信息组成"组块"的方式来简化任务，特别是在每个组块还可以帮助我们记忆其他组块的时候[1]（Cowan, 2005）。组织材料的重要性已被一个经典实验所验证（Bower, Clark, Lesgold, & Winzenz, 1969）。在该实验中，两组被试被要求学习同样的112个词汇，这些词汇均以四个连续列表的形式呈现，但呈现的方式不同。其中呈现给实验组被试的每个列表都被划分为四个实验，每个实验中的词汇均按图8-2*所示的层级结构进行组织。而呈现给对照组被试的是同样的列表和树状图，但每个树状图中的词汇被随机分布在四个层次中。

正如你看到的，第一组被试在前三个试验中能回忆出的词汇数量，是第二组被试的两倍多，并且他们在后两个实验中取得了完美的成绩。被组织的材料更容易学习，不仅是因为需要记忆的组块减少了，还因为组内的每一个项目都为其他项目提供了记忆线索。当你

271

照片8-1　教授学生如何根据一些相似的特征来组织事件和观点，以此来帮助他们编码信息。

1　组织材料能减少信息组块的数量，并为回忆提供线索。

*　由于版权问题，原图8-2的层级结构图不能使用。——编辑注

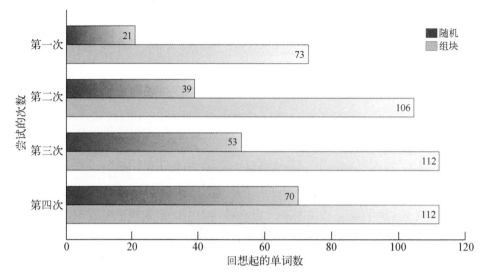

图8-2　词汇的层级结构组织会引发更好的回忆

决定将本章内容存储在长时记忆中以应对将来的考试时,你会发现,如果你能对材料进行组织,那么就能更容易地记忆信息。例如,如果要学习信息加工模型的不同组成部分,你或许可以按照各个小标题来组织信息。

有意义

　　人们将要学习的新信息的意义,被认为"是解释复杂的言语学习的最有力的变量"(Johnson, 1975, pp.425-426)。根据大卫·奥苏伯尔的理论(Ausubel, Novak, & Hanesian, 1978),当学习者遇到清晰、有逻辑结构的材料,并有意识地把新材料与长时记忆中的已有观念或经验联系起来时,**有意义学习**(meaningful learning)[1]就产生了。例如,为了理解学习理论,你可以想象自己在运用该理论给学生上课。或者你可能会根据新信息去修改一个先前建构的流程图。有意学习的关键,是学习者主动尝试将新观念与已有观念建立联系(Loyens & Rikers, 2011; Thorn & Page, 2009)。另一个例子就是本书中的"暂停与反思"部分,其中的问题旨在推动你将本书中的知识与已有经验联系起来,从而促进有意义编码。

　　这种对意义及其在学习中的作用的简短描述,对于多元文化班级的教学有重要含义。你可以通过指出课堂知识和学生所在文化背景下知识的相似点,来推动不同文化背景的学生进行有意义学习。例如,你可以指出9月16日对于墨西哥人而言,与7月4日对于美国人而言,有着相同重要的意义,因为前者是为了庆祝墨西哥反抗西班牙并获取独立的日子(照片8-2)。

1　当结构化材料与已有知识联系起来时,有意义学习就产生了。

照片8-2 根据苏联心理学家维果斯基的观点，当一位知识渊博的专业人员向一位知识相对欠缺的学习者解释各种事物和现象时，如果指出各种规则、规程背后的制订理由，不同事件的起因和人们的行为动机，有意义学习最可能发生。

视觉表象编码

研究表明，在阅读词汇、句子、段落或是长篇文本时引导学生形成视觉表象，能帮助他们更好地理解和回忆相应内容。同样地，相比于包含了更多抽象词汇的文章，那些包含更多具体词汇和短语的文章，更容易被理解，人们对它的回忆也更准确（Clark & Paivio，1991）。一项研究（Sadoski, Goetz, & Rodriguez, 2000）显示，在各种类型的文章阅读中（例如说明文、议论文、故事和记叙文），都存在具体性效应。文章内容越具体，学生的理解越好；阅读内容比较具体的文章的学生，能回忆的信息是阅读抽象文章的学生的1.7倍。

当绘画、照片或视频配上文字时，也会出现类似的回忆和理解上的提升（例如Mayer，2011）。但正如我们之前多次提到过的，学生能否意识到不同种类视觉化的优势取决于很多因素。其中的一个因素是学生已经具备多少相关知识。相比于已对该事物有较多先行知识的学生，那些有较少相关知识的学生更能从伴随本文的视觉图像中获益。第二个影响视觉化是否起到积极作用的重要因素是它们的设计方式。为了帮助学生从中获益最大，视觉图像必须能够使学习者更容易理解相应的文本信息。通过去除冗余信息、强调关键概念及把视觉图像放在对应文本附近等方式，可以达到这一目的。在你为学生制作视觉辅助图像时，请牢记这两个因素。

这些研究结果所支持的理论是Allan Paivio的双重编码理论（Clark & Paivio, 1991; Meilinger, Knauff, & Butlthoff, 2008; Sadoski & Paivio, 2007）。根据**双重编码理论**（dual coding theory），具体的材料（熟悉物品的图片）和词汇（例如马、瓶子、水）比抽象词汇（例如演绎、正义、理论）更容易记忆，因为前者可以通过两种方式进行编码——编码为表象或言语标签，而抽象词汇只能通过言语进行编码。双重编码使信息的提取变得更容易，因为相比于单一形式的编码，双重编码能提供更多可能的提取线索。正如我们会在下一章看到的，具体化和视觉表象是一些高效学习方法的必要成分。

在你进入到下一部分长时记忆的阅读之前，请查看表8-1，它总结了一些关于短时记忆控制过程的关键要点及其对教师的启示。在本章后面的"教学建议"部分，我们会告诉你如何把这些想法应用到实际教学中。

表8-1	教学启示：短时记忆的控制过程如何影响你的教学
研究发现	**启示**
再认涉及将新刺激与长时记忆中的信息进行整合。	与年龄更大的学生相比，小学生的长时记忆中存储的知识更少；因此，他们需要有从一个步骤到下一步骤的清晰指导的结构化学习任务。
注意受长时记忆中已有知识的影响——我们倾向于关注自己认为重要的信息。	教师应该开发出合适的教学策略来吸引学生的注意力，并让他们意识到所呈现的信息对他们来说十分重要。
复述可以避免信息从短时记忆中快速消失。大多数儿童直到7岁才开始自发地使用复述法。	所有儿童，特别是低年龄儿童，都能从复述策略的学习中获益。
将学习材料组织成组块可以辅助记忆。	教师可以通过以逻辑化的组块形式呈现学习材料，以及教授学生如何组织信息，从而达到辅助他们学习的目的。
有意义学习产生于学习者将新信息与已有知识经验建立联系时。	教师在教学中应该将新知识与学生的文化知识进行整合，并帮助学生习得自我整合的策略。
视觉表象比抽象事物更易记忆。	教师应该帮助学生发展综合运用视觉表象和其他记忆辅助策略的学习技能。

8.2.3　长时记忆

我们在前面已大致介绍了第三个信息存储器——**长时记忆**[1]（long-term memory，LTM），长时记忆可能是记忆系统中最有趣的部分。基于神经学、实验及临床的研究证据，大部分认知心理学家认为长时记忆的容量近乎是无限的，它能永久保存个体所学过的所有信息——尽管对后面一点仍然存在一些质疑（见Rogers, Pak, & Fisk, 2007; Schunk, 2004等）。研究者Thomas Landauer(2011)对LTM的容量进行了估算，结果是大约10万亿字节。

该理论的神经学证据来源于加拿大神经外科医生Wilder Penfield(1969)的研究，他有

1　长时记忆：永久存储信息，且无容量限制。

超过1 000例癫痫病人的手术经验。为了确定癫痫的来源,Penfield用电刺激大脑皮层的不同部分。在这个过程中,许多病人报告了已长时间无法回想起来的关于以往事件的生动画面,就如同打开了神经上的视频录像。

来自实验研究的证据尽管不是十分具有戏剧性,但也十分有趣,并且同样起源于早期信息加工理论。在一个经典的记忆实验中(例如Tulving & Perlstone, 1996),被试被要求学习一个名词列表。在给了他们足够的机会去回忆尽可能多的词汇后,研究者提供了一些提取线索——例如,"衣服"、"食物"或"动物"等分类标签。在大多数情况下,在得到线索后,被试能很快回忆起其他名词。关于人们多擅长辨认先前见过的图片的研究,得到了令人惊讶的结果。在看了超过2 500张图片的36个小时后,大学生被试平均能够正确辨认出2 250张或90%的图片(Standing, Conezio, & Haber, 1970)。最后,精神科医生和心理治疗师报告了很多通过催眠或其他技术帮助当事人回忆起看似已被遗忘的事件的案例(Erdelyi & Goldberg, 1979; Oakley & Halligan, 2009)。

在我们讨论LTM中信息是如何组织之前,先让我们确保已理解了前两段中提及的研究表明了什么或没有表明什么。这些研究证据表明,长时记忆中存储了大量的信息,远比我们在特定场合中能回忆起的数量多得多。有多少人有过当下没办法回忆起某些存储在长时记忆中的信息,而只能在后来才能回忆起来的经历? 上述研究没有提到的是,所有我们经历过的事情都以图像或视频的形式保存下来了。正如你现在知道的,没有被注意或是没有与已有知识建立联系的信息,永远无法超过短时记忆的范围。你将会学到,存储在长时记忆中的一些信息与我们第一次习得它的时候已经不一样了。换言之,我们经常在已经被扭曲的知识基础上进行思维。继续阅读来寻找原因吧。

274

信息在长时记忆中是如何组织的

正如你看到的,长时记忆在信息加工过程中扮演了十分重要的角色。兴趣、态度、技能和知识,都会影响个体能感知到什么、如何表征我们的感知,以及信息是否被加工进入短时或长时存储器[1]。

大多数情况下,从长时记忆中提取信息是非常快速且准确的,就像在一个正常运转的图书馆里找一本书一样。因此,我们可以推断出长时记忆中的信息一定是结构化的。组织的本质是记忆研究中的关键领域。其中的研究成果有助于解释与长时记忆相关的编码和提取过程[2]。

许多认知心理学家认为,长时记忆中知识被组织为**图式**(schemata)(图式的复数形式,含义与皮亚杰的图式(scheme)存在相关性)进行存储。图式通常被定义为信息的抽象组

---

1 长时记忆中的信息被组织成图式。
2 长时记忆中的信息会影响我们的注意指向。

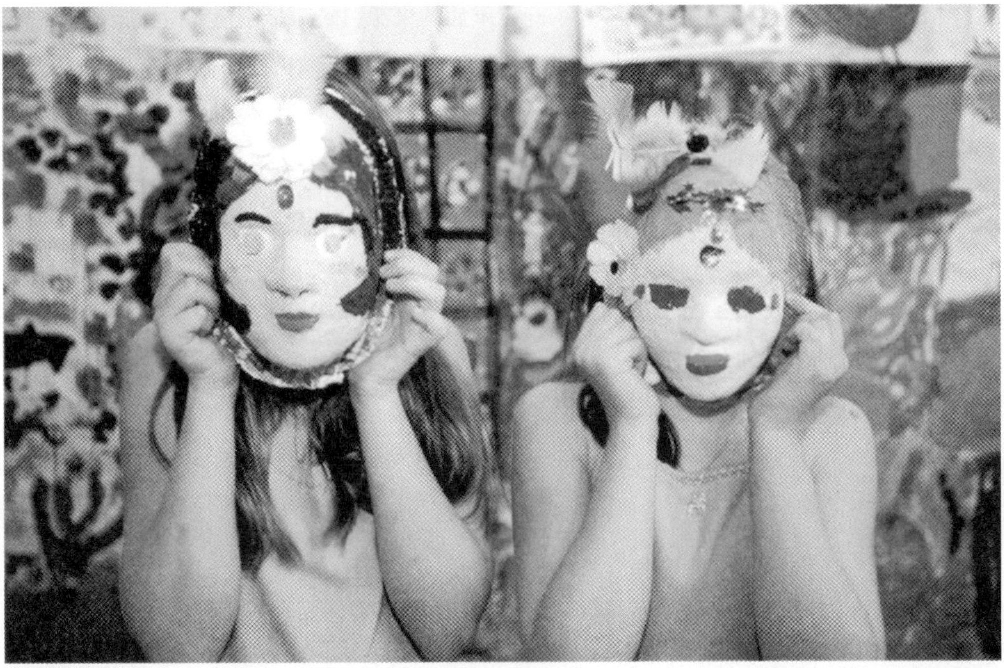

Jeff Greenberg/PhotoEdit

照片8-3 因为人们通常会依据现有的记忆图式来解释新的信息和经历，且没有任何两个人拥有相同的图式，因此每个人都会对同一个观点或经历有着自己独特的诠释。

织结构。它的抽象体现在它概括了大量不同案例的信息，而它的结构性体现在它展示了其中的信息是如何相互关联的。图式让我们对事物形成了预期（例如狗会叫、鸟会飞、学生听从教师的指令或勤奋学习）。当我们的图式结构良好，且一个特定事件总是符合我们的预期时，我们就能产生理解（照片8–3）。当图式结构不良或有缺失时，学习会很缓慢且不稳定（Bruning, Schraw, & Norby, 2011）。下面的例子会更好地帮助你理解图式这一概念。

275 对于成长在美国的绝大部分人而言，教室这个单词总是对应一个特定的场景，包含特定人群（教师、学生）、物体（课桌、黑板或白板、书本、铅笔）、规则（认真听老师上课、未经允许不离开教室）及事件（阅读、听讲、书写、讨论、绘画）。这是一个基本的表征，部分教室可能会包含更少或更多的东西。但只要学生和老师共享同一个基本的教室图式，那么每个人都将知道在教室中可能会发生什么以及应该如何表现。当人们不能进行恰当的图式加工时，理解、记忆和行为方面的问题就会产生。

这一观点首先是由英国心理学家Frederick Bartlett（1932）在20世纪30年代早期提出的。在一个实验中，Bartlett让被试阅读并回忆一篇名为《幽灵之战》的故事。这是一个由北美印第安民间传说改编而来的故事。由于Bartlett的被试对印第安文化了解很少，因此他们很难准确回忆这个故事；他们会遗漏很多细节或曲解某些细节。这种曲解非常有意思，因为这反映了用西方文化的逻辑和信念对故事进行表征的尝试。针对更多其他类型的阅读材料的类似研究，也报告了相似的结果（Derry, 1996; Griffith, Steyvers, & Tenenbaum, 2007）。Bartlett和其他研究者得出的结论是，记忆不只是信息的写实记录。人们记得的总是他们对所读到、看到或听到的事物的表征（Lampinen & Odegard, 2006）。此外，当他们感觉记忆中存在明显的空缺时，他们会倾向于根据逻辑重构他们认为必定会发生的事情，来填补这些空白。人们之后就会将这种重构过的记忆报告为真实事件（Derry, 1996）。

8.2.4　为什么会遗忘

遗忘是生活的一部分。我们都曾经历遗忘并将在余生中继续经历遗忘。在探究遗忘发生的原因之前，我们需要先明确地界定"遗忘"。遗忘是指暂时但可能是永久性地无法提取先前习得的信息。这个定义用词谨慎，它排除了一种常见且被人们误认为是遗忘的情形：无法回忆那些从来就没有被习得的东西。如果一名学生说她想不起来课堂上老师说过些什么，那有可能只是因为她当时正忙着看邮件或社交网页。这是一个注意力或动机问题，而不是遗忘问题（Wixted, 2010）。

那么，如果实验、神经和临床心理学的证据都表明长时记忆是一个可以无限量、永久并有组织地存储已习得信息的空间，为何在我们需要的时候，有时还是难以提取出相应的信息呢？如果你想找到一个简单的答案，那么抱歉，你找错地方了。因为遗忘之所以发生，背后包含了多种可能的原因（详见Roediger, Weinstein, & Agarwal, 2010）。对一次回忆失败的最佳解释是什么，那需要依据具体情况来定。

巩固不充分

有时，遗忘之所以发生，是因为材料最初就没有被充分习得。在学习新材料时，很多学生都想用尽可能少的时间学习尽可能多的内容。他们称之为"填鸭式学习"（cramming）。而心理学家把它称为"集中练习"（massed practice）。无论被称为什么，这都是一种糟糕的策略，因为它通常会导致信息以一种无组织、低质量的形式存储在长时记忆中，而且很难被提取。更好的方法是进行分散练习（distributed practice）：将材料分割成小块逐步学习，并每隔一段时间对学过的材料进行复习。这样做可以加深材料在记忆中的表征，也能将其与之后所学的材料区分开来——记忆研究人员将这一过程称为巩固。在后面的教学建议部分，我们将更详细地讨论集中练习和分散练习。

276

无意义学习

遗忘发生的第二种原因是，新信息与我们已知的信息之间差别巨大，导致我们无法将其与已有的知识结构进行有意义的联结。这类信息的回忆往往充满遗漏和扭曲。无意义的材料会影响个体从长时记忆中检索信息，前文讨论过的 Frederick Bartlett 关于《幽灵之战》的研究就是一个很好的例子。在本章及下一章的教学建议部分，我们将对如何解决这个问题给出一些建议。

缺少复述机会

第三种原因可能是你不想听到的：在学习新材料时你考试的次数不够多！是的，我们知道你不喜欢考试，那是因为它们往往伴随着高风险（它们被用来评估你的等级）。但考试（小测验）也能及时给你反馈，让你知道自己的学习效果如何，另外它会促使你不断回忆所学过的内容，从而加深知识在长时记忆中的印象（Bjork, Storm, & de Winstanley, 2011）。

有两项在高真实条件下开展的研究，证明了考试对记忆保持的促进作用。接下来，我们将比以往更详细地介绍这两项研究，以便为你的课堂应用提供示范。

第一项研究的被试是学习科学的八年级学生（McDaniel, Agarwal, Huelser, McDermott, & Roediger, 2011）。一开始，教师给学生们布置了一项家庭作业——阅读一个章节。第二天的课堂上，学生们马上接受了一个多选小测验，并及时获得了答案正确与否的反馈。然后，教师对这一章内容进行了教学。紧接着进行了第二次小测验，学生同样及时获得了答案正确与否的反馈。大约三周后，学生们接受了最后一次小测验，同样及时获得了反馈。测验第二天，进行了单元考试。学生们还参加了一次期末考试和一次学年末考试。为了检测小测验的作用，单元考试、期末考试和学年末考试中的一半题目曾经出现在小测验中，另一半题目则是全新的。研究有两个主要的发现：第一，三次小测验的得分有显著提升（分别是58%、83%和86%）。第二，学生们回答那些曾在小测验中出现过的题目的正确率，要高于回答新题目的正确率。例如，在单元考试中，学生们答对了小测验出现过的题目中的92%，而新题目只答对了79%。如果换算成字母等级，就是C+和A-的区别。在期末考试（测验过的题目79%vs.新题目72%）和学年末考试（68%vs.62%）中，这一差异有所减小，但仍然是显著的。

第二项研究的被试是学习社会研究的六年级学生（Roediger, Agarwal, McDermott, 2011）。这项研究的设计与前一项类似，包括一次最初的小测验、教师的教学、第二次小测验、两天后的第三次小测验、两周后的自由回忆章节考试和多选题章节考试、一到两个月后的期末考试。同样地，三次小测验的得分有显著的提升（分别是41%、93%和93%），自由回忆章节考试、多选题章节考试和期末考试中测验过问题的得分（分别是30%、94%、79%）比新问题的得分（分别是20%、81%、67%）高。另外，为了排除得分的提高仅仅是因为同样的材料被展示了三次的原因，研究者们又加入了一个新的变量来重复实验。这一次，三次小测验包含了事实陈述题和多选题。实验结果基本一致。在章节考试和期末考试中，测验过的题目的得分,仍然比那些被阅读过但未测验过的题目高。

其他材料的干扰

作为一名学生,必须要应付源源不断的学习材料。我们难免会遇到一些与过去学习过的内容十分相似但又需要不同反应的知识。在这样的情况下,曾经习得的或将要学习的材料造成的干扰,无论是在校内或校外学习的,都可能会给唤起正确反应带来困难。这种情况常常发生在我们学习外语词汇时,因为很多单词看起来很像却有着不同的含义。例如法语中的头发(cheveux)和马(cheval)。另一个例子是,当教师接手一个新班级时要试着记住所有新学生的名字,但往往在开始时,总是会把一些学生错叫成以前班级里学生的名字。

缺少提取线索

我们的最后一种关于遗忘的解释涉及提取线索的使用。提取线索可以是与学习材料相关的任何一类信息,如一个单词、短语、图像或者声音等等。学习从来都不是凭空产生的,而是在特定情境中发生的。该情境中包含物理环境、学习材料的特征及相关观点等方面。假设当你在阅读本章时,你会留意到标题、副标题,并创造出一些类比(例如把短时记忆想象成一个有7个单位宽度的漏斗状物体)。而当你想要回忆本章的内容时,如果有人把这些额外的信息展示给你,或者你自己能产生这些额外信息,那么你将更有可能能回忆起目标信息。这就是**编码特定性原理**(encoding specificity principle):回忆时如果能看到原先编码的部分信息,则提取更容易成功。提取线索至关重要,以至于一名研究者(Wixted,2010)曾提出:"如果正确的提取线索没有出现,那么相应的记忆痕迹可能再也找不到了,因为它将永远无法被提取出来。"(p.287)

8.2.5　儿童记忆技能的发展

我们介绍的多重存储记忆模型展示了一个成熟的学习者是如何加工信息的。儿童的记忆过程和能力当然还没有那么成熟。他们需要花费整个学校生涯来成为有技巧的、灵活的信息加工者。从某种程度来讲,这一过程是随着儿童脑功能的发展而自然发生的。然而,记忆及其相关技能的发展,同样需要特定课堂经验的辅助。以下描述是以多年来对不同年龄段儿童的记忆的研究为基础的(Ornstein, Coffman, Grammer, San Souci, & McCall, 2010; Ornstein, Grammer, & Coffman, 2010)。

到中学低年级为止,大多数儿童已经自学掌握了一些简单的技能。例如,他们会复述(通常通过给事物命名)、对物体和概念进行分类、将新信息与已有知识建立联系,以及回忆那些存在一定联系的信息。他们同时还展示出一定的追踪或监控这些记忆技能如何运作的能力。如果提醒他们把同时呈现的内容进行分组记忆,并且这些内容在学习过程中一直保持可视化,那么他们还可以表现出更好的回忆能力。这类"支架"(这一概念曾在第2章出现)不仅在初步使用时有效,而且其功效可以一直持续到第二年。相比于没有被给予记忆提示的儿童,那些得到提示的儿童,更可能在没有人要求的情况下主动进行复述。

中学生的自发记忆表现明显比小学生要好,这里面有几个原因:中学生对各种概念的含义及概念之间的联系了解得更多,而这是精致加工的基础;另外,他们对于记忆系统的运作有更好的理解。然而,对于大多数儿童而言,这些技能并不是以渐进、连续的形式发展起来的。从某种程度上讲,儿童之间的情况各不相同,几乎没有证据显示存在一种有计划的、独立的编码、存储以及检索信息方法。似乎是很突然地,他们就"学会了"记忆,因为这些讲求方法的记忆行为是在毫无提示的情况下出现的。(一个相对低比例的儿童群体,可能是20%,则是以更渐进的形式发展出更高级的记忆技能。)

这种从需要被提示才使用记忆技能,到自发地使用它们,之间的转变是如何产生的?研究表明,至少有两个主要因素在其中起作用:亲子互动和学校学习的智力要求。

家长与儿童的对话方式在儿童的记忆发展中起到重要作用。如果家长常建议使用复述(默默或大声重复)或创建心理表象等策略,那么儿童会倾向于更频繁地自发使用这些策略。心理学家还发现,当与儿童谈论过去或现在发生的事件时,那些使用谁、做什么、哪里、何时和为什么一类的陈述或问题来提示儿童的母亲,相比不使用这些提示的母亲,能促使儿童回忆起更多关于事件的信息。人们认为,这类对话会影响儿童编码、存储和检索信息的方式。

279　　　儿童在学校的日常学习中遇到的许多任务,往往都要求记忆(如记住乘法运算表、歌曲、名人的名字或演讲中各部分的名称)和组织(如动植物的分类系统、文学中的主题或政府的不同形式)。被逼着从事这样的认知任务,学生可能会去尝试不同的学习方法,从而发现哪些方法有效、哪些无用,以及如何改善做事的效率。这一假设得到了一项研究的支持。研究者(Morrison, Smith, & Dow-Ehrensberger, 1995)比较了一群年龄正好满足学龄要求而进入一年级的儿童,和年龄正好卡在截止线下而不得不再读一年幼儿园的儿童。两组儿童的平均年龄差是41天。在学年开始时,两组儿童完成了一项图片记忆任务,表现相当。到了学年末,幼儿园组儿童的任务表现与当初保持在同一水平(他们的幼儿园课程没有正式的学业要求),而一年级组儿童可以显著地回忆更多图片。关键是,当幼儿园组儿童在进入小学一年后再次参加这一任务,他们的表现与前一年的"一年级儿童"很接近。

正如亲子沟通会影响儿童记忆发展,教师和儿童之间的沟通,同样也会影响儿童的记忆发展。如果教师花更多的时间解释观点之间的联系、提问学生关于以往课堂中发生的事(如"我们昨天在课堂上读了哪个故事?"、"故事中的男孩和女孩做了什么?"),或提醒学生不要忘记特定的事物,那么他的一年级学生们就更倾向于自发地使用记忆策略,也能在记忆任务中取得更好的成绩。这种受益在低成绩的学生身上表现得尤其明显。然而,研究显示,在某种意义上,教师在促进学生记忆方面也有做得不足的地方。除了上述几种提醒或提示之外,教师也应该为学生提供关于提高记忆和理解能力的直接指导。但大多数教师并没有这么做。在下一章中,我们将提供一些令人失望的数据,这些数据显示了在传统的课堂中策略教学是多么的匮乏。

站稳立场 **学生是学习者,并非仅仅是执行者**   278

在冬天的最后两个月里去拜访一所学校,你会发现教师们都在带领学生们为来年4月和5月举行的州级考试做准备。当询问教师们为何要如此集中精力应付州级考试时,他们会告诉你,学生在州级考试中的成绩被管理者列为最高优先级。当询问管理者们为何学生在州级考试中的成绩值得花如此多时间和精力时,他们会告诉你,如果学生在州级考试成绩差,意味着会降低学校在社区中的声誉,意味着需要更换整个课程——这会耗费一笔可观的费用,甚至会导致教师和管理者失去工作。正如你将在第15章"理解标准化测验"中看到的,学生在州级考试中的成绩决定着很多东西。因此,教师们使用他们认为可能在考试中出现材料来指导学生;他们反复检查以确保每位学生能尽可能多地答对考试中可能会出现的每一个问题。教师们督促学生进行无休无止的训练和练习。(一些教师和学生把它称为"练到死"。)教师们很努力地工作,学生们很努力地学习,而管理者们则承受着压力,并将压力继续传递下去。

日复一日的训练和练习,重复着只为了让学生们在考试中得到高分的机械学习,而与研究告诉我们的有效学习背道而驰。在集中精力学习割裂的信息或技能时,学生们鲜有机会应用已有知识、在真实场景中学习,或在有意义的情境中探索和理解新信息。研究告诉我们,已有知识对学生的学习至关重要。为了成绩而训练学生会破坏学习。我们相信教育者需要负责,但他们应该要为学生的学习负责,而不是只为考试成绩负责。如果我们只满足于成绩,那么就继续花整个冬天来准备考试吧!但如果我们将学生看作学习者而非参加考试的人,那么就应该终结这种充满不快的冬天。而且应该立刻行动起来!

你怎么看?

作者的处境与你的经历一致吗?或者说,你是否也觉得自己是为了能在州规定的考试中正确地答题而学习,而不是为了将来更有意义地应用而学习?如果答案是肯定的,你认为怎样做才能既让学生们为考试做好准备,又让学习经验与他们的生活息息相关呢?

教学建议 帮助你的学生成为高效率的信息加工者

1. 开发和运用多种技术来吸引和保持学生的注意力,给予学生练习和改善维持注意的技能的机会。

a. 认识到什么可以吸引学生的注意力。

吸引学生注意力的能力受两个因素影响,分别是信息本身的特征及学习者的相关经验。学生更容易注意到那些他们认为有趣或有意义的信息。此外,人类对环境中发生的意外或突如其来的变化非常敏感。因此,任何突出的、打破规律的或出人意料的信息,一定最能吸引学生注意力[1]。

示例:

- 将关键词或观点用特大号字体写在黑板上。
- 用彩色粉笔划出黑板上的重要信息。

280

- 在课上讲到重要的部分之前,先告诉学生:"现在请大家特别注意。接下来要讲的内容非常重要。"然后用大声和强调的语调讲述后续的内容。
- 以一些出人意料的语言开始一节课,比如可以说:"想象一下,你刚刚继承了一笔一百万美元的遗产……"

b. 为了让学生保持注意力,强调所学新知识的可能的用途。

为了使课程变得有意义,我们有时可能会做得有些过头,但思考如何将学校所学的知识与学生的现实或未来生活联系起来,永远都是有利无害的。当学生们意识到学校的基本目标是帮助他们适应环境时,他们就会更在意你正在做的事。

示例:

- 将基本技能——比如算数运算、算数推理、拼写、写作和阅读——的教授融入学生感兴趣的项目中去(例如记录投递报纸赚的钱,测量彩虹、温度和风速,给当地电视台写信表达自己的观点或询问有关电视节目的信息等)。

c. 教授学生如何增加他们注意力的持续性。

记住,集中注意力是很多学生还没有机会去完善的一项技能。请给他们提供足够多的机会,来练习和提高保持注意力的能力[2]。

---

1 环境中突如其来的变化通常会吸引注意力。

2 注意持续性可以通过训练得以提升。

示例：

- 组织一些需要注意力的游戏，例如"西蒙说"（一名学生或教师充当西蒙，其他人要跟着西蒙的指令做出不同反应），追踪多个移动的盒子中藏有目标物的那个（古老的"金蝉脱壳"游戏），或分辨两张图片是否相同。开始时，每次学生做出正确反应时，都要给予正强化；随着游戏的进行，调整为只在表现有进步时给予正强化。同时要提醒学生，游戏的成功直接取决于他们保持注意力的能力。
- 阅读杂志或报纸上的一个小故事，然后要求学生以谁、什么时候、在哪里、干什么及为什么的形式来报告这个故事。

2. 指明哪些信息是重要的，并引导学生认识到它们的重要性以及它们与已有知识之间的联系。

控制感觉登记的过程有两个：一是注意，一是再认。有时我们可以结合使用这两个过程，以引导学生专注于学习材料的重要部分。有时你也可以鼓励学生自己去发现重点或（事物之间）熟悉的关系。

示例：

- 告诉学生："这道数学题和上周你们解决的一个题目非常像。谁能找出这道题中熟悉的地方？"
- 告诉学生："在这一章中，有一个基本观点重复出现了很多次。在阅读时，你要尽可能找到关于这个基本观点的不同表述，并把它们都写下来。"
- 为学生们提供用自己的语言表达观点的机会，并把新知识与已有知识联系起来。
- 让学生们练习依据共同特征，例如同样是奇数、5的倍数、带有圆圈的字母或者用木头做的物品将数字、字母或教室中的物品进行分类。

281

3. 让学生明白，如果能将以往没有关联的事实或概念组合成更大的组块，他们将能成为更高效的学习者。

还记得我们之前提到的，无论在何时，短时记忆每次只能存储5—9项、或5—9个组块的信息吗？（如果你忘记了，那就以此为戒，要特别注意本章的内容了。）我们同样提到，如果能利用好组块原理，那么这一限制就可以被打破。一般说来，这要涉及将正在学习的信息与你长时记忆中已有的信息建立起联系。这样你就可以把原本4—5个独立的信息合并为一整块信息。

研究者对一名拥有一般记忆能力和智力水平的大学生做了研究，该个案研究的结果证明了将信息组合成有意义的单元组块是非常有帮助的（Erricsson, Chase, & Faloon, 1980）。

经过20个月的练习，他的记忆能力从最初只能记住7个数字，提高到能记住将近80个数字！作为一个田径迷，他把每3—4个数字看作一次跑步比赛的时间。因此3 492就变成"3分49秒2，接近世界纪录。"那些不能被编码为跑步时间的数字，则被编码为年龄。这两项分组技术占到他所有联想记忆的90%。

分组可以奏效的部分原因，是它降低了记忆负荷。把原本无关的信息组合成更大的单元之后，我们实际上减少了学习的内容。另一部分原因是分组创造了更连贯和有意义的信息单元，这些信息更容易回忆。如果可能的话，尽量为学生们提供练习分组记忆的机会和课程。

4. 利用好分散练习。

如果你得知几天后你要参加一个关于本章内容的考试，你会等到考试前一天再把整章内容反复读几遍，还是会从考试前三天开始，每天读三分之一，并在几个小时后再快速地复习一遍这三分之一的内容？如果你选择了第一种方法，那么你采用的就是被心理学家称为**集中练习**的方法。

如果你选择了第二种，你采用的就是**分散练习法**[1]。那么，你的选择是否会影响你的考试成绩呢？答案几乎是肯定的。已有大量的研究证实了分散练习相对于集中练习的优势（详见Cepeda等，2009; Roediger & Karpicke, 2011; Rohrer & Pashler, 2010; Seabrook, Brown, & Solity, 2005）。

现在，把这个例子倒过来，假设你是一名小学教师，正在为下周每天30分钟的课程撰写一份字音转换（字母—发音）阅读技巧的课程计划。如果你将每天的课程划分为三个10分钟的段落，而不是一整节连续的30分钟课程，那么在随后的考试中，你的学生们将会有更好的表现。分散练习奏效的原因和分组块练习类似：它们都能减少记忆负荷。

282　　如果你的学生们已经有足够的能力自学，那么你应该将分散练习相对于集中练习的优势告诉他们。大多数学生非但没有意识到分散练习的优点，反而会花相当长的、大量的时间来集中学习某一门学科，而全然不顾这种策略实际是有害而无益的事实（Rohrer & Pashler, 2010）。

5. 组织学生要学习的内容；对于年长的学生，鼓励他们自己组织学习材料。

在你要求学生学习的大多数信息中，至少有一些信息与其他信息存在一定的关联性，而你会发现，提醒学生注意这些相关性是十分有益的。之前提到过Bower等人的一项实验（1969），要求其中一组学生学习一些随机排序的项目，而另一组学生学习同样的项目，但这些项目是按一定的逻辑顺序排列分组的。该实验的结果证明了组织的价值。按项目之间

---

1 分散练习：将学习分成多个小单元，间隔进行。

的相关性将它们分组,可以减少学习的组块,也使得学生们能从任意一组信息中获得由项目相关性提供的线索,并从中获益。而将这些项目按一定的逻辑进行排序,可以帮助学生了解到章节或课文开头出现的信息,是如何帮助他们更容易地学习后面出现的信息的。

示例:

- 如果学生们要学习如何分辨树、鸟、石头或类似的物体,那么就把相关的项目分为一组(例如落叶乔木和常绿乔木)。提醒学生们注意那些区分性特征和已经形成的起组织作用的图式。

- 在黑板上张贴打印好的章节大纲,或者给学生们一份复印好的大纲,然后要求他们在每一个标题下方记下相应的笔记。每次讲课或者演示的时候,你都要在黑板上张贴打印好的大纲。提醒学生们注意话题的顺序,并说明观点是如何从其他观点衍生而来的,或这些观点之间有着怎样的联系。

6. 通过用具体、形象化的方式呈现信息,使学生们更有意义地学习。

当你使用抽象的表述解释观点时,常会看到学生们迷茫的眼神和疑惑的表情。为了避免这样的情况,请试着使用更容易被形象化的表达方式。例如,具体的类比就是一种可以增加学习材料的意义的有效方法[1]。假设有一个毫无基础物理知识的人,想要看懂一篇关于金属如何导电的文章。对他而言,晶格列阵、自由电子或杂质效应几乎没有任何意义。然而,这些抽象概念完全可以用更熟悉的表述来解释。例如,你可以将金属棒的分子结构比喻成一个万能工匠拼装玩具,或者可以把杂质效应形容为在一列倒塌中的多米诺骨牌中间放一本书。诸如此类的类比可以增进记忆和理解(Royer & Cable, 1975, 1976)。

你也可以考虑使用图形化显示工具。它们是物体、概念及其关联性的视觉符号空间表征。图形化显示工具包括示意图、矩阵、曲线图、概念图和坐标图等等。

根据Allan Paivio的双重编码理论(之前已讨论过),图形化显示工具之所以能促进更高层级的学习,是因为它增加了信息的具体性,从而使得信息能以形象和语言两种形式被编码和记忆。认知心理学和神经科学的研究结果都表明,信息可以同时以形象和语言两种形式存储在长时记忆中。另一个理论——视觉参数假设(Visual Argument Hypothesis)——则认为,图像化表征之所以能辅助学习,是因为组成图形化显示的项目的空间排列使得信息得以形成一种图像式的组块,从而降低了工作记忆负荷。支持这一假说的研究表明,使用图像化学习材料的学生,比使用纯文本材料的学生更擅长整合信息,并作

283

---

1 具体的类比能使抽象信息意义化。

出关于信息之间相关性的推论（Vekiri, 2002）。

示例：

- 当你要解释或演示复杂抽象的观点时，记得使用多种不同的表达方式，并确保提供足够多的例子。
- 使用插图、图表和概念图。
- 确保使用的图形化显示工具类型与教学目标相一致。例如，如果教学目标是理解因果关系，那么要使用展示事物或概念间关系的图表；如果教学目标是了解植物或动物生长过程中的变化趋势，那么选用动画要比选用数据图表更合适。

你掌握了吗?

以下哪项不是经典信息加工模型的构成成分？

a. 感觉登记   b. 短时存储

c. 中期存储   d. 长时存储

8.3 元认知

到目前为止，我们的讨论一直聚焦于人们如何注意、编码、存储和检索信息。换言之，我们描述了一些基本的认知过程。但你还需要了解认知的另一个维度：一种更为概括的思维，它使得我们能控制记忆及其他认知过程。这一层面的思维被称为元认知，它是指我们关于自身思维过程的认识会影响我们的学习和问题解决。

8.3.1 元认知的实质和重要性

元认知这一概念最早是由发展心理学家John Flavell（1976）提出的，它被用来解释为什么不同年龄段儿童使用的学习方法不同。例如，七岁儿童在学习如何记忆成组的名词时，如果教他们使用一种低效的方法（简单地复述单词）和一种高效的方法（把每组名词想象成两个一起做事情的好朋友），结果显示，再给出一些新的名词组要求他们记忆时，大多数儿童会使用那种低效的方法。然而，如果换成十岁儿童，那么大多数会使用那种高效的方法。对这一研究发现的解释是，七岁儿童因为缺乏足够的学习经验，而无法认识到有些问题解决方法是优于另一些方法的。对低龄儿童而言，这些方法是一样的。元认知知识的缺乏，导致低龄儿童无法进行真正的策略性的学习（Ornstein, Grammer, & Coffman, 2010）。

理解元认知本质的一种方法是将它与认知进行比较。认知是指信息加工的方式，即信息是如何被注意、认识、编码、存储、提取及应用的。

而**元认知**（metacognition）[1]包含两层含义：我们关于自身如何思考的认识，及我们如何指导并控制自身的认知过程（照片8-4）。前者被称为元认知知识，而后者则是元认知策略（Schneider, 2010; Veenman, 2011）。以下是Flavell关于元认知知识的描述：

> 当我意识到自己学习A比学习B更困难时；当我知道在接受C是事实之前，应该再检查确认一遍时；当我意识到做多选题时，最好要仔细看过每一个选项再做出最优选择时；当我想到应该把D记在笔记上以防自己忘记时；当我询问他人关于E的意见来确认自己的想法是否正确时……我就是在进行元认知。类似这样的例子不胜枚举（1976, p.232）。

为了更好地理解元认知知识，我们可以把它分为陈述性知识、条件性知识和程序性知识三部分。

陈述性知识是关于"是什么"的知识，它包含：

照片8-4　元认知是关于我们如何学习的知识，它是我们管理学习过程的关键组成部分。

VStock/Alamy

1　元认知：我们关于自身如何思考的认知。

- 关于自我的知识：例如知道自己擅长学习语言类材料而不擅长数学类材料，或者知道如果信息未经复述或编码就会很快被遗忘。

285

- 关于任务的知识：例如知道包含很多长句或生僻词的文章，通常比用简单语言书写的文章更难理解。

- 关于策略的知识：例如知道使用记忆术（将在下章中介绍）有助于我们在长时记忆中逐字逐句地存储或提取信息，而使用概念图（同样会在下章中介绍）则有助于文章的阅读理解。

条件性知识是有关何时以及为何要在特定情境下使用特定学习过程的知识。例如知道一名好的读者会先通读一遍文章以了解它的长度、结构和熟悉程度；知道有效的学习需要一段没有任何干扰的时间。

程序性知识是有关如何使用不同的认知过程的知识。例如知道如何通过快速浏览文章而不是阅读以达到理解的目的；知道如何检测一个人对于文章的理解程度；知道如何制作有效的概念图。

元认知的第二个构成成分——元认知技能，指的是如下一些活动：分析作业，设置目标，制订达成目标的计划，监控进步情况，评估目标的达成程度。

仅仅通过这些逻辑性的描述，我们可能已经让你意识到了元认知对学习的重要性。但我们还能提供更多的证据——这一概念同时有充分的研究证据支持。有研究者对超过60个关于元认知教学策略的作用的研究进行了回顾分析（Hattie, 2009），发现元认知教学可以很大程度上促进学生的学习。另外，研究发现，相比智力，元认知能更好地预测学业成就（Veenman, 2011）。

8.3.2　元认知随年龄发展的趋势

元认知知识的发展贯穿于整个童年期和青少年期，因此低年龄儿童和高年龄儿童之间关于自身认知过程和如何控制它们的认识有着显著的差别。以下是一些研究成果的总结（Duell, 1986; Larkin, 2010; Schneider, 2010; Schwartz, 2011; Waters & Kunnmann, 2010），可以让你了解到不同年龄段儿童的元认知水平：

- 在识别任务难度方面，大多数六岁儿童已经知道熟悉的信息比不熟悉的信息更容易记，少量的信息比大量的信息更容易记。六岁儿童还未意识到的是，即使是在学完后立刻回忆,他们能回忆出的信息数量仍是有限的。

- 在阅读任务中也有类似发现。大多数二年级儿童已经知道兴趣、熟悉程度和故事的长度,会影响他们对于故事的理解和记忆。然而,他们还没有意识到信息呈现的顺序会影响阅读,文章第一段和最后一段有引言和总结的作用,以及阅读目标和具体策略之间有着怎样的联系。相对而言,六年级儿童对这些影响因素就有了更好的认识。

- 大多数低龄儿童都不太了解自身能力对学习的影响[1]。例如,大多数儿童直到9岁才会意识到,他们能回忆出刚学过的信息的数量是有限的。因此,三年级及以下的儿童常常会高估自己的短时记忆能力。

- 许多幼儿园及一年级的儿童在记忆一系列目标时会使用命名、按类别分组、按首字母排序或编故事等方法。但他们都无法解释为什么这些方法可以奏效。而很多四年级或五年级的学生就明白了为什么这些具体策略对回忆是有帮助的。

- 在监控学习进度方面,大多数7—8岁以下的儿童不能十分熟练地确定自己何时能通过记忆测验。另外,大多数一年级儿童也不太清楚哪些是他们还没有掌握的(知识)。当有机会学习和记忆一系列图片时,6岁儿童会选择学习他们已经看过或记过的图片,也会选择没见过的新图片。而三年级儿童则会集中去学习和记忆那些没见过的新图片。

以上研究结果的主要结论是,在学龄期中年龄最小的那些儿童,对于自身的认知过程及何时使用它们知之甚少。因此,小学一年级学生之所以不会系统地分析学习任务、制定学习计划、使用恰当的策略来促进记忆和理解,或监控自身的学习进度,是因为他们还不理解(部分观点认为是不能理解)这样做的好处。而随着年龄的增长和学业任务复杂程度的增加,儿童会逐渐积累更多的学习经验,他们的执行功能或控制过程(如图8-1)也就相应增强了。在这个成长过程中,他们会越来越深刻地理解元认知知识及其与课堂学习之间的关系(Azevedo, 2009; Cornoldi, 2010; Swanson, 2006)。当然,这并非意味着教师们只需要等着儿童的元认知自然产生和发展。研究已经表明(例如Ornstein, Grammer, & Coffman, 2010; Waters & Kunnmann, 2010),教师可以促进学生(包括小学一年级学生)使用他们的元认知知识。

有关元认知的研究能为课堂教学提供的最主要的启示是,你可以通过推动学生思考哪

---

1 个体对于自身学习过程的觉察会随着年龄的增长而提升。

些因素会影响他们的学习和记忆,从而促进他们元认知策略和元认知知识的发展。对于低年龄儿童(小学三年级及以下),你需要时不时地告诉他们,不同的认知行为——如描述、回忆、猜想、理解——具有不同的含义、会产生不同的结果、适用于不同的任务。对于小学高年级学生和中学生,重点应该是给他们解释学习的过程,以及不同的学习策略所适用的情境。另外,可以让学生们在每次使用了学习策略后,记下他们是在什么时候、使用了哪种策略及获得了怎样的成就。要善于发现那些因经常使用策略而表现优异的学生,给予他们正强化。同时,对于成绩和策略使用频率低于平均水平的学生,要鼓励他们多使用策略。

同样的技术也适用于高中生和大学生,不过你还需要让他们知道策略学习的其他构成要素。他们需要知道分析学习任务、制定学习计划、使用恰当的策略、监控计划的有效性及执行任何必要的纠正措施等要素的含义及必要性。在下一章中,我们将具体介绍策略学习的过程以及教师们应如何辅助学生达成策略学习的目标。

接下来,我们会介绍一些基于计算机的教学方法,你可以借助这些方法来帮助学生提高在不同学习任务中的信息加工技能。

287 通过探究改善教学实践:一位教师的故事

记忆和理解,谁是目标?

(作者:David Ryan Bunting)

在教数学的头两年,我遇到过的最难解释的概念是分母不同的分数之间的加法。困难来自两方面:教科书对分数的讲解有限;学生对于分数的理解有限。根据教科书,我应该要先教学生同分母分数的加减法、分数之间的大小比较以及小数,然后再教分母不同的分数之间的加法;然而,这些课程没有提供任何有效的策略来帮助学生记住不同分母分数之间加法的步骤。因此,我不得不额外再花一个星期,不断地帮学生们复习这些步骤,直到他们不仅可以逐字逐句地背出它们,还可以互相讲解。这一策略的效果是暂时的。没错,当时学生们的掌握程度足够应付州级考试了,也足够他们把这个概念教给别的同学。然而,当接下来我向学生们介绍完其他新概念——大概用了一周或更多的时间,再让他们背诵分母不同的分数之间的运算步骤时,竟然有90%的学生(22个学生中的20个)都无法准确回忆了。按我之前的教授方法,如果学生们在学完该内容的两天后立刻参加考试,那他们一定能表现得很好，但这无法让他们具备在未来应用这一概念的能力。

在开始教学生涯的第三年之前，我意识到自己必须想办法纠正这个分数学习问题。于是我做了一些准备。首先，我参加了一个可以帮助教师提高学生数感的论坛。接着，我仔细分析了教科书上解决分母不同分数的运算这一课前后的所有概念。

在教授学生如何解决分母不同分数之间的运算前，我先用从数学论坛上学到的方法来增强学生对分数的理解。首先给学生们发一张表格，上面列有一些分母不同而分子为空的分数。要求他们使用分数板教具来填写每个分数的分子，使它们等于0、1/2或1。学生们每完成一个分数后，我们会讨论每个学生的答案是否正确以及为什么。在他们掌握了真分数后，再使用类似的教具和方法完成带分数的填写。这一教学策略成功地让学生们建立了这样的意识：先估算后运算。例如，当拿到算式7/8+1/5时，学生们能够先估算出7/8约等于1，1/5约等于0，而1+0=1。所以这个算式的答案应该约等于1。而准确答案是43/40，和他们的估算非常接近。就这样，他们逐渐掌握了进行概念思考的认知工具，在做分母不同的分数之间的运算时，再也不需要我来演示运算步骤，也不需要再去死记硬背这些运算步骤了。

另外，我也对分数教学的课程顺序做了调整。我决定先教分数的估算，接着教最小公倍数，然后是等值分数，再后教分母不同的分数之间的运算。因为发现最小公倍数和等值分数是这类运算过程中的两个重要步骤，因此我通过教具把两者的教学和分数估算的教学进行了结合。调整后，我的学生们不仅在州级考试中取得了很好甚至更好的成绩，而且也能在数周之后的测验中应用这些概念。

（注：David Ryan Bunting任教于宾夕法尼亚州华盛顿市的华盛顿公园小学。）

你掌握了吗?

在任教一个新班级的一周后，艾米丽发现自己还是记不住所有学生的名字。她只能记住那些她使用了特别的记忆方法而记住的名字。于是她意识到自己应该要用适合的记忆术来记每一个名字。艾米丽的意识说明了：

a. 精致性复述　　　　　　　　b. 元认知

c. 感觉登记的使用　　　　　　d. 图式的使用

8.4 将技术作为信息加工工具

尽管基于计算机的技术或许起源于行为主义学习理论,如同你在该主题的那一章所看到的一样,但如今的科技更可能反映了一种信息加工的视角。本部分中描述的技术工具影响了我们如何接触、过滤、表征和评估知识。由于我们已经清楚了认知负荷问题和创造学习策略的难度,现在就可以利用技术克服这些限制,减少复杂任务中的认知加工负荷。例如,技术可以帮助学习者抓住音乐作品的大意,看出写作计划的结构,观察化学分子反应,或提供复杂环境,为解答难题提供解决方案。

但是随着你阅读这一章节,请记住我们之前提到的技术和其他教学工具的观点:对于教授他人这一挑战性工作,没有一个万能的解决方案。技术固然很有用,可以帮助你达到特定目标,但它同时也有潜在的代价。下面这个例子解释了我们的意思。由于人类受限于在任一时间可以加工的信息的数量,学生很容易出现认知超负荷,把握不好作业的要点,回忆不出他们在阅读和点击网页和多媒体程序时所遇到的材料内容(Carr, 2010)。我们是怎么知道这一情形的?研究已经多次证明了这一点。在一个例子中,一组学生观看新闻主持人朗读故事,与此同时,体育、天气和其他当日新闻的头条,缓慢地沿屏幕下方滚动。另一组观看了相同的报道,但新闻滚动条被去除了。结果显示,第一组中的学生回忆的主持人朗读的故事中的事实,显著少于第二组学生(Greenfield, 2009)。教师的解决方案有两个方面:首先,教学生如何成为有约束、有目的的技术使用者。第二,选择具有最少功能的超媒体程序,以实现您的教学目标。

8.4.1 写作的技术工具

写作过程中最重要的部分之一是构思阶段。这是作者产生、评估并组织他们的想法的阶段。大多数学生作为写作新手,预想到要完全靠自己完成这些,心中不免会产生焦虑的情绪。对于很多学生来说,有一个可以征询意见的同伴则会让人宽慰不少。通过使用在线同步聊天(即时信息),这可以很容易实现。学生可以与一个或更多同学实时分享关于写作主题的观点。采取这种做法,不仅给学生提供了额外的写作机会,而且可以让他们无须像正式写作一样,遵循刻板的语法规则(Strassman & D'Amore, 2002)(图8-5A和8-5B)。

网络是另一种技术资源,教师可以通过网络让写作变得对学生更具有吸引力。其中一个较有潜力的方式是使用网络博客(通常被称作博客;见之前章节中的讨论,尤其是第

照片8-5A和8-5B　Web 2.0技术使得不同文化的儿童能够在共有的虚拟环境中分享自己的经历。

3章中"进一步学习的资源")。博客可以是个人日记的形式,作者可以定期对他人开放,或者可以类似于电子公告栏,网友可以回复作者写的内容,也可以回复他人的评论(Weiler,2003)。现在,你可能会遇到关于博客作用的争论:有人认为博客使得学生产出低质量的作品,因为主要的受众是他们的同龄人而非教师。这一论断听起来很有逻辑,但这并不是真的,至少在大学生(高中生)中不是。研究已清晰表明,学生在博客中的抄袭现象更少,且比他们的课堂作业的文句更清晰、更有说服力(Davidson,2011)。

想了解更多关于博客的内容以及如何使用博客,请访问教育世界网站(Education World Website)。另外两个提供合作写作的网址为"Classroom 2.0"———一个为Web 2.0教育技术感兴趣者设计的社交网络,另一个为"Kidlink Project"。

8.4.2　阅读的技术工具

像写作一样,提高学生阅读技能的电子支持系统的使用,在世界范围内已大量增加(Lai, Chang, & Ye, 2006; Llabo, 2002)。与在小学阶段阅读打印版故事的学生相比,从CD故事书中听故事的学生,显著增加了他们的视觉词汇库、阅读水平以及准确完整地重新讲故事的能力(Matthew, 1996; McKenna, Cowart, & Watkins, 1997)。当三年级学生被要求独立阅读CD故事且能够使用其他功能,比如点击词语和注释来获得发音和定义时,他们的复述得分与那些阅读打印版的学生得分无显著差异,但是他们在阅读理解问题中的得分显著提高了(Doty, Popplewell, & Byers, 2001)。

美国图书馆协会(American Library Association)提供并评估支持学习的在线资源。青少年图书馆服务协会(YALSA)为教育者提供在线资源,这一组织会开展每月一次的在线讨论。

8.4.3　科学和数学的技术工具

在数学和科学中,研究者主张学生应当花更少的时间去进行手动计算和作图,而花更多时间使用技术来总结和解读数据、寻找趋势、预测关系。为帮助教师将这一理论付诸实践,Marcia Linn与其他人创造了基于网络的科学探究环境(WISE)计划。基于建构主义学习理念和15年的课堂研究(Slotta & Lin, 2009),WISE网络包含了多种类型的科学项目,教师可以藉此完成当地课程,达成州、国家的标准。WISE学习环境的首要目标是帮助学生把科学观点系统地联系起来,而不是记忆孤立的、易于遗忘的事实。对每个项目来说,学生必须要在Web上找到相关的信息,在电子笔记本中记录和组织他们的发现,并且参与线上讨论来提炼他们的步骤和结论。研究表明,通过WISE项目学习科学的学生,在多种结果的测量中得分,都高于接受传统科学教学的学生(Linn, Slotta等, 2010)。

数学教师可以选用很多技术来帮助学生更好地理解和使用数学概念和步骤。以下是一些例子。一位高中教师(Nickell, 2012)使用免费的网络工具来为他的几何课创造词云。这些词云储存在她的电脑中,通过投影呈现给学生,以此来介绍熟悉和不熟悉的概念。为了帮助学生更好地理解图表中的变动率数据,两位教育者(Suh & Fulginiti, 2011)描述了教师如何使用与电脑相连的运动数据收集仪。收集到的数据可以导入有作图功能的工作表程序中。第三个例子是由两位数学和科学教育教授创造的(Cassel & Vincent, 2012)。他们让五年级学生在一学年中测量他们的影子,在图表中记录数据,并且使用iPod Touch中的Planet应用来帮助他们解读数据。这一训练的目的在于帮助学生理解不同时间地球倾斜角与季节变换的关系。

8.4.4　多媒体、超媒体和虚拟环境

多媒体工具

多媒体工具的一个主要好处在于,它们为较难的概念提供了多种表征(文本、照片、数码录像、动画、声音),以帮助学生加深对主题的理解。多媒体工具的使用与如下信息加工概念有关:有意义学习、信息的双重编码、视觉表象的使用,及精致性复述(Leacock & Nesbit, 2007; Mayer, 2011; Reed, 2006)。

超媒体工具

超媒体技术可以使用户不按顺序获取、分析、建构多媒体信息,因而使得他们能够从一个信息资源转换到另一个,同时控制选择的选项(Grabe & Grabe, 2007)。超媒体有明显的

优点。例如，使观点网络更为丰富，信息的储存更为紧凑，快速接触非线性信息，灵活使用信息，以及学习者对系统的控制。毫无疑问，研究已表明，超媒体工具已大大改变了人们的阅读、写作、计算乃至思维的方式（Keengwe, Onchwari, Wachira, 2008; Yang, 2001）。

虚拟环境

通过整合多媒体和超媒体技术，研究者和设计者们开发出丰富、复杂的虚拟环境，使得多名学习者可以同时在其中进行独立或合作的学习。（我们在第2章中曾提到过，它们被称为多用户虚拟环境或MUVEs。）[1]

虚拟环境的价值——至少在本章中显示的价值，是促进学生使用或完善不同的记忆和元认知过程，来解决复杂问题。与此同时，借助虚拟环境，学生们可掌握州学习标准中规定的关于数学、科学、语言艺术及社会研究等多门学科的内容知识。"探秘亚特兰蒂斯"（Quest Atlantics）就是其中之一。这款教育类网络游戏已经被广泛研究（Barab等，2009; Barab, Scott等，2009; Thomas, Barab, & Tuzun, 2009），并仍在继续吸引更多研究者、教师、家长及组织，例如美国国家科学基金会、麦克阿瑟基金会及NASA（美国国家航空航天局）。我们将在第10章"建构主义学习理论、问题解决和迁移"中对"探秘亚特兰蒂斯"做更详细的介绍。在这里，它只是一个让我们了解学生如何进行跨领域知识学习的例子。

挑战假设   **信息与意义**   291

"所以，"康妮对唐和塞莱斯特说，"为什么安东尼奥的学生很难理解《古舟子咏》呢？你们觉得他的团队最后是怎么解决这个问题的？"

塞莱斯特说："我认为安东尼奥一开始的想法是对的——他知道这首诗对学生们来说很难理解，所以要想办法帮助他们理解。但大声朗读这个方法，并不能帮助学生理解这首诗歌。"

"没错，"唐补充说，"关键是要让学生们学会自己吸收这些信息并领悟其中的意义。我想我知道安东尼奥的团队用了什么办法：他们应该给学生解释了这首诗的含义！"

"不完全正确"，安东尼奥说，"尽管我们也尝试过解释。"

"我猜你们给了学生们一个'简化版本'，比如一份注释。"赛莱斯特说。

"也不完全准确，"安东尼奥说，"尽管我们也尝试过用简化版本。"

唐和塞莱斯特看向康妮。康妮说："我不太确定安东尼奥的团队用了什么方法，但无论

1　虚拟环境可以提供有助于合作学习的丰富内容及情境。

他们做了什么，一定是在两方面帮助了他们的学生——一是让他们理解了诗歌的含义，另一点是让他们学会了应用他们的理解。团队用某种方式帮助学生以一种更精致的方式来学习这首诗歌，学生可以将诗歌与他们的已有知识联系起来。"

"你说得没错，"安东尼奥说，"我们需要找的方法不是让学生背下这首诗，而是要从诗歌的单词、短语、语音和结构中建构意义。这首诗有很多不同的意义，而学生们需要建构属于他们自己的那一种意义。所以我们把他们分成了几个小组，要求每个小组做出一份《古舟子咏》的教学指引。可以以任何一种形式。唯一的要求是他们的指引要能帮助下一级的学生理解这首诗歌，并了解这首诗歌与今天人们的生活有什么样的联系。"

安东尼奥边笑边继续说："他们都疯了——是好的那种。他们开始在网上查资料、制作地图、录制彼此的访谈、编写阅读理解问题，还把诗歌'翻译'成了一首饶舌曲子。要教授别人这个新作业，推动他们去重新读出诗歌的意义，并把它与已有的知识结合起来。就在今天，其中一个小组还建议我们把所有小组的作业都整合起来，制作一个网页，提供给其他需要的教师使用。"

"信息对学习者来说是重要的，他们需要了解事物，"康妮说，"但只有当他们有了从信息中提取意义的动机，他们才会以一种更精致的方式来加工信息。安东尼奥，你的学生们会记住这首《古舟子咏》的，因为他们已经从信息中获得了意义。"

你掌握了吗?

从信息加工的视角,技术的角色是帮助学生

a. 设计自己的虚拟环境。　　b. 应对自身信息加工系统的局限性。

c. 与线上教师沟通。　　d. 与他人合作。

292

小结

8.1　解释"信息加工视角的学习观"。

- 信息加工理论旨在解释人们如何注意、再认、转换、存储及提取信息。
- 一个流行的信息加工模型包含三个记忆存储器，及一系列决定信息在不同存储器间流动的控制过程。记忆存储器包含感觉登记、短时记忆/工作记忆及长时记忆。

控制过程包含再认、注意、保持性复述、精致性复述和提取。

8.2 描述信息加工模型所包含的各种成分和过程。

- 感觉登记将信息以原始形态保持1—3秒，期间我们可能会意识并进一步注意到它。

- 再认涉及注意到刺激的关键特征并将其与长时记忆中的已有信息联系起来。

- 注意是指对当前存储于感觉登记中的一小部分信息进行选择性的关注。

- 短时记忆/工作记忆都是暂时的存储空间，也是信息加工的场所。短时记忆可以存储大约七个组块的信息，并保留约20秒（在没有复述协助的情况下）。工作记忆过程通常包含编码、组织和提取。工作记忆与学习效率存在强相关性。

- 信息可以通过保持性复述——机械地重复信息，而被保留在短时记忆中。

- 通过将新信息与长时记忆中的已有信息建立联系，信息从短时记忆转移进入长时记忆。这个过程被称为精致性复述。

- 精致性复述部分是基于组织。它涉及将信息依据共同特征进行分组或分块。

- 精致性复述还需要基于意义。当以清晰、富有逻辑的形式组织和呈现的新信息，被有意识地与长时记忆中已有信息联系在一起时，有意义学习就产生了。视觉表象编码是一种极为有效的促进有意义学习的方法。

- 长时记忆被一些心理学家认为能永久存储信息，并永远不会丢失。

- 许多心理学家认为长时记忆中的信息是以图式的形式被组织存储的。图式是指信息的一般抽象结构。当图式缺失或构建不良时，学习和记忆的问题就会产生。

- 我们之所以会遗忘一些信息，是出于下列原因中的一种或多种：巩固不充分、无意义学习、缺少复述机会、其他材料的干扰，或缺少提取线索。

- 儿童的记忆技能随着年级的升高会逐渐发展，这是因为学校任务对于记忆的要求在逐渐升高，并且也为他们提供了相应的教学。

8.3 界定元认知并解释它如何影响学习过程。

- 元认知是指个体关于人们如何思维的知识（元认知知识）及对这些过程如何辅助达成学习目标的认识（元认知策略）。

- 元认知知识由陈述性知识、程序性知识和条件性知识组成。

- 元认知策略包含分析学习任务、目标设置、创设学习计划、监控学习进度及评估目标达成情况。

- 元认知会随着经验的增长而逐步增强。这可以帮助解释为何相对于小学生，初、高中生是更灵活和高效的学习者。

8.4　描述科技如何帮助学生提高不同学科的学习数量与质量。

当前，计算机技术辅助信息加工的途径包括：帮助学生组织和表征观点、更清晰地书写、更好地理解文本、解释科学和数学数据、理解音乐节拍，以及解决问题。

进一步学习的资源

- **信息加工理论的本质**

如果你想了解更多有关信息加工理论及其与教学、学习之间关系的知识，建议阅读由 Frank Durso 和他的同事们编辑的《应用认知手册》(*The Handbook of Applied Cognition*)(2nd ed., 2007)。特别推荐其中的第1章至第5章——关于记忆和控制过程的部分，以及第21章——关于教学的部分。另外，Dale Schunk 编著的《学习理论：教育的视角》(*Learning Theory: An Educational Perspective*)(6th ed., 2012)一书的第5章，以及 Roger Bruning, Gregory Schraw 和 Monica Norby 编著的《认知心理学和教学》(*Cognitive Psychology and Instruction*)(5th ed., 2011年)。

- **记忆结构和过程**

由 Annette Taylor 编辑的《人类记忆百科全书》(*Encyclopedia of Human Memory*)(2013)一书对各种记忆理论和过程作了简要易读的解释。Norman Spear 和 David Riccio 在《记忆：现象和原理》(*Memory: Phenomena and Principles*)(1994)一书中描述了记忆结构和过程的各个方面。而 Alan Baddeley 在《人类记忆的要素》(*Essentials of Human Memory*)(1994)中罗列了一系列的记忆现象，并提供了一个关于如何改善记忆的章节。另外，鉴于工作记忆在学习中的重要性，还有一个资源值得特别推荐，那就是 Susan Gathercole 和 Tracy Alloway 的《工作记忆和学习：给教师的实用指南》(*Working Memory and Learning: A Practical Guide for Teachers*)(2008)。

- **元认知**

如果你对元认知的来源与本质（包括元记忆的概念）感兴趣，那么 Pina Tarricone 的《元认知的分类学》(*The Taxonomy of Metacognition*)(2013)值得一读。Shirley

Larkin 在《低年龄段儿童的元认知》(*Metacognition in Young Children*)(2010)一书中同样探讨了元认知的本质,同时还讨论了如何提高小学生的元认知。与其类似的是 Patricia Kolencik 和 Shelia Hillwig 所著的《激发元认知:使用元认知教学策略引导学习者》(*Encouraging Metacognition: Supporting Learners Through Metacognitive Teaching Strategies*)(2011)。该书中提供了很多提高元认知的方法及实例(例如,出声思维、反思日记、自我提问及边学习边思考)。

- 记忆的个体差异

Alexander Luria 的《记忆能手的头脑》(*The Mind of a Mnemonist: A Little Book About a Vast Memory*)(1968)一书是有关超常记忆最重要的著作之一。在该书中,Luria 描述了他近 30 年来对一个名为 S 的男人所进行的实验和相处经验——S 能够准确地回忆在 15 年前看过的无意义的材料。Charles Thompson, Thaddeus Cowan 和 Jerome Frieman 在《一个传记作家的记忆搜索》(*Memory Search by a Memorist*)(1993)中描述了一系列关于 Rajan Mahadvan 的研究——Rajan 因为能背诵 π 的前 31 811 个数字而被载入了吉尼斯世界纪录。其他关于超常记忆能手的记载可以参见 Ulric Neisser 和 Ira Hymn, Jr 编著的《可被观察的记忆:自然情境下的记忆》(*Memory Observed: Remembering in Natural Contexts*)(2nd ed., 2000)。

Robert Kail 在《儿童记忆发展》(*The Development of Memory in Children*)(1990)一书中描述了普通儿童之间记忆的差异性,以及普通儿童和智力障碍儿童之间记忆的差异性。该书还简要探讨了白痴专家的现象——在所有其他能力测验中均处于平均水平以下,却拥有一项远远优于其他人的能力的个体,以及儿童目击证人证词的可信度问题。Leon Miller 在《音乐专才:智力发育迟缓个体的特殊技能》(*Musical Savants: Exceptional Skill in the Mentally Retarded*)(1989)一书中描述了一类被称为音乐专才的个体,他们患有智力障碍,却能用乐器把只听过一遍的乐章完美地再现出来。

各章中与 Praxis II 相关的内容

实际运用 II：下面的表格把《教学中的心理学》与美国教育服务中心的"实际运用 II"（Praxis II）测验中的"学习与教学原理"部分作了对比。关于"实际运用 II"的讨论，请参阅本书第 1 章。

实际运用 II：学习与教学原理	《教学中的心理学》
一、 作为学习者的学生	
A. 学生的发展和学习过程	
1. 关于学习如何发生的理论基础：学生如何建构知识、获得技能和养成思维习惯。	第 2、7、8、9、10 章
2. 人类在身体、社会性、情感、道德、言语及认知领域的发展。	第 2、3、4、7、8、9、10、11、13 章
B. 学生作为多样化的学习者	
1. 学生学习和行为方式的差异。	第 2、4、5 章
2. 学生学习中的偏常领域。	第 6 章
3. 与特殊学生相关的法律和制度规定。	第 6 章
4. 包容不同学习风格、智力和偏常特征的方法。	第 4、5、6 章
5. 第二语言的获得过程，以及支持非英语母语学生学习英语的策略。	第 5 章
6. 理解个体的经验、天赋、先行学习以及语言、文化、家庭和群体价值观，对学生学习的影响。	第 2、3、5 章
C. 学生的动机和学习环境	
1. 人类动机和行为的理论基础。	第 11 章
2. 关于人类动机和行为的知识，如何影响教师组织、支持课堂中个体和集体学习的策略。	第 11、13 章
3. 可能增加或减弱学生学习动机的因素和情境，如何帮助学生变成自我激励者。	第 5、7、8、9、10、11 章
4. 有效的课堂管理原理，以及促进积极关系、合作、有目的学习的策略。	第 5、7、12、14、15 章
二、 教学与评估	
A. 教学策略	
1. 与学生学习相关的主要认知过程。	第 2、3、8、9、10、13 章
2. 教学策略的主要类型、优势及合理运用。	第 3、5、6、7、9、10、13 章
3. 与主要教学策略相关的原理、技术和方法。	第 13 章
4. 通过使用各种资源、资料来促进学生学习的方法。	各章均有，重点体现在"教学建议"和技术部分。

二、	教学与评估

B. 教学计划

1. 制订教学计划的各种技术,包括设置课程目标、选择内容主题、运用学习理论、确定学科内容、课程开发,以及分析学生的发展水平和学习兴趣等。   第13、14、15章

2. 搭建有效地沟通课程目标和学生经验的桥梁的技术。   第2、3、6、7、8、9、10、12、13章

C. 评估策略

1. 评估的类型   第14、15章
2. 评估的特征   第14、15章
3. 评估的计分   第14、15章
4. 评估的使用   第14、15章
5. 理解测量理论以及与评估相关的问题   第14、15章
6. 解释和交流评估结果   第14、15章

三、	交流技术

A. 基础的、有效的言语和非言语交流技术   第5、12章
B. 文化和性别差异对课堂交流的影响   第4、5章
C. 能够激发围绕特定目的、以不同方式进行讨论的交流和互动类型

- 探查学生的理解情况   第4、10、13章
- 帮助学生反思之间的观点和思维过程   第2、8、9、10章
- 促进大胆思维和问题解决   第10、13章
- 促进事实性知识的回忆   第8、9、10、13章
- 鼓励聚合和发散思维   第2、4、10、13章
- 激发求知欲   第4、6章
- 帮助学生提问   第8、9、10章
- 促进关怀性共同体的建立   第11、12、13章

四、	职业与共同体

A. 反思性实践者

1. 可用于专业发展和学习的各类资源。   第1、16章
2. 能够阅读、理解、运用当前关于最佳教学实践的研究论文和书籍。   第1、16章
3. 能够对教学和学习实践不断进行反思,并以此作为专业决策的基础。   第1、16章,在每章,都有"揭示假设"和"挑战假设"内容板块,以及"停下来,想一想"的板块。

B. 较大的共同体   第5章

1. 学校作为资源,对较大的共同体所起的作用。   第3、5章
2. 影响学生生活和学习的校外学习环境中的因素(家庭环境、社区环境、健康和经济条件)   第5章
   第6章
3. 引导共同体中的教师、家长、监护人、领导者,以支持教育过程。
4. 与学生的权利和教师的责任相关的法律。

教学中的
心理学 下册

第14版

Psychology
Applied to
Teaching

［美］Jack Snowman

Rick McCown 著

庞维国 等译

华东师范大学出版社

第9章 社会认知理论

©Blend Images/Shutterstock.com

本章涉及的InTASC标准　　**学习目标**

1.学生发展

2.学习环境

4.学科知识

5.知识应用

6.评估

7.教学计划

8.教学策略

学完本章内容以后,你将能……

9.1　举例描述个人特征、行为模式以及环境因素如何影响学习者的行为。

9.2　定义并举例说明自我调节和自我效能,描述它们如何作用于成就。

9.3　解释什么是自主学习者,并指出教师如何帮助学生获得这种能力。

9.4　总结社会认知理论在各方面的研究发现。

9.5　说明技术在提升自主学习中的作用。

295 　　在前两章,我们讨论了两种关于学习如何发生的理论解释。操作性条件作用只聚焦可观察的外部事件对学习新行为、强化或削弱已有行为的作用。根据该理论,人们遇到刺激时会对刺激作出某种反应,强化还是削弱的结果将影响这些行为是否再次出现的概率。因此,操作性条件作用是需要人们表现出可观察到的行为,来让他人判断学习是否发生。该理论的优势在于揭示了环境结果如何影响学习。它主要的缺点是并没有解释人们如何利用那些信息。

　　另一方面,信息加工理论几乎只关注内部加工在学习中的作用。根据该理论,人们遇到刺激时,他们是否注意,如何编码、存储和提取这些信息,将会影响他们的认识和行为。但是信息加工理论几乎没有说明行为发生时的社会环境如何影响人们学习。

　　本章将考察第三种理论解释,它虽然与操作性条件作用和信息加工理论有共同的基础,但比这两者更进一步。这种解释最初称为社会学习理论,近来则称为**社会认知理论**(social cognitive theory),它认为学习发生的前提既不一定是自发行为,也不一定是强化。新行为也是可以通过观察和模仿一个榜样来学会的。社会认知理论的最新版本吸收了操作性条件作用和信息加工理论的要素,它强调行为、个人因素与社会环境在行为发生时的相互作用。

　　阿尔伯特·班杜拉(Albert Bandura, 1986, 1997, 2001, 2002)通常被认为是社会认知理论背后的驱动力。他旨在解释学习是如何由三个相互作用的因素所引发:(1)个人因素,如在信息加工那一章中提到的各种认知过程,以及自我知觉和情绪状态;(2)行为模式;(3)社会环境,如与他人的互动。班杜拉将这三者之间的互动称为**三元交互决定论**(triadic reciprocal causation)。这个听起来就让人印象深刻的绕口名字,并没有它听起来那么难以理解。三元意思是有三个元素,交互表明元素之间相互影响。整个术语意味着个人的内部过程、行为和社会环境影响另一个学习的发生。为了简化我们的书写,便于您的阅读,我们将班杜拉的三元交互决定论模型简称为三元模型。

　　班杜拉及其他人(Pajares, 2009; Schunk, 1998, 2001; Zimmerman, 2000)对用社会认知理论来描述人们是如何变成自我控制或自主学习者非常感兴趣。因此,我们探讨社会认知理论时,将首先细致地分析三元模型。然后再解释自我控制和自我调节的含义及其差异。

学习导读

　　下述要点能帮助你了解本章的重要内容。为了帮助你学习,这些要点也会出现在正文页脚。

三元交互决定论

- 三元交互决定论：行为是个性特征、行为和环境因素相互作用的结果

自我控制、自我调节和自我效能

- 自我控制：在没有外部强化或惩罚时在特定情境下控制自己的行为

- 自我调节：在新情境中持续运用自我控制技能

- 自我调节非常重要，因为我们期望学生在学校学习的过程中能够逐步变成独立的学习者

- 自我效能：个体对自己是否有能力完成某种特定任务的主观判断

- 自我效能信念影响个体使用自我调节技能

- 自我效能感受过往表现、言语说服、情绪和观察到榜样的影响

- 自我效能感影响目标和活动、认知过程、坚持性和情绪

- 自主学习者设置目标，创建计划来达成目标

- 自主学习者把注意聚焦在任务上，有意义地加工信息，并进行自我监控

- 自主学习者会评估他们的表现，对成功和失败作出恰当的归因，并进行自我强化

帮助学生成为自主学习者

- 自主学习：为了达成最佳化学习结果，有目的地生成和控制思维、情绪和行为

- 策略：为实现长期目标而制订的规划

- 具体策略：有助于实现即时目标的具体方法

- 机械的复述不是一种有效的记忆策略

- 首字母缩略词：由单词首字母组成的词

- 首字母组合词：由每个要记住的项目的首字母构成的单词所组成的句子

- 位置记忆法：将要学习的项目可视化，存储在特定位置

- 关键词法：在视觉上将一个外语单词的发音与英文翻译联系起来

- 记忆术：有意义地组织信息，提供提取线索

- 自我提问有助于理解和知识整合

- 记笔记和复习笔记有助于保持和理解学习内容

- 讲求策略的学习者是有心的学习者

- 自我调节技能通过四水平的过程，习得的效果最好：观察、模仿、自我控制、自我调节

- 人们通过观察他人来学会抑制或作出反应

社会认知理论的研究

- 自我效能、认识论信念、自我调节彼此相关,且均与成就有关联
- 观察同伴榜样可以提高学生的自我效能感
- 相比于单纯地练习写作,观察同伴榜样更能提升学生的写作质量
- 互惠式教学:学生通过向同伴演示,来学习理解技能

利用技术促进自主学习

- 含有示范的计算机项目可以提高学生的问题解决技能
- 需要学生控制信息访问的计算机项目,对有一定自我调节能力的学生作用最佳

296 **揭示假设** **自己对学习负责**

康妮靠在椅背上,再次看着她从同事的日志上搜集来的三个问题。唐问:"为什么父母不为孩子上学做准备?"安东尼奥写道:"如何让我的学生学习更刻苦?"赛莱斯特沉思:"班里的学生准备好上大学了吗?"

康妮在黑板上写下这些问题,开始周五下午的会议。她和其他人坐在一起,说:"你们杂志上的这几个问题对我们来说很重要,今天需要好好考虑。我们的第一个问题是,这些问题源自哪里? 赛莱斯特,你为什么质疑学生上大学的准备情况?"

"嗯,我感觉班里的学生学习不好。我的意思是,他们为了在测验中获得高分而写作业、读书,但是我觉得他们并没有发挥自己的潜能。他们在课堂上总是说'这个在考试中有吗?'。"

康妮点头:"好的,谢谢,赛莱斯特,这些很有帮助。"她转向安东尼奥,"你的问题从哪儿来,安东尼奥? 为什么你想要你的学生学习更刻苦?"

安东尼奥说,"我的学生也从来不会'超越'。一旦他们确切地知道获得分数需要做什么,那么他们只完成这些事。要让他们超越考试,去认真思考,这简直等于是拔他们的牙。如果他们学习更刻苦,那么他们都会变成更好的学生。"

唐插话说:"嗯,学生们来学校没有做好学习的准备。可能这也是为什么我所观察到的教师会花更多的时间来让学生准备州考试。"

康妮说:"你们看起来在担心学生不为他们自己的学习负责,是吗?"他们全都点头,"那么,你们将如何教他们来负责?"

　　唐、安东尼奥和赛莱斯特在日志上的问题,说明他们像大多数人一样,认识到有效的学习者会对他们自己的学习负责任。但是,大多数人也相信——不知为何——学生来学校时已经自动习得了负责任的能力。换言之,他们假定学生没有为学习负责任不是因为他们不能而是因为他们不想。他们的失败被视为是动机问题,而不是学习问题。唐、安东尼奥和赛莱斯特关心学生的动机,但是康妮也让他们关注学生的学习。为什么老师无论教授什么内容,都应该帮助他们的学生学会负责任? 学会负责任如何对学生的动机产生影响并帮助他成为更好的学习者? 你将怎样教你的学生学会学习?

9.1 三元交互决定论

> **InTASC**　　标准1(d)　标准7(i)　标准8(j)

　　三元模型[1]认为,一个人的行为常常是个人特征(personal characteristics)、行为模式(behavioral patterns)和环境因素(environmental factors)三者相互作用的结果。班杜拉和其他人这样描述这三个元素:

- 个人特征包括心理和情绪因素(比如目标和焦虑),元认知知识(理解自己的认知过程如何影响学习),和自我效能(对个人拥有能够成功解决特定任务的能力的信念)。自我效能这一概念,我们在第3章"年龄特征"中已介绍过,我们将在本章后面详细对它加以讨论。举一个个人特征影响学习的例子:具有较高水平的阅读能力、相关的先行知识和兴趣的学生,从文本段落中获得的知识,要多于那些具有低水平的相同特征的学生(Fox, 2009)。

- 行为模式包含自我观察(例如使用个人日志来记录有多少因素影响学习、动机和自我效能),自我评估,改变行为以克服或减少低自我效能感、焦虑和无效学习策略,以及营造富有成效的学习环境。

- 环境因素是指个体的社会和物理环境。它包括任务的性质,强化和惩罚的结果,他

297

1　三元交互决定论:行为是个性特征、行为和环境因素相互作用的结果。

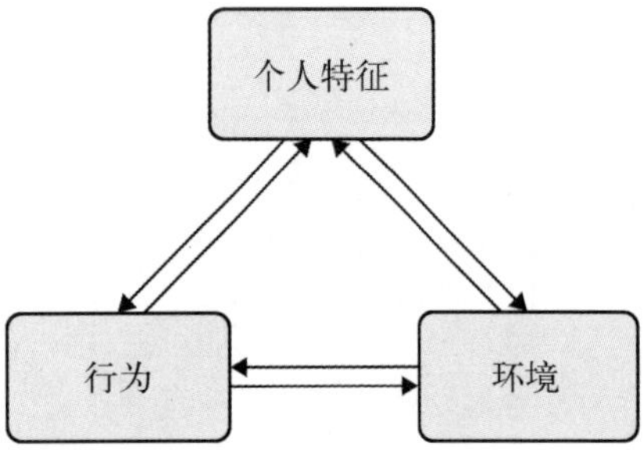

图9-1 三元交互决定论
来源：Bandura（1997）

人对各种技能的解释和示范，以及他人的口头说服去展示特定的行为。

如图9-1所示，班杜拉将这些关系描绘成一个有双向箭头的三角形排列（Bandura, 1997; Zimmerman, 1990）。

为掌握三元模型相互作用的本质，考虑以下两个例子。模型的组成要素中，字母P表示个人特征，B表示行为模式，E代表环境因素。在每个例子中，请注意要素是如何相互影响的。

1. 学生对解决数学问题的高自我效能（P）引导学生研究数学问题（B）而不是绘画。高自我效能感也让学生在面对困难时能够坚持（B）。同时，成功地解决数学问题的行动（B）能够增强学生解决数学问题的自我效能感（P）。

2. 老师通过描述对该领域的知识现状有贡献的理论和研究，介绍了一个新的科学主题（B）。但是当学生表现出困惑或无聊的迹象时，老师感到不舒服和不满意（P），老师会尝试一种不同的方法（B）。

然而，请记住，事情并没有像图9-1所示的那样简单。当活动和情境发生改变时，特定的P-B-E的连接强度将会变化。例如，相比处于有更多言论自由的环境中，如果你处于有很多规章制度限制行为的情境中，如学校中，模型中的行为方面可能会产生更小的影响。同样地，在特定的时间点，某些联系可能比其他联系更紧密（Pajares, 2009; Schunk, 1998）。

298　　社会认知理论假定，人而不是环境力量，是影响他们自己行为的主要原因（回想一下，操作性条件作用假设个体的选择和行动，受到环境刺激和结果的强烈影响，即便不是决定性的）。班杜拉使用术语**个体能动性**（personal agency）来指代我们对自己行为的潜在控制。他相信，我们的个体能动性，源自于我们的自我控制能力和自我调节能力（Martin, 2004）。

你掌握了吗？

一个高中生关闭手机和电脑以创造一个有利于学习的环境，这体现三元交互决定论中的哪个要素？

a. 行为模式　　　　　　　　b. 个人特征

c. 计划　　　　　　　　　　d. 环境因素

9.2 自我控制、自我调节与自我效能

> | InTASC | 标准1(d) 标准2(i) 标准7(i) 标准8(j) |

    自我控制(self-control)[1](也称为自律)是指在没有外部强化或惩罚的情况下控制自己行为的能力。换言之,自我控制的行为方式包括促进理想目标完成的行为,以及在没有人监督时能够抑制有害行为。一名学生在完成了一项课堂作业后,被老师教导要开始一项新任务,而当老师不在的时候,他会表现出自我控制。尽管自我控制通常被认为是一件好事,但也存在争论,有人认为自我控制过度可能会扼杀创造力和灵活性(Kohn, 2008)。

    自我调节(self-regulation)[2]是指在新情境中对自我控制能力的持续和适当地应用。它是班杜拉三元模型中三个组成成分之间相互作用的产物,亦即个人特征、行为模式以及环境因素相互作用的结果。自我调节者设置自己的行为表现标准,评估自己的行为质量,并在行为表现达到或超过自己的内在标准时自我强化(Veenman, 2011, Zimmerman, 1990, 2000; Zimmerman & Kitsantas, 2005)。一名教师利用学生对重大新闻故事的兴趣而修改课程计划,监控学生对新课程的反应,根据内部标准对比她的学生和她自己的表现,如果她觉得标准已经满足就奖励自己。这一过程本质上就是自我调节。

    自我调节[3]是学生需要获得的一种非常重要的能力,这是因为:

    1.随着学生年龄的增长,特别是当他们进入初中和高中,人们期望他们比低年级时,对自己的学习承担更大的责任;相应地,他们从老师和家长那里得到的提醒和指导逐步变少。

    2.随着学生经历小学、中学和高中阶段的学习,他们将面对数量更多、更为复杂的学习材料,并接受学习检测。在缺少父母和老师的监督的情况下,推迟学习或浅尝辄止的诱惑不断增加。不幸的是,学习行为管理差的长期后果(低分数和降低进入高等教育和就业的机会)并不是可以立即显现出来的。

    3.由于当今世界的变化日新月异,人们不仅在学校学习阶段,而且在终身发展中,都日益需要成为自我定向的自主学习者(Zimmerman, 1990, 2002)。

299

---

1 自我控制:在没有外部强化或惩罚时在特定情境下控制自己的行为。

2 自我调节:在新情境中持续使用自我控制技能。

3 自我调节非常重要,因为我们期望学生在学校学习的过程中能够逐渐变成独立的学习者。

尽管自我控制和自我调节的技能对学业成就很重要，但是在获取和使用这些技能方面，学生之间存在着明显的差异，有些学生比其他人做得更成功。与之最密切相关的一个个人特征，也是最能解释自我调节差异的一个特征，是自我效能感，我们在本章前面已多次提到过这一概念。在下一节，我们将进一步描述自我效能与自我调节的关系。

暂 停 与 反 思

自主学习技能应该由父母在校外教授，还是应该作为我们教育体系中的基本目标？如果是后者，应该从什么时候开始教授？

9.2.1 自我效能在自我调节中的作用

我们在之前的一章中对自尊进行过整体描述，即自尊是人们对自己的评价。与自尊不同，自我效能感（self-efficacy）[1]是指个体对自身能否完成某项特定任务的自信程度（Bandura, 1997, 2001, 2002）。例如，一个学生在数学推理方面可能有很高的自我效能感——感觉她能掌握在某门课程中可能遇到的任何数学任务，但对英语文学的批判性分析却有较低的自我效能感。

由于广泛而显著的影响，自我效能的信念在社会认知理论中占据核心地位。它会影响人们是否乐观或悲观，在实现目标时采取行动的方式是有益的或有害的，趋向或避免任务，参与任务时动机水平的高低，任务较难时坚持时间的长短，失败时愈挫愈勇还是士气低落。这些信念通常被称为影响个人能动性强度的唯一最重要的因素。

班杜拉认为自我效能感比预期的奖励、惩罚或实际技能更有影响力，因为它是基于一种信念，即一个人能否产生一个特定结果所需要的行为。例如，具有相同水平数学技能的学生，由于他们的自我效能感不同，可能对数学持不同的态度，进而在数学问题解决测验中表现不同（Bandura, 2001; Pajares, 2009）。

自我效能水平高的学生比自我效能水平低的学生更有可能使用自我调节技能，如专注于任务、创建策略、使用适当的具体策略、有效管理时间、监视自己的表现，并为改善未来的学习做任何必要的调整[2]。相比之下，如果学生不相信自己有应对某一特定学科学习要求的

---

1 自我效能：个体对自己是否有能力完成某种特定任务的主观判断。
2 自我效能信念影响个体使用自我调节技能。

认知技能，就不太可能会对该学科内容进行认真地阅读或思考，或花很多时间准备相应的测试。这些学生通常被认为是懒惰、粗心、缺乏主动性且依赖他人。他们经常发现自己处于一个恶性循环中，因为他们逃避挑战任务，并且依赖他人，减少了自身发展自我调节技能和强烈的自我效能感的机会（Bandura, 1997; Pajares 2009）。

自我效能感会受到一个或多个因素的影响，反过来也能影响一种或多种重要的自我调节行为（见图9-2）。

影响自我效能的因素

300

在图9-2的"前因"侧展示了[1]四个影响自我效能感的因素。

1. 成就表现。我们了解自己在各领域能做什么和不能做什么的一种简便方法，是思考我们过去在某项任务或一组密切相关的任务上的表现。例如，如果我的朋友们总是不愿意让我加入他们团队，一起参加社区棒球赛，并且我退赛或出局比我上场要安全得多，我很可能会得出这样的结论：我只是不具备任何成为有竞争力的棒球运动员的技能。相反，如果我在学校里的过往成绩多数是A并且一直是前10名的学生，我在学业上的自我效能感可能会相当高。

2. 言语说服。班杜拉提到的自我效能感的第二个来源——言语说服——也很容易理解。我们经常试图说服一个孩子、学生、亲戚、配偶、朋友或同事，他们是有能力在可接受的

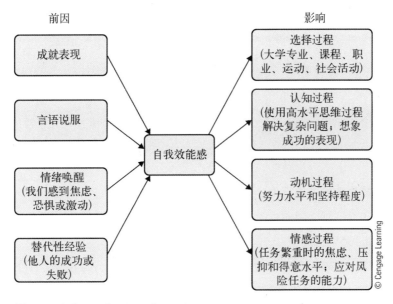

图9-2 自我效能感效应的前因和影响

---

1 自我效能感受过往表现、言语说服、情绪和观察到的榜样的影响。

水平上完成一些任务的。也许你能回忆起一些事情,例如,当你的几个家庭成员或朋友对你的能力表示有信心之后,你对处理一些任务(比如学习大学课程)会更有信心。

3. 情绪唤醒。第三个影响来源更微妙,它是当我们准备投入到任务中时感受到的情绪。对于科学有低自我效能感的人,在上化学课或参加物理考试时,可能会变得焦虑、恐惧或不安;而那些自我效能高的人,可能会感到自信、舒适,并急于展示他们所学到的东西。一些个体对这些情绪状态非常敏感,他们的情绪也会成为影响他们自我效能感高低的一个原因。

4. 替代性经验。最后,我们的自我效能感可能会受到我们观察的那些所认同的个体成功和失败的经历的影响,这就是班杜拉所说的替代性经验。例如,如果有一个兄弟姐妹或者邻居在很多方面和我都很相似,虽然比我大一岁但已经成功地适应了高中生活,我可能会对我接下来一年的高中生活感到更加乐观。我们稍后在本章会对观察和榜样模仿的作用作进一步探讨。

在这四个影响自我效能感的因素中,个人成就是最重要的,因为它承载着最大的权重。尽管保持冷静、摆脱极度的恐惧或焦虑,让父母、同学和老师表达他们对我们的信心,有成功的榜样可供观察,都对自我效能感很重要,但实际的失败可能会抵销这些积极影响。换句话说,我们的情绪、他人的评论和榜样的行为要想对自我效能产生积极的影响,需要我们自身的行为表现加以印证。

暂 停 与 反 思

根据你自己的经验,你是否同意个人经验(个人成就表现)是影响自我效能感最重要的因素? 你会采取什么措施来提高你的学生的成功几率而不是失败?

受自我效能影响的各类行为

班杜拉指出有四种类型的行为,至少部分地受个体的自我效能水平的影响。这些行为列在了图9-2的"影响"侧[1]。

1. 选择过程。选择过程的专业解释是人们选择目标和活动的方式。有强烈自我效能感的个体,特别是如果这种自我效能感涉及多个领域,将比其他人更有可能考虑各种目标,

---

[1] 自我效能感影响目标和活动、认知过程、坚持性和情绪。

并参与各种各样的活动。例如，他们可能会考虑更广泛的职业选择，在大学里尝试多个专业，学习各种各样的课程，参与不同的体育活动，参加不同类型的社会活动，并拥有广泛的朋友圈。

2. 认知过程。与自我效能感低的同龄人相比，自我效能感高的个体倾向于使用更高级的思维过程（如分析、综合和评价）来解决复杂的问题。在准备班级报告或论文时，低自我效能感的学生只会重复在各种资料中发现的一些既定事实，这样做往往是因为他们认为自己没有能力做更多的事。相反，自我效能感高的学生经常针对他们所发现的信息讨论其中的异同、不一致和矛盾，并对其可靠性和有用性进行评价。

3. 动机过程。与感觉自己不那么有能力的人相比，那些认为自己的能力水平高于平均水平的人，会更努力工作，且愿意花费更长的时间来达到目标。当个人经历挫折（如教学效果不好）和周折（如严重的疾病）时，这种差异尤其明显。

4. 情感过程。最后，当面对一项挑战性的任务时，具有高自我效能感的人更有可能经历兴奋、好奇和渴望马上开始，而许多低自我效能感的人所感受的往往焦虑、抑郁，以及即将到来的灾难。

302

照片9-1　一个人对特定任务的自我效能感主要受过往表现的影响，但也受他人的鼓励、情绪反应以及观察他人的影响。

在结束关于自我效能的讨论之前，我们最后想探讨它在自我调节行为中的一些作用。你应该意识到，与自我效能感一样，其他因素也发挥重要作用。除了感觉能够成功地完成一项特定任务，学生们还需要具备基本的知识和技能，预期到他们的努力会得到适当奖励，重视他们被要求学习或完成的知识、技能或活动（Pajares, 2009）。

正如我们前面提到的，学生（以及成人）在追求目标的过程中，能够多大程度上调节他们的思维、情绪和行为，是存在差异的。为了帮助那些自我调节技能发展较差的学生成为更好的学习者，你需要知道一个完善的自我管理系统包括什么。在下一节，我们将介绍著名的社会认知理论家和研究者巴里·齐默曼（2000，2002）提出的一种自我调节过程系统。

9.2.2　自我调节系统中的成分

自我调节过程及其相关信念可以分为三部分，在追求目标的过程中，理想情况是每部分在不同的时间点各自发挥自己作用（见图9-3）。注意，我们在前面的句子中是如何描述的，理想情况下不同类别的自我调节过程在不同的时间点发挥作用。请记住，学习者在进入自我反思阶段之前，可以从行为表现阶段回到计划阶段，在不做任务分析的情况下开始一项任务，或者在这一过程中的任何时候做出自我判断和自我反应（Muis, 2007）。

自我调节系统的第一个构成部分包括在开始一项任务之前发生的计划过程和自我信念。接下来是在任务过程中被激活的行为表现过程。第三是在一个或一系列反应之后发生的自我反思过程。由于自我反思影响了后续的计划过程，所以该系统是循环的。因此，齐默曼（2000, 2000; Zimmerman & Kitsants, 2005）指出这三个过程是按阶段进行的。

如你在先前章节中所了解的，儿童是逐步获得认知技能的。因此，我们除了描述在每个阶段发挥作用的主要自我调节过程外，还将指出发展上的一些限制，这些限制在小学生身上很容易看到。

计划阶段　计划阶段分为任务分析和自我动机性信念。任务分析包括目标设置和策略规划两个自我调节过程。设置目标时，自主学习者并非只是列出一个或多个长期目标，特别是那些需要时间去实现的目标；相反，针对每一个长期目标，他们设立一系列短期目标，这些目标是可实现的，并且能够为进步提供证据。例如，为了实现在物理学科获得A分数的长期目标，自我调节的学生将设定一系列子目标，如每周花在学习上的时间、完成教科书章节中最后的样题、尽可能准确地做作业，并且在问题出现时寻求帮助。正如我们将在本章后面所指出的，计划是一项必要的自我调节技能，因为个体所处的学习环境一直在变化。因而，

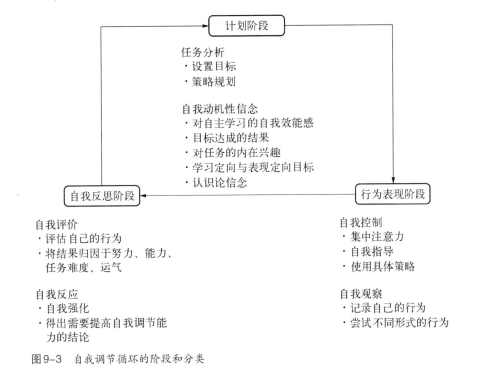

图9-3 自我调节循环的阶段和分类 303

自主学习者需要不断评估自己的学习、任务的性质及要求,以便于能够选出那些最有可能达到目标的方法。

正如我们在后面将指出的,如果一个人没有动力去使用这些技能,那么这些技能就没什么价值了。这就是为什么自我动机性信念是这一阶段的构成部分。自我动机性信念包括自我效能信念、结果预期、内在兴趣、目标定向和认识论信念。在这里,自我效能感是指人们相信自己有能力运用这些自我调节过程。结果预期指的是一个人对自己某种行为会导致某一结果的推测(如表扬、声望、增加的责任)。内在兴趣在外部奖励缺乏或没有吸引力的情境下,能够维持自主学习动机。目标定向(我们将在11章"动机和自我认识"中讨论)可以是学习定向或表现定向。学习定向的个体在学习中感兴趣的主要是内部奖励(更好地了解人们生活的世界,增强胜任力),他们更有动力使用自我调节过程;而表现定向的个体,目标是比其他人获得更高的分数或等级[1]。

认识论信念 (epistemological beliefs)指的是我们对知识的本质以及如何认识事物的认识。认识论信念有几种类型,它们的范围从天真和绝对到成熟和相对,当你比较儿童、青少年和成人时,尤其可以看清这一点。例如,我们可以相信,知识是确定的(对于每一个问 304

---

1 自主学习者设置目标,创建计划来达成目标。

题或疑问,都有一个正确的、明确的答案,一旦知道不会改变),或者相信知识会随着学者的进一步探究而演变。我们会相信知识的获取是快速的或渐进的。我们会相信权威人物是所有知识的唯一来源,或者相信通过个人观察、实验和推理也可以获得知识。最后,我们可以相信,知识是由几乎不相关的部分构成的,或者相信它像图式一样,被组织成整体性的、相互关联的体系。

认识论信念的重要性在于,它已经被证明能够影响自主学习的各个方面。例如,相比那些相信知识是相互关联、结构会随着时间变化的学生,认为知识是不相关事实的集合的学生,更可能使用机械复述的学习策略。研究发现,那些认为知识是固定不变的学生,可能不会从过时的参考资料中发现任何错误。相比认为学习是循序渐进的学生,那些相信学习要么快速发生要么不会发生的学生,不太可能坚持完成困难的任务,或者在第一种方法使用失败后尝试另一种方法(Greene, Muis, & Pieschl, 2010; Muis, 2007)。

发展限制　在计划阶段,幼儿很可能在做如下的事情时,比年龄较大的孩子显示出更多的局限:

- 长时间关注一个榜样,如教师
- 区分相关和非相关榜样的行为和话语
- 将榜样的行为编码为概括化的言语指南
- 制订和维持明确的长期目标(Schunk, 2001)

行为表现阶段(performance phase)这一阶段包含几个自我调节[1]过程,它们又分为两类:自我控制和自我观察。自我控制过程帮助学习者专注于任务和有意义地处理他们想要学习的信息。例如,集中注意包括忽略干扰,以慢于正常的速度执行一个任务,并且不去想之前的错误或失败。自我指导包括默默地或大声地描述自己如何执行任务或过程的步骤。运用具体策略(或任务策略)包括我们后面将要讨论的许多旨在促进记忆或理解的技术。

自我观察过程,也称为自我监控,有助于提高人们对自身表现及其影响条件的意识。它已被证明是自主学习的一个关键成分,特别是在互联网上整理和阅读材料的时候(Afflerbach & Cho, 2010; Greene & Azevedo, 2009)。自我观察过程包括自我记录和自我实验。自我记录常用的两种方法是记日志和填写记录本。持续地自我记录可以揭示出与特定环境条件相关联的恰当和不当的行为模式,比如为了和朋友交往而推迟家庭作业或考试复习。自我记录的结果可引导学习者进行自我实验,或尝试不同形式的行为。例如,一个

1　自主学习者把注意聚焦在任务上、有意义地加工信息,并进行自我监控。

学生可能会改变学习的时间、地点和方法，以观察这些变化是否会带来更好的学习效果。

发展限制 在行为表现阶段，你能预期到小学生在做如下事情上存在能力上的局限：

- 忽略外部和内部干扰（如自我怀疑和想到先前的困难）
- 为避免犯错误更慢、更细致地执行任务的步骤
- 给自己提供口头提示，提醒自己完成任务所需要的步骤
- 为特定任务选择合适的具体策略（Schunk, 2001）

305

自我反思阶段（self-reflection phase）与前两个阶段相同，自我调节系统的这个阶段也包括两个成分：自我判断和自我反应。每个成分又都包括两个自我调节过程[1]。

自我判断的第一个过程是自我评价。无论我们把自己的表现认定为好或坏，可接受还是不可接受，满意的还是不满意的，我们都在进行自我评价。学生可以通过以下四种基本方式做出自我评价的判断：

1. 学生可以采用所谓的"掌握标准"。在这种做法中，要使用一个由对相关技能或话题有广泛知识的学者创建的等级量表，该量表适用于从新手到专家的任何人。通过使用掌握标准，学习者知道他们的表现在绝对标准中的位置，以及他们是否正在通过额外的学习和练习取得进步。

2. 学生们可以将他们目前的表现与自己之前的表现作比较。

3. 学生可以使用常模标准。这是指将自己的行为表现与其他人（如同学）的表现作比较，而不是对照外部标准作比较。事实上，有证据表明，学生们更喜欢将自己与表现更好的同龄人（例如，相同的性别、年龄和种族）进行比较（Dijkstra, Kuyper, van der Werf, Buunk, & van der Zee, 2008）。

4. 学生可以使用协作标准。这种方法适用于处于团体合作中的个体。如果学生履行了自己的职责则会做出积极的自我评价，而这正是团队取得成功的必要条件。

因果归因是第二个自我判断过程，我们在第11章"成功和失败的解释：归因理论"这个部分中也将提及它。因果归因是指找到行为表现背后的主要原因。一个学生的成功和失败可以归因于努力、任务难度和运气等因素。那些把成功归功于努力和能力，把失败归于努力不足的学生，比那些把成功归于好运或任务简单，把失败归于坏运气或能力差的学生，更有可能进行自主学习。

自我反应由自我满意和适应性推论组成。自我满意是我们知道自己做好了一件

---

1 自主学习者评估他们的表现，对成功和失败作出恰当的归因，并进行自我强化。

事，并达到一开始就设定的目标时所产生的积极感受。它可以被视为**自我强化**（self-reinforcement），图9-3中就使用了这一名称。适应性推论是学习者得出的需要提高自己的自我调节能力的结论。然而，学习者也可能作出防御性而非适应性的推论。作出这种推论的人，认为没有必要改进他们的自我调节能力，因为他们对手头的任务没有什么兴趣，也没有能力发展成功地完成任务所必需的技能。于是，他们采取了一些非适应性的行为，如不求助、拖延、逃避任务、冷漠和不参与，以保护自己不会受到预期失败的负面影响。然而，教师会影响学生适应性推论的方向。比起那些认为老师是充满敌意和胁迫的学生，那些认为自己的老师在情感上和教学上支持他们的学生，更有可能寻求帮助，并且不太可能会掩盖他们的学习问题（Marchand & Skinner, 2007）。

发展限制　在自我反思阶段，你能预期到小学生在做如下事情上存在能力上的局限：

- 把与同伴比较的结果作为判断自身能力的基础。年幼儿童对自身能力的认识更容易受到教师反馈的影响，而不是受与同伴的表现作比较的影响。对于比较年长的学生，恰好相反。

- 对他们的成功和失败做出适当的归因。在低年级，努力和能力的概念没有明显的区别，所以努力被看作是成功和失败的主要原因。然而，年龄较大的学生更容易将成功归因于能力，将失败归因于能力不足。

- 准确评估自身能力水平。如果小学生只学会了某项技能的一部分，或者是使用不正确的学习或问题解决技能恰好产生可接受的结果，他们就可能高估自己的能力。相反，年幼儿童如果不能确定自己的反应是否正确，可能会低估自己的能力（Schunk, 2001）。

至此，我们已经阐述了社会认知理论的基本内容，并描述了它的主要关注点（自我调节行为），现在我们就可以将注意力转向如何将自我调节概念应用于课堂学习了。

你掌握了吗？

　　一名四年级学生，努力尝试停止吮吸拇指的行为。当她独自一人在自己的房间里安静地玩耍时，她会迫使自己不去吮吸拇指。根据社会认知理论，她正在展示

　　a. 自我调节　　　　　　　　b. 自我控制

　　c. 自我效能　　　　　　　　d. 自我监控

9.3 帮助学生成为自主学习者

9.3.1 何谓自主学习?

> InTASC   标准1(d) 标准2(i) 标准7(i) 标准8(j)

正如我们在前面章节中所指出的,自我调节这一概念可以直接应用于学习课堂内外的学习材料。**自主学习**(self-regulated learning)(也被称为有意学习,例如,Sinatra & Pintrich, 2003)指的是学生有目的地生成和控制任何思维、情绪或行为,以求在既定的任务条件下,最大限度地学习知识和技能[1]。自主学习包括:知道在什么情况下使用特定的学习方法以及他们为什么起作用(这是元认知概念的一部分,我们在前一章已介绍过);分析学习任务的特点;运用各种方法来学习新信息;使用各种方法来保持冷静和自信;评估完成一项任务所需的时间;监控学习进展;知道何时以及向谁寻求帮助;因完成自己的学习目标而感到自豪和满足(Paris & Pairs, 2001; Pressley & Hilden, 2006; Schunk, 2001; Zimmerman & kitsants, 2005)。

毫不奇怪,自主学习者也被称为自我指导、自律或讲求策略的学习者。下面是一个自主学习者的例子。

- 为即将到来的考试做准备,每天晚上学习两个小时,而不是试图把所有的学习压缩在一个或两个晚上(运用分散练习原则,在第8章"信息加工理论"中讨论过)
- 使用促进记忆的策略,如记忆术,来准确地存储和回忆信息,以应对需要逐字回忆的测试项目
- 使用促进理解的策略,如概念图和自我提问,来应对那些需要理解、分析和综合信息的测试项目
- 创建自我测试来监控学习的效果;如果自我测试的结果令人满意,则休息一段时间

9.3.2 学生的自主学习水平如何?

我们很希望大多数学生都已掌握了上述自主学习的技能,但不幸的是,情况并非如此。尽管有证据表明,随着年龄的增长,学生更有可能使用有效的学习技能(Greene &

---

1 自主学习:为了达成最佳学习结果,有目的地生成和控制思维、情绪和行为。

Azevedo, 2009; Schneider, Knopf & Stefanck, 2002），而且有些学生会采用针对不同的任务使用不同的学习技能的策略（Hadwin, Winne, Stockley, Nesbit & Woszczyna, 2001），但许多学生并没有系统地或一贯地使用有效的学习策略，他们在编码上的尝试很少超越机械复述（例如，只是重读教科书章节）、简单的组织性图式（列提纲）以及各种提示策略（下划线或突出显示），他们对于自己的复习备考情况缺乏准确的判断，也没有明确意识到对于特定学科，哪些学习技能可能比其他技能更有效（Callender & McDaniel, 2009; Corno, 2009; Karpicke, Butler & Roediger, 2009; Kornell & Bjork, 2007; Mcdaniel, Howard & Einstein, 2009; Peverly, Brobst, Graham, & Shaw, 2003; Winne, Jamieson-Noel, 2002, 2003）。由于自主学习非常复杂，你可以想见这种能力需要经过多年的发展才能逐渐形成。根据相关技能的发展研究结果，研究者估计，学生至少需要接受几年系统的策略教学才能成为高度熟练的自主学习者（Harris, Alexander & Graham, 2008; Pressley & Hilden, 2006; Winne & Stockley, 1998）。

导致这种情况的一个原因，是学生很少被教导如何充分利用他们的认知能力。在一项研究中，69名幼儿园至六年级的教师指导学生如何有效地使用学习策略。研究者发现，只有9.5%的时间观察到教师向学生传授如何有效地运用学习策略，而策略使用的理论基础阐述时间只有不到1%，并且10%的教师没有进行过任何策略教学。此外，随着学生年级升高，他们接受策略教学的可能性越来越低（Moely等, 1992）。对中学教师的八年后研究（Harnman, Berthelot, Saia, & Crowley, 2000）和一年级老师的八年之后研究（Coffman, Ornstein, McCall, & Curran, 2008）也报告了类似的百分比。最后的证据，虽然是轶事材料，但是真实的。两个高二学生（Fournier & Hess, 2013）讲述了上学对他们来说是多么困难，因为除了一个11年级的化学老师，没有任何老师教他们哪怕是最为基础的学习方法。

©Flashton Studio/Shutterstock.com

照片9-2　自主学习者倾向于通过在正确的时间、用正确的方式使用特定、恰当的认知和元认知技能来实现高水平学习。

其中一个学生说："我希望能有老师给出一些提示和解释——他或她期望我们知道什么，能做什么，以及如何有效地去做。"（p.73）

学生使用自主学习（SRL）技能有困难的另一个原因，是因为教师有时不调整课程目标、课堂教学、测试内容和测试要求，这会使学生制定和使用有效策略变得困难。教师可能告诉学生，他们的目标是让学生们理解概念、整合想法，将他们所学到的知识运用到其他任务和科目中去，但是之后在课堂上和考试中都强调记忆和回忆。在这种情况下，学生们很可能不确定应该使用哪种类型的学习策略，因此他们采取"折衷"方式解决问题，而这种方式对师生双方都不合适（Brockkamp & Van Hout-Wolters, 2007）。

这些发现令人惊讶甚至是失望，因为人们普遍认识到，从小学到高中再到大学，学生自主学习的期望一直在不断增长。在本章的后续部分，我们将试图说服这种情况是可以改变的，至少对你的学生来说是这样。在下一节中，我们将描述两种认知技能，如果学生想要成为熟练的自主学习者，他们需要学习如何使用学习策略和具体策略。

暂停　与　反思

许多教师说过，他们想要更多地教授学生学习过程的本质和使用，但是他们没有时间，因为他们必须涵盖的科目材料数量太多。你能做些什么来避免这个情况？

9.3.3　学习策略的实质

学习策略（learning strategy）[1]是学习者为了达成未来的学术目标（如在接下来的考试中得到A）所制定的总体规划。与所有其他策略一样，学习策略具体指明通过什么途径达成目标，在哪里完成和什么时候完成。具体**学习策略**（learning tactic）[2]是一项特定的技术（如记忆辅助或某种记笔记的方法），学习者使用该技术可以完成即时的目标（如理解教科书中一章的概念以及这些概念之间的联系）。

正如你所看到的，策略与具体策略有着不可分割的联系。它们是学习工具，使你更接近你的目标。因此，为了与学习目标一致，必须从中进行选择。例如，如果你必须逐字回忆

1　策略：为实现长期目标而制订的规划。
2　具体策略：有助于实现即时目标的具体方法。

美国宪法的序言,你会使用一种帮助你理解每一节中要点的学习策略,还是一种能让你准确无误地回忆的策略? 令人惊讶的是,学生们常常没有考虑到这一点。了解具体策略的不同类型和作用,将有助于你更好地理解策略制定的过程。这里我们将首先讨论具体策略。

9.3.4　各类具体学习策略

根据使用具体策略的主要目的,我们可以把大多数具体学习策略可以分为两类:

- 促进记忆的策略,包含有助于准确储存和提取信息的技术;
- 促进理解的策略,包含有助于理解观念的含义及其相互关系的技术(Levin, 1982)。

由于篇幅限制,我们不能讨论每个类别中的所有具体策略。这里,我们只选择部分策略加以简要讨论,这些策略要么非常受学生欢迎,要么已被证实是非常有效的。前两种策略——复述和记忆术——是促进记忆的策略。它们都可以采取多种形式,并且几乎为所有年龄段的学生所使用。后面三种——自我提问、记笔记和画**概念地图**(concept mapping)——是促进理解的策略,学生们从小学到大学都经常使用这些策略。

复述

机械复述是最简单的复述,是在童年时期出现的最早的具体策略之一,几乎每个人都会不时地使用它[1]。但它并不是一种特别有效的长期存储和回忆策略,因为它不会产生独特的编码或良好的提取线索(尽管,正如前面所讨论的,它是一个对短期存储有用的具体策略)。研究者的共识是,大多数五岁和六岁的孩子不会自发地复述,但可以提醒他们这么做。七岁的孩子有时会使用最简单形式的复述。八岁的孩子开始将几个项目作为一组来复述,而不是一次只复述一个信息。一种稍微高级一点的复述——累积性复述,是重复几次复述一组项目,然后去掉项目列表中的第一个并添加一个新的,其后再复述这组新的项目,并持续这样做(Pressley & Hilden, 2006; Schlagmuller & Schneider, 2002)。甚至在大学生中(是的,读者,指的是你),以重读部分文本形式的复述,依然是一种广为使用的策略(Callender & McDaniel, 2009)。

在青春期早期,复述反映了学习者对信息的组织特征的日益增强的意识。面对一系列来自熟悉的类别但随机呈现的单词时,十三岁的孩子会按类别对其分组,以构建复述的集

1　机械的复述不是一种有效的记忆策略。

合。这种复述可能是最有效的,因为在类别成员类别名称之间存在内在的关联。如果,在回忆时学习者能够获得或自发生成类别名称,对类别成员进行准确回忆的几率会显著增加。

记忆术

记忆术(mnemonic device)是一种促进记忆的策略,它可以帮助学习者转换或组织信息以增强其可提取性。这些技术可以用来学习和记忆信息的各个条目(名称、事实、日期)、信息集合(名称列表、词汇定义列表、事件序列)以及文本中表达的思想。有的记忆术简单易学,有的则是需要大量练习的复杂系统。因为记忆术融合了视觉和言语形式的精细编码,其有效性与成功地使用表象和类别聚类背后的因素相同:组织和生成意义。

尽管记忆术已经描述和实践了2 000多年,但直到20世纪60年代它才成为科学研究的对象(参见,Yates,1966,关于记忆术历史的详细讨论;Worthen & Hunt, 2011,一个简短的描述)。从那时起,研究人员开始频繁地、密集地研究记忆术,并且已经做了几次记忆术研究的综述(例如,Bellezza,1981; Carney & Levin, 2002; Levin, 1993; Snowman, 1986)。表9-1列出了5个记忆术的相关描述、示例和用途:押韵、首字母缩略词、字首组合法、位置记忆法、关键词法[1]。

为什么记忆术有效　记忆术之所以很有效,是因为它增强了信息的可编码性和可提取性。首先,它提供了一个语境(比如缩写、句子、心智漫步),能够将明显不相关的项目组织起来。第二,通过与更熟悉、有意义的信息(例如,记忆挂钩或位置记忆)建立联想,将学习材料变得更富有意义。第三,它提供了独特的提取线索,这些线索必须与所学材料一起进行编码。第四,它强迫学习者积极参与学习过程(Worthen & Hunt, 2011)[2]。

在一项对大学生的研究中,可以看出利用记忆术带来的好处(Rummel, Levin, & Woodward, 2003)。你可能发现,这项研究与自己特别相关,因为学生们使用关键词记忆术的变式来学习在前面章节讲过的一个话题——智力理论。在记忆术条件下,要求学生阅读1 800字的文章,讨论了五个心理学家在智力测验中的贡献和七个心理学家在智力理论发展上的贡献。每一段后有一个记忆说明,该说明将心理学家的姓氏和他主要贡献联系起来。例如,在查尔斯·斯皮尔曼这一段后面,学生看到一幅画,画中一个男人手拿"一般"狩猎矛,地上还有几支特殊长矛,这代表斯皮尔曼的智力理论,即智力是由一个一般因素和几个特殊因素组成的。在非记忆术条件下,每一段后是一句总结而不是记忆说明。文章读完后,所

1　首字母缩略词:由单词首字母组成的单词;首字母组合词:由每个要记住的项目的首字母构成的单词所组成的句子;位置记忆法:将要学习的项目可视化存储在特定位置;关键词法:在视觉上将一个外语单词的发音与英文翻译联系起来。

2　记忆术:有意义地组织信息,提供提取线索。

有学生被要求写两篇短文，一是比较每个理论家的工作，二是总结每个理论的主要方面。然后他们需要进行一个三列匹配测验，将每个理论家的名字、个人重大贡献以及其他信息匹配在一起。一周后将进行第二个匹配测验。在文章测验中，两组被试在结构连贯性和正确的时间序列上分数相当，但在正确地将每个理论家的名字与主要成就匹配中，记忆术条件下的学生得分要高得多。在匹配测验中，无论是即时测试还是延迟测试，记忆术小组在匹配名称与主要事实方面远远超过了非记忆术小组。

为什么你要教学生使用记忆术 尽管记忆术效果很好，但许多人反对教学生记忆术。他们认为，学生应该学习批判性思维和解决问题的技能，而不是正确地回忆没有联系的信息；如果事实性信息确定是必要的，人们总是可以从某个渠道查找到。虽然我们同意把学生培养成为批判性思维者和问题解决者的重要性，但我们认为单纯强调这一点有些狭隘，理由有三：

- 在参考书中不断地查找信息是很费时间的。
- 对记忆术训练的批评，忽视了有效解决问题依赖于随时利用有组织、有意义的知识库的事实。事实上，那些被认为是某一领域专家的人，他们对事实资料信手拈来的能力令人印象深刻。

311

表9–1		五种记忆术类型	
记忆术	描 述	示 例	使 用
押韵	一个人想要回忆的信息被嵌入到一首一到几行的押韵诗中。例如，为了回忆美国前四十总统的名字，把这些名字嵌入十四行押韵诗中。	• 三十天的月份包括九月、四月、六月和十一月 • Fiddlededum, Fiddlededee, 环绕月球的圆环是πd。如果你想修复你袜子上的洞，使用公式πr²（回想一下周长和面积的公式）	回忆事实性信息的具体条目
首字母缩略词	由每个要记住的项目的首字母组成一个单词，常称为首字母缩略词。	• HOMES（大湖区的名字——Huron, Ontario, Michigan, Erie, Superior）	以随机或串行顺序回顾一组简短的项目，特别是抽象的项目
字首组合法	由每个要记住的项目的首字母构成一个句子的一系列单词。句子中每个单词的首字母都和需要被记住的项目相关联。	• Kindly Place Cover Over Fresh Green Spring Vegetables（植物和动物的分类学分类—Kingdom, Phylum, Class, Order, Family, Genus, Species 和 Variety） • A Rat in The House May Eat The Icecream（回忆单词arithmetic的拼写）	以随机或串行顺序回顾一组项目，特别是抽象的项目

（续表）

记忆术	描 述	示 例	使 用
位置记忆法	生成视觉图像，并记住一系列著名的地点，形成一个自然的系列（如某人房间的建筑特征和家具）。第二，生成将要学习的项目的图像（对象、事件或想法），并将它们分别放置在一个单独的位置。第三，在每个位置上进行思维行走，从放置的地方检索每一个图像，并解码成一个书面或口头信息。Loci（发音为 low-sigh）是 locus 的复数，意思是"place"。	• 回忆皮亚杰理论的四个阶段：在感知运动阶段，想象一个由眼睛、耳朵、鼻子和嘴巴组成的汽车引擎。把这张照片放在你的第一个位置（壁炉上方）。在前运算阶段，皮亚杰穿着外科手术服进行术前清洗。把这张图片放在你的第二个位置（书架）。在具体运算阶段，皮亚杰作为一个外科医生切开一块混凝土，把这个图像放在你的第三个位置（椅子）。在形式运算阶段，皮亚杰作为手术室外科医生穿着燕尾服。把这张照片放在你的第四个位置（沙发）。	儿童、大学生和老年人都可以使用该方法从文本段落中回忆那些关联度不高的项目和观点同样适用于自由回忆和序列回忆那些抽象的和具体的项目。
关键词法	用来帮助学习外语词汇，但它适用于任何一项信息相互关联的任务。首先，将外语词汇的某些部分分离，说出来、听起来像是一个有意义的英语单词。这是关键字。然后创建一个关键字的可视图像。最后，在关键词和外来词的翻译之间形成一个复合视觉图像。	• 西班牙语的 pato（发音为 pot-o）在英语中是"鸭子"的意思。关键词是 pot，想象一只鸭子把锅放在头上，或者鸭子被放在锅里煨。 • 英国心理学家查尔斯·斯皮尔曼提出智力由两个因素组成：g 和 s。关键词是"spear"。想象一下，一根矛（spear）被投掷在汽油（gas）（g 和 s）桶上。	从幼儿园到四年级，如果给予孩子们关键字和图片，这种记忆方法最有效。可以用来回忆城市和产品、国家和它们的首都、医学定义和名人的成就。

来源：Atkinson (1975); Atkinson & Raugh (1975); Bellezza (1981); Carney, Levin, & Levin (1994); Raugh & Atkinson (1975); Yates (1966); Worthen & Hunt (2011).

• 对记忆术教育的批评只集中在"小观念"上，亦即使用记忆术有助于对信息的逐字回忆。这种教育"大观念"是学生们开始意识到学习和记忆大量信息的能力，是一种后天习得的能力。学生们（和成人）经常认为有效的记忆是天生的，需要高智商。一旦他们意识到学习是一种技能，学生们可能会更多地学习如何使用其他具体策略，以及如何制定使用范围广泛的策略。

312

自我提问和同伴提问　由于学生们被期望通过回答书面测试问题来展示他们所获得的知识，自我提问是一个很有价值的学习策略。正确使用问题的关键在于认识到不同类型的问题有不同的认知要求。一些问题只需要逐字地回忆或识别简单的事实和细节，如果考试是为了强调事实性的回忆，这种提问是有帮助的。然而，有的问题评估的是对主要观点或其他高水平信息的理解、应用或综合。

为了确保学生完全理解如何编写帮助理解的问题，Alison King（1992b）创建了一组问题题干（见表9-2*），这是为了帮助学生识别主要观点，思考这些观点是如何相互联系以及如何与已有知识之间产生关联。使用这些问题题干的高中生和大学生，比那些只是简单地回顾了相同材料的学生，在对讲座材料的回忆和理解上的测试得分更高。King（1994，1998）在研究中教授四年级和五年级的学生，成对地学习如何互相提问高水平的问题，并以详细的解释来进行回答。测验结果表明，他们在理解能力和将文本信息与已有知识整合在一起等方面的表现，远远优于未经训练的学生。

自我提问[1]是一种值得力荐的学习策略，因为它有双重促进效应：

- 它帮助学生更好地理解他们所读到的内容。为了回答King提出的问题题干，学生们需要参与到高水平思维过程中，如把观点转化成自己的语言（"……是什么意思？"、"解释为什么……"），寻找相似和不同之处（"两者之间的区别是什么"、"是如何相似的"），思考观点之间如何相互联系（"比较……和……"），以及之前学到的信息是如何关联的（"……和我们之前学习的内容是如何联系的？"），评估观点的质量（"……的优点和不足是什么？"）。
- 它可以帮助学生们监控他们的理解。如果有太多的问题无法回答出来，或者答案似乎太过肤浅，这就清晰地表明学生没有充分理解相关的段落。

研究表明，"回答问题题干"会对学习产生显著的影响。在随后的一次测验中，回答问题题干的学生阅读文章的得分位于第87个百分位，而没有回答的学生得分仅位于第50个百分位。这种规模的差异并不经常出现在研究中，由此可见，应大力支持为学生提供问题题干，教授他们如何构建自己的问题和答案（Rosenshine, Meister, & Chapman, 1996）。关于有效自我提问教学的条件，在Bernice Wong（1985）、Zemira Mevarech 和 Ziva Susak（1993）和Alison（2002）的文章中都有讨论。最近在人工智能领域的研究表明，技术可以对年轻读者的自我提问教学提供支持（Chen, Mostow & Aist, 2013）。

313 **记笔记** 作为一种学习策略，记笔记让我们亦喜亦忧。喜的一面是记笔记可以通过两种方式使学生受益[2]。首先，在听演讲或读课文时记笔记，会使你更好地记住和理解所

---

* 由于版权问题，表9-2不能翻译。——编辑注
1 自我提问有助于理解和知识整合。
2 记笔记和复习笔记有助于保持和理解学习内容。

注意的信息,而不仅仅是听或读。例如,Andrew Katayama 和 Daniel Robinson(2000)发现,给大学生一个部分完成的课文笔记并要求他们补全空白的地方,会使这些学生在应用测试中的得分,高于那些得到完整笔记的学生。第二,复习笔记的过程,产生了更多回忆和理解所记材料的机会。忧的一面是,我们对记笔记成为一种有效策略的具体条件知之甚少。

对于"什么构成了好笔记"这一问题的回答的不确定性,或许能解释 Alison King(1992)在自我提问、总结和记笔记对比中获得的结果。给予一组学生问题题干,说明如何用它们提出好的问题,并让学生练习。给第二组学生一套关于做一个好的小结的规则(确定主要观点或子主题以及相关的观点,然后把它们连成一个句子),说明如何使用它们来创建好的小结,并让学生练习。对于第三组,只是告知他们简单地记笔记,就像通常在课堂上做笔记那样。结果显示,自我提问组和做小结组在即时和一个星期后的测试得分,均高于记笔记组。

画概念地图　这是一种帮助学生识别、可视化地组织和表征一组观点之间关系的技术。我们在第13章"教学方法"中会再次提到概念图并提供相关的例子。大量研究显示,与仅仅阅读文本相比,画概念图对学生的回忆和理解有积极作用。与高中生相比,这些益处在语言能力较低或先行知识较少的初学者身上,表现得更加明显(Nesbit & Adesope, 2006; Novak, 2009; O'Donnell, Dansereau, & Hall, 2002; Romance & Vitale, 1999)。那么,你应该为学生提供现成的概念图,还是让他们自己构建呢？这个问题的答案要视情况而定,至少在某种程度上,它取决于两个因素。首先,给那些完全不熟悉概念图的学生提供概念图,可能让他们学到更多东西。第二,如果只是打算简单测试学生存储和提取读到的信息的能力,画不画概念图可能没有很大的差别。但如果你打算测试他们将所学到的内容迁移到相似但是新的环境的能力,你或许应该为他们呈现自己所创建的概念图,供他们填充(Stull & Mayer, 2007)。

314

关于具体学习策略的结论　基于上述简要的回顾,我们可以得出两个结论:一是学生需要系统地学习如何利用学习策略,把文本或演讲中的观点,以及新的和以前习得的信息联系起来。没有人指望学生单凭自学就能学会阅读、写作和计算。因此,为什么要指望他们单凭自学就学会使用各种学习策略呢？

第二个结论是学习策略不应该被当作孤立的方法来教授,尤其是对高中生来说。如果采用这种教授方式,大多数学生可能不会长期持续地使用学习策略,或认识到随着情境的变化,策略也需要改变。因此,正如我们之前所指出的,对于作为更宽泛的学习策略的一部分的具体策略,学生应该学会如何使用它。

9.3.5 支持学生运用学习策略

如前所述,学习策略是在充分考虑到各种内外部条件的基础上制订的达成某一学习目标的计划。正是因为如此,它是图9-3中描述的自我调节循环中计划阶段的产物。相关的内部和外部条件可能包括老师想要学生获得的知识和技能,学习一定数量材料所规定的时间,学生所做测验的类型,教师为学生提供的关于考试内容的信息的类型,以及学生的目标、动机和自主学习水平(参见,Brockkamp & Van Hout-Wolters, 2007,关于这些和其他条件的详细讨论)。

为了帮助你的学生创建高质量的学习策略,你应该使用三阶段自我调节模型作为教授自我调节技能的指南。但你也应该提醒自己和你的学生如下四点:第一,学习条件在不断变化。学科内容包含不同类型的信息和结构,教师会使用不同的教学方法并呈现出不同的风格,考试的要求不同,学生的兴趣、动机和能力也会随着时间而变化。因此,当一个人从一个任务转向另一个任务时,策略必须重新制定或重新构建而不是从先前制定的策略中作出选择。换句话说,真正的策略使用者具备"随机应变"的特征(Alexander, Graham & Harris, 1998)。随机应变的学习者会意识到学习需要讲求策略,会注意到构成学习任务的各种要素,并思考如何使用他所拥有的学习技能来获得最佳学习效果。例如,随机应变的学习者会意识到,由来已久的"阅读—背诵—复习"学习方法,要比记笔记或把一篇文章读两遍,带来更高水平的自由回忆;但他也知道,对于多项选择或简答题测试,这三种具体策略所产生的效果没有明显的差异(McDaniel, Howard, & Einstein, 2009)。

ACE STOCK LIMITED/Alamy

照片9-3　在教师的帮助下,学生们可以通过识别和分析任务的重要方面学习如何制定学习策略计划。然后,他们作为学习者可以根据自己的优点和缺点调整这些计划。

对于高质量的学习策略,你和你的学生应该关注的第二点是,由于这是一种需要花些时间才能掌握的新技能,你需要为学生提供所谓的元认知反馈[1]。如果你期望学生们继续创建策略,并在不同的任务中使用各种具体策略,你就需要解释它们为什么起作用,在哪种情境下作用最佳,并向学生指出在他们使用这些策略时他们多学到了什么(Pressley & Hilden, 2006)。

第三点紧接第二点,关乎到你和你学生的动机。成为一名自主学习者或讲求策略的学习者,需要在很长一段时间内付出努力。因此,你可能认为,这一目标对于大多数小学、初中甚至是高中学生来说,都是难以达成的。在接下来的一节中,我们将总结一些能够说服你的研究成果:即使是小学生,也可以通过训练在合适的情境中来运用各种各样的自我调节技能。我们希望你能利用这些证据来提醒你的学生,只要坚持不懈地努力他们就会变成有效的自主学习者。

最后,因为讲求策略的学习者会根据自己所感知到的任务要求来调整他们的学习过程,教师需要明确地向学生传达关键的信息,如什么任务或任务的哪些部分(如阅读作业的某些部分)是非常重要的,在测验将对学生进行什么测试以及如何进行测试。反过来,学生也需要准确地感知到这些要求(Beishuizen & Stoutjesdijk, 1999)。荷兰的一项研究(Brockkamp, van Hout-Wolters, Rijlaarsdam, & Van den Bergh, 2002)表明,这种做法的发生频率远少于我们的预期。该研究调查了22名历史教师和他们的十一年级学生如何评价一篇关于美国总统的8 000字课本文章的重要性。概言之,研究发现如下:

1. 教师之间在学生准备考试时应该重点关注哪一部分内容方面,仅存在有限的一致性。

2. 在学生之间,以及学生和教师之间,就哪一部分是最重要的,仅存在有限的一致性。

换句话说,教师在告诉学生文章中哪部分是最重要方面,做得并不是很成功;学生们倾向于把注意力放在不那么重要的部分,而不是更重要的部分上。

这些发现表明,教师应该向学生提供清晰而全面的信息,说明阅读的各个部分的相对重要性,指导学生学会识别阅读材料中的重要部分,避免向学生反复强调阅读作业中他们无意对学生进行测试的那些方面。

站稳立场 **教学生如何成为自主学习者**

在教育者中长期存在的抱怨是,许多学生缺乏成为自主学习者的技能和知识。这是一

---

[1] 讲求策略的学习者是有心的学习者。

个奇怪的抱怨,因为从政治家到家长,每个人都赞同自主学习和终身学习的目标。就像母性和苹果派一样,它们都是很容易被认可的目标,因为没有人能反对它们。但当它要求人们把自己的资源付诸于实现自己的言辞上时,这些支持就像晨雾一样消失了。以下原因在很大程度上解释了这种不一致:

1. 许多人(包括老师、家长和学生)认为自我调节是一个自然过程,如果学生们长时间刻苦练习,就会理解和掌握这种能力。这导致了无处不在但几乎毫无用处的"刻苦学习"建议。

2. 学校被认为是学生学习各种学科内容以及阅读、写作和计算等基本技能的地方。课程中没有足够的空间来教学生如何成为自主学习者。

3. 教师和行政人员对学生在州强制测试中的成绩负有责任。因此,学校课程和课堂教学强调那些直接与州学习标准和测试项目相关的技能和知识,而自主学习技能要么被忽视,要么被置于第二位。

如果想改变这种情况,参与教育的每个人都需要认识到,没有什么比学会成为一个自主学习者更基本的了。自主学习技能可以让学生熟练地阅读、写作、计算,在放学后自主地安排自己的学习。因此,自主学习技能应该像三 Rs 一样,成为课程的一部分。

自主学习开始的地方是一间单独的教室。至少,你应该告诉学生,在他们使用的认知过程和他们观察到的结果之间存在一种关系,应如何和何时使用各种学习策略,如何确定学习是否按计划进行,如果没有该怎么办。

你怎么看?

你对这一论断怎么看? 自主学习是教师教学中的基本内容吗?

317　9.3.6　榜样示范与自主学习

学生对自主学习技能的本质认识和运用能力,通常是通过直接教学(由老师、家长和同伴)和尝试—错误学习获得的。但这里还有一种增强自我效能感、学习使用自主学习技能的方法:观察和模仿一个熟练的榜样的行为。这种形式的学习通常被称为**观察学习**(observational learning)或**榜样示范**(modeling)。

通过观察和模仿他人的行为来学习的观念,已经被证实和重视几千年了。社会认知理论认为,学生的环境与其个人特征和行为相互作用,因而强调在学校中观察学习的作用。

观察学习在自我调节技能的习得过程中起着特别重要的作用。具体说来,有证据表明,当这些技能按照以下四水平模型习得时最为有效:观察、模仿、自我控制和自我调节

（Zimmerman, 2000, 2002; Zimmerman & Kitsantas, 2002, 2005）。[1]在接下来的描述中，请注意在观察和模仿水平上呈现的高水平的支持和指导（或搭建支架，使用建构主义术语），是如何在自我控制水平上降低，并在自我调节水平上消除的。表9-3总结了在每个水平上对学习者的认知和行为要求，以及学习者的动机来源。

表9-3	自主学习技能学习的社会认知模型	
水 平	对学习者的主要要求	动 机 来 源
观察	注意榜样的行为和言语表达，区分相关与不相关行为。	替代：注意榜样得到的奖励，预期展示出类似行为也会得到类似的奖励
模仿	展示榜样行为的一般形式。	直接：来自榜样或其他人的反馈
自我控制	通过自主练习（关注支配行为的规则或过程，并将行为与个人标准进行比较），学会自动地展示榜样的行为。	从达到榜样的标准和行为中获得自我满足感
自我调节	学会根据内部和外部环境的变化（如其他人的反应）而调整行为。	自我效能信念；对技能的内在兴趣程度

来源：Zimmerman（2000, 2002）; Zimmerman & Kitsantas (2002).

观察

在观察水平上，学习者通过观察榜样展示的技能，倾听榜样对自己行为的解释，来获得技能或策略的主要特征，以及行为表现标准、动机信念和价值观。例如，一个榜样坚持努力去解决一个问题，并表达出他有能力解决这个问题的信念。那么，是什么激发一个学生去观察并尝试模仿一个榜样的行为？这其中至少涉及四个因素：

1. 如果学生不熟悉当前的任务，或者他们觉得无法完成任务，他们更有可能密切关注一个榜样并记住所观察到的东西。

2. 学生关注他们所钦佩、所尊敬以及他们认为拥有自己想要的知识、技能和特质的榜样。顺便说一下，流行的观点认为年纪较大的孩子和青少年主要关注运动或音乐明星，而不是把家庭成员作为榜样，这并没有研究支持。在对"什么人是你的个人榜样？"这个问题的回答中，一个大样本（超过1 000人）中大约有46%的欧洲儿童和青少年的回答是他们的母亲或父亲，31%的人回答的是他们的亲属，分别只有15%和12%的受访者的回答是音

1　自我调节技能通过四水平的过程，习得的效果最好：观察、模仿、自我控制、自我调节。

乐和体育明星（Bucher, 1997）。

3. 学生关注那些他们认为其行为是恰当的和可接受的榜样。因此,学生们通常会模仿同伴的行为。

4. 如果学生看到榜样因某种行为而得到强化,并预期他们这样做也将得到类似的强化,那么学生更可能模仿该榜样的行为（Schunk, 2001）。这种行为被称为**替代性强化**（vicarious reinforcement）。例如,一个中学生观察到一个受人钦佩的同学因迅速完成一项作业而被老师表扬,他可能会因为期望得到类似的表扬,而努力快速认真地完成下一项任务。

模仿

在模仿水平上,学习者复现榜样行为的一般形式。因为学习者很少复制榜样的确切行为,我们使用 "emulation" 这个词而不是 "imitation"。学习者的反应可以通过榜样的指导、反馈和直接强化（如来自榜样的赞扬）而改善。社会认知理论者指出了四种通过观察榜样而出现的模仿效应:抑制、去抑制、促进和真实的观察学习[1]。

抑制（*inhibition*）发生在当我们知道如何做一件事却学着不去做的时候,因为我们所观察到的榜样不那样做、那样做将会受到惩罚,或者榜样所做的是一些与我们打算做的不同的事情。思考这样一个例子:一个十岁的孩子被父母带到她人生中的第一个交响音乐会。在贝多芬第五交响曲的第一次乐章之后,她打算鼓掌,但她注意到她的父母手放在膝盖上正安静地坐着,于是她做了同样的事情。

去抑制（*disinhibition*）发生在当我们学会展示一种通常不被大多数人所认可的行为,但一个榜样这样做却没有受到惩罚的时候。例如,一个学生参加学校的最后一场足球比赛时就出现了这种情况。当比赛结束,成千上万的学生跑到球场上,开始撕碎一些草坪带回家作为纪念品。注意到警察什么都没做,这个学生也加入其中。

一个早期的、现在已奉为经典的去抑制实验,是由Bandura在20世纪60年代进行的（Bandura, Ross, & Ross, 1961）。一个孩子坐在一张桌子旁,被鼓励玩玩具。榜样坐在旁边的桌子边上,要么安静地玩十分钟积木（你可以在维基百科上看到玩具的照片）,要么玩一分钟积木然后用几分钟攻击性充气小丑 "Bobo" 娃娃,包括拳打脚踢,坐在娃娃身上,并用一个锤子击打。在随后的非结构化的游戏情境中,没有观察榜样的孩子和观察非攻击性榜样的孩子,表现出很少的攻击性。相反,那些看到攻击性榜样的孩子,对 "Bobo" 娃娃和其他玩具表现出相当强的攻击性。

促进（*facilitation*）发生在要求我们做一些平时因为动力不足而不是因为社会反对而

---

1 人们通过观察他人来学会抑制或作出反应。

不经常做的事情的时候。例如，一名大学生参加一个改革美国教育体系的讲座。老师的热情和观点令他印象深刻，在演讲结束时他热烈鼓掌。此时，有一些听众起立鼓掌，这名学生也起立鼓掌。

通过探究改善教学实践：一位教师的故事 319

学会设置和达成目标

作者：Ella M. Macklin

一天晚上，我提着购物袋走到超市的停车场，听到了有人喊"麦克林女士！"（现在和以前的学生在学校操场上看到我时，都是这样做的）。那声音比大多数人都低沉。一个身材瘦长、身高超过六英尺的人，带着一种熟悉的笑容向我走来，那是我三年来每天早上都会在教室里遇到的。当他弯下腰来拥抱我时，我立刻认出了他的脸。

我最后一次见到尤瑟夫是在六年前，在他五年级的毕业典礼上。现在他已经16岁了。他告诉我他是西屋高中的一名高二学生，计划在将来就读于滑石大学，他描述了最近的一次校园访问。我只能微笑专注地倾听，努力抑制眼镜后面要涌出的喜悦的泪水。就在那一刻，我意识到尤瑟夫懂得了设定目标的重要性。尤瑟夫是我在学习支持中最值得纪念的学生之一。他被诊断患有注意力缺陷多动障碍和阅读障碍。然而，他在颁奖典礼上的情绪爆发，总是让我感到沮丧，因为我不知道该怎么做。作为学校里唯一的特殊教育老师，我有责任带尤瑟夫从集会上离开，陪他到我的资料室。在很多场合下，他变得很有破坏性，大喊："这不公平！"，比如当他看到四年级班级有一些同学获得了各种荣誉证书。

制定可实现的目标是尤瑟夫需要努力解决的问题之一。我认为必须有一个更好的方法来帮助他，让他看到他确实有可能结束他的负面情绪，并以一种更积极方式来控制当前情况。尤瑟夫是一个非常有进取心的学生，却很难完成高质量的作业，考试成绩也很差，因为他在课堂上很容易分心。在连续三年的成绩报告期间，尤瑟夫都抗议说他应该获得一个奖项。在对他的一次"隔离"课上，我告诉尤瑟夫如何成为一个更独立的、有效的学习者。我向他解释，首先他必须决定想要获得什么样的奖项。接下来，我告诉尤瑟夫，他需要设定一个目标并把它写在纸上。我打了个比方，像尤瑟夫这样的擅长体育的学生会想到：赛跑。

我用绿色白板笔写"开始"，用红色写"完成"。在终点线，我写下了他的目标，那就是荣誉证书。在"开始"和"结束"之间，我留出足够的空间记录从尤瑟夫那里得到额外的回答。我让尤瑟夫告诉我，为了达到他的目标他需要"跳过""跨栏"或障碍是什么。我画了简单的跨栏。用蓝色的笔在上面写下他在课堂上遇到的问题。我们一起对这些问题的可能的解决方案进行了头脑风暴，用紫色的笔写下来。在那一年的最后一次成绩报告中，尤瑟夫并没有获得荣誉。然而，他确实收到了一份关于阅读提高的证书。在下一年的第一个报告期内，尤瑟夫获得了学术成就上的荣誉证书。

正如我在停车场所看到的，他似乎也学会了如何设定和实现目标。

（Ella M. Macklin 曾是大匹兹堡城市联盟的特殊教育服务联络员和教师。）

©iStockphoto.com/kali9

320　照片9-4　社会认知理论认为学生习得自主学习技能的一种方式是通过观察和模仿所欣赏榜样（如老师、兄弟姐妹以及同辈）的行为。

模仿效应的最后一种类型——真实的观察学习（true observational learning）发生在我们通过观察和模仿别人的表现来学习一种新的行为模式时。真实的观察学习的一个例子是，一个十几岁的女孩通过观察她的教练做同样的动作，来学习如何正手打网球上旋球。

自我控制

观察学习的自我控制水平是指学习者在没有榜样的情况下能够展示出榜样行为。自我控制是学习者通过自主的练习获得的。学习者关注支配行为产生的规则或过程,并将行为与个人标准进行对比。在这个水平上,学习者的动机来自标准与榜样行为相匹配时产生的自我满足感。

自我调节

当学习者能够根据内部和外部条件(例如对一个主题的低兴趣或对他人的负面反应)的变化来调整自己所模仿的行为时,就达到了自我调节水平。自我调节行为的动机来自个人的自我效能感和对榜样行为的内在兴趣。

在结束对自主学习的描述和一些相关研究的讨论之前,我们希望您能记住三点:首先,自我调节只可能发生在一个允许学生有机会做出选择的环境。详细地指明学生做什么、什么时候做、在哪里做和如何做的教师,将很难看到学生的自主学习过程以及这种能力的发展(Schunk, 2012)。第二,那些在学校成为自主学习者的人,更有可能在一生中享受更健康的身体、更高的收入以及更积极的人际关系。第三,自主学习能力的发展也会受到不良童年生活的影响,正如第五章"应对文化和社会经济多样性"所讨论的那样(Galarce & Kawachi, 2013)。

你掌握了吗?

一个自主学习的学生就是一个

a. 等待老师的指示,然后不折不扣地遵照这些指示去做事。

b. 只有当她知道她会得到老师的积极肯定时,她才会学习。

c. 只有当学科知识对个人有意义时,才会投入学习。

d. 独立地规划自己的行为以最大限度地达成学习目标。

9.4 关于社会认知理论的研究

321

InTASC 标准1(d) 标准2(i) 标准7(i) 标准8(j)

虽然社会认知理论为学习提供了一种令人信服的解释,但该理论对教师和他人的价值究竟有多大,取决于它所提出的概念及概念之间的关系在多大程度上得到了研究结果的支持。我们在本节总结的研究结果分为三大类:(1)考察了自我效能、认识论信念和自我调节之间如何相互关联,如何与成就产生关联的相关研究;(2)考察了榜样示范对自我效能、自我调节和成就的影响的实验研究;(3)考察了教学对自主学习技能的影响的实验研究。

9.4.1 自我效能、认识论信念、自我调节过程与成就之间的关系

社会认知理论认为自我效能、认识论信念和自我调节过程之间应该是正相关的,且都应该与成就呈正相关。大量研究,包括如下一些研究,支持了这些关系[1]。

- 在瑞典的八年级学生中,用工具测得的自我效能感、自我控制和学业自我概念的得分,与这些学生自我报告的目标导向的策略的使用呈显著正相关(Swalander & Tauber, 2007)。
- 男孩们经常报告在数学和科学上比女孩有更强的自我效能感和更低的焦虑感,而女孩们则报告在写作任务上有更强的自我效能感和更低的焦虑感(Usher & Pajares, 2008a)。
- 十年级的学生被指派完成一项结构良好或结构不良的任务(在下一章我们将定义和说明这些概念),在做任务时他们需要填写一份六点评分的自我效能问卷,来评估他们对学习(例如,"我相信我掌握了这个项目中的基本观点"和"我知道哪些学习技巧最能满足这个项目的学习需要")和任务表现(如"我相信在这个项目中能做得很好"、"我相信我将在这个项目上获得一个优秀的成绩")的自我效能感。结构良好的任务要求学生选择一种癌症并写一份报告,其中包括原因、症状和治疗,他们患这种癌症的风险,和一份可能会减少他们患这种癌症的风险的行为列表。那些被分配到结构不良任务中的学生,被要求扮演专家组的成员,政府将向该专家组咨询如何最好地对抗癌症,他们需要在一份书面报告解释自己的结论。这项练习旨在激发学生的批判性思维,去思考政府应该如何为治疗与预防措施提供资助。

与社会认知理论预测的一样,任务性质影响学生对任务难度和自我效能感的感知;从事结构良好任务的学生,比从事结构不良任务的学生在学习和任务表现上的自我效能感更高。研究人员还发现,任务一开始,不管从事结构良好还是结构不良任务的学生,对任务表现的自我效能感明显高于对学习的自我效能感,但是在任务结束后这种差异消失了

---

1 自我效能、认识论信念、自我调节彼此相关,且均与成就有关联。

（Lodewyk & Levin, 2005）。

- 相信学习要么快速发生要么根本不会发生的高中生，比那些相信学习是逐渐发生的学生平均绩点更低（Schommer-Aikins, Duell, & Hutter, 2005）。
- 那些相信知识是固定的高中生，相比那些认为知识是不明确的并且在一定程度上可以被改变的学生，更可能获得较低的分数，尽管他们的智力和家庭背景是相似的（Trautwein & Ludtke, 2007）。
- 中学生将快速学习的认识论信念（"如果我不能快速理解一些事物，通常意味着我永远不能理解"）和固定学习（"有些人生来聪明，其他人生来愚蠢"，"学生在学校中是平均水平，那么在以后的生活中也是平均水平"）结合成对"快速/固定学习"更广泛的信念。那些对"快速/固定学习"有更天真信念的人，比那些有更先进信念、相信数学对他们是有用的同学，在解决数学问题上成功率更低（Schommer-Aikins Duell, & Hutter, 2005）。
- 那些对"固定/快速学习"能力有更先进信念的高中生，比那些信念更天真的同学，在结构不良（我们会在下一章谈到这一概念）任务中获得的成绩和分数更高。此外，我们在第4章中讨论过的性别差异在这里也同样存在：女孩们比男孩在"固定/快速学习"能力和特定知识上拥有更复杂的信念（Lodewyk, 2007）。

322

虽然上面的研究总结显示，自我效能、自我调节和认识论信念影响K-12学生如何学习，但我们想让你记住，这些变量也会影响你如何学习。在教师教育项目中学习并认为学习迅速发生或根本不发生的学生，与那些认为学习是渐进的同龄人相比，较少关注如何掌握一个任务和提高个人能力（掌握目标定向），而更有可能专注于在不暴露任何学术弱点（成绩回避目标定向）时尽可能获得高分（Braten & Stromso, 2004）。我们将在第11章更详细地讨论目标定向，包括在这里提到的两个。

9.4.2 榜样示范对自我效能、自我调节和成就的影响

在社会认知理论中，榜样示范被视为提高自我效能、教授学生如何运用自我调节技能和提升成就的一种有效手段，特别是在观察者与榜样很相似，或者观察者强烈认同榜样的时候（Schunk & Zimmerman, 1997; Usher & Pajares, 2008a）。对理论的支持，来自许多研究，特别是那些关注数学和写作技能的研究。

改善学生的数学问题解决技能

数学解题能力对许多学生来说是较难掌握的一项技能,但它在课程中又占有突出的地位(是三个R中的一个)。由于这些原因,对榜样示范作用感兴趣的社会认知研究者经常对其进行研究。我们在本节中所描述的研究,只是已有研究文献中的一小部分。

同伴榜样的作用　对社会认知理论的早期支持来自两项研究:一个是当儿童观察同性同伴解决算术问题后,相比于那些观察成人榜样或是只从书面指导中学习的儿童,他们在类似问题的测试中得分更高,并在数学问题解决自我效能感测量中对自己的评价更高(Schunk & Hanson, 1985)。另一项针对数学成绩低于平均水平的中学生的研究,进一步提供了支持证据。这些学生先看老师解决分数问题,然后在老师的监督下观察同伴解决类似问题。一些进行观察的学生(A组)注意到一名同伴先犯了错误,然后克服困难,最终完美地解决了问题;而其他学生(B组)观看一个榜样没有犯任何错误解决了所有的问题。因为进行观察的学生们数学成绩较差,因此希望他们能对逐渐学会解决这些分数问题的榜样(A组的榜样)有更强的认同感。研究结果也确实是这样。那些观察所谓应对型榜样的儿童(A组),比观察掌握型榜样的儿童(B组),在学习解决分数问题的自我效能感上的得分显著更高,正确解决的问题也显著更多(Schunk, Hanson, & Cox, 1987)。最近一项对通过干预来帮助有数学学习困难的学生的研究综述表明,在帮助这些学生解决问题的教学要素中,技能的榜样示范起主要作用[1](Zheng, Flynn, & Swanson, 2013)。

自我榜样的作用　另一项研究(Schunk & Hanson, 1989)通过让学生把自己作为榜样得到了相似的结论。算术成绩低于35个百分位的四、五、六年级学生被分成四组:同伴榜样组(一组)、自我榜组样(二组)、同伴榜样+自我榜样组(三组)和没有榜样组(四组)。第一组和第三组的儿童观看了一个录像,录像中教师先作为榜样教授六项分数问题解决技能,然后由三个同性别伙伴在老师监督下示范这些技能。教师演示如何解决一个问题,然后让一个同伴榜样来解决类似问题。这个榜样要把解题过程用言语表达出来,然后老师告诉他这个解题方法是正确的。

接下来连续6天,给予四个小组的学生关于解决不同类型分数题的书面指导(由一个成年人来回答问题),并将学生在黑板上解决相同问题的过程录制下来。4天、5天和6天后,自我榜样组和同伴榜样+自我榜样组的儿童观察他们前一天的表现录像(因此将他们自己作为榜样)。结果显示,虽然三种榜样组的学生表现没有差异,但所有三组学生在解决分数问题的自我效能感和正确解决分数问题的数量上,都明显高于没有榜样组的学生。

1　观察同伴榜样可以提高学生的自我效能感。

改善学生的写作技能

写作技能也经常被研究者用来研究榜样示范的作用。写作在中学时期尤为重要，因为写作任务比以前复杂，而且在课堂表现中起重要作用。对写作任务准备不充分的学生，对写作感到更焦虑，且在写作上也会花更少的时间（Klassen, 2002）。与我们对数学问题解决的研究总结类似，接下来介绍的研究只是相关文献中的一部分。

策略发展中榜样的作用　正如我们本章前面提到的，自我调节技能对成绩有重要的贡献，尤其是学生到初中阶段，榜样示范能够有效地帮助学生习得这些技能。最近的一项研究（Harris, Graham, & Mason, 2006）调查了在小学阶段提供自我调节策略教学的可行性。在写作测试中成绩显著低于平均水平的二年级学生，被分配到三组中的一组：自我调节策略发展组（SRSD）、自我调节策略发展+同伴支持组（SRSD+PS）以及对照组。通过五个步骤，教两个SRSD组的学生学习写故事和写议论文时用到的计划策略。这一策略包括确定写作主题，组织个人的想法，然后开始写故事或议论文。为了帮助学生记住这三个要素，教他们POW（Picking an idea; Organizing thoughts; Writing）这一记忆术，同时教授他们组织故事和提出议论文观点的具体技巧。例如，为了帮助他们写出好故事，教他们问自己这样的问题：主要人物是谁？故事什么时候发生？主要角色想做什么？故事结局如何？对照组条件下的学生，从他们的课堂老师那里接受正常的写作指导。

324

两个SRSD条件下的学生，在多个方面的得分显著地超过了同龄的对照组。在按教学顺序完成之后进行的后测验中，他们会花更多的时间计划他们的故事和论文，并且他们写的文章更长、更完整、质量更高。这些优势还会延续到课堂上，两个SRSD组的学生会持续地写出比对照组质量更好的议论文，他们所写的叙述文和说明文的质量也更高（他们没有接受过任何关于后两类文体写作的特定培训）。此外，SRSD + PS条件下的学生，在课堂上所写的议论文，也比仅在SRSD条件下的学生写得质量更高。

第二年发表的一项研究（Glaser & Brunstein, 2007）重复了Harris和Graham（Graham & Mason, 2006）的研究结果，也表明学习了写作策略和SRSD策略的四年级学生，比只学习了写作策略或接受传统写作教学的学生，无论是在教学结束后还是在五个星期后，撰写的故事质量都更高。写作策略+SRSD小组在要求他们尽可能多地写出口头表述故事的测试中，得分也超过其他两组。

两位研究者（Grahair & Perin, 2007）通过分析100多项关于写作教学的研究结果，也得出了支持上述两项研究结果的结论。他们发现SRSD教学在学生写作质量的平均效应值是1.14个标准差（等于在第87个百分位上的分数），而所有其他类型教学的平均效应值为0.62（等于得分在第73个百分位）。正如你所能理解的，这是一个相当大的差异。对于那些认为提高学生写作质量的最好方法是采用严格的回归基础的方法,这篇文章的结果几乎没有提供什么支持。没有一项研究表明语法的显性教学(例如教演讲和句子的结构)会比其他类型的教学更能带来质量更高的写作。

观察强弱榜样 在另一个"榜样—观察者相似原则"测试中(Braaksma, Rijlaarsdam, & van den Bergh, 2002),荷兰一所学校八年级学生被分为低、中等或高言语能力组,他们观察一个弱同伴榜样和一个强同伴榜样写议论文。

议论文包含一个观点(如"在城市生活比在农村好"),一个或多个支持论据(例如,城市为购物和上学提供了更多的选择,城市更有利于个人成长,有更多的工作机会),一个或多个次级论据(例如,城市更有利于个人成长因为会遇见更多的人,有更多的文化活动可以参加),以及连接词,如因为和和,在逻辑上将论点和支持论据、次级论据之间以及次级论据与论据之间相互联系起来。

在这项研究中,弱榜样忽略了议论文的关键部分,并写出了与那些强榜样相比更不连贯的段落。弱榜样和强榜样都描述了他们的思维过程:计划写什么,然后检查以确保它是完整的和有意义的。研究中,要求一组学生识别表现较差的榜样,并解释一下为什么这是一个能力较低的榜样。要求第二组识别出表现更好的榜样,并解释为什么这是一个能力较强的榜样。

同样是言语能力较差的学生,那些被要求识别和评价弱榜样的,与那些被要求识别和评价强榜样的学生或仅练习写议论文的学生相比,他们所写的议论文得到较高的分数。同样是言语能力强的学生,那些被要求识别和评价强榜样的,或者是仅练习写议论文的,与那些被要求识别和评价弱榜样的同学相比,他们所写的议论文得分较高。换句话说,这两组学生对他们认为与自己相似的榜样做出了更好的反应。

榜样示范与练习 大多数人之所以相信熟能生巧,部分是因为他们自身有相关的经历,部分是因为有研究的支持。但一项研究(Couzijn, 1999)为社会认知理论的观点提供了支持,亦即在帮助学生获得新技能时,观察一个榜样比机械练习更有效。

一组九年级学生完成关于议论文写作的自学课程,该课程包括四个部分。完成每个部分后,他们要做如下练习中的一个:(1)进行独立写作练习;(2)观看两个同龄学生进行写作练习的录像带,然后一边写作一边出声思考;(3)观察一个同伴进行练习写作且出声思考,然后观看另一个同伴口头分析写作者的文章;(4)写一篇议论文,然后观察同伴分析这篇文章且出声思考。最后,所有的学生都被要求写一篇议论文(例如,"你认为学生是否应该给他们的老师打分"),然后根据切题程度、文本结构、论证结构和观点陈述(例如,段落、标记和连接词的使用)等进行打分。

正如预期的那样,第(2)、(3)、(4)组的学生——他们都能接触某种榜样,比单纯练习写作的学生写出了更有质量的议论文[1]。

9.4.3 教学对自主学习能力的影响

研究清楚地表明,训练学生使用各种策略是对教师时间的一种有效利用。在一项研究中,接受过一种记忆方法训练的学生比未受过训练的学生,在接下来的记忆测试中表现得更出色(得分分别为68分和50分),这种影响在小学低年级和成绩较差的学生身上表现得尤为明显。同样的优势也出现在那些被教导使用多种具体策略的学生身上,对他们进行记忆和低层次理解的测试,结果表明实验组(接受训练)得分居于第75个百分位,对照组(未接受训练)得分居于第50个百分位。尽管学习一般策略而不是具体策略所产生的效应最小,但学习一般策略的学生们的表现要显著好于那些不接受策略教学的学生(成绩分别居于第70个和50个百分位)(Hattic, Biggs, & Purdie, 1996)。

暂停　与　反思

　　训练学生使用学习策略的一个主要问题是需要学生花费一定的时间和精力。假设一些学生对此缺乏兴趣,他们说自己的方法也同样有效(尽管你知道不是这样)。你将怎样说服这些学生?

一个特别有效的战略训练项目是Annemarie Palincsar和Ann Brown(1984)的互惠式教学(RT)项目[2]。自1980年以来,该项目一直被持续使用,并引起了教师和研究人员相当大的关注(Wray, 2013)。正如这个项目的标题所示,学生通过互相展示来学习理解技能。Palincsar和Brown训练了一个7年级学生小组,他们的阅读理解能力分数至少连续两年低于年级水平。在训练中,教授他们使用总结、自我提问、澄清以及预测技巧来提高他们的阅读理解能力。他们选择这四种方法,是因为学生可以使用它们来提高和监控理解。

在早期的训练中,教师在阅读不同的段落时讲解并演示了四种方法。然后,逐渐增加学生们向同伴展示这些技巧的责任,教师则根据需要提供提示和纠正反馈。最终,每个学生都要写出一个好的文章小结、就重要想法提出问题、澄清模棱两可的词或短语,并预测其

326

1　相比于单纯地练习写作,观察同伴榜样更能提升学生的写作质量。
2　互惠式教学:学生通过向同伴演示,来学习理解技能。

后发生的事件,在整个过程中教师几乎不给予任何干预(这种策略指导的方法基于我们之前在书中提到的维果斯基的最近发展区概念)。

Palincsar和Brown发现,RT项目产生了两个方面的积极影响。首先,学生在总结、提问、澄清和预测上的质量提高了。在项目早期,学生写的小结过于详细提出了许多不清楚的问题。但在后面的课程中,学生的小结变得简要,所提的问题也指向了主要观点。例如,对主要观点的提问从54%增加到70%。此外,这些问题也越来越多地用转述而不是照本宣科的形式来提出。其次,那些接受RT训练的学生——他们最初的阅读成绩远低于年级平均水平,在训练后的阅读理解测验得分,与阅读居于平均水平的小组一样高(两组正确率都是75%);而且,与学习如何在文中找出相关信息的小组相比,其成绩要好得多(正确率分别是75%和45%)。

随后对RT在有控制的条件下和现实条件下的有效性所进行的研究,发现该项目在广泛的年龄范围内(四年级到大学),都能对学生产生积极的影响。平均而言,使用RT的学生在标准化阅读理解测试中平均得分居于第62个百分位(控制组学生居于第50个百分位),在研究者编制的阅读理解测验中得分居于第81个百分位(Alfassi, 1998; Carter, 1997; Kim, Baylor, & PALS Group, 2006; Rosenshine & Meister, 1994)。

一项关于提高阅读理解能力的策略(Mason, 2004)的比较研究中,有一半被试是五年级学生中阅读理解能力较差的学生,他们被教授在阅读前、阅读中(while)和阅读后(after)如何思考(Think)(简称TWA)。阅读前,学生需要思考作者写故事的目的、他们已经掌握了关于这个主题的哪些相关信息,以及他们想从文章中学到什么。当他们阅读的时候,被要求以最佳的速度思考阅读内容,并把段落中的信息与已有知识联系起来,并重新阅读他们感到没有理解的部分。在阅读之后,要求他们思考文章主旨,并对文章的内容和他们从文章中学到的东西进行总结。与社会认知理论相一致的是,这种技术的要素是通过榜样示范、直接教学和有指导的练习结合起来教授的。其余学生学习一种叫做"交互提问(RQ)"的提问技巧(部分内容被纳入了Palincsar和Brown的互惠式教学策略中)。交互提问,或RQ的核心包含以下五个步骤:(1)教师和学生默读一篇文章;(2)教师合上书;(3)学生问教师问题,教师回答;(4)学生合上书;(5)教师问学生问题,学生们回答。与TWA策略一样,RQ也是通过榜样示范、直接教学和有指导的练习来教授的。

在准确地口头表达他们所读的15个段落的主要观点、对每个给定段落进行总结以及复述所读内容等方面,那些接受TWA策略教学的学生的得分超过了接受RQ教学的同龄人。使用TWA的学生比使用RQ的学生在口头复述方面的质量更高,复述中也包含了更多的信息和主要观点。但奇怪的是,这种优势并没有延续到阅读理解的书面测验中。

在如何将社会认知理论(以及与认知发展和动机相关的理论)全面融入到学校课程

方面，一个很棒的范例是宾夕法尼亚州梅地亚镇的基准学校（Pressley, Gaskins, Solid, & Collins, 2006）。基准学校是一所私立学校，服务的是那些6到12岁在学习上经历失败的学生。这些学生的学习失败，很大程度上是因为缺乏自我调节能力，如注意力差、听力差、做得太快、挫折承受力差、组织困难以及缺乏努力意愿。为了克服这些问题，学校教师使用了社会认知和其他理论的多种技术，包括认知过程的榜样示范、教授阅读理解技巧、鼓励使用背景知识、教记笔记技能、教学生如何分析任务和将大任务分解成更小更容易管理的部分、教授反思与监控技术以及持续使用正强化。

由于这些技术的使用以及学校的其他特点，在2003—2004学年结束时，学生在标准化成绩测试的阅读部分的平均成绩达到了第77个百分位，而在两年前他们的成绩位于第34个百分位。此外，几乎所有的学生都从高中毕业（或获得了同等文凭），并上了大学。

尽管有这些积极的研究发现，但这里我们仍需要提醒你，在你的课堂上应用这些成果既是一门艺术，也是一门科学（你可能想回到第1章来回顾一下这一区别），因为关于自主学习的本质，仍有很多问题有待澄清。例如，一旦正式的教学结束，学生继续创建和使用学习策略会持续多长时间？学生是否会跨科目使用自主学习技能？为什么有些学生能够快速习得自主学习技能并有效应用而其他人做不到？目前对于这些问题，仍知之甚少（Harris, Alexander, & Graham, 2008）。

现在你已经熟悉了社会认知理论及其研究，接下来我们该讨论根据这些原理和研究成果所提出的教学建议了。

教学建议　把社会认知理论运用到课堂中

1. 将自主学习技能的发展纳入你的目标和课程计划中。

我们所总结的研究清楚地表明，自主学习（SRL）技能对学生的成就有显著的贡献，但同样的研究也表明，学生不应该在没有充分准备的情况下对自己的学习负责（Greene & Azevedo, 2007）。因此，培养学生的SRL技能应纳入你的教学目标和课程计划中。通过将以下内容融入到课堂教学中，你可以帮助学生成为更有效的自主学习者（Ley & Young, 2001; Randi & Corno, 2000; Schunk, 2001）。

a. 强调自主学习技能在学习的重要性以及何时使用这些技能。

几乎可以肯定，你希望学生在目标设置、计划、策略的使用、个人行为和过程的监控、自我评价和自我强化等方面达到一定熟练程度。当教授计划技能时，例如，指出那些好的计划者知道

328

在哪种条件下他们学得最好,并选择或安排环境去消除或减少干扰。为了提高学生对良好学习环境的重要性的认识,你可以让他们记录自己在不同地方和不同时间点学习所花费的时间,他们所经历的内部和外部干扰,以及他们如何处理这些干扰。在这些信息的基础上,他们可以得出在何时以及在何种情况下他们学习最佳的结论。为了帮助学生选择或创造一个适宜的学习环境,你可以准备并发放一个良好学习环境特征清单,清单可以包括相对安静且通风的环境、良好的照明、舒适的家具,最好不要有其他人、电视机和替代性的阅读材料,如漫画或杂志。

自主学习者通常使用多种类型的记忆和理解策略。你可以通过让学生使用你所教授的技巧,如记忆术、大纲、概念图、预览、图表、流程图、表格,以及向学生解释这些如何使用以何种方式促进学习,来帮助学生领会这些技能的价值。为了提高学生将来使用这些技术的可能性,教他们如何在写论文之前制定大纲,向他们展示如何在读一段文本后创建概念图、图表、流程图和表格。

最后,要不断提醒学生,自我调节行为既是自我动机性信念的产物,也是各种认知技能的产物。你所提供的关于自主学习技能的任何指导,在很大程度上取决于学生的自我效能感以及他们基本的学习能力。正如我们将在11章详细讨论的,许多学生认为他们遗传了一定的学习能力,而这种能力无法改变。这样的学生失败一次或两次后,就不太可能从事自主学习活动(Molden & Dweck, 2006)。

b. 示范自主学习技能,包括用于评估自己的表现和强化自己的标准。

你可以让学生观察和模仿你以及其他高水平学习者的做法,来促进他们对自主学习技能的学习。如上所述,当你展示一项技能或过程时,你应该首先解释你打算做什么。然后,再花时间来解释你为什么要这样做,你将如何评价自己的表现。再后,演示行为,评估你的表现;如果你感觉你的表现达到了你的标准,口头上给予自己一些表扬。Margaret Metzger(1998)是一名高中英语老师,她发现向学生示范通常隐藏在观察行为背后的思维过程,这一点很重要。为了帮助学生更好地理解文学欣赏过程,她提出一种程序:一些学生讨论一个故事,同时其他学生进行观察讨论并记下讨论过程。

c. 为你希望学生学习的自主学习技能提供有指导的练习和纠正性反馈。

正如我们在本章前面提到的,自我观察或自我监控是一种重要的自主学习技能,在学习过程中的几个点上都发挥重要作用。自我调节的学生在监控目标达成的程度、学习策略的有效性以及成就的质量等方面,都非常擅长。他们通过将他们的表现与内部标准和外部反馈进行比较,来实现这些监控。一旦你解释并演示了自我监控,那么就要有组织地为学

照片9-5　通过直接教授目标设置、计划、学习策略的使用、监控和自我评估等技能,教师可以帮助学生获得自主学习技能。

生提供一些机会来练习这个技能,并对其练习情况作出反馈。

　　为了让学生熟悉自我监控过程,你可以要求他们写日志或日记,其中要包含如下内容:(a)陈述目标,(b)指出自己如何准备和达成项目、家庭作业和其他任务的要求,以及(c)评估自己达成目标的程度。例如,学生可以记录他们在一项任务上花费了多少时间,他们使用的策略类型,他们解答问题的数量,以及他们对学习材料的理解程度。

　　当你进行反馈的时候,你要想到教师为学生们提供的关于他们在最近的项目、作业或考试中表现如何的信息。这类反馈的例子包括:"是的,这是对的,而且做得特别好"或者"对不起,这并不完全正确;这就是它应该有的样子"。这种一般性的反馈当然是有益的,也已被证明对成就有很好的促进作用。但它有一个局限:其促进作用不会迁移到其他任务中。如果给予学生具体的反馈,如某些策略、过程或方法如何能帮助学生产生一个可接受的反应,或者告诉学生为何不使用某些策略或方法会导致不理想的结果,则可以在一定程度上减少这种局限。例如,你可能会评论一个学生是如何紧跟你的指导,构建了一个概念图来识别出阅读作业中一系列概念之间的相互关系,或者回顾了她的作业以找出错误。证据表明,这种类型的反馈会带来对任务的深度理解和更多的学习迁移。将自我调节能力更多地应用到其他任务，可能是由于学生自我效能的增强，以及他们将成功的表现归因于努力和能力（Hattie & Gan, 2011; Hattie & Timperley, 2007; Pajares, 2009; Schunk & Miller, 2002; Usher, 2009）。

2. 教学生使用记忆和理解策略以及如何做笔记。

a. 教学生使用各种形式的复述和记忆术。

我们至少有两个理由来推荐教授复述。一个理由是，保持性复述是保持相对少量的信息活跃在短期记忆中的一种有用策略。二是保持性复述是少数几个年幼儿童就可以学会策略之一。如果你决定教授复述，我们有两个建议。首先，提醒年幼儿童，复述是学习者在想要记住事情的时候，有意识地决定去做的事。第二，提醒学生每次复述不超过7个信息单位（或组块）。

小学高年级学生（四年级、五年级和六年级的学生）可以学习高级的保持性复述，如累积性复述、精致性复述，用于复述同类别的一组项目等。对于低年级的学生，每周要为其提供几次机会来练习这些技能。

当你准备课堂报告或面对一些学生难以学习的信息时，问问你自己记忆术是否有用。你可以列出前面讨论过的记忆术的清单，并经常参阅它。记忆术的一部分价值在于使学习变得更容易。创建和使用记忆术也很有趣。而且，押韵短诗、首字母缩略词和字母组合法都可以快速构建，你可以考虑每周留出两到三次30分钟的时间来教授记忆术。首先，解释押韵短诗、首字母缩略词和字母组合法是如何用的，然后提供使用每种方法的例子（见表9-1）。一旦学生理解了记忆术如何用，就可以让他们构建记忆术来学习各种事实和概念。你可以为最具独创性的记忆术的创建提供奖品。

b. 教学生构建理解性的问题。

我们在前面已指出，如果训练学生写出好的理解性问题，并给予学生练习这种方法的机会，那么自我提问就可以成为一种有效的理解策略。我们建议你尝试如下的教学序列：

1. 讨论学生提出问题的目的。

2. 指出知识层面的问题和不同类型的理解层面的问题（如分析、综合和评价）之间的差异。关于这些问题类型的深入讨论可以在《布鲁姆教育目标分类学，手册1：认知领域》（*Taxonomy of Educational Objectives, Handbook 1: Cognitive Domain*）中找到（Bloom, Englehart, Furst, Hill, & Krathwohl, 1956）。

3. 解释和说明对于不同类型的理解层面的问题，应该给出不同的回答。

4. 为学生提供一个文章样本和一组高水平的问题主干。学生可以藉此独立地或两人一组提出和回答问题。

5. 提供纠正性反馈。

6. 给学生一些可供练习的短文。

7. 提供纠正性反馈（Hattie & Timperley, 2007; King, 1994）。

c. 教学生如何记笔记。

尽管之前提到的关于记笔记的研究存在某些局限性，但如下这些建议有助于提高笔记的有效性：

- 针对每个阅读作业，为学生提供清晰、详细的目标。目标应说明学生应该把注意集中在作业的哪些部分，以及如何处理阅读材料（是逐字背诵、重组、释义，还是与早期阅读作业相结合）。

- 告知学生，如果使用得当，记笔记是一种有效的理解策略。例如，假定阅读一段很长的篇章，测试项目要求分析和综合一些宽泛的概念（如"比较引发第一次和第二次世界大战的经济、社会和政治原因的差异"）。此时，要告诉学生集中注意力找出主要观点和支持性的细节，解释这些信息，并记录相似和不同。

- 通过让学生回答与标准测试（指的是评估学生达到老师目标程度的测试）类似的问题，为其提供练习和纠正性反馈。

331

3. 在幼儿园和小学阶段奠定自主学习的基础。

正如我们前面所提到的，成为一个熟练的自主学习者，需要接受数千小时的教学和多年的经验。因此，在幼儿园和小学中应该奠定自主学习的基础。以下两项研究说明了这种做法的好处以及是如何做到的。

在第一项研究中（Coffman, Ornstein, McCall, & Curran, 2008），表现出所谓的"高记忆术"风格的一年级教师，比其他老师更可能做这些事情：如让学生预测故事接下来会发生什么；及时回顾以前学过的内容；提醒学生完成一项特定任务或操作；建议使用特定的记忆技巧，并解释为什么一个特定的学习策略起作用或没有起作用。结果是，这些教师所教的学生比其他所谓"低记忆术"教师所教的学生，在年底的记忆任务测试中表现更好。

在第二项研究(Perry, VandeKamp, Mercer, & Nordby, 2002)中,幼儿园到三年级中那些被评为高自主学习课堂的教师,更强调学生的活动选择,支持学生应对学习挑战(一种我们在本书前面提到的名为"搭建支架"的技术),以及在一个没有威胁、掌握定向环境下的个人和同伴评价(见Perry & Rahim, 2011,对于支持自主学习的课堂环境类型的一个更详细讨论)。以下是在课堂中实施自主学习教学的一些具体示例。

示例:

- 在对三只小猪这个故事进行朗读之前,学生可以决定是否用手指或眼睛来追踪文字。
- 当一个学生在阅读故事过程中遇到词汇理解上的困难时,老师要求小组里的其他孩子提出一个解决方案,然后他们尝试每个方案,看看哪个是有效的。
- 学生们被要求为三只小猪这个故事创造另一个结尾。为了帮助他们迎接这个挑战,老师允许学生们与同学分享他们的想法,然后再和老师分享。老师把每个孩子的想法记录在图表纸上,这样在课堂上每个人都能看到其他人的想法。
- 对于在写作任务中写出自己想法有困难的幼儿园和一年级孩子,鼓励他们将绘画作为计划和组织他们想法的一种方式。
- 在准备学生/家长—教师会议时,要求学生选出作业样本与父母分享,并回想在此之前他们不能做而现在能做的事情。
- 为了帮助二年级学生选择和实施一项研究课题,老师要求他们回答三个问题:我对这个话题感兴趣吗?我能找到关于这个话题的书吗?我可以自己读这本书,还是需要朋友或大人的帮助?

照片9-6 研究结果表明,记录笔记是增进对文本和演讲材料理解的一种有效策略。因此,应该教授学生有关有效地记笔记的基本原理。

4.教授自主学习技能时,记住年幼学生发展上的局限性

如果对自主学习技能的基本教学从幼儿园就开始,那么教师需要认识到,由于幼儿的

认知能力比年龄大的孩子相比还很有限,所以他们需要更多的支持和指导。Dale Schunk(2001)建议小学低段的教师要做以下的事情:

- 对各种技能和行为的示范和解释,要用相对较短的时间。
- 当你或别人模仿一个技能时,指出榜样行为的哪些方面更为重要。
- 设置一系列短期目标,每一个目标都可以在有限的教学时间内完成。
- 设计你的课程,最大限度地减少学习干扰和分心现象;定期告诉学生你相信他们是有能力的学习者。
- 周期性地提醒学生要缓慢地执行任务,并思考完成任务所需要的技能。
- 提供关于孩子有能力的言语反馈(如,"你擅长阅读")。
- 帮助学生作出适当的成败归因,提醒他们努力是成功的主要原因,努力不足是失败的主要原因。如果你提到能力在任务完成中也发挥重要作用,应强调能力是一组可以习得的技能,而不是一种固定的认知特性。
- 为学生提供明确的行动指南,以帮助其确定自己的行为是否恰当;在他们满足或没有满足这些指南的标准时,要明确地指出来。

5. 将自主学习指导嵌入有趣的、富有挑战性的课堂任务中

研究者(参见,例如,Greene & Azevedo, 2007; Randi & Corno, 2000)建议,如果教师想教授学生自主学习技能,就应该将指导嵌入到有意义并能说明和要求学生使用这些技能的课堂教学任务中。Judy Randi和Lynn Corno(2000)详细地描述过这类任务中的一个:分析一个英雄的故事。在故事中,这位英雄必须进行危险的旅行并依靠个人的资源来完成目标。这类故事通常被称为旅行故事。希腊文学中有两个著名的例子:《奥德赛》(*Odyssey*)与《伊阿宋和阿尔戈斯》(*Jason and the Argonauts*)。在故事分析中,要求学生对比故事中的英雄和他们自己学习过程中用到的自我调节技能。例如,与奥德修斯制订了一个逃离独眼巨人洞穴的计划一样,学生们也应该首先考虑为了完成目标需要采取的步骤。

333

6. 使用有效的策略训练项目,如互惠式教学(RT),但要根据特定情形做出适当调整。

作为一种教学方法,RT至少有两个积极特征:它是由一组清晰的成分和步骤组成的,且大量研究证明它能够促进学生的阅读理解。但一项为期三年的对17名小学教师的研究显示,你可能会在使用RT版的教材时遇到一些障碍,因此你使用它时应做出一些调整(Hacker & Tenent, 2002)。

在研究中,只有三位教师按照文献描述的方式实施了RT。剩下的14名教师因为遇到问题,感觉有必要对RT的实施方式进行调整。如下是许多教师遇到的主要障碍及其解决方案。

1. 策略使用问题:学生对RT的"四种理解技巧"的使用频率低、质量差。例如,大多数学生提出的问题都是肤浅的和以事实为导向的,预测缺乏逻辑性,且很少有问题澄清性的评论。解决方案:许多老师花了大量的时间教学生(通过清晰的教学和榜样示范)如何构建高质量的问题,并试图通过让学生找出他们不懂的单词和句子,来激发他们使用澄清技术。

2. 对话问题:学生们对四种阅读技能的正确使用和阅读内容的讨论都是有限的、低质量的,这很大程度上是因为他们的合作学习能力有限,但也有学生羞于在同龄人面前发言的原因。解决方案:通过面向全班的教学和榜样示范,老师教学生如何成为一个好的倾听者,如何轮流发言,如何对文章的细节和意义达成共识,如何给予他人建设性反馈。

3. 搭建支架问题:由于存在上述策略使用和对话问题,一些教师持续向学生提供高水平的支持,这在时间上远远超出了互惠式教学文献中所建议的时间点,换言之,支架的数量和持续时间与学生的年龄、阅读能力有关。年幼的和阅读能力较差的学生需要更多的支架。解决方案:教师通过集体教学提供额外的支架;组建阅读伙伴;榜样示范;让学生有更多时间学习RT的要素;撰写预测、澄清和小结;直接教授团队活动技能。

这项研究得出了有趣的结论和教训。结论是RT很可能需要比文献建议的更多的训练、练习和时间。教训是,即使一种特定技术存在坚实的科学基础,其有效实施往往还需要被称为教学艺术的即兴技能,正如本书第一章中所讲的那样。

334 **你掌握了吗?**

根据社会认知理论的研究,自我效能、认识论信念和自我调节

a. 彼此正相关

b. 彼此负相关

c. 相互独立

d. 在某些情境下彼此正相关,在其他情况下却彼此负相关

9.5　利用技术促进自主学习

InTASC　　　　标准5(1)

正如我们前面所提到的,教学生成为熟练的自主学习者需要多年的教学时间。教师有许多教学职责,如果你可以用技术来补充和强化你的努力,就有更好的机会来实现这个目标。我们在本节中总结的研究表明,在一定条件支持下,这是可以做到的。

9.5.1　榜样示范

正如我们在本章前面所看到的,榜样示范是帮助学生获得重要的自主学习技能的有效方法。它也可以增强学生对基于计算机的学习的自我效能感(Moos & Azevedo, 2009)。但是如果教师没有足够的时间来示范,或者在学生需要的时候不能总是提供榜样示范呢?以计算机为基础的视频榜样是否可以作为有效的替代? 这是一项以六年级学生为被试的研究要探讨问题(Pedersen & Liu, 2002)。

学生们被分成三组,参加一个名为"外星人救援"的课程,该课程共15节课,每节45分钟。在课程学习中,学生要进行以计算机为基础的超媒体解决问题的模拟。他们要扮演国际空间站上的科学家的角色,任务是拯救外星人。他们遇到了一艘飞船,上面载有六种外星人,这些外星人是遥远的太阳系中的幸存者,他们的家园因为附近的一颗恒星的爆炸而被摧毁。外星人飞船的生命支持系统已经损坏,上面的人已处于"冬眠"状态。学生的任务是找出我们太阳系里哪些行星或卫星可以作为每种外星人的家园,他们可以使用现有数据库和一个让他们设计发射探测器的模拟程序。他们可以用在线记事本记录下他们的笔记和解决方案。

学生被分配到如下三种条件中的一种:

- 在榜样示范条件下,学生们观看了一位科学家为其中一个外星人解决相同问题的视频片段。在节目的四个点上,榜样解释了他想要完成的事情以及他如何使用各种工具,如在线记事本和探测器设计室。他还示范了认知过程,如自我提问、建立联系、识别缺失的信息、形成假设、以列表方式做笔记。

- 在直接教学条件下,学生们得到了相同的信息但没有榜样示范。科学家解释了各种工具的功能,并提供了如何有效工作的提示("如果我来建造探测器,我将利用我的任务清单来帮助我决定探测器上的装备"）。

- 在帮助条件下，科学家解释各种工具的功能，但没有对如何使用它们提供任何建议或示范。

虽然每个小组的学生在自己的电脑上工作，但鼓励他们与同学分享信息，并互相帮助。

结果显示，榜样示范条件下的学生的得分，显著高于直接教学和帮助条件下的学生[1]。他们更倾向于以列表格的方式做笔记，将他们的笔记按照主题分成不同的部分，并查阅他们的笔记。他们设计的探测器较少，但这是意料之中的，因为他们会花更多的时间去思考和设计与他们的任务描述一致的探测器。榜样示范组在问题解决方案的质量上，也比其他两个组得到了更高的分数。

随后的研究（如，Pedersen & Liu, 2002—2003; Wouters, Peas, & van Merrienboer, 2009）表明，观看一个以计算机为基础的示范，甚至是一个动画示范，与没有榜样示范相比，能带来更好的学习和问题解决技能的迁移。

9.5.2 提供认知和元认知反馈

> InTASC　　　标准6(n)

我们的经验告诉我们，本章后面也会提到，高效地学习新技能毫无疑问需要及时的反馈。由于教师不可能在需要时总是在场来提供精确的反馈，人们创造出计算机程序来满足这种需求。其中的一个程序——小结街（*Sumamry Street*），旨在帮助学生提高他们总结文本的能力。其做法是：为学生提供很多机会以总结不同类型的文本，为学生提供反馈，让学生根据反馈反复修改自己的小结，直到达到程序设定的标准。八年级学生在"小结街"学习了四个星期后，与那些总结了相同段落但没有得到反馈的同类学生相比，在小结的质量和小结中包含的相关信息的数量上，都有了更大的改善。在这其中，中等及中等以下成绩的学生进步最大（Franzke, Kintsch, Caccamise, Johnson, & Dooley, 2005）。

正如我们在本章前面提到的，自主学习者在完成任务过程中会监控他们的思维，确保高水平的学习。教师和父母经常通过提醒学生思考关键的思维步骤，如恰当地界定问题，回忆已有的相关知识，来帮助学生发展和增强这项技能。这种支持通常被称为元认知反馈

1　含有示范的计算机项目可以提高学生的问题解决技能。

（*metacognition feedback*）。学生们更为经常接受的反馈，是结果反馈（*result feedback*）。它往往采用警示和鼓励的形式，如"再试一次"、"再检查一次"、"非常好，做得很棒"。

一项研究（Kramarski & Zeichner, 2001）比较了在计算机提供教学与元认知反馈和计算机提供教学与结果反馈两种情况下，11年级学生的数学问题解决。元认知反馈组的学生在完成程序时，计算机会促使他们思考问题的本质、与已有知识的相关性，以及适当的问题解决技巧，如"到底是什么问题？"、"现在面临的问题与过去你解决过的问题有什么相似和不同？"和"什么策略或原理适合解决这个问题，为什么？"。结果反馈组的学生得到了这样的评论："想想吧，你犯了一个错误"、"再试一次"、"再检查一次"、"非常好"和"做得很棒"。

在随后的一个包含27项项目的测试中，要求学生解释每个问题解决方案背后的推理过程。结果显示，得到元认知反馈的学生，其得分明显超过得到结果反馈的学生。元认知反馈小组的解释，比结果反馈小组的解释，在质量上显著更高（包括代数公式和文字论证）。正如我们在第7章指出的，研究一直表明反馈，尤其是元认知类型的反馈，会对学习产生重大的影响。

336

9.5.3 运用支架式教学

在本书的前面，我们描述了维果斯基的认知发展理论和他的建议，即教师应该使用各种教学辅助，亦即支架，来帮助学生获得原本不可能获得的知识和自我调节技能。但大多数教师都很忙，不可能总是最大化地使用支架式教学。许多以计算机为基础的教学的倡导者认为，计算机辅助教学中如果含有各种各样的支架，就可以完成一些教师无法完成的任务。一项旨在评估这一理念的研究（Brush & Saye, 2001），考察了11年级学生对名为"决策点"（Decision Point!）的超媒体数据库的功能的使用程度，该数据库中包含了美国20世纪60年代民权运动的信息和一些为鼓励学生充分利用数据库而设计的支架。

每四个学生被分成一个小组。每个小组的学生被告知要想象他们是1968年马丁·路德·金（Martin Luther King）遇刺后不久的民权领袖。要求他们为以下问题提出解决方案：为了继续追求民权运动的目标，应该使用什么策略？要求每个小组使用"决策点数据库"收集有关公民权利运动方面的相关资料（如，法律制度、废除种族隔离、投票权、学生非暴力协调委员会和拒绝一体化等）。

"决策点数据库"有四种支架。第一种是一套互动式文章。每一篇文章都提供了一个历史事件的概述——例如为所有黑人争取投票权的华盛顿大游行，同时在数据库中有相关文件的超链接。如果你发现在线百科全书中高亮了某些名称、地点、事件和概念并链接了相关文件，你可以观看这些互动式文章是如何运作的。第二个支架是针对每个事件的一组推荐文档。该程序建议学生在探索其他信息源之前，先阅读8到10个推荐的文档。第三个支架是一个学生指南，它提供了专业历史学者用来组织和整合事件信息的类目（例如参与活动的团体、每个小组的目标以及每个小组使用的策略）。最后的支架是日志，学生们可以记录他们的日常信息收集策略的有效性、所遇到的问题以及他们的任务进展。

结果显示，在数据库中的四个支架中，最常用的是互动式文章。每个小组都至少读了一篇文章，四组中有两组阅读了与他们被分配事件相关的论文。而第三组读了除了一篇以外的所有论文。然而，超链接的使用要少得多，只有39%的文档被访问。尽管学生忽略了大部分可用的文档，但他们所读的文档通常是由程序推荐的。因此，感觉这是个有一定效用的支架。只有两组使用了学生指南，来总结他们所研究事件的分析结果。此外，学生对这个支架的利用也是不充分的。在该支架的每个类别中，学生大多数只写了一个短语或句子。所有小组的学生对日志使用最少，没有一个小组完成了每天的数据收集日志，且日志都是简短和肤浅的。

本研究的结果，为在计算机化的数据库中嵌入自我调节支架提供了有限的支持。学生最有可能使用那些他们认为与成功完成任务最相关的支架，而忽略那些看上去不那么相关的或者需要更多的时间来完成的支架。下一组的研究表明，学生也有可能拒绝使用"决策点"数据库中的大部分支架，因为他们缺乏自主学习的品质，如坚持不懈和自我效能感。

9.5.4　自主学习能力对计算机辅助教学的影响

从最早的计算机辅助教学开始，教学程序的设计者就在给学生多少控制的问题上存在着分歧。有些程序没有给学生提供选择；有些程序为所有学生在相同的条件下，以同样的速度，按照相同序列提供相同的材料。其他的项目允许学生在研究什么材料、材料的长短及呈现顺序等方面，作出自己的选择。尽管学习者控制选项已经被许多设计师大力提倡，因为它有可能增加学生的兴趣、动机以及成就的可能，但研究一直没有给出确定的结论（Moos & Azevedo, 2009）。

对超媒体项目中学习者控制的相关研究所进行的一项分析（Scheiter & Gerjets 2007）表明：这类程序的复杂性和自由选择如何研究项目的方方面面，使许多学生不知所措，这抹杀了这些项目的潜在好处。例如，学生们可能会在项目中迷失方向。如果你曾经从网站的主页开始点击几个级别的链接，然后意识到你不记得如何来到了当前浏览的页面，或如何回到开始页面，你就会明白在虚拟空间中是多么容易迷失方向。另一个问题是分心。超媒体的程序和网站包含了太多的信息，以至于很容易让人忘记自己的主要目标是什么，也很容易让人分心去探索那些相关但有点离题的链接。

为了学生能够避免出现这些潜在的问题，而能体验到超媒体程序带来的好处，你需要采取措施来确保他们对研究主题有一定的先行知识、对主题感兴趣以及有发展良好的自主学习技能。我们在本章早些时候提出的建议，以及在第11章（"动机"）提出的建议，可以帮助你构想一些如何实现这些目标的具体方法[1]。

9.5.5　自我效能对在线教学的影响

把万维网作为信息收集和解决问题的资源，在学校中日益变得普遍。但社会认知理论认为，若要以此为目的成功地使用网络，需要高水平的自我调节能力。近期关于大学生参与网络学习的研究表明，自主学习能力与学习流畅、对学习经历的满意感和坚持性，都直接或间接相关（Joo, Joung & Kim, 2012）。在线交互学习还需要自我效能感。由于自我效能依赖于具体任务，以下类型的自我效能将会在基于网络的教学（WBI）中发挥作用：对学习主题的自我效能感、对使用网络的自我效能感，以及因为网络需要学习者在缺少教师指导的情况下确定和分析信息，所需要的对自主学习的自我效能感。研究者在韩国高中二年级的学生中，探讨了上述形式的自我效能感对成就和网络使用效果的影响（Joo, Bong, & Choi, 2000）。

在研究开始前，测量了学生的自主学习自我效能感、学术自我效能感、网络自我效能感和认知策略使用。随后给学生三个主题（我们身体器官的常见疾病、吸烟与健康、药物和预防）的作业单，其中包括要回答的问题和需要填写的空白表格。每个作业单上都列出了可能包含有用信息的网站地址。学生负责查找网站中所包含的相关信息，以帮助他们填写作业单。此外，他们可以利用商业搜索引擎识别其他包含相关信息的网站。紧接着的第三个阶段，学生完成两个测试：一个是包括三个主题的多项选择题和简答题的书面考试，一个是操作测试，学生需要访问两个网站并找出与特定问题有关的信息。

研究发现了几个方面的性别差异，与我们在第4章"理解学生的个体差异"中所描述的研究结果是一致的。女生在自主学习自我效能感、认知策略使用测试以及书面考试中的得分均显著高于男生。这表明，女生的自主学习自我效能感和自主学习技能的利用水平都比男生要高。最后，关于计算机的已有经验和自主学习自我效能感，都和网络使用自我效能感显著相关，而后者又与网络搜索测试的成绩有显著相关。

1　需要学生控制信息访问的计算机项目，对有一定自我调节能力的学生作用最佳。

9.5.6　关于计算机技术与自主学习的研究结论

我们总结的研究和其他许多研究表明,计算机辅助教学程序在发展和支持学生自主学习技能方面可以发挥富有成效的作用。它们可以为学生提供具体的自主学习的示例,解释这些技能如何与目标实现相关,还可以通过在关键时刻提醒学生们思考问题的本质,在过去遇到的类似问题,以及合适的问题解决策略,从而支持和增强学生的自我监控技能。另外,计算机辅助教学项目还可以提供各种支架。

简而言之,技术可以为自主学习做很多教师需要做的事情,让教师有更多的时间去单独辅导需要额外帮助的学生。但是(重复我们之前书中提到的一点),使用技术来促进自主学习也有其局限性。如果没有教师的指导和监督,尽管某些学生会从这些开放式的工具(如仿真、网络数据库和各种社交网络工具,这些工具都是 Web 2.0 的一部分)中获利,但某些学生也可能会感到不知所措和困惑。如果你想用这些工具来促进学生的自主学习或实现其他的目标,你需要做的第一件事就是确定学生当前的自主学习能力和自我效能感水平。

挑战假设　　**自己对学习负责**

塞莱斯特说,"我一直在思考如何教学生们更好地学习。我以前一直认为学生在学校遇到了需要学习的知识,然后自然而然地就学会了学习。现在我的想法不同了。"

安东尼奥说:"我也是,我认为自己是一个'学习榜样',而不仅仅是'内容提供者'。最近我注意到一件事,当我分享一些我自己作为学习者所遇到的困难,并向学生展示我是如何应对这些困难时,学生们非常感兴趣。我也试着引入其他榜样来告诉学生学习一项新技能并不容易。我们正在学习写文章,并请来了当地的作家,她真正启发了孩子们。她不是仅仅让孩子们阅读一篇发表的作品,而是分发了六种不同的草稿,并向孩子们展示了每一个草稿中存在的问题。然后她描述了她如何解决了这个问题,包括所有错误的开始和她付出的所有努力。她谈到过程是多么的艰难,也谈到解决每一个问题并完成一个作品是多么令人的快乐。她太棒了!自那以来,孩子们有了更多的责任心去修改和编辑他们自己的作品。我们现在有'工作坊日'(workshop days)了。孩子们太棒了,他们互相谈论他们想写的东西,并和我及团队里的其他教师交谈。真的很有趣!"

"学习是一件很有趣的事,"康妮说,"学习成为更有能力的人,学会在困难的时候坚持,懂得问题是获得技能和信心的机会,学会对自己负责……"。

唐对康妮说:"你是对的,博士。"他背靠在桌子上,"学习帮助学生成为更好的学习者,并让我更有信心成为一名教师。你知道吗? 这是一种真正有趣的学习,我希望我的学生也有同样的感受。"

你掌握了吗?

蒂亚看了一段教师展示的如何借助导航工具走出森林的视频。视频中,教师解释他如何使用不同的工具来导航。根据研究,蒂亚很可能会

a. 享受视频,但不从中学习适用的技能。

b. 由于缺乏与人接触,很难理解教师。

c. 跟教师的榜样示范没有关系,因为教师不在现场。

d. 学会了用好的问题解决技能,来解决自己在森林里的迷路问题。

小结

9.1 举例描述个人特征、行为模式以及环境因素如何影响学习者的行为。

- 社会认知理论是由阿尔伯特·班杜拉提出的,解释个体的个人特征、行为模式以及环境如何相互作用而产生学习的,这个过程班杜拉称为"三元交互决定论"。

- 个人特征包括元认知知识、自我效能信念、目标和焦虑。行为模式包括自我观察、自我评价和为了克服低自我效能感和改进学习策略所做出的改变。社会环境包括人们从事的任务类型、各种行为所受到的强化和惩罚,以及从他人那里获得的解释和所示范的技能。

- 社会认知理论强调,通过使用自我控制和自我调节技能,人们成为行为的起因并控制着自身的行为。这一过程班杜拉称之为个人能动性。

- 自我控制是指在没有强化或惩罚的情况下,控制一个人的行为。自我调节是指持续且适当地把自我控制技能运用到新的情境中。

- 学生掌握自我调节技能是很重要的,理由至少有三: 第一,随着学生年级的升高,他们需要对自己的学习承担更多的责任,而教师和家长的督促和指导则会逐步减少。第二,随着年级的升高,他们要学习和考试的材料的数量和复杂性不断增加。第三,当他们离开学校时,将不得不面对一个快速变化的世界。

340

9.2　定义并举例说明自我调节和自我效能,描述它们如何作用于成就。

- 自我调节的个体差异与自我效能感的个人特质紧密相关。自我效能感是个人在满足特定类型任务的需求时,对自己的能力和准备状态的主观判断。

- 一个人的自我效能感水平受已往成就的影响,受他人的说服性评论的影响,受焦虑或幸福感等情绪状态的影响,还受对我们所认同的人的成就的观察的影响。

- 自我效能感影响一个人对目标和活动的选择,影响个体为满足不同任务要求所使用的认知过程,影响完成目标时付出的精力和毅力,特别是面对障碍时。它还影响我们从事任务时所感受到的情绪,比如兴奋、好奇、焦虑和恐惧。

9.3　解释什么是自主学习者,并指出教师如何帮助学生获得这种能力。

- 在理想情况下,自我调节是一个三个阶段相互循环的过程。这些阶段和一些相关自我调节过程是:计划阶段(目标设置、计划、自主学习的自我效能感、达到目标的信念、内在兴趣,以及学习定向与表现定向目标),行为表现(注意力集中、自我指导、学习策略、记录个人行为、尝试不同形式的行为),以及自我反思(评估个人行为、对成功和失败作出建设性的归因、自我强化,以及对提高自我调节技能进行推论)。

- 自主学习发生在一个人有意识地产生和控制思维、情感和行为以达成学习目标的时候。由于其自身复杂性,自主学习技能的发展贯穿于整个学校学习生涯。

- 大多数学生都没有系统地或始终如一地运用讲求策略的学习技能。

- 在制定和使用学习策略方面,大多数教师很少或没有对学生进行直接指导;因为他们没有调整课程目标、教学、测试内容和要求,从而使得策略制定变得困难。

- 学习策略是一个通用计划,它规定了一个人将会使用的资源,什么时候使用,以及如何使用它去实现一个学习目标。

- 具体学习策略是一种特定的技巧,用来帮助个体达成一个直接与任务相关的目标。

- 具体学习策略分为促进记忆和促进理解的策略。当准确存储和提取信息很重要时,人们使用前者。当信息的理解很重要时,人们使用后者。

- 促进记忆的策略有两种类型:复述和记忆术。因为大多数形式的复述很少或没有信息编码,它们不是很有效的记忆策略。因为记忆术能组织信息并提供内在的提取线索,它们是有效的记忆策略。

- 常用的记忆术包括押韵短诗、首字母缩略词、字首组合法、位置记忆法和关键字法。
- 有效的理解策略是自我提问、同伴提问、记笔记和画概念地图。

9.4　总结社会认知理论在各方面的研究发现。

- 教师可以通过如下方式来支持学生的策略使用：使用三阶段自我调节模型作为教授自我调节技能的指南、提醒学生构建策略必须适应特定的学习任务、确保清楚地告诉学生自己想让学生学什么。
- "四步榜样示范"是学习自我调节技能的最佳方法：(1)观察一个榜样，该榜样示范技能并用言语表达行为表现标准和动机信念；(2)模仿或复制榜样行为的一般形式；(3)在相似但没有榜样的情境中，展示榜样行为；(4)将榜样行为迁移到不同的任务、情境和条件中。概括地说，榜样可以展现出抑制行为、去抑制行为、促进行为以及新行为。
- 相关研究表明，正如预期的那样，自我效能感、认识论信念和自我调节过程彼此紧密联系在一起，并且与成就密切相关。
- 榜样示范已被证明是一种有效的方法。它可用来帮助学生获得自主学习技能和自我效能信念，而这两方面都有助于提高数学问题解决能力和写作能力。
- 学习策略训练，特别是以互惠式教学的形式，提高了居于和低于平均水平的读者的阅读理解得分。

9.5　说明技术在提升自主学习中的作用。

- 技术是帮助学生获得自主学习技能的有用工具。它可以为学生提供无法亲眼看到的榜样，提供元认知反馈以及支架式教学。已经掌握了一些自我调节的技能并表现出自主学习的自我效能感的学生，从技术中获益最大。

进一步学习的资源

- 社会认知理论

  阿尔伯特·班杜拉关于社会认知理论的近期思想可以在第52期的《心理学年鉴》(*The Annual Review of Psychology*, 2001)的第一章"社会认知理论：一个能动的视角(Social Cognitive Theory: An Agentic Perspective)"中找到。

- 自主学习

Monique Boekaerts、Paul Pintrich和Moshe Zeidner所编著的《自我调节手册》
(*The Handbook of Self-Regulation*)(2000)包含了自我调节的各方面内容。Barry
Zimmerman所著的一章"获得自我调节：社会认知视角（*Attaining Self-Regulation: A
Social Cognitive Perspective*）"，详细论述了他的自我调节循环模型。

另一个优秀的资源是《自主学习和学业成就：理论视角》(*Self-Regulatd
Learning and Academic Achievement: Theoretical Perspectives*)(2001)，由Barry
Zimmerman和Dale Schunk编著。Barry Zimmerman在他那一章中描述了自主学习
和学业成就问题的不同理论方法——"自主学习和学业成就的理论：概述和分析"
(Theories of Self-Regulated Learning and Academic Achievement: An Overview and
Analysis)。Mary McCaslin和Daniel Hickey在他们那一章中，主要从维果斯基的
视角描述了自主学习——"自主学习和学业成就的理论：维果斯基的视角"（Self-
Regulated Learning and Academic Achievement: A Vygotskyian View）。

自主学习也称自我指导的学习。在《自我指导学习手册：引导青少年学生走
向卓越》(*Self-Directed Learning Handbook: Challenging Adolescent Students to Excel*)
(2002)一书中，Maurice Gibbons描述了中学和高中教师如何建立一个自我指导的学
习项目，范围从尝试一些小想法，到实施一个完整的项目。该书结尾包含了一组资
源，从A到J标记，来帮助教师设计和实现一个自我指导学习项目。在《自我指导学
习的评估策略》(*Assessment Strategies for Self-Directed Learning*)中，Arthur Costa和
Bena Kallick(2004)讨论了自我指导学习的各个方面，包括如何运用课堂评估数据
来帮助学生提高他们的学习技能。

- 自我效能

Dale Schunk和Frank Pajares 是Allan Wigfield和Jacquelynne Eccles所著的《成
就动机的发展》(*The Development of Achievement Motivation*)一书中"学业自我效能
感的发展"(The Development of Academic Self-Efficacy)这一章的合著者。他们讨
论了影响自我效能的因素、自我效能在性别和种族方面的差异，学习和成就方面的
自我效能感，以及关于自我效能感的研究。

帮助教师提高有特殊学习需要的学生（那些有学习困难、轻度智力落后和行为
障碍的学生）的自我效能感和成就，是2005年第二版《自我效能感：为有学习需要

的学生提高门槛》(*Self-Efficacy: Raising the Bar for Students with Learning Needs*)一书的目标,该书由Joanne Eisenberger、Marcia Conti-D'Antonio和Robert Bertrando所著。这三位作者都在公立学校中工作了26到36年。他们在书中描述了如何教授自我效能感,并在两份附录中提供了一组教学策略,来补充他们所描述的教学方法。

● **学习策略**

在由Patricia Alexander和Philip Winne所著的《教育心理学手册》(*Handbook of Educational Psychology*)(2006)的第12章中,Michael Pressley和Karen Harris对20世纪60年代到现在的认知策略教学研究,做了杰出的概述。他们这一章的标题是"认知策略教学:从基础研究到课堂教学"(Cognitive Strategies Instruction: From Basic Research to Classroom Instruction)。

James Worthen和R.Reed Hunt所著的《记忆学:21世纪的记忆术》(*Mnemonology: Mnemonics for the 21th Century*)(2011),对记忆术发展史及记忆术在心理学和教育领域地位,作出了很好的解释。

如果你想要获得一些关于如何帮助学生成为讲求策略学习者的想法,参考一下肯尼Kenneth Kiewra所著的《教授如何学习》(*Teaching How to Learn*)(2009)。第一部分名为"SOAR战略",是四个章节的首字母缩略词,这些章节描述了如何教学生注意或选择一节课中的相关信息、组织信息、将新信息与他们已知的信息联系起来,以及调节他们的学习技能。

如果你在城市里教书,那就看看James L Collins和Thomas G Gunning所著的《培养困难学生的高水平读写能力》(*Building Struggling Students' Higher Level Literacy*)(2010)的第九章。这一章是由Karen Waters撰写的,他是一名有着30多年经验的退休教师,标题是"在城市中学的课堂中教授高水平思维技能的策略教学及其教训"(Strategies Instruction and Lessons Learned in Teaching Higher Level Thinking Skills in an Urban Middle School Classroom)。

如果你想要帮助学生利用一些视觉工具,如信息组织图、概念图、蜘蛛网式图、思维导图、流程图和分类网格,请阅读David Hyerle2009年所著的第二版《可视化工具:将信息转化为知识》(*Visual Tools for Transforming Information into Knowledge*)。

第10章 建构主义学习理论、问题解决和迁移

Bob Daemmrich/Alamy

本章涉及的InTASC标准   学习目标

1. 学生发展

3. 学习环境

4. 学科知识

5. 知识应用

7. 教学计划

8. 教学策略

学完本章内容后，你将能……

10.1 说明建构主义学习理论的基本主张，并举例说明建构主义的实践应用。

10.2 使用常见问题类型，举例说明如何使用五步法解决问题。

10.3 描述支持不同类型正迁移的学习情境。

10.4 解释网络环境，特别是那些使用游戏原理设计的环境，是如何支持建构主义学习和问题解决的。

当你开始教学时,你可能会花大量的课堂时间来让学生学习别人发现的信息。但
是获得事实、概念和原理,只是适当的教育的一部分。学生还必须学习如何查找(*find*)、
分析(*analyze*)、评估(*evaluate*)和使用(*use*)他们需要知道的知识来完成自己设定的目
标。换句话说,学生需要学习如何成为有效的问题解决者,这一过程也被称为批判性思维
(Bonney & Sternberg, 2011)。

除了确保掌握事实信息外,教授问题解决技能的另一个理由是,在技术导向的国家中,
生活发生着快速的变化。新的产品、服务和社会习俗,被迅速引入并融入到我们的生活方
式中。手机、相机和便携式音乐播放器等曾经是各自分离的设备,现在已被整合在一部智
能手机中。基于个人基因图谱的抗癌治疗和体外受精是另外两项技术革新,它们对许多人
的生活产生了重大影响。

但变化,尤其是快速变化,可能是好坏参半的。尽管新产品、新服务能使生活更方便、
更高效、更令人愉快,但它们也会使生活变得更加复杂和不确定。绿色革命承诺提供新的
工作,但需要企业的赢利模式和员工的谋生方式作出重大调整。医疗保健的进步能让人们
更健康、更长寿,但同时也带来了一系列道德、伦理、法律和经济问题。

从这些观察中得出的教育含义是显而易见的:如果我们要从快速乃至剧烈的变化中
获益,我们的学校就要投入更多的时间、金钱和努力,来教学生如何成为有效的问题解决
者。许多人都在强调教授解决问题的技巧,包括Tony Wagner——《全球成就差距》(*The
Global Achievement Gap*)(2008)和《创造革新者》(*Creating Innovators*)(2012)两书的作
者。Wagner曾是一个高中教师和校长,目前是哈佛大学科技和创业中心的创新教育研究
员,他提出以下论点:

> 然而,在21世纪,仅仅掌握阅读、写作和数学基本技能是不够的。几乎任何薪资
> 超过最低标准的工作,如蓝领和白领,现在都要求员工懂得如何解决一系列智力和技
> 术问题……因此,21世纪的工作、学习和公民素养,都需要我们懂得如何思考——推
> 理、分析、求证、解决问题,以及进行有效的沟通(2008, pp.xxii–xxiii)。

很多接受访问的企业高管都支持Wagner的观点,因为组织工作的方式改变了,企业需
要有批判性思维和解决问题能力的员工。这意味着,与其他事情相比,知道如何提出正确
的问题,以及能够进行富有成效的讨论(以发现同事和客户的需求)变得格外重要。我们
将在本章讨论这两个话题。

好的问题解决者有两个共同特点:一是拥有一个有组织的、有意义的知识体系,二是拥有

一套系统化的问题解决技能。历史地看,认知学习理论对于传授类知识和技能,具有很好的指导意义。在本章,我们将从认知理论的视角来考察有意义学习问题。这里的认知理论,被称为建构主义,我们在本书前面介绍过。接着,我们将描述问题解决过程的实质,以及你能做些什么来帮助学生成为更好的问题解决者。在描述习得的能力在什么情况下适用于新任务后亦即学习迁移之后,我们将通过讨论如何用技术来促进知识构建和问题解决,来结束本章内容。

学习导读

下述要点能帮助你了解本章的重要内容。为了帮助你学习,这些要点也会出现在正文页脚。

建构主义语境下的有意义学习

- 建构主义:对外部观点和经验创建一个个人解释

- 布鲁纳:发现观念之间、观念与已有知识之间如何相互联系

- 观念的建构受到学生已有知识的强烈影响

- 除了已有知识之外,观念的建构还得益于多元化视角、自我调节和真实的任务

- 认知建构主义强调认知过程在有意义学习中的作用

- 社会建构主义强调文化与社会互动在有意义学习中的作用

- 批判性建构主义强调文化迷思的作用,以及它如何影响学习环境

- 建构主义定向的教学鼓励创造新观点,使用支架、现实任务和课堂讨论

问题解决的实质

- 结构良好问题:表述清楚,解决步骤已知,评价标准已知

- 结构不良问题:表述模糊,解决步骤和评价标准均不清楚

- 争议问题:引发强烈情绪反应的结构不良问题

- 问题发现依赖于好奇心和对现状的不满

- 问题界定依赖于学科知识和对问题类型的熟悉程度

- 惰性知识是由于在有限条件下学习孤立的知识而产生的

- 研究解答过的样例是一种有效的问题解决策略

- 先解决一个简单版本的问题;然后将解决过程迁移到更困难的问题上

- 将复杂问题分解成几个可管理的部分

- 当目标明确但初始状态不明确时,可以采用逆向工作法

- 反向消退:通过从解决方案逆推回解决问题的第一步,来帮助学生发展问题解决

能力的方法

- 解决了一个类似问题,然后应用同样的方法
- 创建一个问题的外部表征
- 通过估计或检查来评价结构良好问题的解决结果

教 学 建 议

- 对学科知识的理解对问题解决很重要

学 习 的 迁 移

- 迁移的早期观点是基于两项任务之间的相似程度
- 正迁移:前面的学习使后面的学习变得更容易
- 负迁移:前面的学习干扰后面的学习
- 具体迁移:由于两个任务之间的具体相似性
- 一般迁移:由于相同认知策略的使用
- 近迁移:前面学到的知识和技能在相对较短的时间里用于高度相似的任务上
- 远迁移:前面学到的知识和技能在相对较长的时间后,用于不同条件下、不相似的任务上
- 低路迁移:前面学到的技能自动应用于当前相似的任务上
- 高路迁移:从一个任务中获得规则并把它应用于相关任务中
- 低路和高路迁移是通过对技能、规则、记忆提取线索的各种应用练习而产生的

支持知识建构和问题解决的技术工具

- 技术工具能够帮助学生建构知识,变成更好的问题解决者

揭示假设 **什么是问题?**

塞莱斯特这节课快结束了。然后,铃声响起,学生们陆续出来,她走向康妮,康妮观摩了这节课。塞莱斯特显然是心烦意乱:"我简直不敢相信!我不相信这些学生曾经上过物理课,他们不知道他们需要的数学知识,不知道基本概念,甚至不太了解科学方法。我不知道他们以前上过谁的科学和数学课,但不管是谁,他们错失了学习的良机。"

"你是指这些学生还是他们的教师?"

"他们都错失良机!"她笑了,深吸了一口气,坐在康妮的旁边,"我的意思是,他们都错失了良机。"康妮微笑着。塞莱斯特接着说:"非常抱歉,但是我今天给他们的问题非常简

单,他们根本无法理解。他们甚至不知道怎么着手。"

"好吧,让我们反思一下,"康妮说,"你在上课时候做了一些观察,你也做出了一些推论……你似乎对这些推论感觉很强烈。我注意到学生们在应对你给他们的情境时遇到了困难,我也不太确定你的推论。"康妮停下来,以确保塞莱斯特已经理解了。

"为什么他们没有很好地解决这个问题,对此我想可能会有另一种解释。"塞莱斯特说,"我确信他们上这节课需要一些先决条件。我从自己的观察知道,今年年初这门课上有很多优秀的学生。但如果他们有正确的知识,为什么他们不能解决这个问题呢?"

"也许他们不明白有问题要解决,"康妮说,"说实话,我不确定你为什么提出这个情境。也许你的学生认为你在展示一个例子,这就是为什么他们会问一些他们认为可能相关的概念。他们尝试了,但他们不知道如何参与。"停顿片刻后,康妮继续说,"他们之所以无法解决你心中的问题,可能是因为他们无法在这个情境中识别出问题。在解决问题之前,必须先要理解问题。"

暂停 与 反思

问题解决无疑是所有年级学生都需要具备的一项关键技能。当学生难以解决问题时,我们常常推断他们不知道如何解决问题。换句话说,我们假设解决问题只是要找到解决方案。然而,并不是所有的问题都列在教科书的每章的后面。在很多情况下,学生解决问题时遇到的困难,并不在于"找到解决办法",而是必须先"找到问题"。作为一名学习者,当课本上的数学问题被指定为家庭作业的时候,你是怎么做的? 当你面对那些没有明确界定或者结构不良的问题的时候,你又是怎么做的? 你如何帮助你的学生发现问题和解决问题?

346　10.1　建构主义语境下的有意义学习

| InTASC | 标准1(d)　标准7(h)　标准7(i)　标准8(j) |

正如你所记得的,**建构主义**(Constructivism)[1]认为有意义的学习发生在人们积极尝试理解

1　建构主义: 对外部观点和经验创建一个个人解释。

世界的时候,发生在人们借助现有的知识结构(在前面章节中称为图式)过滤新的观念和经验,进而对事物是怎样的以及为什么这样构建出一个解释时。例如,一个人住在一个国家里,该国提供几乎是免费的社会服务,如医疗保健、心理咨询、教育、就业安置和培训,以及每年几周的薪假期,那么对于政府在人们生活中的角色,这个人就会构建一个与生活在一个更强调市场经济的国家的人,完全不同的观点。换言之,有意义学习是从个人的经验中主动创建知识结构(如概念、规则、假设和联想)的过程。在本节中,我们将简要地回顾一下早期的建构主义取向的学习方法,考察建构主义理论的实质,并将全面分析建构主义的局限性和优点。

10.1.1 杰罗姆·布鲁纳与发现学习:早期的建构主义观点

建构主义对学习的解释并不新鲜。在过去的75年里,约翰·杜威(John Dewey)、让·皮亚杰(Jean Piaget)、列夫·维果斯基(Lev Vygotsky)和杰罗姆·布鲁纳(Jerome Bruner)等著名学者,都对建构主义做出了重要的推动。从20世纪60年代开始,布鲁纳的贡献之一是提出了**发现学习**(discovery learning)这一概念[1]。

布鲁纳认为,学校中的学习,过多地采用了循序渐进地学习言语或数字形式的陈述或公式的形式,学生可以在提示的基础上发现这些信息,但不能把它们应用到课外。当学生面对高度结构化的材料,如作业单,以及其他类型的练习时,布鲁纳认为,他们变得过于依赖别人。此外,学生们可能认为,学习只是为了获得奖励。

布鲁纳认为,教师应该让孩子面对问题,应帮助他们独立或通过小组讨论来寻求问题解决方案,而不是使用预先选择和安排好的材料来上课。布鲁纳指出,真正的学习包括"弄清楚如何利用已有的知识来超越原先的想法"(1983,p.183)。与皮亚杰一样,布鲁纳认为,孩子独自形成的认识,往往比在他人建议下产生的认识更有意义;当学生寻求理解给他们带来困惑的事物时,并不需要获得奖励。

布鲁纳并不是建议学生去发现他们需要知道的每一个事实、原理或公式。在学习过程中,凡事都要发现,这实在是太低效了,向他人学习也可以与个人发现一样有意义(Mayer 2004,2009)。当然,布鲁纳认为,某些类型的学习结果——理解观念之间的关联方式、意识到独自解决问题的可能性、懂得如何关联我们已有的知识与我们所试图学习的知识——是教育的本质,最好通过个人发现来获得。布鲁纳关于发现在学习中的重要性的观点目前仍被广泛接受。杰出的认知科学家Roger Schank(2011)认为,与听他人讲授相比,学生通过重复

---

1 布鲁纳:发现观念之间、观念与已有知识之间如何联系。

的体验和发现能学到更多的知识。

由于人们相信发现学习对有意义学习、问题解决和迁移都可能有促进作用,研究人员一直乐此不疲地检测其效用。经过大约45年的探索和深入的分析(参见,Alfieri, Brooks, Aldrich, & Tenenbaum, 2011; Furtak, Seidel, Iverson, & Briggs, 2012),研究为布鲁纳的观点提供了有力的支持。分析表明,把发现学习完全交给学生自身是行不通的。与那些可以得到教师直接清晰的教学(可能包括解释、学习示例和反馈)的学生相比,那些必须自己阅读和理解材料,必须自己解决问题的学生,在关于这个材料的测试上表现得更差。相反,与直接教学相比,有指导的发现学习(guided discovery),则会给学生带来更好的成绩。有指导的发现学习(以及与它的近似形式探究性学习),意味着要给学生提供各种形式的支持,如向自己或教师解释材料或任务的某些方面,提供关于如何学习的提示或建议,并在关键时候给予反馈。

10.1.2 当代建构主义理论

InTASC   标准5(j)

建构主义是一个概括的术语,它涵盖了几种具有共同主张的学习观点(Rikers, van Gog, & Pass, 2008; Tobias & Duffy, 2009)。这里,我们先简要分析一下建构主义关于学习的共同观点,然后描述建构主义学习论的三个流派,并审视促进建构主义学习的条件。

建构主义理论的共同主张

四个核心观点构成了建构主义看待学习和学习者的理论框架:先行知识、多元视角、自我调节和真实的学习(Loyens, Riker, & Schmidt, 2007)。我们将对每一个观点作以简要的描述。

1. 有意义学习是从个人经验中主动创造知识结构的过程[1]。建构主义者将学习者视为知识建构的能动者(Cunningham, 1992; Gijbels, van de Watering, Dochy & van den Bossche, 2006; Loyens, Riker, & Schmidt, 2008);认为每个学习者都通过使用现有的知识、兴趣、态度、目标和爱好来选择和解释信息,从而建立自己的世界观(Koohang, Riley, Smith, & Schreurs, 2009; Mayer, 2008)。这一假设强调了教育心理学家所谓的"先行知识"的重要性,而先行知识是学生们先前习得的带到课堂上的知识和技能(Ozuru, Dempsey, & McNamara, 2009)。

---

1 观念的建构受到学生已有知识的强烈影响。

一位哈佛大学物理学教授花了数年的时间给学生讲课,在对他们未能正确回答概念性问题和解决问题感到失望之后,得出了这样的结论:应该帮助学生建立新旧知识之间的联系,并建构起科学是如何运作的心理模型。因此,他在课堂上安排时间进行讨论、同伴互动以及概念的使用(Mazur, 2009)。这项技术现在被称为"翻转"课堂,我们将在本章后面对此作更详细的描述。

2. 社会互动以及与他人的协商理解可以帮助学习者建构知识。一个人的知识不可能与另一个人的知识完全相同,因为知识是对经验作出个人解释的结果,它受学习者的年龄、性别、种族、民族背景和知识基础等因素的影响。通过与他人交流,学习者有机会获得与他们自身不同的观点。因此,多元观点的相互分享有助于个人知识结构的增加、删除或修改。系统的、开放的讨论和辩论有助于个体创建自己的观点(Azevedo, 2009; Paavola, Lipponen & Hakkarainen, 2004)。

与他人接触可以帮助学习者发展自己的观点,但不能保证这些观点符合他人的观点。在很多情况下,人们无法调和自己与他人的观点,所以会有支持与不支持的情况出现。例如,2002年1月,乔治·布什(George W. Bush)总统签署了《初等和中等教育法案》(the Elementary and Secondary Education Act),即《不让一个孩子掉队》(No Child Left Behind, NCLB)。尽管每个人都同意法律的要求(到2014年,所有三到八年级的孩子在数学和阅读/语言艺术考试中都能达到熟练水平,这对那些未能在这些目标上取得进展的学校和地区产生了负面影响),但对这一立法的真正目的,以及它可能对学生和教师产生的影响,人们之间存在着明显的认识上的分歧(Schwartz, Lindgren, & Lewis, 2009)。有些人认为这是学校改革的有效手段,而另一些人则认为这会削弱公立教育的自主性和有效性(参见,Nichols & Berliner, 2007)。在诸如此类的问题中,真理总是可以用建构主义观点来解释:它在观察者的头脑中。

3. 学习者的自我调节是成功学习的关键。你应该记得前一章中所介绍的,自主学习发生在个人为了达到学习目标而产生并控制思维、情绪和行为之时。如果你回顾前一章中关于自主学习的讨论,并记住了前述两个观点,那么对于建构主义的第三条主张就不足为奇了。建构论者认为学习者不是新信息的被动接受者,而是运用他们的先行知识和经验参与到他们的环境中(包括其他人),以扩展他们现有的知识结构(皮亚杰的同化概念)并建立新的知识结构(例如,顺应)的能动者。自我调节技能可以让学习者掌控自己:做学习的主人而不是教学的对象。

研究是一种需要高度发展的自我调节技能的学习方式。学者们利用他们的已有知识来决定下一步要问什么问题,以及如何回答这些问题。就像我们在前几章所看到的那样,通过与同事之间多年的讨论和争辩，从同事那里获得关于自己所研究的问题的多元视角和经验，学者们形成并改进他们理论或研究的方方面面。皮亚杰主义者和维果斯基主义者之间的争论（在第2章的"发展阶段理论"中讨论过）就是建构主义学习如何进行的一个很好的例子。

4. 真实问题提供了有助于知识建构和迁移的现实情境。当学生遇到现实的问题时，他们可以使用已有的关于问题情境的知识（Driscoll, 2005）。想象一下阿拉斯加州首府朱诺的一个初中班级，需要学习如何使用数学公式进行预测。他们需要了解变量是什么，如何使用或组合一些变量来预测其他变量，以及如何利用预测变量的数值来进行预测。处理这个任务的一种方法是记录公式，插入测验或问题簿中提供的值，生成他们的预测，并找出他们的预测是否符合"正确答案"。处理这项任务的另一种方法是提出这样一个问题："附近的门登霍尔冰川（朱诺附近的一个主要旅游景点）融化后，朱诺的经济将会怎样？"这样的问题为学生提供了丰富机会，让他们识别和研究那些与冰川生态和旅游业相关的变量：冰川的游客数量、旅游提供的工作机会、酒店预订、邮轮费、餐馆和商店的顾客以及税金。学生们研究的问题可能包括：我们如何发现这些信息？这些变量如何影响经济？我们如何衡量这种影响？

除了让学生调动他们的已有知识外，真实的任务还经常为学习者提供合作学习的机会，从而使他们有机会从多元视角进行社会互动和意义协商[1]（Kordaki, 2009）。

概言之，上述建构主义主张为我们理解有意义学习即为知识建构这一观点提供了框架。当我们审视建构主义框架时，我们的观点直接指向了先行知识、多元视角、自我调节和真实的学习等关键概念。然而，正如前面提到的，建构主义理论有多个流派。我们可以把这些流派想象成可以放在框架内的镜头，框架将我们的注意力引向共同的建构主义主张和它们所代表的关键概念，但每一个镜头都能轻微改变我们聚焦这些关键概念的方式。例如，一个镜头强调先行知识；另一个镜头将社会互动的多元视角带到前面。每一个镜头代表着建构主义主旨的一个变式。我们简单看一下这个三个镜头：认知建构主义、社会建构主义和批判性建构主义（照片10-1A和10-1B）。

建构主义的三个流派

我们已经描述了有意义学习的一种观点，即皮亚杰认为有意义学习是内在动力驱使着解决不一致和矛盾的自然结果；也就是说人们总是被驱使着按照某种世界观，根据当前已有的知识去理解世界。

建构主义的一个流派是**认知建构主义**[2]（cognitive constructivism），它是皮亚杰思想的

1　除了已有知识之外，观念的建构还得益于多元化视角、自我调节和真实的任务。

2　认知建构主义强调认知过程在有意义学习中的作用。

照片10-1A和10-1B　大多数建构主义理论都属于下面三种形式中的一种：认知建构主义、社会建构主义和批判性建构主义。第一种强调一个人的认知过程对有意义学习的影响，而后两者则强调其他人的论点和文化的观点对有意义学习的影响。

发展，因为它关注的是个体内部发生的认知过程。换言之，个人对事物的真相的认识（例如，鸟和飞机都能飞是因为他们使用相同的飞行原理）是在别人的指导下，基于自己的能力，有效地将信息同化到已有图式中，并形成新图式和运算（皮亚杰将这个过程称为顺应），以响应新的或不一致的观点（Fosnot & Perry, 2005; Windschitl, 2002）。

　　社会建构主义[1]（social constructivism）认为，当人们被明确教导如何使用他们文化中的心理工具（如语言、数学和问题解决方法），并有机会在真实的生活中使用这些工具来创建对某些现象的共同理解时，有意义学习就发生了（Burton, Lee, Younie, 2009; Mclnerney, 2005）。学生被鼓励与同伴和教师对一些事情进行开放性的讨论，如术语和程序的意义，观点之间的关系，知识在特定情境中的适用性等。这一过程通常被社会建构主义者称为意义协商（*negotiating meaning*）。这一观点起源于心理学家列夫·维果斯基和教育哲学家约翰·杜威等人的著作（Cole & Gaidamaschko, 2007; Bostholm, 2008; Windschitl, 2002）。

　　社会建构主义也让研究者更加关注当人们与他人和自己所处的环境互动时，文化和历史如何影响他们的思维和行为。而引导这种研究走向的理论被称为"文化历史活动理论"（cultural-historical activity theory），简称"CHAT"（Cole 1996; Roth & Lee, 2007; Saka, Southerland, & Brooks, 2009; Yamagata-Lynch & Haudenschild, 2008, 2009）。CHAT提供了一个分析和理解复杂的、真实生活情境中的活动的方式。例如，Lisa Yamagata-Lynch（2007）使用"活动系统分析"（见 Engestrom, 1999）分析了在一个学区内进行技术整合的效果，该学区希望通过增加技术使用来促进学生的学习。通过分析单个教师、教师团体、技术人员在学校和学区的活动，以及他们在一个专业发展项目中的活动，Yamagata-Lynch就可以观

350

1　社会建构主义强调文化与社会互动在有意义学习中的作用。

察不同个体与群体活动之间是如何互动的。通过"活动系统分析"，她能够找出实现技术目标的障碍，以及在实现目标的过程中，由不同角色的人共同营造的各种紧张气氛（有些紧张有助于达成目标）。

文化历史活动理论是由维果斯基的社会建构主义演化而来的。随着CHAT的发展，文化以及个人在某一文化中的历史的重要性，逐渐被第三个理论视角所聚焦，从中我们可以看出建构主义对有意义学习的第三种看法。

建构主义的第三个流派被称为**批判性建构主义**[1]（critical constructivism）（Fok & Watkins, 2009; Jean-marie, Normore, & Brooks, 2009; Stears, 2009）。正如我们在第5章"应对文化和社会经济多样性"中所讨论的，种族特征和社会阶层是区分不同文化的两个重要因素。我们也知道，文化差异可能导致不同的沟通模式，致使学生之间、师生之间出现误解。最后，我们知道教师期望会影响学生在学校的表现。批判性建构主义关注的是教师在课堂上所营造的学习环境中的社会方面，这些环境是否延续了文化上的误解（例如，"来自较低社会经济群体的孩子没有足够的先行知识来建构知识"），以及学习者的文化背景如何影响他们与他人以及要学习的内容之间的互动（Good-man, 2008; Loyens & Gijbels, 2008; Taylor, 1996）。

虽然认知、社会和批判性建构主义分别强调学习的不同方面，但它们之间并非互不相容。认知建构主义并不否认在集体活动中学习的价值，也不否认一个人的文化背景的影响；社会建构主义并不否认独立学习的价值；批判性建构主义也承认认知过程和社会协商是知识构建的关键。就像一位建构主义者所指出的，"学习既涉及个人解释又涉及与其他人协商"。（Windschitl, 2002, p.142）。在第5章我们学到，文化视角影响个人解释和与他人协商。例如，想想管弦乐队的音乐家。他们既会自己练习也会进行团体练习，因为有些事情独自学习最好（如呼吸、指法或鞠躬等方面的技术），而其他事情与团队一起学习最好（如，从他们自己文化经验的视角，讨论如何使用不同技巧来最好地表现出演奏者的意图）。这三种建构主义流派都认为，"学习是一个以学生为中心的活动过程，因为学生是借助教师的帮助，选择和转换信息、构建假设并做出决定"（Chrenka, 2001, p.694）。

促进建构性学习的条件

建构主义者经常提到的促进学习的条件包括：师生之间的认知学徒制，使用现实的问题和条件，强调多元视角。

认知学徒制 第一个条件是认知学徒制，我们在第9章"社会认知理论"中描述 Annemarie Palincsar 和 Ann Brown（1984）的互惠式教学项目时，对此有过说明。它的主要特

---

1 批判性建构主义强调文化迷思的作用，以及它如何影响学习环境。

征是教师对学生要学习的认知过程进行示范，然后随着学生的熟练程度的提高，逐渐将执行这一过程的责任转移给学生（Seezink, Poell, & Kirschner, 2009）。你可能还记得我们先前的讨论——例如在第2章——提供一些环境支持如示范、提示、引导性问题和建议，然后在学习者能力增强时逐渐移除它们，这一过程被称为"搭建支架"。认知学徒制也发生在不太正式的情境下，如当一个孩子加入现有的同伴群体（如戏剧剧组）后，起初主要是看其他孩子做什么，然后逐渐地在其他人不太明确的指示下，参与任务的某个或多个方面。

情境学习　第二种条件通常被称为**情境学习**（situated learning）（或情境认知），它给予学生们现实情境中的学习任务。在现实情境中，学生必须通过运用各种技能和信息来解决一个有意义的问题。这一条件的理论基础有两点：

1. 当学习发生在现实情境中时（Duffy & Cunningham, 1996; Hung, 2002），它更有可能是有意义的（与先前所学的知识和技能联系起来）。

2. 传统形式的课堂学习和教学在很大程度上是去情境化的，学生学习的内容只与参加考试和其他课堂任务有关，这会导致一种[**惰性知识**]（inert knowledge）的形成（Gentner, Loewenstein, Thompson, & Forbus, 2009）。也就是说，学生们不能使用他们先前学到的东西（比如数学程序）来解决现实生活问题（如计算一个房间的墙壁的面积来决定买多少卷墙纸）或其他与学校学习相关的问题，因为他们看不到两者之间的任何关系（Perkins, 1999）。但是我们在本章后面也会指出，当我们讨论学习迁移时，一些人认为过于强调情境认知，会使学生难以懂得如何应用已有的知识（Bereater, 1997; Cooper & Harris, 2005）。

尽管已有大量的研究证据支持情境学习的原则，我们可以通过引用成功教师的经验使之更有说服力。Bill Smoot采访了我们在本书第1章和第2章提到的获奖教师，发现几乎所有的教师都广泛地使用情境学习。如，种植小麦并体验把它变成面包的所有步骤（一个体现科学、数学和社会研究的州课程标准的项目）、将生羊毛变成布、根据记忆表演莎士比亚的《麦克白》、使用日本折纸技术来理解各种形状（如抛物线）、让学生编排一个舞蹈来模仿有丝分裂中的细胞分裂过程。正如一位教师所说的，"当项目设计仔细并有严格的构成成分时，它们能够更好地促进学生的学习乃至考试，当然也能更好地帮助他们为生活做准备"。（Smoot, 2010, p.13）

一个情境学习的例子是：棒球可以作为初中生和高中生应用科学、数学和社会知识的工具。可以要求学生使用他们的物理知识来解释投手如何能让球曲线向左或向右转，当它接近本垒板时，要求学生使用他们的数学技能来计算跑出本垒的距离；也可以要求他们阅读关于黑人联盟和Jackie Robinson的书，以及讨论为什么直到20世纪40年代末，职业棒球大联盟才开始整合。

352

一种更正式的情境学习方法是使用"基于问题的学习"（problem-based learning, PBL）（Hung, 2002; Jeong & Hmelo-Silver, 2010）。不同于传统教学方法中学生首先学习知识，然后运用所学知识解决问题，PBL向学生展示复杂、真实的问题（比如为沙漠西南部制定水资源管理计划），要求他们识别和找出解决问题所需的信息。换句话说，学生们决定他们需要获取什么知识来解决问题（Angeli, 2002; Soderherg & Price, 2003）。

尽管有相当多的研究支持PBL，但我们想简要提及最近的一项研究（Wirkala, & Kuhn, 2011）。原因有二：首先，它是在现实条件下的初中课堂中完成的；其次，它设计了非PBL条件、讲课/讨论，作为PBL的强有力竞争对手。换句话说，我们几乎找不出研究者刻意支持PBL的做法。这个实验的细节很有趣，我们鼓励你自己阅读（即使它已发表在学术期刊上，我们也认为你能够弄清楚他们做了什么和为什么这样做）。你甚至可能从中得到一些在自己的教室使用PBL的想法。在使用PBL或讲课/讨论九周后，测试学生们对基本概念的理解和他们将这些概念应用于新问题的能力。结果显示，接触到问题解决方法的学生对概念（理解测试）的解释，比使用学习/讨论形式的学生的解释更加准确和详细。PBL学生在应用测验上的得分也相当高。这是我们在本章后面提到的关于远迁移的一个例子。产生这些结果并不难理解。因为它甚至比高质量的讲解/讨论更能激发学生的学习动机，刺激他们激活相关的先验知识，并促使他们对课程内容进行有意义的精加工，并将其储存起来供以后使用。

多元视角　促进建构主义学习的第三个条件是学生从多个角度来看待观点和问题。这个条件的理论基础有两点：生活中的大多数问题都是多侧面的；专家的知识是由相互关联的观念所构成的网络。成为一名高效教师的复杂过程，是需要多元视角一个很好的例子：一名高水平的教师需要吸纳其他教师的观点（Chen & Pang, 2006）。我们在本书的开篇部分提到过，成为一个有效教师需要掌握许多技能和学科，以便于从几个角度分析和解决课堂中的问题。

下一节给出了一个建构主义教学的例子，表10-1列出了建构主义教学的主要特征。

一个建构主义教学的例子　一位五年级教师希望他的学生明白"π"这个数学概念所表示的是直径与圆周之间的关系。在开学的第一天，他给了学生一张分成三列的表格。告诉学生在接下来的三个星期内，他们要找出校外各种圆形物体，并测量每一个物体穿过它的中心到两边和环绕一周各有多少英寸（他有意避免在此时使用直径和周长术语）。第一个测量记录在第一列，第二个测量记录在第二列。在接下来的三个星期里，学生们测量了各种各样的东西（如硬币、轮胎和盘子），他们一直在想为什么要做这个项目，以及教师会有什么样的解释。在这三周的最后一节课上，学生们既惊讶又失望，教师没有给出解释。相反，他让学生们看看他们两栏的数字，然后说："现在告诉我，你能看到这两组数字有什么有趣之处？"

渐渐地，学生们注意到测量的周长总是大于直径的测量值。然后教师问，"第二列圆周的数字有多大？与第一列穿过中心到两边的数字有什么关系？"学生们再一次想知道教师什么时候会直接告诉他们答案。在教师的逐步引导下，学生们开始猜测，直到一个女孩意识到，这个问题的答案可以通过将更大的数字除以更小的数字来获得。学生们这样做了，在他们的记录表的第三栏里记录了他们的答案，并惊讶地发现答案始终是一样的（3.14）[1]。

比起让学生仅仅记住 π 是圆的周长与直径的比率，这样的教学方式更有意义，正如一位学生所说的，"不管多大的圆，环绕它的距离总是穿过中心距离的三倍多"。他们还学到，探究知识很有趣，数学在现实世界中也随时可见（Funk, 2003）。

这种教学方法与越来越流行的"翻转课堂"的做法有很多共同之处。在传统的课堂上，教师会传递基本的信息，然后给学生布置解决问题的练习、家庭作业或学生在家做的其他实践任务，然而在"翻转课堂"中顺序是相反的。学生在家里进行基本的阅读和练习，并利用课堂时间讨论概念、解决问题或参与项目（Bennet, 2012; Berrett, 2012; Fulton, 2012）。你可以通过访问翻转学习网络（Flipped Learning Network）网站，了解更多关于翻转课堂教学方法的信息。在这个网站上，你也可以加入一个翻转课堂教师的在线社团，阅读和回复帖子，并观看教师如何使用这种技术教授具体课程的视频。

表 10-1	建构主义课堂的特征

353

- 从学生对学科的当前理解水平开始教学和学习。因此，教师需要确定目前学生已懂得什么，有哪些与学习主题相关的经验。

- 教师帮助学生创造真实的学习经验，这些经验引导学生精致地加工和重组现有知识。教师相信有意义的学习包括发现、质疑、分析、综合和评价信息。

- 学生经常参与复杂的、有意义的、问题导向的活动，这些活动的内容和目标都与教师协商过。

- 学生们经常有机会争辩和讨论实质性问题。

- 教学的主要目的是让学生学会自己思考。因此，教师使用各种间接的教学方法，例如示范他们想要学生使用的思维过程；提供提示、问题和建议；提供启发式（本章后面的一个主题）；并利用技术组织和呈现信息。

- 学生参与高水平的认知过程，如解释观点、研读教材、预测现象和基于证据构建论点。

- 除了用笔试评估学生的学习，教师还要求学生写研究报告、做口头报告、建立模型、参与解决问题的活动。

- 持续评估学生的学习进展（以及学习环境的有效性），而不仅仅是在期末和学期结束的时候评估。

- 把学科和学科知识视为是不断发展和完善的。

来源：Gabler Schroeder & Curtis（2003）；Loyens & Gijbels（2008）；Windschitl（2002）.

1　建构主义定向的教学鼓励创造新观点，使用支架、现实任务和课堂讨论。

354

10.1.3 对建构主义的评价

尽管建构主义可以给教师提供很多支持,但像其他理论一样,它也有自身的局限性,其实施也可能存在问题(Kirschner, Sweller, & Clark, 2006; Mayer, 2009)。这里有一些你应该记住的建构主义的局限:

- 由于建构主义强调的是引导而不是讲述,强调接受对问题和解决方案的不同视角,根据新信息修改先前的理解,创建一种鼓励积极参与的氛围,因此几乎不可能制订出高度详细的课程计划。教师所做的大部分事情都取决于学生的反应。从这个角度看,教学将会更加依赖你作为教师艺术家的能力。
- 建构主义视角的教学相较于传统教学形式,更耗费时间并且对学习者有更高的要求(Perkins, 1999; Schwartz, Lindgren, & Lewis, 2009)。
- 建构主义并不是你所需要的指导学习和教学的唯一理论(就此而言,其他理论也是如此)。你需要知道哪些理论或方法最适合于你的教学目的和环境。有时记忆事实信息至关重要,有时一个清晰和组织良好的讲解可以更高效(或有效)地完成教学目标(Mayer, 2009; Schwartz, Lindgren & Lewis, 2009)。

教师从事建构主义教学的程度,在很大程度上取决于他们是否完全接受其基本原则(如知识是暂时的,知识是学生之间、学生与教师之间讨论的结果,学生们参与到课程设计中,学习发生在与学生生活相关的现实生活任务和情景中)。如果教师认为是由他们而不是学生来决定学什么和如何学,以及他们的主要责任是帮助学生为高风险的考试做好准备,那么这些教师会较少地使用建构主义方法(Haney & McArthur, 2002; Nichols & Berliner, 2007)。

假定你确实接受了一些建构主义原则,并且你承认在建构主义课堂中,教学支持起作用(Hardy, Jonen, Moller, & Stern, 2006),你可以使用许多技巧来在建构主义框架中来促进学生的有意义学习。在本章最后,我们描述了几个基于计算机的方法。课堂讨论是一种不依赖于计算机技术但特别适合于形成、比较和理解不同观点的教学方法(Brookfield & Preskill, 2005; Fok & Watkins, 2009)。由于这种方法也可以让学生解决那些复杂而模糊的现实问题,运用教师教授的认知技能,因而它是一种通用的帮助学生构建有意义的知识体系的优秀方法。它也是提高学生写作质量的有效途径。一项在初中和高中的课堂上(包括近1 000名学生)、以讨论为基础进行文学教学的研究发现,对阅读任务实施高水平的以讨论为基础的教

355

学，会让学生的阅读报告、分析报告和论文更为抽象和精致（Applebee, Langer, Nystrand, & Gamoran, 2003）。接下来，让我们把注意转向一些具体的教学建议，这些建议描述了如何使用讨论和其他技巧来促进课堂上的有意义学习。

暂停　与　反思

你能回忆起一节教师使用建构主义技术的课吗？教师做了什么？你如何反应？学习结果是否比其他课更有意义？

教学建议　运用建构主义方法引导有意义学习

InTASC　　　标准4（j）　标准8（k）

1. 安排学习情境，让学生从不同视角审视问题。

这是发现学习和建构主义学习观点的核心。基本思想是安排（arrange）学习任务的要素，引导（guide）学生的行为，让学生发现或建构对问题的有意义的个人理解（与别人的理解相反）。在某些情况下，你可以提出一个主题，该主题可以是一个观点，也可以是所有学生都必须掌握的知识。在其他情况下，你可以通过将所有参与者置身在相同的背景信息中来组织讨论。

a. 让学生们讨论熟悉的话题或观点。

示例：

- "广告公司在电视广告中使用哪些技术来说服我们购买某些产品？"
- "你认为你读过的最好的书是什么？你为什么这么认为？"

b. 提供必要的背景资料，要求所有学生阅读一本书的全部或部分、做听讲笔记、观看电影、做图书馆研究或在互联网上做研究。

示例：

- 在课上阅读《远大前程》之后问："你认为狄更斯在写这本小说时想表达什么？他只是想讲一个好故事，还是想让我们思考人们之间的某种关系？"
- "我在解释了一些电流原理后，将要求你提出串联和并联电池连接的规则，并向我们演示你的规则是如何运作的。"

2. 可以通过提出一个特定的问题,提出一个与主题相关的争议问题,或者要求学生选择主题或子主题来组织讨论。

通过给学生一些适于讨论的具体问题,让学生探讨发现,这一点是很重要的;否则,他们可能会陷入混乱无序的闲谈。你可以以下列方式进行指导:

a. 在某些情况下,鼓励学生们得出一些已经由其他人得出的结论。

成千上万的书为如下这些问题提供了详细的答案:"人类是怎样认识自己的? 他们是怎么做到的? 他们怎么能做得更多呢?"但建构主义者认为,当答案是由个人建构而不是由他人提供时更有意义。当你查看课程计划,你可以收集一些问题让学生讨论,这些问题不能是通过阅读或听别人讲述就已知道答案的。在搜索这类问题时,你可以考虑参考布鲁纳所描述的方法。下面是这些方法的列表,每种方法都有一个示例。请记住,学生在有适当的先行经验时,往往会对观点和问题有更深的理解。

- 强调对比(Emphasize Contrast)。一个关于文化多样性的小学社会研究课,你可以说:"当你观看这部关于墨西哥的电影后,找出与我们不同的习俗和生活方式。然后我们将讨论这些差异是什么,以及为什么是这样。"

- 鼓励有依据的猜测(Stimulate Informed Guessing)。在一个关于自然科学的中学单元里,你可以说:"假设我们想设计某种分类系统对树木进行分类,这样我们就能找到关于特定类型的信息。最好的做法是什么?"在学生制定了分类方法后,向他们展示专家们制定的分类方法。

- 鼓励参与(Encourage Participation)。在高中政治课上,通过模拟审判来阐明陪审团制度(注意,使用模拟来满足建构主义标准——现实任务和情境)。

- 激发问题意识(Stimulate Awarenes)。在一节高中英语课上,让学生讨论作者是如何展开故事情节的。

b. 在其他情况下,提出一个没有单一答案的有争议的话题。

讨论可以集中在意见有分歧的争议性问题上。这里要注意,不要讨论家长不希望在学校讨论的话题(比如婚前性行为或堕胎)。一方面是因为家长相信他们有和孩子讨论的特权,另一方面是因为他们觉得你要打分,所以学生可能会被强迫认同你的观点。你不应该避免争论,但也不应该让学生和他们的父母感到焦虑。

另一方面,要注意的是,避免选用容易导致学生的讨论偏题的问题。你可能想要提出一个非常有争议的话题,如果大多数学生参与了激烈的讨论,你可能会在结束时感到高兴。但是,如果他们只是热情地争论一些与你指定的主题无关的事情,你就不能声称已经安排了一次有启发性的交流。

示例:

- 在中学的科学课上,要求学生列出支持和反对试图改变人类遗传密码的论据。
- 在高中的政治课上,要求学生列出支持和反对民主形式政府的论据。

3. 如果时间有限并且只讨论一个话题,就让学生们围成一圈,进行全班讨论。

357

有时你可能希望全班讨论一个话题。如果所有的学生都有眼神交流,这样的讨论很可能会成功。最简单的方法就是让学生坐成一个圆圈。接下来,邀请学生回答你提出的问题。当学生作评论时,你要扮演一名主持人而不是一位领导者。试着维持对话题的讨论,但避免将其指向一个特定的预先决定的结果。如果一名或多名学生倾向于主导讨论,可以这样说:"金姆和卡洛斯告诉了我们他们的想法。现在我想听听其他人的意见"。如果一个咄咄逼人的学生攻击或贬低某个同学的观点,用类似的方式回应:"相信某个观点是件好事,但让我们友好地听听其他意见。这应该是一场讨论,而不是争论或辩论"。

导致讨论成功或失败的因素通常都是具体的,但你可以遵循一些程序来增加成功的可能性。

a. 问一些能激发学生应用、分析、综合和评价的问题。

当你开始组织讨论时,请注意提出一些可能引出不同观点的问题。如果你仅要求学生提供信息(例如,"查尔斯·狄更斯什么时候写了《远大前程》?"),第一个正确的回答将导致这次讨论结束。你应该停止问一系列答案简短的问题——相当于一个填空考试。当你希望鼓励学生对问题建构个人的、有意义的解释或发展演绎思维技能时,最好问一些很可能引发更高水平思维的问题。

示例:

- "你刚刚学会了如何计算圆的面积。请尽可能多地以各种方式思考,如果你是一个自己动手造房子的房主,你将如何使用这些知识。"(应用)
- "上个月我们读了狄更斯的小说,这个月我们读了莎士比亚的戏剧,这两位作家在展开故事情节上有哪些相似之处?"(综合)

b. 留出足够的时间让学生回答问题,然后再作进一步探究(如果合适的话)

最近的研究发现,很多教师没有为学生回答问题留出足够的时间。通常,教师只等一秒钟，然后又重复问题，让其他学生来回答，或者自己回答问题。教师提问时，至少等三秒钟，学生们才更有可能参与进来；他们回答的频率、长度和复杂性以及他们的成绩，在这种情况下都会有所提高。随着等待时间延长，教师的行为模式也发生了变化，教师们会问一些更复杂的问题，对学生回答的质量也有更高的期待（Orlich, Harder, Callahan, Trevisan, & Brown, 2013）。

对于教师们等待更长的回答时间会提升学生的问题回答质量，一种可能的解释是反思型的思考者有机会弄清楚他们想说什么。但即使是冲动型的思考者也可能会喜欢多几秒钟的思考时间。在逻辑上可以推断，快速的答案会比经过几秒反思后给出的答案更加肤浅。

除了给学生足够时间做出初步反应，你应该鼓励他们提出自己的观点。如果合适的话，让那些回答过于简单或不完整的学生，解释为什么得出这样的结论，或者对观点作出补充性的说明，以此来促进对信息的进一步的探索，或者澄清某一观点。

示例：

- "嗯，柯莎，我肯定一个园丁有时可能需要计算圆的面积，但你能给出一个更具体的例子吗？如果你不能马上想到一个，那么就在你想明白了如何计算一个圆形的草坪或土地的面积时，再举手发言。"

c. 选择学生在课堂上发言时，采用一些维持注意稳定但又不损害注意的技巧。同时，避免首选那些聪明、口齿伶俐、自信的学生。

你对学生贡献的审视方式不仅可能决定讨论的成功程度，而且也会影响学生对自己和他人的看法。Jacob 库宁（1970）指出，当教师先叫一个学生，然后再问问题时，其余学生可能会将注意力转向其他事情。如果教师遵循一套固定的叫学生的模式（例如绕着圈子走），也会出现同样的倾向。为了让所有的学生保持警醒，你可以先问问题，然后以无法预测的顺序，叫那些自愿发言的人，而且要经常从房间的一部分转向另一部分。警惕一开始就叫那些你期望给出好的或激发性的答案的学生。反复忽视那些可能有点口齿不清或缺乏想象力的学生，可能会让他们和其他同学得出你认为他们没有能力的结论。这些学生可能会对发生的事情失去兴趣并处于无视状态。

4. 使用有指导的学习活动来同时满足建构主义原则和州学习标准。

因为建构主义是以学生为中心的，并且强调高水平的学习结果，它有时被认为是与教师需要为基于州学习标准的高风险考试做准备的需求是不相容的。但通过使用有指导的学习活动，教师可以做到两者兼顾。诀窍是把这些学习标准嵌入学生们关心的学习活动中。Geoffrey Caine, Renate Nummela Caine 和 Carol McClintic（2002）描述了在八年级学生学习美国内战时,如何做到这一点。

为了满足州学习标准,学生需要学习诸如奴隶制的性质、战争的起因、重要日期和事件顺序、重大战役以及影响战争进程的重要人物等。第一步是教学生如何倾听他人,并以客观的方式表达不同意见。

然后用一个介绍性的活动来激发学生对这个话题的兴趣。他们读了一个故事,讲的是一个女人把自己乔装成男人,参军入伍,在运河船上当煤工。然后他们看了电影《葛底斯堡》(*Gettysburg*)的一小段,南方联盟的士兵长驱直入到加农炮和步枪射击区。最后一部分介绍包括,告诉学生400多名妇女伪装成男人参战,并且51 000名士兵在为期三天的葛底斯堡战役中丧生,这个数量超过在整个越南战争中丧生的美国士兵数量。当被邀请提问时,学生想要知道为什么妇女在战争中参战、为什么没有人知道她们是女人、为什么北方和南方参战、为什么士兵会冲向敌人的炮火。

根据提出问题的相似性,学生被分成若干小组,并被告知从图书馆资源、互联网和对老兵的采访记录中寻找答案。教师利用学生提交的报告,要求每一组学生都对课程进行讨论,并在随后的讨论中涵盖与战争中所涉及的不同群体以及奴隶制的性质等与标准相关的问题,并讨论这些问题。

5. 如果有足够的时间,并且要讨论的是一个有争议的或需要拆分的话题,可以把班级分成若干五人左右的小组。

任何一种讨论都存在一个主要局限,也就是一次只能有一个人发言。你可以通过把班级分成更小的小组来减少这个困难,然后再要求他们交换意见。五个人一组似乎效果最佳。如果只有两到三个学生互相交流,其思想交流可能会受到限制。如果小组成员超过五个,则存在有些成员不能充分发言的问题。

根据维果斯基的认知发展社会文化理论,Raymond Brown 和 Peter Renshaw(2000)提出了如下课堂小组讨论的方法:

- 学生在表达他们的观点时思路应该足够清晰,以便于其他学生能从中区分出与主题相关和不相关的观点。
- 只有在已有经验或逻辑推理的基础上质疑某种观点的有效性,才可以拒绝相关的观点。
- 相互矛盾或相互排斥的观点,必须通过集体论证来解决。

359

- 所有成员都应理解并同意,本小组将努力在问题上达成共识,每位成员都应积极地参与讨论并找到解决方案。
- 小组将其讨论结果展示给班上其他成员。

6. 在讨论式网站中扩展和延伸课堂讨论。

由于还受制于其他学业要求,课堂讨论的数量和长度有限。但通过使用诸如合作课堂(Collaborize Classroom)这样的网站,可以扩展这些讨论,并启动新的讨论。主题图书馆(Topic Library)页面包含了其他教师在英语和语言艺术、历史和社会研究、数学、科学和技术、健康和生活技能以及视觉和表演艺术等方面的课程。教师可以根据学生的各种特征(例如兴趣、性别或语言熟练程度),建立各种各样的讨论小组,并将其与课程内容联系起来。

你掌握了吗?

建构主义的教学方法意味着

a. 教师决定课程范围和顺序。

b. 学生决定他们将学习什么,何时学习。

c. 教师和学生创建了一份书面协议,该协议规定了学生预期学习的内容,以及学生学习这些材料将获得什么奖励。

d. 教师创建课程,鼓励学生以他们已有的知识为基础来理解新观点。

360 ## 10.2 问题解决的实质

> **InTASC**　　标准1(d)　标准5(m)　标准7(h)　标准7(j)　标准8(j)

与本书其他大部分的主题一样,研究者多年来对问题解决作了大量理论探讨和研究。我们将重点讨论学生通常需要应对的问题类型、在问题解决中起关键作用的认知过程,以及在课堂中教授问题解决的各种方法。

让我们先来思考一下我们所说的问题和问题解决是什么意思。大部分心理学家认为,

"当一个人有了一个目标但还没有找到达成这个目标的方法时,问题就出现了"(Gagne, Yekovich, & Yekovich, 1993, p.211)。**问题解决**(problem solving)是为了达成目标而识别和运用知识和技能(Kruse, 2009; Martinez, 1998)。尽管这一定义包含了各种类型的问题,这里我们将重点关注学生经常在校内外遇到的三种类型。

10.2.1　三类常见的问题

第一类是结构良好的数学和科学问题——学生从幼儿园到中学通常需要解决这种类型的问题(照片10-2)。**结构良好的问题**[1](well-structured problems)具有清晰的结构,可以通过回忆和应用特定过程(称为算法)来解决,其解答结果可以根据一个众所周知的、公认的标准来评估(Kapur & Kinzer, 2009)。例如:

$$5 + 8 =$$
$$732 - 485 =$$
$$8 + 3x = 40 - 5x$$

要解决的问题的构成成分,随着学习者的年龄和经验以及问题本身的性质的不同而有所变化(Martinez, 1998)。第二个数学例子对于一些一年级或二年级的学生来说可能是一个真正的问题,他们通常看到的减法练习都是垂直排列的(最上面是被减数、减数、水平线在减数下方)。然而,五年级的学生在各种格式的算术作业方面都有经验,因而对此能够自动提取和使用正确的算法。由于五年级的学生知道解答该题的方法,因而解答这道题对他们来说并不属于我们所定义的问题解决任务,而不过是练习或应用。

361

第二类是**结构不良问题**[2](ill-structured problems),我们经常在日常生活中和经济学、心理学等学科中遇到此类问题。结构不良问题更复杂,它本身很少有关于解决步骤的线索,也很少有明确的标准来确定问题何时已得到解决(Choi & Lee, 2009; Kapur & Kinzer, 2007)。结构不良问题的例子有:如何识别和奖励优秀教师,如何改善残疾人对公共建筑和设施的使用,以及如何提高选民投票率。

第三类问题依然是结构不良的,但不同于刚才提到的两个例子。首先,由于激发的情绪不同,这些问题往往会把人们分成两大对立阵营。第二,至少在最初的时候,首要目的不

1　结构良好问题:表述清晰,解决步骤已知,评价标准已知。
2　结构不良问题:表述模糊,解决步骤和评价标准均不清楚。

照片10-2　结构良好问题有清晰的结构，可以通过使用一个标准的过程来解决，生成的解决方案能够根据公认的标准进行评估。它们是学生最常见的要解决的问题类型。

是确定行动的过程而是确定最合理的位置。这些问题通常被称为**争议**[1]（issues）（Ruggiero,2012; Troyer & Youngreen, 2009）。争议问题的例子有：死刑、枪支控制、教室里的无教派祈祷者。在解答上面所引用的结构不良问题和争议问题方面，高中生通常比年轻的学生有更多的机会。然而，这并不意味着年轻的学生没有机会解答那些结构不良问题或争议问题。考虑一下在前一章中提到的自主学习。目标导向在自主学习和自我效能感的发展过程中发挥重要作用。行为表现目标可以提供清晰、容易确定的结果，它们类似于结构良好的问题。然而，学习目标更类似于结构不良问题或争议问题。假设你有年轻学生想成为政治家或消防员。他们将看到建立目标的价值，这可以帮助他们学习成为政治家或消防员所需要的知识和技能。创建个人看重的目标（Miller & Brickman, 2004）可以为年轻学生解决结构不良问题提供机会。

10.2.2　帮助学生成为良好的问题解决者

尽管结构良好问题、结构不良问题和争议问题之间存在差异，最近的理论和研究

1　争议问题：引发强烈情绪反应的结构不良问题。

表明，在解决不同类型问题时，优秀的问题解决者采用了相同的通用方法（Bransford & Stein, 1993; Isakson, Dorval, & Treffinger, 2011; Matthew & Sternberg, 2009; Pretz, Naples, & Sternberg, 2003; Ruggiero, 2012）。这种方法包含五个步骤或过程：

1. 觉知问题。
2. 抓住问题的实质。
3. 收集相关信息。
4. 制订并实施解答方案。
5. 评价解答方案。

结构良好的问题只需要执行步骤2、4、5，而其他两类问题则需要执行所有5个步骤。我们将在接下来的部分讨论每一个步骤，以及一些你可以用来帮助你的学生成为好的问题解决者的相应技巧。

步骤1：觉知问题

大多数人认为，如果一个问题是值得解决的，他们就不需要寻找它，它会自己出现。与大多数其他假定一样，这种假定只有部分是正确的。结构良好问题经常以课堂练习或家庭作业的形式被教师"扔"给学生，或者是由工作中的主管们布置。然而，对于结构不良问题或争议问题，大多数人缺乏明确的意识。优秀问题解决者的一个特点是，他们对问题的存在比大多数同辈更敏感（Kruse, 2009; Pretz 等, 2003）。

问题识别或问题发现（problem finding）的关键在于好奇心和不满[1]。你需要质疑为什么规则、程序或产品是那样的，或在它们没有像预期的那样起作用时感到受挫或生气。例如，一个被称为"母亲反对酒后驾车"（Mothers Against Drunk Driving）的组织由一位女性发起，因为她的女儿由于司机醉酒在交通事故中丧生，她对现行的、无效的法律感到不满。这个组织一直努力让州立法机构通过法律来禁止酒后驾驶，希望法律对酒后驾驶实施更严厉的处罚。

问题发现对大多数人来说并不容易，这可能是因为学校强调解决结构良好的问题，也可能是因为大多数人有一种自然的倾向，即认为事情本来就是这样。与其他认知过程一样，问题识别能力可以通过教学和实践来提高。学生们可以通过多种方式提高对产品、程序、规则等方面的缺陷的敏感度。我们将在稍后的"教学建议：教授问题解决技巧"中，对提高识别问题和其他问题解决过程的能力提出一些具体的建议。

362

1　问题发现依赖于好奇心和对现状的不满。

步骤 2：抓住问题的实质

解决问题的第二步可能是最关键的。问题解决者必须就问题或争议的实质构建一个最优表征，或者理解。前一句强调"最优"有两个原因。首先，大多数问题可以用许多方法来表征，例如，可以将问题重新定义为图片、等式、图形、图表或图像。

其次，由于我们表征问题的方式决定了我们从长时记忆中回忆起的与解决方案相关的信息的数量和类型，使得一些表征要优于其他表征。出于显而易见的原因，问题解决研究者经常将此过程称为**问题表征**（problem representation）或**问题界定**[1]（problem framing）（Derry等，2005；Giaccardi，2005；Miller，Fagley & Casella，2009）。

要想达到对问题的最优理解，个体需要具备两个条件：在问题所在的领域拥有丰富的学科知识（事实、概念和原理），熟悉这一特定类型的问题。这些条件有助于个体从问题陈述中找出重要的要素（单词、短语和数字），确定这些要素之间的关系。而这种识别过程将会从长时记忆中激活一个或多个与解决方案相关的图式。专家问题解决者的高质量问题表征与新手问题解决者的低质量问题表征，正是由于学科知识水平和对问题类型的不同认识水平所造成的。专家通常用一个或多个基本的模式或背后的原理来表征问题，而新手则只关注问题的少数特征或表面特征。

为了更清楚地了解最优问题表征的本质和重要性，请考虑以下情况。当给新手一组物理问题去解决，他们会根据一些明显的特征将问题分类。例如，他们将使用斜面的所有问题分成一组，将所有涉及使用滑轮的问题分成一组。然后新手搜索记忆中以前学到的信息。这种方法的缺点是，尽管两个或三个问题可能涉及使用斜面，但它们的解决方案可能取决于不同物理定律的应用。与此相反，专家们利用他们广泛而有组织的知识基础，根据共同的基本原理来表征问题，如能量守恒或牛顿第三定律（Pretz等，2003；Stemler et al.，2009；Sternberg，2009）。

问题解决过程的一个重要方面是在需要的时候，能够从长期记忆中激活相关图式（有组织的事实、概念、原理和程序）。激活的图式越相关、越强大，越有可能获得一个有效的问题解决方案。但正如许多教育观察家指出的那样，获得这种能力往往说起来容易做起来难。John Bransford认为，标准的教育实践产生的知识是惰性的。正如前面提到的，惰性知识[2]只有在与原始学习环境密切相关的条件下才能被提取（Bransford，Sherwood，Vye，& Rieser，1986）。诺贝尔奖得主、物理学家Richard Feynman在描述他在麻省理工学院的同学为何未能认识到以前学过的数学公式的应用时，也察觉到了同

---

1 问题界定依赖于学科知识和对问题类型的熟悉程度。
2 惰性知识是由于在有限条件下学习孤立的知识而产生的。

样的情况:"他们不会根据事实进行推理。他们甚至不知道自己'知道'什么。我不知道人们是怎么想的:他们不是通过理解的方式来学习,而是通过死记硬背或其他方式来学习。他们的知识是如此的脆弱!"(1985, p.36)为了克服这种惰性和脆弱的知识,教师需要以一种高度组织化的方式来呈现学科内容,学生需要更多地了解他们的知识所适用的各种条件。

步骤3:收集相关信息

对于相对简单且熟悉的结构良好问题(如算术问题),这一步在解决问题的过程中与问题表征同时发生。在定义一个问题过程中,我们非常迅速地从长时记忆中轻松地回忆起获得一个解决方案需要的所有信息。然而随着问题变得更加复杂,我们遇到两个困难:与解决方案相关的信息量太大,在头脑中难以跟踪;我们不可能拥有所有相关信息的可能性逐步增加。这样一来,我们就不得不以列表、图表、图像、示意图等形式来表示我们所知道的信息,并从其他来源获取更多的信息。

以自己作为信息源,关键是能够准确地从长期记忆中获取有助于问题解决方案的信息。我们需要重新思考我们在其他类似的情况下所学到的东西,列出这些想法的其他表征形式,并判断这些知识可能有多大帮助。确保准确和可靠的回忆的技巧,我们在第8章"信息加工理论"中已讨论过。

除了依靠自己的知识和经验来解决问题,我们也可以利用朋友、同事和专家的知识和经验。征求别人关于问题解决方案和问题立场的看法的主要目的,是找出这些人支持他们的观点的理由和证据。这种提问和分析他人反应的技能,在辩论和在课堂讨论有争议的问题时非常有用。

步骤4:制订并实施解答方案

当你认为自己已抓住了问题的实质并拥有充分的相关信息时,就可以考虑制订解答方案了。第一步是要考虑哪几种不同的方法可能是最有效的。问题解决的文献提到了不少解决策略。因为这些解决策略很通用——它们能适用于不同内容、不同类型的问题领域,并提供通用的方法来解决一个问题,它们被称为**启发式**(heuristics)(Martinez, 1998)。我们将讨论七个我们认为特别有用的启发式。

364

- 研究解答过的样例(study worked examples)[1]。这种方法可能会让你觉得显而易见,几乎不值得注意,但这里还是值得一提,原因有二:首先,显而易见的问题解决策略最容易被忽视。第二,它是一种非常有效的解决策略(Renkl, Hilbert, & Schworm, 2009)。这种方法之所以有益,是因为学习者获得了一个通用的问题图式。为了充

---

[1] 研究解答过的样例是一种有效的问题解决策略。

分利用这种启发式，每种问题类型需要使用多个示例和不同格式，并鼓励学习者向自己解释这些例子所阐明的问题解决策略（Atkinson, Derry, Renkl, & Wortham, 2000; Kalyuga, 2009）。

- 解答一个简单版本的问题（work on a simpler of the problem）[1]。这是另一种常见且非常有效的方法。几何学为解答更简单的问题提供了一个特别清晰的例子。如果你很难解决立体几何的问题（涉及三维），在平面几何（二维）中解决一个类似的问题，然后应用于三维的例子中（Nickerson, 1994; Polya, 1957）。建筑师和工程师们在建造桥梁、建筑物、实验飞机的模型时，都采用了这种方法。科学家也一样。他们采用这种方法对真实世界的现象进行实验室模拟。

- 把问题分解成几个部分（break the problem into parts）[2]。这种方法的关键是确保你把问题分解成可管理的部分。你是否能做到这一点，很大程度上取决于你对问题所在领域的了解程度如何。你对问题所在领域的知识知道得越多，就越容易懂得如何将问题分解成几个逻辑上关联、易于处理的部分。

将一个问题分解成几部分至少有两个好处：（1）它减少了你必须在短时记忆中保持的信息数量，以使短时记忆中的信息保持在可控水平；（2）用于解决问题某个部分的方法通常可以用于解决问题的另一部分（Hilbert & Renkl, 2009）。Bransford 和 Stein（1993）使用下面的例子来说明如何使用这种方法：

问题（Problem）：如果两天后是星期日，那么前天的后一天是星期几？

1. 如果两天之后是星期日，那今天是星期几？（星期五）

2. 如果今天是星期五，前天是星期几？（星期三）

3. 星期三之后是星期几？（星期四）

- 逆向工作（work backward）[3]。当目标明确但开始状态不清楚时，这是一个特别好的解决方案。Bransford 和 Stein（1993）使用下面的例子说明了该方法的用法：假设你中午打算和一个人在城镇另一头的餐馆见面。你应该什么时候应该离开办公室，以确保准时到达？通过对你的目的地和到达时间进行逆向工作（大约需要10分钟的时间才能找到一个停车位和走到餐馆；大约需要30分钟开车到你想停车的

1　先解决一个简单版本的问题；然后将解决过程迁移到更难的问题上。
2　将复杂问题分解成几个可管理的部分。
3　当目标明确但初始状态不明确时，可以采用逆向工作法。

地方；从你的办公室走到你的车需要几分钟时间），比起向前解决问题，你会更快更容易地决定什么时候离开办公室（大约11点15分）。

- 反向消退（backward fading）[1]。学生在问题所在领域的学科知识各不相同。当给予那些有更多先行知识的学生以问题解决教学和练习时，比让他们学习解答过的样例，更能使其在问题解决测试中取得好分数（Atkinson等，2000；Paas & van Gog，2009）。鉴于这些原因，适用于所有学生的一个很好的方法是反向消退。反向消退基本上是研究解答样例、反向工作以及练习解决问题的组合。使用这种方法，首先需要提供一个完全解答好的例子（比如需要三个步骤完成的例子）。然后，提供一个类似的问题，该问题的前两个步骤已解答，最后一步必须由学习者来完成。第三个问题只提供了解决方案的第一步，要求学习者完成解决方案的第二个和第三个步骤。最后，第四个问题要求学习者自己完成所有三个步骤。与学习常规的解答样例和练习解决问题的同伴相比，学习过反向消退法的大学生，在解答与练习问题相似或不相似的问题上，得分都明显更高（Atkinson, Renkle & Merrill, 2003）。

365

- 解决可以类比的问题（solve an analogous problem）[2]。如果你很难解决一个问题，可能是因为你的相关学科知识是不完整的，如果你能从自己熟悉的学科中找到一个可以类比的问题，将从中受益（Hoffman & Schraw, 2009）。解决可类比的问题，然后用同样的方法解决第一个问题。从本质上，这是使不熟悉变得熟悉的方法。

虽然解决可类比的问题是一种非常有效的问题解决策略，但它可能很难应用，特别是对新手而言。在前面我们关于问题理解的讨论中，我们指出新手根据表面特征来表征问题，而专家则是根据基本概念和原理来表征。解决类比问题的情况也是如此。我们大多数人都知道，DNA与"扭曲的梯子"的形象有关，叫做双螺旋结构（double helix），但绘制人类基因组图谱要比想象一个扭曲的梯子复杂得多。新手更有可能使用肤浅的类比（Gick，1986）。类似问题在接下来的"教学建议"和"进一步学习的资源"中会进一步进行讨论。

- 创建问题的外部表征（creating an external representation of the problem）[3]。这种启发式有双重作用，因为它也有助于问题的界定。许多问题可以被表征为图片、方程式、图表、流程图和类似的形式（Mueller, 2009）（照片10-3）。在接下来的教学建议部分，将用图示来说明图片或符号表征如何帮助一个人理解和解决问题（Martinez，1998）。

---

1 反向消退：通过从解决方案逆推回解决问题的第一步，来帮助学习发展问题解决能力的方法。
2 解决一个类似问题，然后应用相同的方法。
3 创建一个问题的外部表征。

照片10-3 为了找到问题的解决方案,优秀的问题解决者经常先解决一个简单版本的问题。他们也会使用外部表征。

366　**步骤5:评价解答方案**

　　问题解决的最后一步是评价解决方案的充分性。对于相对简单、结构良好的问题,强调得出正确的答案,一般有两种水平的评价:

- 问题解决者可以根据问题陈述,考虑一下答案是否合理[1]。例如,如果问题是 75×5?然后答案是80。在问题解决者的脑子里有一个小小的声音应该会说,答案是不可能正确的。这个信号应该提示重新评估问题的表征方式和使用的解决方案(例如,"我错误地将乘号当作加号,并在应该相乘的时候相加了")。

- 问题解决者可以使用另一种算法来检查解决方案的准确性。这是必要的,因为执行错误的算法所产生错误的答案,有时看上去是大致正确的。例如,在多位数减法问题中一个常见的错误,是从较大的数字中减去较小的数字,而不管小数字是被减数(最上面一行)还是减数(底部行)(Mayer, 1987),如:

$$
\begin{array}{r}
522 \\
-\ 418 \\
\hline
116
\end{array}
$$

　　然而,通过将答案与减数相加来生成被减数,就可以发现这个错误。

　　对结构不良问题解决方案的评价可能会更加复杂和耗时,这至少有两个原因。首先,

1　通过估计或检查来评价结构良好问题的解决结果。

评价应该在解决方案实施之前和之后都要进行。尽管许多缺陷和遗漏可以事先被识别和纠正，但总有一些会被忽视。通过观察我们的解答效果，可以从中学到很多东西。第二，因为这些结构不良问题是复杂的，通常涉及十几个乃至更多的变量，因而需要某种系统的框架来引导评价。Vincent Ruggiero 建议采用一个四步骤程序（1988, pp.44-46）：

1. 提出并回答一组基本问题。例如，想象一下你已经提出课堂奖励制度（也许是代币法）来提高学生的积极性。你可能会问这样的问题：这个项目将如何实施？由谁？什么时候？在哪里？用什么材料？如何获得这些材料？

2. 识别缺陷和相关"并发症"。例如这个观点的安全性、方便性、有效性、经济效用以及与现行政策和实践的适应性。

3. 预期可能会有来自他人的负面反应。例如，家长或学校校长会反对吗？

4. 改进设计。

下一节将呈现一些教学建议和示例，以帮助你提高学生的解决问题技能。

暂停　与　反思

批评美国教育的人认为，学生解决问题的能力很差，因为他们在解决问题的过程中很少得到系统的指导。你如何评价你在解决问题时受到的指导？参照前几页讨论的五个步骤，你教授了哪些步骤？你能做些什么来确保你的学生成为优秀的问题解决者？

教学建议　教授问题解决技巧

367

InTASC　　标准4(1)　标准8(k)

1. 教学生如何识别问题。

因为发现问题很可能被学生们视为是一种不寻常的活动，你可能需要循序渐进地介绍这一技能。一种方法是让学生列出识别问题的不同方法。典型的做法是浏览报纸和杂志上的文章,在商店里观察顾客和员工的行为,观察当地的交通拥堵模式,采访教师、企业主、警察、牧师或政府官员等当地居民。下一步是让学生们从事这些活动以了解现状,并明白人们是如何从中发现问题的。例如,他们可以学习一名校长定期与教师共进午餐,来了解导致教师工作质量下降的原因。

2. 教学生如何表征问题。

问题表征涉及将表述问题的单词转换成这些单词的内部表征。要做到这一点,学生必须理解问题陈述中包含的概念以及这些概念之间的关系。因此,对问题进行良好表征的能力是建立在掌握与这一问题相关的学科知识、熟悉这一问题的类型的基础之上的[1]。

正如杰罗姆·布鲁纳(Jerome Bruner)和大卫·奥苏贝尔(David Ausubel)所指出的,学生们要想有效地解决某个学科的问题,需要真正理解该学科中的诸多联系、区别、概念和规则。在很多情况下,学生们会根据提示来陈述原理,但他们的进一步的回答表明,他们其实并不明白自己在说什么。我们在这本书中提出的关于在有意义的情境中、以有组织的方式呈现信息的建议,有助于帮助学生理解问题所属的学科的知识;请参阅第8章和第13章中的具体建议。

在一个世纪前,威廉·詹姆斯(William James)在他《与教师的谈话》一书中,对于不能以有意义的方式习得信息的后果,作了经典的描述:

> 我的一个朋友参观了一所学校,被要求去听一个低年级班的地理课。看了一眼书,她说:"假设你在地上挖一个洞,几百英尺深,它的底部比顶部更暖还是更冷?"班级无人回应,教师说:"我敢肯定他们知道,但我认为你没有正确提问这个问题,让我试试吧,"然后,她拿起书,问道:"地球的内部是什么情况?"并立刻从班上一半的学生那里得到了答案:"地球的内部是一种火成熔融状态。"(1899,p.150)。

如果这些学生真地理解了关于地球构成的概念和原理(比如火成熔融与热之间的关系),而不是简单地记住毫无意义的短语,他们将能够回答最初的问题。

一旦你对学生有意义地理解问题的构成要素已感到满意,就可以演示表征这些要素的方法,描述这些要素之间如何相互关联。通常,建议使用视觉形式的问题表征(例如,概念图、文氏图、流程图和图画)。可视化的表征可以促进理解,因为它们更加具体。下面的两个例子描绘了如何用文氏图(一组相互作用的圆)和流程图来表征一个特定的问题。

368

---

1 对学科知识的理解对问题解决很重要。

示例1：

政府想要联系镇上所有的药商、所有的枪支店店主以及所有家长，但每个人都不能重复联系。根据以下统计的信息，必须联系多少人？

药商	10
枪支店店主	5
家长	3 000
有枪支店的药商	0
是家长的药商	7
是家长的枪支店店主	3

使用文氏图的解决方案：

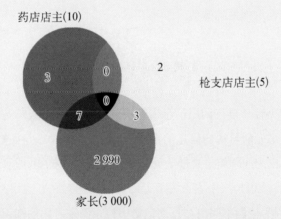

改编自 A. Whimbey 和 J. Lochhead, Problem Solving and Comprehension, Sixth Edition (Mahwah, NJ: Lawrence Erlbaum Associates. Inc, Publishers), pp.104, 128。

如文氏图所示，必须要联系的人员总数是：2 990+7+3+3+2=3 005（改编自 Whimbey & Lochhead, 1999, p.104）

示例2：

萨莉借给贝蒂7美元，但是萨莉分别从艾丝黛拉和琼那里借了15美元和32美元。此外，琼欠艾丝黛拉3美元，欠贝蒂7美元。一天，所有女人聚集在贝蒂家来一起结清她们的账目。哪个女人走的时候比来的时候多了18美元？

369　　**使用流程图的解决方案：**

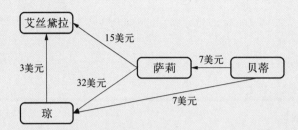

改编自 A. Whimbey 和 J. Lochhead, Problem Solving and Comprehension, Sixth Edition (Mahwah, NJ: Lawrence Erlbaum Associates. Inc, Publishers), pp.104, 128。

　　描述交易的文字推理问题，可以以流程图的形式出现，如上图所示。在图中，很明显是艾丝黛拉离开的时候带走了 18 美元（改编自 Whimbey & Lochhead, 1999, p.128）。

3. 教学生如何调用相关的信息。

InTASC　　　　标准 5（k）　标准 5（n）

　　良好的问题解决者会自行调用信息以解决问题或调用证据来支持对于某一问题的立场。他们认识到回忆先前习得的信息的重要性（元认知知识），并且擅长于这样做（认知技能）。相比之下，不良的问题解决者缺乏元认知知识或认知技能，或者两者都欠缺。如果他们缺乏元认知知识，就很少或根本不去努力回忆与问题解决方案相关的信息，即使这些信息是最近习得的，因为他们不明白在长期记忆中检索潜在有用的知识的重要性。即使一个不擅长问题解决的学生认识到在长期记忆中检索相关信息的重要性，他也可能会由于编码和提取能力不足而导致问题解决困难。

　　为了尽量减少任何元认知缺陷，请确保你在问题解决方法教学中强调提取和使用以前所学知识的重要性。为了最大限度地减少提取问题，请你回忆并落实我们在第 8 章中所提供的"教学建议"。

　　如果学生不具备提出解决方案或分析问题所需的所有相关信息，你就必须将她引向可能提供帮助的个体和资源。向学生推荐的人，应该是那些熟知问题所在学科的人，认真的思考者，以及愿意分享他们的想法的人（Ruggiero, 1988, 2012）。举个例子，考虑一下某些书（如 J·D·塞林格(J. D. Salinger)的小说《麦田里的守望者》(*Catcher in the Rye*)、玛雅·安吉洛(Maya Angelou)的小说《我知道笼中鸟为何歌唱》(*I Know Why the Caged Bird Sings*)、理查德·赖特(Richard Wright)的小说《土生子》(*Native Son*)和马克·吐温(Mark Twain)的小说《汤姆·索亚》(*Tom Sawyer*)),是否应该从学校的阅读清单中剔除。在和一个知识渊博的人面谈时,由于学生想对个人的推理过程和支持他立场的证据有一些深入了解,学生们可能会问如下一些问题:

- 你认为小说中那些反对成人权威的人物,会对读者的行为产生什么影响?
- 是不是某些群体的人,比如中学生,可能会受到这些人物的动机和行为的影响? 为什么你这样认为?
- 对某一本书的禁令,是否侵犯了作者言论自由的权利?
- 对一本书的禁令,是否违反了学术自由原则? 为什么?
- 防止或阻止学生在上课时间接触某些观点,是学校董事会的正当权利吗?

370

如果无法见到一个比较有见识的人,通常可以通过电话访问。如果一个学生选择了这种策略,Ruggiero的建议是提前打电话或写信,提前准备问题,并请求允许记录访谈过程。

很明显,除了个人访谈,学生们还可以在一个好的图书馆中获得大量信息。例如,你可以引导学生去阅读被认定为权威的书籍、研究发现、法庭案例,以及在期刊上对杰出人物的采访。尽管互联网上可能拥有大量的关于任何话题的信息,但仍要警惕学生们使用未经筛选的混杂信息。其他的媒介中也都或多或少地包含一些可信的信息,但只有来自有信誉的来源的材料才可以被收集。当学生必须决定如何收集和评估在线信息时,就会进入额外一个层次的问题解决活动,这是从资源中获取信息所带来的另外一个好处。

4. 教授几种制订问题解决方案的方法。

之前,我们提到了七种制订问题解决方案的方法:研究解答过的样例、解决一个简单版本的问题、将问题分解成若干部分、逆向工作、使用反向消退、解决可类比的问题、创建问题的外部表征。在本章最后,在"进一步学习的资源"中,我们会推荐几本已出版的关于问题解决的书籍,它们针对每种方法都提供了大量的例子。我们鼓励你选用其中的某些资源或者其他资源,作为演示样例或者自己练习问题解决技能的材料,以便于你更好地学会教授这七种方法。

5. 教授学生评价技能。

对于结构良好问题的解决方案,通常通过估计或检查例行程序的应用来评价。这样的程序可以在任何好的数学课本中找到。然而，对结构不良问题解决方案的评价和对于争议问题的分析评价，要更加复杂且很少被教授。Ruggiero（1988, 2012）提出了如下10个习惯和技能，它们有助于提升评价复杂的问题解决方案或立场的能力。

- 对相反观点持开放态度。
- 选择适当的评价标准。违规使用这种技能的情况比比皆是。当前的例子是使用标准化测验成绩来评价课堂教学质量。
- 理解论证的本质。为了培养这种技能，Ruggiero建议教学生们学会如何精确地写概要，概要是对口头论证或阅读文章的简明总结。
- 评价来源的可靠性。
- 正确解读事实性数据（例如，认识到一个州的所得税税率从4%提高到6%，不是上升了2%而是50%）。
- 检验假设的可信度。根据现有的数据，所提出的假设可以从高度不可能到极有可能。
- 作出重要的区分（例如，区分偏好和判断、情感和内容、表象和真相）。
- 认识到没有言明的假定（例如，由于两个事件在时间上紧密地发生在一起，就认为前一个事件导致后一个事件的发生；认为我们清楚的东西对其他人来说也是清楚的；如果大多数人相信某事，那一定是真实的）。
- 评价一个人的论点的正确性和真实性（例如，从前提和假设的逻辑上检查结论，确定这些结论并没有受到"非此即彼"式思维、过度概括或过度简化等推理缺陷的影响）。
- 能够识别证据不足的情况。

所有这10种技能都可以在你的课堂上进行示范和教授。

你掌握了吗?

　　一位十年级的化学教师通过提问如何弯曲玻璃的问题来测试他的学生。这个问题是一个

　　a. 结构良好问题　　　　　　　　b. 结构不良问题

　　c. 争议问题　　　　　　　　　　d. 本身无法解决的问题

10.3　学习的迁移

InTASC　　　　标准1（d）　标准7（h）　标准7（i）　标准8（j）

在本章和前面一些章节中，我们已经指出，课堂教学的目标应该是让学生在相似但是新的情境中，独立地运用他们在学校学到的知识和问题解决技能。这种能力是问题解决教学的主要目标，而且通常得到教育工作者（Craig, Chi, & Vankehn, 2009; De Corte, 2003）的高度重视。无论是在校内还是在校外，**学习迁移**（transfer of learning）都是对自主学习者和问题解决者的本质要求（Pugh & Bergin, 2005）。在本节，我们将探讨迁移的性质，讨论你可以帮助学生实现学习迁移的方法。

10.3.1　学习迁移的实质及其重要性

共同要素理论

在20世纪早期，要求高中生和大学生学习拉丁语、希腊语和几何等课程，这是常见的做法。由于这些课程比较难学，因此人们认为掌握这些课程会提高学生的记忆、思维和推理能力。这些能力的提高，又被认为会促进难度较小的课程的学习。这一实践背后的理论基础是，人类的大脑，就像身体中的任何肌肉一样，可以经由锻炼而变得更加强壮。以此推论，一个强壮的头脑，就会学到软弱头脑不能学到的东西。这种观点，被称为形式训练说（*doctrine of formal discipline*），它是对迁移的一个早期（且错误的）的解释[1]（Barnett & Ceci, 2002; Haag & Stern, 2003）。

1901年，爱德华·桑代克（Edward Thorndike）和罗伯特·伍德沃斯（Robert Woodworth）对学习迁移提出了另一种解释。他们认为，在学习一个任务中习得的知识和技能，在多大程度上可以帮助人们学习另一项任务，取决于两个任务的相似度（如果我们假定学习者认识到了相似点）。两个任务在刺激和反应要素（就像骑自行车和骑摩托车）之间的相似度越高，迁移的量越大。这种观点被称为**共同要素理论**（the theory of identical elements）（Wohldmann, Healy, & Bourne, 2008）。

正迁移、负迁移和零迁移

后来，其他心理学家（其中包括 Ellis, 1965; Osgood, 1949）又区分了不同的迁移类型以及每

372

1　迁移的早期观点是基于两个任务之间的相似程度。

种类型发生的条件。一种有益的区分是把迁移分为正迁移、负迁移和零转移（Osman, 2008）。

讨论至此，我们自然谈到了正迁移。**正迁移**[1]（positive transfer）是指先前的学习促进后继学习的情况。根据桑代克的分析，当一个新学习任务要求给出一个与相似的且学习过的任务基本相同的反应时，正迁移就发生了。例如，熟练的手风琴演奏者，比懂得如何打鼓或完全不玩乐器的人，可能会更快地成为一个熟练的钢琴家，其他事情也一样。相似地，母语为英语同时法语也很流利的人，比不会讲外语的人，很可能会更容易学习西班牙语。

负迁移[2]（negative transfer）是指先前的学习干扰随后学习的情况。当两个任务非常相似但需要不同反应的时候，负迁移就发生了。例如，一个网球选手学习如何打壁球，可能会在一开始遇到问题，因为他倾向于像挥网球拍一样挥壁球拍。小学生经常体验到负迁移，例如当他们遇到拼写相似但是读音不同的单词时，就会出现这种情况［如"我现在将读（read）这个故事，因为上周我读过（read）这个故事"］。

零转移（zero transfer）是指先前的学习对新的学习不产生影响的情况。当两个任务分别有不同的刺激和不同的反应时，零迁移就会发生。例如，学习同源拉丁文动词，不太可能对学习如何计算矩形面积有任何影响。

具体迁移与一般迁移

前面描述的正迁移虽然有用，但也有些限制，因为不清楚从一个任务到另一个任务的迁移，是因为存在特定的相似点还是一般的相似点（Comoldi, 2010）。心理学家通过为三个由不同人员构成但同质的学习小组设置如下学习任务，来确定迁移是由具体因素还是一般因素引发的。

	初 始 任 务	迁 移 任 务
小组1	学习法语	学习西班牙语
小组2	学习中文	学习西班牙语
小组3	学习西班牙语	

如果在西班牙语测试中，第1组得分高于第2组，那么差异就被认为是由法语和西班牙语相似性（如词汇、动词词形变化和句子结构）的**具体迁移**[3]（specific transfer）所带来的。如果第1组和第2组得分相同但都超过第3组，那么这种差异就可归因于这两种任务之间的相似所带来的**一般迁移**[4]（general transfer），这是因为中文与法语和西班牙语这两种罗马语

1　正迁移：前面的学习使后面的学习变得更容易。
2　负迁移：前面的学习干扰后面的学习。
3　具体迁移：由于任务之间的具体相似性。
4　一般迁移：由于相同认知策略的使用。

之间没有明显共同的具体特征。在这种情况下,学习者有可能使用认知策略——如表象、言语精致化以及记忆术,来学习其他外语,并且将这些策略迁移应用到其他外语学习上。研究显示,这种非特异性的迁移效应也出现在其他课堂任务中,如问题解决和文本学习(Cornoldi, 2010; Royer, 1979)。

对具体迁移及共同要素理论的支持,来自一项针对七年级时曾将法语或拉丁语作为第二外语学习的德国大学生的研究。在进行研究的同时,这些学生都参加一个面向西班牙语初学者的强化课程。在要求学生将一篇文章翻译成西班牙语的书面测试中,那些在几年前学过法语的学生,与学习过拉丁语的学生相比,在语法和词汇的错误上要少得多(Haag & Stern, 2003)

近迁移与远迁移

另一个常见的区分,类似于具体/一般之分,是基于感知到的最初学习任务与迁移任务之间的相似性。**近迁移**[1](near transfer)是指知识领域高度相似,最初学习任务和迁移任务的情境基本相同,两个任务的间隔时间相对较短的情况。**远迁移**[2](far transfer)发生在

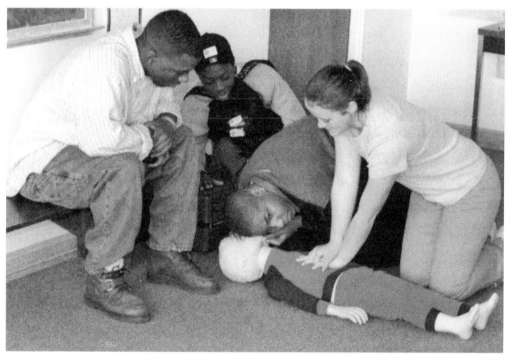

照片10-4　如果教师想要学生在以后的其他情境下应用他们在课堂上所学的知识,他们所创设的任务和条件,就应该与学生将来会遇到的任务和条件相似。

1　近迁移:前面学到的知识和技能在相对较短的时间里用于高度相似的任务上。
2　远迁移:前面学到的知识和技能在相对较长的时间后,用于不同条件下、不相似的任务上。

知识领域和情境不相似,并且最初学习任务和迁移任务之间的时间间隔相对较长的时候(Rosen, 2009)。因此,使用过去几周中习得的数学技能来解答教科书当前一章后面呈现的问题,属于近迁移。在几年后使用这些相同的技能,来决定哪些投资选择最有可能产生最高的回报率,则属于远转移。

你可能已经注意到,我们使用了一些不精确和主观的术语,如"高度相似"、"基本相同"、"相对较长"、"判定为不同"。我们是故意选用这些术语,并且有一个好的理由。目前,还没有办法精确测量学习任务和迁移任务之间的相似性。我们最多能做的就是找出两个任务所共有的主要维度(如学科领域、物理环境、两个任务之间的时间间隔和实施条件),并主观地决定两个任务的维度是否足够相似或不相似,来确认是近迁移还是远迁移。有时这种方法产生了高度一致的意见,但在其他时候,一个人认为的远迁移对另一个人来说则是近迁移(Barnett & Ceci, 2002)。

374 10.3.2 关于具体迁移与一般迁移、近迁移与远迁移的当代观点

Gavriel Salomon 和 David Perkins(1989)将具体的、近迁移和一般的、远迁移分别结合在一起,提出了低路迁移和高路迁移的概念。

低路迁移

低路迁移[1](low-road transfer)指的是先前习得的技能或观点,几乎是被自动从记忆中提取并应用到一个高度相似的当前任务中。例如,一名掌握了两位数加法技能的学生,在没有帮助或指导的情况下正确地完成了三位数和四位数加法,这就展示了低路迁移。另一个例子是,一名在汽车修理班上学习了如何调整汽车引擎的学生,其后作为汽车修理公司的雇员,几乎可以毫不费力地自动执行相同的任务。正如你所怀疑的,低路迁移基本上是桑代克和伍德沃斯共同要素理论的现代版本(King, Bellocchi, & Ritchie, 2008)。

低路迁移的发生需要具备两种条件:

1. 学生必须有充分的机会练习运用目标技能。
2. 练习必须使用不同的材料和处于不同的情境。练习越多样化,技能应用的范围就越广。

例如,如果你希望学生成为好的记笔记者,就需要在他们在生物、健康和英语课本中记笔记时,给予指导和充分的练习。一旦他们在这些学科上成为了好的记笔记者,他们很可

---

1 低路迁移:前面学到的技能自动应用于当前相似的任务上。

能会以一种几乎自动化的方式将这一技能运用到其他学科上。

在本质上,我们所描述的是泛化的行为原理。因为迁移任务与练习任务在一个或多个方面相似,倾向于在相似情境中出现,低路迁移类似于具体迁移和近迁移。

高路迁移

高路迁移[1](high-road transfer)是指人们把习得的知识和技能在较长时间后迁移到与原来任务极为不同的新情境中。高路迁移涉及有意识地、有控制地、有时有些费力地形成"抽象"(即规则、图式、策略或类比),从而使得两个任务之间能够建立起联系(King, Bellocchi & Ritchie, 2008)。例如,学会每天会留出几小时来完成家庭作业和为即将到来的考试而学习的个体,形成了这样的原则:完成任务的最有效方法是将其分解成几部分,并根据制定好的计划表完成每一部分。成年人能够根据这个原则在工作和家庭中成功地完成复杂的任务。

再举一个例子。想象一名学生经过多次观察和思考后,终于对学校以及一个人应该如何在学校里表现形成了良好的认识。这名学生已经形成了一个学校图式。这样的图式可能会由行动者(教师和学生)、物体(书桌、书籍、电脑)和活动(读、听、写、说、画)组成。这是一种理想化的抽象,在实际课堂中这些特征的比例可能更小或更大。即使这样,有了这种图式,一名学生就可以走进任何教学环境(如另一个教室、一个培训研讨会,或一个新闻发布会),并且很容易理解要发生什么,为什么会发生,以及一个人应该如何表现。当然,反复使用图式、规则、策略等以后,行为就会变得需要更少的意识,更加自动化。这反映了曾经的高路迁移变成了低路迁移。

研究者(如Bereiter, 1997; Lim, Reiser, Olina, 2009; Salomon & Perkins, 1989)指出,这种深思熟虑的、有意识的、需要努力形成的一般原则和图式,适用于各种不同的、但基本上类似的任务,并称之为有目的的抽象(*mindful abstraction*)。这里的有目的的(*mindful*)部分表明,要想实现高路迁移,必须思考和充分理解抽象。也就是说,人们必须意识到他们在做什么,以及他们为什么这么做。实际上就是元认知训练。回想一下我们之前在本章关于惰性知识的讨论,以及理查德·费曼(Richard Feynman)观察到的他在麻省理工学院的同学们不能识别出之前学过的数学公式的应用,都是因为这些知识最初只是在课程中学会使用的。Carl Bereiter(1997)认为,当学习与一个特定的情境紧密联系在一起时,就像费曼在麻省理工学院的同学的学习一样,会阻碍高路迁移。

站稳立场 **如果想要迁移,就要为迁移而教** 375

从小学教育到研究生教育,你都会从中找到这样一些教师,他们认为在课堂教学中就

---

1 高路迁移:从一个任务中获得规则并把它应用于相关任务中。

应该为学生提供关于基本概念和程序的解释和例子,然后测试他们回答更高级的问题或解决更困难问题的能力。他们直观上很有吸引力的理论基础是,如果学生上课专心听讲,仔细阅读课本并且勤奋地完成指定的作业,就能够从简单的、低水平的课堂范例学习,跃升到完成更困难、更高级的测验项目。我们希望你已经从本章关于迁移的讨论中了解到,没有什么比真理更重要的了。要想在测验中取得好成绩,学生在教学过程中学习的概念、问题和程序,在类型上必须与考试中的相一致,甚至可能需要在考试中提示他们使用所学的知识。换言之,如果你希望得到迁移,就需要为迁移而教。要让你的学生有机会在新情境下运用他们学到的东西。如果你认为迁移能自动发生,那么就会像许多教师一样,在大多数时候会感到失望。

你怎么看?

对于那些期望自动发生迁移的教师,你有什么感受?

为低路迁移和高路迁移而教

正如我们在本节开始时所提到的,将以前所学的知识和技能迁移到新的任务和情境中,几乎是所有教师都看重的一个教学目标。然而,一项关于课堂活动的研究发现,只有7%的任务要求学生运用他们先前习得的信息(Bennett, Desforges, Cockburn, & Wilkinson, 1984)。也许大多数教师觉得,他们根本不知道如何教授迁移。但这是可以改变的。以下指南(基于Cox, 1997; De Corte, 2003; Lim, Reiser, & Olina, 2009; Salomon & Perkins, 1989)可以帮助你催生更高水平的低路和高路迁移:

1. 为学生提供多种变式练习机会,帮助他们形成丰富的相互关联的概念网络。

2. 给学生机会解决与他们最终要解决的问题相似的问题,并建立与他们最终所面对的问题相似的条件。

3. 教学生针对各种任务制定一般规则、策略或图式,以便于他们在未来用此解决各种类似的问题[1]。

4. 给学生一些提示,使他们能够从记忆中提取学过的相关信息,从而使当前的学习变得更容易。

5. 引导学生关注创造和使用规则、策略来解决特定问题所产生的有益影响。

1　低路和高路迁移是通过对技能、规则和记忆提取线索的各种应用练习而产生的。

解决名词单复数问题

作者：Heather Cater Jackson

作为一名小学三年级学生的阅读教师，我正在教补充阅读课程中的单词学习课。我所教的规则是：加一个撇号和一个"s"的单数名词和不规则复数名词表示所有格。只在普通复数名词上加一个撇号来表示所有格。

在本课的教学中，我遵循了课程中提出的建议。我第一次使用了一个插卡袋，上面有四组单词，比如女孩（*girl*）、女孩的（*girl's*）、女孩们（*girls*）、女孩们的（*girls'*），分别列在"单数"和"复数"的标题下。然后我让学生们谈谈他们注意到的关于这些单词的撇号。我从学生那里得到的回答是模糊的。

此后，我使用与对应的四组词相匹配的句子来解释这个规则。针对每个句子，我详细解释了如何和为什么在每个实例中都添加了撇号。在解释最后一组单词时，我确信学生们已经理解了这一课内容。

为了验证我的判断，我接下来实施了一个快速的形成性评估，我口述了三个使用复数所有格（例如，三名女孩的运动鞋被泥覆盖着）的句子。学生们随后在他们的识字本中写下了这些。

当学生们写第一个句子的时候，我开始感觉到挫折，因为有几双眼睛茫然地盯着我，他们挥舞着手，铅笔和橡皮在字母"s"前后的撇号旁疯狂地移动。看到这个混乱的迹象，我建议学生们使用插卡袋作为参考。在我看来，插卡袋清楚地为他们提供了足够的信息来轻松完成这项任务。我很快发现，学生们都迫不及待地想告诉我，有单词列表的插卡袋，对他们完成任务没有任何帮助。

这节课已经结束了，当学生们离开教室的时候，我花了一点时间来反思这节课。我意识到对于某些学生，复数和单数本身的概念不清楚，然后添加"所有格"进一步扰乱了他们的理解。我认识到单凭单词卡和我的口头解释，并不足以让学生在两个组合概念之间建立起联系。

我意识到需要重上这一课吗，我问自己，我能做些什么不同的事情？我决定把我教授的规则分成两个部分来教。第一个部分是"什么是复数和单数名词？"，第二个部分是"你如何使用撇号来反映复数和单数名词的所有格？"

此外，我意识到，我不应该只是在插卡袋中使用单词卡，而是需要添加图片，这样学生就可以看到单词和概念之间的相关性。我在"女孩们（girls）"这个单词下添加了一张三个穿着运动鞋的女孩的图片,然后写下短语"女孩们的运动鞋"(girls' sneakers)。我在插卡袋的每一列都这样做了。此外,我还用一张照片和与之相符的句子做了一个评估。学生的任务是把一个撇号写在正确的地方,这取决于单词是单数还是复数名词。

第二天,我又一次教了这节课,但这次是用照片和图片作为道具,首先讨论单数名词和复数名词的概念。然后我又加入了所有格名词的概念,再次使用这些与名词匹配的图片。我发现,这次我的解释要短得多,也几乎看不到学生脸上的困惑了。

当我分发有句子和照片的测试时,学生们直接就添加了撇号。当一个学生等着其他人完成时,他问道:"我能自己画出照片和写出句子吗?"在得到同意后,他创造了一个句子并和一个朋友分享。然后,他的朋友画了一幅自己的画来匹配句子。

当天的课程结束了,我明白了确保学生将新的学习与他们目前所知道的东西联系起来是多么重要。我需要先回到单数名词和复数名词的概念,在视觉线索中添加另一种学习通道,最后才可以达成课程的目标。缺乏第一步,就为最终的理解制造了一个难以跨过的鸿沟。

（Heather Cater Jackson 是汉密尔顿中心学校的一名阅读指导专家。）

你掌握了吗?

对于有些学生为什么能够运用他们在某一学科中所学到的知识和技能来获得另一个学科的知识和技能,以下哪项解释是最好的?

a. 学生的智力水平高于平均水平

b. 这些学生有一个适合这个过程的学习风格

c. 教师向学生们演示了如何创建适用于解决不同类型的问题的一般规则和策略。

d. 教师向学生演示如何记住概念、规则和公式

10.4　支持知识建构和问题解决的技术工具

InTASC	标准3(m)　标准5(l)　标准8(n)　标准8(o)

我们在本书前面提到,在学校使用计算机是一种学习和问题解决的方式。这种使用基于计算机的技术来支持建构主义学习的方法,通常被称为计算机辅助学习(*learning with computer*)(Howland, Jonassen, & Marra, 2012; Rosen, 2009)。当计算机支持知识的构建、探索、做中学、对话学习和反思学习时,学生便是在进行计算机辅助学习。

"心智工具"(*mindtools*)这一术语指的是可以为这些类型的活动提供支持的计算机应用程序[1]。心智工具包括数据库、语义网络(概念图程序)、电子表格、专家系统(人工智能)、微世界、搜索引擎、可视化工具、超媒体和计算机会议(Jonassen等,2008)。心智工具并不像计算机训练和辅导项目那样,仅仅是用来有效地呈现和表征信息,它可以使学习者在更开放的环境中构建、共享和修改知识。实际上,学习者可以成为知识的创造者、设计者和"作者"(Moos & Azevedo, 2009)。

建构主义的基本原则是有意义的学习涉及做中学,这与仅仅通过读或听学习相反。由于实际的亲身体验并非总是可行的,因而基于计算机的模拟程序可以作为第二种最佳选择。但是在做中学,特别是在计算机模拟的情境下,如果能伴随着细致和适当的支架似乎效果最好(Mayer, Mautone & Prothero, 2002)。我们考察过两个已经被深度研究了的在线学习环境,发现它们都提供了不同形式的支架。第一个是计算机支持的有目的的学习环境(Computer-Supported Intentional Learning Environments, CSILE),现在已经演变成知识论坛。第二个是基于游戏的学习环境,被称为"探秘亚特兰蒂斯"(Quest Atlantis)。

10.4.1　计算机支持的有目的的学习环境(知识论坛)

Marlene Scardamalia和Carl Berciter(1996, p.10)要求我们"想象一个网络中的网络——来自学校、大学、文化机构、服务组织、企业的人——他们同时在主要群体中建立知识并增加其他人的知识。我们可以将这样的社区网络称为知识建设社会"。自20世纪80年代以来,这些研究者在计算机支持的有目的的学习环境(CSILE)项目(Scardamalia & Bereiter, 1991)中开发并测试了这种网络的各个方面。

CSILE项目是围绕着有目的的学习这一概念构建的(Scardamalia & Bereiter, 1991)。在一个有目的的学习的环境中,学生们学习如何设置目标,产生和关联新观念,将新知识与已有知识联系起来,与同伴协商意义,并将他们所学的东西与任务关联起来。这些活动的产品,就像科学探究的产品一样,将会向其他学生开放(Watkins, 2005)。

378

1　技术工具能够帮助学生建构知识,变成更好的问题解决者。

CSILE项目可以使学生以多种方式（例如，文本注释、绘图、图形、图片、时间轴和地图）创建信息链接或"说明"。CSILE还包含指定的"合作"图标，鼓励学生反思他们的工作如何与他人连接，以及用来标记参与或愿意合作的观点浏览和连接工具。使用这个数据库系统，学生可以对他人的工作进行评论，阅读他人对自己的假设的评论，或搜索同伴在特定主题下发布的信息。例如，搜索鲸鱼（*whales*）这个词，就会检索到那些将这个词作为他们在CSILE上作品的关键词的学生的所有工作。在这样一个无人主导的、自由流动的环境中，就不再必须经由教师发起讨论和协调轮流发言（Hewitt, 2002; Scardamalia & Bereiter, 1991, 1996）。Jim Hewitt（2002）描述了一位任教六年级的教师是如何使用CSILE逐渐转变他的教学方法，从教师主导和任务中心转向以协作和知识为中心的。

研究表明，使用CSILE的学生在标准化的语言和阅读测试中表现得更好，会提问更深层次的问题，他们的评论更加复杂和连贯，展示出更成熟的学习信念，并参与更有利于科学进步的讨论（Scardamalia & Bereiter, 1996）。

你可以在网上找到CSILE的另一个可用版本，称为知识论坛。知识论坛的目标是让学生模拟专家型学习者的合作式知识构建过程。因此，学生们在发布自己的信息之前，必须标注自己对于交流主题的贡献；他们发布信息时，可以使用这样的标签：我的理论（*My Theory*）、我需要理解（*I Need to Understand*）、新信息（*New Information*）、这个理论无法解释（*This Theory Cannot Explain*）、一个更好的理论（*A Better Theory*）、将我们的知识结合在一起（*Putting Our Knowledge Together*）。如果在帮助建立一个人类视觉的知识库的过程中，一名学生写道"我需要了解为什么我们有两只眼睛，而不是一只或三只"，这个社区的另一名成员可以发布新信息，讨论双眼视觉和深度知觉之间的关系。由此产生的知识库将会被其他人修改和添加。一项为期三年的针对四年级学生的研究表明，知识论坛增强了学生对学习的集体责任意识，促进了他们对"知识创造文化"活动的有效参与（Zhang, Scardamalia, Reeve, & Messina, 2009）。你可以在知识论坛网站上获得更多关于知识论坛的信息。

10.4.2　探秘亚特兰蒂斯：游戏及其间接参与

类似于CSILE，探索亚特兰蒂斯（QA）是基于这样一个前提：当学生主动参与学习过程时，学习的数量和质量都会得到更大的提升。与阅读或观看关于历史事件或科学发现的书籍或电影相比，当学生可以在现实情境中扮演一个解决问题的角色时，他们可能会更加投入，在更深入、更有意义的水平上学习。以这种方式学习，他们会获得基本的概念性知识，学习如何使用这些知识去分析和解决问题，体验做决策的后果。尽管对其他模拟程序还缺乏积极的研究结果，但QA的有效性已得到充分肯定（见，Barab, Gresalfi & Ingram-Gable, 2010; Barab等, 2009; Gresalfi, Barab, Siyahhan, & Christensen, 2009; Young等, 2012）。QA被其设计者这样描述道：

> 作为一个多用户的虚拟环境，探索亚特兰蒂斯让儿童沉浸于教育任务中，以探险的方式将虚构的亚特兰蒂斯从即将到来的灾难中拯救出来。作为"探索者"，孩子们参与到虚拟环境中，并对被称为"任务"（Quests）的基于探究的挑战作出反应，以及通过克服这些挑战帮助亚特兰蒂斯委员会重建他们失去的智慧文明，这种文明就像我们的一样（Barab, Dodge, Thomas, Jackson, & Tuzun, 2007, pp.268-269）。

为了说明这一学习环境，思考一下其中的泰加（Taiga）任务。该项目与一个关于水质的课程单元结合在一起，它要求学生找出为什么泰加国家公园的鱼类种群数量下降，并提出解决方案。为了让学生们对这个任务有所准备，要求他们去帮助一个名叫艾比的环境科学家做实验。他们要评估并改善几个鱼缸的水质。例如，他们可能发现一个鱼缸中的氧含量太低，另一个鱼缸的pH水平酸性太大。一旦他们精通了这项任务，艾比就会推荐他们做泰加国家公园的雇员，来解决水质问题。使用一个化身（代表学生的角色），学生们穿过公园，与其他游戏者的化身和不代表其他游戏者的角色进行互动。水质问题的潜在原因可能是附近土著部落的农业活动、伐木作业的土壤侵蚀和过度捕捞造成的硝酸盐水平过高。潜在的解决方案包括要求各部落减少或停止他们的捕鱼活动，禁止伐木，禁止商业捕鱼。学生在未来的世界中看到实施这个方案后的结果（Barab, Gresalfi, & Ingram-Goble, 2010）。

正如您从上面的例子中看到的，QA包含了与建构主义学习所有变式相一致的特征。学生们要解决现实问题，并通过与来自其他学校或机构（如博物馆）的同学和参与者互动来解决问题。因此，他们花了很多时间——在漫长的、不间断的时间里——以解决问题方式来学习：为达成目标进行认知信息加工并检验假设。这就是所谓的整合参与。

对商业视频和网络游戏的一个批评观点是，它们提倡暴力和其他反社会行为。QA旨在帮助学习者发展7个维度（被称为社会承诺）的认识，共同解决社会建构主义和批判性建构主义的基本问题。这些维度是：

- 富有同情心的智慧："友好"
- 创造性表达："我创造"
- 环保意识："全球化思维，逻辑化行动"

- 个人能动性："我想说"
- 健康社区："生活、爱、成长"
- 社会责任："我们可以改变"
- 多样性主张："每个人都有责任"

虽然QA的这些简短描述可能会让你印象深刻（以及感到"极好"和"酷"），并且是你想使用它，你也应该问自己，QA是否真地起作用。正如我们在第一段提到的，有说服力的证据已表明QA是一种促进有意义学习和提高学生问题解决技能的有效工具。在六年级的一个为期两周的研究中，那些完成泰加任务的学生比学习传统课程材料的学生，在水质概念测验和一个包含分析虚构水流的迁移测验中得分明显更高。更令人印象深刻的是，两个月后的再次测验中，QA学生依然保持优势（Barab, Gresalfi, & Ingram-Goble, 2010）。对其他电脑游戏和模拟的分析（参见, Tobias, Fletcher, Dai, & Wind, 2011; Tobias & Fletcher, 2012）也发现了其对学习和迁移的有益影响（只要模拟所需要的认知过程与特定的课堂任务所要求的认知过程相同）。你可以在亚特兰蒂斯综合网站了解更多关于探秘亚特兰蒂斯的信息。

暂停 与 反思

本章认为,如果教师想要学生产生迁移,他们应该教授迁移。请前往"探秘阿特兰蒂斯"网站并探讨概述材料,包括可用的视频。你认为"学生任务"可能会带来迁移吗? 为什么?

挑战假设 **什么是问题?**

在她对塞莱斯特物理课的再次观察中,康妮指出,塞莱斯特通过旨在帮助学生成为优秀问题解决者的五步法来指导她的学生。康妮特别指出,学生们对第一步,亦即问题发现,非常感兴趣。下课的时候,塞莱斯特和康妮一起总结了这节课。

"那就好多了,"塞莱斯特说,"这真的很有趣,我认为学生们从中获益良多。"

"我也这么认为,"康妮说,"重要的是我们要明白,学习不是我们能给(give)学生什么东西;这是他们必须为自己做的事情,他们必须建立自己的理解,发展自己的技能,以使这些理解和技能对他们有用。他们需要成为自主学习者。但对我们来说,意识到建构不是干预（invention），这一点也很重要。研究表明，建构理解和发展技能是一项和别人一起做能做得更好的任务。教师是非常关键的建构监督者。"

"很有道理，"塞莱斯特说，"我认为，今天学生们之所以对探索问题感兴趣，是因为他们对上一节课很困惑。"

"说得很对，"康妮说，"也许他们早期的困惑为今天的参与带来了动力。好奇心和不满——皮亚杰称之为**失调**——在课堂中并不是一件坏事：它会引发问题！问题一旦被发现，就是一个学习的机会。"

你掌握了吗？

支持建构主义学习方法的技术工具有下列哪些特征？

a. 提供支架   b. 现实情境中的学习任务

c. 与其他学习者的互动   d. 以上都是

小结

10.1 说明建构主义学习理论的基本主张，并举例说明建构主义的实践应用。

- 学习的建构主义观点认为，当人们使用现有知识图式和他人观点来解释周围世界时，有意义学习就发生了。

- 20世纪60年代，杰罗姆·布鲁纳提出了一种建构性的学习观点，即向学生提出他们必须找到合适的解决方案的现实性问题。当发现学习与各种类型的教学支持相结合时，这是一种被称为有指导的发现的方法。与直接从教师那得到清晰教学的学生相比，采用此方法的学生会学到更多。

- 建构主义的主要观点是：当人们积极建构个人知识结构时，有意义学习就发生了；教师对一些概念或问题的理解，只有部分能够通过直接教学的方式传达给学生；可以调节自己学习的学生能更好地建构有意义的知识结构；当课程建立在现实环境中时，有意义学习和迁移最有可能发生。

- 认知建构主义者，如皮亚杰，关注个体的认知过程如何影响他们所建构的世界观。

- 社会建构主义者，如维果斯基，关注社会过程如何影响学生建构的现实观。

- 批判性建构主义观点侧重于文化上的误解，以及它们如何影响学习环境中的互动。

- 支持建构主义的三个条件是：教师与学生之间的认知学徒制、现实性学习任务的应用（情境学习）以及多元视角。

- 因为建构主义的教学方法强调解决问题，它与一种被称为"翻转课堂"的做法有很多相似之处。

- 课堂讨论是一种教学技巧，教师可以用它来支持有意义学习的建构主义观点，因为它允许学生分享关于现实问题的不同观点。

10.2　使用常见问题类型，举例说明如何使用五步法解决问题。

- 当学习者有了目标，但没有达到目标的方法时，问题就产生了。问题解决涉及识别和运用能够达成目标的知识和技能。

- 学生最常接触的问题可分为结构良好问题、结构不良问题和争议问题。结构良好问题可以清楚地表述出来，通过应用以前习得的步骤来解决，并且可以准确地评估它们的解决方案。结构不良问题往往表述含糊，它们并非总能通过运用以前的习得的步骤来解决，而且其解决方案并非总能根据明确的和广为接受的标准来评估。争议问题就像结构不良问题，但二者之间有两点差异：争议问题会激起强烈的情感并倾向于把人分成两大对立阵营；它们需要在制定一个解决方案之前，确定一个最合理的立场。

- 一般问题解决模型由五个步骤组成：觉知问题，抓住问题的实质，收集相关信息，制订并实施解答方案，以及对解答方案进行评价。

- 抓住问题的实质，也称为问题表征或问题界定，需要对问题所在的学科拥有高水平的知识，并熟悉特定类型的问题。

- 问题解决者可以通过如下方式编译信息：搜索长时记忆，提取与解决方案相关的信息，并将这些信息表征为列表、表格、图片、图形、示意图等。此外，从朋友、同事和专家那里也可以获得信息。

- 问题解决者可以通过如下方式来制订解决方案：研究解答过的样例、解决一个更简单的问题、将问题分解成部分、逆向工作、反向消退、解决可以类比的问题或者创建问题的外部表征。

- 问题解决者可以通过估计或检查来评估结构良好问题的解决方案。问题解决者可以通过回答一组关于谁、什么、哪里、何时、为什么以及如何的基本问题，识别缺陷和"并发症"，预期可能的负面反应，改进设计，来评估结构不良问题的解决方案。

10.3 描述支持不同类型正迁移的学习情境。

- 当学生将某一刻在特定的情境下学到的知识和技能，在后来应用于相似但不同的问题和任务时，就会发生学习的迁移。

- 正迁移发生在一个新的学习任务与以前学习的任务相似并需要相似反应的时候。负迁移发生在一个新的学习任务与以前学习的任务相似但需要不同反应的时候。零迁移发生在以前学习到的信息或技能与新信息或技能很不同的时候，而这些信息或技能对学习的速度没有影响。

- 由于早期习得任务和当前任务之间的相似性所产生的正迁移，被称为具体迁移。由于从一个任务转到另一个任务时制定、使用了认知策略所产生的正迁移，被称为一般迁移。

- 近迁移发生在一个特定任务所获得的知识和技能在相对较短的时间内应用于一项高度相似的任务时。远迁移发生在某一特定任务而获得的知识和技能被用于另一项在形式上不相似并代表一个不同知识领域的任务的时候。

- 关于具体迁移的一种当前观点是"低路迁移"。这种迁移是通过让学生有很多机会在不同的环境和不同的材料中练习一种技能而产生的。

- 关于一般迁移的一种当前观点是"高路迁移"。这种迁移的产生，是通过教学生如何制定一般规则、策略或图式，并把它们在未来用于与初始问题基本相似的各种问题中。

10.4 解释网络环境，特别是那些使用游戏原理设计的环境，是如何支持建构主义学习和问题解决的。

- 精心设计的计算机模拟环境，通过帮助学生了解自身决策的结果，成为提高学生知识建构和问题解决技能的有效手段。

进一步学习的资源

- **建构主义**

  Bruce Marlow 和 Marilyn Page 在第二版《创造和维持建构主义课堂》(*Creating and*

Sustaining the Constructivist Classroom）（2005）一书中，讨论了建构主义的本质以及如何创建建构主义课堂。在标题为"这本书和其他书有什么不同"（How This Book Is Different From Others）的前言部分，他们讨论了该书如何整合了理论和研究，以及在创建和维持建构主义课堂方面，新手和经验丰富的教师所面对的实际问题。

正如书名所示，James Pelech 和 Gail Pieper 所著的《建构主义教学理解手册：从理论到实践》（*The Comprehension Handbook of Constructivist Teaching*：*From Theory to Practice*）（2011），描述了建构主义的基本理论，详细说明了源自该理论的 12 项学习原则，并列举了运用这些原则的建构主义教学的例子。

George Maxim 所著的第九版《建构主义课堂的动态社会研究：激发明天的社会科学家》（*Dynamic Social Studies for Constructivist Classroom: Inspiring Tomorrow's Social Scientist*）（2010）一书，举例说明了在社会研究课堂中的建构主义原则的运用。本书的第 3 章讨论了适用于几个内容领域的标准。

- **问题解决过程**

Roger Schank 所著的《教授心智：认知科学如何拯救我们的学校》（*Teaching Minds: How Cognitive Science Can Save Our Schools*）（2011）一书，极有可能让你怀疑自己关于学校教育的基本目的以及如何教学的看法。它会以一种参与而又幽默的方式来引导你。Schank，一位杰出的认知科学家，认为教育的基本目的是教孩子们如何思维和解决问题，而不是建立一个存放事实信息的仓库。为此，他关注的是 12 个基本的认知过程以及应该如何教授这些过程。

在《思维的艺术》（*The Art of Thinking*）（10th ed., 2012）中，Vincent Ruggiero 描述一个四成分的模型，以帮助学生成为更好的思考者和问题解决者。描述每个部分的章节（"有意识"、"有创造力"、"有批判性"、"沟通你的想法"）表述清晰，并包含了大量课堂应用建议。

在《利用技术进行有意义学习》（*Meaningful Learning with Technology*）（4th ed., 2012）一书中，Jane Howland、David Jonassen 和 Rose Marra 描述了建构主义视角下，如何运用技术来促进有意义学习和问题解决。其中的章节包括如何使用各种技术来支持探索、实验、设计、沟通、写作、建模和可视化。

教师点击（Teacher Tap）是一个专业的开发网站，它向教师介绍了可用于教学和学习的各种技术资源。（该网站建议"开始放慢速度，让它流动！"）。"技术促进学习"资源页面包含了描述项目、问题和探究性学习的链接。教师点击可以在eduScapes网站上找到。

- 学习迁移

Steve Trautman 在《教你所知》（*Teach What You Know*）（2007）一书中，讨论了如何通过使用同伴导师来促进学习的迁移。多学科角度下的迁移测试，可以在《现代多学科视角下的学习迁移》（*Transfer of Learning from a Modern Multidisciplinary Perspective*）（2005）一书中得到，该书由 Jose Mestre 编写。

- 技术工具

在 Mizuko Ito 和她的同事所著的《闲逛，瞎混，电脑迷：孩子们在新媒体上生活和学习》（*Hanging out, Messing Around, and Geeking Out: Kids Living and Learning with New Media*）（2010）一书中，可以找到麦克阿瑟基金会的数字媒体和关于学习项目的具体介绍。

第四部分

创设积极的学习和教学环境

第11章 动机和自我认识

©michaeljung/Shutterstock.com

本章涉及的InTASC标准	学习目标
3. 学习环境	学完本章内容后,你将能……
5. 知识应用	11.1 解释强化对内部动机和外部动机的影响。
6. 评估	11.2 提供样例来说明自我效能感的作用,以及自我效能感如何起到学习动机的作用。
	11.3 描述信念是如何影响学生的思维,以及学生的思维和个人兴趣是如何影响其动机的。
	11.4 解释为什么基本的人类需求是个体行为选择的基础,是个性和学业成长的前提条件。
	11.5 提供样例来说明自我认识如何影响学生的动机。
	11.6 描述技术如何增强学生的动机。

InTASC　　　标准3（i）

教学就像玩拼图，首先你要识别出其每一部分，然后再弄明白如何把它们构建成一个 384
有意义的整体。本书的主旨就在于帮助你识别有效教学的每一个相关要素，然后就如何协
调这些要素给你一些建议。例如，在本书的第一部分，你会学到理解学生社会性发展、情感
发展、认知发展的重要性，学生在不同的年龄会有怎样的发展，以及学生个体之间的发展差
异。在第二部分，你会学到与教学过程这一拼图有关的各个要素，以及如何利用不同的学
习观来指导你的教学。在这一部分所提到的各个要素涉及两个重要方面，一是构建能够激
发学生学习动机的课堂环境，二是维持这种积极的课堂气氛。

在本章，我们将讨论这样一个问题：为什么有的学生会为了学业成绩努力奋斗，有的
学生却不会？换言之，学生的学习动机是什么？斯坦福大学教育学教授Larry Cuban曾生
动地指出了动机的作用，他在斯坦福大学工作16年之后又返回高中任教了一个学期。基
于这样的经历，他说："如果我想要学生们全神贯注地学习，并且每天都全神贯注地学习，我
就需要找出他们所学的内容和他们日常生活的联系，无论是在学校里、在社区，还是在整个
国家。"（1990，pp.480-481）。

Cuban教授关于通过使学习内容和学生生活密切关联来维持学生学习动机的论断，得
到了盖洛普组织（以其民意调查而闻名）的一项调查的支持。调查的对象是一些初中和高
中的学生，为了测量他们对学习的投入程度，该组织要求学生们对诸如以下这些描述进行
1—5的打分："我的教师能够使我感觉到做家庭作业的重要性"，"在这所学校，我有机会做
我所擅长的事情"，"在过去的七天里，我曾经因为成绩优异而得到认可或表扬"。调查结
果喜忧参半：好消息就是有57%的学生认为他们认真投入去做功课；当然，坏消息就是还
有47%的学生认为自己并没有投入学习或者会主动地脱离学习状态。更让人沮丧的是，
从五年级到九年级，学生们越来越缺乏学习动机（Gallup, Inc., 2012）。

动机可以被定义为行为的选择、坚持、强度和指向（Fulmer & Frijters, 2009）。实践
中，动机就是个体在特定环境下，愿意付出一定的努力去实现某个目标。然而，很多教师
对动机有至少有两个误解，这就阻止了他们最大程度地发挥动机的作用。第一个误解是
他们认为有些学生是无动机的。严格来说，这个说法是不准确的，一个学生只要选定了目
标，并且为实现目标而努力，从定义上来说，他就是有动机的。这里说的无动机，指的是
学生被动机激发的行为不符合教师的要求；换言之，他们的动机是消极的，不是积极的。 385
第二个误解是他们认为一个人可以直接激发另一个人。这个观点也是错误，因为动机是

来自个体内部的。你所能做的就是基于本章将要提到的各种动机理论，创造一种情境，促使学生去做你想让他们做的事情（Martin & Dowson, 2009; Matos, Lens, Vansteenkiste, 2009）。

有四种因素影响着学生的动机：(1) 他们对自己完成课堂任务是否有胜任感；(2) 他们是否认为自己的行为能够影响行为结果的质量；(3) 他们对任务的兴趣以及他们对完成任务的价值的认识；(4) 他们是否能够得到周围重要他人，如父母、教师、同学的认可（Usher & Kober, 2012）。尽管没有某一种理论能够同时解释这四种因素对动机的影响，但是本章将要提到的这些理论，都能够帮助你更好地理解这四个因素各自是如何激发学生的动机的。

学习导读

下述要点能帮助你了解本章的重要内容。为了帮助你学习，这些要点也会出现在正文页脚位置。

行为主义的动机观

- 行为主义的动机观：强化理想的行为
- 外部动机是指学习者为了外在奖励而从事某种学习活动的动机
- 内部动机是指学习者为了体验内在的满足而从事某种学习活动的动机
- 过度地使用外部奖励会导致行为只发生暂时改变，注重物质追求，内部动机降低
- 当奖励能提供积极反馈并且发给所有应该得奖的人时，它会增强个体的内部动机
- 迫使学生通过竞争来获取有限的奖励，会削弱他们的内部动机
- 如果学习者对学习任务本身感兴趣，慎用外部奖励

社会认知理论的动机观

- 社会认知理论的动机观：观察和模仿理想的榜样；提升自我效能感
- 自我效能感影响目标的选择、对成功的预期以及对成败的归因

其他认知理论的动机观

- 认知发展理论的动机观：努力寻求平衡；掌控环境
- 成就需要反映在追求需要熟练的表现才能实现的目标中
- 高成就需要者偏好中等难度的任务
- 低成就需要者偏好非常简单或者非常难的任务

- 学业不良的学生经常把成功归因于运气好或者任务简单,把失败归因于自身能力不足
- 成绩优异的学生把成功归因于自身的努力和能力,把失败归因于努力不够
- 持有能力增长观的学生,倾向于设置掌握目标,并且愿意进行有意义的学习、提高自己的技能
- 持有能力实体观的学生,倾向于设置表现目标,他们更关心能否得到高分数,而避免失败
- 个人兴趣反映在内在的、稳定的学习愿望中;情境兴趣依赖于具体情境,并且持续时间较短
- "心流"是当一个人全情投入、全神贯注时产生的沉浸体验
- 个体通常很难产生认知不平衡
- 一个人的成就需要很难通过短期的观察来进行评估
- 错误的归因很难纠正

人本主义的动机观

- 人们只有在缺失性需要得不到满足时,才会去追求满足这种需要
- 自我实现依赖于低水平需要的满足,以及对某种价值的信念
- 如果缺失性需要得不到满足,个体可能会做出不当的选择
- 可以通过增强吸引力、降低风险来激发成长需求
- 学生的缺失性需要,有些是教师可以满足的,有些是教师无法满足的

自我认识在动机中的作用

- 自尊是我们对自己所做的整体评价;自我概念是我们对自己的某一个特定方面所做的自我评价;自我效能是我们对自身是否能够完成某项任务的自信程度
- 学业自我概念和学业成就之间呈正相关
- 可以通过教学设计来提升个体的学业自我概念和学业成就

利用技术来激发学生的动机

- 技术可以用来激发、维持个体的内部和外部动机
- 技术能够使学习更加有趣和有意义,从而激发个体的内部动机

揭示假设　　**教学……学习……动机**

安东尼奥说:"我在教师休息室里听几个教师在讨论八年级的学生,他们对这些孩子的表现非常失望,特别是跟他们所教的上一级的孩子相比。过了一会儿,其中一个教师说了一些话,这些话在我脑海里停留了三周之久。她说'我很认真地教这一届学生,但是他们并没有好好学习。这些孩子根本就没有学习的动机。'"

塞莱斯特说:"几天前我也听到过类似的说法。那天我们在课堂上就教学计划进行讨论,一个学生描述了她经历过的一节历史课。她说授课的教师的确非常优秀,课上讲到了多年的法律政策和政治组织如何最终导致最高法院做出一致的决定——在学校废除种族隔离。她从来没有听过哪位教师解释得比他还要好。"然后她说:"这位教师的确教得好,但是学生们并不感兴趣。"

"就是这样嘛,"唐说道,"我觉得总是会有一些学生,我们永远也没有办法激发他们的学习动机。"

康妮长长地呼口气,说道:"恩,让我想一想,如果有些内容的确是教师可以教好,但是学生学不会,那么教和学就是脱节的。如果教师真的没有办法激发某些学生的学习动机,那么教师一定是学生学习动机的源头。"

大家沉默了几分钟,然后塞莱斯特说:"这么说来,肯定是哪儿出了什么问题。"

暂停　与　反思

你是否听说过某位教师或者教授说过类似的话:"我教了,但是学生就是不学"? 这种说法是把教和学看作两个独立的过程。你认可这样的说法吗? 我们再来思考另一种说法:"教师没有办法激发某些学生的学习动机。"这种说法揭示了一种有抱负的教师有时会作出的假设:教师是学生产生学习动机的重要来源。你是如何看待自己在学生产生学习动机中的作用的? 你又是怎么看待教和学的关系的? 其中动机起着什么作用?

11.1　行为主义的动机观

之前我们提过,一些心理学家从理论的视角解释学习,他们把注意力集中在可观察的刺激、反应的效果以及我们倾向于展现出的特定的行为的结果上。我们把这一理论称为操作条件作用，它在动机上的应用主要聚焦在强化的作用上。

11.1.1 强化的作用

在第7章讲到行为主义的学习理论时，我们提到过，及时给予学生强化能激发他们的学习动机[1]。我们所说的强化，通常是表扬学生或者给他们打分数，当然也可以采用代币的形式，让他们换取想要的东西，或者是可以自主选择参加活动的特权。

用操作条件作用理论解释学习能够帮助我们理解为什么有的学生喜欢某些学科，而有的学生不喜欢。例如，有的学生上数学课感觉很开心，有的学生上数学课就感觉像进监狱一样。操作条件作用理论的创始人斯金纳认为，这一差别可以追溯到学生的早期经验。他指出，喜欢上数学课的学生是因为他们之前在数学课上产生了积极的体验，而那些讨厌上数学课的人则恰恰相反，他们在数学课上有过消极的体验。还记得本章一开始我们提到的盖洛普学生调查吗？在情况调查问卷的七个题目中，有一个题目得分最低："在过去的七天里，我曾经因为成绩优异而得到认可或表扬。"我们可以从操作条件作用理论的视角思考这意味着什么。

11.1.2 行为主义观点的局限

尽管通过正强化来激发动机的方法通常很有效，但是如果过度使用或者误用这一方法也有弊端，因为通常在这种情况下我们激发的是学生的**外部动机**[2]（extrinsic motivation）。也就是说，学生参加某项活动（如上课、做作业、复习考试）是为了获得奖励，而这些奖励（如获得教师的表扬、得高分、可以做其他事情的特权）和活动本身是没有关系的。

相反，由**内部动机**[3]（intrinsic motivation）激发的学生，学习某一学科或者掌握某一项技能是，因为活动本身能够产生积极的结果，如活动让人更有见识、更有能力或更加独立。

尽管外部动机在社会上的应用很广泛（人们参加活动是为了获得证书、徽章、奖章、公众的认可、奖励，或者是赢得他人的赞美），但是这一方法至少存在三个潜在的危险（Covington,

---

1 行为主义的动机观：强化理想的行为。
2 外部动机是指学习者为了外在奖励而从事某种学习活动的动机。
3 内部动机是指学习者为了体验内在的满足而从事某种学习活动的动机。

2009; Kaufman & Beghetto, 2009; Kohn, 1999, 2006):

1. 外部动机引发的个体行为改变通常是暂时的。一旦外部动机得到满足,学生就会恢复到以前,如学习行为前后不一致、家庭作业质量较差、在课堂上讲无关的话、做无关的动作来扰乱课堂秩序。

2. 学生会形成物质主义的学习态度。他们会想(或者说):"如果我同意学习,我将得到哪些有形的奖励?"如果答案是否定的,他们就不会努力去学习。

3. 为了让学生完成某项学习任务就给他们一些外部奖励,这会降低他们也许原本就有的内部动机[1]。

最后一个风险我们称之为削弱效应(undermining effect),对此学者们已经进行了充分的研究(Marinak & Gambrell, 2008; Pulfrey, Darnon, & Butera, 2013; Wiechman & Gurland,2009)。结果表明,似乎只有在一定的条件下,给予学生外部奖励才能真正起到降低其内部动机的作用。

而在某些条件下,外部奖励也许能增强个体的内部动机[2]。图11-1总结了最近相关的研究结果。需要特别注意的是,如果学生是为了有限的外部奖赏而竞争,那么他们的内部动机会降低;相反,如果外部奖励是只要达到要求就能够得到的言语反馈,这反而会激发学生的内部动机。

让学生为了有限的外部奖励而竞争(称之为"基于曲线进行打分",在讨论埃里克森的心理发展理论时我们第一次提到过)会严重削弱他们的内部动机,因为这样做影响了他们的自我价值感[3]。无论是否有意,在社会上孩子们是基于他们的成就来建立自我价值感的。当我们人为地限制他们取得最高水平的成就,那么为了保护自我价值感,他们的内部动机就会降低。

总而言之,研究结果强烈建议,教师应该避免随意使用奖励来影响学生的课堂行为,特别是当学生对学习活动有内部兴趣的时候[4]。相反,教师给学生奖励的时候,应该告诉他们对于一项还没有掌握的活动而言,他们自身的能力水平,并且通过奖励来鼓励他们去探索自身原本没有什么兴趣的内容。

---

1 过度地使用外部奖励会导致行为只发生暂时改变,注重物质追求,内部动机降低。
2 当奖励能提供积极反馈并且发放所有应该得奖的人时,它会增强个体的内部动机。
3 迫使学生通过竞争来获取有限的奖励,会削弱他们的内部动机。
4 如果学习者对学习任务本身感兴趣,慎用外部奖励。

你掌握了吗?

下列描述哪一个最能说明削弱效应?

a. 内部动机没有外部动机重要。　　b. 榜样能够提供积极的外部强化。

c. 外部动机能够降低内部动机。　　d. 内部动机能够降低外部动机。

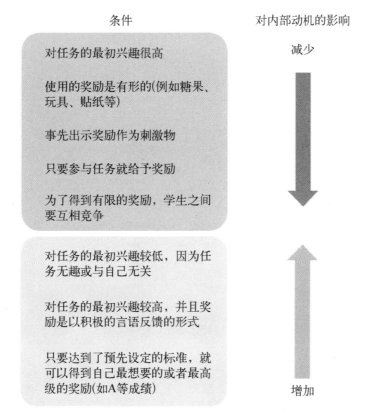

图11-1　外部奖励对内部动机产生削弱效应的条件
来源:Cameron(2001); Cameron, Banko, & Pierce(2001); Covington(2009); Deci, Koestner, & Ryan(2001);
Marinak & Gambrell(2008).

11.2　社会认知理论的动机观

388

社会认知理论的代表人物,如班杜拉、Dale Schunk以及Barry Zimmerman,强调有两种因素极大地影响了个体的学习动机:(1)人们所能接触到的榜样;(2)人们的自我效能感,即在多大程度上认为自己能够完成某项任务[1]。

11.2.1　有说服力的榜样的力量

有一个因素能够对学生的自我效能感和学习某种行为的动机产生积极影响，那就是能够有机会观察其他人展示出某种行为，以及展示该行为产生的后果。社会认知理论者把这一过程称为观察、模仿和替代性强化。正如我们在前面章节讨论社会认知理论时所指出，替代性强化是指我们看到其他人因为完成某种行为受到强化，从而自己也期望得到同样的强化。

如果一个学生看到哥哥姐姐因为得高分而获益，那么他也会努力去得高分，希望能得到相同或类似的利益。如果一个学生看到同学因为做某件事情得到教师的表扬，那么他也会做同样的事情，希望能得到类似的表扬。如果一个同学对他的教师有认同感和敬佩感，那么他会非常努力地学习，一方面是想要取悦这位教师，另一方面是想要成为像这位教师一样的人。无论是直接强化还是替代性强化，都能提升一个人完成某特定任务的自我效能感，进而产生高水平的动机（照片11-1）。

照片11-1　如果一个学生看到自己钦佩和认同的同学的行为得到积极的强化，那么他的自我效能感和展示同样行为的动机会增强。

1　社会认知理论的动机观：观察和模仿理想的榜样；提升自我效能感。

11.2.2　自我效能的重要性

InTASC　　标准6（m）

一个人的自我效能感通过以下三个因素影响其学习动机：对个体学习目标的选择、个体对学习结果的预期，以及个体对学习成败的归因。

学习目标的选择

有关学习目标的研究表明，学生的学习目标可以分为以下几种：掌握目标、成绩—趋近目标、成绩—回避目标，以及掌握目标和成绩—接近目标的综合（Anderman & Dawson, 2011; Cho, Weinstein, & Wicker, 2011; Murayama, Elliot, & Yamagata, 2011; Urdan & Mestas, 2006; Walker & Greene, 2009; Usher & Pajares, 2008b）。

对于教师布置的学习内容或技能，掌握目标定向的学生会尽自己所能进行有意义的学习。相比低自我效能感的学生，高自我效能感的学生通常会选择这种目标定向。在这种目标定向下，学生有更高的自我效能感，他们会大量使用编码技术，对信息进行更多的有意义的加工，复习和练习也更加频繁，更加密切地监控自己对知识的理解，形成更多有效的学习策略，并且把犯错也视为学习的一部分。

成绩—趋近目标定向的学生，通过在班级中取得比其他人更加优异的成绩，来向教师和同伴证明自己非凡的智力。如果准确地按照教师的要求完成好作业，或者是通过大量的记忆而不是对信息的理解就能得到高分，从而证明自己，那么他们就会使用这些策略。相反，如果只有通过使用更加复杂的、有意义的学习策略才能得高分，那么他们会转而使用这些策略。成绩—趋近目标的学生通常能够在测验中取得好的成绩，但是掌握目标定向的学生更容易对学习产生浓厚的兴趣。尽管成绩—趋近目标定向的学生更容易产生高自我效能感，但是如果一味地强调在测验中取得高分而不是对内容的掌握，那么他们的自我效能感会逐渐降低（Rolland, 2012）。

成绩—回避目标定向的学生会尽可能地降低失败的可能性，以使自己不会显得比班级其他学生差。他们会避开新颖的、有挑战性的任务，或者用欺骗的手段来降低失败的机会，并且还会进行自我设障，例如把作业或者项目拖到最后一分钟才完成，考试前简单敷衍地复习，大量地参加校内外的各项非学术活动等。他们这么做的目的，就是能够把不良的学业表现归因于环境而不是自己的能力。那些倾向于成绩—回避目标定向的学生通常是成绩不好、自我效能感比较低的男生。

由于使用的是常模参照评定系统，教师也许不知不觉地就鼓励了学生的自我设障行为，即使是那些自我效能感原本就不低的学生，因为学生之间需要通过互相比较来进行高、中、低的评分，这就促使学生把评分高低归因于自己固有的能力。这样的话，那些怀疑自己能力的学生，更倾向于进行自我设障（Thrash & Hurst, 2008; Urdan, Ryan, Anderman, & Gheen, 2002）。

结果预期

390

自我效能感还能通过影响学生对结果的预期进而影响其学习动机。高自我效能感的学生通常待更加积极的结果，因此他们倾向于使用更复杂的、更耗时的学习策略，面对困难也能坚持更久。（当然，一个高自我效能感的学生也有可能对某项测验结果的预期比较低，这是因为他觉得教师对他有偏见或者打分不公平。）低自我效能感的学生通常对结果的预期比较低，他们倾向于使用更简单的学习技能，并且当任务需要较大的认知负荷时他们更容易放弃（Pajares, 2008）。

归因

自我效能感影响动机的第三个途径是学生对他们某项任务成败的归因[1]。对某个学科有高自我效能感的学生，有可能把失败归因于自己努力不足（这样下次他们会更加努力学习），而把成功归因于自身的能力和努力程度。那些低自我效能感的学生，则会把他们的失败归因于自身能力不足，而把成功归因于任务简单，或者仅仅是运气好。在本章我们会继续探讨后一种归因模式是如何削弱个体的动机的（Graham & Williams, 2009）。

你掌握了吗?

一个高自我效能感的学生更加可能：

a. 把失败归因于努力不够。　　　　b. 把失败归因于能力不足。

c. 避免设置目标。　　　　d. 忽视潜在榜样的行为。

11.3 其他认知理论的动机观

除了社会认知者，其他认知取向的学者也对动机进行了深入的研究。本节所描述的观点，强调以下五个特征对学生的内部学习动机的影响：个体对建构一个有组织的、逻辑上

1　自我效能感影响目标的选择、对成功的预期以及对成败的归因。

相一致的知识库的内在需求,个体对成功完成某项任务的预期,个体对成败的归因,个体的对认知能力本质的认识,以及个人的兴趣。

你还需要了解的是,个体学习的内部动机大约是在九岁(四年级)的时候得到较好的发展,并且持续稳定发展到青春晚期。因此,最好是在小学低年级去培养学生的内部动机,并且鉴别出那些学业动机低的学生(Marinak & Gambrell, 2008)。

11.3.1 认知发展与组织概念的需要

认知发展理论的基础是皮亚杰的平衡、同化、顺应、图式四个基本概念,我们曾在发展的阶段理论中提到过这些理论。皮亚杰认为,儿童在探索世界的过程中,与生俱来地想要维持一种组织感和平衡感(平衡)。当儿童把一段新的经历纳入并整合到已有的图式中,或者是当原有的图式无法同化新的经历,就对原有图式加以修改或重建以顺应新的经历,此时,儿童便体验到了平衡。

此外,由于与生俱来的对掌控环境的需求,个体将不断地重复使用新的图式[1]。这就解释了为什么幼儿毫不厌倦地重复地唱同一首歌、讲同一个故事、玩同一个游戏,以及为什么他们毫无目的地一次又一次地开关房间或者是橱柜的门。这也能够解释为什么年长的儿童喜欢收集和摆放他们能拿到的任何物品,以及为什么刚刚获得形式运算思维能力的成人,会不断地为世界上的不公平争论,并且思考如何消除这些不公平(Stipek, 2002)。

11.3.2 成就需要

你是否曾经决定去承担一项有适当难度的任务(例如学一门天文学的课程,尽管你是历史专业且缺乏科学领域的相关背景),但是发现自己其实挺矛盾的? 一方面,你迫不及待地想要开始学习这门课,并且对自己将来的表现很有自信;另一方面,你却感到有一点焦虑,因为可能会失败。现在试着想象一下相反的情况,你拒绝了学一门专业以外的课程的建议,因为失败的可能性太大,而成功的可能性很小。

1964年,约翰·阿特金森(John Atkinson)指出,上述成就行为方面的差异,是由个体在成就需要方面的差异造成的[2]。高成就需要的个体对成功的期待,远远胜过他们对任务失败的恐惧,因此,他们会预期完成任务时产生的自豪感。

---

1 认知发展理论的动机观:努力寻求平衡;掌控环境。
2 成就需要反映在追求需要熟练的表现才能实现的目标中。

当面临选择的时候,高成就需要的个体会选择有适度挑战性的任务,因为他们会最大限度地平衡任务的挑战性和对成功的预期[1]。

相反,低成就需要的个体会避免类似的任务,因为他们对失败的恐惧远胜过对成功的期待,他们也会预期到失败后产生的羞愧感[2]。当面临选择时,他们通常会选择非常简单的任务,因为成功的可能性很高;或者是选择难度很大的任务,因为即使失败了他们也不会感到羞愧。阿特金森的理论是目前我们熟悉的期望—价值理论的早期版本(Pekrun, Elliot, & Maier, 2009; Wigfield, Tonks, & Klauda, 2009)。个体完成某项任务的动机,是由他对成功完成任务的预期以及成功完成任务的价值决定的(Cole, Bergin, Whittaker, 2008)。

阿特金森用对失败的恐惧来解释个体的学习经历的观点,被威廉·格雷泽(William Glasser)采纳到自己的两本书中:《教室里的选择理论》(*Choice Theory in the Classroom*)(2001)和《优质学校》(*The Quality School*)(1998)。格雷泽认为,人们要想在生活中取得成功,就必须在其中的一个重要方面体验到成功;而对大部分学生来说,这个重要方面就是在学校里的表现。埃里克森也持同样的观点,他认为学龄期儿童最主要的心理社会任务就是解决勤奋对自卑的冲突。

11.3.3 对成败的解释:归因理论

当问到学生为什么他们在某项任务上完成得好或不好时,我们就会获得一些关于成功与失败的有趣解释(McCrea, 2008)。通常来说,人们对行为成败原因的分析可归纳为以下四个方面:能力、努力、任务难度和运气。例如,面对在数学考试中得低分,不同的学生会有如下不同的解释:

> "我一学数学,脑子就不够用。"(能力低)
> "我没有为考试努力学习。"(努力不够)
> "考试的题目都是我没有练习过的。"(任务难度)
> "我猜错了要学习书本的哪一章节了。"(运气)

因为学生把成功或者失败常常归因于以上这些因素,因而相关的研究有助于**归因理论**(attribution theory)的发展(Graham & Williams, 2009)。我们在讨论自我效能感的时候,已

1　高成就需要者偏好中等难度的任务。
2　低成就需要者偏好非常简单或者非常难的任务。

经提到过这一方面的内容。

那些在学业上长期遭受失败、成就需要比较低的学生,通常会把他们的成功归因于问题比较简单或者运气好,而把失败归因于自己能力不足[1]。能力是稳定的归因(也就是说,人们认为影响其成败的因素在类似的情境下具一致性),而任务难度和运气都是外部归因(换言之,人们对这些因素是无法控制的)。研究表明,稳定的归因,特别是能力,能够导致对未来成功和失败的预期,而内部的归因(也就是在自己控制之下的归因)导致成功之后的自豪感和失败之后的羞愧感。因为成绩较差的学生把失败归因于能力不足,所以他们认为未来失败的可能性远大于成功的可能性。此外,把成功归因于自己无法控制的因素,会降低成功后产生自豪感的可能性,并且对成功之后的奖励也不会很重视。所以说,令人满意的成绩和奖励对那些长期学业成绩较差、采取失败—回避策略的学生来说,没有什么影响(Elliott & Bempechat, 2002; Graham & -Williams, 2009)。

暂停 与 反思

你的行为动机有百分之多少是来自内部动机?百分之多少是外部动机?这一比例有没有可能改变?如何改变?

相反,成功导向的学生(高成就需要者)倾向于把成功归因于能力和努力,把失败归因于努力不够[2]。因此,失败并不能够削弱他们对成功的期望、胜任感以及奖励对他们的吸引力。他们会在将来的任务中付出更多的努力。这种归因模式还适用于那些在学业上特别有天分的学生,他们的关注点在自己的能力上,因为他们在大部分任务上都表现出色,并且他们能清楚地认识到自己的超常能力。相比能力,把努力作为影响成败的一个因素更能激发一个人的学习动机,因为努力是一个自己可以控制的、可变的因素(Graham & Williams, 2009)。

成绩优异的学生的典型的归因模式向我们强调了一点:我们应该把成功归因于能力和努力共同的作用。把成功大部分归因于努力的学生,会得出自己能力低的结论,因为他们必须更加努力才能取得和其他人相同的成就(McCrea, 2008)。

---

1 学业不良的学生经常把成功归因于运气好或者任务简单,把失败归因于自身能力不足。
2 成绩优异的学生把成功归因于自身的努力和能力,把失败归因于努力不够。

你的归因模式是否像大部分优秀的学生那样,把成功归因于努力和能力,把失败归因于努力不足? 如果是,那么你是如何养成这种归因模式的? 你是否能从自身的经历出发,给其他学生一些经验,帮助他们培养这种归因模式?

11.3.4　关于认知能力的本质的信念

儿童的学习动机受到他们对能力本质的认识的影响。在小学,儿童开始创造并提炼出能力的定义。到了中学,大部分儿童开始思考自己和其他人的能力属于哪种类型。

393 **关于能力信念的转变**

在能力观这一研究领域的一位领军人物Carol Dweck指出(2002a, 2002b;另请参阅Dweck & Master, 2009),儿童的能力观在两个时间段有着明显的改变:一个是7到8岁,另一个是10到12岁。同幼儿园以及小学低年级的儿童相比,7到8岁的儿童更加倾向于:

- 对能力的概念有更加浓厚的兴趣,更加关注与比较成绩有关的同伴行为。
- 能够把能力同社交技能、可爱程度以及运动技能等概念区分开,并且认为同一个人在不同的学习技能方面(例如阅读、写作、数学)有不同的能力水平。
- 认为能力是一种相对内在的、比较不容易观察的特质,并且是同他人比较得来的。
- 认为能力在很长的时间内能够保持不变,因此能力可以用来预测一个人未来的学业表现。
- 与别人相比能力不足时会自我批评。

同7到8岁的儿童相比,10—12岁的儿童更加倾向于:

- 能够区分努力和能力对个体行为表现的影响。因此如果两个学生在某项测验或者任务上得到同样的分数,有些儿童会说其中那个付出更多努力的学生能力比较低。
- 能够更加准确地评价自己的学业能力,尽管很多人开始低估他们的能力。
- 把能力视为一种稳定的、固定的特征,可以用来解释个体当前的成绩以及未来可能取得的成绩。我们经常听到较高年级的儿童或青少年讨论他们的同伴是不是有能力(Anderman & Maehr, 1994)。因此,那些认为自己在某一学科的能力低于平均水平的学生,会尽量避免选择该学科的额外的课程。女生同男生相比,特别是成绩优异的女生,更容易认为能力是稳定的、固定的,这也许能够在一定程度上解释为什么她们在高中大都不愿意学习高等科学和数学课。

- 更加看重表现目标(尽可能取得更高的分数)而不是学习目标(在所学的内容之间建立有意义的联系,并且思考所学内容如何与校外的世界相联系)。

为什么会出现这些变化?为什么有的儿童会产生改变而有的儿童不会?对此我们还不是完全清楚。但是,把一个学生的表现同班级里其他学生的表现进行比较,从而决定他们彼此的分数(这就是我们前面提到的根据曲线进行等级评定),这对儿童的能力观的改变产生了一定的影响。正如我们所指出的,这种信念能够激发学生的学习动机(Chen & Pajares, 2010; Lepper, Corpus, & Iyengar, 2005)。

关于能力信念的类型

根据Dweck(2002a)以及其他人的研究结果(例如Chen & Pajares, 2010; Dweck & Master, 2009; Quihuis, Bempechat, Jiminez, & Boulay, 2002),基于学生对认知能力本质的认识,可以将他们分为以下三种类型:

1. 实体论者。有一些学生认同能力的实体观,他们认为能力是固定的,是个体内部一种不能改变的实体。

2. 增长论者。另一些学生认同能力的增长观,他们相信随着个体不断提升思维技能、获取新的技能,自己的智力可以逐渐改善或提高。实体论者和增长论者都认为他们各自的观点适用于所有的学科。

3. 混合论者。持有这种观点的学生既认同实体观,也认同增长观,根据学科的不同而定。例如,他们在数学学科上持实体观,而在科学学科上持有增长观。然而,另外一些学生也许持有恰恰相反的观点。

394

InTASC 标准6(m)

持有能力增长观的学生更有动力学习新的、更加有效的认知技能,他们通常设置掌握目标,寻求有挑战性的任务,并且不会轻易放弃,因为他们把障碍看作是学习过程中自然而然的一部分。他们通常用成年人经常告诫他们的话来提醒自己："仔细思考"、"集中注意力"、"试着去回忆之前学过的有用的信息"等。他们把精力集中在这些问题上："你是如何做到的？"以及"我能从中学到什么？"他们把错误也看作是一种有效的反馈。同持有能力实体观的学生相比，他们更加倾向于把失败归因于自身努力不足以及没有使用有效的学习策略，这一点不足为奇[1]。

持有能力实体观的学生倾向于通过获得高分和表扬、避免低分、批评和羞愧感，来向他人证明自己的聪明智慧，他们通常设置表现目标[2]。遇到新任务的时候，他们首先想到的是"我是否足够聪明来做这个事情？"如果他们认为自己会遇到困惑或者犯错，他们会放弃这些学习新知识和新技能的机会，并且倾向于把失败归因于能力低而不是努力不够（照片11-2）。

然而，在那些持有能力实体观的学生中，对自己的能力有较高自信和较低自信的学生之间也有着较大的差别。自信心高的学生倾向于展示掌握定向的行为，例如寻求有挑战性的任务，遇到困难时坚持不懈等。相反，自信心不足的学生更加倾向于避免失败和受批评，即使一开始他们也曾取得成功，即使他们也会因为比别人表现好而持续得到积极的强化。因为他们对可能的失败感到焦虑，这些自信心不足的、持有能力实体观的学生，与那些持有能力增长观的学生相比，缺乏对任务的持续动机（Cury, Da Fonseca, Zahn, & Elliot, 2008; Rawsthorne & Elliot, 1999）。如果没有办法逃避，他们一遇到困难就会很沮丧。这反过来使他们产生焦虑且无法有效地解决问题，并最终从任务中撤出（这是为了避免显示自己能力低，借此维持一定的自尊）。根据归因理论，持有能力实体观的学生会继续这种模式，因为他们不会把成功归因于努力，反而把失败归因于能力不足。

©iStockphoto.com/fotostorm

395　照片11-2　那些认为智力是各项认知技能的整合，并且可以不断完善的学生，倾向于设置掌握目标，并把失败归因于努力不足。那些认为智力是一种无法改变的能力的学生，倾向于设置表现目标，并把失败归因于能力低。

1　持有能力增长观的学生，倾向于设置掌握目标，并且愿意进行有意义的学习、提高自己的技能。
2　持有能力实体观的学生，倾向于设置表现目标，他们更关心能否得到更高的分数，而避免失败。

11.3.5　兴趣对内在动机的影响

兴趣是一种涉及集中注意、增加认知功能、坚持不懈以及情感投入的心理状态（Ainley, Hidi, & Berndorff, 2002; Miller & Brickman, 2004; Schraw & Lehman, 2001）。个体对某个主题的兴趣既可以来自个体本身，也可以来自周围的情境：

- 个人兴趣（也可以称为个体兴趣或主题兴趣）是一种想要去理解某一主题的内在愿望，它随着时间的推移而持续下去，并且它的产生基于个体已有的知识、经历和情绪[1]。
- 情境兴趣相比较而言比较短暂，它的产生是基于与情境相关的因素，如一些非同寻常的信息，或者一些与个人相关的因素。例如，一些连续多年没有赢得过世界冠军联赛或者世界职业棒球大赛的棒球队，像芝加哥小熊队或者波士顿红袜队，当他们有资格赢得比赛时，球队的球员和当地的民众就会对此产生短暂的兴趣。同样，如果一个人买了某个公司的股票，那么他就会对该公司产生兴趣，哪怕只是暂时的兴趣。

学生对某一主题或活动的个人兴趣，能够影响其对该任务的内部动机。这类学生在完成任务时会给予更多的关注，花费更多的时间，能够从中学到更多，并且通常情况下会乐在其中（Miller & Brickman, 2004; Schraw & Lehman, 2001; Tabachnick, Miller, & Relyea, 2008）。

当然，对某一主题的情境兴趣也有可能发展成为个人兴趣。例如，一名高中生原本对信息在记忆中如何存储和提取一无所知，但是她在心理学课本上读到了一篇关于记忆的文章，对此有了一些了解，因为她过去曾经遇到过无法准确回忆信息的情况，因此她对文中各种形式的编码和提取线索的描述非常感兴趣，并且开始寻找有关这一主题的其他书籍和文章，甚至想要在大学主修心理学（Renninger & Hidi, 2002; Schraw & Lehman, 2001）。

影响个人兴趣的因素

个体对某个学科或活动的长期兴趣，可能受以下某个或者几个因素的影响（Hidi, 2001; Miller & Brickman, 2004; Schraw & Lehman, 2001; Tabachnick, Miller, & Relyea, 2008）：

1　个人兴趣反映在内在的、稳定的学习愿望中；情境兴趣依赖于具体情境，并且持续时间较短。

- 被个体所在的民族及文化所重视的观点和活动。我们在文化的多元性一章中提到过，文化可以通过某个群体对世界的解释以及对事物、观点、活动的价值评判，而发挥过滤器的作用。例如，市中心的青年男子很可能对打棒球有强烈的兴趣，于是会产生一些职业的棒球选手；而中西部农村的同龄青年男子，可能对钓鱼和打猎更感兴趣。

- 由学科或活动所唤起的情绪。例如，相比在数学学科上体验到积极情绪的学生，那些体验过极度的数学焦虑的学生，对与数学有关的活动不会产生浓厚的兴趣。

- 对某一学科或活动的胜任程度。相比自己不擅长的活动，人们会把更多的时间花费在自己比较擅长的活动上。

- 学科或活动与达成某一目标的关联程度。正如我们在教学方法一章中所提到的，很多学生认识不到这种相关，一定程度上是因为教师很少花时间去解释某一主题或课程，会对学生的生活会产生怎样的影响。

- 先行知识的水平。人们通常对自己已经有一些了解的主题更感兴趣，对于一无所知的内容则不感兴趣。

- 个体在熟知的主题上感知到的不足。一个自认为对莫扎特的音乐非常熟悉的人，会对新发现的莫扎特的作曲非常感兴趣。

影响情境兴趣的因素

以下因素会影响个体对某一主题或活动的无意识的、短暂的兴趣（Hidi, 2001; Montalvo, Mansfield, & Miller, 2007; Reeve & Halusic, 2009; Schraw & Lehman, 2001）：

- 认知冲突或不平衡状态。有时候，教师会展示或告诉学生一些与他们目前的信念不一致的内容，以此来激发他们对某一主题的兴趣。例如，我们来看高中的一堂有关政府的课。教师要对"政府开支"这一主题进行课程设计，试图避免以往学生对这一主题缺乏兴趣的状况。其中用到的一个策略是，教师问学生是否认为自己通过兼职（或者以后的全职工作）所交的社会保险，会放在一个以他们的名字所开的账户中，直到他们60岁有资格的时候就可以领出来？很多人就是这么认为的，但教师会告诉他们，他们现在所交的社会保险事实上是用于支付给目前退休的人员，而他们的社会保险则来自后代的税收。

- 编写良好的阅读材料。学生会认为那些逻辑严谨、引人入胜的文章和阅读材料更有趣，更容易理解。

- 与其他人共同完成一项任务的机会。正如之前本书提到的，合作能够极大地激发个体的兴趣，让其产生高水平的学习。

- 参加亲自动手的活动的机会。

- 观察有影响力的榜样的机会。

- 教师使用新奇的刺激。

- 教师使用游戏或谜语。

以上这些发现对教学很有启发。学生会因为参加某项课堂活动或作业而对某一主题产生强烈的兴趣,这种兴趣会逐渐发展为个人兴趣,引导学生设置掌握目标。有鉴于此,我们建议教师按照建构主义学习理论的观点去做:让学生接触各种学科内容,参加各种有意义的活动(Zhu等,2009)。如果你仔细思考一下就会明白,让学生在学校参加广泛而多样的学科活动,不仅能够为他们提供相关学科的基础知识,还能增加学生产生情境兴趣、进而使其发展成为个人兴趣的可能性。我们很多人都是这样由情境兴趣发展为个人兴趣,最终明确了自己感兴趣的职业。

心流与参与

Mihaly Csikszentmihalyi提出"心流"[1]这一概念已超过三十年。**心流**(flow)是一种高度投入到某种活动中的心理状态。其特点是:注意力高度集中,兴趣稳定,享受活动中的挑战(Csikszentmihalyi, 1975, 1976, 2000, 2002; Nakamura & Csikszentmihalyi, 2009)。如果你曾经对参加某项活动(如玩电子游戏或者读一本小说)非常感兴趣,以至于忘记了时间,无法从该项任务中抽身,那你就体验到了类似于"心流"的状态。影响个人兴趣或情境兴趣的因素,能够导致个体产生这种沉浸体验,进而激发内部动机。例如,中国的几位学者研究显示,心流会影响人们的即时信息发送以及对特定的短信软件的选择(Lu, Zhou, & Wang, 2008)。

研究者们用"心流"这一概念来研究了学生参与课堂活动的效果(Inal & Cagiltay, 2007; Owston, Wideman Sinitskaya, & Brown, 2009)。Rathunde和Csikszentmihalyi(2005)比较了将近300名中学生的学习经历。这些学生被分为两个组,其中一个组参加一个项目("蒙台梭利"中学项目),该项目利用了影响个人兴趣和情境兴趣的各种因素,另一组则参加传统的中学项目。研究通过匹配各种人口学变量,来确保这两组被试之间的任何差异,都是由于他们所参加的项目不同所导致的。该研究有两个主要的结果:第一,当参加学校的非学术活动时,两组被试报告了非常相似的体验;第二,当参加学术活动时,相比传统中学组的学生,蒙台梭利项目组的学生报告了更多的心流体验,他们更加精力充沛地参加这些学术活动,产生了更高的内部动机。

Csikszentmihalyi和他的同事所做的另一项研究,用"心流"这一概念来探讨高中生如

---

1 "心流"是当一个人全情投入、全神贯注时产生的沉浸体验。

何度过他们的在校时间，以及在何种条件下他们会产生沉浸体验。他们选择了来自全美国的500名高中生做这项纵向研究的被试。结果表明，在以下条件下学生们会更多地参加学术活动：当任务具有挑战性并且学生拥有较高水平的技能；当教师的教学被认为与自己密切相关；当学生感到自己能够控制学习环境。更具体地说，当听讲座、看录像或参加考试相比，这些高中生对个体或团体的学习活动投入度更高（Shernoff, Csikszentmihalyi, Schneider, & Shernoff, 20003）。研究者们认为，当学生感觉到自己对学习有控制感，当学习活动对学生来说有适当水平的挑战时，他们更容易产生沉浸体验（如注意力高度集中）。

11.3.6　动机的认知观的局限

认知发展

尽管认知发展理论（强调人们对于组织良好的概念的需求）能够被用于激发学生的动机，但是它有一个很大的局限：通常情况下，我们不容易甚至不太可能充分诱发学生的认知不平衡状态，从而促使他们去寻求答案（Johnson & Johnson, 2009a），特别是在学生只有掌握相当无聊和无用的信息才能找到答案时[1]。（试想有多少小学生愿意督促自己去学习英语语法或掌握数学技能？）当你初次要求学生回应课堂讨论中的一个你希望能激发讨论的问题时，你或许能够体验到，个体的认知不平衡是很难激发的。事实上，此时有些学生也许会产生好奇，想要去理清思路，但也有人会盯着窗外，或者偷偷摸摸地做其他课的家庭作业。

成就需要

398

教师在运用阿特金森的成就需要理论时，遇到的一个最大问题可能是无法有效地、客观地测量成就动机的强度。尽管你能通过观察学生在不同时间段、不同情境中的行为，相当准确地判断一个学生的成就动机是高还是低，但是你也许没有办法进行长期的、大量的观察[2]。短期观察存在的问题是，学生的成就定向或多或少地受到环境中偶然因素的影响。

归因理论和能力信念

错误的归因会在一定程度上破坏学生的学习动机。这一观点给我们启示是：要教会学生恰当地进行归因。但这也许是一项长期的工作，它需要各方面的协调和努力。想要纠正那些把失败归因于能力不足的学生的不当归因，存在两方面的问题：一方面是能力往

1　个体通常很难产生认知不平衡。
2　一个人的成就需要很难通过短期的观察来进行评估。

往被视为一个稳定的、相对难以改变的因素；另一方面是，这些学生通常把成功归因于任务难度和运气这两个外部的、随机的因素，这种因素不容易被预测和控制。

另一个局限是，归因训练对小学生来说可能不是很有效[1]。对他们来说，如果有两个人学习同样的材料，尽管其中一个人要花费另一个人两倍的时间去学习，才能到达同样的学习目标，但是他们认为这两个人同样聪明。对高年级的学生以及青少年来说，他们对效率这一概念有了更好的理解，并且他们认为能力能够影响努力的程度和效率（McCrea, 2008; Stipek, 2002）。

现在，你已经对激发个体动机的方法有了一定的了解，接下来要思考一下教学建议，即如何把这些观点运用到课堂实践中。

教学建议　激发学生的学习动机

1. 用行为主义的技术来帮助学生，推动他们努力实现远期目标。

在第7章有关操作性条件作用的讨论中，我们已经提到过，如下这些技术有助于实现这一目标：口头表扬、塑造、榜样示范、象征性强化（诸如笑脸、星星等）和相倚契约。

a. 有效地运用表扬作为正强化。

想想你因为工作做得好而受到表扬，特别是在你并不确信自己工作完成的质量的时候。这多半会对你的动机产生强烈的、甚至巨大的影响。在这种情况下，你也许会认为，口头表扬这种有效的正强化形式在课堂上是经常出现的。但是你错了，通过课堂观察和对学生的调查我们发现，口头表扬在课堂上出现的频率并不高，而且教师通常无法有效发挥其作用（Brophy, 1981; Gallup, Inc., 2012; Reiinke, Lewis-Palmer, & Merrell, 2008）。表扬和其他形式的强化，通常在用于强化学生的可控行为（如阅读一本书或完成一项书面作业）时，才有可能起到最大的作用，对于其他诸如学生一般的、远期的行为表现，如在整个学期的表现中得A，强化的作用会受到削弱（Usher & Kober, 2012）。

Jere Brophy 和他的几位追随者认为，教师应该按照以下方式使用表扬：

- 自发地表达惊奇或赞赏。（"哎呀，Juan，你这个报告真是太棒了！"）
- 作为批评的补偿或证实预言。（"Lily，上次你做报告之后，我就知道你可以做得更好。嗯，你这次的报告真是太棒了。"）

399

1　错误的归因很难纠正。

- 使全班同学印象深刻。（"Nguyen刚刚迅速地把书收了起来，我很喜欢。"）
- 作为一种确认已完成某项作业的过渡。（"是的，Maya，非常好，你现在可以去做你的项目了。"）
- 作为能力不如其他人的学生的安慰或鼓励。（"很好，Josh，坚持下去，全力以赴把它完成。你真棒！"）

为了帮助教师更有效地使用表扬，Brophy列出了有效表扬的使用指南，如表11-1所示。

b. 使用其他形式的正强化。

除了口头表扬，你还可以使用其他形式的正强化，例如榜样示范、象征性强化以及相倚契约。

400　示例：

- 让学生观察到那些坚持不懈完成任务的同伴受到了某种强化。（但是要让这个过程发生得自然些，并且不允许那些完成任务的学生沉迷于受关注，或者非常享受自己选择的活动；因为这会引起那些还在努力完成任务的同学的不满，导致他们不愿意完成手头的工作。）
- 在低年级学生的作业本上画笑脸，当学生完成作业时给予他们检核标志，对一些完成得比较好的作业写个性化的评语，并且给加分。
- 建立一个个性化的奖励清单或契约，对每个学生基于普雷马克原理（又称祖母法则）进行奖励，这一点我们之前曾提到过。例如，在拼写测验中如果达到一定的水平，每一个学生就可以利用课堂时间自行选择其他活动。
- 在使用这些激发动机的技术时，尽量不要给学生造成操纵或者物质主义的暗示；要明确指出各种形式的奖励，都是为了促使人们努力实现目标。有些人为了奖励而完成任务，并不意味着他不会对这项任务产生内部动机。例如，运动员努力争取奖励，成为最好的团队中的一员，但他们仍然很享受比赛的过程。

表 11-1	有效表扬指南
有 效 的 表 扬	无 效 的 表 扬
1. 使用时有依据	1. 随机、无序地使用
2. 指明成就的突出之处	2. 局限于整体的积极反应

（续表）

有 效 的 表 扬	无 效 的 表 扬
3. 显示出自发、多样等可信的标志；显示出对学生成就的关注	3. 显得乏味、单调，仅仅是一种条件性的反应，缺乏关注
4. 对达到某种表现标准给予奖励（也包含努力的标准）	4. 只要参与就给奖励，不考虑表现过程和结果
5. 为学生提供有关他们的能力或者成就的价值等方面的信息	5. 不提供信息，或者仅提供有关学生状态的信息
6. 引导学生更好地欣赏与自己完成任务有关的行为，考虑如何解决问题	6. 引导学生与他人进行比较，考虑如何去竞争
7. 用学生先前的成就作为描叙新成就的背景	7. 用同伴的成就作为描述学生新成就的背景
8. 给予奖励是因为学生值得注意的努力，或者完成了对他们来说比较困难的任务	8. 给予奖励，但是并没有提到学生的努力或者他们取得的成就的意义
9. 把成功归因于努力和能力，暗示将来可以取得类似的成功	9. 把成功仅仅归因于能力或者诸如运气、任务简单等外部因素
10. 引导学生为了享受任务或者发展与任务相关的技能而努力	10. 引导学生为了外部因素，如取悦教师、赢得竞争或奖励等，而付出努力
11. 把学生的注意力集中在与完成自己的任务相关的行为上	11. 把学生的注意集中在教师身上，让他们把教师视为操控他们的权威人物
12. 在完成任务后，引导学生欣赏自己与任务相关的行为，并对其进行正确的归因	12. 在完成任务的过程中进行，分散学生的注意力

来源：Brophy(1981); Hester, Hendrickson, & Gable(2009); Reinke, Lewis-Palmer, & Merrell(2008)

2. 确保学生知道他们要做什么，如何推进，以及如何确定何时已实现了目标。

学生没有在课堂上努力学习，很多时候是因为他们不知道自己应该干什么。当然，有时候这只是学生偷懒的借口，但是在通常情况下，这也许是学生不努力的真实原因。回想一下，知道自己该干什么，是学生构建某种学习策略的重要依据。

行为主义理论者通过不同的强化程式实验表明，如果给学生持续的间隔强化，他们更愿意产生稳定的学习行为。如果你给学生设置的学习目标，要求太高、太遥远，并且在行动的早期阶段缺乏强化，这会削弱学生的学习动机，即使他们一开始很愿意学习。因此，当你为学生设置要求高且远大的目标时，要试着把这个目标分解为一系列短期的目标。

示例：

我们可以按照Raymond Wlodkowski的建议，通过制订个人契约来塑造学生的学习行为。他指出，这样一个契约应该包含四个要素。以下是Wlodkowski（1978，p.57）的一个契约样例，方括号里是对每个要素的描述。

日期

　　未来两周内，我将学会正确地进行5—9之间的个位数的乘法，例如5×6，6×7，7×8，8×9，9×5。[学生将要学习什么]

　　当我准备好了，我会要求进行一个掌握测试，测试包含50道上述范围内的个位数乘法题。[学生如何才能证明已经学会了]

　　如果我完成掌握测试，且错误不超过三个，就代表我完成了这个契约。[需要证明的熟练程度]

　　我需要做的准备和学习将包括从练习册上选择题目，进行数字游戏，以及学习幻灯片材料。[学生如何开展学习活动]

　　签名

401　　3. 鼓励低成就需要的学生学会把成功归因于能力和努力的共同结果，把失败归因于努力不够。

如果你想要改变在某个或某几个学科上学习有困难的学生的归因方式，以下是三条在20个归因训练研究的基础上得出的建议：

- 在告诉学生要把失败归因于努力不够之前，要确保他们能够在某一项任务上取得成功。如果学生很努力，但是由于缺乏必要的认知技能而无法成功，那么他们会认为自己能力不足，并且认为以后也不会在这种类型的任务上取得成功。
- 告诉学生要想学好某个学科，就要知道如何去制定和运用该学科的学习策略。因此，成功可以归因于正确的学习策略（可控的），而失败则可归因于没有全力以赴制定学习策略（同样也是可控的）。
- 对于不理解策略运用与成败之间的关系的学生来说，要同时对他们进行归因训练和策略教学。

4. 通过表扬学生为成功而努力学习的过程，鼓励他们把能力看作是一系列可以增加和改善的认知技能，而不是无法改变的固定的实体。

Carol Dweck（2002a, 2002b; Dweck & Master, 2009）对学生的能力观进行了一系列研究，结果清楚地表明，相比持有能力增长观的学生，持有能力实体观的学生更容易形成不良的学习方式。有一个方法可以帮助学生培养能力增长观而不是实体观，即当他们很好地完成一项任务时，要表扬他们为之所做的努力以及所使用的有效的技能，而不是表扬他们的能力。

很多教师和家长都认为表扬学生的能力，能够增加他们的学习动机，类似的言论包括："你在这次的测验中表现很好，毫无疑问你很聪明" 或者 "你的确很擅长这个"。Dweck的研究表明，这种类型的表扬会促使学生形成能力实体观，从而削弱他们的学习动机。更好的选择是采用Dweck所说的过程表扬，例如："这的确是一个很高的分数，为此你一定是非常努力"、"既然你已经掌握了这些技能，那么让我们继续努力学习更难的"、"你的论文完成得很好，因为你开始得很早，并且用到了我们在课堂上练习的写作技能"。

5. 鼓励学生确立恰当的学习目标。

正如我们之前提到的，学生的学习目标分为掌握目标、成绩—趋近目标和成绩—回避目标。为了帮助学生维持高水平的学习动机和成就需求，你应该创造条件，鼓励他们确立掌握目标（Midgley, Middleton, Gheen, & Kumar, 2002）。成绩—趋近目标的问题在于它抑制了学生对任务的内在兴趣，促使他们把失败等同于能力低。成绩—回避目标本身存在更多的显而易见的问题，例如它会强化低自我效能感，妨碍智力的发展。

a. 帮助学生设置掌握学习目标。

下列建议（Urdan & Midgley, 2001; Usher & Kober, 2012）原本是面向初中生的，但也同样适用于较低以及较高年级的学生：

- 在对学生进行分组时要基于主题、兴趣或者他们自己的选择，而不是基于他们的能力。
- 使用多种不同的评价技术而不仅仅是一种（详见第14章 "课堂学习的评估"）。根据预先制定好的一系列标准对学生的表现进行评价，使所有的学生都有可能得到高分数。

402

- 通过强调所学的知识和技能如何用于校外的日常生活，把课程与学生关联起来。

InTASC　　　　标准6（n）

- 为学生提供关于他们的学习过程的反馈，而不是把他们的分数与班级里其他同学比较。

- 表扬那些能够不断进步的学生,而不是把仅仅关注获得最好成绩的学生。

- 给学生机会去亲自选择想要做的项目,想要选修的课程,想要在某个学科上花费多少时间等,而不是仅仅由管理者和教师做决定。

- 把犯错视为学习的一部分,鼓励学生进行学术上的冒险;如果学生的成绩没有达到最低的标准,允许他们重做。

- 为学生提供复杂的、有挑战性的任务,促使他们深入理解和解决问题,而不是仅仅需要机械学习和逐字回忆的任务。

- 对那些成绩落后的学生,使用跨年龄辅导、同伴辅导,给他们更丰富的活动,而不是简单地让他们留级。

- 使用合作学习方法而不是竞争。由于合作学习技术的研究相对较多,并且它对激发学习动机非常有效,因此我们接下来会详细介绍这一建议。

b. 使用合作学习方法。

正如我们在之前的章节中所提到的,合作学习能够有效地增强自尊,激发学习动机,改变对成败的归因,培养学生对同学的积极情感,以及提高学生在理解、推理和问题解决等测试上的成绩(Johnson & Johnson, 1995, 2009a, 2009b; Johnson et al., 1995; Slavin, 1995)。因此,你或许也想要尝试使用一条或几条 David Johnson、Roger Johnson (Johnson 等, 1994)、Robert Slavin(1995)和 Kath Murdoch、Jeni Wilson(2004)提出的合作学习技术。为了帮助你熟悉这些方法,我们将简单地描述 STAD(Student Teams—Achievement Divisions)合作学习方法,这是由约翰霍普金斯大学的 Slavin 教授和他的同事提出的。

STAD 是一种最简单、最灵活的合作学习方法,已被用于 2 年级到 12 年级学生,适用于诸如数学、语言艺术、社会学研究和科学等学科。与其他合作学习方法一样,它首先要求把学生分成 4—5 人的小组,每个小组在班级范围内就能力、背景、性别方面进行匹配。一旦指定学习任务,就开始以下四个步骤的循环:

1. 教学。在教学阶段通常以讲座—讨论的形式提供学习材料,告诉学生将要学习哪些内容,以及学习这些内容的重要性。

2. 团队学习。在团队学习阶段,小组成员根据教师提供的学习单和答案纸进行合作学习。

3. 测试。每个学生都要单独参加一个测验,教师对他们进行0—30打分,得分能够反映出和以前测验相比每个人进步的程度。

4. 褒奖。每个团队根据其团队取得的平均分,获得三种奖励中的一种。例如,平均提高在15—19分的团队获得"良好团队"的称号,平均提高20—24的团队获得"优秀团队"的称号,平均提高25—30分的团队获得"卓越团队"的称号。

另一种合作学习的方法"团队游戏竞赛法"与STAD的方法类似,不同的是学生要完成学术联赛而不是参加测试。

拼图法(Jigsaw)也是一种非常流行的合作学习技术,它是由Elliott Aronson发明的。班级的学生分成5—6人的小组,每个组都致力于完成相同的项目,而小组中每个成员仅负责项目中的某一个方面。例如,一个有关美国能源消耗的项目,每个小组中都可能有一个学生负责搜集信息,向小组里的其他成员汇报哪些因素决定石油的价格;另一个学生可能负责汇报哪些因素决定汽车型号和效能;还有一个学生汇报目前可替代性能源的来源等等。为了防止有些学生不认真听其他人汇报,或者出于先前的敌意批评汇报者(例如Maria觉得Brandon很蠢,因为上周Brandon侮辱了她的朋友),拼图技术要求小组成员基于其他人的汇报内容完成一个测试。因此,Maria为了自己的利益不得不放下对Brandon的成见,因为Brandon是她将要完成测试的唯一的信息来源。在向小组其他成员汇报之前,各个小组负责相同内容的学生聚在一起,分享彼此的信息,讨论观点,排练他们将要进行的汇报,他们是小组内负责这部分内容的"专家"。有关拼图技术的研究表明,与传统的教学相比,学生在倾听、人际关系和成绩方面都有很大的提升(Aronson, 2002; Johnson & Johnson, 2009b)。

6. 充分利用吸引学生个人兴趣和情境兴趣的因素。

a. 找出学生的兴趣所在,围绕他们的兴趣设计尽可能多的课内和课外作业。

b. 使用一些技术,例如合作学习,建构主义的教学方法,以及为学生提供达成学习目标所需的信息加工工具等,努力把所学学科、作业任务与学生的愉悦而不是痛苦体验联系起来。

c. 把新的主题与学生可能已有的信息相联系,或者以一种富有创造性但又易于理解的方式为学生提供相关背景知识。

d. 选用逻辑结构清晰、文笔引人入胜的阅读材料。

7.通过强调活动、探究、探险、社会互动以及实用性等,尽量使学习更加有趣。

40多年前,May Seagoe提出一个基于学生的兴趣的动机激发方法,它与本章提到的很多动机理论和技术工具是一致的(照片11-3)。在"源自具体兴趣研究的具有吸引力的要点"中,她列出以下几项:

404

(a)有机会参加公开的身体运动、操作、建构活动,甚至是观察动物的活动以及不同类型的车辆;(b)有机会去调查,用智慧去解答迷津,解决问题,从事设计等;(c)有机会去探险,去形成来自书本和大众媒体的替代性经验;(d)有机会进行社会融入、接触其他相同成熟水平的儿童(从平行游戏到讨论和争吵)、一起进行社会活动,维护人类利益和人道主义,遵从规则和显示自己;(e)有机会把新事物用于现实生活,把新事物同过去的经验联系起来,把新事物列入未来的行动规划中(1970,p.25)

项目法是一种能够满足几乎所有上述特征并且能广泛运用于学前和小学儿童的教学方法。Lillian Katz和Sylvia Chard(2002)把项目定义为一个或多个学生参与的、对某一主题的深入研究,它持续的时间可以是几天,也可以是几周,学生自己确定问题,或者与教师协商确定问题,并自己寻找问题的答案。项目包含了能够吸引学生兴趣的讨论(例如,讨论如何建造房子)、表演游戏、绘画、涂色、写作、小组讨论、实地考察旅行、建

Martin Shields/Alamy

照片11-3 May Seagoe发现学生对学校里的活动、探究、探险、社交以及实用性比较感兴趣。让五年级的学生扮演国家政府官员是一项满足上述特征的活动。

构活动、调查活动等。正如很多研究者（例如，Barab & Dede, 2007; Barab, Gresalfi 等，2009; Gresalfi 等，2009）所指出的，我们可以设计出适用所有年级水平的班级项目，让学生充分使用各种技术。因为项目基于学生的天然的兴趣，并且包含了一系列的活动，所以它们更容易激发学生的内部动机。

Diane Curtis（2002）描述了一个五年级的项目，它有助于学生达成州课程标准在社会研究、数学、写作、科技等方面的要求。为了培养学生对建筑的兴趣，该项目要求学生研究华盛顿市的几个纪念性建筑（例如华盛顿总统纪念碑、杰弗逊总统纪念堂、越南战争纪念馆等）。他们从书本上、网络上以及建筑师那里搜集信息，在电脑上画出这些建筑物的模型，列出了建造的时间轴，并且研究杰斐逊总统和其他撰写美国宪法的人的贡献。然后，他们到华盛顿进行实地考察，最后向团体成员汇报他们的研究结果。

使用项目法一个潜在的缺陷是它所占用的时间较多。为了帮助教师克服这一缺点，有一些网站提供了基于项目的课程材料、作业、资源以及与专家之间的联系方式。例如"JASON Learning and Journey North"就是这样一个网站，该网站主要关注全球性的野生动物迁徙和季节变化。

如果你正在思考如何组织每天、每学期的课程计划，你或许可以这样问自己："我是否能够在课程计划中整合活动、探究、探险、社会互动以及实用性？"、"是否有整合了这些特征的项目可以布置给学生，特别是学生的合作小组？"以下是一些你可能用到的技术的示例。

活动

- 请几名学生到黑板前，让他们快速完成一系列问题，同时也让在座位上的学生完成同样的问题。五个问题后，换另一组学生到黑板前回答。
- 不时地想办法以合理方式到教室外去上课。例如，上几何课的时候，可以让学生带一些球来，在学校草坪上排列出一个棒球场。

探究

- 在小学（也可以在一些初中和高中）的课堂上，建立各种各样的学习中心，例如图书、游戏、社会科学、文化欣赏、计算机运用等，并用一些有趣的陈设和材料来布置这些学习中心。例如，可以在社会科学中心放置各种地图、图表和文件。在计算机中心放置诸如 CD-ROMS 和数据库项目的教育软件，学生自己编制的有关桌面出版系统和文字处理程序的出版物，可以上网的电脑，以及合适的、有趣的网站清单。

- 在初中和高中的课堂上,你可以安排一些关于某个学科不同方面的学习中心。例如,在科学课上,你可以设置一个鉴赏中心,强调科学的审美方面;设置一个展示中心,吸引学生对该领域新进展的注意;设置一个图书中心,存放一些该领域有吸引力的、能激发兴趣的书籍,等等。

探险

- 偶尔可以使用一些使得学习更有趣、更有探险意味的技术。当你引入一个新的主题时,这些技术会特别有用。例如,你可以采用一些广告人和芝麻街的创始人使用的技术。通过强度、尺寸、对比、运动等来吸引注意,在导入一个新单元时使用色彩、幽默、夸张、喜剧等。做一些学生完全想不到的事情,给他们意外之喜。

- 在讲一个新的单元之前,可以让学生来帮忙,把教室的一角重新布置一下。

- 安排一个"总统检阅"的游戏,每个学生选择扮演美国的一个总统,向班级其他学生发表国情咨文,班级其他学生则扮演国会的成员。

- 给学生发一个印有20个问题的清单,这些问题来自新闻早报上每个栏目中的文章。学生之间彼此竞争,看谁能在最短的时间内答对最多问题。例如:"为什么来自密西西比州的议员很心烦?""谁在加州大学洛杉矶分校巴黎圣母院的篮球比赛中取得最高分?""哪个城市遭受到大面积洪灾?"

社会互动

- 每两个学生结成一对,彼此互相提问,为考试做准备。对于一些学习起来有难度的材料,同样可以使用这种方法来帮助学生掌握信息,例如可以建议学生通过合作来利用记忆术或准备抽认卡。

- 在学期结束准备一个盛大的表演,每个人以及小组首先要展示所做的项目,然后吃点心庆祝。

实用性

- 经常告诉学生他们现在所学的内容可以在课外使用,要求学生记录他们在真实生活中是如何运用课堂所学的知识的。

- 布置一些练习,让学生明白他们所学的内容具有迁移的价值。例如,让学生在英语课上写一封求职信;让学生在数学课上平衡支票簿,填写所得税申报书,完成一份年度预算;让学生在生物课上思考如何运用所学的内容避免生病。

406

你掌握了吗？

Jacqueline对一次科学演示的结果感到诧异，因此，她到图书馆去找了很多相关的材料，聚精会神地学习，连吃午饭都忘记了。两个月以后，她宣布自己要成为一名科学家。下列哪一句最能描述她的动机状态？

　　a. 心流、成就需要、情境兴趣　　　　　b. 内在兴趣、能力归因、不平衡

　　c. 任务归因、情境兴趣、心流　　　　　d. 不平衡、心流、个体兴趣

11.4　人本主义的动机观

亚伯拉罕·马斯洛（Abraham Maslow）在心理学系获得博士学位，当时行为主义占据主流。毕业以后，他开始接触一些格式塔心理学家（这是一群德国心理学家，他们活跃于20世纪二三十年代，为六七十年代的认知心理学奠定了基础），准备成为一名精神分析学家，并且开始对人类学感兴趣。受各种学术思想的影响，他得出以下结论：美国那些推崇行为主义的心理学家，太过注重外显的行为和客观性，以至于他们忽视了人类存在的其他重要方面（因而，他用"人本主义"一词来描述自己的观点）。马斯洛观察了那些对环境适应良好的个体的行为，他把他们称之为自我实现者，他认为健康的个体倾向于追求自我实现。

11.4.1　马斯洛的成长动机理论

在其著作《动机与人格》（1987）的第一章，马斯洛描述了17个他认为可以构成任何成长动机（或需要满足）理论的命题。他把需要满足称为个体发展最重要的、唯一的原则，并且指出"把人类的多重动机联合在一起的一个全面性的原则，就是当个体的低层次的需要满足之后，会出现更高层次的需要"（1968，p.55）。

基于这一基本原则，马斯洛提出了一个五水平的需要层次。生理需要位于最底层，往上依次是安全的需要、归属和爱的需要、尊重的需要和自我实现的需要（如图11-2）。这一顺序反映了每一层次需要的相对强度的不同，越低层次的需要强度越大，因为一旦最低层次的需要被激活（如处于极度饥饿状态或者担心自己的人身安全），人们就不会去追

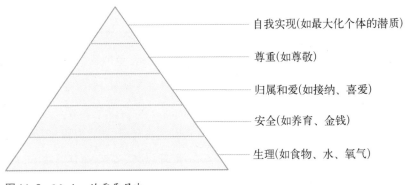

自我实现(如最大化个体的潜质)

尊重(如尊敬)

归属和爱(如接纳、喜爱)

安全(如养育、金钱)

生理(如食物、水、氧气)

407　　图11-2　Maslow 的需要层次
来源：Maslow（1943）

求高层次需要的满足（如自尊或自我实现），而是专注于满足当前被激活的低层次需要（Maslow, 1987）。

前四种需要（生理、安全、归属和爱、尊重）通常被称为**缺失性需要**（deficiency needs），因为人们只有在这些需要得不到某种程度的满足时，才会受此驱使去行动[1]（照片11-4）。与此相对应，自我实现的需要被称为**成长性需要**（growth need），因为人们会不断提出更高的需求。**自我实现**（self-actualization）通常是指自我充实的需要，即个体想要充分发挥自

Jose Luis Pelaez Inc/Blend Images/Getty Images

408　　照片11-4　亚伯拉罕·马斯洛等理论家认为，如果想要激发学生的学习动机，就要首先满足他们的缺失性需要，如归属、尊重等，因此我们要关注教室里积极的师生关系的重要性。

1　人们只存在缺失性需要得不到满足时，才会追求满足这种需要。

己的潜质和能力。例如,某人认为自己具有写小说、教学、行医、养育小孩等方面的能力,那么除非他在上述几个方面都达到最低的成就水平,否则他不会体验到自我实现。因为自我实现处于金字塔的最顶端,并且它强调整个人的潜能,因此它比其他几种需要更经常被提到。

暂停 与 反思

　　马斯洛认为,要想满足自我实现的需要,个体的缺失性需要首先要得到满足。根据你的经历,你认为这种说法是否正确? 如果不正确,问题在哪里?

　　马斯洛最初认为,一旦尊重的需要得到满足,自我实现的需要就会自动出现,但是有些学生的行为不符合这一模式,这让他改变了这一想法。马斯洛指出,那些有自我实现需要并且得到满足的个体,非常重视诚实、善良、美好、正义、自主和幽默等品质[1](Feist & Feist, 2001)。

　　除了刚刚提到的五个层次的需要外,马斯洛又提出了另外两种需要:认知需要(例如知晓、理解的需要)和审美需要(例如对秩序、对称、和谐的需要)。尽管这两种需要未被列入到他的需要层次中,但是它们在基本需要的满足中起着重要的作用。马斯洛认为,研究和学习的自由,公平、诚实、有序的人际交往等条件都非常重要,因为它们是五种基本需要得以满足的前提。(例如,你可以想象一下,在一个充满欺诈、处罚不公正、言论不自由的环境中,怎能满足自己归属和爱的需要以及受尊重的需要。)

11.4.2　马斯洛理论的含义

　　马斯洛的动机理论对教学有很好的启示意义。其中一个很现实的启示就是,教师应该竭尽所能确保学生低水平的需要得到满足,这样学生才会有更高水平的学习动机。例如,如果学生在生理上很舒适、感到安全和放松、有归属感、体验到自尊,那么他们更有可能去追求尊重和自我实现需要的满足。我们在本章前面曾提到的威廉·格雷泽(1998)指出,学业水平较低的学生曾告诉他,他们也想得到更好的分数,但是他们并不会因此付

---

[1]　自我实现依赖于低水平需要的满足,以及对某种价值的信念。

出更多的努力,因为教师并不关心他们,也不关心他们做了什么(另请参阅 Montalvo et al., 2007)。

个体只有产生自我实现的需要,才会在机会到来时作出明智的选择[1]。马斯洛区分了好的选择者和不当的选择者,用以强调这一点。有些人有选择的自由时,他们总会作出明智的选择。然而,大多数人经常作出自我破坏性的选择。例如,一个没有安全感的学生在选择大学时,更多地考虑这个学校离家有多近,而不是考虑学校的学术氛围和质量。

409

马斯洛认为,成长是一系列无止境的情境影响的结果,这些情境让个体在吸引力和危险之间做选择,选择安全或者成长。如果个体选择成长需求,那么他的选择通常是进步性的。不过,马斯洛补充说,"环境(父母、治疗师、教师)…能够从中提供某些帮助,基本的途径是使个体的成长选择变得更有吸引力、更少有危险,使那些落后的选择变得缺乏吸引力和成本更高"(1968, pp.58-59)。这一点可以用马斯洛用于描述选择情境的简单示意图,来加以具体说明(1968, p.47)。

增加危险		增加吸引力
安　全	◄—————人—————►	成　长
降低吸引力		减少危险

这一示意图强调,如果你构建的学习环境让学生感觉到有危险,充满威胁,或者没什么价值,那么他们会选择安全、不做努力,甚至会逃避学习。然而,如果你使学习看起来很有吸引力,没什么压力,有较少的失败或令人窘迫的可能性,那么你的学生很有可能愿意甚至迫切地去完成你布置的任务[2]。

11.4.3　马斯洛理论的局限

马斯洛的思想是发人深思的,但有时也会令人沮丧。很多时候,你也许无法准确地确定学生的哪一种需要没有得到满足[3]。试想这样一名八年级的天才儿童。由于她的成绩非常好,因而可能会被她想参入的同伴团体或圈子所排斥。这样,她就被迫要在成绩和团队

1　如果缺失性需要得不到满足,个体可能会做出不当的选择。
2　可以通过增强吸引力、降低风险来激发成长需求。
3　学生的缺失性需要,有些是教师可以满足的,有些是教师无法满足的。

归属之间作出选择（Ford, 2004）；如果她继续保持好的成绩，那么她仍会被同伴排斥，她的交往需要就无法得到满足；而如果她选择加入团队，她就必须牺牲自己的成绩。她陷入了通常所说的"马斯洛悖论"。选择保持成绩的学生会容易受到排斥，甚至是校园欺凌（Schroeder-Davis, 2012）。无论她在成绩和归属之间如何选择，你作为一名教师，都有可能无法从她那里了解到她所面临的困境。

尽管不是很确定，但是你仍可以经常帮助学生满足他们的缺失性需要。例如，自尊的培养是和学业上的成功密切相联系的。尽管你也许没有办法在学生饥饿的时候给他们食物，在他们遇到危险的时候保护他们，但是你可以更多地帮助他们进行有效的学习。

你掌握了吗?

特雷西似乎总是在选择男朋友方面做出错误的选择。根据马斯洛的理论,她:

a. 可能有缺失性需要没有得到满足

b. 可能缺乏内部动机去改变自己

c. 有太多自我实现的机会

d. 缺失性需要没有得到满足就想要自我实现

11.5 自我知觉在动机中扮演的角色

410

目前，自我知觉对个体学习动机和学业成就的影响受到人们的广泛关注，以下一些研究结果也进一步提升了人们对该领域的兴趣：对自我概念和自尊的本质的进一步理解，阿尔伯特·班杜拉引入了自我效能的概念，对自我知觉的测量有了较大进展，以及研究者普遍发现在自我知觉、动机和学业成就之间存在正相关（Trautwein, Ludtke, Koller, & Baumert, 2006）。人们对自我知觉的兴趣大多可以追溯到20世纪六七十年代，诸如亚伯拉罕·马斯洛、卡尔·罗杰斯、亚瑟·康布斯等心理学家发表的一些观点。他们强调，学生如何看待、评价自己和他人，对他们的学习动机产生重要的影响。

接下来，我们将讨论学业自我概念与动机和学习之间的关系。在之前本书曾提到过，自我概念与自尊、自我效能、认同是有区别的。表11-2有助于我们快速回顾这些术语。

表 11-2	认同、自尊、自我概念和自我效能的比较	
自我知觉的类型	主 要 特 点	示 例
认同	• 人们对自己以及自己所属群体的非评价性的认识。	• 我是个爱护动物人士。 • 我是个男士。 • 我想要成为一名作家。
自尊[1] （自我价值）	• 人们对自己所做的整体的评价性判断。 • 认同描述了你是谁，你认同谁；自尊则表明你如何看待自己。	• 我是一个好人。 • 我对我自己处事的方式很满意。 • 我觉得大多数人都比我强。
自我概念	• 人们对自己在某个领域的能力的评价性判断以及相应的自我价值感受。 • 指向过去。 • 对高年级学生来说，自我概念可能有层级结构。例如，学业自我概念=言语自我概念+数学自我概念+科学自我概念，等等。	• 我擅长体育。 • 我通常在数学方面做得比较好。 • 我的学术技能水平一般。 • 当众讲话时我会变得结结巴巴。
自我效能	• 人们对自己完成某个特定行为的能力的自信程度。 • 指向未来。	• 我觉得我可以学会如何运用计算机程序。 • 我觉得我学不会解二次方程。 • 我确信能在这门课上至少得B。

来源：Bong & Skaalvik(2003)；Harter(1999)；Kaplan & Flum(2009)；Klernis(2002)；Schunk & Pajares(2002)。

11.5.1 学业自我概念在动机和学习中的作用

多年以来，研究者一致发现个体的学业自我概念和学业成就之间存在中等程度的正相关。那些在学业自我概念问卷上得分较高的学生，考试成绩倾向于高于平均水平。然而，我们并不能因此就得出高学业自我概念导致高学业成就的结论，因为也有可能是高学业成就引起高学业自我概念，或者这两个变量的提高都是由于存在第三个变量，如一个学生所在高中按能力分班的程度（Ireson & Hallam, 2009）。现在有关二者关系的研究，已经能够澄清其因果关系了。

Frederic Guay、Herbert Marsh和Michel Boivin（2003）等人用二、三、四年级的学生为被试进行研究，他们提出了如图11-3所示的因果解释。这些研究者认为，学业自我概念和

1　自尊是我们对自己所做的整体评价；自我概念是我们对自己的某一个特定方面所做的自我评价；自我效能是我们对自身是否能够完成某项任务的自信程度。

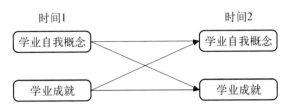

图11-3　学业自我概念和学业成就之间的关系

（摘自 F. Guay、H. Marsh 和 Bovin 的"学业自我概念和学业成就之间的关系"以及《教育心理学杂志》中的文章"学业自我概念和学业成就：发展的因果顺序视角",95(1).pp: 124-136。已获得美国心理学会许可。）

学业成就之间存在相互影响[1]；也就是说，一个学生先前的学业成就会影响他的学业自我概念，而他当前的学业自我概念水平也会影响其接下来的学术成就。此外，个体先前的学业成就与今后的学业成就之间有显著的正相关，而先前的学业自我概念与今后的学业自我概念之间也存在显著的正相关。最近的一项以五年级学生为被试的研究（Moller, Retelsdorf, Koller, & Marsh, 2011）也证实了这一相互关系。

尽管在这项研究中没有直接测量动机的作用，但一些相关的研究表明，个体的学业自我概念很有可能通过动机对其随后的学业成绩产生影响。比如说，一个对社会研究有很强的学业自我概念的学生，他对参加该课程充满动力，并且学习过程中使用有效的学习策略，这会导致高水平的学业成就。与此同时，高水平的学业成就增强了他的学业自我概念，使他的动机水平进一步提升，从而继续努力取得良好的成绩。

从这些研究中我们可以清楚地得出教学启示：教师在设计项目时要同时考虑直接提升个体的学业自我概念和学业成就[2]。前者可以通过诸如明确地告知学生他们在某项技能或知识上的掌握的熟练程度来实现；后者可以通过教会学生一些信息加工和自我调节技能来实现，这一点我们在信息加工理论和社会认知理论一章曾提到过。

站稳立场　通过维持高自我价值感增强动机

412

教室是一个充满竞争的地方，这是一个不争的事实。在很大程度上，这是因为学生知道他们要在教室里发展能力，并且一些有能力的学生肯定学得比其他人好。因此，学生所做的影响他们学习动机的决定，都是为了创造和维持自我价值感。当学生花费时间和精力去模仿成绩好的学生的行为、努力培养各学科高水平的自我效能、选择任务掌握目标、把成败归因于能力和努力共同作用的结果、认为智力可以通过学习和精炼来提高、尽力满足成

1　学业自我概念和学业成就之间呈正相关。
2　可以通过教学设计来提升个体的学业自我概念和学业成就。

长需要时,他们就会被自我感觉良好的需要(自尊和自我价值)所驱动。

这一观点的主要倡导者,Martin Covington(2009)指出,那些认为自己能力不如他人的学生(是指个体获得的学术胜任力很大程度上是基于父母、教师和社会的要求)将会对获取更高水平的学业成就缺乏动机,因为这会增加失败的风险。他们更倾向于选择自我保护的行为,例如减少努力或自我设障。

你可以采取本章或者其他章节的一些建议,为学生创造一些激发高水平动机的条件。特别需要注意的是(我们之前已经提到过之一问题),不要只给学生有限的A、B等级、奖励和表扬,把你的教室变成一个残酷的、优胜劣汰的地方,这会使学生仅仅按照你以及你所在的学校、地区制定的学习标准来学习。切记,你在教室里主要的角色是教学,而不是给学生分类。

你怎么看?

你是否同意教师应该"教学,而不是分类"?你将如何把你的观点运用于教学实践?

11.5.2　动机与认同

一般而言,动机与认同的关系正如个体目标导向的行为和个体对自己将要成为什么样的人的认识之间的关系(Kaplan & Flum, 2009)。例如,Jacquelynne Eccles(2009)认为认同这一概念包含以下两套自我知觉体系:(1)对技能、特质和能力的认识;(2)对个体价值和目标的认识。这两套自我知觉体系共同决定了一个人对成功的预期以及对任务重要性的认识。因此,认同影响了个体的行为:个体选择做什么以及如何投入去做。回忆一下我们之前讨论的自我效能,以及基于具体情境对效能的认识:一个学生也许对科学课很有信心,但是对文学课没有什么信心。一个学生对自我效能的认识能够影响他对自我的认识,并由此影响他的认同感。

K. Ann Renninger(2009)把动机和认同之间的关系,看作是兴趣和认同的交互作用。她认为,如果一个学生对科学感兴趣,那么他就会对科学课程的内容产生认同。在她看来,要想了解一个学生的动机,意味着了解什么样的内容和活动最吸引他。Renninger的观点和我们之前讨论过的内部动机是一致的,由此给我们带来的教学启示是:要想激发学生在某一领域的学习动机,需要创造机会让他们培养在各种学术活动中的兴趣。如果一个情境能吸引学生的注意,他们就会对此产生兴趣。通过与他人互动,学生把先前习得的技能和知识与当前的情境联系起来,就可以维持这种兴趣。看到自己的技能和经历能够与当前的情境相联系,这有助于学生认同该情境,并愿意再次投入到自己熟悉的情境中。例如,一个学生看到教师拿了一个装满水的塑料袋,然后用一支削尖的铅笔去戳袋子,但是袋子并没有被戳破，也没有一滴水流出来（没错，如果你用对了袋子，就是会这么神奇），这个学生也许会在课外向家人或朋友重演这一幕，最终对此产生个人兴趣，并开始调查各种物品的弹性。这种观点可以帮助教师在设计教学活动时，思考如何为学生提供机会让他们认同这些活动，并对此产生兴趣，最终激发他们的学习动机。（我们将在第13章"教学方法"中讨论教学计划。）

我们在第2章"心理社会和认知发展理论"中提到，认同（也称同一性）是青春期面临的重要问题。初高中的学生经常会思考："我是谁""我将要做什么""我该如何与团队中的其他人保持一致"等问题（Eccles, 2009）。学生形成的认识——自我概念、自尊、自我效能感、认同，都是他们在学校内外、课堂内外要学习的内容。你为他们提供的学习机会，不但会影响他们的学业技能和知识，还会影响他们如何看待和理解自己（照片11-5）。

现在你已经了解了如何基于人本主义理论和自我知觉来激发学生的学习动机，接下来我们来考虑相关的教学建议。

我们在本章讨论的很多激发动机的方法，都可以通过适当的技术来增强，在本章结尾部分，我们将讨论有关技术和动机关系的研究，并且给出一些已经被证明有用的技术。

照片11-5　相比学业自我概念弱的学生，有较强学业自我概念的学生通常有较强的学习动机，并且能取得更好的成绩。

414

通过探究改善教学实践：一位教师的故事

令人畏惧的一英里赛跑

（作者：Peter Mathis）

413　　作为一名体育教师，我不止一次地遇到过激发学生动机的问题。在任何一次课上，你都能发现有些学生身体健壮，却认为体育课就是他们自由选择参加体育活动的时间。因此，每当我拿出羽毛球拍或者飞盘告诉他们这节课我们不玩篮球时，都会遭到他们的抵抗。你还能发现，有些学生对所有的体育活动都感到厌恶，他们会尽可能地找借口来逃避上体育课。

　　为了达到激发动机的目的，我用一年的时间关注班上的一群女生。在学年开始的时候，我告诉她们健身的组成要素，为她们进行基线值的测量，让她们参加各种体能测试。毫无疑问，当需要跑"可怕一英里"时，她们总会出现哀嚎、抱怨，甚至某种自发的伤害。在赛跑这天，我正在起跑线处集合学生，这群女生向我走过来，我清楚地记得她们脸上的表情：痛苦，伴随着少许冷漠。我已经预想到了她们要干什么。女生1："Mathis先生，我们真地要跑一英里吗？"女生2："我们可以放学再赛跑吗？"女生3："我们可以走完一英里吗？"尽管遭到她们的连番提问，我知道我需要激发她们的动机，而且幸运的是，我已经准备好了该怎么去做。

　　我的第一个目标是找到问题的根源，因此我问她们为什么不想参加赛跑，这就给了她们倾诉的机会。我先是快速给每个女生一个积极的鼓励，希望她们对自己有信心。然后我把注意力转向让她们明白这项运动的重要性，以及和她们真实生活经历的联系上。我问女生们知道哪些人患有心血管有关的疾病，她们都能举出一些例子，我充分利用这些例子，总结出为什么心血管耐力是身体健康最重要的因素。看得出，我已经开始说服她们了，我准备好了最后一招：我告诉女生们如果她们尽全力完成赛跑，我就允许她们下节课玩花式跳绳，这项运动是她们希望每天都可以玩的，并且是一项可以增强心血管耐力的运动。

　　尽管起初寡不敌众，但我还是成功地激发了这三位女生参加体育锻炼的动机。紧接着我给她们家里打了一个电话，告诉她们的父母，我为她们参加体育锻炼、理解运动重要性而感到骄傲。这个策略的核心是与学生之间建立起积极的关系，为她们提供真实生活的样例，让她们从中引申到自己身上。

（Peter Mathis是克莱尔顿城市学校的一名教师和体育指导）

教学建议　满足缺失性需要与增强自我知觉

1. 让学习对学生充满吸引力。

动机的研究者们(例如 Riggs & Gholar, 2009; Tomlinson, 2002)认为,当学习对学生很有吸引力时,他们才会喜欢学习。教师们可以通过以下方法增加学习的吸引力:

- 满足马斯洛的安全和归属的需要。例如,不要因为学生缺乏知识和技能而嘲笑他们,也不要让其他同学这样做;学生做得好要表扬,做不好要分析可能的原因;把所学的内容和学生的兴趣联系起来;尽快记住学生的名字。

- 为学生提供为班级做出有意义的贡献的机会。例如,通过短期辅导、合作学习使学生帮助同学掌握教学目标;用学生的个人经历和背景作为课的拓展或课堂讨论的内容。一位教师把学生的作品制作成投影胶片作为一种教学工具,这让学生感到他们是群体中有贡献的一部分(Gilness, 2003)。

- 帮助学生对要学习的材料形成目标意识。我们在第13章"教学方法"中会提到,学生很少会问"为什么我要学习这个?"(即使这在他们心中是最重要的),教师也很少主动为学生作出解释。为了给一节阅读课创设目标,我们可以让学生参加一个感兴趣的主题讨论,这个主题是他们将要阅读的一个故事或一本小说的中心。

- 让学生形成对学习的掌控感。有的学生认为所学的知识和技能对他们来说是有用的(例如把历史作为思考当下的工具),知道什么是高质量的作品并且相信自己有能力去实现,知道如何设置并实现目标。与其他学生相比,这些学生更相信自己能够掌控自己的学习。

- 为学生创设挑战性的任务。那些努力学习、全力以赴并且经常取得成功的学生,比那些并非如此的学生更乐于学习;与那些只是完成一些常规的、低难度的学习任务的学生相比,他们对未来的学习任务有更强学习动机。

2. 让学生在学习时能体验到成功,以此促进他们的成就定向,提升他们的自尊,增强他们的自我效能感和学业自我概念。

要想体验到成功,个体必须首先确立目标,这个目标既不能低到轻松实现,也不能高到无法实现;然后,要能够在一个可接受的水平去实现这一目标。

a. 充分利用那些既有挑战性又可实现的目标,在适当的时候让学生参与目标的制订。

我们在第13章"教学方法"中会提到,你的一个主要责任是为学生选择学习目标。在这个过程中,你可以邀请学生一同参与选择目标,或者至少要让学生与你一同思考,向学生

415

解释为什么选择这些学习目标，以此来激发他们的学习动机。这种做法，能够把学生的外部动机转化为内部动机。

为了帮助学生选择合适的目标，你可以使用Robert Mager（1997）推荐的技术。你可以帮助学生根据如下要素陈述目标：时间限制、正确反应的最低数量、一定比例的错误反应，或者行为样例。

示例：

• 你认为你需要多长时间才能列出这篇文章的提纲？如果你完成了，我们可以看之前告诉你的那部电影。

• George，你已经完成了十分之六的拼写测验，如果重新测试你打算完成多少？

b. 帮助学生掌握目标。

正如你所知道的，一个学生过去在某项任务上的完成情况，会影响他的自我效能感和学业自我概念。因此，你应该尽你所能，帮助学生在一个可以接受的水平上实现目标。我们之前已经提到过一个能够帮助学生成为一个更优秀的学习者的重要建议：教会他们如何创设和使用学习目标。另一个能够帮助他们最大限度地利用其学习策略的建议是，给他们布置难度适当的任务，为他们提供成功完成任务所需的最低限度的帮助（回忆一下维果斯基的最近发展区和搭建支架的概念）。

你掌握了吗？

阿维有积极的学业自我概念，但是他认为自己更擅长写作而不是数学。下列描述哪一个能更好地描述阿维？

a. 他对写作有低水平的自尊和高水平的自我效能感。

b. 他对写作的高自我效能感影响了他的认同。

c. 他对数学的低自我效能感和他的自我概念没有关系。

d. 他的效能知觉很有可能导致他的低水平自尊。

11.6 利用技术增强学生的动机

11.6.1 外部动机与内部动机

在本章之前的内容中我们比较了行为取向的、外部的动机研究方法和认知取向的、内部的动机研究方法。我们的目标不是去证明这两种方法哪一种具有先天的优越性,而是为了指出这两种方法如何以及何时能够有效地用于支持课堂学习。同样的情形还存在于影响动机的技术。例如,行为主义的心理学家认为,在基于计算机的操作和练习的项目中,学生收到的及时反馈和取得的稳定进步能够激发他们的学习;而认知主义的心理学家则认为,使学生置身于虚拟的环境或真实的任务中,能够激发他们的内部动机,因为这样的项目或任务使学生体验到自信、责任感和对学习的掌控感[1](Fork & Watkins, 2009; Hewitt, 2002; Moreno & Mayer, 2002, 2005)。

尽管这两种动机的研究方法之间存在差别,但是它们之间并不是相互排斥的。一些最新的、有效的辅助学习技术是把二者结合起来的(Shin, 2009)。例如,回想一下我们在第10章有关建构主义学习理论的内容中提到的"探秘亚特兰蒂斯"(Quest Atlantis)项目。

11.6.2 利用技术增强学习动机

计算机技术既可以适用于外部动机的研究方法,也可以是适用于内部动机的研究方法。但是,它真的能激发学生的学习动机吗[2]?

计算机辅助学习的批评者认为,在项目中观察到的学生动机的提高是短暂的,并且在很大程度上是因为学生对参加新的项目、游戏或者虚拟环境的好奇。但是有几项研究能够证明使用计算机辅助教学能够提高学生的内部动机和学业表现:

- 被试是一些城市学校的一年级学生,他们面临着无法掌握基本的读写技能的困境。让这些学生参加计算机辅助读写教学项目,不但在一定程度上提升了他们的听力、阅读和写作技能,还减少了他们面对困难时的焦虑,使他们在遇到困难时更容易坚持下去(Blachowicz等,2009)。

---

1 技术可以用来激发、维持个体的内部和外部动机。
2 技术能够使学习更加有趣和有意义,从而激发个体的内部动机。

417

- 被试是一些八年级的学生，他们因为学业不良和社会交往问题面临着辍学的危险。这些学生参加为期两周的权利法案的学习。但是那些有机会创造和展示一个基于计算机的多媒体项目的学生，与那些在教室里接受传统教学项目的学生相比，在这个主题上的得分更高，对学习的态度也有所改变（Woodul, Vitale, & Scott, 2000）。

- 被试是一些高中四年级学生，他们以合作学习小组的形式，来完成有关浪漫主义时期诗歌的PPT展示。与之前的同学相比，这个小组对该主题表现出更高的学习动机（Marry, 2000）。

> **InTASC**　　　标准5(n)

- 被试是以色列的高中生。在这个国家，工程教育是高中课程的一部分。在研究中让这些学生使用技术，包括编制自己的计算机程序去设计和建造东西，如使用乐高积木来搭建机器人、汽车、起重机，甚至是一个可以从两边穿越瀑布的小船（Doppelt, 2009）。根据研究者所说："实验室简直就是这些学生的第二个家，他们利用所有的休息时间来做这个项目，甚至放学以后也泡在实验室里。"（Doppelt & Barak, 2002, p.26）

计算机辅助项目或拓展项目，经常被用于改善学生的读写技能，提升他们阅读和写作的动机。例如，一个用来帮助市中心的低学业水平的中学生提升阅读和写作技能的暑期技术辅助项目，显著地提升了学生的学习动机。学生使用信息搜集工具、信息处理工具以及演示工具来完成探究项目，并向特定观众如父母、同伴、兄弟姐妹等展示研究结果。当学生和同伴分享他们的成果，并且注意到诸如电脑图表、网页、幻灯片演示、录音采访等的作用时，他们会快速地、迫切地转而采用这些技术和工具（Owens, Hester, & Teale, 2002）。

在一项对小学教师的调查中，我们也发现了类似的动机激发效果。这些教师把学生的写作作品发布在班级的网站上。当学生知道他们的作品会有更多的观众时，他们更愿意参加写作项目，并且倾向于完成高质量的作品（Karchmer, 2001）。一个四年级的教师说道：

在网络出现之前，学生的写作没有那么多，因为他们的写作目的没有实现。现在，我们有了写作目标,这使得学生的写作更加有趣。看到自己的作品出现在网络上,他们非常自豪……学生们会小心翼翼地使用语言艺术技巧,他们更容易发现并改正自己的错误。而在纸笔写作时,学生很难修改自己写的内容。(Karchmer, 2001, p.459)

邮件以及其他信息传递系统,也经常被用来吸引学生的兴趣,激发他们的动机。笔友项目能够把不同地区或国家的学生联系在一起。Rebecca Sipe(2000)描述了一个项目:一些师范生和10年级的英语专业学生通信,后者帮助这些师范生形成了切合实际的课堂信念和实践方案。Carole Duff(2000)描述了高中女生如何通过邮件,从职业女性导师那里获得职业建议、学业指导和个人支持。Diane Friedlaender(2009)描述了在伊朗战争开始时,一位女教师是如何安排加利福尼亚州奥克兰市的学生和伊朗的学生做笔友的。奥克兰市的学生"研究了战争爆发的原因,每周和特邀发言人交流,编写、指导、表演了一出戏,反映了战争对家庭的影响。学生们甚至举着笔友的照片到圣弗朗西斯科的市场街游行……"(Friedlaender, 2009, p.10)。让学生和真实的人与事相联系,能够增强他们的外部学习动机,同时还能激发他们的内部动机。

418

挑战假设 　**教学……学习……动机**

康妮说:"安东尼奥,你说你听到了教师们在休息室的讨论,说什么教师用心教,学生却不学,这种情况的确存在,但是你思考过为什么吗?"

"我不确定,但对我来说,一个教师说'我教了但是学生不学'就像一个销售人员说'我卖了但是顾客不买'是一样的。"

"你们知道的,70多年前John Dewey就说过类似的话。"康妮说,"因此,如果根据教学促进学习的程度来考察其质量,这对动机来说意味着什么呢?"

"这意味着我们要促进学生动机的发展。"安东尼奥说。他盯着窗外看了一会儿,继续说道:"我们不能替学生学习,他们必须亲自去建构自己对事物的理解,对知识的表征,但是我们可以促进他们的建构。从动机的角度来说,教师也可以说是促进者。我们可以为学生提供机会,让他们去探索自己的兴趣,发现新事物。同样,我们可以促进他们在某个领域中(诸如数学、英语)的知识和技能的发展,促进他们的自我知识和利用自身兴趣的能力的发展,以帮助他们来实现学习目标。如果我们能帮助学生体验学习上的成功,他们就会产生自我效能感和强烈的学业自我概念。"他沉默了一会儿,说道:"教学就是促进学生学习。我想要成为一名帮助学生成为成功的学习者的教师。"

你掌握了吗?

根据研究结果,技术对动机的积极影响最有可能在以下哪个情境中体现出来:

a. 允许二年级的学生玩电脑游戏,作为他们完成作业的奖励。

b. 高中生使用电脑来完成作业,提交作业中的问题。

c. 中学生加入另一个城市的班级的合作项目。

d. 高中生使用电脑来安排他们的课程。

小结

11.1　解释强化对内部动机和外部动机的影响。

- 动机是个体在某个特定的情境下,花费一定的努力去实现某个目标的动力。

- 行为主义(操作性条件作用)的动机观强调学生因展现某个特定的行为或行为模式而得到正强化的欲望。

- 操作性条件作用理论的一个潜在缺陷在于它过分强调动机的外部来源。如果学习者实现某个目标的动机仅仅是外部的奖励,与活动本身没有任何关系,这会导致个体行为短暂的改变,对学习的物质主义的态度,以及削弱学生可能原本就有的内部动机。

- 外部强化在下列条件下会削弱个体的内部动机:个体对任务的兴趣原本就很高;奖励是有形的;事先许诺奖励只是作为特定行为的激励物;只要参加活动就给奖励;学生需要彼此竞争才能获得有限的奖励。

- 外部奖励在以下条件下会增强个体的内部动机:个体对任务的内部兴趣比较低,因为任务本身比较无趣、与个体本人没什么关系;个体对任务原本的兴趣比较高,且奖励涉及积极的言语反馈;只要有资格,人人都有可能获得高级别的奖励。

11.2　提供样例来说明自我效能感的作用,以及自我效能感如何起到学习动机的作用。

- 社会认知主义的动机观强调给学生机会去观察和模仿他们钦佩的榜样,增强他们对某项任务的自我效能感。

- 学生的自我效能感,即认为自己完成某项特定任务的能力,通过影响个体对学习目标的选择、学习结果的预期,以及对成败的归因来影响其动机。

11.3 描述信念是如何影响学生的思维，以及学生的思维和个人兴趣是如何影响其动机的。

- 学生可以选择任务掌握目标、成绩—趋近目标、成绩—回避目标，或者前两种目标的结合。选择任务掌握目标的学生，会使用有意义的学习策略，把错误看作是学习的一部分；选择成绩—趋近目标的学生，通过优于其他人的表现来证明自己非凡的能力；选择成绩—回避目标的学生，尽量避免失败以免显得自己能力低，他们还会选择自我设障的行为来为自己不良的表现寻找借口。

- 高自我效能感的学生通常对他们选择的任务结果有积极的预期；低自我效能感的学生更容易预期到消极的学业结果。

- 认知发展的观点认为，人们生来就被达到平衡的需求所驱使，他们通过克服自己所知道的和所经历的之间的不一致或者冲突来实现平衡。

- Atkinson认为人们被成就需要所驱使，成就需要是指依靠一定的能力来实现目标的愿望。高成就需要的个体对成功的预期，远胜于对失败的恐惧。他们选择有一定难度的任务，因为这样的任务能够在失败的可能性和成功的预期之间达到最大限度的平衡。低成就需要的个体被失败的恐惧所左右，因此他们要么选择非常简单的任务（因为可以确保成功），要么选择非常难的任务（因为即使做得不好失败了，他们也不会感到羞愧）。

- 有关归因理论的研究发现，在高学业成就者和低学业成就者之间存在很大的差别。高学业成就者把成功归因于能力和努力；低学业成就者把成功归因于运气好或任务简单，把失败归因于能力不足。

- 相比年幼的儿童，七八岁的儿童对能力这一概念有更好的理解，他们能把能力和其他特质区分开，把能力看作一种内在的才能，随着时间的发展保持稳定，他们更喜欢把自己的表现与同伴的表现进行比较。

- 与七八岁的儿童相比，十到十二岁的儿童更容易区分能力和努力的概念，他们能准确地评价能力，把能力看作一种稳定的、固定的特质，并把能力和获得高分联系起来。

- 那些持有Dweck所说的认知能力实体观的个体，不容易产生学习动机，因为他们认为智力是一种混合的能力，他们主要是对获得高分和显示自己的聪明才智感兴趣；如果不能保证取得成功，他们倾向于避免那些有挑战性的任务。那些持有能力增长观的个体,倾向于追求更有意义的学习机会,因为他们认为智力可以通过经验和纠正性反馈而提升。

- 个体对某个学科的兴趣水平与其对该学科的内部动机相联系。有时候学生对某个学科事先就有兴趣(个人兴趣),但有的时候个体是因为参与这个学科才对它产生兴趣(情境兴趣)。对某个主题或学科有个体兴趣的学生,更容易受内部动机的激发去学习。

- 对某个学科的个人兴趣可能会受到以下因素的影响:学生的情绪、能力水平、目标的相关性,以及先行知识的水平。

- 对某个学科的情境兴趣可能会受到以下因素的影响:参与的活动、认知不平衡状态、书写良好的材料、与其他人合作的机会,以及对有影响力的榜样的观察。

- Csikszentmihalyi 和其他研究者认为,当学生对自己的学习有掌控感,并且当学习任务对他们的技能来说有适当的挑战性时,他们会体验到"心流"的感觉(例如全神贯注)。

- 动机的认知发展观的一个局限就是教师可能无法经常诱发学生的不平衡感。

- 成就需要理论的一个问题是缺乏测量成就需要的工具,仅凭短期观察是不可靠的。

- 归因理论和能力观的一个局限是,改变学生错误的归因模式和对认知能力本质的看法是非常困难的。

11.4 解释为什么基本的人类需求是个体行为选择的基础,是个性和学业成长的前提条件。

- 马斯洛的人本主义动机观的理论基础是:个体必须满足一定序列的缺失性需要(生理需要、安全需要、归属和爱的需要、尊重的需要)才能满足自我实现的成长性需要。

- 人本主义观点的一个局限是,教师可能没有办法确保找出学生没有得到满足的缺失性需要,或者即使找到也没有办法确保一定能够满足它们。

11.5 提供样例来说明自我认识如何影响学生的动机。

- 学生的学业自我概念和学业成就之间是相互促进的;也就是说,不仅学业自我概念影响学生学习某个学科的动机,从而影响其学业成就,而且个体先前的学业成就对学习动机和学业自我概念也有积极的影响。

11.6 描述技术如何增强学生的动机。

- 数字化环境已经被证明对学生的学习动机有促进作用,因为它使学习变得更加有趣,更加有意义。

进一步学习的资源

- **动机理论**

  在 Kathryn Wentzel 和 Allan Wigfield 主编的《学校动机手册》(*Handbook of Motivation at School*)(2009)一书中,第一部分强调了本章提到的所有动机理论;第二部分讨论了环境和社会影响如何对动机起作用;第三部分着眼于教与学过程中的动机。

  Eric Anderman 和 Lynley Anderman 在《课堂中的动机》(*Classroom Motivation*)一书中,描述了基于研究的教学实践,以及如何把它们运用于低年级和高年级学生的教学中。

- **动机的认知观**

  在 Dale Schunk 和 Barry Zimmerman 主编的《动机与自主学习》(*Motivation and Self-Regulated Learning*)(2007)一书中,强调了动机过程(例如目标、归因、自我效能、结果预期、自我概念、自尊、社会比较、情绪、价值观、自我评价等)在自主学习中的作用。

- **用于课堂的动机激发技术**

  鉴于我们在本章中提到了每天激发所有学生学习动机的难度,你也许会想要尝试 Robyn Jackson 在《如何激发学习者动机》(*How to Motivate Reluctant Learners*)(2011)一书中提到的一些观点。这些建议的基础是根据一些专家教师的实践而提出的七条原则。

  在《提高学生投入的策略:释放对学习的渴望》(*Strategies That Promote Student Engagement: Unleashing the Desire to Learn*)(2009)一书第二版中,Ernestine Riggs 和 Cheryl Gholar 关注的是如何设计一堂吸引学生的课。这本书的第3章名为"鲜活的学习在哪里(Where Learning Lives)",这是一个有趣的比喻,是对课堂实践进行批判性反思的一个框架。

第12章　课堂管理

Mary Kate Denny/PhotoEdit

本章涉及的InTASC标准　　**学习目标**

3. 学习环境

5. 知识应用

6. 评估

7. 教学计划

8. 教学策略

9. 专业学习与道德

10. 领导与协作

学完本章内容后，你将能……

12.1　比较三种不同类型的教学方式：专制型、放任型、权威型。

12.2　描述雅各布·库宁提出的防止课堂行为问题出现的方法。

12.3　举例说明雷德尔和瓦滕伯格提出的至少五种处理课堂行为问题的方法。

12.4　讨论美国校园普遍出现的暴力和欺凌问题，找出导致其发生的主要原因。

12.5　描述一个旨在减少校园暴力的基于课堂的项目和全校范围内的项目。

毫无疑问，你现在应该开始逐渐意识到本书开篇所提到的这一观点：教学是一件极其复杂的事情。原因如下：422

- 学生在生理、社会、情绪、认知和文化等方面的特征各不相同。
- 学习不是一蹴而就，它需要进行大量的、多样化的练习。
- 不同的学生，其学习速度是不一样的。
- 为了确保学生掌握预先设定的教学目标，教师需要进行系统的准备。
- 不同的学生或学生群体，经常会在相同的时间从事不同的任务。
- 学生的行为有些让人难以预测。
- 学生的学习（或不学习）动机，受多种因素的影响。
- 我们可以通过多种方式对学习进行测量和评价。

教学是一件复杂的事情，如果管理不当，就很容易处于混乱状态。如果这种情况出现了，学生会变得很困惑、心烦、无趣、焦躁不安，甚至会制造混乱。但是，一个管理良好的课堂并不像很多人认为的那样：学生们端坐在课桌前（或者是在其他电子设备前），安安静静地学习，只在别人跟他说话的时候才说话，对教师所教的知识和课本上的内容能一字不差地背诵。这样的课堂与本书之前所描述的当代学习观和动机观格格不入。如果你的教学目标包含使学生获得有意义的知识储备，成为熟练的问题解决者，并且学会如何卓有成效地和他人合作，那么，你必须接受这样一个观点：能够达成这些目的的课堂会给予学生充分的自主性、身体运动和社会互动（Emmer & Stough, 2001）。

为了帮助你顺利地实现这些教学目标，并且使学生的行为保持在可控的范围内，本章我们将阐述课堂管理的一般方法（这与有效的家庭教养方式息息相关），防止学生行为问题发生的各种技术，以及一整套应对已发生的不良行为的技术。尽管本章提到的一些课堂管理的概念和技术，早在45—50年前就有人提出过，但事实证明它们仍为当今的教育工作者所使用和推崇（例如Evertson & Emmer, 2013; Kraft, 2010; Shea & Bauer, 2011）。除此之外，本章还将进一步分析校园暴力和校园欺凌问题，总结降低其发生频率的方法，以及说明如何利用技术来帮助学业不良和调皮捣蛋的学生留在学校。

学习导读

　　下述要点能帮助你了解本章的重要内容。为了帮助你学习，这些要点也会出现在正文页脚。

三种课堂管理模式：专制型、放任型和权威型

- 权威型的课堂管理方法优于放任型和专制型

预防问题发生：课堂管理技巧

- 涟漪效应：群体对个体受到训斥时的反应

- 教师对班级情况了如指掌能够避免纪律问题的发生

- 教师能够处理交叉活动有助于维持课堂纪律

- 教师不停地打断学生的活动容易引发纪律问题

- 使整个班级都参与活动并处于警觉状态能够最大限度地减少不良行为

- 指出不良行为，坚定地指明建设性行为

- 有效的教师会计划如何处理班级常规问题

- 在最初的几周，让学生在你的指导下充分完成作业

- 通过制定和讲解清晰的规则和程序来管理青少年的行为

教学建议：课堂管理技巧

- 在第一天就制定课堂行为规则，提醒学生注意，并向他们解释这些规则

- 建立井然有序但充满支持的课堂氛围

应对行为问题的技巧

- 对学生作出积极反应，帮助他们发展自我控制能力

- 私下批评，然后给予鼓励

- 自我表达：说出你对某个无法接受的情境的感受

- 在做出行动之前，先确定谁是问题的根源

教学建议：应对问题行为

- 处理不良行为时要及时、一致、有理有据

美国校园暴力

- 犯罪事件和严重暴力事件在公立学校发生的频率相对较低，并且近年来有逐渐下降的趋势

- 男生和女生喜欢使用不同的欺凌方式

- 男性的攻击行为可以归因于生理和文化因素

- 成绩不好的初中和高一男生会感觉到很压抑

- 高中生的行为不良也许是因为缺乏积极的自我认同

- 通过各种方法可以大大减少课堂干扰行为

- 如果学校范围的项目能够教会学生用建设性的方法应对冲突，校园暴力就会减少

揭示假设　**管理课堂与引导学习**

在康妮看来,周五的例会进展得非常顺利,年轻的同事们纷纷把重要的建构主义学习和动机原理同自己的教学实践和观察结合起来。可是,在会议快结束的时候,大家陷入一片沉思。

塞莱斯特率先表示了自己的担忧:"我一直在思考如何运用这些原理去促进教学,激发学生的学习动机,我也知道这一点至关重要。但是说实话,我担心我根本没有机会去运用这些原理。"

康妮问道:"那么,你究竟在担心什么呢? 你认为什么会阻碍你运用所学的这些原理?"塞莱斯特略作思考回答:"坦白讲,我担心我无法掌控课堂。"

"是的,我也有同样的担忧。"唐表示赞同,"我的意思是,在实施任何教学活动之前,你首先要控制好你的学生。如果他们的注意力不集中,他们怎么能学到东西? 你如何确保他们一整天都沉浸在学习中,且每天如此? 你如何促使他们做在学校该做的事情,而不是随心所欲地做自己想做的事?"

在其他人发言的时候,安东尼奥一直面带微笑,康妮注意到了这一点。她看着安东尼奥的眼睛,点头示意,仿佛在说:"你明白他们所说的问题所在,这很重要,让他们听听你的想法吧。"

安东尼奥回答道:"我记得我当初也有这样的体会,这让我感到非常恐慌,我甚至开始怀疑自己是否能够成为一名合格的教师。但幸运的是,我的教学团队中有很多经验丰富的'老手',他们使我对课堂管理有了不同的看法。在运用所学的学习和动机原理之前,我们首先要保证学生能够全身心地投入到学习中去,但这并不意味着你要牢牢地控制着学生。他们已经在忙着学习了:掌握知识,认识自我,以及学着成为更好的学习者。课堂管理不是控制学生而是引导学习。

暂停　与　反思

一些关于信念和态度的研究表明,很多有追求、有抱负的教师都对课堂管理感到焦虑。如何才能构建并维持良好的课堂环境,使学生的注意力集中在学习上? 这一问题想起来就令人气馁。塞莱斯特和唐就是很好的例子。他们认为课堂管理就是去控制学生的行为。那么,你是怎么看待课堂管理者这一角色的? 你的看法是比较倾向于塞莱斯特和唐,还是更倾向于安东尼奥? 或许你身边熟悉的教师中有的把课堂管理看作"控制学生",有的则看作是"引导学习"。如果你是一名学生的话,你在这两种课堂上会有什么不一样的体验呢?

12.1 三种课堂管理模式：专制型、放任型和权威型

> **InTASC**　　　标准3(k)　标准9(i)　标准10(o)

在第3章讨论有关不同年龄的特征时，我们提到，Diana Baumrind(1971, 1991a, 2012, 2013)认为可以把父母对待儿童的教养方式分为四种类型：专制型、放任型、权威型、拒绝—忽视型，其中前三种教养方式同样适用于教师的课堂管理。我们先来快速地回顾一下Baumrind的教养方式分类，然后再简单地介绍教师的课堂管理方法是如何根据特征进行分类的。

专制型的父母为儿童制定严格的行为规则，并要求儿童绝对服从。至于为什么制定这些规则，他们几乎只字不提，尽管这样的解释很有必要。儿童如果严格遵守这些准则，会得到一些奖励，否则就会受到严厉的惩罚。放任型的父母代表了另一个极端，他们很少对儿童施加控制，而是放任儿童自己做决定(例如吃什么，穿什么，什么时候去睡觉等)，他们只有在儿童提出问题的时候才会给予指导和帮助。权威型的父母在为儿童制定行为规则的同时，会为他们解释其背后的原因，教会儿童如何遵守这些规则，并且对有一定自制力的儿童进行奖励。随着儿童自我调节技能的增强，权威型的父母会进一步放手让儿童实现自我管理。不同于前两种教养方式，权威型的教养方式能够帮助儿童内化父母制定的规则，从而使他们将来也能很好地遵守这些规则。

Baumrind的研究结论同样也可以运用到课堂管理中[1]。专制型的教师要求学生绝对地服从，而不是给学生自主权("因为是我说的，所以你们一定要执行")。他们频繁地使用奖励和惩罚，从而达到使学生服从的目的。放任型的教师在很大程度上依赖学生对教师本人的认同和尊重，并且把教师视作真正的课堂管理者("因为你们喜欢我、尊重我，所以请按照我说的去做")。权威型的教师倾向于让学生最终学会如何管理自己的行为。他们会向学生解释课堂规则制定的原因，会在学生自我管理能力不断发展的时候逐渐调整课堂规则，以期让学生相信，遵守并内化教师制定的课堂行为规则会帮助他们实现有价值的学业目标("按照我说的去做，因为这样能有助于你们学到更多东西")。处在权威型课堂管理模式下的学生，能够更好地理解制定课堂规则的必要性，并且他们绝大部分的时间都能够很好地遵守这些规则(Walker & Hoover-Dempsey, 2006)。

1　权威型的课堂管理方法优于放任型和专制型。

有两项研究很好地支持了Baumrind的父母教养类型可以扩展运用到教师的课堂管理中的观点。第一项研究以中学生为被试，有些中学生对教师的描述倾向于权威型（例如，教师制定清晰的课堂行为规则，并给学生解释如果违反这些规则会受到什么惩罚，相信学生能够独立完成某项任务，对所有的学生都一视同仁、公平对待，不会对没有答对问题的学生横加指责，并且对学生的学业成就和行为表现有很高的预期），而有些中学生对教师的描述倾向于专制型。研究结果发现，前者的动机水平、亲社会行为和学业成就要远远优于后者（Wentzel, 2002）。第二项研究表明，教师在课堂管理中是倾向于给学生更多的自主权，还是施加更多的控制，很大程度上取决于他们所在的工作环境。如果有人对他们的课程决策干预过多，为他们的行为制定很多条条框框，使得教师不得不小心应对，并且他们感到学生的学习动机也不是很高，那么教师教学的内部动机就会受到影响，而较低的内部动机会反过来导致他们更容易对学生加强控制，而不是给予他们更多的自主权（Pelletier, Seguin-Levesque, & Legault, 2002）。

本章的下一节将会为大家描述构建和维持有效学习环境的指导方针。

你掌握了吗？

以下哪种课堂管理的方法更适用于那些由内部动机激发去帮助学生学习和发展的教师？

a. 放任型　　　　　　　　　　b. 权威型

c. 专制型　　　　　　　　　　d. 基于尊重的

12.2　预防问题发生：课堂管理技巧

12.2.1　库宁对团体管理的观察

InTASC　　　标准3（k）　　　　　　　　425

雅各布·库宁（Jacob Kounin）的著作《纪律与团体管理》（*Discipline and Group Management*）（1970）一经出版，立刻引发了人们对课堂管理的重视。库宁提到了第一次引发他对团体管理感兴趣的场景，他当时正在严厉地批评一名大学生，因为这名学生公然在课堂上读报纸。而令库宁感到震惊的是,整个班级的学生都对教师训诉这名学生作出了反应,后来他称这种现象为**涟漪效应**(ripple effect)[1]。

你也很有可能碰到这样的场景,请回忆一下:你正在教室里专心致志地学习,教师突然对一个破坏课堂秩序的学生大发雷霆。如果事件过后你仍然心有余悸(即便你的行为并没有任何偏差),并且极力在教师面前展现自己作为一个模范生的形象,那么你就陷入了这种涟漪效应。

暂　停　与　反　思

你会刻意运用涟漪效应吗?为什么?

自身的经历引发了库宁对课堂行为的兴趣,他领衔做了一系列观察和实验,来研究学生是如何应对教师的各种控制的。在分析大量研究结果的基础上,他总结了以下几条最为有效的课堂管理方法:

1. 向你的学生证明你对班级的情况了如指掌[2]。库宁创造了"**明察秋毫**"(withitness)一词,他强调,如果教师能够向学生证明自己随时关注班级动态,那么班级就会较少出现行为问题。反之,如果学生发觉教师仿佛对班级新出现的干扰行为一无所知,那么这些问题就会不断发生和恶化。一个课堂管理能手会及时发现并批评潜在的干扰行为,将其扼杀在萌芽状态;而低效的教师则会忽视这种干扰行为,任由其发展,或许他们认为这些行为都会自行消失。

初看上去,库宁的建议和操作性条件作用原理是相矛盾的,前者提出教师要向学生表明自己随时关注班级动态,而后者认为不被强化的行为才会逐渐消失。当然,如果教师的反应是学生行为唯一的强化源,那么忽略不良行为是正确的做法,但在很多情况下,学生的不良行为会从其他学生那里得到强化,此时,教师的忽略并不能使得这些行为消失。

2. 学会处理交叉情境。通过分析实际课堂管理场景的录像带,库宁发现很多教师似乎都是单线程的,他们倾向于一次只处理一件事,这往往会导致更多的干扰行为,从而影响课堂秩序。例如,库宁观察到一名小学教师正在组织小组阅读,突然发现教室的另一边有两个学生互相用手戳对方。她猛地站起来走到这两个学生身边,严厉地斥责他们,之后又返

1　涟漪效应:群体对个体受到训斥时的反应。
2　教师对班级情况了如指掌能够避免纪律问题的发生。

回阅读小组。然而，当她回去的时候，小组的学生已经变得无精打采、兴趣全无，甚至有一些也开始搞小动作。

库宁认为，教师的明察秋毫和处理交叉情境的技能是相互关联的[1]。例如，一个课堂管理的能手在组织小组阅读的时候，如果发现两个男生在离自己比较远的地方扭打起来，他会轻声地阻止这两个男生，迅速地把问题解决，而此时阅读小组的其他成员并没有受到多大影响。

3. 尽量维持课堂活动的平稳和顺利进行。这和上一点也是相关的。库宁发现很多教师完全是因为自己经常不假思索地打断教学活动，才导致问题的发生。从课堂录像中可以发现，有些教师不能够顺利推动课堂教学的进行，是因为他们没有意识到学生本身的行为规律（例如，他们没有考虑到学生注意力分散和转移问题，而是以近乎机械化的方式一个劲儿地赶课程进度）。

有些教师会突然从一个活动跳转到另一个活动，另一些教师会中断当前的活动（例如，正在给学生上阅读课）去讨论一些和课堂不相关事情（"有人把便当袋放在地板上了"）[2]。还有一些教师会把很多时间浪费在无关紧要的事情上（因为一个男生丢了铅笔而大动干戈）。有一小部分教师会发出一些仅面向个人而不是全班同学的指令（"好吧，Charlie，你到黑板前面去。很好，现在，Rebecca该你到黑板前面了"）。以上所有的行为，都会干扰教学活动的顺利进行。

4. 即使是在处理个别学生的问题，也尽量保证全体学生都能参与其中[3]。库宁发现，有些善意的教师通常以一种可以预知的顺序来提问学生，而这时班里的其他同学就成了被动的观众。除非你停下来认真思考一下，对全班进行背诵检查时究竟应该怎么做，否则你很容易陷入上述模式。如果真地陷入这种模式，我们几乎可以肯定，你的观众很快就会厌倦，他们会试图制造麻烦来吸引你的注意。

例如，在对学生背诵情况进行检查时，有些教师是按照座位的顺序来提问，亦或是按照学生姓名的字母顺序。有些教师是先叫起来一个学生再提出问题。还有些教师会让某一个学生背诵过多的内容（例如，阅读整个页面）。以上这些都是以一种学生可以预测的方式进行提问，这会造成班级其他学生不认真听讲，除非轮到他们回答问题。如果你想维持学生的学习兴趣，减少他们出于无聊而搞恶作剧，你可以尝试运用以下几种方法：

- 先提出一个问题，停顿几秒钟，给学生时间去思考，然后再点名让某一个学生站起来

---

1 教师能够处理交叉活动有助于维持课堂纪律。
2 教师不停地打断学生的活动容易引发纪律问题。
3 使整个班级都参与活动并处于警觉状态能够最大限度地减少不良行为。

回答。如果后续还有问题,应以一种无法预测的顺序来提问,这样就没有学生会知道自己什么时候会被突然提问到(如果你发现班里有的学生即使在很轻松的环境中,也会对提问感到不安,那么你可以让他们回答非常简单的问题,或者干脆不要提问他们)。

- 如果你挑选班里某一位同学到黑板前做题目,最好让其他同学也做同样的题目,然后随机抽查两位在座的同学,比较他们的答案和黑板上的答案。

- 如果学习的材料冗长且复杂,你可以快速地叫起几名学生(以不可预测的顺序),然后给每个学生分配其中的一小段。例如,在一个小学的阅读小组中,要求一名学生阅读一句话,然后让小组中另外一边的某一名学生阅读接下来的一句话,接下来也是如此。

- 使用一些小道具,如抽认卡、影印或者电脑打印的图片、练习册等,让学生对教师提出的问题集体作出回答,然后让学生互相对比答案(照片12-1)。库宁留意到有这样一位有创意的教师,她把0—9的数字印在卡片上,这些数字卡片可以嵌入一张带有卡槽的纸板上,学生人手一份。在提问的时候,例如"8+4等于多少?",她先停顿几秒钟,让学生在纸板上用数字卡片排列出答案,然后给出统一的指令"展示出答案!"

照片12-1 库宁发现那些"明察秋毫"的教师能够处理交叉情境,维持课堂活动平稳和顺利进行,会使用各种不同的活动,保持整个班级参与其中,且有较少引发纪律问题。

5. 对待学生要学会变通、要充满热情,特别是对低年级的学生。在观看不同教师的教学录像时,库宁和他的同事发现,有些教师似乎陷入了一种可怕的程式化的怪圈,他们几乎是条件反射地日复一日地执行着同样的程序,对学生的评论也是一样的。与这些教师恰恰相反,有些教师,教学导入形式活泼,对学生的反应充满热情和兴趣,一旦发现学生已经掌握了某节课的内容,或者对这节课的内容感到厌烦,会迅速引入新的活动。如果碰上这么一位热情的、能够根据情况调整教学步调、变换教学活动的教师,想必很少会有学生在课堂上打瞌睡、做白日梦或者搞一些破坏活动吧。

6. 注意涟漪效应。在批评学生时应当措辞清晰、态度坚定,应聚焦于学生的某种不良行为而不是针对整个人,并且尽量避免怒气爆发。如果你认真考虑上述几条建议,班级里的不良行为可能会大大减少。然而即使如此,有些不良行为还是会出现,这时,你可以从库宁有关涟漪效应的研究中得到一些启发。在观察、问卷调查和实验研究的基础上,他发现如果教师能够按照如下的方式处理不良行为,班级里"无辜的"学生更容易对教师处理问题的方式留下积极、深刻的印象。

- 教师辨别出不良行为,并且明确告诉学生什么行为是不被允许的[1]。("Jorge! 不要用CD敲打Jamal。")
- 教师明确指出更具有建设性的行为。("请你把CD放回专门的储存箱里。")
- 教师向学生解释为什么某些行为会被禁止。(如果你把CD弄坏了或者弄脏了,别人就没法用了,我们还得再去买一张新的CD回来。)
- 教师的态度是坚定的、严肃的、毋庸置疑的。("任何违反课堂规则的行为都会受到相应的惩罚,没有任何商量的余地。")
- 教师不应该对学生发火、羞辱学生,或者对他们进行极端的惩罚。库宁发现,极端的反应并不能纠正学生的不良行为。相反,发火、严厉的训斥或惩罚会使他们心情低落,感到紧张不安。("Roger,难以置信你会做这么愚蠢的事情,重做一次,否则你会后悔的。")这一结论不仅与我们的常识相符,也得到了相关研究的支持。如果一名学生长期遭受教师的言语暴力,如嘲笑、谩骂、羞辱、大吼大叫,或者总是被拿来和别的学生进行负面比较,那么和其他没有这些经历的学生相比,他更容易产生行为问题,学业成就水平也更低(Brendgen, Wanner, Vitaro, Bukowski, & Tremblay, 2007)。
- 教师针对的是学生的不良行为,而不是学生的人品或人格。(例如,你可以说"Ramona,

427

---

1 指出不良行为,坚定地指明建设性行为。

不要只顾着看窗外而不看课本，这在我的课堂上是不允许的"，而不是说"Ramona，

你是我教过的最懒的学生"。）

12.2.2 课堂管理的当代研究

InTASC   标准6（n）

受库宁的研究激发，在过去的40年里，学者们进行了数以千计有关课堂管理方面的研究。最近的一篇研究综述总结出20条课堂管理的方法（例如，在布置教室环境时要尽量减少学生分心的可能性，大量使用表扬，使用代币制等），这些课堂管理方法有大量的研究文献做支撑，教师们可以大胆去尝试使用（Simonsen, Fairbanks, Beriesch, Myers, & Sugai, 2008）。很多关于课堂管理方面的著作或者文章（例如，Emmer & Evertson, 2013; Evertson & Emmer, 2013; Ross, Bondy, Galllingane, & Hambacher, 2008），都对如何去使用这些课堂管理的方法提出了建议。他们总结出了成功的课堂管理的关键所在：

1. 在接任一个新的班级时，那些在课堂管理方面卓有成效的教师，会在第一天就清楚地向学生表明，他们事先已经充分地考虑过课堂教学的各个环节[1]。他们会设计好第一天的课堂活动，保证课堂教学平稳有序进行，学生不会心生困惑。同样他们会想方设法确保学生明白这些环节的重要性以及接下来他们该如何去做。

2. 教师会精练地概括总结课堂行为规则，并把它们写在纸上，张贴在教室里或者向学生宣读（当然也可以两者都做），并且告知学生一旦他们违反了这些规则将会受到什么惩罚。

3. 在接任一个新班级的前几周，有效的教师会让学生在教师的指导下参加全班性的活动，当然这些活动是教师精挑细选出来的，能够让学生在新的班级中感到舒服，体验到成功[2]。

4. 经过了前几周的适应，有效的教师会使用上文库宁提到的方法来进行班级管理：向学生证明教师对班级的情况了如指掌，学会处理交叉情境，尽量维持课堂活动平稳和顺利进行，在处理个别学生的问题时不影响其他学生的正常学习。

5. 有效的教师会给学生指出明确的方向，引导学生负责任地完成作业，经常给予学生积极反馈而不是惩罚。

6. 有效的教师会向学生表明自己的关心和爱护，无论是在学习还是日常的生活中，教师都乐意随时去帮助他们。

---

1 有效的教师会计划如何处理班级常规问题。
2 在最初的几周，让学生在你的指导下充分完成作业。

12.2.3 初中、高中课堂的管理

目前为止,我们提到的课堂管理的方法和建议都有很强的适用性,能够用来应对中小学课堂管理中遇到的各种问题。然而,对青春期前和正处于青春期的学生的教学,毕竟明显不同于对年幼学生的教学,因此对初高中的课堂管理,还需要有不同的侧重点,还需要一些独特的管理方法。

在一些年级,例如小学高年级、初高中,考虑到教育教学的需要,学生每天要上几节不同科目的课,此时课堂管理就需要用不同的方法来实现。小学教师一整天只负责一个班级,大约25—30个学生,而初高中教师则不同,他们几乎每隔50分钟就要换一个班级,每天大约要接触到5个班级,每个班的人数是25—30人。这样的安排会让他们面对更多的个体差异,教师很有可能会接触到种类更加繁多的行为问题,会对如何有效运用课堂时间产生更多的担忧。在一项对初高中教师的调查中,我们发现了学生长期存在的一些问题,如在课堂上交谈、未经教师允许离开座位、使用手机、玩电子游戏、不按时完成作业、当遇到违反班级或者学校的规定时容易产生争论等(全美教师素质和公共事务综合服务中心,2008a)。

由于青春期学生的特殊性,相对较短的课堂教学时间,以及每天要连续接触不同班级的学生,初高中的教师必须把更多的精力放在如何预防不良行为的发生上。埃德蒙·埃默(Edmund Emmer)和卡罗琳·埃弗森(Carolyn Evertson)(2013)在《初高中教师课堂管理》(*Classroom Management for Middle and High School Teachers*)一书中,讨论了教师该如何通过悉心布置课堂环境,制定明确的课堂行为规则,有效地实施教学,来防止学生不良行为的发生。

埃默和埃弗森指出,课堂环境应围绕最大限度地促进教学和学习来安排。他们给出了如下建议:(1)在安排座位、教学材料和设备时,应该与教师常用的教学活动类型相符合;(2)在一些学生会密集出现的区域,如教师讲台、放置卷笔刀的桌子附近等,应尽量避免拥挤;(3)教师应该很容易观察到所有的学生;(4)经常使用的教学器材和学生用品应放置在容易拿到的地方;(5)学生应该很容易看清教学课件和其他教学展示设备。

在很多情况下,教师花费大量的时间来处理课堂上的不良行为而不是用于教学,这是由于教师没有告诉学生应该遵守哪些课堂行为规则,或者是因为教师没有事先跟学生沟通为什么要遵守这些规则。因此,埃默和他的同事建议教师应制定详细的课堂行为规则,在开学第一天和学生一起讨论这些规则,并且对于七到九年级的学生,可以把这些规则写下

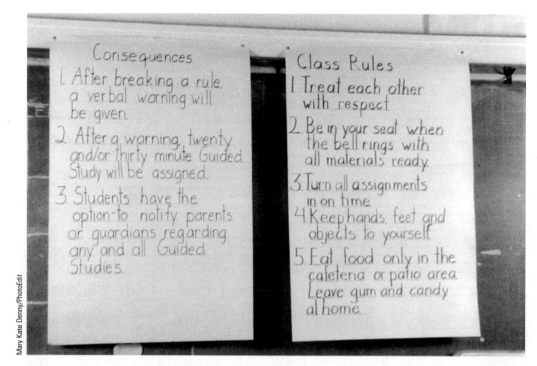

照片12-2　因为初高中的学生每50分钟就要换一个教师上课,因此建立一套通用的规则来管理各种活动和程序,并向学生清楚地沟通制定这些规则的原因,是非常重要的。

来,贴到教室显眼的地方(照片12-2)。对于大学生,则应该给每人发一本印有行为规则的小册子。一套班级行为规则包含五到八条内容就足够了,例如:

> 上课前要准备好所有必需的材料。
>
> 上课铃声过后,应该呆在座位上准备上课。
>
> 要尊重别人,懂礼貌。
>
> 当别人在讲话时不要插嘴或者私自离开。
>
> 未经允许不要乱动别人的东西。
>
> 遵守所有的校规。

　　除了行为规则,教师还应该制定一些程序手册[1]。两者的不同在于,前者是用来规范学生的行为,后者是确保某项活动能够顺利进行的具体操作流程。为了保障课堂教学的良好运行,教师需要为不同阶段的教学活动制定不同的操作流程,包括针对课堂开始阶段的

1　通过制定和讲解清晰的规则和程序来管理青少年的行为。

活动（如点名、如何离开座位）、使用的材料和设备（如电脑、词典、卷笔刀）、学习活动（如讨论、完成课堂和小组作业）、课堂结束阶段的活动（如提交课堂作业、归还材料和设备、发布作业或活动通知）。

雅各布·库宁、埃德蒙·埃默和卡罗琳·埃弗森提到的有效教学的方法，大部分在本书前面的章节都提到过了。例如，制定和协调短期（每天、每周）和长期（每学期、每学年）的课程计划，教学指导和作业评价标准应该及时地、明确地传达给学生，定期给学生反馈，评分制度应该清晰、公平使用等等。在本章的下一部分，我们将介绍一些技术工具，以帮助教师充分、高效地实施这些教学方法。

12.2.4　课堂管理的技术工具

> InTASC　　　　　标准3（m）　标准5（l）　标准7（k）　标准8（n）　标准8（o）

在本章第一部分我们给大家传递了这样一个信息：一分预防胜过十分治疗。换句话说，清晰的课堂行为规则、良好的课堂管理实践、有效的教学，与严厉的、专制的惩罚相比，更能预防课堂中的干扰行为。在操作条件作用这一章，我们提到，整合性的学习系统对于教师建立和维持良好的课堂秩序是非常有帮助的。这些系统也可以称作教学软件和管理系统，它们能为学生提供个性化教学。它们会根据每个学生的学习进度，随时调整教学难度和教学内容，允许学生按照适合自己的步调进行学习，并且连续不断地为教师提供评估报告，而这些报告对于州和专业组织制订学习标准都非常关键。

除了能够帮组教师随时掌握学生的学习进度，这些报告还可以用于在后继的教学中，根据学生的优势和弱项，对他们进行分组（Herr, 2000）。正如一位五年级教师所说："感谢这样一个管理系统，使我成为学生学习的促进者，而不再是'讲坛上的圣人'。它并没有替代我教师的角色，而是使我的工作变得更加轻松。它大大地拓展了我的角色范围，在这之前我认为这几乎是不可能的。"（Herr, 2000, p.4）

教师在课堂中的新角色

这项关于技术通常如何影响教师课堂管理风格的研究也表明，当课堂是以学生为中心而不是以教师为中心时，教师感觉最舒适。在一个装备良好的教室或计算机实验室，几个小组的学生用手提电脑、台式电脑、手持计算设备或者个人电子设备合作完成某项任务，这是很常见的现象。与很多教师特别是新任教师所熟悉的环境相比，在这样的环境中学生之间自然而然有更多的交流和身体活动（Bolick & Copper, 2006）。但是正如我

430

431

们在本书中反复提到的,有意义的学习是积极主动的学习,通常是以小组合作的形式进行。请牢记我们在本节之初提到的一点:清晰的课堂行为规则、良好的课堂管理实践、有效的教学,会对你有效管理课堂大有裨益,无论你是倾向于以教师为中心的课堂,还是以学生为中心的课堂。

以下的教学建议能够帮助你有效地管理课堂上学生的行为。

教学建议　课堂管理技巧

InTASC　　　标准7(k)　标准10(o)

1. 向学生展示你的自信,并为第一天上课做好充分的准备。

在任何一个班级中第一印象都是很重要的。你的学生会对你做出评判,特别是当他们知道你是个新手教师时。如果你表现出有些胆怯和不自信,那么你以后可能会有很多麻烦。即使若干年后你成为一名经验丰富的老教师,你依然会发现,第一次面对一屋子陌生的学生,仍然让人觉得有些恐惧,因为此时你是大家注意的焦点,你会感到怯场。如果你不想成为舞台的焦点,如果你想把学生当成一个个的个体而不是一个有威胁的观众,你可以考虑用以下的策略:在学生就座后给每个学生发一张4*6英寸的卡片,要求每个人在卡片上写上自己的名字、想被大家如何称呼、爱好、喜爱的活动以及描述曾经历过的最有趣的体验。(对于还不会书写的低年级学生,可以让他们进行简短的口头自我介绍。)

在学生填写卡片的时候,你可以悠闲地观察学生。如果你不把学生看成一个整体而是一个个的个体,你就不会那么紧张不安。你也许听说过有些歌手在演唱时会在一大堆观众中选择一个合意的,假装只有这一个观众。面对一个群体容易让人恐惧,而面对一个人则不会。即使你并不会因为成为焦点而不安,你仍然可以使用这个卡片策略,他可以帮你获取信息,从而快速地认识学生,对学生进行个性化的教学。在新的班级一开始的前几分钟,你必须清楚地知道自己在做什么,为此你必须做好充分的准备。

2. 事先考虑好你的课堂日常管理计划,并在第一天的课堂上先用几分钟的时间来解释这些基本的程序。

为了向学生显示你的自信,显示你是个有胜任力的教师,你需要准确地计划你将如何进行课堂日常管理。你会在教学实践中获得一些关于课堂管理的想法,但是你最好去向学校里那些友好的、有经验的老教师请教,他们会告诉你一些经过检验的、行之有效的课堂管理方法。(你也可以阅读任何一本有关课堂管理的书,在本章最后"进一步学习的资源"中我们推荐了很多书籍。)

试着预测一下你会如何处理课堂上的一些细节问题,如点名、分配座位、分发书和材料、允许学生进入休息室等等。如果不提前计划好这些,你很有可能需要在事情发生时,临时制定政策。而事实证明,这些临时政策很多是无效的,有的甚至与学校的规章制度相冲突。

3. 制定课堂行为规则,提醒学生注意它们,并向学生解释为什么要制定这些规则[1]。

有的教师会把标准的行为流程以图表的形式表达出来,或者放在班级公告栏里,有些教师会在开学第一天简单地告知学生有哪些行为流程,或者给学生发一张印有这些内容的传单。这两种方法都能为今后的教学节省时间、避免麻烦。一旦违反规定的行为发生,我们只需要按照当初制定的规则执行。否则,面对班级突发状况,你只能给出一个匆忙的、未经过深思熟虑的应对方法,这会打乱你的教学,并影响整个班级的学习。而这种临时性的反应,很有可能是不恰当的、无效的。

在开学第一天向学生公布行为规则时,你的态度应该是积极的、不应具有威胁性。如果你厉声说出行为规则,感觉像是在下最后通牒,学生会感觉你非常生气,并且不会遵守那些口头的行为规则。无论采用什么方法,要确保学生能够理解制定这些行为规则的原因。如果你跟学生就这些规则进行讨论,它们就会对学生更有吸引力,而不仅仅是约束力。相比管理者的一时兴起,合理的规则更容易被人记住和遵守。

示例:

- "在课堂讨论时,只有举手并被教师叫起来的学生才可以发言。如果同时有几个人在说话,我就没有办法听到大家每个人的声音。"
- "在学习期间你可以和周围的同学说话,但如果你说话的声音太大,并且影响到了别人,我会阻止你。"
- "如果上课迟到了,请沿着教室的一边从后面走到你的座位上。从两个正在交谈的人中间穿过,会影响他们,且这是不礼貌的。"

4. 在第一天上课时,用一个表述清楚的教学活动作为课的开始,这个活动要能够被学生快速、成功地完成。

为一个新班级的学生初次布置作业时,你可以参考Robert Mager和Norman Gronlund

---

1 在第一天就制定课堂行为规则,提醒学生注意,并向他们解释制定规则的原因。

提出的关于如何确定教学目标的建议(详见第13章"教学方法"),最好选择一个较短的、能让学生在规定的时间内成功完成的任务。要向学生清楚地指出应该完成什么任务,或许还可以告诉他们成功完成任务的条件和标准。除此之外,还可以告知学生完成任务后,可以参加什么活动(如检查指定的文本)。在低年级,你可以布置一个任务让学生回顾上学期学过的内容;而在中高年级,你可以举行一个简短、有趣的测验,且这个测验无须依赖于技术知识。

示例:

433

- "你们上学期的任课教师告诉我,你们中的大部分同学能拼写出我将要默写的这张单词表,让我们一起来看一下,现在你们是否仍然能够拼写出这些单词。如果你在拼写某个单词时有困难,我们可以一起回想,直到帮助你正确地完成拼写。"
- "这个秋天,我们自然科学第一章所学的内容都是关于鸟的,现在你们开始阅读课本前十页,列出书上提到的五种类型的鸟,并且就如何辨认这些鸟类进行知识归纳梳理。在10:30的时候,我会给出十种类型的鸟的图片,看你们是否能够准确地辨认出其中至少五种。"
- 在高中历史课上,要求学生就看过的描述某一历史事件的电影写一篇简介,然后让他们相互指出对电影的解读是否正确。

5. 在接任一个新班级的最初几周,让学生在教师的指导下把大部分时间花在参加全班范围的活动上。

研究发现,高效的教师会遵从以上这些策略,当你静下心来思考,这些策略还是很有用的。你不能期望学生在新学期最初的几天,就能很快适应新的班级和新的教师。因此,相比起让学生参加一些组织相对松散的活动,如小组合作学习,先确保学生在新的班级中稳定下来,是更为明智的做法。此外,小组讨论或合作学习只有在小组成员有一定程度的熟悉,且有一系列特定的共同背景(如都学习过课本上的某一章)时,才会真正发挥作用。因此,在接任一个新班级的最初几周,你制订的教学目标应该是要求学生在你的指导下完成学习任务。你应延迟使用刚刚提到的其他方法。

6. 给学生明确的学习任务,引导学生负责任地完成这些任务,并不断为学生提供反馈。

为了能够实现以上三点,我们需要系统地使用教学目标(正如第13章"教学方法"中所描述的），并且将本书描述的教学模型运用到教学实践中。

7. 不断地向学生表明你是称职的、准备充分的、认真负责的教师。

在学生努力达成教学目标、参加小组讨论，或者投身于任何一项学习活动中的时候，你都需要向学生表明你是一名称职的课堂管理者。你要合理安排好课堂时间，保证一个活动顺利、平稳地向另一个活动过渡，不要浪费课堂上的一分一秒。要使用多种教学方法，以确保大部分学生至少在某个时间内感到心情愉悦。要向学生表明你对班级情况了如指掌，对一些干扰课堂的不良行为能随时关注，并能自信地用本章稍后会提到的一些方法，迅速解决这些不良行为。

8. 做一名专业但又讨人喜欢的教师，设法在班级中形成一种井然有序但又充满支持的氛围[1]。

434

有些教师在班级中构建了专业的、井然有序的氛围，但在实际教学管理中又能做到和蔼可亲、充满支持。这样的教师被称为温暖的管理者（Ross, Bondy, Gallingane, & Hambacher, 2008）。温暖的管理者坚持认为，学生能够达到他们的期望，对教师和同学都很尊重，真心为学习付出努力，并鼓励同学也如此去做。为了做到这一点，他们要确保学生能够理解什么是期望的行为，并在学校实践这些行为；他们列举期望行为的正面和反面的例子，不断重复直到学生遵守要求；他们会不断提醒学生做出期望的行为，强化期望的行为；必要时还会使用一些惩罚。

示例：

- "在上课前你可以轻声和同伴交谈，一旦开始上课，谈话必须停止，所有的眼睛都要看向我。"
- "Jacob，请向大家展示排队外出休息的正确方法。"
- "当有同学回答问题时出现错误，我们会嘲笑他（她）吗？当然不会！我们要记住：学校是大家学习的地方，而犯错本身就是学习的一部分。"
- "Eduardo，非常感谢你帮助Sonia按时完成作业，这正是平时我所说的同学之间要竭尽全力互相帮助。"

1　建立井然有序但充满支持的课堂氛围。

K.先生(一位四年级的教师)转身在黑板上写字的时候,学生们就开始互相发短信。他们嘲笑K.先生似乎总也抓不住他们。在这里K.先生缺乏:

a. 处理交叉情境的能力   b. 展示明察秋毫的能力

c. 不打断学生的能力   d. 应对涟漪效应的能力

12.3 应对行为问题的技巧

> InTASC   标准 3(k)

采用我们刚刚提到的方法,你能够建立一个组织良好的课堂。然而即使你极力避免问题的发生,你仍然可能会遇到一两个学生在课堂上做出相对较小的干扰。本节将提供一些实用的建议,以使学生能够更加专注于眼前的学习任务。至于通过何种干预来减少更严重的问题的发生频率,例如学生之间的身体暴力和语言暴力,以及涉及整个班级或整个学校的问题,我们会在下一部分讨论。

在阅读我们下面所描述的方法时,请记住,任何有效干预的核心都是关注干扰行为在何时、何种条件下发生,以及如何阻止其进一步的发生。关注要指责谁(是父母的错还是叛逆同伴团体的错),或者应该贴什么标签(某个学生有对立性防御障碍),对你解决这些问题没有任何帮助(Greene, 2001; Landrum, Scott, & Lingo, 2011)。

12.3.1 应对技巧

在《教学中的心理保健》(*Mental Hygiene in Teaching*)(1959)一书中,Fritz Redl 和 William Wattenberg 描述了一系列名为"应对技巧"的行为管理干预方法。在《行为管理:给教育者的实用指南》(*Behavior Management: A Practical Approach for Educators*)(2011)一书中,Tomas Shea 和 Anne Bauer 对这些方法进行了修正。在接下来的部分和段落中,基于这两对学者的观点,我们将提供一些具体的干预样例,这些样例大致是按照间接到直接的顺序排列的。你可以采用日记条目的方式,来挑选和设计那些对你任教年级最适合或者你感觉使用起来最舒适的方法。

这些方法的价值在于,它们能引导学生进行自我控制,从而显示出教师的信任和自信。然而,如果你使用太频繁,这些方法也会失效。这也是为什么我们要介绍这么多种不同方法的原因。你储备的方法越多,重复使用某个方法或策略的概率就越低。

故意忽视

我们在第7章讨论行为主义学习理论的时候提到过,你可以通过忽视来消除一些不合时宜的寻求关注的行为,例如打响指、肢体动作、打落书本、摆手、吹口哨等。如果你打算使用这种有计划的忽略方法,请确保学生能意识到他此时的行为是不合适的。但是,如果学生的行为干扰到其他学生,请尽量不要使用这种方法。

示例:

- Carl最近养成了一个习惯,当他在做作业的时候喜欢用铅笔轻敲桌子,以此吸引你与他谈一些与任务无关的事情。以后Carl再这么做,不要看他,也不要评论他的行为。

提醒

有时候,一个微妙的信号就能把不良行为扼杀在萌芽状态(照片12-3)。如果成功的话,这个信号还将激励学生自我控制。(然而,请注意这个方法不能频繁使用,而且只有在不良行为发生的早期该方法才有效。)

示例:

- 清喉咙。
- 盯着行为不良的学生看。
- 话说到一半就停顿,盯着对方看。
- 摇头(暗示不要这么做)。
- 说:"有人在干扰其他人,让大家没有办法集中注意。"(或类似的话)

Image Source/Alamy

照片12-3 Redl和Wattenberg认为,给一些信号,诸如盯着行为不良的学生看或者把手指竖在唇边都是应对技巧的例子。

接近并用动作制止

接近行为不良的学生,这是一种比较明显的信号。

示例:

- 走过去,站在学生的旁边。
- 对于小学生,你可以把手轻轻放在他的肩膀或手臂上,这么做会很管用。

引发兴趣

如果学生对一节课或某项作业失去了兴趣,你要对他以及他的作业花费更多的精力。

示例:

- 问学生一个和刚才的讨论相关的问题。(例如"Ariel,你的注意力集中吗?"或者"你同意吗,Ariel?"也可以是一些俏皮的、诚恳的问题)走到学生身边,检查他的作业。这可以帮助你指出学生作业完成得好的地方,并督促他继续努力。

436 运用幽默

幽默是一种极好的、广泛适用的影响技巧,特别是在气氛紧张的情境中[1]。但是,请记住,使用幽默时要保持心情愉悦,要温和、亲切,而不是嘲弄的口吻。避免对学生冷嘲热讽。

示例:

- "Shawn,看在老天爷的分上,放下你那可怜的铅笔刀吧,刚刚你用的时候我都听到它的'呻吟'了。"

或许你听过这样的说法:"我们不是在嘲笑你,而是在和你一起笑。"在你对学生说这样的话之前,你也许会注意到,一二年级学生的回答会使你崩溃:"我没有在笑。"

帮助克服困难

一些学生的不良行为是因为不知道自己在做什么,或者没有能力完成作业。

---

1 对学生作出积极反应,帮助他们发展自我控制能力。

示例：

- 尽量确保学生知道教师要求他们做什么。
- 让学生做一些难度水平适中的任务。
- 为学生提供多种形式的活动。

重构教学活动

在本书一开始我们就提到，教学是一门艺术，因为它并非总是按照你的计划进行，期间会被偶然因素打断。项目重构法的实质就是当你意识到一节课或一个活动进展得不顺利时，试着做点别的事情。

437

示例：

- "好了同学们，对于本次有关国会议员任期限制的讨论，我发现大家都感到有些厌烦，我们换一种活动，进行一场班级辩论赛，赢的一队可以给最终的得分加50分。"
- "我原本想在圣诞节放假之前完成这一数学单元的教学，但是我发现你们大部分人都太兴奋了，没有办法集中精力学习。既然今天是放假前的最后一天，我准备把该一课推迟到一月份假期结束后再上。现在让我们来完成一个艺术项目吧。"

请出教室

有时候某个学生会失去控制，变得坐立不安，或者出现无法控制的傻笑等等。如果你察觉到这是一种非恶意的行为，只是因为缺乏自我控制，你可以让学生离开教室。（你可能会意识到，请出教室本质上和行为矫正的拥护者所推崇的"隔离"程序是一样的。）

示例：

- "Nancy，请你到校长办公室去，坐到门外的长凳上，直到你能控制自己再回来。"
- 某些高中通常会有"平静室"：一个有人监督的自习室，学生在任何时间都可以进去呆一会，不会有人对他们提出任何问题。

限制行动

如果学生失控到危及班级其他学生的程度，要对他们进行身体约束。这些约束应该是保护性的,而不是惩罚性的,不要摇晃和击打学生。这种方法对小学低年级学生最有效,对高年级的学生就不适合了。

示例:

- 如果一个男生完全失去控制,开始打其他人,请温柔但坚决地把他带离班级,让他坐在椅子上,把手放在他肩膀上,控制他不要起来。

直接警告

在适当的时候,向学生指出他们的行为与其结果之间的联系。如果能够简洁明确地指出联系,并且不要经常使用,这种方法是非常有效的。

示例:

- "我们的校规有一条是不能在教室里奔跑,Scott忘记了这条校规,现在他正在护士站包扎受伤流血的鼻子。Harris先生开门的时候Scott刚好跑过来,这太糟糕了!如果他当时是在走路,就能够及时停止而不至于被伤到了。"
- "如果大家停止大喊大叫,我们就可以停下来休息一下。"

批评与鼓励

有些时候如果有必要批评某个学生,尽量在私下批评[1]。如果只能公开批评,尽量避免嘲笑和羞辱学生。公开地羞辱学生会导致他们对你心存怨恨、讨厌学校、反击或者辍学。因为有涟漪效应,公开批评还有可能会对无辜的学生产生消极影响(尽管非羞辱性的批评也能对其他学生产生警示)。有一个方法可以把批评产生的消极的后续影响降到最低:给学生一些鼓励,建议他们如何用积极的行为代替消极的行为。

示例:

- 如果学生没有意识到你发出的微妙信号(如盯着他们看),你可以说:"LeVar,你打扰大家了。我们都要集中注意。"如果你正在黑板上写字或者正在辅导其他同学,你可以在说这句话的时候拍拍桌子。
- 表现出极其吃惊的样子,仿佛不良行为是如此不合时宜,以至于让你无法理解。

---

1 私下批评,然后给予鼓励。

一位幼儿园的教师完美地运用了这个方法。她说:"Adam！这还是你吗?"（Adam正在用一把铲子打Lucy）"我简直不能相信我的眼睛,我想请问你是不是愿意到我这边来。"很显然,这个开场白不能经常使用,而且用于高年级学生时,使用的语言和夸张程度要有些改变。同时,向学生表明你很期待好的行为,并且让那些想改掉坏习惯的学生立马有机会表现出好的行为,这样做会非常有效。

划出底线

在学习规则和规章制度的时候,儿童都会经历一个测试底线的过程。特别是两岁的儿童,他们正在学习走路、说话和操纵物品,迫切地想要宣布自己的独立性。另外,他们需要明确家庭规则（妈妈所说的"不要把碗从橱柜里拿出来"究竟是什么意思? 爸爸所说的"不要玩锤子"又是什么意思? ）。高年级的学生也会如此,特别是当他们在新的环境中,遇到新的教师时。划出底线这一方法不仅仅包括制定规则（像之前提到的那样）,还包括实施和执行规则。

示例:
- 制定班级规则,可以要求学生参与,并确保学生都理解这些规则。
- 如果有人测试规则,向他们表明这些规则是真实的、有底线的。

纪律讨论

有时你不得不在紧张且学生情绪躁动的情境中维持班级纪律。碰到这种情况,进行事后讨论通常是很有帮助的。如果是某个人的问题,你可以进行私下讨论;如果是群体范围的情境可以在整个班级进行讨论。

示例:
- 在一个私下的讨论中:"Leila,很抱歉我不得不让你离开教室,但是你当时的确有些失去控制。"
- "好了,同学们,我们的小组讨论有些混乱,原本是想要你们玩得开心,但实际上你们有些骚乱,不是吗? 这就是为什么我要让你们停止。明天我们要尽量克制。"

行为解读

有时候可以在行为发生时而不是发生之后对其进行解释,其目的是帮助学生了解会出现的潜在问题,并尽力去控制它。

示例:

- 上午最后一节课,大家都坐立不安,非常焦躁。这时你可以说:"我知道你们有些饿了,有些坐立不安,非常疲惫,但是请再坚持10分钟。最后的5分钟可用来免费参观。"

439

12.3.2　自我表达

在《教师和儿童》(*Teacher and Child*)一书中,Haim Ginott提出了一个重要的沟通原则:"批评情境,而不是其人格和特性。"(1972, p.84)面对两个互相扔面包的男孩,不要对他们的人格进行贬低性的评论,Ginott认为作为一个教师应该用**自我表达**(I-message)来说出自己的感受,不要说"你们这两个猪",而是应该说"看到你们互相扔面包我很生气,教室里需要保持干净整洁"。根据Ginott所说,那些被告知为什么教师会生气的学生,会心存内疚,会认识到教师也是一个真实的人,这会促使他们努力改正自己的错误[1]。

在《教师和儿童》一书的第4章,Ginott提出了这一重要沟通原则的几个样例。在第6章他给出有关这一原则的一些观察结果:

- 寻找一些方法来替代惩罚
- 尽量不要降低一个行为不良的学生的自尊
- 设法提供保全面子的退路

尽管Ginott的研究已经过去30多年了,但是他的观点仍然经常出现在最近有关课堂管理的书籍和文章中,这表明他的观点目前仍然是非常有用的(Bloom, 2009; Carter & Doyle, 2006; Henley, 2010)。

1　自我表达:说出你对某个无法接受的情境的感受。

暂　停　与　反　思

　　Ginott建议,面对学生的不良行为,教师要批评其行为而不是其人格。你是否经常看到这样的做法?如果你认为这是一个好的方法,你将采取哪些步骤来尽可能地使用这种方法来对待你的学生?

教学建议　应对问题行为

InTASC	标准7(k)　标准10(o)

　　1.事先掌握各种应对技巧。

　　如果你事先准备好,你就有可能免于各种麻烦、尴尬和紧张。如果问一年级的教师教学的哪个方面最困扰他们,他们几乎都会回答是课堂掌控,这主要是因为课堂掌控问题经常毫无预料地突然发生,并且同样需要立即解决。如果你缺乏经验,鲁莽行事是没有效果的,而这种企图去控制课堂的无效反应,反而会强化学生的不良行为,然后你就会发现自己陷入了一个恶性循环。当然,如果你能事先掌握一些控制课堂的技术和方法,你就能避免陷入这种循环。熟悉本章之前提到的各种技巧,能够帮助你做好准备,应对各种无法避免的困难(照片12-4)。

　　如果你发现自己不得不频繁地使用这些技巧,那么你需要进行一些自我分析。你如何才能阻止这么多问题的发生?频繁地出现麻烦,预示着你需要更加努力地激发学生的学习动机。此外,当你惩罚学生的时候,请控制好你的情绪。那些真正喜欢学生、想让他们认真学习的教师,认为这些控制技巧虽然很有必要,但也是有害的。只有在这些控制技巧能够提供一个良好的学习氛围时,他们才会去使用。

　　2.及时、一致、有理有据。

　　如果引发学生不良行为的情境和该行为相距较远,那么忽视该行为是有效的做法[1]。但

1　处理不良行为时要及时、一致、有理有据。

440

照片12-4　擅长课堂管理的教师,手头有各种课堂应对技巧,使他能够一致地、及时地阻止或处理行为不良问题。在每一种情况下,他们都会根据不良行为严重程度,采用恰当的处理方法。

是如果想让学生理解他们的行为和行为结果之间的关系,那么你必须快速处理他们的行为。不要延迟处理行为不良的学生或者给他们将来某个时间才会执行的、模糊不清的威胁(例如,禁止学生参加年终的一项活动)。到那时,大部分学生都会忘记他们做错过什么事情,他们只会心存怨恨,感觉遭到迫害,或许还会得出结论:你这么做纯粹是出于恶意。但是,如果学生还处于极度沮丧的状态时,就立刻对他们进行惩罚,这也是不起作用的。在这种情况下最好是稍微等一会儿。

在课堂控制方面如果能遵循一致性原则,会节省很多时间、精力,免除不必要的痛苦。如果时而严格时而宽松,时而粗暴时而温和,会让学生每天要根据你的态度来判定今天是个好日子还是个悲惨的日子,或者他们是否能够经常逃避惩罚。制定并执行课堂行为规则,是帮助你保持一致性的一个很好的途径。

粗暴的惩罚会增加(而不是减少)更极端形式的不良行为。如果学生因为一个小的过错而陷入大的麻烦,他们会认为还不如犯更大的过错反而更划算。几百年前的英国,所有的罪犯,无论是小偷还是杀人犯,都被处以死刑。这样,小偷很快就变成了杀人犯,因为偷一个死掉的人的东西要更简单(风险也更小),而两者的惩罚是一样的。此时,犯案严重反而成了合理的选择。最终法律还是被修改过来,根据犯案的程度进行适当的惩罚。当你要执行正义的时候,请切记这一点。

3. 避免威胁。

如果可能的话,尽量避免在整个班级面前和学生"一决胜负"。在这样的对抗中,你会感到很绝望。在对决中你可能会以"是的,你会"或"不,我不会"开始,以一时冲动的威胁结束。而通常情况下,你可能无法去兑现该威胁,因而颜面尽失。对每个人来说,私下解决极端分歧是更安全、更好的做法。当两个人对彼此感到愤怒和失望,好的话他们会觉得对方糊里糊涂、不明事理;不好的话他们会觉得对方简直荒谬至极。当你和学生在班级面前对决,你失去的会更多。事实上,成功地激怒你或许还会给学生带来威望。

4. 当你不得不严厉处罚学生的时候,请努力去恢复你们的友好关系。

如果你必须对学生使用严厉的惩罚,请尽快和你的这个对手进行一个秘密会议。否则,她很可能会一整年都对你心存敌意。想要让受惩罚的学生主动来找你道歉,不过是一种奢望。你应该主动发起会谈,并向他们解释,在你看来惩罚是为了制止一种不良的风气。当然如果一个倔强的、拒不服从的学生没有任何反应,或者没有一句感谢的话,你也不要奇怪。也许他们不良行为的原因是在校外,你的所作所为不过是压倒骆驼的最后一根稻草。即使你得到了一个沉闷的反应,但至少也表明你在一定程度上对受惩罚的学生作了退让。

在小学,你可以经常通过给学生一些特权来修补与他们的关系。例如,让他们分发试卷或者在休息时做班长。教师在严厉地训斥学生之后,要特别注意去表扬该学生随后的积极行为。

5. 如果你断定是学生自己的问题,请通过积极倾听的方式来帮助他解决问题[1]。

正如我们之前所说,如果一个学生正在经历一个问题(例如因为和朋友争论而感到沮丧或对即将到来的考试感到焦虑),这一问题只影响到他在教室的表现,而不妨碍教师的教学,那么这就是学生自己的问题。Thomas Gordon(1974)认为,如果此时教师告诉学生,你必须或应该改变自己的态度和行为,那么教师的这种做法就错了,因为这意味着学生犯错了,他错在自己有问题。Gordon建议教师此刻应该主动倾听学生的感受,正如以下这个例子:

> 学生:"我不知道你将会给我们什么类型的考试,我担心会是论文的形式。"
>
> 教师:"是么,你担心我们要进行的考试类型。"
>
> 学生:"是的,我不擅长写论文。"
>
> 教师:"我明白了,你觉得你会在客观题目上做得更好。"
>
> 学生:"是的,碰到论文考试我就会搞得一团糟。"

---

1 在做出行动之前,先确定谁是问题的根源。

教师：“我们将会进行一个多项选择测试。”

学生：“那我就轻松多了，现在我不那么焦虑了。”（Gordon, 1974, p.69）

6. 先控制好班级，再适当放松要求。

如果班级一开始就很混乱，那么想要去建立良好的班级秩序简直是不可能，或者是非常困难的。不要误以为你可以一开始不作为，然后突然去管理班级，这可能会起一些作用，大部分情况下你事实上会面临一场冷战。比较好的做法是采用权威型的班级管理方式，一开始就着手构建班级秩序，当建立好控制局面时，再稍微放松要求。当然，也不要犯相反的错误，自始至终都对班级过度控制，严厉惩罚。如果在学生的眼里一个教师极其严厉且不知变通，那么有些学生就会变得很焦虑，担心自己的表现不够好。只有在学生对教师非常信任，认为教师具有接纳性和公平性时，他们才会进行高级思维和高层次的学习。

7. 听取资深教师的意见。

Margaret Metzger是一位资深的高中英语教师，我们在之前的章节中，曾经提到过她关于树立榜样以及清楚地告知学生学习目标等合理且实用的观点。她还给新教师写过一封公开信，对自己学习课堂管理艺术的亲身经历作了提炼，其见解深刻，引人注目（Metzger, 2002）。Metzger有关管理青少年行为的建议，支持了我们在之前章节中提到的一个观点：成功的教师是基于研究所得的结论来制定教学实践的，有的甚至是被这些结论所激发安排教学的。这里只是对Metzger的建议进行总结，我们希望你能够阅读她完整的文章，并且在教学的前几年不断地参考她的建议。

Metzger（2002）把她的建议分为两个列表：一个是她教学生涯的早期所提出的“生存的简单原则”，另一个是她在教学生涯的中期形成的“更加复杂的原则”。在这里我们简单地了解一下这两个列表。

生存的简单原则

1. 使用轻触式方法。对于学生的不良行为，不要一开始就使用那些令人厌恶的方法，试着使用一些简单的方法，如轻声细语而不是大喊大叫，使用幽默的表达，变换位置，私下和学生交谈，喊出学生的名字，经常微笑，忽视某些违反规定的行为等。

2. 保全学生的面子。与其在课堂上点明学生的不良行为且训斥他们，既浪费时间又干扰正常的教学，不如向学生暗示你已经注意到他们的行为了，并且使用一些轻缓的、幽默的表达，例如：“我很喜欢你，这是件好事。”“我们来做个交易：我会假装没有看到你刚才的行为,你也不要再这样做。""想想你挨批评的样子。""我让你处于边缘状态了吗?""你这么做不合适。"

3. 坚持保持理智。不要试图去处理所有的不良行为,把自己搞得精疲力竭。列一个清单,把所有可能干扰课堂的行为按照等级进行排列,决定哪些行为需要立刻处理,哪些行为可以稍后处理,哪些行为干脆可以忽略。例如,Margaret Metzger决定忽视学生迟到的行为,她经常忙于维持课堂正常运行(发放试卷,和学生讨论补课的事情),因此她常常不去注意谁迟到了。

4. 寻求帮助。了解学校的同事中(行政人员、辅导员、旷课检查员、其他教师)谁可以并愿意帮助你解决某些特定的纪律问题。

5. 不要总是成为人们注意的中心。Metzger指出,你不要总感觉自己必须随时随地主导课堂,试着恰当地运用让学生做演示、课堂作业、电影、小组作业等教学形式。

更加复杂的原则

1. 学会提问。教师们总是错误地认为自己已经掌握所有的信息,知道为什么某个或某些学生会出现不良行为。试着避免这种自以为是,花些时间听听学生的解释。正如Metzger所说,"有时候你觉得你已经花费了很多时间来处理那些调皮捣蛋的学生,坦白讲,你并不想和他们交谈,这是非常糟糕的。试着去改变吧"(2002, p.80)。学校的行政人员、其他教师以及学生的父母,都可以成为有用的信息来源。

2. 提供成人式的反馈。如果你发现学生出现干扰课堂的行为,或者更严重的潜在问题,不要太委婉了,直接告诫他们。以下是Metzger提供的两个样例:

- "你的姿势、你嘴里的嘟囔、你的拖拉都表明你的不尊重。如果你讨厌这堂课,你应该直接跟我说。如果不是,那么你应该知道你的所作所为给大家造成了误导。"(p.80)
- "你一直在抱怨过去两个月我们所做的一切,这让我觉得你是一个经常喜欢哀诉的人。或许你不想给我留下这个印象,这让我很心烦。因此未来两个月,让我们暂停抱怨,直到一月份你再开始抱怨,这看起来公平吗?"(p.80)

3. 尊重整个班级的权利。努力记住,班级大部分的学生是遵守规则的,他们跟那些不遵守规则的学生一样需要你的关注。

4. 让学生多做事。这使我们回想起之前章节中提过几次的一个建议。通常情况下,在表现最好的班级中,学生的任务非常有趣,与他们的生活相关联,并且富有挑战性。

5. 绕开或解决那些反复出现的问题。班级里总有一些学生会忘记带铅笔或书本,碰到这种问题,与其每次都大发雷霆,不如想办法杜绝这种情况的发生。例如每年拿出几美元买一些铅笔,允许学生借用。对于忘带课本的学生,可以在手头备用几本复印件,供他们使用。为了确保学生在课程结束时归还他们所借的东西,你可以要求他们在借用物品时,把一些必需品留在你这里,例如鞋子或手表。

Metzger(2002)还建议,教师作为课堂管理的因素之一,可以通过问以下问题来反思自己:"学生的种族或性别是否影响我的反应? 这种相互作用是否会使我想起其他因素? 我的背景中哪些因素被触发了? 我是不是感到精神疲累、闷闷不乐或者心烦意乱? 我的生活中还发生了什么? 谁在关注着我们? 这是学生的问题还是我自己的问题? 是否学生刺痛了我的某个神经? 为什么我对这个问题缺乏耐性? 我是不是太顽固了? 我是一个权威型的教师还是一个专制型的教师?"(pp.81-82)

在文章的结尾,Metzger给每个学期伊始的学生提供了一份25点协议,反映出她课堂管理的哲学。请阅读这份协议。

如果你想要比较当前自己对课堂管理的理解与经验丰富的中学教师有何不同,请参看Kim Chase(2002)提出的六个条目的小测验,它发表在2002年12月出版的《*Phi Delta Kappan*》上。

为取得最佳教学和学习效果而管理课堂

(作者:Jessica W. Poyer)

"Poyer夫人,我不想放寒假,我想待在学校。"这是我的一名一年级的学生说的话(我叫他John),他非常忙碌,也非常聪明,并且总是乐于助人。过去我一直和像他一样的学生斗争,因为他想要随时按照自己的想法去做事。我坚信,只有我实施一个有效的行为管理计划,这个孩子,以及班级里的其他学生,才得以茁壮成长。这始于你对工作及学生的真正的热爱,和他们在一起,你可以幸运地度过每一天。

当课堂管理处于最佳状态时,最佳的教学和学习才有可能出现。基于我的教学经验,在我看来,有效的课堂管理应该以以下四条原则为核心:

1. 真诚的关系

2. 常规和结构

3. 一致的结果

4. 积极强化

真诚的关系

"早上好! 你今天怎么样?"是两句简单的话,但你不能轻视这种问候和问题,它们在有效课堂管理上有强大的实用价值。早晨你应该用笑脸和问候来欢迎学生,蹲下身来,注视着他们的眼睛,询问他们是否健康幸福。无论是六岁还是十六岁,孩子们都能意识到你是那么真诚! 这一切都始于你对工作和学生的真正的热爱,愿意和他们一起快乐地度过每一天。John在到达学校之前是如何被培养的我不清楚,这就是为什么我要确保他知道应该怎么去做的原因。每个学生都值得一个笑脸,一声问候;对于一年级学生来说,还应有一个拥抱。

你对学生真诚的兴趣应该持续一整天。从他们走进教室的那一刻,你就应知道他们的兴趣、爱好和热情。

常规和结构

课堂管理应该在课堂规则和常规、培养和支持之间寻求平衡。这些是共生的。

首先要让学生知道你的期望。当他们知道你期望他们做什么,无论是关于他们的安全、他们的学习还是行为的结果,他们就会对即将到来的事情感到舒适。当孩子们不知道接下来要发生什么,课堂环境就会变得毫无秩序,课堂教学就会变得效果不佳。

一致的结果

从一开始就应该清楚地告知学生相关行为的结果。如果你正在学习如何当一名教师,在学年开始时花几天时间到课堂上观摩是非常有益的。这会给你一些课本无法提供给你的直观印象。

一个患有阿斯伯格综合征的学生对课堂有很大的破坏性,现在回想起来,我知道我没有运用好"一致性"管理模式。

现在我很少讲话,我不会让课堂上的捣乱行为左右我的情绪。

积极强化

你应创造这样一个环境：学生知道你的期望，知道将会发生什么；学生剪了新发型你第一时间就能注意到；你问学生他们的牙齿是不是今天早上掉了；询问他们的小弟弟或小妹妹是不是好点儿了。这些都表明你对学生的投入，毕竟，这就是你选择做教师的原因。孩子们知道你什么时候是真诚的，什么时候只是为了应付他们。

他们还想了解与你的生活有关的事情，例如你养小狗的趣事，你的孩子学会走路的情形，等等。这也是你和学生保持联系的一种方式。

我有个学生，他总是不停地问，接下来要干什么，我可以帮忙吗，我能做什么。

这让我不断思考我能做什么，以及他能做什么。我放手让他做，现在他已经发明了流线型的分发手抄本或材料的方法，这种方法对他和对我都很有用。

学会放手！

（Jessica W. Poyer是汉密尔顿中心学校的一名一年级教师。）

445

你掌握了吗？

一位教师发现班里的一名学生在上课时间用手机发短信，他并没有打断正常的教学，而是走过去，站在这名学生附近。他所使用的方法是：

a. 惩罚 　　　　　　　　　　　b. 重构教学活动

c. 接近控制 　　　　　　　　　d. 引发兴趣

12.4　美国校园暴力

12.4.1　我们的学校到底有多安全？

你可能已经看到过或听说过有关美国犯罪率的报道，特别是青少年的犯罪率。根据青少年司法与犯罪预防办公室发布的数据（Puzzanchera & Adams, 2011），2009年，16%的青少年*

---

* 此处数字疑原文有误，应为万分之十六。——译者注

（18岁以下的人）因为暴力犯罪被拘留，这是1980年以来青少年暴力犯罪的最低水平。

学校里的行为类型在很大程度上能反映社会上的行为趋势。在学校里发生一定数量的暴力行为也不足怪[1]。即便如此，学校仍然是一个相对安全的地方（参见 Mayer & Furlong，2010，对校园暴力数据统计以及它们意味着什么所进行了出色的讨论）。之所以这么说，很大程度上是因为，校园冲突最常见的类型无非就是这几种：言语骚扰（起外号、辱骂、调侃），言语争论，以及身体对抗（碰、踢、抓、推）。大部分的冲突并不涉及违反法律的伤害或侵害。例如，在2009年，12—18岁学生中，只有1%的学生被报道成为暴力犯罪的受害者（例如，被攻击、被用武器威胁），不到1%的学生被报道成为严重暴力犯罪的受害者（例如，强奸、抢劫、严重袭击）（Robers, Zhang, & Truman, 2012）。这里给大家看一份最近有关校园暴力的政府报告，其中有一些重要的结论（Robers 等，2012）：

在2009到2010学年，有17名学生（年龄从5岁到19岁）在学校被谋杀。而在这一年期间，每百万学生中有不到一个学生成为杀人犯。

- 2009年，4%的学生（12—18岁）成为某种校园暴力的受害者。
- 2009年，8%的学生曾受到过威胁，或受到武器伤害。
- 2009年，5%的学生（12—18岁）回避在学校某个地方或某几个地方参加活动，因为他们担心自己的人身安全。
- 教师受到来自学生伤害的威胁的百分比，从1993—1994学年的12%，降低到2007—2008学年的7%。教师受到身体攻击的百分比仍然保持在1993—1994学年的4%。小学教师受到攻击的百分比是中学教师的三倍（分别是6%和2%）。

这些结论表明，大部分教师和学生在教室和学校里还是比较安全的。然而，校园暴力仍可能在学校里随时出现，并且有可能是由校外人员实施（回想一下2012年桑迪胡克小学发生的悲剧）。因此，你有必要去了解校园暴力发生的原因以及采用何种方法来降低其发生的频率。

446

12.4.2 欺凌问题

欺凌（bullying）问题存在已久，它伴随着学校而出现，但现在它已经被视为校园暴力问

---

[1] 犯罪事件和严重暴力事件在公立学校发生的频率相对较低，并且近年来有逐渐下降的趋势。

题的一个重要构成部分。近几年发生了一些引起大众高度注意的案件,都是由校园欺凌发展成为打架斗殴、抑郁或自杀所引发的(Bazelon, 2013)。对于校园欺凌问题,已有大量的研究,也有很多关于校园欺凌的各方面的书籍。在这里,我们将为大家简单地介绍什么是校园欺凌,欺凌发生的频率,欺凌的特点,欺凌对受害者的影响,以及学校如何才能减少欺凌及其带来的不良影响。

何谓欺凌?

欺凌可以被定义为"学生在学校或者往返学校的路上受到其他学生多次(不止一次)的言语攻击或身体攻击带来的伤害"(Devine & Cohen, 2007, p.64)。类似的定义还有"在人际关系中系统地滥用权力"(Rigby, 2008, p.22)。本质上讲,欺凌就是在某个情境中,一个人比其他人有更多的权力,他为了自己的利益不断地滥用权力。

有关欺凌的一些研究结果可能会让你觉得惊奇。尽管欺凌发生得非常频繁,但它并不是大家从铺天盖地的媒体报道上看到的那样失控。2009年,28%的学生(12—18岁)报告至少受到过一次欺凌。从各种欺凌形式上看,女生比男生更多地参与欺凌[1]。女生更多地使用起外号、羞辱、散布传闻、排斥他人等欺凌形式(我们在之前章节讨论的"马斯洛悖论"就是一个例子[Schroeder-Davis, 2012]),而男生更多地使用诸如推、撞、绊倒、向某人吐口水、强迫他人做不愿意的事等身体形式的欺凌。关于校园欺凌还有一个让人奇怪的现象是:初中的校园欺凌现象要多于高中,并且随着学生年级的提高,欺凌发生的频率逐渐降低(Robers, Zhang, & Truman, 2012)。

尽管欺凌通常是面对面的,但随着社交网站的兴起,欺凌也不仅仅局限于这一种形式。**网络欺凌**(cyberbullying)是指一个或几个学生在网上发布有关另一个学生的恶意言论。考虑到男生和女生使用的不同类型的欺凌行为,你也许就不会惊讶,女生比男生更容易进行网上欺凌(2009年这一比例分别是7%和5%)。

网络欺凌具有与面对面欺凌不同的一些特征:第一,它是匿名的,对于那些使用诸如Facebook和Twitter等社交网站欺凌他人的学生,人们只能知道他们网上虚构的名字。第二,因为因特网允许世界各地的人进行社会交往,因此那些在网络上欺凌他人的人,以及被动地观看欺凌的人数量都非常大。在一个案例中,有500个学生登录一个中学生注册的Facebook主页进行恶意造谣(Bazelon, 2013)。第三,网络欺凌是不间断的。威胁、侮辱、戏弄等电子邮件能够对一个学生进行不间断地全天攻击。除非网络瘫痪,否则每个人都能不断看到这些网络上的邮件(Shariff, 2008)。

---

1 男生和女生喜欢使用不同的欺凌方式。

欺凌行为的特征

那些参与欺凌的学生与其他学生有什么不同？他们在内在特征、与教师和同学的关系以及家庭生活的质量方面,都与其他人不同。

- 那些参与欺凌的学生与其他学生相比,更多地表现出攻击-冲动行为。他们经常被教师描述为极度活跃的、破坏性强的,行动起来不顾后果,被同伴激怒时倾向于进行带有攻击性的反应(Espelage, Holt, & Poteat, 2010; O'Brennan, Bradshaw, & Sawyer, 2008)。
- 那些参与欺凌的学生报告自己较少从同学和教师那里获得支持。也就是说,他们感觉在学校里没有人,无论是朋友还是教师,可以和他们讨论自己的问题(Flaspohler, Elfstrom, Vanderzee, & Sink, 2009)。
- 那些参与欺凌的学生更有可能经历过家庭暴力,与同伴相比,他们不容易与母亲建立亲密关系(Bowes等, 2009)。

欺凌对受害者的影响

校园欺凌对其受害者会产生以下一种或几种消极影响(Beran, 2009; Espelage, Holt, & Poteat, 2010; Graham, 2010; O'Brennan, Bradshaw, & Sawyer, 2008; Rigby 2008):

- 待在家里不去上学
- 回避学校某些地方
- 要求转去其他学校
- 由于无法专心完成作业,导致学业成绩低(特别是当受害者认为他们没有办法得到父母或教师的支持时)
- 感到沮丧、焦虑,缺乏安全感,由此产生身体上的不适
- 与社会隔绝

学校该如何应对欺凌?

教育工作者可以通过两种方法来处理校园欺凌问题。第一种是实施校园范围内的项目来减少其发生的频率。这种项目可以形式多样,例如教会学生看到校园欺凌立刻报告教师或去干预;推行禁止歧视的规则;通过视频、演讲、讨论等形式,使学生体验欺凌者以及被欺凌者的感受;教会欺凌者更适用的社会交往形式(Espelage, Holt, & Poteat, 2010;

Flaspohler, Elfstrom, Vanderzee, & Sink, 2009; Hazler & Carney, 2006; Morrison, 2008）。关于这种校园范围内的项目的效果，研究结果并不一致。通过对16项研究的分析发现，这种项目总体上有显著的积极作用。例如学生在遭到欺凌或看到欺凌现象时，会主动向教师报告，知道要去阻止欺凌现象，能更好地接纳同伴，自尊心增强，以及受到更少的纪律处罚（Merrell, Gueldner, Ross, & Isava, 2008）。

另一种方法是让教师创建良好的课堂氛围，减少欺凌对受害者产生的消极影响。例如，研究发现（Flaspohler, Elfstrom, Vanderzee, & Sink, 2009; Meyer-Adams & Conner, 2008），那些感受到同伴和教师的重视、接纳的学生，较少展示出欺凌给他们造成的负面影响；而那些认为自己缺乏社会支持的学生，则深受其害。

12.4.3 暴力的原因

生理因素

想要理解生理和暴力之间的关系，需要多学科的研究和理论。二者之间的关系在地理学、人口统计学、社会学、心理学、犯罪学、流行病学和地理学等学科都有研究[1]（参见 Hamby & Grych, 2013）。这里我们重温一下在第5章提到的"应对文化和社会经济的多样性"。

在讨论那些来自低家庭经济地位（SES）的学生的经历时——其中有一项是无家可归，我们发现了不良的童年经验对个体产生的影响（通过ACE量表测量）。在ACE上得分比较高的学生（意味着学生经历了很多不良的事件和环境），更容易出现健康和行为问题，包括暴力行为（Burke 等, 2011; Tough 2012）。不良的童年经历会产生压力。身体对压力的反应（我们把这个过程称之为非稳态）又会增加非稳态的负荷。如果一个儿童长期经历各种不良体验，例如长期生活在贫困状态，他们的压力反应系统就会超负荷；换言之，他们承担了非常沉重的非稳态负荷。Gary Evans 和 Michelle Schamberg（2009）发现，高非稳态负荷会对认知功能产生不良影响。那些经历大量压力的儿童和青少年，更容易产生暴力行为（Hamby & Grych, 2013）。

与性别有关的文化的影响

在之前的章节中我们讨论过不同年龄水平儿童的特征。有证据指出，我们的社会鼓励年轻的女孩依靠他人，她们也愿意去取悦成人；而年轻的男孩则被鼓励去展示自己的

1　男性的攻击行为可以归因于生理和文化因素。

独立性（Englander, 2007; Lancey, 2002）。此外，与女生相比，男生似乎更容易因为其独断专行和非法行为而得到富有攻击性和反社会性的同伴的强化（Bloomquist & Schnell, 2002; Jimersn, Morrison, Pletcher, & Furlong, 2006）。这些与性别有关的文化因素，或许可以在一定程度上解释为什么男生比女生更容易产生诸如打架、欺凌、抢劫、性侵犯等外显的攻击行为，特别是到了小学高年级和中学，男生还会出现诸如盗窃、撒谎、破坏公物、放火等隐蔽的攻击行为。另一方面，女生比男生更容易产生所谓的关系攻击——阻碍或终止友谊及其他社会关系，散布谣言伤害另一个女生的情感（Bloomquist & Schnell, 2002; Conner, 2002）。

同样的原因或许也可以很好地解释课堂中的破坏性行为。男生在课堂上和教师顶嘴，或者在餐厅与他人冲突时推搡对方，这些行为往往能得到同伴的好评，而女生做出同样的行为则不会被认同。这种文化上的差异是对生理因素的补充，它们解释了为什么男生倾向于用肢体上武断的行为来表达自己的沮丧和敌对。

学业技能与表现

在学校里男生比女生更容易产生沮丧和敌对的情绪。由于各种原因（成熟更早、想要取悦成人、在言语技能上有优势），女生一般都比男生成绩要好。得分较低不可避免地会产生怨恨和愤怒的情绪，事实上，任何一种不良的评价都会直接损害学生的自尊。因此，在中学，无论是初中还是高中，如果一个男生总是得低分，并且有可能无法顺利毕业，他就会极度沮丧和愤怒[1]。学业表现差的学生甚至会意识到，他们将来找到一份好工作的机会可能会因为不能拿到高中毕业证而大大减少。

高中高年级的男生会通过辍学来避免丢脸的感觉，但是初中和高中低年级的男生由于法律的制约不能采用同样的方法，这也就在一定程度上解释了为什么在2005年，六、七、八年级学生的学校犯罪率比高中其他年级要稍微高一些（Dinkes 等，2007）。

人际关系推理和问题解决技能

儿童之所以表现出攻击和暴力行为，部分是因为他们在如何处理社会情境上有欠缺。敌对归因偏差就是一个这样的例子。与其他人相比，富有攻击性的个体更加倾向于误把别人的动作行为和面部表情解读为敌对的，并且作出相应的反应（Guerra & Leidy, 2008）。他们的另外两个不足在于制定切实可行的计划去实现社会目标的能力和思考各种可能的方案来解决人际交往问题的能力。我们把前者称为"手段—目的思维"，把后者称为"替代方案思维"。在这两种人际问题解决技能上存在不足的学生，更容易表现出延迟满足方面

449

---

1 成绩不好的初中和高一男生会感觉到很压抑。

的缺陷,交友上的困难,遇到挫折就勃然大怒,对困境中的他人缺乏同情心,并且表现出言语攻击和身体攻击行为(Jimerson等,2006; Shure, 1999)。

心理社会性因素

埃里克·埃里克森和詹姆斯·玛西亚通过对个体同一性的观察,从另一个角度对学校里的暴力和攻击行为作了解释。他们的观点我们在之前有关发展阶段理论的章节中提到过。如果一个青少年无法做出明确的职业选择,对自己的性别角色感到困惑,或者感觉不被生命中的重要他人所接受,那么他就会像埃里克森所说的那样,产生消极的自我认同[1]。他们不会按照父母或教师认为正确的方式去行动,而是会故意做出一些相反的行为(Lowry, Sleet, Duncan, Powell, & Kolbe, 1995)。

这一假设已经得到一项研究的证实。在该研究中,被试是2 000名初中和高中的学生。结果显示,那些被认定处于同一性混乱状态的学生(对职业角色和性别角色没有经过深思熟虑,也没有付出努力),更容易产生品行障碍和注意缺陷障碍/多动障碍,而那些同一性发展良好的青少年则较少出现这些问题。

学校环境

目前为止,我们已经讨论了生理、性别、文化、学业、认知以及心理社会性等因素对校园暴力的影响。相应的解释也把暴力行为的原因大部分或全部归结到学生个体身上。而其他一些解释则把关注点放在校园环境上,认为暴力行为是因为校园环境设计较差,没有满足学生的需求。他们认为,如果学校太大,没有人情味,并且一味强调竞争,校规的制定不公平并且不能坚持执行,使用惩罚的方式来解决冲突,把缺乏想象力、毫无意义的课程强加给学生,那么学生的暴力行为自然而然就会产生,尽管这些行为无法让人接受(Lowry等,1995; Bloomquist & Schnell, 2002; Guerra & Leidy, 2008)。

暂 停 与 反 思

有人认为没有意义、缺乏想象力的课程以及没有人情味的校园环境会导致校园暴力的产生,你认同这一观点吗?如果认同的话,你能做些什么使你所教的学科更活泼、更有趣、更实用?对于建设一个温暖、舒适、令人愉悦的校园环境,你有哪些观点可以和同事或者学校管理者分享?

---

1 高中生的行为不良也许是因为缺乏积极的自我认同。

那些体验到社会认可和同伴、成人支持的学生:

a. 更容易遭受不良的童年经历的影响

b. 更容易从校园欺凌的不良影响中恢复

c. 较少表现出对他人的攻击行为

d. 较少欺凌他人,并且一旦被他人欺凌,更容易恢复

12.5　减少学校中的暴力、欺凌和不良行为

450

12.5.1　课堂干预

因为大部分教师都是在没有任何帮助的情况下同时负责二十多个甚至更多的学生,其中不乏能力欠缺的学生,因此需要设计一些有效且容易实施的课堂干预的活动,以阻止不良行为的发生,预防小的干扰行为逐步升级成严重问题[1]。

其中一个名为"良好行为游戏"(Good Behavior Game)的干预活动,既可以用于有行为障碍的学生,也可以用于普通的学生。它是基于我们在第7章"行为主义学习理论:操作条件作用"中所提到的群体相倚这一概念。

在良好行为游戏中使用的强化相倚被称为群体间相倚,因为它允许群体或班级中所有的学生接受强化,要求该群体的行为表现满足或超过某个特定的水平,例如超过家庭作业的平均分,或者没有违反一定数量的班级规则。该系统的优势在于所有的学生必须参与其中并作出贡献,但如果有一小部分学生没有其他人表现得好,群体也不会自动拒绝强化。良好行为游戏主要用来预防或减少一些破坏性强的行为,例如言语攻击或身体攻击,但也可以用于节制诸如随意离开座位、课上过多交谈、旷课较多等行为(Tingstrom, Sterling-Turner, & Wilczynski, 2006)。

另外一个减少暴力的项目也被证明是非常有效的,它原本被用于3—6年级的少数民族学生,但也适用于所有类型的学生。这个项目最初叫做"脑力计划"(Brain Power),后来项目

451

1　通过各种方法可以大大减少课堂干扰行为。

Marmaduke St. John/Alamy

照片12-5　一些研究校园暴力的专家认为，缺乏人情味和以惩罚为导向的学校，会存在更多的校园暴力问题。

适用范围扩大，更名为展示最好的一面（Best Foot Forward）（Hudley, Graham, & Taylor, 2007）。该项目旨在帮助学生意识到其他人的消极行为其实是有原因的，例如被同学撞到或者把书从桌子上撞到地上，可能是因为偶然因素，或者本意是去帮忙，而出于敌意而故意这样做的可能性也许是最小的。该项目会指导学生在遇到他人的消极行为时，如何用一种非攻击性的、恰当的方式去应对。例如，如果他们确信某种消极行为是故意的，他们就应该把这件事报告给成年人。而那些产生不良行为的学生，则要学习如何道歉以及解释其行为的原因。例如，撞到其他学生时要说："对不起，我走得太快了，不小心撞到了你。"对该项目的评估结果显示，与控制组的学生相比，参加该项目的学生较少认为他人的敌对行为是故意针对自己的，因而较少发怒，也不会报以同样的攻击行为。

　　当然，另外还有一些有效的适用于整个班级的管理学生行为的方法。鉴于篇幅有限，我们不再一一去讨论。除了我们刚刚提到的两种方法，我们还建议大家阅读"《明智的纪律》（Judicious Discipline）"（Landau & Gathercoal, 2000），《课堂检查》（Classroom Check-Up）（Reinke, Lewis-Palmer, & Merrell, 2008），"《积极的同伴报告》（Positive Peer Reporting）"（Morrison & Jones, 2007）。这些项目都强调了要表扬所期望的学生行为。

12.5.2　学校层面的减少暴力、增强纪律的项目

　　尽管我们在前面提到的课堂干预项目能够使教师和学生不再觉得周围充满威胁，更加享受校园生活，但它们并不能解决校园其他地方的破坏行为，而且还会与其他教师的项目相冲突。因此，一些教育工作者设计了可以在全校范围内实施的减少暴力行为的项目，本部分我们就来描述三个这样的项目。尽管这些项目已被证明都能成功地减少校园暴力，但它们在这方面并无非凡之处。一项涉及74个减少校园暴力研究的元分析

（Derzon, 2006）结果显示，学校层面的减少校园暴力项目大多能减少犯罪、退学、暴力等现象。

统一纪律

在一个名为"统一纪律"（Unified Discipline）的项目中（Algozzine, Daunic, & Smith, 2010; Algozzine & White, 2002; White, Algozzine, Audette, Marr, & Ellis, 2001），教师、学校管理者以及其他学校工作人员制定了统一的方法来处理破坏行为。该项目的目标是对以下项目要素达成一致：

- 态度。学校里的工作人员认为：所有的学生都能够改善自己的行为；学会管理自己的行为是教育的一个非常重要的方面；应该用专业的方法来纠正学生的不良行为；因为学生的不良行为而生气会削弱教师教学的有效性。

- 期望。学校工作人员赞同为学生制定行为规则，并且无论学生何时违反规则，都要使用项目的矫正程序。

- 规则。调控学生行为的规则通常可以被分为不同的类型。例如，一个学校创建了三级分类系统：三级规则针对诸如对他人的身体攻击、携带武器上学、兜售毒品、香烟或酒精等行为；二级规则针对诸如打架、忽视成人的要求、破坏公共财物等行为；一级规则针对诸如打扰他人、言语不恰当等行为。当然，制定这些规则也要考虑到学生的年级因素。例如，幼儿园至小学二年级的教师规定：学生应该立即执行教师的指令，讲话时声音适中，身体不乱动，呆在指定的地方；三至五年级的教师规定：学生应该立即执行教师的指令，完成学习任务，课前做好准备，发言前先举手，尊重他人的权利和财产。

452

- 矫正程序。与规则一样，矫正程序也要考虑到学生的年级因素。在某个学校低年级，学生第一次违反规则教师会在一张绿色的通知单上写上该学生的名字，放到钉在布告板上的一个袋子里。第二次违反规则会放一张黄色的通知单，第三次会放一张红色的通知单，并让学生在教室的禁区呆几分钟。第四次则会放一张蓝色的通知单，并让学生停止上课到另一个房间呆20分钟。在高年级，学生如果违反规则第一次会受到口头纠正，第二次会失去一次特权，第三次会被中断上课。如果学生违反规则，不论他处于哪个年龄段，教师都会指明他的不良行为，指明其违反的规则，指明其行为后果，并鼓励学生今后要遵守这一规则。

- 角色。校长的角色是在教师执行统一纪律项目的时候给予支持，对学生的一些严重过错，根据其需求、历史背景以及所处的环境决定如何对其进行惩罚（这是对零容忍政策提倡的不分青红皂白进行统一惩罚的一个改变）。教师的角色是支持校长的工作,不要对其他教师、学生或父母进行事后批评。

在一所小学,统一纪律项目在实施的第一年,因犯错被送到校长办公室的学生就减少了20%,第二年减少了50%,违反班级规则的学生变少了,学生把更多的时间用在了完成学习任务上(Algozzine & White, 2002)。

站稳立场　　对零容忍政策的零容忍

零容忍政策要求对犯某种错误的学生进行严厉的、毫无商量余地的惩罚,通常是让其休学。这种政策通常旨在抑制一些严重的过错,如打架、性骚扰、携带武器或烟草到学校等。它非常流行,75%的学校都在执行。但是正如我们在本书中多次提到的,流行的观点或实践不一定总是好的,我们认为零容忍政策弊大于利,它所解决的学生问题只是表面上的。这里我们对教育工作者为什么不应支持零容忍政策,给出如下理由:

- 零容忍政策对一些看似相同的错误给予相同的惩罚,但这些错误背后的行为和动机可能是不相同的。例如,学校里对麻醉用品实行零容忍政策,那么一个是给同学带止咳药片,另一个是把大麻带到学校,这两个学生都要被开除吗?又如,学校对武器实行零容忍政策,那么一个是幼儿园的小朋友带了一把塑料刀来切饼干,另一个是高中生带了一把大刀到学校并对其他学生造成威胁,对这两种行为的惩罚也是一样的吗?
- 零容忍政策并没有教给学生哪些行为会带来积极的强化,这就是为什么斯金纳坚决反对用惩罚来为纠正学生的行为的原因。
- 零容忍政策更多地是把学生开除,而对于一些学生来说,让他们离开自己反感的环境反而是一种正强化,会鼓励他们继续表现出同样的行为。
- 很多研究都没有发现零容忍政策和校园暴力显著减少之间有任何关系。
- 有的时候学生被学校自动开除,如果能依据情况对其减轻惩罚就会带来不一样的结果。
- 通常情况下,法院会支持校长开除学生的决定,这使零容忍政策显得多余。

对零容忍政策有效性的分析,可参见美国心理学会零容忍政策工作小组发布的一篇文章:"Are Zero Tolerance Policies Effective in the School? An Evidentiary Review and Recommendations"(Skiba, Reynolds, Graham 等, 2006)。

你怎么看?

你是怎么看待零容忍政策的? 你所在的学校有没有实施这种政策?

优质高中　　尽管媒体报道了很多高中生的不良行为，比如欺骗、药物滥用、酒精滥用、欺凌、不尊重教师等，但仍有一些高中在培养学生积极的品质方面是非常成功的（Davidson, Khmelkov, & Lickona, 2010）。Thomas Lickona 和 Matthew Davidson（2005）研究了24所高中，这些高中至少被一个机构（例如教育部或基础学校联盟）认定是帮助学生发展特质方面的典范。这些学校各有不同，体现在规模（规模小的学校只有300个学生，规模大的学校有4 300个学生）、类型（公立的、私立的、承租的）和位置（城市、郊区、农村）等方面。

Lickona 和 Davidson（2005）把学生的品质分为两个大类：学业表现品质和道德品质。学业表现品质包含勤奋、强烈的学习责任、积极的态度、坚持不懈成分，它们都有助于学生在学业上取得成功；道德品质包含诚实、尊重、合作、公正等成分，它们都有助于学生发展良好的人际关系。能够帮助学生培养这两方面品质的高中，用他们的话说就叫"优质高中"（p.xv）。

Lickona 和 Davidson 认为，优质高中能够通过各种方法帮助学生：（1）成为终身学习者和批判性思维者，（2）勤奋且有能力，（3）提高社交和情感方面的技能，（4）对行为的道德含义更敏感，（5）尊重他人且有责任心，（6）自我约束，（7）对群体作出贡献，（8）倾向于创造有意义的生活。与其他学校相比，这样的学校在减少学生的不良行为方面是否更成功，还有待验证。

创造性地解决冲突的项目　　另一个减少学生之间身体暴力的方法叫做创造性地解决冲突项目（RCCP），该项目由 Linda Lantieri 在1985年创建。它和前两个项目有所不同。作为一个初级预防项目，PCCR 要求所有的学生，包括那些没有暴力倾向的学生，都来学习如何避免把分歧发展成暴力冲突。

这个项目的目标是教会学生使用非暴力的方法来解决冲突，而不是使用更为常见、更具暴力的方法[1]。教师训练学生对校园里（例如操场、餐厅、走廊等）学生之间即将发生或正在发生的冲突进行监控。例如，两个学生就撞人算不算侮辱这一问题进行争论，随着争论越来越激烈，其中一个学生威胁要打另一个学生。这时，另外一个或两个身穿印有"调解人"字样T恤的学生，走过来进行调解，询问他们是否需要帮助解决问题。调解人会建议他们到一个更安静的地方谈一谈，并且规定他们谈话的基本原则，例如两人轮流发言，不能随意打断对方，并且不允许骂人（照片12-6）。

对几个实施RCCP项目的学区进行评估后发现，该项目能够带来一些积极效果，例如学生在人际协商策略、亲社会行为、学业成绩方面都有提升，而攻击性行为在减少（Brown, Roderick, Lantieri, & Aber, 2004; Selfridge, 2004）。因此，青少年司法与犯罪预防办公室认定该项目是有效的。

1　如果学校范围的项目能够教会学生用建设性的方法应对冲突，校园暴力就会减少。

照片12-6　减少校园暴力的一个方法就是训练学生学会调解其他学生间的争端。

暂　停　与　反　思

如果你要在以下两个项目中间做选择：一个强调培养学生的积极品质，另一个强调同伴调解，你会选择哪一个？为什么？

454

12.5.3　利用技术保护学生不辍学

> **InTASC**　　标准3（m）　标准5（l）　标准7（k）　标准8（n）　标准8（o）

正如我们之前所说的，那些学业表现较差且认为教师不关心自己的学生，更有可能表现出破坏性行为和暴力行为，他们也往往面临着辍学的危险。2010年，美国16—24岁的学生中有7%的人辍学（即尚未获得毕业证书或其他证书就离开学校）。青年群体中，白种人、黑人、拉丁人的辍学比例分别是5%、9%、10%（Aud, Hussar等, 2012）。尽管在过去的

25年中,学生的辍学比例已经大大降低(1990年的辍学比例是12%),但有人认为,创造性地使用一些技术能够使学生的辍学比例降低得更快。这里我们为大家分享几个学校的做法,他们利用技术大大降低了学生的缺勤率和辍学率:

- 位于加利福尼亚州怀尼米区的怀尼米校区开创了名为"聪明课堂"的项目,来帮助那些面临辍学危险的学生留在学校,参加该项目的学生有机会体验计算机机器人、计算机辅助制造、桌面出版系统、航空学、气动技术等。每天参加该项目的学生出勤率几乎达到100%(Cardon & Christensen, 1998)。

- 位于加利福尼亚州阿祖瑟区的阿祖瑟联合校区充分利用整合学习系统来鼓励学生参与学习。学生每天会花四节课的时间在电脑上学习英语、阅读、社会研究、数学、科学等。项目实施后第二年,学生每天的出勤率达到96%,有93%的学生持续参加该项目长达两年(Cardon & Christensen, 1998)。

- 虚拟学校,又称远程教育或远程学习,目前变得日益普遍。它是指在网络上为学生提供课程或者整个学习项目(特别是高中的学习项目),它能够帮助那些低出勤率的学生,例如那些流动工人的孩子,那些所在地区的学校没有办法提供想要的课程的学生,那些在家里自学的学生,学习相关课程并完成学校教育(Roblyer, 2006)。在2007—2008年,超过一百万的公立学校的学生进入虚拟课堂学习(Davis, 2009),并且几乎所有的州都会提供各种可供选择的在线课程(Ash, 2009)。尽管这样的项目因其灵活性受到称赞,但它们也存在很大的弊端。例如,低收入家庭的学生可能没有办法上网,电脑出问题会导致时间的浪费且无法按时完成学习任务;缺少面对面的沟通,对有的学生来说会使学习更加困难(Podoll & Randle, 2005; Roblyer, 2006)。目前已有的研究表明,整体而言,参加在线学习项目的学生和那些在真实课堂中学习同样课程的学生相比,所学到的内容是一样的,但我们不清楚的是,在虚拟学校环境中为什么有的学生能学得好,而有的学不好(Bernard et al., 2004; Rice, 2006)。

455

挑战假设 **管理课堂与引导学习**

"教师对课堂管理的看法存在巨大的差异。"塞莱斯特说,"上周我见到一位教师,他看起来对课堂的控制很严格,整个课堂氛围相当压抑。这位教师用大部分时间来告诉学生应该干什么,当学生上课走神的时候他会冲着学生吼叫。当然,除了偶尔几次,他也并不是真正地冲学生吼叫,但是他花费了所有的时间来确保学生……我不知道这么说是否正确……似乎他总是花时间确保学生按照他的要求去做。"

康妮说:"回想一下我们之前有关'控制学生'和'引导学生'的讨论,也许你会碰到一个教师没有领会二者的区别,总是关注学习的机会。你要给学生创造机会去发现自己的兴趣和内部动机。安东尼奥,你是怎么想的呢?"

"这是正确的做法,把课堂管理视为教师领导角色的一部分,对我来说非常重要。在我的团队中有一位教师曾对我说过两点,她说,'第一,把注意力集中在学生正在学习什么远比把注意力集中在学生正在干什么要重要得多。第二,切记你是一个领导,不是一个独裁者。'"

康妮说:"因此,这要看你是从哪个角度看待课堂管理,如果你认为课堂管理就是控制学生,你就会不断地盯着学生在干什么;但如果你认为课堂管理是引导学生,那么你就会忽略学生在干什么,而关注他们学到了什么。"

安东尼奥点头道:"谈到引导学生学习,她认为学生总会产生不良行为,但是你对待这些行为的方式应该是能促进构建学习的氛围,而不是去控制学生。"安东尼奥微笑着补充道:"她还说,切莫忘记引导是双向的,当你引导学生学习时,要不时地回头看看,如果你回头发现没有人跟随你的步调,那么你就不是在引导。"

你掌握了吗?

本节提到的那些课堂以及学校范围的减少暴力行为的项目,通常具有以下哪个特征?

a. 学生制定并执行规则。

b. 学生制定规则,但是教师强迫学生执行。

c. 通过给学生奖励,使他们接受并遵守一定的规则。

d. 通过提高学业成绩来减少校园暴力和不良行为。

小结

456

12.1 比较三种不同类型的教学方式:专制型、放任型、权威型。

- 正如父母的教养方式可以分为专制型、放任型、权威型、拒绝—忽视型,教师也可以采用类似的方法来管理学生的行为。权威型的课堂管理模式强调向学生解释课堂规则制定的原因,并在学生自我管理能力不断发展的时候逐渐调整课堂规则,因此学生的行为表现也最好。

12.2 描述雅各布·库宁提出的防止课堂行为问题出现的方法。

- 雅各布·库宁是早期撰写有关课堂管理专著的学者之一,他提出了几种有效的课堂管理方法。他强调教师要明察秋毫,应对交叉情境,维持课堂活动顺利进行,确保全体学生都能参与课堂活动,充满激情地使用各种教学方法;强调教师通过把关注点放在学生的不良行为而不是他们的人格上,并为学生提供建设性行为的建议,来把涟漪效应转化成自己的优势。

- 有关课堂管理的研究发现,在管理良好的课堂上,学生知道教师期望自己干什么,并且会完成得很好,他们会专注于教师布置的任务,会不断收到教师的非惩罚性的反馈,他们相信教师随时会给他们帮助。这样的课堂是以学习任务为导向的,课堂氛围轻松愉悦。

- 通过使用一些技术工具可以使课堂管理变得更简单,例如可以用它们来编制测验、保留学习记录、安排座位、分析空间利用、监管学生的工作等。成功地使用当前的一些技术,需要教师对以教师为中心和以学生为中心的两种教学模式都感到舒适。

12.3 举例说明雷德尔和瓦滕伯格提出的至少五种处理课堂行为问题的方法。

- 1959年Fritz Redl和William Wattenberg提出了一系列名为应对技巧的管理课堂行为方法,旨在帮助教师处理课堂不良行为,这些方法至今仍值得推荐和使用。

- Haim Ginott提出教师可以使用自我表达的方法来处理学生的不良行为。当学生出现不良行为时告诉他们自己的真实感受,其目的是批评产生不良行为的环境而不是学生的个性和品格。

- Thomas Gordon建议教师要明确是谁出了问题,并且当学生在陈述问题时要积极地倾听。

12.4 讨论美国校园普遍出现的暴力和欺凌问题,找出导致其发生的主要原因。

- 尽管媒体报道了很多校园犯罪和校园暴力现象,但学校和教室相对来说还是非常安全的。

- 校园暴力的一个方面是欺凌,它是指一个或更多的学生有意识地、不断地在身体或心理上伤害另一个学生。

- 与男生相比,女生的欺凌行为更多地是起外号、辱骂、散布恶意谣言等;她们还会通过网络来做这些事情,我们把这种欺凌称为网络欺凌。

- 学生，特别是初高中的男生，其不良行为和暴力行为背后可能的原因有：生理因素、压力反应、鼓励男性攻击和独立的文化、对低学业水平感到愤恨和沮丧、缺乏人际问题解决技能、无法建立积极的认同等。

- 校园暴力产生的其他原因还包括学校的特点和氛围，例如学校太大而缺乏人情味、过分强调竞争、班级规则的执行不公平且不一致、使用惩罚作为解决冲突的主要方法，以及所提供的课程缺乏想象力和实用性。

12.5　描述一个旨在减少校园暴力的基于课堂的项目和全校范围内的项目。

- 教师在课堂上可以通过以下步骤来减少校园暴力：使用各种方法把课堂管理和行为矫正技术结合起来，教会学生如何监控和调节自己的行为。

- 学校范围内减少暴力和改善行为的项目有："统一纪律项目"，教师和其他学校员工采用一致的规则和矫正程序，并且在实施这些程序时互相支持；"创造性地解决冲突项目"，通过学生来调解其他学生之间的争论，避免其升级为肢体暴力；"优质高中项目"，致力于改善学生的学业表现品质和道德品质。

- 一些高中通过使用一些辅助教学的工具，激发学生的学习兴趣，从而降低了学校的缺勤率和辍学率。

进一步学习的资源

- 课堂管理

　　如果你觉得Redl和Wattenberg的"应对方法"这一概念很有用，最近有几本书提到了他们的某些观点，你可以去阅读这些书：《小学课堂管理：研究与实践建议》(*Elementary Classroom Management: Lessons from Research and Practice*)(5th ed., 2001)，作者是Carol Weinstein, Molly Romano 和Andrew Mignano, Jr.；《课堂管理原则：一个专业的决策模型》(*Principles of Classroom Management: A Professional Decision-Making Model*)(6th ed., 2010)，作者是James Levin和James F. Nolan；《青少年课堂管理》(*Managing the Adolescent Classroom*)(2004)，作者是Glenda Beamon Crawford。Crawford在他书中的每一章都突出强调了优秀教师的实践做法。

　　近期关于课堂管理方法的分析，可以参见《小学教师课堂管理》(*Classroom*

Management for Elementary Teachers)（9th ed., 2013），作者是Carolyn Evertson和Edmund Emmer。

Kathleen Cushman写了一本很有趣的书，且书名很有创意：《浴室中的火焰：高中生对教师的建议》(*Fires in the Bathroom: Advice for Teachers from High School Student*)（2003）。该书共10章，每章都涉及课堂管理的某个特定的方面（例如充分了解学生；对学生尊重、喜欢、信任、公正；营造成功的课堂文化），并且用学生自己的语言表达了他们对课堂的观察和建议。每章的结尾都包含一个列表，总结该章的要点。Kathleen Cushman和Laura Rogers在2008年又写了一本针对中学教师的同样结构的书。还有一本书，名字很不同寻常：《你必须去学校…你是一名教师！》(*You Have to Go to School ... You're the Teacher!*)（3rd ed., 2008）。该书包含了大量的实践建议，作者是Renee Rosenblum-Lowden和Felicia Lowden Kimmel。第一作者是纽约教育系统的一位教龄超过25年的教师，第二作者是一位学校辅导员。该书包含了有关课堂管理方面的一些建议，例如新的学年开始前要做好哪些准备，一旦学年开始该如何去做，如何建立常规、管理学生的行为及避免走到与学生"一决胜负"的境地。

《小学教师的综合课堂管理》(*Comprehensive Classroom Management for Elementary School Teachers*)（2nd ed., 2006），作者是Jill Lindberg和April Swick。前者以前是一位特殊教育的教师，后者做校长。这本书简短（只有128页）、可读性强，且很有实践价值。每章都包含一两个简短的有关如何应对残疾学生的讨论。Jill Lindberg, Dianne Kelly和April Swick还写了这本书的姐妹篇（2005），两本书都涉及如何与非英语背景的学生和他们的家人打交道，以及雅各布·库宁提到的"明察秋毫"的概念。

有关课堂管理的在线的学习资源参见Teachnet.com。另一个在线网站Teachers Helping Teachers提供了很多教师发布的某个主题的帖子，其中就有课堂管理主题。这些第一人称的评论，有很多对新手教师来说是大有用处的。

• 校园暴力

我们可以从《校园暴力与安全手册》(*The Handbook of School Violence and School Safety*)（2nd ed., 2012）一书中找到有关校园暴力和校园安全的综合应对方法。该手册作者是Shane Jimerson, Amanda Nickerson, Matthew Mayer和Michael Furlong。其中第三部分的章节（基于研究的预防和干预项目）和第四部分的章节（实施全面的校园安全计划）可能是最有用的内容。

多年以来，学者们提出了各种减少校园暴力的方法。在 Bob Algozzine, Ann Daunic 和 Stephne Smith 所著的《预防问题行为：全校项目与课堂实践》(*Preventing Problem Behaviors: School-wide Programs and Classroom Practics*)(2nd ed., 2010)一书中，清楚简明地描述了主要的方法。

如果你想要了解更多有关欺凌的内容，这里推荐两本书：第一本是《儿童与欺凌：家长与教育者如何减少校园欺凌》(*Children and Bullying: How Parents and Educators Can Reduce Bullying at School*)(2008)，作者是 Ken Rigby；第二本是《不允许欺凌的存在》(*No Place for Bullying*)(2012)，作者是 James Dillon。Dillon 的书分为三个部分：把学校变成安全的地方的意愿，减少欺凌的策略和方法，以及预防项目形成长效机制的保障条件。

你还可以从以下两本书中了解到如何应对网络欺凌：《网络欺凌：学校、课堂和家庭问题与解决策略）》(*Cyber-Bullying: Issues and Solutions for the School, the Classroom, and the Home*(2008)，作者是 Shaheen Shariff；《应对网络欺凌》(*Responding to Cyber Bullying*)(2001)，作者是 Jill Myers, Donna McCaw 和 Leaunda Hemphill。第二本书的第 10 章"从经验中学到的四堂课"和第 11 章"管理学生网络表达的十大准则"，包含了很多关于教育者应该如何应对网络欺凌的实际建议。

第13章 教学方法

©michaeljung/Shutterstock.com

本章涉及的InTASC标准　学习目标

1. 学生发展

3. 学习环境

5. 知识应用

6. 评估

7. 教学计划

8. 教学策略

10. 专业学习与道德实践

学完本章内容后,你将能……

13.1 解释为何使用认知领域、情感领域和动作技能领域的分类方法来制定课时计划和课堂测验。

13.2 对比和比较Robert Mager和Norman Gronland提出的目标类型

13.3 介绍直接教学法的构成成分

13.4 解释教学中的信息加工/社会认知和建构主义方法如何促进有意义学习和自主学习。

13.5 描述教学中的人本主义方法,并探讨其作为教学方法的实用价值

13.6 了解教学中社会学习法(亦称之为合作学习)的构成要素并解释其作用机制。

13.7 说明Web 3.0工具的个性化如何协助教师开展多样化教学以满足学生需求。

459　　　本章旨在协助你解决两个问题：我的目标是什么（或者是，在我完成一个教学单元后，我希望学生知道什么和可以做什么）？以及我怎么才能帮助学生实现这些目标？这两个问题的先后顺序不是随意决定的。教学规划应该一开始就描述，在开始本单元教学之后，你希望学生知道什么以及接下来几周，或甚至几个月可以做什么。如果你提前确定了你希望学生达到的目标，那么你就可以奔着某个特定结果来备课，同时也可以使用专门设计的评价手段来判断学生的学业成就水平。

　　　　一旦你清楚了自己要和学生一起努力完成的目标，你就可以考虑如何帮助他们实现这个目标。此时，你就可以运用自己关于学习和动机方面的知识。说到底，如果教学目标是帮助学生获得和运用各种知识和技能，那么最好的办法就是使用那些符合人们的学习规律和最佳学习条件的教学方法和技术。

　　　　本章中这些教学方法背后的各种理论，分别强调了学习过程中的不同方面，也已经有研究支持。然而，没有任何一个理论能足够全面和强大到仅依靠它自身就可以指导课堂教学设计。要想有效应对教学中一定会面临的学生的多样性问题，你需要运用各类教学方法和技术。针对某些教学目标和学生，你可能要使用符合行为主义理论原理的高度结构化的教学方法；而针对另一些教学目标，你可能要侧重于使用认知方法，因为这类方法聚焦于培养学生的高效学习及问题解决技能。你可能还希望学生在团队中有效地学习，积极回应你的教学，用一些积极的方式学习，对自己形成积极的情感。你也可能想在教学方法中融合基于计算机的教学技术。事实上，这种融合了电子技术的教学方法，也符合第1章提到的灵活教学的理念，以及第4章提及的差异化教学。

　　　　你可能会认为，我们综合运用各种理论的建议虽然有趣但未经检验，事实上，这种整合式的教学法早已经被罗得岛州一所非传统性中学的老师应用于实践中，他们称其方法为"城市合作加速项目"（UCAP）。UCAP的目标群体是那些有过一次或多次留级经历因而有辍学倾向的学生。UCAP最新颖和最突出的特征是采用50项标准来决定学生是否可以升入下一年级。这种方法十分符合行为主义观点：即只有学生掌握了更多基础性行为，且能够清晰、自信地展示出这些行为，他们才能正确地习得复杂行

460　　为。它也与名为"掌握学习"的教学方法和课堂评估（掌握学习将会在14章"课堂评估"讨论）相一致。他们使用的其他教学技术和方法还包括：让教师在课堂上充当教练的角色而不是信息提供者（建构主义教学法，人本主义教学法），使用基于问题和基于项目的学习（建构主义教学法），以及小组学习和同伴辅导（社会学习方法）（DeBlois，2005）。2004年，UCAP实现了"不让一个孩子落后"法案所倡导的项目目标，并被罗德岛州评为表现稳健的不断进步的学校。

学习导读

下述要点能帮助你了解本章的重要内容。为了帮助你学习,这些要点也会出现在正文页脚。

设计和运用目标

- 概括性目标(goals)是对预期的教育结果的宽泛的、一般性的陈述

- 具体教学目标(objectives)指明可观测、可测量的学生行为

- 分类学:将目标类别按照层级顺序排列

- 认知目标分类:知识、理解、应用、分析、综合、评价

- 情感目标分类学强调态度和价值观

- 动作技能领域分类学列出了形成熟练技能的步骤

- 大部分测验问题偏重知识,忽视了认知目标分类中的更高层次的目标

- 马杰:陈述包含着行为、限定条件、表现标准的具体目标

- 格伦兰:陈述概括性目标,列出具体学习结果的样例

- 只有学生意识到目标,目标才会发挥最大作用

行为主义教学方法:直接教学

- 直接教学:关注基本技能的学习,教师做出所有的决策,使学生专注于学习任务,提供练习机会,并给予反馈

- 直接教学包含着结构化的、有指导的、独立的练习

- 直接教学有助于学生学习基本技能

认知教学方法:促进有意义学习和自主学习

- 信息加工/社会认知教学方法:围绕有意义学习的原理设计教学,教学生更有效地学习

- 告知学生你想让他们学什么,为何及如何测试

- 呈现有组织、有意义的课

- 把新信息分解成小的组块来呈现

- 建构主义教学:帮助学生建构有意义的知识图式

- 从多元化的视角看待问题可以促进有意义学习

- 技术可以通过帮助学生编码、存储和提取信息来支持认知教学方法

人本主义教学方法：以学生为中心的教学

- 马斯洛：通过满足学生的需要来帮助他们开发自身潜能
- 罗杰斯：创造自主学习的条件
- 人本主义教学关注需要、价值观、动机和自我知觉
- 人本主义教师表现出尊重、谦虚、公平以及关怀的态度

社会认知理论的教学方法：教学生相互学习

- 竞争性奖励结构可能会降低学习动机
- 合作学习的特征为小组异质性、积极互相依赖、促进性互动及个体责任
- 合作学习的效果依赖于动机激发、认知发展和有意义学习
- 在混合能力编组中的能力居于中下水平的学生，其问题解决测验成绩优于处于同质组的同伴；在同质组的高能力水平的学生，成绩略高于处于混合能力编组中的同水平的同伴。
- 成功地运用技术有赖于积极的社会环境

揭示假设　**谁为谁准备？**

"我还不太确定，"唐说，"但我认为我的教学风格更多是讨论而不是讲授。我在讲课时，不是很擅长抓住学生的注意力。"

康妮问："唐，你为什么这么认为？"

"我觉得只是凭过去的经验。几周前，我尝试解释白天和黑夜的概念。我带了个又大又亮的手电筒到课堂上，关掉灯。起初孩子们真地很兴奋，但等我开始一边用手电筒演示一边解释为什么会有白天和黑夜，他们就没兴趣了。我记得当时我想：'我应该穿一件大大的黄色太阳装；我打赌这样会吸引他们的注意力。'"

塞莱斯特说："把你当时的做法演给我们看看。"

唐说："这样显得有点傻傻的，但……好吧。"唐开始讲课，假装拿着一个手电筒。他讲到为何白天能看见太阳而晚上看不见。他演示自己是如何在教室里走来走去，这样当他站在孩子们面前时他们会看到光，而走到后面他们就看不到光。"大概就是讲到这，我好像无法吸引住他们了。"

安东尼奥说："我认为这可能不适于你的学生的发展水平。可能他们仅仅是无法理解手电筒代表太阳。"

塞莱斯特补充道:"也许他们已经有这方面的知识,但是被你搞糊涂了。我的意思是,你应该站在一个地方,让孩子们站起来绕圈,这样做可能会更加科学。你看,每个孩子们的头就是按轴线旋转的地球,有时他们的眼睛会面向太阳,有时他们的后脑勺会对着太阳。我不知道……也许是他们被搞糊涂了,所以你无法吸引他们的注意力了。"

"有可能,"康妮说,"但在我们反思这个教学计划前,让我们后退一步,反思一下制定计划本身。你是为自己还是为学生制定计划?"唐紧皱眉头,看着康妮。康妮微笑着说:"好好想想,我年轻的同事。你在为谁制定计划? 学校的铃声响了,它是为谁响的?"

暂停 与 反思

作为一名有追求的教师,你大概会关心这个问题:该在课堂上做些什么学生才会有回应,他们才会集中注意力,按你的要求做。新手教师普遍会关心这样的问题。在很多教学案例中,这种关心演变出了一种假设:教学计划主要聚焦于教师将要在课堂上做什么,而不是学生。唐的教学是如何体现这个假设的? 如果唐是从学生的角度而不是自己的角度出发看待这次教学,这堂课会有什么不同? 教学计划的起点是什么?

13.1 设计和运用目标

13.1.1 教学目标和教育目标的对比

帮助你理解教学目标(instructional objective)的本质的一个方法是,把它与另一个经常被混淆的概念亦即教育目标(educational goal)进行对比。教育目标是个相对宽泛的说法,它所陈述的是政治和教育领导者喜欢看到的学校所实现的目标[1]。例如,思考如下两个目标表述:

- 学生将获得思维技能,该技能会使他们成为有责任感的公民、独立的学习者和富有成效的工作者。
- 所有成年人将具备充分的读写能力,知识渊博,技能熟练,足以在全球化经济中参与竞争并表现得有责任感。

---

1 概括性目标(goals)是对预期的教育结果的宽泛的、一般性的陈述。

照片13-1　熟悉不同的目标分类学，例如认知领域的目标分类，这有助于教师备课，并编制需要学生运用不同类型的认知过程的测验。

　　尽管上述表述"雄心勃勃"，值得称赞，老师也承担着实现这样的目标的责任，但此类表述并没有为教师提供有用的指导方针。"思维技能"或者"具备充分的读写能力，知识渊博，技能熟练"具体是指什么？对每位教师，这些术语具有同样的含义吗？例如，思维技能可以被解释为从记忆到问题解决之间的所有技能。

　　教学目标（instructional objectives）与上述宽泛的教育目标形成鲜明的对比，它具体指明实现教育目标所需的可观测、可测量的学生行为[1]（照片13-1）。为了教师能够使用常见的词汇规范地书写各种教学目标，心理学家已经创建了一些有组织的知识体系，它们被称为分类学。

13.1.2　目标的分类学

　　认识到教育目标的模糊性，一些专门研究测验的心理学家，开始寻求更好的方法来描述具体的教育目标（educational objectives）。测验专家在实验后发现，相比于措辞模糊的各套教育目标，各种具体的目标对教师更有用，因而决定开发指向具体教育目标的分类学。

1　具体教学目标指明可观测、可测量的学生行为。

分类学（taxonomy）[1]是一套将目标类别按照层级顺序排列的分类系统。由于教育目标极为多样，心理学家决定从三个方面或领域对目标进行分类，这三个领域是：认知、情感和动作技能。**认知领域**（cognitive domain）分类学强调知识和智力技能；**情感领域**（affective domain）分类学关注态度和价值观；**动作技能领域**（psychomotor domain）分类学聚焦于动作能力和技能。

认知领域的分类

462

认知领域的第一个同时也是最广为使用的分类学，是由本杰明·S·布鲁姆等人（Benjamin S. Bloom, Max D. Englehart, Edward J. Furst, Walker H. Hill, & David R. Krathwohl, 1956）开发的。该分类学包括六个层级的教学目标：知识、理解、应用、分析、综合和评价。将该分类学表述为一个层级形式，是因为其理论假设是：理解建立在对知识或事实掌握的基础上的，应用依赖于对相关观点的理解，并以此类推到其余层级。认知领域分类学[2]的一个简化本如下所示。

教育目标分类：认知领域

1. 知识。记住先前习得的信息，如事实、术语、程序和原理。

2. 理解。通过用自己的话语来描述、得出结论和陈述含义，来掌握信息的意义。

3. 应用。将知识应用到实际情境中，如把数学课学到的原理应用于设计棒球内场，或者将公民自由原则应用于时事。

4. 分析。将事物或观点拆分成更简单的小部分，研究各部分如何相关和组合。例如，讨论公共区域与私人区域的区别，或者找出辩论中的逻辑谬论。

5. 综合。将成分性的观点组合成一个新的整体。例如，规划一个专题讨论会，或者写一篇总结性的学期论文。

6. 评价。基于内部证据和外部标准做评判。例如，评价一件艺术作品，编辑一份学期论文，或者找出某位政治家演讲中的不一致之处。

尽管50多年来，教育工作者一直使用上述认知领域分类学，但来自认知心理学、课程与教学以及教学评估方面的研究表明，对其修订势在必行。目前它有两个替代版本。

第一版本（Anderson 等，2001）不再使用累积式的层级结构，而是采用一个二维表格。它的第一个维度称为认知过程维度，包含了大家最熟悉的概念：记忆、理解、应用、分析、评价和创造。第二个维度称为知识维度，分为四个类别：事实性知识、概念性知识、程序性知识以及元认知知识。每种知识类别又都由两种或两种以上类型所构成。例如，程序性知识包括"关

---

1 分类学：将目标类别按照层级顺序排列。

2 认知目标分类：知识、理解、应用、分析、综合、评价。

于学科具体性技能和算法的知识"，"关于学科具体性技巧和方法的知识"，以及"关于何时使用恰当的程序的判定标准的知识"。

根据修订后的分类学编写的教学目标反映出这两个维度的交叉。例如，下面这个教学目标就是应用和概念性知识交叉的体现："通过教授一名学习吃力的小学低年级学生如何做分数乘法运算，来应用维果斯基的支架式教学愿望。"

第二个替代版本（Marzano & Kendall, 2007）在结构上类似于第一个替代版本，它也有两个交叉维度，不过范围更广。它的第一个维度称为加工水平，包含六个层次（提取、理解、分析、知识应用、元认知系统，以及自我系统）。第二个维度称为知识领域，由信息、心理程序和动作技能程序组成。该模型的拓展之处在于包含元认知和自我系统，二者被认为能反映情感过程和动作技能程序。

这两种新的分类方法是否会像原始版本那样广为接受和有用，还有待时间的检验。

463　**情感领域的分类**

除了利用教学帮助学生达成认知学习目标外，几乎所有教师都对培养学生的态度和价值观感兴趣[1]。为了澄清这类教学目标的实质，研究者开发了情感领域的目标分类学（Krathwohl, Bloom, & Masia, 1964）。相比认知目标，情感目标由于常常以微妙或间接的方式表现出来，因此更难于界定、评价或激发。而且，某些方面的价值观发展，有时更多地被认为是父母而不是教师的责任。最后，由于态度和价值观涉及个人选择这一重要因素，所以相比于在课堂中，其在校外表现得更为清楚。情感领域目标的完整分类，即使不是更注重校外价值观，起码也应将校内价值观与校外价值观放在同等重要的位置。

以下这个简化版着重列举了教师最可能关注的情感目标类型。但是，你大概会意识到，对于该分类系统中描述的高水平的情感目标，你可能很难对其产生实质性的影响。因为这些目标代表了通过长时间经历形成的价值观的结晶。

教育目标分类：情感领域

1. 接受（参加）。愿意接受或愿意参加。

2. 反应。主动参与意味着积极的回应或接受某种观点或政策。

3. 认同。表达对于某种事物价值的信念或态度。

4. 组织。将各种价值观组织成一个内化的系统。

5. 价值的性格化：该价值观系统成为一种生活方式。

1　情感目标分类学强调态度和价值观。

动作技能领域的分类

在所有年级,认知和情感目标都是重要的,但动作技能目标同样不可忽视。不管你教的是几年级或什么学科,有时候你都可能希望帮助学生掌握各种的动作技能[1]。例如,在小学阶段,你想要学生学会如何书写工整清楚。而在初中或高中的很多课程里,动作技能(例如,开车,拉小提琴,调节显微镜,操作电脑键盘,使用电锯,制作陶罐)也许是必需的。认识到动作技能的重要性,Elizabeth Simpson(1972)开发了动作技能领域的分类学。以下是该分类法的简化版。

教育目标分类:动作技能领域

1. 知觉。利用感觉器官获得引导动作活动所需的线索。

2. 定势。准备好执行某个特定动作。

3. 有指导的反应。在示范者指导下做动作。

4. 自动化。有一定的信心和熟练程度,能够习惯性地执行某个任务。例如,有能力在发球区实现70%的一发成功率。

5. 复杂或外显的反应。高度熟练、高水平地完成一项任务。例如,迅速无误地用计算机打印各类商业信件和表格。

6. 适应。使用之前学会的技能来执行新的但相关的任务。例如,使用文字处理软件完成桌面排版。

7. 创造。技术熟练后创造新技能。例如,创造现代舞的新形式。

为什么使用分类学?

464

使用这些分类学会帮助你避免两个常见的教学失误:忽视某些类型的学习结果(通常是情感和动作技能方面的),过于强调认知领域的最低级层级的目标[2]。认知领域分类学的组织者和研制者布鲁姆指出:

> 《教育目标分类——认知领域》(布鲁姆等,1956)一书的销售已超过一百万册,在教师职前和在职培训的使用时间超过二十五年。据统计,美国公立学校学生要回答的测验问题,其中90%以上是关于信息方面的。我们的教学材料、我们的课堂教学方法以及我们的测验方法,很少会超出分类的最低类别——知识。(1984,p.13)

---

1 动作技能领域分类学列出了形成熟练技能的步骤。
2 大部分测验问题偏重知识,忽视了认知目标分类中的更高层次的目标。

在下一节,将描述如何书写及有益地使用教学目标。

你掌握了吗?

应用分类学来制定学习目标有助于确保:

a. 采用正确的方法书写教学目标。　　b. 概括性目标先于具体目标而制订。

c. 教学评估与教学相匹配。　　　　　d. 运用皮亚杰的认知发展阶段理论。

13.2　陈述和运用教学目标的方式

对于教学目标的书写和运用,许多心理学家都提出了建议,但接下来的讨论仅限于在这一领域最有影响力的两位学者提出的建议。这两位学者是罗伯特·F·马杰(Robert F. Mager)和诺尔曼·E·格伦兰(Norman E. Gronlund)。

13.2.1　马杰推荐使用的具体目标

伴随着《准备教学目标》(Preparing Instructional objectives)(1962, 1997)这本文笔活泼、富有启发意义的专著的出版,马杰激发了人们对教学目标应用的巨大兴趣。为了强调教学目标的重要性,马杰说:"如果你不知道要去哪里,最好的地图也无法帮助你到达目的地……如果无法把你的教学目标告知他人:

- 你就无法决定哪些教学内容和步骤会实现你的教学目标。
- 你就无法编制测量工具(测验),也不了解学生是否有能力进入下一阶段的学习。
- 你的学生就无法确定自己应该何时停止练习。"(1997, p.vi)

接着,马杰就如何书写**具体教学目标**[1](specific objectives)提出了如下建议:

1. 展示学习成就时,向学生描述你希望他们在做什么,并指出你是如何知道他们

1　马杰:陈述包含着行为、限定条件、表现标准的具体目标。

正在做这些事情的(照片13–2)。

2. 在你的描述中,指出并命名可以表明成就的行为表现,界定行为发生的条件,并陈述可以接受的表现的标准。

3. 为每种学习表现分别书写教学目标。

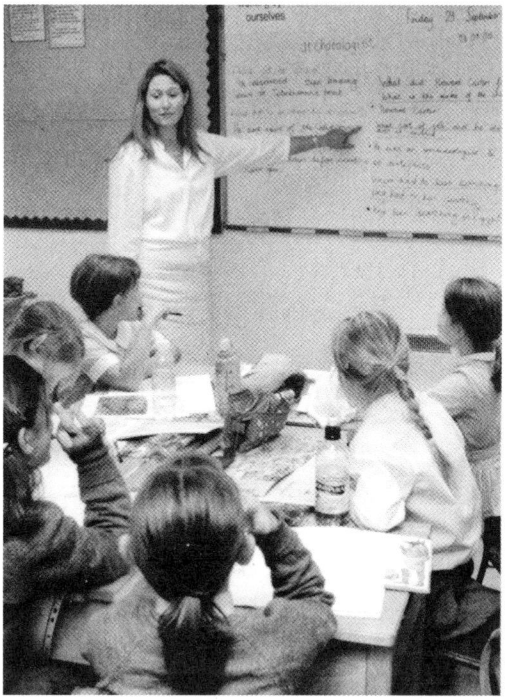

John Powell - Photographer/Alamy

照片13–2 马杰推荐教师使用这样的教学目标:指明代表着成就达成的行为,界定行为发生的条件,并说明可以接受的表现的标准。

以下是马杰(1962)推荐的几种教学目标的实例: 465

- 在三分钟之内正确地解答7道包含着三个两位数的加法运算题。
- 在有十种树木的图片中,正确辨认出至少八种属于落叶类或常青类的树木。
- 正确拼写出上一周下发的词汇表中至少百分之九十的单词。
- 在两分钟之内,利用一台电脑和文字处理程序,(根据具体要求)打印出一封商业信件。

请注意,可接受的表现可以用规定时间、最低正确数或正确率来表述。

在《准备教学目标》一书出版后,马杰的建议立即被广泛接受,但人们很快发现,他所推荐的这种具体的教学目标,显然最适用于学生掌握事实性知识或者学习简单的技能。诺尔曼·E·格伦兰断定,对于更为复杂和高级的学习,采用不同形式的目标将更为适合。

暂停 与 反思

有批评者认为教学目标限制了教学艺术的一面,将教师束缚在一个提前设定好的教学规划中。对此,你有什么看法?你是否记得有些老师既可以遵循教学目标,又充满热情、灵活性、富有创造力?

13.2.2 格伦兰推荐使用的概括性目标

格伦兰（Gronlund & Brookhart, 2009）开发了一种两步法程序，来书写更为概括的教学目标[1]：

1. 参照诸如三个分类学中所列出的系列目标，列出将要学习的内容。根据内容列表来编写教学的**概括性目标**（general objectives），描述学生展示其学习成果的行为类型。

2. 在每个概括性教学目标的下面，列举出五个具体的学习结果，这些学习结果代表了学生达成概括性目标后，应该能够展现出来的行为。每个学习结果应该以一个行为动词（例如"解释"或"描述"）开头，行为动词代表期望学生能做出的特定行为。

为了弄清楚格伦兰的方法与马杰的方法的不同之处，设想一下，你正在教授一门教育心理学的课程，需要书写教学目标，其中要反映出对皮亚杰认知发展理论的四个阶段的理解。图13-1比较了使用格伦兰方法和使用马杰的方法所书写的教学目标。

对于为何要以概括性目标开始，格伦兰给出了几个理由。首先，大部分的学习活动很复杂，因而，正如马杰建议的那样，对于每个学习结果不能都用一个具体的教学目标

题目：皮亚杰认知发展理论	
格伦兰的方法	马杰的方法
概括性教学目标	具体教学目标
• 学生能理解皮亚杰认知发展的四个阶段的特征。 **用行为动词陈述具体的学习结果** • 用自己的话描述学习者在每个发展阶段可能从事以及不可能从事的思维的类型。 • 预测学习者不同阶段的行为。 • 解释为何对于不同阶段的学习者，特定教学方法有效或无效。	• 根据给出的皮亚杰认知发展的四个阶段的列表，学生可以在二十分钟之内，用自己的话描述出两个问题，解释处于每个发展阶段的学习者是否可以解决这两个问题。 • 观看一段幼儿园老师讲解容积守恒问题的录像，学生能预测视频中90%的学生的反应。 • 观看一段包含课堂问题的五年级学生的录像，学生能预测录像中90%的学生的反应。 • 呈现八节课的教学实录，每两节课对应皮亚杰四个发展阶段中的一个。学生能解释每一节课成功或失败的原因。

图13-1 教学目标的类型：格伦兰与马杰的方法的比较

---

1 格伦兰：陈述概括性目标，列出具体学习结果的样例。

来描述。第二,马杰倡导的具体教学目标类型,可能会让教学者和学习者关注于记忆事实和掌握简单的技能。正如前面所指出的,这些类型的行为属于教学目标分类中的最低级别。第三,具体教学目标会限制教师的灵活性。格伦兰的目标法允许行为表现标准从教学目标中分离出来,这样老师可以根据需要修改行为表现标准,而无须改写教学目标。如果在一个单元的教学中,为了达到后续的更高水平的行为表现,同一个行为要被多次评估,这个特点就会很有用。第四,概括性教学目标有助于提醒你,教学的主要目的是达成概括性的结果(诸如理解,应用,或分析)。

13.2.3 保持评估与目标和教学的一致性

用学生可以理解的话来清晰地陈述你的教学目标,并且根据这些教学目标来设计用于评估学生学习情况的测验,这是第14章我们所讲的"为学习而评估"(与"学习评估"相反)的第一步(Stiggins, 2009)。

正如我们在第14章所讨论的,课堂评估方法有好几种,每种方法只针对测量某种特定的学习结果最有效。多项选择、简答和正误判断测验,对于测量基础的事实性知识的掌握是有效的。如果教学目标强调布鲁姆分类学中的理解、分析和综合方面,论述题会更有效,因为这类问题要求学生总结、比较和对比。如果教学目标反映建构主义取向,那么纸笔测试可能就不太有效,此时需要学生解决复杂的问题,在一段时间内创造一个产品,或者与同伴有效地合作来完成一个项目。(这类测验被称为"行为表现评估",我们将在第14章"课堂学习的评估"和第15章"理解标准化评估"对此加以讨论。)

如果你不把测验与教学目标和教学方法匹配起来,就会出现一些问题。譬如,如果你告诉学生,你希望他们把信息按照逻辑结构组织起来,把若干观点整合成一个主题,把当前所学的知识与在其他地方学到的知识联系起来,而且,你也是教他们按照这种思路来学习的。但是,你的测验却全都是简答和多项选择题,这些题只要求死记硬背。毫无疑问,这时学生只会记忆事实。因为对他们而言,测验题的内容和水平才是指引学习的真正目标。

最后对匹配问题作一个说明:在这一小节的第一段,我们说测验是你"设计的",而不是说是你"使用的"。这两个用语暗示了一个微妙却重要的区别。确保将教学目标、教学方法和教学评估匹配的最好方法是:你就是教学评估的设计者。如果你用别人设计的测验题,例如一套标准化测验,那么几乎可以肯定,其中有些题目不会与你的教学目标或教学方法相匹配。

467

13.2.4 对目标效果的评价

如果教师提供给学生书写清楚的教学目标,学生会学到更多知识吗? 答案是肯定的,但仅限于某些情况下。尽管大部分关于教学目标有效性的研究是在30多年前开展的(例如,Faw & Waller, 1976; Klauer, 1984; Melton, 1978),但过去就此得出的主要结论在今天一样有效:

1. 当学生注意到教学目标,把教学目标当作学习特定材料的指导方针,并认为教学目标会促进学习时,教学目标看起来最有效[1]。

2. 当教学目标书写清楚且学习任务既不是太难也不是太容易时,教学目标看起来最有效。

3. 在给出教学目标时,相较于高能力和低能力的学生,中等能力学生看起来受益更多。

4. 教学目标对有目的的学习(被强调为是重要的)有促进作用,但是会减少偶发学习(没有被教师强调)。与马杰提倡的具体教学目标比较,格伦兰推荐的概括性教学目标看起来会引发更多的偶发学习。

正如我们在本章一开始提到的,一旦你决定了你想要学生们学什么,你需要决定用哪种教学方法来帮助他们实现这些目标。我们使用"教学方法"这个术语是有用意的。重复一下我们在本章开头所说的,不同的教学方法是基于不同的学习和动机理论,然而由于大部分课堂中的学习过程非常复杂,学生也多种多样,因此没有任何一种理论可以适用于所有的教学目的和所有学生。因此,在你阅读接下来几个部分时,要努力想象一下你该如何在一学年的课程中使用每种教学方法。

暂 停 与 反 思

基于本章内容以及你的个人经历,你是否认为老师应该花费时间书写教学目标并把它们提供给学生? 如果是,你会采取哪些步骤让书写教学目标成为你职业行为的"标准模块"?

1　只有学生意识到目标,目标才会发挥最大作用。

13.3 行为主义教学方法：直接教学

对于行为主义心理学家而言，学习意味着习得新的行为，新行为的学习是由于外部刺激发挥的作用。因此，行为主义教学法涉及一些条件的安排和实施，这样才极有可能当特定刺激存在时产生期望的反应（例如，流利地阅读一个句子，在面对一道长除法题时准确地使用正确的数学步骤，把一段西班牙文字正确地翻译成英语）。基于行为主义理论的最流行的教学方法是直接教学。

13.3.1 直接教学的实质

直接教学（direct instruction）（有时称之为显性教学）背后的哲学是：如果学生没有学会就是教师教得不好。这种教学方法要求教师通过有效的教学设计、纠正性反馈以及提供练习机会来让学生不断地学习基本技能和知识。它最常用于小学阶段的基本技能（如：阅读、数学运算、写作）和学科知识（如：科学、社会学习、外语词汇）的教学。它也被用于教授初高中阶段补习班的学生。这种方法对于低龄学习者、学习迟缓者以及首次面对新的难以掌握的学习材料的所有学习者，都是最有用的。尽管直接教学有好几种变式，以下描述代表了 Bruce Joyce 和 Marsha Weil (2009), Barak Rosenshine 和 Carla Meister (1994b), Bruce Larson 和 Timothy Keiper (2013)，以及 Jennifer Goeke (2009) 对直接教学的总体看法。

直接教学法的主要特征包括：

1. 几乎所有课堂活动聚焦于学习基础的学术性知识和技能。情感和社会性方面的教学目标，诸如提高个人自尊以及学会与他人相处，要么不被强调，要么被忽视。

2. 由教师来作出所有的教学决策，诸如：一次学习多少内容，学生是单独学习还是分组学习，以及学生是否上午学习数学、下午学习社会研究[1]。

3. 让学生尽可能高效地学习新的知识和技能（通常称之为专注于任务）。

4. 设计的所有教学中都要包括演示、练习及纠正性反馈。

5. 通过强调正强化、避免使用令人厌恶的惩罚来维持积极的课堂气氛。

---

[1] 直接教学：关注基本技能的学习，教师作出所有的决策，使学生专注于学习任务，提供练习机会，并给予反馈。

照片13-3 采用直接教学法的教师强调通过使用结构化的教学、积极反馈和大量练习，让学生充分学习基本技能。

直接教学的目标是让学生在进入更高级水平的学习之前，掌握基本技能和内容（照片13-3）。这种教学方法的提倡者相信，与第一次就正确地掌握了学习内容的学生相比，一开始就出现错误学习的学生，需要更多时间和精力来再次学习相关内容。

显而易见，直接教学是一种高度结构化的教学方法，常被称为教师主导的教学或教师领导的教学。

13.3.2 直接教学的成分

Bruce Joyce 和 Marsha Weil（2009）概括了构成直接教学的五个基本成分或阶段：定向、呈现、结构化练习、有指导的练习和独立练习。这些成分并非单纯源于理论。它们也反映了各年级优秀教师所使用的各种教学技巧。

定向

在定向阶段，教师为学生提供一节课的总体目标，告诉学生为何要学习这些材料，将新的学习内容要么与早前学过的材料要么与学生的生活经验联系起来，告知学生需要如何来学习这些材料，以及期望他们达到什么水平。

呈现

呈现阶段起初涉及解释、描述及展示新材料。与所有其他基于操作条件作用的教学一样，教学将被分割成若干小的、容易学会的步骤，以确保学生掌握每一步的学习内容。与社会学习理论一致，教师要使用大量关于新概念和技能的例子，演示学生应该努力达到的反应水平（如：掌握外语词汇的一个特定发音，阅读一首诗或一个故事，学会数学运算的步

469

骤,或者能分析一部小说的主题、人物或者背景)。为了促进理解,在适当的时候,可以用图画(如电脑上的幻灯片、录像)或图表(如概念图、时间轴或表格)来呈现学习材料。学生一旦表现出学习上的困难,教师就应给出额外的解释。

呈现阶段的最后一步是评估学生的理解程度。这通常需要借助一个问答环节来实现,其中的问题应要求学生给出具体答案,并解释如何得到答案的。在这一过程中,可以使用某种方法确保所有学生有均等的机会答题。在整节课中,教师都要把精力集中在教学任务上,并避免跑题。

结构化的、有指导的和独立的练习

尽管对练习的支持会不断降低,但直接教学模式的最后三个阶段都聚焦于练习。Joyce 和 Weil(2009)把这三个阶段称为"结构化练习、有指导的练习和独立练习"[1]。由于教师的支持逐步撤除,你可以认为这种进程是在努力运用行为主义的塑造原理,也可以认为这是在运用建构主义的搭建支架原理。

结构化练习要求教师提供最大限度的支持。在教学或问题解决的每一步,教师都应充分指导整个班级的学生,以最大限度地减少学生的不正确反应。视觉呈现,如幻灯片投影,是结构化练习中常用的手段,它可以用来举例说明并帮助学生回忆一节课的内容。学生回答问题时,教师应强化其正确反应并纠正其错误反应。

在有指导的练习阶段,学生坐在自己的座位上解答教师解释和演示过的那类问题。教师在学生中来回走动,检查和订正错误。

当学生可以正确地解答在有指导的练习时给出的至少85%的问题时,他们就可以被认为该进行独立练习了。此时,鼓励学生在课上或回家进行独立练习。此时,尽管教师会继续评价学生作业的准确性并提供反馈,但是会以一种相对延迟的方式来进行。

13.3.3 在练习中获得最大收益

为了让练习有效,Joyce 和 Weil(2009)提出了以下建议:

1. 塑造学生的学习方式,系统地把学生从结构化练习引向有指导的练习,然再引向独立练习。

2. 设计几个相对较短但深入的练习环节,这比数量更少却更耗时的练习更能促进学习。对于低年级的小学生来说,一天中进行几个5到10分钟的练习,比进行一两个30到40

1　直接教学包含着结构化的、有指导的、独立的练习。

分钟的练习——这是初中或高中生可以坚持的,效果要更好。

3. 细致地监控学生在结构化练习时的准确性,强化正确反应,纠正不该有的错误反应。这个建议直接源自于操作条件作用的研究。你可以回忆一下行为主义学习理论那一节章,斯金纳发现当正确反应立即被强化而错误反应被消除时,新行为习得最快。当学习者作出了错误反应而不被纠正,这些错误反应会成为行为模式的一部分,并妨碍接下来的学习进程。

4. 为保证高度成功地掌握基本技能,学生必须在能够对结构化练习和有指导的练习中呈现的至少85%的例子作出正确反应后,才可以进行独立练习。

5. 任何课的练习环节都应该持续几个月。某些教师习惯于课程一旦结束,就不再复习其包含的主题,这往往会导致学生的低质量学习。再次强调,分散练习比集中练习更能促进学习。

6. 在结构化练习阶段的分散练习之间的时间间隔应较慢,但是在有指导的练习和独立练习中,分散练习的时间间隔应越来越长。

13.3.4 直接教学的效果

研究者在少数民族学生和低社会经济地位(SES)学生比例较高的城市学校中,探讨了直接教学的效果,发现它可以产生中等水平的促进作用[1]。例如,有一种被称为"大融合模式"(因为教学围绕着"大观念"展开)的直接教学法在加利福尼亚一所中学实施,这所学校面向高度贫困的社区。一年以后,那些阅读处于五年级或更低水平的七年级和八年级学生的比例减少了,而阅读处于六年级、七年级或者更高水平的学生的比例提高了。类似的结果也表现在数学测验分数上。以百分比来表示,最明显的提高出现在英语语言学习者中。在项目实行前,在阅读和数学测验中只有10%的学生达到年级平均水平(七年级或之上)。一年以后,这个数据上升到大约36%。在同一年级中分数提高幅度最大的是白人学生(2.1)、印第安学生(1.7)和拉丁裔学生(1.6)(Grossen, 2002)。

13.3.5 运用技术支持行为主义教学方法

InTASC　　　　标准3(m)　标准5(i)　标准7(k)　标准8(n)　标准8(o)

运用行为主义学习原理的、基于计算机的教学方法,强调具体的行为目标,将学习分解

1　直接教学有助于学生学习基本技能。

成几个小步骤,塑造学生的成功,使用及时反馈和一致的奖励,并预先确定好评估方法。学习被看得很像是一条工业生产线:信息由一个计算机程序高效地传输给等待中的学生。

在行为主义学习理论那一章提到的基于计算机的操练和练习工具以及整合学习系统,大部分都基于这个框架(Mazyck, 2002; Ysseldyke等, 2003)。仅仅把多媒体技术用于完善讲座中的图片和声音,也属于这种情况。尽管在教学中用这种方法来使用技术可能会被认为死板、乏味、缺乏人性化,但是如果你对准确、高效地学习基本事实和技能感兴趣,那么这种做法还是有价值的。

你掌握了吗?

从教师直接教学发展到学生独立学习需要经历以下哪些步骤:

a. 定向、呈现和独立练习   b. 塑造和/或搭建支架

c. 呈现和结构化练习   d. 定向和结构化练习

13.4 认知教学方法:促进有意义学习和自主学习

InTASC 标准3(i)

认知学习理论的关注点是心理及其工作原理。相应地,认知心理学家主要感兴趣的是研究那些拓展我们知识基础并让我们以不同方式理解和回应世界的心理过程。在这一部分,我们将讨论两种教学方法,它们基于两种不同的认知理论:信息加工/社会认知和建构主义。信息加工/社会认知教学法涉及实现那些可以帮助学生有效将信息从"外部"(例如,一篇课文或一个讲座)向"内部"(大脑)转化的条件,而建构主义教学法聚焦于为学生提供机会,让其创建自己对现实的有意义的理解。

13.4.1 信息加工、社会认知教学方法的实质及构成要素

在本书前面提到,信息加工和社会认知理论都关注人类如何解释信息以及在心理上如何操作所面对的信息。研究表明,要想有意义地习得信息,就必须注意信息,注意到信息的重要特征;必须以有组织和有意义的方式编码信息,以使得其更容易被提取;必须采用

一定的学习策略，以使得这些过程针对各种任务、在各种情况下都可以发生（Joyce & Weil, 2009; Marx & Winne, 1987; Zimmerman, 2008）。

　　基于上述理论的教学方法有两个主要组成部分。第一，利用关于学习过程的知识来设计教学和指导教学行为。你会发现，信息加工/社会认知教学法的这一部分中的有些要素与我们刚刚谈到的行为主义教学方法有共同之处[1]。两种教学方法都引导你以某种方式（并采用一些相同的策略）来营造课堂环境，以此提高学习的有效性和效率。第二，这也是信息加工/社会认知教学法独有之处——让学生意识到他们是如何学习的，以及如何利用这些过程来改善自己的课堂表现。以下是几条建议，旨在让学生成为课堂教学的更有效的加工者。

清晰地表达课程和教学目标

　　当学生在开始一门新课，遇到一个新题目，学习一项新技能时，他们会问自己的第一个问题是"我为什么要学这个？"可能你早已问过自己这个问题很多次了，却没有得到一个满意的答案。因此，在每堂课开始时，应告诉学生你想让他们完成什么学习任务，他们学习这一知识或技能的重要性，以及你打算如何评估他们的学习[2]。如果你想使用纸笔测验，应告诉他们测验内容的范围，会使用什么类型的问题（对应于你用来制订教学目标的分类学），以及测验中每类型问题会有多少个。

　　没有这些信息，学生会被迫去猜测学习要求，因此就无法采用合理的学习和研究方法。例如，他们会把你的概括要求"为了测验，请学好这一材料"当作是记忆的提示，而你实际上是希望他们能用自己的语言来解释观点。如果你想使用行为表现测验，应告诉学生在何种条件下测验，以及评判他们的行为表现的标准是什么。

使用吸引注意力的技术

　　信息加工/社会认知理论认为，没有被注意到的材料是不会被加工的，而没有被加工的材料是不会被储存在记忆中的。因此，你应该使用（但不是过度使用）各种各样的吸引注意力的技术（照片13-4）。我们在前面所建议的向学生解释教学的目的，学生该对学习的哪些方面负责，以及将如何评估他们的学习，都有可能会吸引某些学生的注意。但是一旦你开始课堂教学，你就需要不断吸引和维持学生的注意。

　　第8章"信息加工理论"中的教学建议部分（"帮助你的学生成为高效率的信息加工者"），提到了几种吸引学生注意的技术。以下是另外一些技术：

1　信息加工/社会认知教学方法：围绕有意义学习的原理设计教学，教学生更有效地学习。
2　告诉学生你想让他们学什么、为何及如何测试。

照片13-4　信息加工教学法的一个含义是,由于不被注意的信息不会被学习,因此要使用吸引注意的技术。

- 通过提高或降低你的音调,口头强调某些词汇或短语。
- 使用夸张的动作。
- 为你在黑板上或白板上写的关键词或短语添加下划线。
- 当你在讨论重要人物的成就时,不论是科学、数学、社会研究还是历史领域的,装扮成那个人并用你认为的方式学那个人讲话。

　　有一种教学法,为了吸引学生的注意力,将教学嵌入非常规但有意义的情境中,被其发明者称为反常式教学,其效果还值得检验(Pogrow, 2008, 2009a)。

强调信息的组织和意义

　　研究已经反复发现,当信息被以一种有组织的形式呈现在有意义的情境中时,学生会学到和回忆起更多信息[1]。当构成信息的各成分以一种合理的方式联系在一起时,信息是有组织的。如果你教授高中物理,你可以根据你的目的按照主要理论、基本原理或者主要发现来组织学习材料。对于历史,你可以找出主要观点和具体的支持证据,或者按照一系列

1　呈现有组织、有意义的课。

因果关系来描述历史事件。不论是采用何种形式的组织,都比让学生把人名、日期、地点和事件当作孤立的信息碎片来记忆要好。

一种常用的组织和在空间上表征出一整套观点之间关系的方法,是画概念地图(我们在第9章"社会认知理论"中提到过)。这一技术涉及找出组成一个主题的各个观点,然后用线条来表示它们之间的相互关系。图13-2是一个特别有意思的例子,既体现了有组织性的知识,也体现了建构主义的学习点。(等我们讨论建构主义教学法时,我们会从后者的角度进一步作以讨论。)

正如我们在第8章和第9章所指出的,有意义学习会使记忆表征更丰富、更稳定。当信息可以与熟悉的观点和经验相联系时,有意义学习更可能发生。以下是几种促进有意义学习的方法:

- 利用某些形式的概述或导言,为要学习的新材料提供一个有意义的背景。
- 利用具体的例子和类比来描述那些抽象的观点。

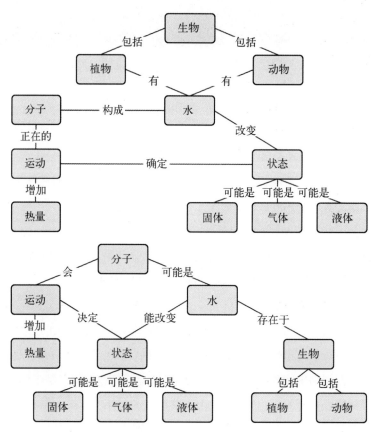

图13-2　使用同样的概念构建的两个概念图
来源:Novak and Gowin (1984)

- 使用基于视觉的方法,如地图、图表和三维模型,来表征信息。
- 强调实际应用以及和其他学科的关系(你可以回忆一下前一章中,使用这个策略来帮助青春期少女保持对科学的兴趣)

在既定时间内呈现的学习信息要适量

当学生努力要掌握那些他们需要学习的信息时,有时候出现问题,仅仅是由于一次呈现给他们的信息过多,即由于太多的外部要求。还有些时候,因为任务本身的性质,学生的工作记忆(短期记忆)被限制了。例如,任务有几个构成部分,而所有部分又必须被同时监控。如果考虑了任务的性质,你就可以判断在给定时间内,该让学生学习多少信息。

有一些任务,其中包含一系列分散的成分,要求一次性把这些成分学完。譬如,学习外语词汇或者化学元素符号,由于这些成分是独立的,因此对于工作记忆和理解的要求就低。学习一个单词的意思或者化学元素符号,对于学习其他成分没有影响。只要将工作记忆的外部负荷控制在合理范围之内,即限制学生需要学习的单词或元素符号的数量,学习问题就会降到最小。

其他一些任务,由于其中的成分是相互作用的,对工作记忆的要求更高一些。学习生成或辨认语法正确的句子("The cat climbed up the tree" 对比 "Tree the climbed cat up the"),就是对工作记忆有更高要求的任务,因为所有单词要被同时考虑,才能判断该句子是否有意义。对于这样的任务,将学生要学习的信息量保持在一个低水平特别重要,因为这样可以使学生有足够的工作记忆进行图式建构(Montgomery, Magimairaj, & O'Malley, 2008; Savage, Lavers, & Pillay, 2007)。

基于这种分析提出的一个教学建议,与对直接教学的一个教学建议相同:将教学分解成小的、容易控制的部分,直到你确定学生已经学会了当前的材料,才可以引入新的主题。第二个建议是:在教学中穿插给学生写出、讨论和应用所学观点的机会。通过监控学生反应的准确程度,你会获得需要的信息,并据此判断出是否该引入新观点了。最后,在几周之内安排一些相对时间较短的练习环节,而不是一两次长时间的练习环节,因为与集中练习相比,分散练习的学习效果更好。

促进信息编码,使之存入长时记忆

当学生采用一种相对被动的学习方式时,其学习质量不会很高。正如我们在第9章所指出的,很多学生只是在逐字逐句地阅读老师指定的材料或记录各种观点。他们很少花时间思考一下主题中和主题间的概念是如何相互关联的,或者与已经习得的概念有什么关系。其中的一个原因是,很多学生不知道除此之外还有哪些办法来处理这些信息。另一个

475

原因是，教师很少教学生使用能够促进有意义学习的编码形式。回想一下我们提到过的研究的结果：从小学到初中，教师提供给学生关于加工信息方面的建议不到总时间的10%，花在解释建议上的时间不足1%。为了帮助学生编码信息，以便于他们更有效地把信息存入记忆，并从中提取这些信息，你应当将以下技术融合到课堂教学中：

- 运用不同的媒体，如图片、录音带、录像带、活生生的榜样，以及对实物的操作，来呈现信息。

- 使用大量的例子和类比（以促进精致加工）。

- 通过要求学生用自己的话语陈述观点，将新观点与个人经验联系起来，或者创造自己的类比，来促进学生的精致加工。

暂停 与 反思

在第9章关于社会认知理论的论述中，我们提到小学阶段的教师在如何有效加工信息方面几乎没有为学生提供什么指导。一个原因是教师培训项目通常提供很少的相关课程或完全没有该类课程。你遇到过这种情况吗？当你上课要全面使用信息加工原理时，你能做到哪些方面？

13.4.2 建构主义教学方法的实质及构成要素

在前几章，我们提到，建构主义理论的核心是通过创造自己对现实的理解人们会学得最好。以已有的知识、态度、价值观和经验为"过滤器"，人们以一种对自身看似合理的方式来解释当前的经验。如图13-2所示，通过给为一套概念创建两个不同的概念地图，知识可以以各种方式组织起来，一个人创造的图式也会反映出他的目的和关注点。因此，有的学生会把简·奥斯汀的《理智与情感》（*Sense and Sensibility*）理解为既是对19世纪英国的家长式阶级制度的讽刺，同时也是一个爱情故事，但其他的学生仅仅把它看成是一个爱情故事，甚至是有点乏味的爱情故事。因而，以建构主义为导向的教学的目标是为学生提供一系列条件，以此引导学生构建对现实的看法，这些看法既对学生有意义，也体现了你的教学目标（Delgarno, 2001）。

以下是对五个有助于你组织建构主义课堂的更为重要的要素的简要描述。尽管其中的两个要素反映了社会建构主义的导向,但请记住,认知建构主义和社会建构主义二者的目的是相同的:通过帮助学生建构更丰富和更有意义的图式,帮助其成为更有效的思维者和问题解决者。社会建构主义导向只是更侧重社会互动在这个过程中的作用。

在最近发展区内提供支架式教学

正如我们在本书前面提过的,最近发展区是介于学习者没有辅助就可以完成的任务和在辅助下可以完成的任务之间的区域。当学生努力掌握新的知识和技能时,教师给予学生的辅助被称为支架。

当你对学生引入新的学习材料时,提供支架式教学的最直接的方法之一就是给出解释——这一经过时间检验的教学技术。一项分析研究(Wittwer & Renkl, 2008)针对如何给出有效的教学解释,提出了四条具体建议。第一,这也重申了我们上一段所讲的,确保你的解释在学生的最近发展区内,以使得学生的学习难易适中。这条指导意见意味你需要了解学生知道什么、不知道什么,他们有什么样的误解,以及拥有什么类型的认知技能。第二,就如本书所做的,通过强调概念和原理如何与学生的日常生活和已知知识相联系,使你的解释有意义。第三,对于你的解释中提到的概念和原理,给学生提供应用的机会。最后,根据第一条建议,应给予有的学生直接的、详细的解释,而给予有的学生独立思考的空间,这样他们才能学得最好。下述两项研究,描述了支架的本质及其对学生的影响。

第一项研究(Hardy, Jonen, Moller, 和 Stern, 2006)是关于密度与浮力(如,为什么一艘大铁船可以漂浮在水面上?)的教学。研究通过给三年的学生提供或高或低水平的教学支持,以探讨其对学习的影响。在高水平教学支持条件下,教师将教学材料排列成连续的单元,决定何时将特定的教学材料和物品呈现给学生,指明学生的自相矛盾的陈述,并总结学生的结论。在低水平的教学支持条件下,给学生分配各种学习材料和用品,学生分小组来做实验。在这种支持条件下,老师的主要职责是在学生探索的过程中提供帮助。关于学生对密度和浮力概念的理解的测验结果表明,这两组学生的得分都显著高于未接受支持的控制组。但一年后,接受高水平教学支持的学生,与那些接受低水平教学支持的学生相比,对这些概念显示出更高的掌握水平。

第二项研究(Jadallah et al., 2011)描述了一位四年级的教师,如何使用各类提示作为支架的一种形式,来帮助学生更好地理解和讨论刚刚阅读的故事。有的提示采取要求学生分类的形式("你的意思是不是……? 你能把……分类吗?"),有的提示要求使用实例("在故事中哪里说……?"),而有的提示鼓励使用实例("这是很好的故事信息。")和提出挑战("我觉得好像没人试图从王子的观点来看事情。")。结果显示,这些提示不仅能提高学生对后续故事讨论的质量,也会引导学生以同样的方法来提示同学。

提供发现学习的机会

从本质上说,建构主义强调让学生为自己去发现事物[1]。然而发现什么事物?在杰罗姆·布鲁纳(我们在第10章提到过其开创性的研究),看来,根据建构主义学习理论,发现学习过程是为学习者达成有利于自主学习和自我指导的学习结果做储备的。这些结果包括理解观点之间是如何互相关联的,知道如何分析和界定问题,提出合适的问题,识别我们的已有知识何时与我们要学习的知识建立关联,以及评价我们的学习策略的有效性。我们在第10章引用的那个关于一位五年级的教师教授学生理解圆的周长和直径的关系的例子,就是一个说明如何通过有指导的发现学习达成这些学习结果的好例子。

鼓励多种观点

建构主义的基本前提是:所有有意义学习都是建构的,每个人使用各自略有差别的一套"过滤器"来建构其对现实的看法,我们所讲的知识实际上是各种略有不同的观点的共识。因此,建构主义教学法的另一个要素是帮助学生理解:对同一现象有不同的看法,这些看法可以统合在一起,让人们形成更宽泛的理解[2]。

合作学习(cooperative learning)是一种有效的学习方式,它可以将学生置于同伴群体中,这些同伴可能对做事的"正确"方法或者问题的"真相"有不同的看法,并帮助他们形成一个所有组员都能接受的更宽泛的理解(照片13-5)。在本章最后一个主要部分,我们将详细地描述合作学习。

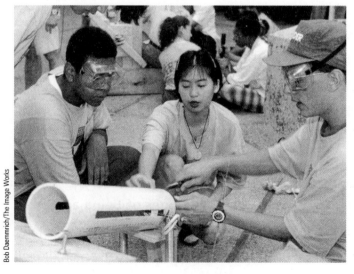

Bob Daemmrich/The Image Works

照片13-5 采用建构主义方法意味着将学生按相关问题与任务分为不同的合作学习小组,鼓励不同的观点,提供多样的指导。

1　建构主义教学:帮助学生建构有意义的知识图式。
2　从多元化的视角看待问题能促进有意义学习。

强调关联性的问题和任务

你是否记得你完成的课堂作业或者阅读课文的一个章节,而这些与你自身没有明显的关联?你觉得没意思或者不兴奋,对吧?不幸的是,太多学生是这么看待学校教育的。建构主义对此的一个补救措施是激发兴趣和创建关联性,而这又是通过提出既具有一定挑战性又具有现实意义的问题,或者分派具有这样特征的任务来实现的。强调问题和任务与学生的生活相关联,一个基本目的是要克服在第10章建构主义中提到过的"惰性知识"问题。建构主义者相信,引导学生在实际生活中有效地学习的最佳办法,是将任务嵌入尽可能贴近真实生活的情景中(Delgarno, 2001; Howland, Jonassen, & Marra, 2012)。

问题具有挑战性,要么是因为其正确答案不是显而易见,要么是因为本身并没有正确答案。我们之前描述的结构不良问题和争议问题,本质上来说,是有挑战性和现实性的,因为它们本身根本没有大家公认的合适而有用的解决方案。但是,如果你让学生去完成一个结构不良的任务,那么要尽量让学生看到任务与其自身的相关性。例如,与其让高中生泛泛地辩论是赞同还是反对关于限制个人自由的法律,倒不如让他们采访社区里的市长、警察局长、公司业主和同伴们,问问他们赞同还是反对某些具体法律,如对某个年龄以下的个体实行宵禁,或禁止游荡及购买酒类和烟草的行为。由于很多青少年认为自己足够成熟,能约束自己的行为,因而分析和辩论这些会限制青少年某些行为的法律,可能会引发他们的极大兴趣。

478

鼓励学生成为更自主的学习者

根据建构主义和人本主义理论(我们会在本章后面讨论),在合适的条件下,学生应该做到更少地依赖教师,更加独立地学习。要想使学生成为更自主的学习者,一个重要条件是优化教师与学生互动的方式。在一项研究中(Reeve & Jang, 2006)发现,当教师有以下行为时,学生更倾向于感觉他们在掌控自己的学习:留出时间给学生以自己的方式完成一项任务,给学生发言的机会,鼓励学生完成任务,倾听学生的心声并回应学生的问题。反之,如下教师行为可能会导致学生的自主性降低:为学生提供问题的解决方法或答案,给学生指明要求和方向,告诉学生应该做什么不应该做什么,向学生提出控制性的问题,如"你能按我的要求做吗?"

尽管前一段引用的研究结果让你仍然认为学龄儿童不具备引导自身学习所必备的成熟情绪和认知技能,但在宾夕法尼亚州的拉德诺,一项针对当地八年级学生名为"意见征询"的研究项目已经说明了这种可能性(Brown, 2002)。该项目围绕一系列问题展开研究,这些问题都是学生感兴趣或觉得重要的。然后学生帮助老师设计课程、学习方法和评估方法。

与人本主义理论相一致,每学年的第一目标是在学生之间和师生之间建立起安全和信任的关系。该目标的实现是通过让配对的学生互相访谈对方然后把对方介绍给全班同学,让学生访谈老师,以及采用合作式的游戏。然后,扮演学生行为协调者的老师训练学生提出有意义和有见解的问题(如:"我们为什么要吃早餐?""谁决定哪些食物可以做早餐食物?""是不是各种文化的人吃同样的早餐食物?"),而这些问题来自两个一般性的问题:"你有什么关于自己的问题和关注点?"和"你有什么关于世界的问题和关注点?"

以小组为单位,学生既研究自己的问题,也研究其他同学的问题,找出构成大组讨论主题的共同问题,并把问题贴在墙上的大纸上,供班上其他同学浏览。在看完列举的所有问题,讨论常见主题及其重要性后,学生列举出一系列整年要优先研究的主题(诸如我们文化中的暴力问题,关系我们生活的医疗问题及外国环境适应问题)。再后,学生制订出一个研究这些选题的时间表,在日历表上规划出时间段,然后加入对其中一个话题感兴趣的小组。

13.4.3　建构主义教师受到的挑战

建构主义取向的教学法与主流的教师主导的教学法背道而驰。在后一种教学法中,教师把已有的、长期积累的知识通过讲解和演示的方式传递给学生,学生则主要通过操练和练习来吸纳这些知识。对 2 500 个一年级、三年级和五年级的课堂进行的大规模教学观察研究显示,教师主导的教学法仍是最流行的方法。这些学生接受的教学几乎都(超过91%)采取整班教学或个人课堂作业形式。对一年级和三年级学生的基本技能的教学时间,是问题解决和推理的教学时间的十倍。对五年级学生而言,这个时间比例是五比一(Pianta, Belsky, Houts 等,2007)。在这样的背景下,对采用建构主义教学法感兴趣的教师就必须应对一系列挑战,即 Mark Windschitl(2002)所讲的理念上、教学法上、文化上和政治上的挑战。

理念上的挑战是指要完全理解建构主义的理论基础,并将目前的教学理念与建构主义理念相融合。这就涉及要理解认知建构主义和社会建构主义的区别,以及理解认知学徒制、搭建支架、情境学习和协商的意义等概念。对建构主义理论的牢固掌握也有助于教师避免一些错误想法:例如,永远不可以使用直接教学法;学习时学生必须保持身体上和互动上的活跃;学生的所有观点和理解都同样有效;建构主义教学不会采用严格的评估测验。

教学法上的挑战有几个方面:

- 建构主义教师需要明白:学生的思维各有不同,对于某个主题每个学生的知识完备性和准确性不同,学生对自己知识状态的认识程度不同。
- 在基于问题的活动中,教师必须知道如何应用各种方法来促进学生的理解。这些方法包括示范;提供形式各异的提示、探究和建议;提供问题解决的经验法则；以及利用现代技术组织和呈现信息。

- 教师必须引导学生选择有意义的项目和问题来探究，这些问题要足够复杂，在智力上有挑战性，要与正在学习的某个学科中的主题相关。

- 教师必须教会学生在协作活动中有效地学习，即使有些学生对与他人合作不感兴趣甚至是反对。

- 教师需要有对本学科有足够深入的理解，以便于学生在实践观摩中产生困惑时（例如，学生对于幼苗在光线较弱时比光线较强时生长得更高产生困惑），引导他们作出合理的解释。

- 最后，建构主义教师需要知道如何使用一系列可供选择的评估手段，诸如，访谈、观察、学生日记、同伴评价、研究报告、艺术项目、物理模型的建立，以及参与表演、辩论和舞蹈。

有意于采用建构主义教学法的教师所面临的文化上的挑战，关乎到制约教师和学生行为的隐性课堂规范。众所周知，主流教学法是说教式的，即已有的事实和程序由专家（老师）传递给新手（学生）。这种类型的课堂文化就是大部分时间教师讲，而学生坐在那，安静专心地听讲、做课堂作业和测试题。建构主义课堂则具有以下特征：强调探究和学生间的合作，教师充当学习资源，对各种观点和问题解决方法作出解释，努力在各种答案和问题解决方案之间形成共识。教师面临的主要挑战是要认识到，自己关于理想课堂的特征的观念，有可能受自身以前做学生时的传统课堂经验的影响。

政治上的挑战是要说服那些编排课程及影响教学法的人（学校董事会成员、管理者、其他老师和家长），让他们相信建构主义教学可以满足州学习标准，与高风险测验的内容一致，会帮助学生有意义地习得各个学科中的关键观点。如果你碰到此类问题，你可以引用一个或两个支持建构主义教学的研究。例如，相比于教师使用传统的直接教学法的德国三年级学生，使用建构主义教学法的教师的学生，在数学应用题和数学计算问题上得分都更高（Staub & Stern, 2002）。

在接下来的关于技术运用部分，将讨论把学习融入真实情景中的另外一些观念。

13.4.4　运用技术支持认知教学方法

InTASC　　　标准3（m）　标准5（i）　标准7（k）　标准8（n）　标准8（o）

随着教育者开始理解和研究认知学习理论，技术应用的焦点也从补救学习者的技能缺陷和练习基本技能，转向帮助学习者建立、拓展和巩固新知识（Cennamo, Ertmer, & Ross, 2013; Howland, Jonassen, & Marra, 2012）。你出于此目的而应用现代技术的意愿，在一定程度上取决于你在多大程度上使用计算机技术来实现个人和职业目标。在四年级和八年级教师中，相比于技术手段使用水平较低的同事，那些课堂技术手段应用和个人计算机技术水平较高的教师，更有可能采用建构主义教学方法（Rakes, Fields & Cox, 2006）。

帮助学生加工信息

信息加工教学法利用技术手段最大程度地降低任务的认知要求，帮助学习者建立信息图式或模式，拓展或增加思维的新角度，并提供信息概述和记忆线索[1]。第9章"社会认知理论"中提及的关于列提纲和做笔记的程序，与此教学法一致。此外用到的技术还包括电子百科全书（例如，Grolier's 多媒体百科全书），包含诸如时间轴、信息图和概述等概念资源的互动数据库，以及可以帮助学生组织知识和观点的概念图软件（Jackson, 2013）。

发现式、探究性的环境

计算机不仅是学习者传递和表征信息的工具，而且也为学习者提供发现和洞察的环境。在这样一个**探究性的环境**（exploratory environment）中，学生可以探索海洋生物或者找寻雷克斯霸王龙的理想生态系统。

学习数学的探索工具包括Logo, the Geometric Supposer 和 the Geometer's Sketchpad。研究表明，这些工具都可以帮助学生建构关于几何概念的有意义的知识网络，减少对规则和术语的机械记忆（Clements, Sarama, Yelland, & Glass, 2008; Funkhouser, 2002/2003）。

另一个探索工具——GenScope，旨在帮助学生更好理解遗传学原理。有两项研究显示出了使用此工具的益处。在第一项研究中，学习科技生物学和生命科学导论课程的高中生，在遗传学推理测验中的表现，显著好于没有使用该工具的学生（Hickey, Kindfield, Horwitz, & Christie, 2003）。在第二项研究中，学习高级生物学的高中生，尽管很少具备本学科的先行知识，但是使用了GenScope后，在概念理解上取得了显著的进步，而已经具备相关遗传学知识的学生则没有取得这样的收获（Winters & Azevedo, 2005）。

481

有指导的学习

尽管学生可以利用范例和模拟程序来设计实验、实施测量、分析数据和呈现研究结果，但仍需要教师搭建支架、作出引导以支持学习过程（Jackson, 2013）。在有**指导的学习环境**（guided learning environments）中，教师可以帮助学生设立目标，提出问题，鼓励讨论，以及

---

1 技术可以通过帮助学生编码、存储和提取信息来支持认知教学方法。

提供问题解决过程的示范。处于这种环境中的教师在单元开始时会提供一个清晰的路线图,明确地表达自己的期望,安排好学习活动的顺序,持续地提供强化和引导,适时进行示范,为学生提供练习问题解决步骤和反思学习的机会,开展定期的学习检查,并分享学生的进步。(留意此教学法是如何结合行为主义教学法和社会认知教学法的要素的。)

高级思维技能项目(HOTS)是一种有指导的学习环境,它主要关注四至八年级处于风险中的青少年的高级思维技能发展问题(Pogrow, 1990, 1999, 2005, 2009b)。HOTS旨在借助电脑来促进主动学习、苏格拉底式提问和反思活动。它试图改善四类主要的思维过程:(1)元认知;(2)推理思维;(3)学习的迁移;(4)综合,或将不同来源的信息组合成一个统一的整体。在该项目中,学生在使用计算机工具时被督促去反思自己的决策过程,而不是像通常那样进行基于计算机的机械操练。教师不再直接公布答案,而是通过提问或者让学生复习和阅读电脑屏幕上的信息来归纳出关键概念。HOTS的开发者Stanley Pogrow称这种过程为"受控的挣扎",或者把学生引入挫折情境,以迫使他们通过反思电脑屏幕上的信息来解决问题。实际上,由于小组讨论会使学生比较学习策略并反思有效的策略,因而师生之间、学生之间的对话在这里才是学习的关键,关键并不在于学生使用电脑。在四年级开始实施这个项目和此类教学的主要原因是,本质上来说,这是第一次学生面对要求他们创造、综合和生成概念的任务。Pogrow认为,如果此时打好了这方面基础,教师即便在以后不去花费大量的时间来重新教授课程内容和辅导学生的考试,学生也能取得更好的成绩(Pogrow, 2009b)。

基于问题或项目的学习

在教育中实施建构主义的另一个途径是利用技术促进**基于问题或基于项目的学习**(problem-based or project-based learning, PBL)。相关的教学方法非常相似,它们都要求学习者找出解决实际生活问题的办法或者建构出复杂问题的答案,诸如,细菌如何影响人们的健康,水污染的源头和解决方法是什么。

基于计算机的问题解决项目通常给学生呈现故事类的问题、实验类的问题或者调查问题。故事问题项目通常是辅导性的,很像你在学校遇到的数学应用题。实验类问题通常是模拟化学或生物等科学学科中的实验室实验。调查类问题通常指向现实的环境(微世界),可能会涉及各类学科领域,如,航天、社会研究、环境科学和人类学等(Howland等, 2012)。如果借助技术实施PBL,学生就可以在与他人合作的同时,规划和组织自己的研究。

尽管PBL起源于医学和商学教育,这种教学法目前已经被成功地引入到小学、初中和高中年级。基于建构主义原理并且最有可能促进有意义学习的问题解决和基于项目的教

学法,将会采取如下做法:

- 鼓励学生成为主动的学习者,从事诸如观察、实物操作、记录操作结果等活动。
- 鼓励学生反思自己的经历,开始构建对现实世界的心理模型。
- 为学生提供复杂的任务,这些任务来自真实世界且需要几周来完成。
- 要求学生陈述自己的学习目标、做出的决定、使用的策略和形成的答案。
- 要求学生以合作小组的形式学习,小组中要有相当数量的社会互动(Howland 等, 2012; Larmer & Mergendoller, 2010; Mehta & Fine, 2012)。

技术也被用于支持基于项目的学习。基于项目的学习通过给予学生一个项目或一个问题, 以及项目目标和完成期限, 来为学生提供学习活动的框架。一项在荷兰16和17岁高中生中开展的研究, 展示了这种方法的运用方式。在研究中, 给学生五小时时间来写一篇大约750字的文章, 文章是关于20世纪50年代和60年代荷兰青年的行为是如何发生改变的。尽管学生是配对学习, 但每个人都用自己的电脑写作, 并且通过一个聊天设备和一个双方都可以编辑的共享草稿来互动。学生在写作时, 可以利用计算机提供的资源, 诸如课本的摘录、对历史学家的注解、照片、图表和访谈(van Drie, van Boxtel, & van der Linden, 2006)。

情境学习

你可以回忆一下第10章有关情境学习或者情境认知的内容, 情境学习这一概念是指知识与获得该知识的环境紧密关联。任务越贴近真实生活, 学习越具有意义。技术在学生接触各种各样的真实世界的学习情境方面发挥重要作用。例如, 基于计算机的教学技术, 如CSILE、WISE以及GLOBE, 可以通过提供真实数据和操作数据的工具, 来让学生以学徒身份进入真实的学习和问题解决情境中(参见, Slotta & Linn, 2009, 对WISE科学程序的详细描述)。

一个体现情境学习理念的研究项目, 分别在一所北爱尔兰学校和一所爱尔兰共和国学校的小学生中展开。在这个名为"作者在线项目"的研究中, 两所学校的学生都阅读Aubrey Flegg的一本名为《肉桂树》(*The Cinnamon Tree*)的书, 并写一篇读书报告。学生会把自己的报告上传到北爱尔兰网络教育网站上。每当有新的读书报告出现, 所有的学生都会阅读和讨论。此时, 该书作者也会对每位同学的报告进行评论。学生在课上以个人或小组的形式讨论该书作者的评论, 形成一个回应。有时, 该书作者会扮演书中的主要角色——一个13岁的女孩, 这样就为学生们提供了一个独特的机会, 与小说中的人物进行互动(Clarke & Heaney, 2003)。

你掌握了吗？

　　教师组织一次关于君主制、民主制和共产主义的相同点和不同点的讨论。学生以团队为单位,找出在讨论中的关键观点并画出各种观点如何关联的图示。该实例属于:

　　a. 引导式教学　　　　　　　　　　b. 概念地图

　　c. 大纲生成　　　　　　　　　　　d. 概念总结

13.5　人本主义教学方法：以学生为中心的教学　　　　483

InTASC　　　　标准3(i)

　　在国家层面上的教育对话,几乎总是强调认知过程。教育领域内外的人士都主张,学生需要掌握更高水平的思维技能,以便于他们获得更宽厚、更复杂和更有用的知识基础。在《不让一个孩子掉队(NCLB)》《力争上游》《共同核心课程》等教育法规文件中,你都可以发现这种倾向。

　　作为持有很强的认知定向的教育心理学家,我们认为这个目标本身没有什么大问题。相较于前几代人,我们所处的复杂世界确实需要更高级的认知技能。然而,我们担心的是,这些对话和政策局限于一个过分狭窄的框架内。其潜在假设是,学生的思维和学习内容的改善,可以通过改变学习标准、内容标准、教学方法和课程材料来实现。普通人可能看不出这种定向有何问题,但是作为教育心理学家,我们深知其不足。在教学中还必须考虑一些重要的非认知变量。学生的需求、情绪、自我知觉以及价值观在任何学习中都扮演着重要角色。

　　在历史上,关注这些非认知变量的教学理论,就是大家所知的人本主义教学法(humanistic approach)。其假设是,学生在如下条件下才会产生高水平的学习动机:当学习材料对其个人有意义时;当他们理解自己行为的原因时;他们相信课堂环境支持他们努力学习,即便他们学得很吃力。因而,人本主义教学强调帮助学生更好理解自己,创造一个支持性的课堂氛围,以激发人类与生俱来的学习愿望并充分发挥其潜能(Allender & Allender, 2008; Maslow, 1987; Rogers & Freiberg, 1994)。

　　人文主义教学法也许不会很明显地与每个人存在关联,但还是容易得到支持的。我们早就知道,学习既受学生对自己的看法的影响,也受他们掌握的认知技能的影响。当学生认为一项任务的要求超出了他们目前的知识水平和认知技能时（我们前一章讲到的低自我效能感），他们可能会体验到诸如焦虑和恐惧等消极情绪。一旦这些消极自我知觉和情绪产生了，学生就要从手头上的任务中分出时间和精力，来思索如何应对这些消极的自我知觉和情绪。而学生想到的解决办法并非总是合适的。例如，有的学生决定减少努力，只要取得及格分数就心安理得。别的学生可能会完全放弃学业，旷课、不完成家庭作业和不学习备考。来自健康领域的大量研究显示，当人们感受到环境是社会支持性的时候，他们更倾向于使用积极的方法应对疾病的压力。因而，教育研究者发现积极的师生关系与更高程度的参与度和学习成绩有关联，这也不足为怪（参见 Cornelius-White, 2007; Roorda, Koomen, Spilt, & Oort, 2011; Wentzel, 2010）。

13.5.1 人本主义教学方法的先驱

人本主义对人类行为的理解在20世纪60年代兴盛起来，主要是受三个人的著作的影响。这三个人是：马斯洛（Abraham Maslow），罗杰斯（Carl Rogers）和库姆斯（Arthur Combs）。尽管这三人的职业兴趣主要是咨询，但他们也在一些书中提到了人本主义原则与教育的关联，这些书包括《存在心理学探索》(*Toward a Psychology of Being*)（Maslow, 1968），《学习的自由》
484 (*Freedom to Learn*)（Rogers & Freiberg, 1994）和《教师职业教育》(*The Professional Education of Teachers*)（Combs, 1965）。我们可以把他们关于学习和教育的核心思想总结如下：

- 人们天生具有发挥自身潜能的欲望，这一特征被马斯洛称为自我实现。要把这一特征作为学习和发展能力的内在动力。
- 只有更基本的生理、安全、归属和自尊等需要得到满足后，才会追求自我实现；教师在帮助学生满足这些需要中发挥至关重要的作用（我们在第11章讨论过的一点）[1]。
- 理解学生行为的最好办法是理解学生如何看待自己（即我们在前几章提及的自尊和自我效能感）和自己所处的情境。他是自信和自在的，还是自我怀疑、焦虑和恐惧的？
- 当学生明白学习材料和教学与自身生活的关联时，学习是最有意义的[2]。
- 当学生坚信教师接受他/她真实的样子，并会帮助学生取得成功时，就会有最好的学习状态。

---

1 马斯洛：通过满足学生的需要来帮助他们开发自身潜能。
2 罗杰斯：创造自主学习的条件。

另一个概括人本主义教育方法的说法是，教师应当努力在课堂上创建一种关怀的氛围。我们在后面将对这一理念加以简要讨论。

13.5.2　人本主义取向的教学方法

采用人本主义取向的教师寻求创造这样一种课堂环境：学生相信老师的首要目标是理解学生的认知和情感需求、价值观、动机和自我知觉，并帮助学生学习。这种环境具有如下，即使不是全部，也是其中几种特征（Mahwinney & Sagan, 2007; Noddings, 2003; Wentzel, 2010）：

- 教室是整洁的、照明充足的、维护良好的和安全的。
- 给予学生情感支持，如帮助他们应对失败带来的失望、焦虑和恐惧。
- 对学生的行为和学习提出明确的期望，这些期望尊重学生的个人差异和能力。
- 教学内容是有组织的，容易理解。
- 当学生需要时，对困难的任务提供帮助。
- 师生互动中体现尊重、礼貌和公平（例如，教师与学生互动时说"请"和"谢谢"，给予学生提高分数的机会，从不提高声调，以及无论何时都私下里管教学生）。
- 反馈要有建设性，而不能苛刻（避免讽刺和蔑视的评价），以避免学生感到屈辱、尴尬和恐惧。
- 为学生提供根据自己的兴趣和喜好作出选择（如阅读材料、项目和学习同伴）的机会。
- 学生把学习视为令人兴奋的、有意义的和愉快的活动。

由于学生的情感和决定是教学的主要关注点，此类教学法经常被称为学生主导的教学或非指导性教学（Joyce & Weil, 2009; Tomlinson, 2002）。

暂停　与　反思

你能回忆起任何一位使用人本主义教学方法的老师吗？当时你喜欢这些老师吗？你觉得从他们那里学到的和从其他教师那里学到的一样多吗？你会以这些教师为榜样吗？

485   为说明这种教学法,我们来思考这样一个案例:一名学生因为测验获得糟糕的分数而难过。大部分教师的本能反应会是解释该如何学习和准备下次考试。人本主义取向的教师则会要求学生描述其对该学科的兴趣,觉得自己的学习能力如何,对学科内容的理解程度如何,自己在什么条件下学习,学生是否觉得老师的教学足够清晰和有条理等等。为帮助学生了解自己的感受和在学习中扮演的角色,教师可能要袒露自己的某些感受。例如,教师可以对这名学生说:"当我有一天过得很糟糕并觉得好像让我的学生失望时,我有时会质疑自己作为一名教师的能力。你也会有类似的感受吗?"一旦这些自我知觉被提出来并得以澄清,教师就可以鼓励学生找出解决问题的办法(Joyce & Weil, 2009)。

这种教学方法强调,那些相信老师把自己当作活生生的人来关怀并想帮助自己达成最佳学习效果的学生,才有可能产生高水平的学习动机。Nel Noddings(2003, 2007, 2008)是一位教育研究者——我们在第2章曾提到过她,曾发表过很多关于在课堂建立关怀氛围的文章,她把这种教学方法描述为一种塑造快乐学生的教学法。她认为,快乐应该是教育者和教育政策制定者的一个明确和优先考虑的目标(这已经是家长的目标——在关于教育目标的调查中,绝大多数家长都是这么表态的),但实际情况很少如此。

Noddings 的观点并非独树一帜。另外两位长时间从事人本主义的研究者,Jerome 和 Nonna Sclarow Allender(2008)指出,课程安排应当强调学生的兴趣,因为"学生的求知欲是开启成功学习的保障"(p.86)。Chrystal Johnson 和 Adrian Thomas(2009)则认为,建立关怀的氛围的理想时间是小学阶段,因为这种氛围会增强集体意识、安全感、学习的价值意识和积极的人际体验,而这些方面都会在当时和以后阶段引发高水平的动机和学习。Beverly Falk(2009)是《孩子怎么学就怎么教》(*Teaching the Way Children Learn*)的作者,他指出:"孩子需要在关怀的集体里培养必要的自我价值感,以承担真正学习中所涉及的风险"(p.88)。

不得不遗憾地说,Noddings 的观察到的快乐课堂非常少见而无法成为常规,这一点已得到研究结果的支持。对几百个小学课堂的观察(Pianta, Belsky, Houts 等, 2007)结果显示,只有17%的学生在升级后体验到了积极的情绪氛围。然而,你还是可以采取一些具体的步骤来在自己的课堂上创建一种支持性的氛围。要做到这一点,你可以试着先观察和模仿其课堂具备上述特征的教师的做法。

13.5.3   研究结果支持人本主义教学方法吗?

人本主义的基本假设是,当教师创建出满足学生社会和情感需求的课堂环境时,孩子们的学业和个人成长就会提高。尽管这个说法听上去很有逻辑且有说服力,我们还是需要在确定其真伪之前考察一些研究证据。一种好的做法是先分析前人的研究。然后我们会跟进两个独立的研究,让你明白人本主义课堂是什么样的。

对一百多项研究的分析发现,教师如果展现出共情和温暖(这反映出关怀取向),鼓励高水平思维和使用非指导性的教学法,那么相比于其他教师,更可能让学生在言语技能、数学技能和批判性/创造性思维技能的测验中取得更高的分数(照片13-6);这些学生也更有可能表现出更高程度的课堂参与度,在自我效能和满意感的测量中得分更高,更不可能辍学(Cornelius-White, 2007; Roorda, Koomen, Spilt, & Oort, 2011; Wentzel, 2010)。

教师展示关怀取向的另一种方式,是创建一种能够满足学生归属需要的课堂

照片13-6 采用人本主义教学法意味着既要确认和满足学生的生理的、社会的、情感的和智力的需求,也要帮助学生理解自己的知觉、情绪以及行为会影响成绩。

环境。归属感,也称关系需求和团体感,它是从教师和同学那里获得支持和接纳,以及有机
会参与课堂规划、目标设定和决策的愿望。根据一些动机理论研究者(如, Bear, 2009)的观点,归属感是三种人类成长和发展的基础心理需要(另外两个是自主和胜任力)中的一种。

研究者已反复发现,归属需要的满足与以下学习结果存在正向关联(Anderman & Leake, 2007; Osterman, 2000; Patrick, Ryan, & Kaplan, 2007):

- 高水平的内在学习动机
- 强烈的胜任感
- 更强的自主感
- 更强的认同感
- 遵从课堂规则和规范的意愿
- 对学校、课堂学习和老师的积极态度
- 对成功的更高期望
- 更低程度的焦虑、沮丧和挫败感

- 对他人的支持
- 更高的成就水平

而被集体拒斥和排除的感受则与下列消极结果相关联（Anderman & Leake, 2007; Hughes & Zhang, 2007; Osterman, 2000）：

- 高水平的压力、愤怒和健康问题
- 学校中的行为问题
- 对学校、学习缺乏兴趣
- 更低的成就水平
- 辍学

487

一项针对八年级课堂氛围的研究（Ryan & Patrick, 2001），描述了人本主义取向教学的特征及其积极效应。每位教师创建的氛围都可以用如下四个方面来概括：

1. 教师支持（学生知觉到教师有多看重和多想与他们建立个人关系）

2. 促进同学之间的互动（例如，允许学生分享观点，以小组形式一起学习，对个人的课堂作业给予帮助）

3. 促进同学之间的互相尊重与和谐共处

4. 强调行为表现目标（在同学中强调竞争和能力的相对比较）

这些课堂环境成分的每一项，都与几项结果测量指标有关，包括图13-3列出的四项。

教师营造的环境	结　果			
	与教师互动的自我效能	学业成绩的自我效能	自主学习技能的运用	分心和破坏性行为
教师支持学生	+		+	−
促进同学间的互动	+			
促进相互尊重与和谐		+	+	
强调行为表现目标	−			+

488　图13-3　Ryan 和 Patrick 关于八年级课堂的研究结果

注：+意味着显著增加；−意味着显著下降。粗体表示想要的结果，非粗体表示不想要的结果。

图中使用加号和减号来表示研究者报告的显著相关性。请注意,前三个环境成分——人本主义教育者会青睐的——常常会提高期望的结果并降低不良的结果。第四个成分——尽管强调竞争和行为表现目标——会增加学生的分心和破坏性行为,并降低学生在与老师互动方面的自信心。

Ryan 和Patrick的2001年关于课堂环境的一项延伸研究(Patrick, Ryan, & Kaplan, 2007)发现,教师的支持、促进互动、促进互相尊重和同学间的学业支持(觉察到我的同学希望我每天到校并表现出色)有助于学生采纳掌握学习目标,有助于增强学生的学业和社会自我效能感。这些变量又进而有助于增强与任务相关的互动(提出想法、解释自己的推理、帮助别人),而互动又会影响自我调节行为和学习成绩。

关于课堂氛围的研究结果,对于市区班级中有较高比例少数民族学生的教师而言,有重要的启示意义。与在社区和郊区学校上学的有色人种的学生相比,在学校被虐待或在市区学校上学的有色人种学生,报告说有较弱的归属感(Anderman, 2002)。而市区学校中喜欢上学的有色人种学生,则将与教师的关系描述为支持和关怀性的(Baker, 1999)。这表明,采取人本主义教学法的教师,可以补偿很多少数民族学生经历的一些负面情绪,并帮助他们达成我们上面所描述的正向结果。

站稳立场　人本主义理论的持久生命力

正如你在本节所了解的,人本主义学习和教学法形成于20世纪60年代和70年代。你可能不知道,其在当时的流行程度,与今天的建构主义理论别无二致。但是人本主义理论逐渐不受青睐,最终几乎从人们的视野中消失。在20世纪80年代,许多课本要么彻底砍掉要么排除这方面的理论,在主要的会议上很少有关于人本主义的文章会被宣读,在期刊上几乎看不到这方面的概念和研究文章。

人本主义衰落的原因有三个方面。首先,信息加工理论、社会认知理论和建构主义点燃了一大波研究之火,这些研究,相比于非认知性的方法,对学生学习成绩的改善产生了巨大推动作用。第二,Maslow、Rogers和Combs之后的人本主义理论家和研究者不具备前者这样的学术地位,在该领域的影响力也较小。第三,当美国学生显得不如前几代的学生和其他国家的学生时,对很多人而言,在标准测验中,关注学生的情感、需要和价值观似乎是无益的。因而,教师和学生都被要求回归基本知识和技能。

然而最近几年,人本主义理论又上演了回归的戏码。当前的课堂教学理念认识到,学生的需求和自我知觉与思维一样,对了解和改善课堂学习也非常重要。我们所描述关于归属感、教师支持和与同学间的相处和谐的研究,都展示了这个趋势。因此,如果有人想说服你人本主义理论已经灭亡,要告诉他们人本主义教育方法从未消失,它们只是静静等待被承认。

你怎么看?

对于人本主义教育,你的观点如何? 你会在你的课堂上应用它的原理吗?

你掌握了吗?

一个采用人本主义方法来教授高级数学的教师,最有可能测量下列哪个学习结果?

a. 界定问题的能力   b. 解答二次方程式的能力

c. 学生的自信心   d. 记忆公式的能力

13.6 社会认知理论的教学方法:教学生相互学习

InTASC   标准3(j)

课堂任务可以经过组织,从而使得学生被迫互相竞争,或者独立学习,或者互相合作,来获得成功地完成任务时教师给予的奖励。传统上,学习竞争被认为在改善动机和学习方面优于另外两种方法。但是对研究文献进行的几项元分析(如,Gillies, 2003; Ginsburg-Block, Rohrbeck, Lavigne, & Fantuzzo, 2008; Johnson & Johnson, 2009a; Slavin, Lake, & Groff, 2009)表明,合作学习在这些方面更具有突出的优势。在本部分,我们将描述竞争性学习设计、个人主义学习设计和合作学习设计,指明构成合作学习教学法的要素,并考察合作学习在动机、学业成绩和人际关系方面的效果。我们也想指出,合作学习方法完全与社会建构主义一致,因为它们都鼓励深入探究、观点分享和解决冲突。

暂 停 与 反 思

你在学校是否曾经经历过竞争性奖励结构? 你的反应是积极的还是消极的? 你会在自己的课堂使用吗? 如何使用? 何时使用?

13.6.1 课堂奖励结构的类型

竞争性的结构

竞争性目标结构是指一个人的分数是由小组中其他人的表现来决定的（这种奖励结构通常属于常模参照性的）。以曲线图来表示的传统的打分方法，是提前规定A、B、C、D和F等级的比例，而不管实际测试分数的分布情况。由于任何一个群体只有一小部分学生可以获得最高奖励，同时这个成绩必需以超过其他学生为代价，因此，竞争性目标结构以"消极的相互依赖"为特征。学生努力超过彼此，把同伴的失败看成是自己的优势，并认为获胜者应该被奖励，因为他们本来就是更优秀（Johnson & Johnson, 1998; Johnson, Johnson & Holuber, 2002; Johnson & Johnson, 2009a）。

一些研究者则认为，竞争性奖励结构会让学生注重于把能力作为动机的主要依据[1]。这种导向反映在这样一个问题中："我是否足够聪明来完成这个任务？"当能力作为动机的基础时，在课堂上成功地竞争，可能被看作是自尊的必备条件（因为没人喜欢一个失败者），它难以实现（因为只有少数人可以成功）且具有不确定性（因为成功依赖于别人如何表现）。这些想法可能会让一些学生回避有挑战性的学科或任务，面对困难时选择放弃，只在赢得竞争时才奖励自己，且认为自己的成功是由于能力，而其他人的成功是由于运气（Ames & Ames, 1984; Covington, 2000）。

个人主义结构

个人主义目标结构的特征是：学生独自学习且依靠自己的努力来赢得奖励。其他学生的成功或失败都是无关的。重要的是学生是否达到某项任务的标准（Johnson & Johnson, 2009b; Johnson, Johnson, & Holubec, 2002）。例如，可以有30个学生独立使用电脑终端，在个人主义奖励结构下学习。依据Carole Ames 和 Russell Ames（1984）的观点，个人主义结构会让学生把任务上的努力当作动机的主要依据。这种导向反映在这样一句话中："如果我努力了，我就可以做到。"学生是否认为任务是困难的，取决于他过去在此类任务上的成功程度。

合作性的结构

合作性的目标结构以学生一起学习来完成共同的任务为特征。在这种结构中，对小组中其他学生有益的东西，对本人也是有益的；反之亦然。由于只有当其他学生也获得相

1　竞争性奖励结构可能会降低学习动机。

同的奖励时，合作小组中的学生才可以获得期望的奖励，因此合作目标结构以积极的相互依赖为特征。同理，如果达到教师设立的掌握标准，所有的小组成员都可以获得相同的奖励。例如，一位教师先讲一堂关于地图阅读的课，然后发给每组一张地图和一个问答练习。接着学生互相学习以确保所有人知道如何看地图。然后每个学生参加一个关于看地图的小测验。所有小组只要平均测试分数达到预设标准，就会得到表彰（Johnson & Johnson, 1998; Joyce & Weil, 2009; Slavin, 2011）。在第 11 章"动机与自我认识"的教学建议：鼓励学生学习部分，我们描述了两种具体的合作学习方法：学生小组成就区分法（STAD）和拼图法（Jigsaw）。

暂 停 与 反 思

你在学校有没有经历过合作性奖励结构？你的反应是积极的还是消极的？你会在你的课堂上使用这个方法吗？如何使用？何时使用？

合作结构会让学生注重于将努力和合作作为动机的主要依据。这种导向反映在如下说法中："如果我们努力并合作，就可以把事情做好。"在合作的氛围中，学生的动力源自于责任感：每个人都要努力并相互帮助来达成小组目标（Ames & Ames, 1984）。William Glasser 指出，学生的动机和表现水平往往在乐队演出、戏剧表演、体育运动、校报和年鉴编撰中达到最高水平，而这些活动都要求团队合作（Gough, 1987）。

13.6.2 合作学习的要素

在过去的三十多年里，不同人提出过不同的合作学习教学法。最常用的三种教学法是由 David Johnson 和 Roger Johnson（Johnson & Johnson, 2009a），Robert Slavin（1994, 1995, 2011）以及 Shlomo Sharan 和 Yael Sharan（Sharan, 1995; Sharan & Sharan, 1999）提出的。为了让你总体上了解合作学习是什么，并避免局限于任何一种具体教学法中，在以下讨论中，我们对各种合作学习教学法的主要特征作了一个综合。

小组异质性

只要条件允许，合作学习小组的规模要相对小一些并具有异质性。我们推荐的小组规模通常为四到五个学生。最起码，小组中要有男生和女生而且学生的能力水平要有所不同。如果可能，不同种族背景和社会阶层在小组编排时也要有体现。

小组目标/积极相互依赖

确立一个具体的目标,例如,一个分数或者一份证书,让这个小组来争取[1]。告知学生他们要互相支持,因为小组目标只有在每个成员学习好教授的材料后(比如一个任务最终以考试结束),或者是为小组作出具体的贡献后(比如一个任务最终以一次报告或项目结束),才能够实现。

促进性的互动

这一要素对于积极的相互依赖是不可或缺的。要告知学生如何通过互相帮助来解决问题并完成自己所承担的任何任务。这可能涉及部分同伴辅导,临时协助,信息和材料的交换,推理的相互挑战,反馈,以及互相鼓励以保持高水平的动机。促进性就是意味着学生互相促进,使每个人都获得成功。

个体责任

这一特征明确要求小组中的每个成员必须为实现小组目标作出显著的贡献。它可以通过要求该小组在测验中达到一个最低分数来实现。比如,将小组成员测验分数相加或者将每个学生的小测验分数平均,或者让每个成员负责项目的一个具体部分(例如,做调查并写出一份历史报告的某个部分)。

人际交往技能

如果学生不知道如何充分利用面对面互动,那么就不可能会发生积极的相互依赖和促进性互动。你可以大胆地假设,大部分学生的人际互动技能可能没有充分发展起来。因此,他们要教他们学习一些基本技能,如领导、决策、信任建立、清晰沟通以及冲突管理。举例来说,如果把冲突当成是寻找更多信息或反思决策的一个刺激,那么源于观点差异的冲突就可以是有建设性意义的。但是,如果冲突会导致学生对一个观点的顽固坚持,或者互相指责"顽固"、"笨的"、"书呆子",它就会破坏小组的团结和学习效果。

同等的成功机会

由于合作小组在能力上存在异质性,小组成功取决于积极的相互依赖、促进性互动和个体责任,那么,采取一些步骤以确保所有学生有机会为团队作出贡献就很重要。要做到这一点,你可以根据学生的测验分数的进步给予奖励,可以让学生在一种游戏或者比赛的氛围中与其他组的同水平成员竞争,也可以分配给学生与之当前技能水平相当的学习任务(如数学问题)。

491

团队竞争

这一要素看起来像是合作学习成分列表中的一个奇怪的成分,因为我们已经指出了竞

---

1 合作学习的特征为小组异质性、积极相互依赖、促进性互动及个体责任。

争作为动机和学习刺激的无效性。但是我们不是前后矛盾。竞争的主要问题是它很少被恰当地使用。当竞争是在旗鼓相当的团队之间发生且没有标准参考的打分系统，而是设定为鼓励学生竭尽全力的机制时，团队竞争就可以成为一种有效的方法，它可以激励学生相互合作（Murayama & Elliot, 2002; Shields & Bredemeier, 2010）。

13.6.3 合作学习有效吗？

对这个问题的简短回答是：有效。在绝大多数相关研究中，各种形式的合作学习已经被证明，相比于非合作性奖励结构，能够更有效地提高与动机相关的变量的水平，提高学习成绩，产生积极的社会性效果（照片13-7）。

对动机的影响

对15项研究的分析发现，其中11项研究显示合作学习对动机有中等到强烈的影响。那些有最强积极作用的研究，采用了依赖性奖励形式（只有当团体达到目标，每个成员才可以获得奖励），并含有额外动机因素（诸如个性化课程材料）。合作学习对动机的促进作用，在少数民族学生身上大于非少数民族学生，在城市学生身上大于郊区和农村学生（Ginsburg-Block, Rohrbeck, Lavigne, & Fantuzzo, 2008）。

Bonnie Kamin/PhotoEdit

　照片13-7　研究已经证明，只要其基本要素得以实施，合作学习就会产生积极的认知、社会和情感效应。

尽管大部分研究报告合作学习的作用是积极的,偶尔也会有消极结果。十一年级学生在化学课上使用了一种合作学习方式,他们出现了动机减弱现象,而整班教学组的学生却报告动机略微增强。研究者将这一发现归因为,面对即将到来的高风险测验,学生对学习进度和学习量感到不满意(Shachar & Fischer, 2004)。

对成绩的影响

对于各种类型的合作学习(如:STAD,一起学习,小组游戏竞赛法,小组支持的个性化学习)对成绩的影响,已有广泛的研究。对过去四十年进行的研究的分析发现,合作学习会使测验分数有从中等到大幅的上升。这意味着参与到合作学习中的学生,相较于传统教学下的学生,分数上升了10到25个百分位(Slavin, 2011; Wentzel & Watkins, 2011)。

最近两项研究分析进一步支持了早前报告的积极结果。第一个分析(Gillies, 2003)发现,相比于也是小组学习但在小组互动方面没有受过训练的平行同伴,合作小组的学生在进行问题解决活动时——该活动要求他们使用到布鲁姆分类法(本章第一部分讨论过)提及的所有六种认知过程,在接下来的成绩测验中分数明显更高。第二个分析(Slavin, Lake, & Groff, 2009)发现,当教师使用合作学习项目时,相比于使用计算机为基础的教学或者仅使用课本(使用什么课本都无所谓),初中和高中学生的数学分数明显更高。

对社会互动的影响

合作学习项目一个重要的构成部分是教会学生如何有效地互动,包括如何提出相关的引导性问题,以及对团体成员给出的解释和帮助,如何提供令人信服的论据和判定。一组研究者(Veenman, Denessen, van den Akker, & van der Rijt, 2005)训练成对的学生以这种方式互动,看其是否与未受这些技能训练的学生相比,在解决数学问题时会更频繁地使用这些技能。该研究产生了一项有点不寻常的结果。尽管相比于未受过训练的学生,当在数学任务中寻求或给予帮助时,受过训练的学生表现出显著的更高水平的或者精细的反应,但与他们受训前相比,相应反应出现的频率更低。

在研究者们提出的几种解释当中,有两种解释看起来尤其可能。第一,学生要解决的数学问题,属于我们第10章描述的那种结构良好的问题的变式。这意味着大部分学生可能自己就找出了答案,因此降低了精细讨论的需求。第二个可能性是,由于学后测试问题与学前测试问题极为相似,因此需要更少的努力去解决。就像一名学生所说的:"第二次的问题和第一次的基本相同;你知道如何解题,如果你俩都知道答案,就没有必要解释了"(p.144)。这一发现强调了我们前几章提到的一点:所有教学实践和项目都有其局限,因而有必要了解这些局限。研究者还发现,之前有过合作学习经历的学生,不论其是否接受关于如何有效提问和给同学提供帮助方面的具体的补充训练,相比于之前没有合作学习经历的学生,他们在数学任务上的得分会较高。

研究还表明,由于能力一般的学生最不可能积极地参与小组讨论(高能力学生常常主导讨论),他们最需要小组互动技能的指导。与未受过训练的能力一般的学生相比,小组中受过如何寻求和提供帮助训练的能力一般的学生,会更多地参与互动,并在成绩测验中得分更高(Saleh, Lazonder, & de Jong, 2007)。

总而言之,合作学习的学生,由于团队中同伴持积极的学习态度、对成功和失败进行合理的归因以及对待任务更努力的行为,往往有更强的学习动机。他们在成就测验和问题解决上得分也更高,与不同种族、民族和社会阶层背景的同学相处得也往往更好。如果你想在文化多元地区教学,最后一项结果应该会让你特别感兴趣。

493　通过探究改善教学实践:一位教师的故事

帮助学生形成并分享观点

(作者: Audrey Morton-Miller)

在学年一开始就花时间确立目标和规则,营造一种集体感,有助于创建成功的学习环境。当有了这样的坚实后盾后,学生可能会把更多时间花在学习上,并更有可能成为独立的问题解决者。但是花费精力以维持学年之初的正确轨道,并不足以保证这一年余下的时间一切顺利。

在一年中,我把每天的大部分时间用在与小组或大组中的学生的对话上。在这些对话中,我使用的一个教学法是"释义"(paraphrasing)。回应学生时,我没有使用诸如"正确"或者"不正确"这样的短语,我通常会重述学生作出的结论,征询全班的意见。作为对话的协助者,我可以协助将一个学生的观点与其他人的观点联系起来。例如,我可能会说:"所以你同意约翰的观点。"这是一种体现我们思维相似性的重要方法。当我们有了新思路或者不同的观点时,指出这些思路和观点对我来说也很重要。然后我就可以学习你与众不同的观点,并支持你的思路。在学生思路释义教学法的使用上,我发现了巨大的力量。这种方法以一种非评判的方式表现出对学生观点的尊重。释义也意味着思维有不止一种方式。

在研究一个数学问题或者一个小说角色时,我坚持用这种非评判的方法,来探寻学生的想法和理解,我会说:"你还可以补充吗?"或者"课文中讲了什么,让你这么想?"我对所有学生的反应是一样的。这样,我可以避免在学生中出现偏袒的感受。

我整个学年的课程包括示范思维方法和整合观点,以便于学生在小组中问题解决时变得更加独立。小组中的每个互动并非都是顺利的。因此反复对小组讲授会话结构很重要。

在一次科学课上,学生在将几个常见物品分类。在计划好分类后,有一个小组根据一种属性开始分类。突然,有一个成员发现这些物品也共有另一个属性。她飞快地抓起这些物品并按照新方法分类。她说:"我不同意我们的分类方法。我觉得应该这样!"尽管我快步走到那组学生前,他们因为争抢材料已经泪流满面了。那个个子较高、嗓门较大的学生坚持,他们要按照"我的方法"完成分类。我们迅速地讨论了相互回应的方法和课堂讨论中表达不同意见的方法。那节课结束时,每个小组讨论了他们的"科学发现"。然后我们为我们的课堂创造了一个图表,命名为"整合观点的方法"。先前有争执的小组成员就凑在一起,分享争论和解决问题的方法。

教会学生合作学习和互相回应的方法,是建立尊重的文化的一种重要方式。

（Audrey Morton-Miller是汉密尔顿中心学校一年级的一位老师。）

13.6.4 为什么合作学习有效?

当研究者试图解释合作学习研究中发现的各种积极效应时,他们通常会援引下述一个或更多的解释(Slavin, 2011)。

动机效应

合作学习的各种特征,尤其是积极的相互依赖,具有高度的动机激发功能,因为这些特征鼓励以成就为导向的行为,诸如:努力学习,按时上课,赞美别人的付出,以及接受同组成员的帮助。在合作小组中,学习被当作是一种责任和有价值的活动,因为小组的成功取决于大家的学习,小组中的同伴也会褒奖学习(Ginsburg Block, Rohrbeck, Lavigne, & Fantuzzo, 2008)。

认知发展效应

494

根据维果斯基的理论,合作会促进认知发展,因为学生会相互示范更高级的思维方式,这是任何独立学习都无法做到的。根据皮亚杰的理论,同伴合作会加速自我中心主义的减退,促进更高层次的理解和应对世界的能力的发展。根据小组成员互动情况,研究似乎对以上两种解释都给予了支持,但这不是解释的全部。最近的研究显示,在小组中没有解决的矛盾或争议,会激发一些成员后期的努力,由自己来解决这些矛盾(Howe, 2009)。

认知精加工效应

正如我们之前在对信息加工理论的讨论中所指出的，相比于未经过精加工的信息，精加工（重组并与现有知识相联系）的新信息，更容易从记忆中提取。一个特别有效的精加工的手段，是向其他人解释某件事（Ginsburg-Block, Rohrbeck, Lavigne, & Fantuzzo, 2008）。

13.6.5 教师对合作学习的使用

正如我们所看到的，合作学习对大多数学生来说有各种学业上的益处。因此，你可能以为这种方法已被广泛地应用于课堂。但是根据一组研究者（Antil, Jenkins, Wayne, & Vadasy, 1998）对21位来自六所小学的教师的访问，以及对这些教师使用合作学习方法的程度和形式的评估结果来看，情况未必如此乐观。这些研究者的发现相当有趣：所有的教师都声称他们从职前学习、教学实习、研究生课程、工作坊和其他教师那里了解了合作学习。其中17位教师说，在典型的教学周里，他们每天都采用合作学习。大部分教师报告喜欢合作学习，因为合作学习让他们用一种教学方法实现了学业和社会交往两个学习目标。然而，尽管教师们说自己使用了合作学习，他们并非一定按照其该有的样子来使用这种教学方法。

Antil等认为，如果一种教学方法可以被称为"合作学习"，它必须至少包括积极的相互依赖和个体责任等条件[1]。更严格的定义，会要求包括促进性互动、小组异质化以及人际技能的发展。21位教师中只有5位报告的合作学习符合这两个特征的标准，且只有一位教师报告应用到合作学习的所有五个特征。例如，有的教师不是通过把不同能力水平的学生安排在一起来创建异质化小组，他们使用随机分配的方法，或者让学生选择自己的队友，或者让坐在一起的学生组队。一项通过对216位精心挑选的小学和中学教师的研究，也得出了相似的结果。老师们对于关键要素的应用，诸如个体责任、积极的相互依赖和人际技能的发展，远比他们所期望的要少（Lopata, Miller, & Miller, 2003）。

495   为什么教师们接受了合作学习的理念却没有真正地去应用？ Antil等人给出了几种可能性：

- 也许是教师们发现那些范例太复杂、太难应用于实践。例如，在Slavin的范例中，个体责任化涉及坚持撰写学生每周测试的分数，计算个体平均分数和提高的分数，根据成员提高的分数计算每队的分数并分派小组奖励。

---

1 合作学习的效果依赖于动机激发、认知发展和有意义学习。

- 教师们并非真正相信研究者的结论,亦即合作学习的某些要素对改善学习是必须的。这也许是因为,教师们的课堂经验导致了他们有不同的看法。

- 教师们把研究看作是提供建议或指导,而不是必须遵守的指示,他们可以自由地作修改。(根据我们在第1章关于教师作为艺术家的讨论,只要教师的修改不是离谱到把合作学习变成了别的东西,这种行为还是被支持的。)

- 研究者很少明确说明只有当满足某些条件时,其证明的合作学习的益处才会产生。

另一个Antil等人没有提及的可能性,来源教师如何使用其他教学方法,诸如互惠教学。有时,突发的和不理想的课堂情况,会迫使老师对教学方法作出改变和妥协;而在更理想的情况下,他们可能不会那么做(Hacker & Tenent, 2002)。

教师对研究者提倡的合作学习方法进行修改,会导致不好的结果吗? 不幸的是,在这一点上,还没有确切的答案,因为目前还很少有研究探讨当一些特定要素被省略后,合作学习的有效性如何。但是下面关于小组异质性对问题解决的影响的研究,表明你应当在环境允许的情况下,尽可能保留合作学习的原始特征。

Noreen Webb、Kariane Nemer、Alexander Chizhik 和 Brenda Sugrue(1998)研究了七年级和八年级的学生,这些学生接受了三周的关于电的概念(如,电压、电阻、电流)和电路的教学,并被划分为低能力、低中等能力、高中等能力和高能力。这些学生被分派到同质组或异质组,然后让他们合作完成一个物理实验测试(用电池、灯泡、电线和电阻器建立一个电路)。异质组(例如,组里有一个高中等能力或高能力的学生)的低能力和低中等能力的学生,在动手操作测验和随后独立完成的纸笔测验中,得分都高于同质组的同伴们。这种差异归因于在问题解决过程中,能力较低学生的积极参与。为了回应高能力学生作出的更相关更准确的评价,能力较低的学生会提出建议并为之辩护,提出问题并解释其他同学的建议。

随后针对此样例中前25%的学生的成绩进行分析,以检验将最高能力学生放置于同质组或异质组的效果[1](Webb, Nemer, & Zuniga, 2002)。与原始研究一样,根据前测成绩,学生被划分为低等、低中等、高中等或高能力。结果显示,在同质组的高能力学生,在动手和纸笔测试中的得分,显著高于包括高中等或低中等能力学生组的高等能力的学生。但是当同质组中的高等能力学生,在包括最低能力学生的组中学习时,他们的成绩只是略微降低。

---

1 在混合能力编组中的能力居于中下水平的学生,其问题测验成绩优于处于同质组的同伴;在同质组的高能力水平的学生,成绩略高于处于混合能力编组中的同水平的同伴。

496

表13-1	行为主义、认知主义、人本主义和社会认知教学法
行为主义（直接教学）	教师有效展示信息。学生接受所有由教师和教科书传递的信息，这些信息都是准确的，并且可能有用。重点是通过清晰的陈述、练习和纠正性反馈来获得小单元的信息，并逐步将这些信息整合到更大的知识体系中。
认知（信息加工）	教师呈现并帮助学生有意义地加工信息。学生准确地接受所有的教师和课本传递的信息。强调理解概念之间的关系，概念与先前知识的关系以及学习如何有效地控制认知过程。
认知（建构主义）	教师通过要求学生使用更高水平的思维，诸如分类、分析、综合和评价，帮助学生建构有意义的和灵活的知识结构；在最近发展区里提供支架式教学；将任务嵌入到真实环境中；设计可以引起争议、怀疑和好奇心的问题和任务；引导学生提出多种观点；给学生时间，以形成关于任务或问题的统一方案。
人本主义	教师创建一个可以满足学生需要的课堂环境。帮助学生理解他们对学习的态度，促进学生积极的自我概念，并传达出所有学生都有价值和能学习的信念。目标是激发学生学习和成长的内在欲望。
社会认知	教师将学生分配到小的、不同的群体，并教他们如何通过合作来达成目标。每个学生都有责任为小组目标的实现作出重要贡献。由于其强调同伴协作，这种方法与社会建构主义学习观相一致。

　　至此，你已经了解了行为主义、认知主义、人本主义和社会认知教学法，让我们来花几分钟时间来研究一下表13-1。该表总结了每种教学法的基本着重点，并可以让你对比它们的相似点和不同点。为了学习本章最后一部分内容，你可能考虑一种网络工具——博客（weblogs），或者其更为熟知的名称，blogs（Higdon & Topaz, 2009; Hsu & Wang。2011; Rosen & Nelson, 2008; Vogel, 2009），可能会支持每一种教学法。你甚至可能决定开通一个博客，来将你的教学观念与其他教师的教学观念作比较。博客可以是强大的学习空间，但问题是：学的是什么？以及学习如何发生？

你掌握了吗？

　　在一个学习小组中，大家要一起进行反对枪械管制的论证。一名学生挑战了她的同伴的推理。这种情况属于

　　a. 促进性互动　　　　　　　　　　b. 个体责任

　　c. 积极的相互依赖　　　　　　　　d. 组内竞争

13.7 在教学中利用技术促进学习

InTASC	标准3（m） 标准5（i） 标准7（k） 标准8（n） 标准8（o）

"学习是检验教学的标准"（McCown, Driscoll, & Roop, 1996, p.xxiii）。不论你采用的是何种教学方法——我们希望你不仅是在你的整个职业生涯中，也是在一个教学日甚至是一堂课上采用不同的教学方法——教学的好坏可以通过学生学习效果的好坏来检验[1]。

本章我们已经考察了许多教学方法，开始讨论的是学生要学"什么"（设计和运用教学目标），然后讨论了"如何"帮助学生学习（行为主义、认知主义、人本主义和社会认知教学法—见表13-1）。作为一名教师，你肩负重大的责任：你影响着学生学"什么"和"如何"学。不管学生学什么或如何学，都有两个共同的要求：你的学生一定要独立思考——他们一定要构建自己的理解；同时，学生必须通过与他人分享观点来检验自己的思维。正如我们在本章和其他章中所看到的，认知建构主义者似乎是在寻找工具，以帮助孩子积极地建构对概念的理解以及概念间的关系。社会建构者似乎也在寻找工具，以帮助孩子让同组成员接受其概念和发现。这二者我们都需要。

13.7.1 促进思维和分享

那么，如何把技术渗透到你的教学实践中去，以此来促进学生的思维，并为学生提供与他人分享自己的理解的机会？思考技术辅助教学的一种方式，是反思教学技术是如何发展的。互联网的短暂历史包括三个版本：Web 1.0、Web 2.0以及Web3.0（Allen, 2013）。以下是对每种版本如何辅助思维和观点分享的特点的总结：

- Web1.0：搜索引擎的发展。让学生更快地发现更多的信息。他们不再需要去图书馆。它辅助思维却不能促进分享。

- Web 2.0：社会互动的到来。学生可以跨越时间和地域与他人交流。互动既可以是人际间的也可以是国际间的。它既促进思维也促进分享。

- Web 3.0：个性化搜索结果的发展。让学生更快地发现更加个性化的信息。借

1　成功地运用技术有赖于积极的社会环境。

助于分析系统,可以为学生推荐他们可能觉得有用的信息。它能促进思维,但在分享方面尚未超越2.0的水平。

技术可以促进你的学生的思维和分享,这一点是不可否认的,但它也存在着众所周知的缺陷。信息可能更容易获得,但信息的质量没有保障。与他人分享观点更便捷,但其他人如何处理信息则无法全部知晓。技术会以无法想象的方式继续发展,促进人们的思维与观点分享。但是对于学生学习所必需的思维和分享,教师仍然需要对其内容与方法进行协调。

有些教师担忧社交网站的使用,尤其是对于年龄较小的学生。但有许多的社交网站是为孩子设计的,如Yoursphere、Everloop、Togetherville、ScuttlePad、Skid-e-Kids等等。成年人网址,例如Facebook,由成人控制,可以用来保护你的学生。

13.7.2 个性化与多样化

思维和分享不仅可以使学生所做的事情个性化,而且可以使其做事的方式个性化。正如我们在本章和之前几章中看到的,学习资源个性化以及对这些资源的使用,对于学习的关联性、意义性及参与度,都非常关键。教学中尊重每个学生面对学习任务时表现出的个性特点,可以让教师吸引更多类型的学习者。

近期的一项探索性研究,调查了11名有一系列学习和交流障碍的初中生——他们都接受了特别的教育服务,如何使用和适应名为"TeenMail"的电邮界面(Sohlberg, Todis, Flickas, & Ehlhardt, 2011)。研究者报告说,所有学生都学会了使用该系统,并可以相当独立地与同学和教师互通邮件。在达到独立使用阶段后,学生发送邮件的数量令研究者惊讶(这些学生在12周的项目期间,平均每周发送了100多封邮件)。

另一项旨在应用技术来促进个性化教学的研究,调查了高中和初中的学生。学生们报告说,他们课外写作有两个基本原因:(1) 社会交流;(2) 自我表达。除了在调查中选择了这些选项,学生们还填写了"补充"答案。这些"补充"答案以短信评论、在社交网站发帖和即时通讯为主。研究者断定,教师们在他们的课堂上创建"第三空间"方面做得很好:这一空间将社交网络的写作与旨在交流和自我表达的写作融为一体(Dredger, Woods, Beach, & Sagstetter, 2010)。

个性化的未来——亦即提供面向多样化的教学机会,正在进行中。例如,William Watson、Sunny Lee Watson和Charles Reigeluth(2013)已提出了一种可以订制并可以在讲台上开放使用的新技术。它是一种个性化集成教育系统(PIES)。PIES以四种基本的功能形式反映了 Web 3.0 的性能：保持纪录、计划、教学和评估。它吸引了广泛的注意，并有望产生大批后续研究（Watson, Watson, & Reigeluth, 2013）。

一种对学生来讲新兴的在线或跨界体验形式被称为"探险学习"（Doering, 2006; The Learning Technologies Collaborative, 2010; Veletsianos & Doering, 2010）。根据 George Veletsiagos（2012）的观点，"探险学习是一种用来设计在线和跨界教育的方法，这种方法为学生提供机会，在合作学习环境中探讨和体验真实的主题"（p.157）。学习的机会可以以两种方式出现。一种是一队学生可以采用远征的方式，来探索他们社区的某些方面：植物群、动物群、交通模式、运输系统、政治、经济、司法程序。探索的范围可以很广，并可以随着教师的教学目标而调整。另外一种是，一队教师——或者是科学家以及/或者专业性的探险者，去深入"实地"，开展一次特定的调查。无论哪种情况，深入实地的探讨都会与课堂相联系。在实地中所做的观察和测量，会借助于各种手提或便携式的设备，实时地传送到课堂中的同事那里，而这些同事中的某些人，可能无法参与实地考察活动。调查就此展开。个人以及个人组成的团队，可以从事各类任务，包括数据组织和分析，计划和设计额外观察，交流发现（也许通过博客），记录在线其他人的问题和评论——这些人可能会跟随探险以及相应的思考、分享和学习。

> **挑战假设**　**谁为谁准备？**

"好，唐。"康妮说。"让我们再看看你是如何处理教学计划过程的。记住，教学计划并非仅仅是你教学前做的事；教学计划本身就是教学。尽管它发生在你踏进教室之前，但它在很大程度上决定了你的学生将会学到什么和如何学。在你'白天和黑夜'的教学例子中，你的教学计划更多聚焦于你自己而不是学生。让我们把那个角度翻过来再问：到底你希望你的学生从你的教学里学到什么？更准确讲，如果学生的学习是你的起点，你的教学计划会怎样？"

唐说："我明白你的意思了。首先，我要清楚我的学生需要知道什么以及能干什么，然后决定我能做什么去帮助他们。我要做的，取决于学生们需要学什么。"

赛莱斯特表示赞同："从学生的学习着手，会改变你看待教学的方式。而且，事实上，这是一种解脱。我一直如此担心我要在我的第一堂课上做什么。今年一整年，我一直关注我自己而不是孩子们的学习。"

"这不是特例，"康妮说，"无论何时你进入一个新环境，不知道环境会如何变化以及你要如何适应环境，这都是自然的事。教学对于你们两人来说都是新环境。你很自然地会问

499

自己：当只有我一个人在课堂上，我要干什么？"

"是的，那是个吓人的想法。"唐说。"现在还是令人害怕，但至少我知道从哪开始。为学生学习做教学计划，而不是努力想出做什么样的'表演'，这种感觉好得太多了。"

小结

13.1 解释为何使用认知领域、情感领域和动作技能领域的分类方法来制定课时计划和课堂测验。

- 教育目标是对预期的教育结果的宽泛的、概括的说明。由于使用概括性语言陈述，教育目标对不同的人意味着不同的东西，因此不可以精确地测量。

- 教育目标的模糊性激发了心理学家将教育结果细化为具体的、陈述清楚的教学目标，并将教学目标归纳为分类学中的三大领域：认知、情感和动作技能。

- 布鲁姆和几个同伴提出的认知领域的分类，由六个层次构成：知识、理解、应用、分析、综合和评价。

- Krathwohl和几个同伴提出的情感领域的分类，由五个层次构成：接受、反应、认同、组织和价值或价值系统的性格化。

- Simpson提出的动作技能领域的分类，由七个层次构成：知觉、定势、有指导的反应、自动化、复杂或外显的反应、适应和创造。

- 大部分教师使用测量知识水平目标的测验题，在很大程度上忽视了更高层次的认知结果。

13.2 对比和比较Robert Mager 和Norman Gronland 提出的目标类型

- Mager认为编写良好的教学目标，应该详细说明学习者通过什么行为来表明已达到掌握水平行为展示的条件，以及可以接受的行为表现标准。

- Gronlund认为，复杂和高级类型的学习，不适合用Mager提出的教学目标来陈述。复杂的学习结果太宽泛，让学生呈现出他们所学的每样东西是不切合实际的。因而，Gronland 建议教师们先陈述一个概括性教学目标，然后再用相关的具体结果的样本来详细说明。

- 教学目标必须与使用的教学方法和编写的测验类型相一致。

- 当学生注意到教学目标并理解了目标的内容，当教学目标书写得比较清楚时，当目标提供给普通的学生以引导其完成一般难度的任务时，教学目标才能发挥最大作用。教学目标通常会增加有目的的学习,但会减少偶发学习。

13.3 介绍直接教学法的构成成分

- 直接教学法是从行为主义学习理论演化而来的教学方法。课程被分解为小步骤,教师示范理想的行为,以各种形式呈现学习材料,给学生充分的练习机会,并给予一致性的反馈。

13.4 解释教学中的信息加工/社会认知和建构主义方法如何促进有意义学习和自主学习。

- 信息加工/社会认知教学法以信息如何被有意义地加工的相关知识为基础,并试图教学生成为自主学习者。在这类教学法中,教师们应当清楚地阐明他们的目标,利用吸引注意力的设备,以有条理和有意义的方式呈现信息,在实际的时间限度内用相对小的组块呈现信息,利用教学手段促进长时记忆中的信息编码,并示范有效的学习过程。

- 建构主义教学法是建立在如下观点之上的:当学生被鼓励和帮助创建知识图式,而且这些图式不仅能引发对观点的广泛理解,而且能引导自主学习时,有意义学习就会产生。建构主义教学法的关键要素包括:在学生最近发展区实施支架式教学,采用发现学习,呈现多种观点,使用相关的、有现实性的问题和任务,鼓励学生成为更自主的学习者。

- 选择采用建构主义教学法的教师,很有可能要面对理念、教学、文化和政治等方面的挑战。

13.5 描述教学中的人本主义方法,并探讨其作为教学方法的实用价值

501

- 人本主义教学法假定,如果课堂环境能够满足学生的基本需要,增强他们的自我概念,在学习新的观点和技能时提供帮助,允许学生决定自己的学习活动,那么所有学生会有动力去学习。

13.6 了解教学中社会学习法(亦称之为合作学习)的构成要素并解释其作用机制。

- 社会学习法关注教学生如何在合作的环境下相互学习。学生要想成功地一起学习,必须满足以下条件:异质性小组,通过学生互相帮助获得个人目标才可以实现的小组目标,每个学生都有责任对小组目标作出显著的贡献,人际技能的发展,每个学生都有成功的机会,并允许小组竞争。

13.7 说明 Web 3.0 工具的个性化如何协助教师开展多样化教学以满足学生需求。

- 技术工具可以应用于行为主义、信息加工、以学习者为中心和社会学习等教学法中，以支持每个学生成功地学习所必需的思维和分享。

进一步学习的资源

- **教学目标**

如果你想了解 Robert Mager 关于编写具体教学目标建议的完整描述，请阅读他的平装版的《准备教学目标》（*Preparing Instructional Objectives*）（3rd ed., 1997）。Norman Gronlund 和 Susan Brookhart 在《为教学和评估而编写教学目标》（*Writing Instructional Objectives for Teaching and Assessment*）（8th ed., 2009）一书中，解释了他运用教学目标的方法。

- **直接教学法**

在《直接教学法：精心设计的优良教学的力量》（*Explicit Direct Instruction: The Power of the Well-Crafted, Well-Taught Lesson*）（2009）一书中，对于如何实施我们在本章介绍过的直接教学法模式，Hollingsworth 和 Silvia Ybarra 提供了浅显易懂的描述。二人在《面向英语学习者的直接教学法》（*Explicit Direct Instruction for English Learners*）（2013）一书中，描述了如何应用该方法来教授英语语言学习者。

Jennifer Goeke 在《直接教学：有意义直接教学的框架》（*Explicit Instruction: A Framework for Meaningful Direct Teaching*）（2009）一书中，提出了一个被认为是直接教学法的混合版。除了之前在本章描述的典型的直接教学法的要素，Goeke 的模型里也包括了建构主义教学法中的有意义学习、自主学习技能和差异化教学。书中附表 A 给出了课程计划模版，附表 B 举例说明了教授阅读、语言艺术和数学的一个周计划。

- **认知教学法**

《理解教学：观点和建议》（*Comprehension Instruction: Perspectives and Suggestions*）（2nd ed., 2008）由 Cathy Collins 和 Shri Parris 编辑，该书包含 25 章，分别描述了从研究

为基础的教学法以及理解教学法。第三(改进理解教学法),第四(差异理解教学法)以及第五部分(技术与理解教学法:新的指导)包含了一些更实用的章节。

《支撑学生的学习:教学方法和问题》(*Scaffolding Student Learning: Instructional Approaches and Issues*)(1997),由 Kathleen Hogan 和 Michael Pressley 主编,该书中有五章内容,用真实课堂实例描述和列举了如何利用支架来实现各类教学结果。

在 Ann Lambros 的《从幼儿园到八年级课堂的以问题为基础的学习:教师实践指南》(*Problem-Based Learning in K-8 Classrooms: A Teacher's Guide to Implementation*)(2002)一书中,描述了从幼儿园到八年级课堂上的以问题为基础的学习的实践。

The Geometric Supposer 软件可以从教育技术中心(CET),一个设立于以色列的非盈利组织,或者亚马逊网站购买。关于该软件的描述,可以在CET的网站找到。关于 GenScope 软件的信息,可免费下载,可以在 GenScope 的网站找到。

- 人本主义教学法

William W. Purkey 和 John M. Novak 在《实现学校成功:教学、学习和民主实践的自我概念法》(*Inviting School Success: A Self-Concept Approach to Teaching, Learning, and Democratic Practice*)(1996)一书中,描述了一种名为"邀请学习"的人本主义教学法。Larry Holt 和 Marcella Kysilka 在他们《教学模式》(*Instructional Patterns*)(2006)一书的第10章("非指导性学习"),描述了人本主义教育的精髓。

- 合作学习

由于合作学习是一种小组学习法,你可能希望了解更多关于小组性质和在何种情况下小组合作效果最好的知识。如果是这样,请阅读最有权威性的著作之一,也就是David W. Johnson 和 Frank P. Johnson 编写的《一起加入:小组理论和小组技能》(*Joining Together: Group Theory and Group Skills*)(11th ed., 2013)。

由 David W. Johnson、Roger T. Johnson 和 Edythe Johnson Holubec 编写的《学习的新领域:课堂上的合作》(*The New Circles of Learning: Cooperation in the Classroom*)(5th ed., 2002)一书,在作者认为的合作学习的基本要素以及如何实践和评估合作学习效果方面,值得一读。

502

正如题目所讲的,Robyn Gillies 编写的《合作学习:理论联系实践》(*Cooperative Learning: Integrating Theory and Practice*)(2007)一书,满足了双重目的。一方面,该书提供了关于合作学习特点和支持性研究的概述。另一方面,该书在每一章以个案研究和实践活动推荐的方式,就如何应用合作学习给出了实用信息。在今天这样一个强调问责的时代,第6章"评估小组学习"尤其显得有价值。

　　由 George Jacobs、Michael Power 和 Loh Wan Inn 编写的《合作学习的教师资源手册》(*The Teacher's Sourcebook for Cooperative Learning*)(2002)一书,就在课堂上实施合作学习提供了大量的实用建议。第一部分描述了如何贯彻各类合作学习的原理,第二部分回答了常见问题,第三部分列举了关于合作学习的电子资源和网站。

第五部分

评估学生的能力

第14章　课堂学习的评估

© iStockphoto.com/skynesher

本章涉及的InTASC标准　　**学习目标**

3. 学习环境　　　　　　　　　学完本章内容后,你将能……

5. 知识应用　　　　　　　　　14.1　解释评估的各种目的以及根据每种目的作出的评判

6. 评估　　　　　　　　　　　14.2　举例说明评估学生学习的各种方法

7. 教学计划　　　　　　　　　14.3　解释常模参照评定和标准参照评定之间的区别

8. 教学策略　　　　　　　　　14.4　举例说明如何用技术来支持评估及基于评估所作出

9. 专业学习与道德　　　　　　　　　的评价

本书前面的章节讨论了教师角色的三个主要方面：理解学生的差异以及如何恰当地
应对这些差异；理解学习过程以及如何运用这方面的知识创建有效的教学方法；通过激
发学生的学习动机、维持良好的课堂秩序，来营造积极的学习环境。现在我们转向评估
学习表现，这也属于教师角色中非常重要的一个方面。实际上，与公立学校相关的每一个
人，从学生到教师，从学校管理者到州教育官员及国会议员，都迫切地想要知道学生学了
多少、学得怎么样。

在本章以及下一章，我们将会介绍两种评估方法：使用教师设计的测量方法评估学生
在短期内（大多是几天或几周）对教师制订的具体目标的达成程度，以及使用专业的标准
化测验评估学生在一段较长时间内（通常在学期或学年结束时）对州规定的学习标准的达
成程度。尽管构成教师评估和标准化评估的项目可能会非常相似，但是从评估的编制、实
施的条件和服务的目的来看，这两类评估还是显著不同的。简言之，标准化评估考察学生
各种技能和学科知识的整体掌握水平，主要用于标定学生、班级、学校或学区处在怎样的相
对位置。它阶段性地实施。我们可以把它视为"对学习的评估"。相对而言，教师的评估，
主要用于发现学生的优势和不足，对其学习的有效性及时作出反馈，为教师作出更为有效
的教学决策及时提供依据。这些评估可能像也可能不像传统的"测验"。我们可以把它视
为"为学习而评估"（Popham, 2009; Stiggins & Chappuis, 2012）。

学习导读

下述要点能帮助你了解本章的重要内容。为了帮助你学习，这些要点也会出现
在页脚。

评估在教学中的作用

- 测量：根据规则划定分数或等级以创建排名
- 评价：对测量结果作出价值判断
- 总结性评估：测量成就；划分等级
- 形成性评估：监测学生的学习进步情况并进行相应的教学规划
- 总结性评判是对学习的评估
- 形成性评判是为学习而评估
- 形成性评估要求教师和学生都要参与学习

测量学生学习的方法

- 书面测验用来测量学生对于学科知识的掌握程度

- 选择题测验采用客观计分并且是高效率的，但是通常测量的是较低的学习水平，并且无法揭示学生能做什么
- 简答题测验易于编制，但测量的是较低水平的学习
- 论述题测验测量的是高水平的学习，但评分时难以达成一致
- 行为表现评估测量的是运用知识和技能来解决现实问题以及制造产品的能力
- 在贴近现实方面，行为表现评估可能存在程度上的差异
- 评分细则能提高评分的客观性和一致性，使教学与评估保持一致，告知学生教师的期望，帮助学生监控学习进步情况
- 行为表现评估对教师提出了若干挑战
- 行为表现评估的信度和效度还没有牢固地确立起来

评价学生学习的方法

- 常模参照评定：在学生之间作比较
- 常模参照评定没有外部标准
- 常模参照评定可以用来评价高水平的学习
- 标准参照评定：将个人表现与规定的标准进行比较
- 标准参照评定可以提供学生的优点与不足方面的信息
- 掌握评定法：为学生提供机会，让他们以自己的步调来达成目标
- 要注意并避免错误的测量和评定操作

运用技术进行课堂评估

- 技术环境允许多样化的行为表现形式
- 可以使用特定的评分细则来评估数字化档案袋和口头展示

教学建议：有效的评估方法

- 测验时必须获得有代表性的行为样本
- 双向细目表有助于确保获得充足的内容样本和行为样本
- 在小学阶段，学生需要同样多的诊断性的形成性评估和总结性评估
- 评级量表和核查表使得对学生行为表现的评估更加系统化
- 项目分析可以得到多项选择题的难度和鉴别力的信息

揭示假设 **从终点线开始**

塞莱斯特对于今天的会议有点不安。她已经为生物课中关于细胞膜的作用机理单元准备了六周了。上周她呈现了自己的教案。塞莱斯特觉得这个教案非常好,期待会议上有良好的反馈。

康妮说:"今天,我们来看一下塞莱斯特的教案。"塞莱斯特做了个深呼吸,康妮继续说:"很明显,你花了很多精力和时间做教学设计,塞莱斯特。这个教案非常好。"塞莱斯特脸上露出了笑容。

康妮对唐和安东尼奥说道:"你们先来说说对塞莱斯特的教案的感受。"

"我受到了很大的启发。"安东尼奥说,"我在大学学的是生物专业,但我从你的教案中学到了新的东西。你将演示、讨论和实验活动安排得非常好。我觉得这种多样化的教学活动会给孩子们很多思考和启发。就像我刚才说的,我觉得这个教案非常好。只有一件事……"

唐打断了安东尼奥:"我也觉得这个教案非常好。渗透,平衡,扩散……我从未意识到植物也如此有天分!"

塞莱斯特笑了,部分是因为唐讲的笑话,大部分是因为大家对她的认可让她感到放松。

等大家的笑容渐渐消失,康妮问道:"安东尼奥,刚才你说的那件事是什么?"

"我在想,既然塞莱斯特已经如此精心设计好了课程,那么只剩下一件事情了,那就是她怎样给学生评分。"

"嗯,这是一个很有趣的问题,"康妮跟着安东尼奥的思路说道,"所以教学和评估有不同的功能。首先你需要设计好教学,然后你要想怎样评估你的教学。是这个意思吗?"

"是的。"安东尼奥犹豫道。

"我只是在想,是否要把教学和评估的考虑顺序反过来。"康妮说道。她皱了皱眉,注视着塞莱斯特。

"等一下!"塞莱斯特说道,"好,让我思考一下……我知道你们在关注什么了。我已计划好了我要做什么以及希望学生做什么;我首先考虑的是教学。其实,我应该首先考虑的是,在这个单元教学结束时,学生应该能达成什么结果,对吗?"

"正是如此,"康妮说道,"对于学生而言,如果在课程开始时不知道课程结束后他们能做什么,就会感到很迷茫。所以当我们在设计教学的时候,我们应该从终点开始设计。"

暂 停 与 反 思

我们做学生时，已习惯于这样一种常规：老师先教我们，然后测试我们，看看我们学到了什么。对于很多人而言——包括那些打算成为教师的人，这种常规是一种简单的共识。从我们做学生的经验出发，我们中的许多人认为，应该在教学活动确定之后再设计评估。塞莱斯特意识到，她必须从终点来为学生设计教学。当你开始学习教育心理学这门课程时，你是怎么看待教学、评估和评价的？它们是完全独立的概念吗？尽管它们是相互关联的概念，又该怎样区分评估和评价呢？

14.1 评估在教学中的作用

在本书中，我们已经考察了一系列理论，考虑如何把它们应用到教学中。为了判断这些理论在多大程度上适用课堂，你需要评估学生的学习。请仔细考虑一下第2章中维果斯基的最近发展区概念。假定，作为一名教师，你决定采用支架式教学这一已经被证明是有效的教学策略，来帮助你的学生学习。为了辅助学生的学习，你首先需要知道学生的最近发展区，你需要评估学生的知识水平和理解能力以确定他们知道些什么且能独立做些什么，进而确定他们需要哪方面的支架。评估会带来关于学习情况的信息。换言之，评估可以引导学习情况。由于教学是为了促进学习，因而评估也可以引导教学。

506

评估学生的学习，是一件许多教师不喜欢、也极少有人做得非常好的事情。一个原因是，许多教师缺乏对评估原理的深入了解（Cizek, 2009; Guskey, 2003; Popham, 2009）。另一个原因是，评估者的角色被认为与教师的角色不符，教师应该被视为学习的帮助者而不是测验者。第三个原因是，许多教师认为评估仅仅是"等级评定"而不属于教学（这是一种误解，我们在后面会简要讨论这个问题）。因此，高质量的评估实践往往不会成为课堂文化的一个构成部分（Moss & Brookhart, 2009; Quinn, 2012）。这是不幸的，事实上，精心设计的课堂评估方案能够促进学生的学习（Popham, 2006, 2014; Stigins, 2002; Chappui, Stiggins, Chappuis & Arte, 2012）。

本章的基本目标，是帮助你理解如何使用评估知识来提高你的教学效果。为此，我们将首先界定评估的涵义，并讨论这种过程的两个关键构成要素：测量和评价。

14.1.1　何谓评估？

宽泛地讲，课堂评估（assessment）包含两类主要的活动：首先对学生已习得多少知识和技能的信息进行收集（测量），然后对每个学生是否充分掌握、是否能接受该水平学习进行评判（评价）。有些教师密切关注他们必须作出的评判，而往往忽视用于作出这些评判的测量结果，以及这些信息如何能够帮助他们更有效地进行教学。这些教师听到"评估"，就倾向于将其视为"等级评定"。但正如我们将看到的，课堂评估的两个方面对于了解学生的学习至关重要，而了解学生的学习对于促进他们的学习又至关重要。

测量和评估活动可以通过多种方式来完成。教师最常用的测量学习的方法是让学生参加测验或考试、回答口头提问、做家庭作业、写论文、解决问题、制作产品、做口头报告。教师可以将学生的这些活动表现与他人作比较，或者与一个绝对的标准（如A等于90%的正确率）进行比较，然后来评价这些活动的得分（即测量结果）。在本章，我们将解释和描述可以用来测量和评价学生学习的各种评估方法，你可以在自己的课堂中创建并实施这些评估（Russell & Airasian, 2012; Nitko & Brookhart, 2011）。

测量

出于教育目的，**测量**[1]（measurement）被定义为根据一定的规则系统，赋予人的某些属性以分数（如测试分数）或等级（如在行为表现评估中判定为"优秀"或"达标"）。例如，我们可以根据一个人每分钟准确打字的数目，来测量其键盘操作的熟练程度。对于一个口头报告，我们可以使用评分细则来衡量其质量（Arter & Chappuis, 2008）。在课堂或其他团体情境中，用来划定分数或等级的规则通常会创建一个排名，以反映不同的人所拥有的某个属性的多少（Russell &Airasian, 2012; Nitko & Brookhart, 2011）。

评价

评价[2]（evaluation）是指根据某种规则系统，对一系列测量结果作出价值判断（Russell & Airasian, 2012; Nitko & Brookhart, 2011）。比如说，一个学生正确地回答了100个地球科学问题中的80个，这意味着什么？根据所使用的规则，这可能意味着学生已经非常好地掌握了相关的知识体系，因而可以进入下一个教学单元；或者相反，学生存在明显的知识缺漏，因而需要追加教学。

507

1　测量：根据规则划定分数或等级以创建排名。
2　评价：对测量结果作出价值判断。

14.1.2　为什么要评估学生的学习？

InTASC　　　标准9(h)

如前所述，对于我们为什么应该评估学生的学习，简短回答是：为了促进学生的学习。虽然这一简短回答已指明，评估对学生的学习至关重要，事实也如此，但它也引出另外一个问题，即如何运用评估来促进学生的学习。对于利用评估数据（测量）来作出评判（评价），有两种基本的方式。因而也有两种评价性判断：总结性的和形成性的。

总结性评价和形成性评价的区分，源自于 Michael Scriven(1967)的研究。从 Scriven 描述评估如何服务于不同的评价目的开始，多年来，对课堂评估的研究已经从强调技术方面的评估（称为心理测量理论），演变到研究评估实践如何助益于学生的发展、学习，特别是改善学生的学习动机。由于这种转变，"总结性评价"和"形成性评价"等术语，也已经被"总结性评估"和"形成性评估"所取代（Brookhart, 2009）。

接下来，我们将简要描述总结性评估和形成性评估，然后对比两种评估方法的使用。我们关注的重点是如何利用评估来时时刻刻地引导课堂教学。

总结性评估（对学习的评估）

InTASC　　　标准6(j)

实施评估的第一个也是最为明显的原因，是要向所有的相关方面提供一份清晰的、有意义的、有用的关于学生在多大程度上达到了教师的目标的总结或解释。当测验的目的是为了给学生划分学习等级时，它通常就被称为**总结性评估**[1]（summative assessment），因为它的主要目的是对学习进行评估，以总结学生在一段时间内在各种学习任务上的表现情况。

形成性评估（为学习而评估）

评估学生的第二个原因是监测其学习进步。教师时常想了解的主要事情是，学生是否跟上了教学进度，是否理解了已学过的所有的内容。对于那些学习速度低于或高于平均水平，以及对某些观点的理解有误的学生，教学可能需要作出相应的调整（回想一下第6章"包容学生的差异性"中所讨论的技术）。由于这种评估的目的是为了促进或引发学习，而

1　总结性评估：测量成就；划分等级。

不是划分一个等级,因而它通常被称为**形成性评估**[1]（formative assessment）。

对学习的评估和为学习而评估　　许多学者将服务于总结性评判的评估[2]称为"对学习的评估",而将服务于形成性评判[3]的评估视为"为学习而评估"（Moss & Brookhart, 2009; Stiggins & Chappuis, 2012; Tomlinson, 2007/2008）。

其中两位学者——Connie Moss和Susan Brookhart,来自杜肯大学教育学院的教学与学习研究推进中心（CASTL）。她们多年来一直在研究评估实践如何促进教学和学习。值得指出的是,她们的研究对象是宾夕法尼亚州阿姆斯特朗学区的教师、管理者和学生。由于她们与一线教育者密切合作,因此其研究结论来源于一线的教育者。表14-1基于Moss和Brookhart的工作（2009）,比较了对学习的评估和为学习而评估的特征。

在表14-1中呈现的总结性评估和形成性评估之间的区别有助于我们认识到评估的过程——先测量后评价,这与评估背后的原因或目的密切相关（照片14-1）。正如我们将在本章后面（以及第15章）所看到的,总结性评估不仅是合情合理的,而且是必要的。作为一名教师,你将被要求对学生的作业、表现、小测验和考试划分等级。你也会被要求分析你对每份作业、每种表现、每项测验和考试所划分的等级,然后形成一个总结性的评判:学生在一门课程或一个学期最终获得的等级。这个最终等级就是你对学习的总结性评估。

表14-1	总结性评估和形成性评估的区别性特征
对学习的评估（总结性评估）	**为学习而评估（形成性评估）**
目的是对学习进行总结和检查	目的是促进学生的学习
周期性地进行,以掌握学生的学习情况	伴随学生的学习,不间断地进行
关注学习成果	关注学习过程
通常被认为是在教学过程结束后发生的一种活动	被认为是教学过程的一部分
教师主导	教师与学生的协作
成绩指标（如,考试分数）反映学生的掌握程度	成绩指标（如,考试分数）反映学生的学习进程
教师用证据（例如,成绩）来判定学习的成败	教师和学生根据证据作出相应的教学和学习调整
教师为审查者;学生为受审查者	教师与学生一起作为"有目的的学习者"

来源: Adapted from Moss & Brookliart (2009).

508

1　形成性评估:监测学生的学习进步并进行相应的教学规划。
2　总结性评判是对学习的评估。
3　形成性评判是为学习而评估。

照片14-1　课堂评估可以提供总结性和形成性的信息。对学习的评估，可以告诉教师（以及其他人）学生已习得什么知识和技能；为学习而评估，则可以告诉教师和学生需要做哪些调整，以便为学生的学习采取"进一步"的措施。

509　InTASC　标准6（n）

　　根据学习的总结性评估结果，你可能要帮助学生实现概括性学习目标以及反映成功的课堂学习的具体目标。此时，形成性评估就开始发挥作用。在一个教学单元中，要或多或少地不断实施各种正式和非正式的形成性评估。阶段性的小测验、家庭作业、课堂作业、口语阅读、回答教师的问题和行为观察，只要其结果被用于对学生的学习及时提供反馈、揭示问题的根源，或者防止小问题在将来衍变为大问题，都可以被视为形成性评估（Dirkson, 2011）。总结性评估是在教学结束后发生的一次性事件。与之不同的是，形成性评估更具活力，而且是持续的、与教学相互关联的。形成性评估的结果会影响教学，进而影响学生的后续表现等方面。回想一下我们关于"对干预的反应"（RTI）的讨论（第6章"包容学生的差异性"）。RTI方法有时被认为是"教学-测试-教学"。教师指导（或通过干预来帮助学生学习），然后测量和评估学生的学习（看看干预是否有效），然后教师根据评估结果修改教学。因而RTI也可以被视为一种形成性评估。

　　评估作为一种学习　Moss & Brookhart（2009）将形成性评估定义为"一个积极的、有目的的学习过程，让教师和学生不断地、系统地收集学习的证据以提高学生的成绩"（p.6）。换句话说，他们认为"为学习而评估"是一种"学习"，且声称只有学生和教师都在这个过程中进行学习时，形成性评估才会在课堂中发生。课堂中的任何行为都可能是"类似"的形成性评估，但形成性评估需要教师和学生以提高学生成绩为目的而进行学习。因为教师和学生从课堂的评估活动中有所学习，所以他们认为只有当他们变得越来越好时，形成性评估才称得上成功。[1]

正如我们所指出的，学会评估是成为一名有效的教师所必需的。例如，Mistilina Sato、Ruth Chung Wei 和 Linda Darling-Hammond（2008）探究了数学和科学教师的评估实践如何随着申请国家委员会的认证而改变。申请国家委员会认证的教师，要接受密集的评估活动；在进程结束时，还要有一个关于他们是否符合国家委员会的标准的总结性判断。申请者要么成为国家委员会的认证教师，要么不是。通过比较获得国家委员会认证的教师与未获得认证的教师，作者发现了其中的显著差异。国家委员会候选教师"在使用的评估方式的多样性方面和使用评估信息用于支持学生学习的方式上，表现出了显著的改变，他们将这些改变归功于国家委员会的标准和评估任务"（p.669）。通过评估自己，教师学会了如何改善他们对于学生的评估实践。回想一下 Moss 和 Brookhart 关于形成性评估的观点，评估可以告知教师和学生学习情况，这点是至关重要的。

Carol Ann Tomlinson（2007/2008）在一篇题为"学会爱上评估"（Learning to Love Assessment）的文章中，回顾了她自己的教学生涯，特别是她从课堂评估实践中学到的东西。她的文章以下列方式结尾：

> Lorna Earl（2003）区分了对学习的评估、为学习而评估和评估作为一种学习。在很多方面，我成为一名教师的过程十分缓慢且伴随着各种缺憾。一开始我把评估看作是评判行为表现的手段，然后作为反映教学的手段，最后是反映学习的手段。事实上，所有这些观点都在有效的教学中发挥了作用。关键是我们把重点放在哪里。
>
> 当然，一名教师和他/她的学生需要知道谁达到了（或超过了）重要的学习目标，因此总结性评估或者说"对学习的评估"也须在教学中有一席之地。扎实的学习通常需要强有力的教学，诊断性评估也是形成性评估，或者说为学习而评估，都是良好的教学的催化剂。最终，当学生和教师都将评估看作是一种学习时，它将为学生和教师同样地提供最多的有用信息，并带来最大程度的成长。

510

至此，我们已经知道评估是教学的一部分，而且对学习极为关键。接下来，我们将先介绍测量学生学习的方法，然后介绍评价学生学习的方法。

---

1 形成性评估要求教师和学生都要参与学习。

> **你掌握了吗?**
>
> 　　一位教师在看学生自制的视频,这些视频的脚本是学生自己撰写的。她没有给学生打分,而是为他们提供了反馈,以便于他们改进这些多媒体项目,并在学期结束时展示。对这一情节的最佳描述是
>
> 　　a. 形成性评估　　　　　　　　　b. 总结性评估
>
> 　　c. 评估学习　　　　　　　　　　d. 测量

14.2　测量学生学习的方法

> InTASC　　　　　标准6(k)

　　正如测量可以在课堂中发挥多种作用一样,教师可以用多种方法来测量学生所学到的内容。当然,你选择哪种类型的测量方法,取决于你的教学目标。为了便于接下来的讨论,我们可以将目标分为两大类:知道某事(例如:打结是为了拴牢物体、舞蹈是一种社会表达形式、显微镜经常用于观测肉眼看不到的东西);知道如何做某事(例如:打个方形的结、跳华尔兹、操作显微镜)。旨在评估学生的知识范围和准确性的测量通常被称为书面测验。旨在评估学生能做某事做得如何的测量被称为行为表现评估。请记住,在教师实施的评估中,这两种方法都会用得到。不管使用哪种方法、怎样使用,都取决于教师评估学生的目的。在接下来的两个小节里,我们将简要分析这两种测量的性质。

14.2.1　书面测验

　　在本章开始时我们已经提到,教师们在一天之中会花很多时间评估学生的学习,而其中的很多评估活动用到了书面测验,并要给这些测验打分。大部分书面测验包含下面的一种或几种题目:选择题(多选、是非以及匹配题)以及问答(简答题以及论述题)[1]。很有可能到目前为止,在你的学习生涯中,你已经参加过数百次这样的测验。

511

1　书面测验用来测量学生对于学科知识的掌握程度。

在接下来的几页中，我们将简要地描述每种测验的主要特征、优点和缺点。当你在阅读时，请记住，我们所说的书面测验和行为表现评估的效用，在这里同样适用。没有哪种类型的书面测验适用于所有的目的。你可能需要同时使用选择题和问答题来准确地考察学生的能力。

暂 停 与 反 思

在过去的10到12年里，你可能已经经历了数百次的课堂测验。哪种类型的测验最能反映你的学习情况？为什么？

选择题测验

选择题测验之所以被称为"选择"题，是因为学生要阅读一个相对简短的开放性陈述（叫作题干），并从备选项中选出其中一个选项作为正确答案。选择题测验主要包括多选题、是非题或匹配题。通常，这三种类型的测验都是单独使用的。尽管已经存在一些关于编写选择题测验的指南（例如，由 Haladyna、Downing 和 Rodriguez 2002 年提出的编写多项选择题的31条指南），但许多指南并没有被研究证明是可靠的[1]。因此，测验项目的编写既是一门科学，也是一门艺术。

特征 选择题测验有时被称为"客观"测验，因为它们有一个简单、固定的计分系统。如果选择题的"b"选项是正确的，而学生选择的是"d"，那么学生就被标记为错误，就算教师再渴望学生回答正确也不能改变其结果。当测验的主要目标是评估基础知识时，通常会使用选择题测验。基础知识包括基本的事实信息和认知技能，它们都是完成高水平的任务，如解决问题和创造产品，所必须具备的（Stiggins & Chappuis, 2012）。

优点 选择题测验的一个主要优点是效率高：教师可以在很短的时间内提问很多问题。另一个优点是计分简单、可靠。在计分模板的帮助下（例如一个多选题答案表，在正确答案所在的位置上有一个洞），许多测验可以快速且一致地进行计分。此外，有证据表明，编写良好的选择题测验能像问答题测验一样有效地测量高水平的认知技能（Nitko & Brookhart, 2001; Stiggins & Chappuis, 2012）。

缺点 由于那些反映布鲁姆分类学中最低层次目标（逐字记忆的知识）的题目，是最容易编写的，所以大多数教师编写的测验（以及许多标准化测验）几乎都是由"知识层面"（knowledge-level）的题目组成的（我们在第13章"教学方法"的一开始就提到了这一点）。结

---

1 选择题测验采用客观计分并且是高效率的，但是通常测量的是较低的学习水平，并且无法揭示学生能做什么。

果,学生们受此影响主要关注逐字记忆,而不是有意义的学习。另一个缺点是:尽管我们借助这种测验可以获得一些反映学生已有知识的信息,但无法据此揭示出学生可以用这些知识做什么。第三个缺点是,过度或仅仅使用选择题测验,会让学生认为学习不过是公认的事实的积累(Martinez, 1999; Nitko & Brookhart, 2011)。

简答题测验

要求学生作出简短的书面回答。

特征　要求学生从记忆中提取一个简短的答案,包括一个名字、单词、短语或符号,而不是从一个或多个选项中进行选择。就像选择题测验一样,简答题测验也可以快速、准确、一致地计分,从而进行客观的判断。它主要用于测量基础知识。

优点　简答题测验相对容易编写,因此可以快速编制一个测验,或者部分测验。它可以对基础知识进行广泛或深入的评估,因为学生可以在很短的时间内对许多题目作出回答。由于学生必须提供答案,所以他们必须回忆而不是再认信息。

缺点　简答题测验与选择题测验有相同的基本缺点。由于简答题测验只要求学生给出简短的、逐字的回答,因而学生可能会将信息加工限制在相应的水平上。因此,这类题目无法提供关于学生如何使用他们所学的知识的信息[1]。此外,出乎意料但貌似合理的答案,可能让人难以评分。

论述题测验

论述题测验要求学生组织一系列想法,并针对一个宽泛的问题写一段很长的论述。

特征　为学生提供总体性的指导,让学生根据某种特定的标准就某一个或多个相关的观点进行论述。论述题的一个例子是:"从基本假设、典型的研究发现和课堂应用方面,比较操作性条件作用理论和信息加工理论。"

优点　论述题测验揭示了学生回忆、组织和充分地应用已有知识的能力。编写良好的论述题测验可以揭示分析、综合和评价等更高级的能力。由于有这些要求,学生更有可能努力地、有意义地学习他们的测验材料(Nitko & Brookhart, 2011; Stiggins & Chappuis, 2012)。

缺点　评分的一致性可能是一个问题[2]。由于词汇、语法和风格上存在差异,两名学生本质上相似的答案,可能会得到不同的等级或分数。回答这些测验题目也非常耗时。因为学生们需要时间来构思和撰写答案,所以只能给出少量的问题(Nitko & Brookhart, 2011; Liu, 2010)。但是最近基于计算机程序的评分系统的发展,可能会在不久的将来消除或大幅减少这些不利因素(Myers, 2003)。

1　简答题测验易于编制,但测量的是较低水平的学习。
2　论述题测验测量的是高水平的学习,但评分时难以达成一致。

编制一份有用的测验 理解不同类型的书面测验的特征、优点和缺点,并且知道如何编写这样的测验项目是必要的,但这还不足以创建对教学有用的测验。著名测量学者James Popham(2006,2011)认为,一份有用的课堂测验具备以下五个属性:

- 意义。测验测量的是有价值的技能(例如,布鲁姆教育目标分类中的最后4个层级——应用、分析、综合和评价)和重要的知识体系。
- 可教性。有效的教学可以帮助学生掌握测验所测量的技能和知识。
- 可描述性。测验所测量的技能和知识能够被清晰地描述出来,从而使得教学计划的制定更加容易。
- 可报告性。教师可以根据测验的结果识别出教学不充分的地方。
- 无干扰性。测验不需要占用太多的教学时间。

513

14.2.2 行为表现评估

近年来,许多教师、学习理论家和测量专家认为,应该减少使用典型的书面测验,因为它几乎无法揭示出学生的知识学习深度,以及学生如何使用他们的知识来解决问题和完成任务。这些人认为,由于我们生活在一个比前一代人更加复杂和迅速变化的世界中,学校不能再满足于让学生以一种或多或少逐字的形式,来学习、储存和获取信息。相反,我们需要教授和评估学生如何提出问题、制定和实施计划、生成假设、寻找与解决问题相关的信息以及与他人合作的能力,因为在21世纪,这些类型的技能对于成功应对校外现实生活是必需的(Calfee, 2009; Cunningham, 2001; Fredrick, 2009)。

此外,专业团体,如全美数学教师委员会、全美社会研究委员会、全美英语教师委员会和全美科学教师学会等制定的学习标准,也要求学生发展对学科知识的深度理解能力,以便他们能够以适应社会的方式来展示他们的知识。解决这些问题的一种方法是使用行为表现评估。

何谓行为表现评估

行为表现评估[1](performance assessment)要求学生在很长一段时间内运用广泛的知识和技能来完成一项任务,或解决一个现实情境中的问题(照片14-2)。在离现实较远的一端,可能要求学生在高度标准化的条件下,编制一张地图、解释一个图表或写一篇文章。在这种情形下,课堂上的每个学生是在相同的时间、相同的条件下,完成同样的任务。在贴近现实的一端,可能会要求学生在与现实生活相似的条件下进行科学实验、创作一幅画,或者

514

1　行为表现评估衡量的是运用知识和技能来解决现实问题以及创造产品的能力。

照片14-2　行为表现评估为学生提供了一个展示他们能利用知识做什么的机会。

写一篇论文。例如,学生可能被要求在某一特定的日期就某一特定主题,写一篇对照分析性的论文,但是不会明确规定学生可以利用什么资源、修改多少次和写作的时间。当行为表现评估在这样的现实条件下进行时,又被称作**真实性评估**(authentic assessment)(Waugh & Gronlund, 2013; Janesick, 2001; Nitko & Brookhart, 2011)。

也许,传统的纸笔测验(如多项选择题)和行为表现评估之间的最明显的区别是,前者测量学生已有知识的数量,而后者则测量学生可以利用已有知识做些什么。在接下来的几节中,我们将首先界定4种不同类型的行为表现评估,然后描述它们所具有的最重要的特征。

行为表现评估的类型

行为表现评估有四种类型:直接写作评估、档案袋、展览和示范。

直接写作评估　要求学生在一系列标准条件下撰写一个特定的主题("描述你最钦佩的人,并解释你为什么钦佩那个人")。由两个或更多的人,根据一套既定的标准对每一篇文章进行打分。

档案袋　档案袋(portfolio)包含一份或多份学生作品,其中有些作品反映了不同的完成阶段。例如,学生的档案袋可能包含商业信函、小说、诗歌,以及研究论文的大纲、草稿和最终稿。通过纳入研究论文的不同阶段,其研究过程和最终作品都可以得到评估。档案袋也可以用于数学和科学学科,以及综合了两个或多个学科的项目。

学生可以自主决定或者与教师商定档案袋包含哪些内容。档案袋有时被用来展示代表性作品,但它也可用作收集代表学生典型表现的作品。从最好和最真实的角度来看,档案袋不仅仅是为这些表现提供存储地,同时也是学生自我表达、自我反思和自我分析的一种工具

（Chang, 2009; Lam & Lee, 2010）。

展示 展示包括：展示油画、素描、照片、雕塑、录像带和模型等产品。与直接写作评估和成长档案袋一样，要根据一组预先确定的标准来评估学生选择展示的产品。

演示 在这种类型的行为表现评估中，学生需要演示他们如何使用以前学过的知识或技能来解决一个独特的问题（例如进行科学探究来回答问题，解释一个图表，或者诊断出故障的原因并描述最佳的修理方案）或者演示一个任务（例如朗诵一首诗、表演一段舞蹈或唱一首歌）。图14-1是一个进行图表解释的行为表现项目，呈现了某一学生的部分正确回答和两名同学的纠正性反馈。

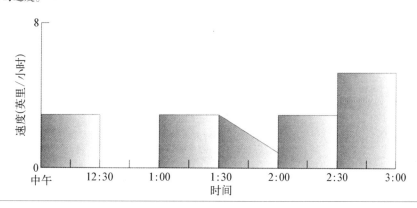

解释图表
用下面提供的信息和图表来写一个关于Tony散步的故事。
　　中午时分，Tony开始步行到他祖母家。他下午3点到达。下面的图表显示了Tony在走路时每小时的速度。

写一个关于Tony的"散步"的故事。在你的故事里，描述一下Tony可能在不同的时间做了些什么。

　　中午时分，Tony离开了他祖母的家，中午12点半他停下来吃饭。从12点半到下午1点，他在公园的长椅上停下来休息了一会儿，然后他继续散步。在1点半到2点，Tony决定在一个朋友家停留一下。从2点到2点半他继续散步。最后，他回到了他的祖母那里。

学生批判性的回应：

　　当Tony在朋友家时他的速度是3英里/小时，并且他没有说明图中的加速问题。
　　当你写故事的时候，也要注意观察图表，并且关注微小的细节。另外，你还可以参考自己走路的速度。

图14-1　行为表现评估示例：解释图表
来源：Parke 和 Lane（1997）。

行为表现评估的特征

行为表现评估有别于传统书面测验：它要求学生作出主动反应，更像是日常任务，包含的问题涉及许多变量，与之前的教学活动密切相关，针对将要评估的行为使用明确、标准的评分细则，强调形成性评价，并且可能对文化多样性有更好的响应能力。

强调主动反应　正如我们前面所指出的，行为表现评估的目标是了解学生执行一系列任务的能力。因此，这样的测验关注过程（如，行为表现中背后的技能）、产品（如演讲或绘画等可观察的结果），或两者兼而有之。例如，一位教授乐器的音乐教师可能想知道，当学生演奏木管乐器或钢琴时，是否可以运用他们的音乐技巧知识和理论，来正确地调控指法（Clark, 2002）。

贴近现实的程度　尽管行为表现评估十分接近日常任务，但不是所有的测验都需要或者能够在非常贴近现实的情境下完成[1]。贴近现实的程度取决于时间、成本、设备的可用性和测量技术的性质等因素。例如，想象一下，你是一名三年级的教师，你的目标之一是让学生知道在商店购买商品后他们会收到多少零钱。如果这是一个相对较小的目标，或者你没有很多可用的道具，你可以简单地用实际的钱来进行演示，并让学生判断所收到的零钱是否正确。然而，如果你认为这是一个重要的目标，而且你有可用的道具，那么你可以建立一个模拟商店，让每个学生用真正的钱来购买（Waugh & Gronlund, 2013）。

一个在内容上和智力要求上贴近现实，但是并不发生在现实情境（实际发生在课堂情境中）的评估任务的例子是"大家快来看报"。在这项任务中，学生要扮演报社工作人员和编辑委员会成员，共同为他们的当地报纸做了一系列号外，比较和对比20世纪美国发生的五场重要战争（第一次世界大战、第二次世界大战、朝鲜战争、越南战争和波斯湾战争）。写作任务包括专题文章、意见栏和写给编辑的信件。编辑任务包括故事编辑、照片编辑、模板编辑、版面编辑和文字编辑（Moon, 2002）。

强调复杂的问题　为了评估学生高效地运用基础知识和技能的能力，应该向他们提出足够开放且结构不良的问题（Stiggins & Chappuis, 2012）。我们在前面的章节中所描述的"探秘亚特兰蒂斯"计划中所包含的问题，是一些复杂且结构不良任务的良好示例。它们有几个相互关联的部分，很少提供关于如何解决这个问题的线索，并且没有确定的正确解决方案。

教学和测验之间的紧密联系　学生经常带着一种高度的挫折感（如果不是愤怒）走出考场，因为测验的内容和格式与他们在课堂中学习到的内容和方法似乎没有什么共同点。教是一回事，考是一回事，这是老生常谈的事情。行为表现评估力求在教学和测验之间达

1　在贴近现实方面，行为表现评估可能存在程度上的差异。

成更紧密的匹配。通常,行为表现评估可以是教学任务的变式或扩展。例如,前面提到的模拟商店评估,可以在学生练习找零钱的教学活动结束之后进行。

然而,评估与教学之间的密切关系并不是自动形成的,教师必须有目的地建立这种关联。例如,如果在一次读后感报告中要求报告的学生大声、清晰地读出来,以便让每个人都能听到每一个句子、专注于这个话题,并且使用图片或其他材料让这次展示更加有趣,需要告知学生这些标准,而且要围绕这些标准来组织课堂教学。一位行为表现评估的支持者引用了古老的农场格言"你不能通过称重来让牛增肥"来说明这一点。他进一步指出:"如果我们希望学生们能在这些新的、更真实的测验上改善他们的表现,我们就需要定期地进行基于行为表现的教学(McTighe, 1996/1997,p.7)。"

517

同样地,对学生表现的评估应该仅限于在教学中强调的标准。强调这一点是因为它一直是体育、艺术和职业教育中成功项目的标准组成部分。例如,橄榄球教练早就意识到,如果他们想让他们的四分卫在比赛中(类似于期末考试)知道什么时候应该传球、什么时候不该传球,就必须给他提供真实的机会来练习这种特定的技能。也许你还记得,我们在建构主义学习理论那一章中提到过,如果学生想把他们学到的东西从教学环境中应用到现实环境中,那么真实和多样化的练习是必不可少的。

暂 停 与 反 思

当你是一名学生时,是否接受过行为表现评估? 你认为它是否能精确地反映出你学习过的内容? 你在多大程度上会使用行为表现评估方法来评估写作、数学、科学和社会研究等学科?

使用评分细则 细则(rubric)是一个评分指南,它具体指明学生应该表现出的能力(也称为内容标准),描述反应的不同水平或者反应应归于哪一类别(也称为行为表现标准),并规定如何对反应进行记分(作为单独的元素或整体)。对于写作任务这种可能是最常见的行为表现评估,常用的一些内容标准包括:目的的清晰性、文章组织、语言表达、词语使用、语法的使用和拼写(Arter & Chappuis, 2008; Arter & McTighe, 2001)。表14-2*呈现了一个口头报告评分细则的例子。

创建和使用评分细则,并在任务开始时为学生提供评分细则,这是非常有必要的,至少

518

---

* 由于版权问题,中文版不能翻译表14-2。——编辑注

有以下三个方面理由[1]:

1. 它增加了评分的客观性、一致性和有效性。

2. 它帮助教师将教学活动与行为表现评估的要求匹配起来,这是我们在前一节讨论过的目标。

3. 通过言语描述向学生提供所需的行为表现或产品的例子,教师可以清楚地向学生传达从不能接受到十分优秀的各种行为类型,以帮助学生更好地监控他们的进步并有效改善他们的学习质量(Arter & Chappuis, 2008; Whittaker, Salend, & Duhaney, 2001)。有学习困难的学生可能从中获益最大,因为给予他们评分细则后,他们会运用它来引导自己的学习(Heacox, 2009; Jackson & Larkin, 2002)。

然而,要记住,评分细则也有其局限性。因为评判写作好坏的方法有很多,所以尽管两位教师所使用的写作评分样本可能有一些相同的内容标准(如,目的的清晰性、文章组织和语法),但也可能有所不同(例如,是否提出观点、细节处理和语言丰富性)。因此,任何一个细则都不可能适用于所有的写作领域,在一个评分细则中可能很少甚至完全不会奖赏某些良好的写作技能(Osborn Popp, Ryan, & Thompson, 2009)。

使用形成性评估　正如我们之前指出的,测验可以作为反馈的来源,帮助学生提高他们学习的质量。许多真实的行为表现和产品都是经过一系列反馈和修正的结果,行为表现评估通常也包括这个特性。任何从事过大量写作的人都会告诉你(我们也不例外),一篇令人满意的文章、故事甚至个人信件,都不会在一次写成。通常,会有来自自己和他人的批评意见以及随后的二次写作。如果我们相信,即使是那些以写作为生的人,其良好的写作能力在一定程度上也是由利用有效反馈的能力所决定的,那么对学生来说,何尝不是如此呢(Moss & Brookhart, 2012)?一些具体的形成性评估包括着装彩排、初稿评审以及同伴反应小组(Waugh & Gronlund, 2013)。

对文化多样性的响应　多年来,传统的书面测验一直被批评存在文化偏见。批评者认为,它们低估了许多少数民族以及低社会经济地位的学生的能力,因为它们所依赖的是范围狭窄的项目类型(主要是选择题)和反映主流文化经验的内容(Johnson & Fargo, 2010; Stobart, 2005; Wang, Spalding, Odell,Klecka, & Lin, 2010)。这种批评很大程度上是基于建构主义的学习观:有意义的学习发生在一个人感到熟悉且舒适的文化环境中。如果是

519

1　评分细则能提高评分的客观性和一致性,使教学与评估保持一致,告知学生教师的期望,帮助学生监控学习进步情况。

这样的话,批评者认为测验应该与学习发生时的文化背景更加一致。行为表现评估被认为是一种更加公正且精确的、评估所有学生知识和技能的方法,特别是对少数族裔学生而言,因为它更加贴近现实(包括集体问题解决)并使教学与评估之间有了更紧密的联系(Hart, 2009; Santamaria, 2009)。

关于行为表现评估的某些问题

毫无疑问,各种可供选择的行为表现评估方法让教育工作者们十分兴奋,这些评估方法也会被更频繁地使用。但是,使这些新评估方法具有吸引力的一些特性,同时也会带来一些问题。其中的一个问题是对标准化测验的日益重视。标准化测验通常用作总结性评估(学习评估),在学年结束时进行,且只用于对学生、学校和学区进行排名和比较。另一方面,基于行为表现的课堂测验,本身也对形成性评估中(为学习而评估)有贡献。它可以定期为教师、学生和家长提供有关当前学生学习水平的相关信息,并就如何改善学生的行为表现提出建议。教师面对的挑战是不要让学区过度关注高利害测验(如果表现不佳会对学生、教师和行政人员产生严重后果的测验),而挤掉了以形成性评价为目的的行为表现测验[1](Hargreaves, Earl, & Schmidt, 2002; Nichols & Berliner, 2007)。

行为表现评估也存在信度(行为表现的一致性)和效度(测验在多大程度上准确地测量了本身要测量的东西)问题[2](Bachman, 2002)。Susan Brookhart(2011)描述了一种在行为表现评估中会发生的现象:行为表现"反映了一种学习结果,但做出这种行为表现还需要额外的技能,或者不需要所有的相关技能"(p.59)。为了说明这一问题,想象一位教师要求她的学生进行创作,然后表演一个短剧,以此来展示他们对课堂中学习的某一章小说的理解。此时需要注意的是,教师要确保作业任务以及行为表现评估集中在演示对人物和章节中发生的事件的理解方面。在这种情况下,教师可能会因为戏剧表演而分心,导致无法评估行为表现目标是否达成。

站稳立场 **为促进学习而评估**

InTASC 标准6(j)

教师设计的课堂评估是影响学生学习质量的最为重要的因素,很大程度上是因为它对学生的自我效能感、兴趣和学生建构的学习策略类型都会产生影响。这类评估对学生产生积极还是消极的影响,取决于它如何编制以及其主要目的。

---

1 行为表现评估对教师提出了若干挑战。
2 行为表现评估的信度和效度还没有牢固地确立起来。

正如我们在本章和其他章节中所指出的,课堂评估既可以用来总结学生所学的知识(总结性评估),也可以提供关于教学效果的信息,以及学生的具体优势和劣势(形成性评估)。不幸的是,形成性评估往往会被总结性评估所掩盖。很多教师更关心的是给学生评分而不是使用从评估中获得的信息来改进他们的教学。尽管这两种评估都是合理的,我们还是鼓励你重视形成性评估,因为它有可能对学生的学习形成积极的影响。为了帮助确保评估对学习产生积极影响,教师应该采取以下步骤:

- 确保能够理解和运用本章描述的基本的测量概念和实践做法。不要掉进这样的陷阱:很多教师都把课堂评估当作是一种"无法避免的灾祸"。
- 认识到对学习最准确和有用的评估是由多种多样的方法组成的,因而要使用各种类型的评估(书面测验、行为表现评估、检查表、等级评定表)。
- 将你的评估内容与你的目标结合起来,并详尽地告知学生你的评估内容和要求。
- 最后,根据评估结果来确定如何更有效地与你的学生一起学习。

你怎么认为?

你是否上过这样的课:重视总结性评估而忽略了形成性评估?你怎么看待这种现象?

520　通过探究改善教学实践:一位教师的故事

对学习的评估,为学习而评估,评估即学习

(作者:Daniel Kirk)

对我来说,在写作教学中使用形成性和总结性评估的现实做法是,将它们混合在一起形成一种教学法。几年前,我意识到我需要改变我在美国大学先修课程中教授文学分析文章的方法,我之前使用的是一个州的写作细则,但是没有什么效果。许多具有高学习动机、高自我调节能力和善于分析的学生,以及那些基于他们对学习的喜爱或决心而来到我的班级的学生,都十分疑惑:"你(教师)想让我(学生)做什么?"前一类学生无法清楚地解释他们是如何写出好文章的。后一类学生则认为,如果他们学习更努力或更久,就必定会取得成功,但他们不知道应该把精力集中在哪里。我在评估了来自两类学生的数千篇文章——已经评估了全国AP课程的样本——后得出的结果是,他们都认为有效的写作实际上是有效思维的表现。

我决定开发一种工具,帮助我们所有人看到思维和写作之间的联系。这个工具是根据

年级制定且适用于教师的评分细则，它兼顾了不同的学习风格，符合实际需要，并且清晰地划定了有效和无效写作的界限，不存在"灰色地带"——冗长的空话。"我花了一些时间来斟酌所使用的总结性评估工具的每个部分的描述，以清晰地定义我们需要在课堂中培养的技能。"然后我开始使用这个工具作为形成性评估的工具，并要求我的学生也这么做。

最终，我们在写作过程的所有阶段应用这个细则：让学生可以在初次起草时进行自我评估，让同伴可以在他人编撰最终稿时进行辅导，并且，最重要的是对于作为一名教师的我，要求在学生—教师写作会议中强化优秀的写作并辨别出无效、有效和复杂的写作。我还在课程结束时使用这个细则进行快速检查，以评估本节课的效果。通过将每一层的语言设定一个梯度，如对应布鲁姆的分类学，细则可以帮助学生们对自己的作品进行元认知分析：在写作中看到自己的想法。他们问自己，自己的文章是在描绘（*illustrating*）一个例子还是分析（*analyzing*）了一个主张，它是在区分（*distinguishing*）别人的观点还是在形成（*developing*）自己的观点。通过将各个评估水平的语言具体化，我可以清晰地解释每个分数；更重要的是，我可以通过指出文章中的某一行或某个地方的问题，来帮助学生真正有效地提升他们的写作水平。我可以让学生分析他们学术论文中的语法和语法模式，评估他们对某个有意义的观点的钻研程度，并开始创造性地写作。

明白了反映独特思维水平的写作要素，对我的那些有科学头脑的孩子们来说是一种重要启示。写作会议无论对于那些成绩优异的学生，还是那些苦苦挣扎的学生，都能达成令人满意的效果，因为每一个学生在结束时都有了一个明确的写作计划。不管他们的写作水平有多高，他们都有一些细节要去关注和改进。当他们在任何有效写作的课堂教学中成为思考者时，他们就懂得了写作是什么，以及对他们来说意味着什么。

（Daniel Kirk是宾夕法尼亚州的一名高中教师。）

你掌握了吗?

下列描述中哪一条同时适用于书面测验和行为表现评估?

a. 目的是为了确定学生知道什么

b. 总结性和形成性评估都包含评分细则

c. 总结性评估包含评分细则

d. 目的是为了确定学生能做什么

14.3　评价学生学习的方法

> | InTASC | 标准6(j) |

　　一旦收集了你想要的所有测量数据,如测验分数、小测试分数、家庭作业、特殊项目、产品与行为表现的评分和实验室实验结果,你就必须赋予这些数据一些值(评估的本质)。你可能知道,这通常是通过使用A—F分级表来完成的。完成这项任务的方法有两种:一种方法是进行学生间的比较。这种评价形式被称为常模参照评价,因为学生被分为平均水平(或正常)、高于平均水平或低于平均水平。另一种方法称为标准参照评价,因为是根据界定的标准来解释行为表现。虽然这两种方法都可以使用,但我们倾向于使用常模参照评定,稍后我们会解释其中的原因。

14.3.1　常模参照评定

　　由于学生在已有知识、学习技能、动机和能力等方面都存在差异,**常模参照评定**(norm-referenced grading)方法假定,课堂成绩在异质性学生群体中也会表现得各不相同(在第15章"理解标准化评估"中会进一步讨论)。在理想情况下(有来自多样化学生群体的数百个分数),这种变化会形成一个钟形分布或者"正态分布",分数分布的范围从低到高,很少有分数相等的情况,低分或高分者也都比较少。由于这个原因,常模参照评定也被称为"按照分布曲线评定"。

常模参照评定的实质

　　课程的成绩等级,与标准化测验成绩一样,是通过与正常水平或平均水平、其他水平、相同水平的学生进行比较来确定的,它用来反映学生在学习材料掌握上的差异。比较的对象可以是当年学生班级的所有其他成员,也可以是过去几年多个班级的平均水平[1]。对教师来说,最好是使用来自多个班级的典型学生的表现作为比较的基础,而不是依赖当前的学生。这样可以避免两个严重的后果:(1)当班级里包含许多能力较低的学生,那些能力稍高的学生将更容易获得最高分;(2)如果班级里有很多高能力的学生,相对较弱的学生几乎会注定得低分或不及格(Brookhart, 2011; Waugh & Gronlund, 2013; Kubiszyn & Borich, 2013;

1　常模参照评定:在学生之间作比较。

Nitko & Brookhart, 2011)。

在常模参照评定的基础上评定等级只需以下几个步骤：

1. 确定每个等级将会有多少学生。例如，如果你想要获得全部的等级，你可以规定A代表前15%。B代表接下来的25%，C代表中间的35%，D代表再接下来的15%，F代表最后10%。

2. 把分数从最高到最低进行排列。

3. 计算哪个分数属于哪个类别，并据此分配相应的等级。

当然，我们也可以采用其他类型的等级分配。你决定为每个类别分配的学生比例，将取决于你班级里学生的特点、考试和任务的难度以及你认为适当的标准。此外，常模参照评定方法并不意味着每个班级的等级都会呈现正态分布，或任何人都有可能被自动划分为不及格。当然，这也是可能的。例如，如果你决定将你的评定方法设定为三个等级，并为每个等级分配相同的人数，那么获得A、B、C等级的学生人数是相同的。简单说来，常模参照评定就是使用等级符号来代表与其他学生相比某个学生的成就水平。

522

常模参照评定的支持者指出，用来评价和评定学生表现的理想的外部标准比较缺乏[1]。换句话说，没有一个好的方法可用于从外部确定某个学科的学习是否太少、刚刚好或者太多。因而，如果对所有学生都必须掌握的知识或行为没有量上的要求，那么就可以根据学生在一个群体中的相应表现来评定其行为（Waugh & Gronlund, 2013）。

常模参照评定的优点和不足

至少在两种情况下，使用常模参照的测量和评价程序是合适的。

1. 评估高水平的学习[2]。例如，你可能想要制定一个两阶段教学计划，在第一阶段帮助所有学生掌握某一特定学科的基本知识和技能。第一阶段的表现将根据一个预先设定的标准来进行衡量和评价（例如考试中80%的正确率）。一旦完成这一工作，你就可以开始教授高级课程，并鼓励学生尽可能多地学习其他材料。因为第二阶段的学习与预先设定的标准无关，而且会随学生的动机和学习技能而变化，所以可以在这个阶段使用常模参照测验。这种方法也适用于竞争性奖励结构（在第13章"教学方法"中讨论过）的学习评定，因为每个人都是从相同的基础知识水平开始的。

2. 为人数有限的项目筛选参与者。常模参照的测量和评价也适用于为一个名额有限

---

1 常模参照评定没有外部标准。
2 常模参照评定可用来评估高水平的学习。

的项目从大量候选人中选择最有可能成功的学生。其中一个例子就是选择分数最高和平均绩点最高的学生,让其参加高水平的课程学习(Waugh & Gronlund, 2013)。

常模参照评定的主要缺点是,普通公立学校的教师很少有机会适当地使用它。要么是目标不合适(例如要求所有学生掌握某些特定的材料和技能,或者是诊断个别学生的强项和弱项),要么是基本条件无法满足(班级规模太小或者是学生同质,或者两者兼存)。当这些问题存在但仍然坚持使用常模参照评定时,经常会引发学生的交流和动机方面的问题。

以一群高中生为例,他们在掌握德语词汇和语法方面遇到了很大的困难。可能是因为学生没有做好充分准备,也可能是由于教师在组织和解释材料方面做得很差,或者两个因素都存在。在一个学期中,最优秀的学生在所有的考试、小测验和口头背诵上平均达到了48%的正确率。因此这名学生和其他几名正确率在40%以上的学生都将得到A。尽管有少数人可能会意识到他们的知识和技能是不完整的,但其他人可能会错误地认为:他们已经对德语有所了解,因为A级通常被认为是优越的表现。

暂 停 与 反 思

你有没有上过基于分布曲线评定的课程?你是否觉得你的成绩准确地反映了你已掌握的知识?如果不是,分数为什么太低或太高?

---

523 另一个极端的例子是,我们有一个社会研究课,班上的大部分学生都十分优秀。由于之前的教师为他们打下了良好的基础,使他们掌握了有效的学习技能,他们接受了高质量的教学并受到教师的热情激励,因此最终的测验正确率从94%到98%不等。然而,使用常模参照评定的教师会给这个小组分配至少A、B和C三个等级。这种做法不仅严重挫伤了那些努力学习且表现良好的学生的积极性,而且也错误地向他人传达了得到了B和C的学生的表现(Russell & Airasian, 2012)(照片14-3)。

14.3.2　标准参照评定

标准参照评定(criterion-referenced grading)方法可以让学生从错误中有所收获,并且可以提高他们的理解和行为表现水平。此外,它建立了一个个体性的(有时是合作的)奖励机制,因此与其他方法相比,它能在更大程度上促进学生的学习动机。

照片14-3 常模参照评定很少会在课堂上使用,因为几乎没有适用的情境,并且它很有可能会降低除高分学生以外的所有学生的积极性。

标准参照评定的实质

标准参照评定,有时被称为基于标准的评定,其评定分数是由每个学生达到既定的成就或表现的程度决定的(参阅 Deddeh, Main, & Fulkerson, 2010; Guskey, Swan, & Jung, 2011)。在这种评定中,班级中其他的学生是否达到相应标准,是不会影响个体成绩的。因此,任何等级的分布形式都是可能的,每个学生都可能得到A或F,或者没有学生得到这些等级。在标准参照评定中,非常低的或不及格的分数可能会更少,我们稍后会讨论其中的原因。

传统的标准参照评定方法是根据学生在测验项目上的正确率来进行等级评定的(如,90%—100%的正确率为A,80%—89%的正确率为B,等等)。尽管这种方法仍然很受欢迎,但肯塔基州的学校正在尝试一种不同的方法。在每一个学科,从三方面分别为学生划分等级:成绩、与学习相关的过程(如:准备、参与、家庭作业完成情况)、学习进步。在成绩等级中,学生将得到1分(奋斗)、2分(进步)、3分(精通)或4分(模范)。在"与学习相关的过程"等级中,学生将得到−(很少)、+(中等)或++(一贯)。在成绩报告卡的底部,有教师对该学习期间所教授的内容和技能的简要描述,以及对学生表现的评论。肯塔基州的学校通过将成绩报告卡划分为"成绩"和"与学习相关的过程"的部分,避免了将苹果和橘子结合在一起的分级错误。我们将在下一节"需要避免的评估问题"中,讨论这种错误和其他八个问题。在讨论这些错误之前,我们先看看标准参照评定的优点和不足。

标准参照评定的优点和不足

近年来,标准参照评定方法(以及标准参照测验)变得越来越流行,主要是它具有以下优点:

524

- 相比常模参照评定方法,标准参照的测验和评定方法可以提供关于学生优、缺点的更具体和有用的信息[1]。家长和教师更想知道,学生在地球科学测验中得到 A 是因为她掌握了该单元 92% 的学习目标,而不是因为超过了班上 92% 的同学。

- 标准参照评定方法可以促进学习动机,因为它代表着所有拥有足够完善的学习技能并接受高质量教学的学生,都能够掌握教师制定的大部分学习目标[2] (Waugh & Gronlund, 2013)。标准参照评定方法的激励效果在那些采用掌握目标(我们在第 11 章的"动机"部分讨论过)的学生身上表现尤其明显,因为他们倾向于把等级视为进一步改善学习的反馈(Moss & Brookhart, 2009; Stiggins & Chappuis, 2012)。

标准参照评定方法的一个缺点是,行为表现标准的规定具有随意性(例如 90% 的正确率为 A),且很难向父母和同事解释清楚(为什么不是 87% 或者 92% 的正确率为 A?)。第二个缺点是,尽管教师规定的表现标准在所有测验中看起来是稳定的(在所有测验中都规定 90% 的正确率为 A),但在现实中,它会随着测验难度和教学质量的变化,而起伏不定 (Waugh & Gronlund, 2013)。

最后,我们想提醒大家注意标准参照评定的一个特征。它不是缺点,而是教育生活中大家不得不面对的一个不幸的事实:人们以许多巧妙的或者不是十分巧妙的方式,阻止教师使用标准参照评定来评分,因为它往往比常模参照评定产生更高的分数。这其中的原因明显且合理。当测验项目仅仅基于教师所规定的特定教学目标,且这些目标明确、公开时,学生就知道他们需要学习什么,以及他们需要做什么来达到教师的目标。而且,由于学生的成绩只取决于他们表现的好坏,而不是他们的同学的表现,因而其学习动机往往更强。结果是,学生在课堂测验中学习得更多,分数也更高。那么,为什么这种积极的结果会引起人们的关注呢?因为那些不太精通课堂测量和评价的人可能会认为,大量学生得到高分的唯一原因是教师的标准比其他教师要低。因此,你可能会发现,自己不得不捍卫自己分配等级的标准。Tom Kubiszyn 和 Gary Borich(2013)指出,尽管人们广泛呼吁优质教育,但大多数人又不愿接受使得每个学生都能获得优秀的评分方法。

掌握评定法

一种特定的标准参照评定方法通常被称为"掌握评定法",因为它为学生提供多种学

525

---

1 标准参照评定:将个人表现与规定的标准进行比较。
2 标准参照评定可以提供学生的优点与不足方面的信息。

习机会,并能展示他们对教学目标的掌握情况[1]。这种方法在很大程度上源于 John Carroll(1963)和 Benjamin Bloom(1968,1976)关于"掌握学习"概念的研究。掌握学习背后的基本思想是,如果学生获得高质量的教学、拥有足够的学习时间且有坚持学习的动力,大多数学生都能掌握大部分目标(Lalley & Gentile, 2009)。

在掌握评定法中,测验服务于形成性和总结性评价的目的。因此,如果测验成绩显示学生学习不充分,会给这些学生额外的指导,以及第二次证明他们已学到什么的机会。尽管从教学法角度来看这种方法是合理的,但它经常受到批评,因为校外的生活通常不会给人第二次机会。例如,外科医生和飞行员都被期望,在工作中时时刻刻不要出现错误(Anders Ericsson, 2009; Guskey, 2003)。然而在我们看来,这种批评是不恰当的,因为它缺乏远见,且涉及"比较苹果和橙子"的问题。首先,即使是外科医生和飞行员犯了错误,也允许他们改正;外科医生在实验室中的尸体解剖中、飞行员在飞行模拟器的操作中,都会犯错误。其次,学校教育是为了帮助学生获得从新手到专家的知识和技能,并成为自我指导的学习者。另一方面,学校之外的生活,也经常涉及个体之间的竞争。这些个体处于,或者被期望处于同等的熟练水平。

如果你对使用掌握评定法感兴趣,以下建议可适用于任何年级水平和任何学科领域:

1. 选出你认为一个学习单元、一篇文章或一个讲座大纲中最重要的内容;你标记的这些重点内容应该是日后有用的或者是后继学习的基础。

2. 把这些要点以目标卡(在一个教学单元结束后学生应掌握的概念和技能列表)、教学目标(如 Mager, 1997 或 Miller, Linn, & Gronlund, 2013, 所描述的那样)、重点或类似的形式列出来。如果合适的话,将目标安排在某种有组织的框架中,也可以参考关于教育目标的相关分类学(参阅第13章"教学方法")。

3. 在一个单元开始时向学生分发这些目标。告诉你的学生,他们应该集中精力学习这些重点内容,并将在考试中测验这些内容。

4. 尝试编制一个学习指南,在指南中列出与目标相关的具体问题以及学生记笔记的参考格式。

5. 使用各种各样的教学方法和材料来解释和阐述与目标相关的观点。

6. 根据目标和学习指南编制测验的问题。尽量为每个目标编几个问题。

7. 在每个单元的学习中,为这些问题安排至少两个(最好是三个)替代性测试。

8. 为每个测试的等级水平、整个单元或学期编制暂时性的标准(例如:在任何考

---

1 掌握评定法:为学生提供多种机会,让他们以自己的步调来达成目标。

试中全部答对或只错了一题为A；在任何考试中答错两个以下的问题为B；在任何考试中答错四个以下的问题为C）。

9. 当学生来找你并表示已经做好准备，或者当你确定他们已经有足够的机会学过这些材料时，就可以进行测验了 。提前告知学生所有的考试日期并提醒他们试题只会根据你曾经提到的目标来编制。制定不同等级的标准，并强调任何在首次考试中未能达到预定标准的学生，都将有机会参加另一个替代性的考试。

10. 尽可能迅速地给出考试等级并把试卷返还给学生，在课堂中简明扼要地讲评考试题目（尤其是那些学生普遍出错的问题），并提供机会与学生单独进行考试分析。允许学生对答案作出个性化的解释，如果你认为学生的答案合乎逻辑、令人信服，即使它与你所期望的答案不同，也要给它计分。

11. 安排替代性考试，并在考试前一天留出时间为学生提供咨询和辅导。（进行替代性考试时，你可以用初次考试的试卷对那些之前缺席的学生进行补考。）

12. 如果预期到学生在第二次考试中分数有所提高但仍低于所要求的标准，则可以考虑采用"安全阀"策略：让他们在第二次考试中提交一份完整的学习指南（或其他类似的东西），或者采取开卷考试的形式而不是传统的书面测验，来检查他们是否能清晰地解释学习材料。如果你对他们任一项任务的完成感到满意，就对他们在第二次考试中的表现给予表扬。

13. 为了补充考试内容，可以布置书面报告、言语报告、论文或其他形式的个人作业，为学生尽可能多地提供选择机会。建立并解释你将用来评估这些任务的标准，并强调你鼓励自由选择和自由表达。（一些学生将会在自由选择作业上有较好发挥；还有一些学生则可能会觉得开放式作业是一种威胁。考虑到这些差异，应该为那些有需要的学生提供具体的指导，以及一般的提示或一个简单的要求——提前将"新颖"的项目呈现给更具独立思考能力的学生。）对所有的报告进行评分（通过或不通过），并对那些你感到不满意的报告提出建设性的批评。宣布所有未通过的论文都可以在一段时间内重新修改和提交。要把报告的得分算入最后的评定等级中，例如，三份报告得A，两份报告得B，一份报告得C。（另外，学生应该在每次考试中都通过一个指定的等级。）你也可以允许学生准备额外的论文来赚取额外的分数，并把它算入考试的总分中。

使用这些基本的技术，你既可以应对传统的A—F评定体系下的工作，又可以在不降低标准的前提下，增加考试合格的学生的比例。采用掌握定向的标准参照评定的一个例子如图14-2所示。

Instructions for Determining Your Grade in Social Studies

Your grade in social studies this report period will be based on three exams (worth 20 points each) and satisfactory completion of up to three projects.

Here are the standards for different grades:

A—Average of 18 or more on three exams, plus three projects at Pass level
B—Average of 16 or 17 on three exams, plus two projects at Pass level
C—Average of 14 or 15 on three exams, plus one project at Pass level
D—Average of 10 to 13 on three exams
F—Average of 9 or less on three exams

Another way to figure your grade is to add together points as you take exams. This may be the best procedure to follow as we get close to the end of the report period. Use this description of standards as a guide:

A—At least 54 points, plus three projects at Pass level
B—48 to 53 points, plus two projects at Pass level
C—42 to 47 points, plus one project at Pass level
D—30 to 41 points
F—29 points or less

If you are not satisfied with the score you earn on any exam, you may take a different exam on the same material in an effort to improve your score. (Some of the questions on the alternate exam will be the same as those on the original exam; some will be different.) Projects will be graded P (Pass) or DO (Do Over). If you receive a DO on a project, you may work to improve it and hand it in again. You may also submit an *extra* project, which may earn up to 3 points of bonus credit (and can help if your exam scores fall just below a cutoff point). As you take each exam and receive a Pass for each project, record your progress on this chart.

First Exam		Second Exam		Third Exam		Project 1	Project 2	Project 3	Extra Project	Grade
1st Try	2nd Try	1st Try	2nd Try	1st Try	2nd Try					

Name	1st Exam 1st Try	1st Exam 2nd Try	2nd Exam 1st Try	2nd Exam 2nd Try	3rd Exam 1st Try	3rd Exam 2nd Try	Exam Total Points	Project 1	Project 2	Project 3	Extra Project	Grade
Adams, Ann	16	18	17	18	18			P	P	P		
Baker, Charles	13	14	14		10	14		P				
Cohen, Matthew	14	16	15	16	17			P	P			
Davis, Rebecca	19		19		20			P	P	P		
Evans, Deborah	16	18	17	18	16	18		P	P	P		
Ford, Harold	15	16	17		15			P	P			
Grayson, Lee	10	13	12	14	12	15		P				
Hood, Barbara	16		17		15			P	P			
Ingalls, Robert	16	18	16		15			P	P			
Jones, Thomas	4	14	12	16	15			P				
Kim, David	18		19		19			P	P	P		
Lapine, Craig	14	16	16	18	16			P	P	P		
Moore, James	17		17		17			P	P			
Nguyen, Tuan	17	18	19		16	17		P	P	P		
Orton, John	10	10	11		9			P				
Peck, Nancy	14		15		14			P				
Quist, Ann	16	18	17	18	18			P	P	P		
Richards, Mary	16		17		15			P	P			
Santos, Maria	13		15		14			P				
Thomas, Eric	15	16	15	17	15			P	P			
Wong, Yuen	14		15		16			P				
Vernon, Joan	4	14	13	14	12	14		P				
Zacharias, Saul	16	18	17		16	19		P	P	P		

图14—2 "教师的成绩册和对学生的教学" 中的一页：掌握评定法

14.3.3　需要避免的评估问题

在本章的前面,我们注意到,传统的教师对评估原则缺乏系统的了解,因而可能会进行各种不适当的测试和评定。我们希望本章的信息能帮助你更熟练地完成这些任务。(另外,如果你还没有这样做,我们十分鼓励你参加课堂评估课程。)为了强化你在这里所学到的知识,我们将描述一些教师使用的不适当的测验和评定方法。以下列表主要基于Susan Brookhart和Anthony Nitko(2008),Thomas Haladyna(1999)和Thomas Guskey(2002)的观察。

1. 推崇"平均"。有些老师机械地将所有的分数平均起来,并且自动地分配到相应的等级中,即使他们知道一个异常低的分数可能是情有可原的。在评估时教师应考虑学生的身体疾病、情绪紊乱等方面的因素;学生的最低分可以删除,或者允许学生针对他表现最差的测验进行重考。尽管客观评分是值得称赞的,但是当你的专业知识告诉你有例外情况发生时,你可以改变常规的评定程序。

计算平均分的另一个缺点是忽略了测量误差。没有人能构建完美的测验,没有一个人的分数是其知识和技能的真正体现。测验分数代表了这些特征的估计值。因此,如果C级的最低要求是75分的话,给一个平均为74.67分的学生D级,并不代表着测验真正准确地测量到了学生的水平。这就是为什么对你的测验进行项目分析,是非常重要的。如果你发现有一些题目非常难,你也可以把那些差一两分就可以达到最高等级的学生的等级,提到最高等级(并在下次使用这些题目时作出修改)。我们在后面的教学建议部分,描述了一个简单的程序,你可以用它来分析你的测验项目。

2. 不加分析地使用零分。等级评定的唯一目的是向别人传达一个学生掌握了多少课程内容。当教师也用等级来反映他们对学生的学习习惯或品格的评价时,等级的效用就会降低。出现这一问题的最常见的情形是,学生因为迟交作业(但作业质量较好)、作业不完整或未按要求完成,以及涉嫌考试作弊,而得了零分。这是一个有缺陷的做法,原因有二:

- 首先,重复一下我们在第一点上说过的,可能有很好的理由解释为什么项目和家庭作业迟迟不能完成,或者与要求的不同。你应该试着去发现这些情况,并把它们考虑进去。

- 其次,零分会导致沟通问题。如果一个学生在大多数评分阶段,成绩都低于90%的同学,那么因为刚刚提到的一个或多个原因而得到两个零分,他就很容易得到一个总体的D等或F等。而这样一个等级并不能准确反映他学到了什么。

- 如果给予零分惩罚是由于作业迟交、不完整或没有按照要求来完成，且没有任何情有可原的情况，那么应该在作业到期前，明确地向学生说明，并且不应该严重扭曲等级的含义。对于涉嫌作弊的学生，可以给他另一种不同形式的考试。

暂停 与 反思

美国学校的学生获得高分的压力非常大，这让大量的学生在考试中寻求作弊。你会怎样来降低学生作弊的倾向？

---

3. 在测试前提供不充分的教学。由于种种原因，教师们时而会花费比计划时间更长的时间来完成某些主题的教学。为了在计划考试之前"覆盖课程"，他们可能会显著加快教学进度，或者简单地告诉学生由自己来阅读剩余的材料。不幸的是由这种情况导致学生得到的较低等级，往往被外人（包括家长）解读为学生缺乏学习能力；而事实上，这些低等级更准确地反映了教学质量的不足。

4. 教是一回事，考是另一回事。这种做法有几种形式。例如，教师可以在课堂上提供相当多的补充材料，并鼓励学生做笔记，进行广泛的学习，但测验几乎完全围绕课本上的内容来出题。再如，教师在课堂讨论中强调课文内容，而考试内容则大量来自课本中的脚注和课文中不太重要的部分。这种有缺陷的做法的第三种形式，是在课堂中为学生提供简单的问题或练习，它们属于布鲁姆分类学中的知识水平（见第13章），但是测验所考的是复杂的和更高水平的问题。请记住我们在本书前面所讲的：如果你想要迁移，就要去教授迁移。

5. 用突击测验来推动学生学习。如果你回想一下我们关于强化程式的讨论，就会认识到，突击测验代表了一种变化间隔程式，这种程式会让人们在某些情形下维持一种稳定的行为模式。但在教室里做一名学生，并不属于这种情形。突击测验会让许多学生产生过度的焦虑，并导致一些人放弃。如果你觉得学生没有足够的动力去阅读和始终如一地学习，那么请参考第11章"动机和自我认识"，你可以从中了解到实现这个目标的更好的方法。

6. 保密测验的性质和内容。许多老师都小心翼翼地避免向学生透露关于考试的问题类型、内容范围等方面的信息。这种做法背后的假设是，如果学生在课堂上认真听讲，课后认真完成作业，并且按时学习，他们就会在考试中表现出色。但是他们通常都不会这样做——主要的原因可以从我们对学习策略的描述中看出来（参阅第8章"信息加工理论"）。一位优秀的学习策略制订者，首先要分析所有可用的与实现目标相关的信息。但是，如果关于目标的某些关键信息无法获取，那么剩下的策略制订过程（计划、实施、监控和修改）将会受到影响。

529

7. 保密作业的标准。这种做法与上一个做法密切相关。例如，学生可能会被要求完成一篇作文，作文的主题是如果所有的疾病都被消除了，那么这个世界会变成什么样子；教师还要求学生充分发挥想象，想出一些独创的想法。但是教师对文章进行评定时，把拼写、标点和语法的使用也看得同等重要。如果写作的这些方面对你来说也很重要，并且你希望学生在这些方面也要做好，那么一定要把这方面的要求清楚地传达给学生。

8. 改变标准。老师有时会对学生的测试和作业的质量感到失望，并决定改变评分标准，以此来引导学生做出更恰当的学习行为。例如，一位教师可能会告诉学生，在写作任务中，基本规范会占三分之一的成绩。但是，当老师发现大部分论文都包含大量的拼写、标点符号和语法错误时，她可能会把基本规范的占分比重提升到总成绩的一半。正如我们之前所指出的，成绩不应该被用作激励手段或弥补教学疏漏的方式。有更好的方法来实现这些目标。

9. 混淆"苹果"和"橘子"。学生的成绩应该用于表明他们在不同的学科领域学到了多少东西。当努力和能力等因素与考试成绩分数混合在一起时，成绩的含义就变得模糊不清了。因此，测量专家通常建议教师将只根据学生的书面测验和行为表现评估方面的分数来评定其等级。对努力和能力的评估应分开报告（Waugh & Gronlund, 2013）。然而，许多教师并没有遵循这一建议。对900多名三年级到五年级教师的一项调查显示，36%的教师将学生的努力程度部分或全部地加入到学生的等级评定中，47%的教师在学生的等级评定中部分或充分地考虑了学生的能力水平。许多高中教师也采取了这样的做法（Mc Millan等，2002）。

暂停 与 反思

目前有大量的技术形式和产品被开发出来，它们使课堂评估变得更容易、更准确，包含更多的有用信息。下节将介绍几种技术形式和产品。

530

你掌握了吗？

下列哪一项不适合描述标准参照评定？
a. 提供多种机会来展示已达到掌握水平。
b. 所有学生都有可能成绩很好。
c. 一个学生的等级会影响到其他学生的等级。
d. 所有学生都有可能成绩不佳。

14.4 运用技术进行课堂评估

InTASC 标准3(m) 标准5(l) 标准7(k) 标准8(n) 标准8(o)

在本章的开头,我们提到评估活动会大量占用教师的时间。这种大量的时间投入,部分是由于评估在教学和学习中都非常重要,但它也与许多评估活动使用了在创建、实施和评分中需要耗时的评估方法,以及需要分析和记录分数有关。幸运的是,计算机技术的发展,为教师必须实施的评估提供了大量支持(Beatty & Gerace, 2009; Cardwell, 2000)。随着学习和评估的技术工具的大量增加,我们可以预期到,有抱负的教师会展示出他们使用这些技术的能力[1](Yao, 2006)。

14.4.1 电子成绩簿与等级评定系统

电子成绩簿可以存储学生的测验成绩,计算测验的平均值、累积平均值和权重,标注具有特定分数或特征的学生,打印标准的成绩报告以及针对具体学生的评论。将电子成绩簿与评分软件相结合,可以使教师在评分中与大多数中学教师使用的基于绩点的评分系统保持一致。这些程序可以扫描并标记学生对选择性回答项目(正误题、匹配题、多项选择题)的选择,并允许教师以各种方式跟踪、总结和呈现学生的表现。但是这些程序的效率和表面上的客观性,掩盖了一个严重的潜在缺陷:当不加限制地使用时,它们可能会导致等级评定的不公平。准确的等级评定通常不仅仅涉及数学精度。

为了理解评分的复杂性,以及为什么应该使用计算机化的评分程序来补充专业的判断,请思考一下 Thomas Guskey(2002)在表 14-3* 中提供的示例。

这张表中共有七名学生,对每个学生都使用三种方法进行评分:计算所有分数的简单平均值,采用中位数或中间值,计算删除最低分数的平均值。使用简单的算术平均值,所有学生都将得到C,尽管他们的分数变化模式存在差异。例如,学生1开始分数很低,但逐渐改善。学生2的得分模式相反。学生3的表现一直保持在平均水平。学生4在前两个单元的测验中不及格,但在后三个单元测验中得分最高。学生5展示了与学生4相反的模式。学生6在第一次考试中无故缺席,分数为零,但在最近四次测验中分数接近或得到最高分。学生7在前四次测验中近乎满分,但在最后一次考试中作弊被抓,得分为零。如果给所有7个学生相同的分

---

1 要注意并避免错误的测量和评定操作。

* 由于版权问题,表14-3不能翻译。——编辑注

531　数,你会觉得不合适。请注意,如果使用中值或删除了最低分数的平均分,会产生从A到C的等级,但学生4和5可能得到A、B或C三种等级,这取决于使用的是哪种评定方法。

我们的目的并不是要告诉你应该使用哪一种方法,因为这还取决于其他的信息,如教师对学生能力的了解,以及教师对不同评分方法适当性的看法。相反,我们的目的是提醒你,不应该让基于计算机的等级评定来代替教师在评分中的专业判断(参见,Loveland, 2012)。

14.4.2　基于技术的行为表现评估

你可能还记得我们先前的讨论,行为表现评估让学生有机会展示他们如何利用作为教学重点的知识和技能,来执行贴近现实的和有意义的任务。基于计算机的技术是实现这一目的的绝佳工具。例如,计算机模拟可能比传统的纸笔测验能更为有效地帮助我们判断学生的理解情况以及其科学探究过程的执行情况(例如:计划调查、收集数据、组织和分析数据、形成结论和交流发现)。最近在工程设计和医疗诊断等复杂任务领域开展的行为表现评估程序的研究,预示着基于技术的行为表现评估在未来将大有用武之地(Spector, 2006)。全球学习和观察环境科学教育项目GLOBE(Global Learning and Observation to Benefit the Environment)是一个基于网络的模拟系统,可用于评估科学探究。参加该项目的学生在当地网站收集环境数据,并将其提交到互联网上的科学数据库。来自世界各地的约4 000所学校参加了这个项目。教师可以使用GLOBE数据库来评估学生对气候资料的分析和解读能力,方法是让学生使用一系列与气候相关的指标(例如不同海拔高度的温度、日照量和下雪量)来确定下一届冬季奥运会适合于在哪几个城市举行(Means&Haertel, 2002)。探险学习项目可以(第13章"教学方法"中提到过)产生现场数据,并将这些数据传送到课堂中进行分析(Veletsianos, 2012)。这些项目为学生提供了机会,以展示他们在各种领域解决现实问题的能力。

532　### 14.4.3　数字化档案袋

什么是数字化档案袋?

数字化档案袋(也称作电子档案袋或e-档案袋[O'Keeffe & Donnelly, 2013])类似于传统的档案袋,但是它拓宽了纸质档案袋所包含的内容,因为它还包括声音效果、音频和视频证明,对学生学习时的思维过程的画外音解释以及绘画和音乐作品等的照片(Siegle, 2002)[1]。

1　技术环境允许多样化的行为表现形式。

数字化档案袋的构成及内容

由于让学生构建一个数字化档案袋的目的（比如等级评定、评估学生的优缺点、评价一个项目或课程）并非总是相同的，因而不同教师和学区使用的档案袋的结构也会有所不同。但是某些成分，如下面列出的部分，经常被建议（比如，Beatty & Gerace, 2009; Goldsby&Fazal, 2001; Janesick, 2001）且应该被认真考虑纳入数字化档案袋中：

- 学生要达成的目标
- 关于把哪些材料纳入档案袋的说明
- 作业样本
- 教师的反馈
- 学生的自我反思
- 用来评估每份材料的标准
- 高质量学习的例证

正如数字化档案袋的一般组件可能会有所不同，其中所使用的特定媒体也可能不同。以下是一些学生可能使用的媒体类型的具体例子，以及每种媒体所表征的信息（Barrett, 2000; Gatlin & Jacob, 2002; Janesick, 2001; O'Lone, 1997; Siegle, 2002）：

- 数字化图片和扫描图像：学生的照片、他创造的物体、艺术品、模型、科学实验的不同阶段、与科学家的传真、拼写测验、数学作业、自我评估清单
- 文件：学生的作文、反思日志、出版物、创建的网页、教师的批注和观察记录等文件的电子版
- 录音：有说服力的演讲、诗歌朗诵、外语词汇的复述、精选段落的阅读、自我评价、访谈或关于学习的解释的录音
- 视频短片：展示学生或团队参与的科学实验并解释其操作步骤，或展示学生在体育或艺术表演中的表现的短片
- 多媒体演示：跨学科项目的 QuickTime 电影

数字化档案袋及学习展示的评分细则

教师该如何利用"数字化档案袋"包含的所有信息，来公平并有效地评估学生的学习？首先，对电子写作作品，就像对纸质的作文一样，可以根据总体印象进行全面评估。其

次,也可以根据特定的标准,如作品是否有创见、结构合理、表述清晰、重点突出、切题、文笔流畅、有说服力、鼓舞人心和原创性等,对其进行分析[1](参见,Arter & Chappius, 2008)。

在网上也有一些评估档案袋质量的评分细则。有人使用四级评分(超过要求、达到要求、接近标准、不符合标准)来评估网站的设计、美感、可用性,以及档案袋内容的合理性和清晰性(Goldsby & Fazal, 2001)。"4Teacher.org"网站包含一些其他的技术产品,如一种叫做RubiStar的工具,它可以为多种类型数字产品的评分标准的判定提供模板。

行为表现评估和档案袋评估存在的问题

我们需要特别指出,行为表现评估和档案袋评估也存在一些问题。高质量的行为表现评估需要多个评估(包括形成性和总结性目的)、大量的时间、电子设备、精心的设计和持续的修改(McGrath, 2003)。电子档案可能非常庞大、复杂,因而要用其进行公平的评估会非常耗时,从而导致教师工作负担过重(Goodman, 2008; Pope等, 2002)。

需要对员工和教师进行培训是有效利用行为表现评估和数字化档案袋的另一个障碍。但是,通过适当的培训,教师们可能会开始寻找一些比传统评估方法更实用、成本更低、质量更高的以技术为基础的学校和课堂评估方法。

以下教学建议有助于你正确地实施本章所提出的评估理念和研究结果。

教学建议 有效的评估方法

InTASC   标准7(k) 标准8(m)

1. 在每个学期,尽可能早地决定何时和多久进行一次测验以及其他会计入成绩的作业,并提前告知学生。

如果你遵循第13章"教学方法"中给出的建议制定目标,即使你对教学、特定的课本或学习单元只有有限的经验,你也能制订出一个合理的总体课程规划,并设计出课程大纲。在这一过程中,你不仅能很好地把握希望学生达成的目标,而且还能明确评估成绩的方法。

学期开始前是一个很好的编排本学期测验的时机。回想一下,先前引用的研究表明,每学期进行六到七次测验的学生(每个等级评定阶段有两到三次考试),比那些参加考试较少或者根本不考的学生,学到的东西更多。但是,不要机械地认为,如果每一阶段进行三

---

1 可以使用特定的评分细则来评估数字化档案袋和口头展示。

次测验是好的，那么进行五到六次测验就更好了。在第四次测验之后，测验的积极作用会迅速降低。

如果你在学期开始时宣布你打算安排哪些考试，或者交待作业的截止日期，你不仅要让学生明白他们需要做什么，也要为自己制订一个指南，以便于做好课时计划，设计、实施和批改测验。在大多数情况下，最好提前宣布测验。（如果你教小学生，最好是一次只宣布一周的考试和作业，而不是提供一个长期的日程表。）宣布考试时，一定要让学生知道他们该掌握什么内容，会考什么类型的问题，以及测验成绩在期末总分中所占的比重（照片14-4）。正如我们在第8章信息加工理论的"站稳立场"部分，以及其他人所指出的（Guskey, 2003），学生需要掌握关于测验的内容和性质的完整信息，才能在考试中正常发挥。此外，研究表明，相比不

照片14-4 学生要想有效地规划好掌握目标的路径，就需要尽早知道他们将要参加多少测验，什么时候测验，每个测验将包含什么类型的项目，以及测验的内容。

知道教师将要进行什么类型的测验，或者被告知进行某一种类型的测验但是实际上测验了其他内容的学生，被告知将要进行论文测验或多项选择测验的学生，得分会更高一些。

对于学期论文或其他书面作业，要列出你的评分标准（风格、拼写和标点、研究水平、表达的个性等方面的评分比重）。在实验室课程中，大多数学生喜欢得到一份关于实验或项目的清单，以及某些关于如何对实验或项目进行评估的描述（例如：10个化学实验、15张绘图、5张艺术画、根据张贴的标准进行评判）。

2. 准备一份内容大纲或关于每次考试所涵盖的目标的细目表，或者你的学生所需掌握的知识和技能的系统样本。

534

在单元开始时对目标的描述越精确和完整，未来的评估（和教学）就会变得越简单、越有效率。使用清晰的提纲有助于确保最重要的行为表现有充分的样本代表。

评估你的学生的能力时，你不可能观察和评估所有相关的行为[1]。例如，你不可能听每一个一年级的学生阅读超过几页的内容，或者要求高中生回答几个章节中所讨论的每一个问题。由于学生的数量和时间的限制，你的评估必须基于行为的样本——三到四分钟的阅读表现，或者在考试中指定的几段文本材料中所包含的问题。因此，获得一个有代表性的、准确的样本是重要的。

研究测量和评价的心理学家通常建议，教师准备考试时，最好使用一个**双向细目表**（table of specifications）[2]来记录测验中项目的类型和数量，以确保测验内容全面而系统地涵盖所学内容。

535

为了制定一个双向细目表，你可以先在一张横格纸的左边列出已学过的重要主题，然后在页面的顶部插入来自认知领域目标分类的适当标题（或情感或动作技能领域，如果适当的话）。在图14-3中提供了一个关于本章中讨论的一些信息的双向细目表的示例。诸如Microsoft Excel这样的计算机电子表格程序，是创建双向细目表的理想工具。

测验专家通常建议你在双向细目表的每个格子中，标明针对每个主题和每个目标的测验项目的百分比。这种做法可以让你在开始教学或编写测验项目之前，先考虑你的目标的数量及各目标的相对重要性。因而，如果某些目标对你来说比其他目标更重要，那么你就应该想方设法确保对这些目标的测验更加充分。然而，如果一个测验很简短且所有的目标都同等重要，那么在编写问题时，你就可以在每个框中都打上勾（覆盖到每一个目标）。如果你发现你的一些"格子"是超负荷的，而另一些是空的，你可以采取措施来纠正这种情况。重要的一点是，采取措施确保你的测验覆盖了你想让学生掌握的内容，这会增加测验的效度。

为了便于讨论，你无须列出涵盖所有学科或层级的所有分类。因而，你为自己使用而编制的双向细目表，可能比图14-3所示的表格中包含的标题要少一些。

主　题	目　标					
	知　道	理　解	应　用	分　析	综　合	评　价
测量和评价的本质						
测量和评价的目的						
书面测验的类型						
行为表现测验的本质						

图14-3　涵盖本章内容的双向细目表示例

1　测验时必须获得有代表性的行为样本。
2　双向细目表有助于确保获得充足的内容样本和行为样本。

3. 利用形成性评估来促进教学目标的掌握。

当家长和学生思考评估时,他们通常只考虑用来评定等级的测验、小测试和项目等总结性评估。然而,你也应该考虑形成性评估。原因很简单。研究清楚地表明,持续地使用各种形成性评估,可以提高教师的教学质量和学生的学习水平(Popham, 2014)。

以下的清单包含了本章前面提到的形成性评估的例子,以及 Debra Dirksen(2011)提出的三个新建议。这些评估应该是简短的,不超过15分钟,因为它们在一天中要被用到好几次。

- 实施一个小测验,测验题不超过10个。
- 对家庭作业进行评价并提供纠正性反馈。
- 布置随堂作业和课外写作作业。
- 要求学生朗读。
- 观察学生在教学过程中、在做作业过程中的行为表现。
- 让学生回答问题。这种类型的评估通常是一次只向一个学生提出问题,并让他口头回答。高科技版本的提问会使用个人回答系统。教师向所有学生提出一个问题,该问题包含两个或更多的答案选项,学生回答时按下设备上的相应按钮,就像操作电视遥控器上的按键(通常称为点击符)一样。回答结果立即被制成表格,发送到教师的笔记本电脑或平板电脑上。这个系统提供了一个即时性的画面,从中描绘出哪些学生已掌握了课程内容,哪些还没有掌握。
- 让学生们写一些短文,描述一下他们在过去一周从课堂讨论、活动和阅读材料中学到什么。
- 对于科学项目和实验,让学生们在日志中注明他们的活动和发现是如何与教科书中指定章节之间相联系的。

4. 确定书面测验和行为表现评估哪一个更合适。

当你考虑在特定情况下应使用哪种类型的测验时,考虑一下前面提到的学生特征和课程差异。在小学一年级,你可能不会在严格意义上使用任何书面测验。相反,你可以要求你的学生展示技能,完成练习(其中一些可能类似于完成测验),并解答一些简单的问题(通常是在作业簿上)。在小学高年级,你可能需要使用或制作数十种测量工具,因为许多科目都必须被评分。因此,可能有必要广泛地使用可印在纸上或纸板上的填空、简答、论述类的题目。如果你发现为每一次考试制作一个双向细目表是不可能或不切实际的,至少在你编写问题时要参考教学目标或教学重点列表。在中学阶段,你应该尽量为考试开发某种类型的双向细目表,不仅要确保分类学中各个水平的目标都能被测量到,还要提醒自己使用不同类型的测验题目。

在中小学的某些学科以及在中学的技能或实验类学科中,行为表现评估可能比书面测验更合适。例如,在小学低段,你可能需要评定朗读水平;在高中的家庭经济学课上,你可能要对学生制作服装或蛋奶酥的过程进行评分。在一个木工课上,你可能要根据学生制作的家具的质量来评分。在这些情况下,你可以通过使用评级量表和检查表,以及尽量把(至少考虑到)任务操作的难度保持在同一水平,来使评价变得更加系统和准确[1]。

为了评估一件产品,比如一件衣服或一件家具,你可以使用你设计的清单,并在课程开始时分发。这样的检查表应该列出项目的各个方面的评分点,例如测量的准确性、零件的准备、组装的整洁度、收尾质量和最终的外观。评估行为表现时,你可以使用相同的方法,事先宣布你打算评估的各个方面所占的分数比重。例如,对音乐进行评估时,您可以指出

537

Bill Aron/PhotoEdit

照片14-5 为了保持考试评分的一致性,教师应该使用"评分要点"来评定选择题和简答题,使用"评分细则"来评定论述题。

在音色、演奏、准确性和解读能力等方面的计分方式。对于项目和行为表现任务,你还可以将最终分数乘以一个难度系数。(你可能看过奥运会项目的电视报道,在跳水运动员和体操运动员的动作评分中,都将乘以这样一个难度系数。)

5. 制作并使用详细的答案要点或细则。

a. 通过对照评分要点或细则,来评估每一个答案。

考试最具价值的特点之一是,它允许将所有学生的答案与一组固定的标准进行比较。一份完整的要点或细则不仅可以降低主观性,而且在你给论文评分或者捍卫你对答案的评价时,也可以省掉大量的时间和麻烦(照片14-5)。

为了培养编写论述题的技能,你可以先编写一些形成性的小测验,但这些小测验的成绩不要计入学生的总分。要探讨测验中问题的呈现时

---

1 评级量表和检查表使得对学生行为表现的评估更加系统化。

机,以便于学生们明白自己知道或不知道哪些问题的答案。在编写这些问题时,要准备好你的答案要点。批改试卷时,对每个答案的正确性只需作出肯定乃至暂时不做评判即可。用记号笔,给每一个令人满意的答案打上一个粗体的对号,批完卷子后数一数对号即可。(数到8或10,显然要比把8到10个答案的分数加起来要快很多。)一旦你掌握了编写和评价论述题的技能,就可以准备并进行总结性考试。如果你决定使用这种类型的考试,就要注意避免所编写的题目只是测查知识的学习情况。你应该使用双向细目表或借助其他手段,编写一些能够测量认知领域分类学中高水平技能的问题。

b. 先给学生反馈,然后再给他们评分。

当教师分发批改完的测验或试卷时,大多数学生做的第一件事是什么?他们很有可能会看得了多少分。然后,他们可能只是简单地看一下教师做的任何评论,乃至可能完全忽略这些评论。你可能也做了同样的事情——这太糟糕了,因为这些评论有助于学生改善后继的学习活动(我们之前提到过,评估是一种学习)。如果你想让你的学生阅读并思考你的反馈,有一种达成这一目标的不同寻常的方式:首先,根据你的评分标准提供反馈,说明为什么学生答题的各个方面(例如组织、语法、清晰度)很好或者有待改进。然后,给学生答卷的每个部分划定一个字母或数字等级;但是不要在考卷或论文的前面标上总成绩,请先把总分记录在你的成绩册上。现在,开始变得有趣了。告诉你的学生,如果他们想要知道自己的总成绩,必须先阅读你的评论,然后给你发电子邮件或写便条,告诉你根据你的评论,他们的分数可能是多少。如果他们不回应,或者只是发表一些肤浅的评论,他们就得等到成绩单出来,才知道他们的成绩(Quinn, 2012)。

c. 时刻准备着捍卫你的评价。

如果你有一个详细的要点清单,并且可以在公布分数时向全班解释每个答案是如何被评分的,你收到的投诉可能会很少。如果有学生对论述题或简述题的具体答案直接提出质疑,你可以向"质疑者"提供一份满分的答卷,并让他们与自己的答卷进行对照。对于学生回答的多项选择题,做出反馈的最佳方法是准备一份反馈小册子。当你编写每个选择题时,还应写一个简短的说明,解释一下为什么你觉得答案是正确的,为什么其他选项是不正确的。如果你遵循这个方针(这花费的时间比你预期的要少),那么在编写答案说明的过程中,也会不断地改进题目的编制质量。如果你再进一步完善测验(在下一点进行描述),就可以根据学生的答题情况,进一步改进自己所出的题目。这是一个很好的方针,值得在任何考试(无论用多项选择题还是其他题型)中遵循。

538

6. 在评分过程中和评分之后,分析问题和答案,以改进后面的考试。

如果你准备了足够多的关于多项选择题测试的反馈小册子,你可以在发放批改过的试卷时,将其提供给所有学生。在学生们检查了他们的试卷并找出了被判定为回答错误的题目之后,让他们最多选出三个自己想质疑的问题。即使他们看了反馈小册子中的解释,很多学生可能仍然觉得自己会选择与你不同的答案。允许他们写出他们的选择的依据。如果这个解释看上去是合理的,请给其答案算分。如果有几个学生同时选择了相同的问题进行质疑,则表明该题目需要修改。(当然,这也可能是由于题目内容与你的教学目标没有直接关系,或者教学效果不佳所导致的。)

如果你遵循提供反馈小册子的程序,那么几乎每一次考试都要准备两个版本。如果有两种或多个版本,你可以使用掌握评定法。在编完这些问题后,把它们安排在两个测验中。在每次测验中,一半的问题相同,另一半问题每次各不同(如果你有足够的问题,你还可以准备三个版本)。如果你教多个章节,可以在第一阶段用第一套题,在第二阶段用第二套题,之后随机使用。这个程序可以减少一些学生在课程后期预知考试题目的情况。

如果你发现自己没有时间准备反馈小册子,你可以邀请学生在多项选择题测验时,记录他们的答案,并选择3道题来进行解释。采用这种做法,即使不向学生提供反馈,也有助于你了解那些表述模棱两可的问题。此外,它还可以为你提供关于这些题目的编写质量的有用信息。

再回到多项选择题。你可能还需要使用测量专家用来分析和改进这类项目的项目分析技术,来简要地对其进行分析。这些技术能帮助你评估每个项目的难度水平和鉴别力[1]。鉴别力是指测验项目区分哪些学生已经掌握了这部分知识、哪些学生还没有掌握的能力。要确定测验项目的鉴别力,请采取以下步骤:

1. 将试卷从最高分到最低分排序。

2. 如果你有50名或者更多学生,选择得分前30%的学生,作为高分组,选择得分后30%的学生,作为低分组,把得分居于中间的放在一边。如果你有30到50名学生,根据中间分数把学生分开,然后创建高分组和低分组。如果你的学生少于30人,那么数据太少,无法进行项目分析(Nitko & Brrokhart, 2011)。

3. 对于每一道题,记录高分组和低分组的学生选择正确答案和各个干扰项的人数(正确答案旁边有一个星号):

---

1 项目分析可以得到多项选择题的难度和鉴别力的信息。

选　项	A	B*	C	D	E
高分组	0	6	3	1	0
低分组	3	2	2	3	0

4. 通过计算回答正确的学生的百分比，来估计题目难度。例如，前述题目的难度指数为40%（8/20×100）。注意，这个百分比越小，题目就越难。

5. 通过在高分组中回答正确的人数中减去低分组回答正确的人数，并除以项目分析中包含的学生总数的一半，来估计项目的鉴别力。在前述例子中，鉴别力指数是0.40〔(6−2)÷10〕。当鉴别力的值为正时，就像在前述例子中一样，它表明高分组学生回答正确的人数多于低分组。负值则表示正好相反。

正如你所看到的，这种类型的项目分析并不难，也不是很费时。但重要的是要记住，如果忽视了某些限制条件，项目分析的好处就马上不存在了。其中的一个限制条件是你的学生数量较少。因此，项目分析结果会随着班级的不同或者同一个班级中测验的不同而有所变化。考虑到这种变化，你应该保留那些测量专家会舍弃或修改的题目。一般来说，你应该保留那些难度指数在50%到90%之间，以及其鉴别力指数为正的题目（Waugh & Gronlund, 2013）。另一个限制条件是，你可能设置了每个人都必须掌握的目标。如果你能有效地教授这些目标，那么几乎每个学生都能正确地回答相应的测验题目。在这种情形下，相应的题目应该被保留，而不是为了满足难度和鉴别力标准而对其进行修订。

挑战假设　　从终点线开始

唐说："我认为，在这个行业之外的人，通常都认为教学与评估、评价是分开的。我正在我的日志中写一些关于教学和测验之间关系的东西，我还问了我的一个班级中的一些学生，问他们是怎样看待这个问题的。他们都认为，教师要先设计他们的教学，完成教学之后，再考虑如何测验学生，以检测他们学到了什么。说实话，他们认为很多教授都是这样做的。"他看到康妮脸上疑惑的神情，咧嘴笑了笑，然后说："他们不是指教育学教授，显然，他们是指其他专业的教授。"

"我知道，我知道，"康妮说，"但是，说真的，想想你的朋友说了什么。他们就像很多人谈论教学一样，把教学看得非常简单和直接：首先告诉学生应该知道什么，然后测验他们，看看是否已经知道了。"

"但是从学习角度看，"塞莱斯特说，"合理的做法是先确定需要进行什么样的学习，然后明确：如何证明这样的学习已经发生了。将学习呈现出来为我们提供了评价学生和我们自身所需要的数据。"

你掌握了吗?

下列哪一项代表了技术对课堂评估所做出的最重要的贡献?

a. 它可以促进真实的行为表现评估的使用

b. 可以减少测量的误差和考试分数的计算误差

c. 它可以创建多种形式的测验

d. 它可以简化记录

小结

14.1　解释评估的各种目的以及根据每种目的作出的评判

- 课堂评估包括对学生学习的测量和评价,它占教师课堂时间的三分之一左右。

- 测量涉及根据个体所拥有的某些特征的多少来对其进行排名。评价是对一系列测量结果作出价值判断。

- 教师评估学生的学习成果和行为表现,主要出于两个原因:评定等级(总结性评估,或对学习的评估)和监督学生的进步(形成性评估,或为学习而评估)。

- 研究表明,一学期参加4到6次考试的学生,比那些不参加或参加较少考试的学生,能学到更多的东西。

14.2　举例说明评估学生学习的各种方法

- 书面测验用于测量人们对某一主题的知识的掌握程度。测验项目可以分为选择型回答题(多项选择,是非,匹配)和建构型回答题(简答和论述)。

- 选择题的施测和评分效率较高,但往往反映了认知领域分类中的最低水平,并没有提供关于"学生可以利用他们学到的知识做什么"的信息。它会让学生以为,学习只是事实性知识的积累。

- 简答题测验测量的是对信息的回忆而不是再认情况,而且可以做到对一个主题的全面覆盖,但是它们与选择题测验具有同样的缺点。

- 论述题测验测量的是分析、综合和评价等高级技能,但评分难以做到一致,且很耗时,它对教学内容的覆盖面有限。在不久的将来,借助计算机进行评分可以减少这些缺点。

- 行为表现评估测量的是学生运用基本知识来执行特定技能或在某种实际情况下产出某一特定产品的能力。行为表现评估的特点是:要求学生作出主动反应,设置现实的情境,使用复杂的问题,教学和测验紧密关联,使用评分细则,测验结果服务于形成性评价的目的。

- 评分细则对教师和学生都是有益的。它有助于教师更加客观、一致、有效地评估学生的行为表现,并使教学活动与行为表现测量的要求保持一致。它有助于学生理解教师的期望,监督自己的进步,并改进自己的学习。

- 行为表现评估对教师的挑战包括:需要增加评估的时间,需要向父母解释行为表现评估的分数是怎样转化为相应等级的,需要花更多的时间帮助学生准备并通过测验,不让服务于总结性评价目的的标准化测验挤占服务于形成性评价目的的行为表现评估。

- 对学生的行为表现和产物的测量,目前还难以充分保障其信度(一致)和效度(准确)。

14.3 解释常模参照评定和标准参照评定之间的区别

541

- 使用常模参照评定系统确定成绩等级时,需要将每个学生的表现水平与一组类似学生的表现进行比较。当人们感觉无法根据外部标准来判定一个人的表现是否充分时,就会使用常模参照评定。

- 在标准参照评定中,需要将每个学生的表现水平与一个预先确定的标准进行比较。

- 掌握评定法属于标准参照的测量和评价,所依据的是掌握学习的概念,它允许学生有多次机会来通过考试。

- 测量和评价活动的潜在好处,会被任何一种不适当的测验或等级评定所破坏。

14.4 举例说明如何用技术来支持评估及基于评估所作出的评价

- 通过使用诸如电子成绩簿、模拟程序和数字化档案袋等技术产品和形式,可以使课堂评估变得更容易。

- 为了确保测验中各种类型的项目数量与你的教学目标相一致,需要准备一个双向细目表。

- 对于小学生来说，考试的形成性评估目的至少应该和总结性评估目的在同等程度上被强调。
- 项目分析可以帮助我们判断多项选择题的难度和鉴别力。

进一步学习的资源

- **关于对学习的评估和为学习而评估的建议**

    关于形成性评估的高度实用、基于课堂的描述，请参阅Connie Moss和Susan Brookhart的《推进每个课堂的形成性评估：教学领导者指南》(*Advancing Formative Assessment in Every Classroom: A Guide for Instructional Leaders*)(2009)。该书不仅描述了形成性评估是什么，还描述了它不是什么。许多教师认为他们是在进行形成性评估，而实际上他们只是在做一些"类似"的评估。该书表明，教师必须以明确的意图来探究如何提高学生的成绩。他们解释了如何把评估作为教师学习和学生学习的一种形式。关于对学习的评估、为学习而评估和评估即学习的概念的简单易懂的解释，可以在Lorna M. Earl的《评估即学习》(*Assessment as Learning*)(2013)第二版中找到。

- **对构建书面测验和行为表现评估的建议**

    关于如何编写不同类型的纸笔测验项目以及构建和使用评定量表和检查表来测量学习结果、行为表现和学习过程的方法的具体建议，请参阅以下一本或多本书籍：C. Keith Waugh和Norman Gronlund撰写的《学生成就评估》(*Assessment of Student Achievement*)(10th ed., 2009)；W. James Popham撰写的《课堂评估：教师需要知晓的内容》(*Classroom Assessment: What Teachers Need to Know*)(7th ed., 2014)以及Susan Brookhart和Anthony Nitko撰写的《面向学生的教育评估》(*Educational Assessment of Students*)(6th ed., 2011)。

- **行为表现评估的示例和评分细则**

    把档案袋用于行为表现评估，正被纽约成就标准联盟作为标准化测验的替代品进行测试。纽约成就标准联盟是纽约优异的高中（大多数在纽约和周边地区）设立的一个联盟。关于这个有趣的实验和其他有关行为表现评估的信息，可参阅行为表现评估网站。另一个能提供关于行为表现评估的有用信息和示例的资源是优质学校联盟（Coalition of Essential Schools）的网站。

如果你使用行为表现评估，就需要知道如何构建和使用评分细则。在《创建和识别高质量的评分细则》（Creating and Recognizing Quality Rubrics）（2008）一书中，Judith Arter 和 Jan Chappuis 描述了如何为各种行为表现任务构建评分标准。Rubrician.com 网站包含由教育工作者编写的按等级水平和内容领域组织的评分细则。

- 编写高水平的问题

正如 Benjamin Bloom 和其他人所指出的，教师编写的测验题目往往令人失望，因为这些题目往往只反映了认知领域分类的最低水平：知识。要想避免这一问题，请仔细阅读由 Benjamin Bloom、Max Englehart、Edward Furst、Walker Hill 和 David Krathwohl 编写的认知目标分类学初版的第二部分:《教育目标分类学：教育目标的分类-手册I：认知领域》（*Taxonomy of Educational Objectives: The Classification of Educational Goals-Handbook I: Cognitive Domain*）（1956）。在这一部分，对分类学中的每个水平都有清楚的解释，并附有数页关于测试项目的描绘。一个更新的分类学，以及如何使用该分类学来编写高水平的问题，可以在 Robert Marzano 和 John Kendall 所著的《设计和评估教育目标：应用新的分类学》（*Designing and Assessing Educational Objectives*: *Applying the New Taxonony* 2008）一书中找到。

- 分析测验项目

Anthony Nitko 和 Susan Brookhart 在《面向学生的教育评估》（*Educational Assessment of Students*）（2011）的第14章中，讨论了多项选择题和行为表现评估的项目分析程序。对于这两种类型的测验，都有程序来评估每一项的难度和鉴别力。关于项目分析程序的讨论，也可以在 Tom Kubiszyn 和 Gary Borich 的《教育测验和测量：课堂应用与实践》（*Educational Testing and Measurement: Classroom Application and Practice*）（10th ed., 2013）的第11章中找到。

- 课堂评分

关于如何建立一个准确和公平的评分系统的详细信息，请参考 Susan M. Brookhart 的《等级评定和学习：提升学生成就的实践》（*Grading and Learning: Practices That Support Student Achievement*）（2011）；Susan Brookhart 和 Anthony Nitko 的《课堂评估和等级评定》（*Assessment and Grading in Classrooms*）（2008），以及 Ken O'Connor 的《如何评定学习》（*How to Grade for Learning*）（2009）。

第15章　理解标准化评估

Bob Daemmrich/Alamy

本章涉及的InTASC标准　学习目标

3. 学习环境

5. 学习内容

6. 评估

7. 教学计划

8. 教学策略

学完本章内容后, 你将能……

15.1 定义"标准化测验"; 解释为什么信度、效度以及常模对于一个测验非常重要; 列出四种类型的测验得分; 指出标准参照测验和常模参照测验的不同。

15.2 解释为什么以及如何将标准化测验服务于教育问责目的, 并分析研究结果对高利害测验的影响。

15.3 描述标准化测验项目中使用的技术, 尝试评论你觉得这样的开发是有益的还是有害的。

大部分教师都不太了解标准化测验，以及如何使用这些测验。一位测量专家形象地描
述道："大多数美国教育工作者对教育评估的理解，跟幼儿园孩子午餐盒的剩余空间差不
多"（Popham, 2010, p.1）。在我们看来，教师对标准化测验缺乏兴趣和了解，源于这样一种
认识：这些测验的分数跟他们教什么和如何教没什么关系。对于前几代教师来说，这种认
识是对的，但今天的情况不一样了。我们希望在本章中指明，标准化测验已成为教育的一
个重要方面，它影响着教师工作的方方面面（见，例如，Buck, Ritter, Jensen, & Rose, 2010）。
如果教师希望影响标准化测验的使用范围，以及使用测验分数的方式，他们就需要知道标
准化测验能告诉他们什么，不能告诉他们什么，以及为什么。

学习导读

下述要点能帮助你了解本章的重要内容。为了帮助你学习，这些要点也会出现
在正文页脚。

标准化测验

- 标准化测验：测验题目按照标准方式呈现和评分；按照标准来报告测验结果
- 标准化测验的基本目的是获取关于个人某些方面的精确的、有代表性的样本
- 标准化测验分数可以用来辨别一个人的优缺点、引导教学设计、为学生选择相应
  的课程
- 信度：同一个人在两次测验分数上的一致程度
- 效度：测验在多大程度上准确地测量了想要测量的东西
- 内容效度：测验项目涵盖个体的知识和技能的程度
- 预测效度：测验分数在多大程度上能预测个体的后继表现
- 构念效度：测验在多大程度上准确地测量了某一理论属性
- 标准化测验分数的意义取决于其常模群体的代表性
- 由于年幼儿童发展变化很快，所以对他们进行正式测验是不合适的
- 成就测验旨在测量某一学科或技能的学习情况
- 诊断性测验旨在鉴别学生的优势与不足
- 胜任力测验用于确定学生毕业时是否具备某些基本技能
- 能力倾向测验用于测量在某些特定领域进一步发展能力的倾向
- 常模参照测验将学生与他人进行比较
- 标准参照测验显示学生对目标的掌握程度

- 百分等级：处于或低于某一分数的人数百分比
- 标准差：表示分数分布的离散程度
- Z分数：以标准差为单位表示一个原始分数到平均数的距离
- T分数：将原始分数转换为均值为50，范围为1—100的一种分数
- 标准九分数：在正态分布下采用九分制来描述学生的行为表现

以问责为目的的标准化测验：高利害测验

- 高利害测验：利用测验结果，引导学生和教育者对他们的成就负责。
- 《"不让一个孩子掉队"法》(NCLB)要求确立标准；对数学、阅读和科学进行年度测验；所有的学生都要取得年度进步；公开报告；问责系统
- 高利害测验受到批评是因为：存在结构性的局限，对结果的误解/误用，对动机的认识窄化，评估标准死板
- NCLB改变了教师的教学方式

标准化测验和技术

- 计算机适应性测验：用计算机来决定测验项目的顺序和难度水平

揭示假设 **正确的测验？**

"见家长是我比较担心的一件事，"唐说，"我在办公室和一位教师说话，她跟我说起家长会，听起来他把所有的时间，都用来与家长谈论孩子的标准化测验成绩。"

"是的，"塞莱斯特说，"高中孩子们真地将注意力集中在那些考试成绩上。他们对标准化测验成绩的关注，超过任何其他的事。每当一个新的学习主题出现时，他们想知道的第一件事就是这一主题是否会在成就测验或SAT考试中出现，但我想我在高中时也是如此。我的意思是：这些测验真的很重要。"

"同样的事情也出现在初中，"安东尼奥说，"不仅仅是家长和孩子们关注测验成绩，政府也把注意力集中在我们的测验成绩上。要确保我们的学生在这些测试中表现良好，教师面临着很大的压力。但正如你们所说，标准化测验的确非常重要。毕竟，它是衡量我们的教学和学生学习的最好标准。"

康妮在她的笔记本写下她的年轻同事们分享的想法。她看了一下笔记，说："是的，标准化测验是很重要。是的，有很多重点知识都会放进标准化测验。是的，学生、家长和管理

者都对考试成绩很感兴趣。是的,大量的时间、精力、技术专长和资金都投入到了标准化测验的编制中。但对我们想要测量的所有东西来说,你确定它是最好的测量方式吗?

康妮喘口气,继续说:"要把标准化测验用好,我们首先必须清楚地了解它的运行机制:标准化测验的分数从哪里得来的?分数能告诉我们什么?以及同样重要的,分数不能告诉我们什么?教师必须从中做出决策,而这些决策必须以数据为根据。测验分数可以帮助我们对学生做出判断,但是我们需要清楚我们在做什么样的判断,以便于我们用正确的数据做出正确的决策。"

暂停 与 反思

我们在学校中了解到,标准化测验对我们的未来至关重要。事实上,即使在获得学位之后,你也可能必须通过标准化测验才能获得教师资格证。"不让一个孩子掉队"法案十分强调利用测验来建立一个让学校和学区对学生进步负责的系统。由于对标准化测验成绩给予了很大的关注,所以我们通常认为标准化测验是最好的测量方法。但是它们究竟测量了什么?一些标准化测验测量的是与标准相关的成就。成就与学习一样吗?SAT分数的确切含义是什么?标准化测验成绩究竟能告诉我们有关学生、学校和学区的哪方面的信息?

15.1 标准化测验

15.1.1 标准化测验的实质

> **InTASC**　　标准 6(k)

本章描述的各种评估工具通常被称为**标准化测验**(standardized tests),有时也被称为出版的测验(因为它们是由出版公司或者独立的测验服务机构准备、分发和评分的)。在你的学生生涯中,你肯定做过几次这种测验,所以你可能熟悉它的格式和一般特征。它之所以被称为标准化测验,原因如下[1]:

1　标准化测验:测验题目按照标准方式呈现和评分;按照标准来报告测验结果。

- 它是由在测验编制方面具有专业知识并接受过训练的人设计的。
- 每个参加测验的人都在相同的条件下对相同的题目作出回答。
- 根据相同的评分标准对答案进行评价。
- 通过与一组在相同条件下进行相同测验的人（称为常模组）的分数进行比较，或者（在某些成就测验中）与预先确定的标准进行比较，对分数作出解释。

标准化测验的基本目的是获得一个准确的和有代表性的样本，以评估个体所拥有的某些特性的水平（例如，拥有多少关于某些特定的数学概念和运算的知识）[1]。从测验中获得精确测量的好处是显而易见的。当标准化测验设计良好时，它能比非标准化测验更为准确地测量某一特性。标准化测验测量的是特性的代表性样本，因为全面性的测量是十分昂贵、耗时，且实施起来非常麻烦（Deneen & Deneen, 2008; Koretz, 2008）。

15.1.2 标准化测验的运用

InTASC   标准6（1）

历史上，教育工作者曾出于各种教学目的，使用标准化测验分数，特别是成就测验。

546

教师、教学辅导者和校长使用测验数据来识别学生成就中的总体优势和劣势，告知家长他们的孩子的总体成绩水平，规划课程教学，将学生进行分组教学，并建议学生加入到特殊的教育项目中[2]（照片15-1）。仅举一个例子。当一个孩子转到另一所学校时，新学校的相关人员就非常希望了解这个孩子的学科学习水平。此时，标准化成就测验就可以有效地提供关于该生的学科知识和技能掌握情况的信息，因而可以据此考虑他的分班、教学等问题。

当你阅读本班学生的标准化测验成绩报告时，你会对某些学生的强项和弱项有一个大致的了解。如果某些学生在某些特定的技能方面比较薄弱，而且你想帮助他们克服这些弱点，测验结果就可以为你进行补救性教学，提供某些有价值的启示。如果你的大多数学生在课程的某些部分得分低于平均值，你就明白该投入更多的时间和精力，来对全班学生强化这些主题和技能的教学。当然，你也可以而且应该借助你自己的测验和观察，来补充你从标准化测验结果中所了解到的内容，以便于设计有效的补救性或提高性的教学。

---

1   标准化测验的基本目的是获取关于个人某些方面的精确的、有代表性的样本。
2   标准化测验分数可以用来辨别一个人的优缺点、引导教学设计、为学生选择相应的课程。

照片15-1　如果使用得当,标准化测验成绩可以让家长、学生和教育工作者了解学生的总体成就水平,并且可以帮助教师和管理者决定是否将学生安置在特殊教育项目中。

Myrleen Pearson/PhotoEdit

暂停　与　反思

　　在你的中小学时期,你应该参加过各种标准化测验。你认为这些测验是否充分反映了你已经掌握的内容和能够学习的内容? 这些测验是否总是使你获益? 你将如何抓住时机,利用考试成绩来帮助你的学生充分发挥其潜力?

15.1.3　评价标准化测验的标准

547

　　与许多其他事物一样,标准化测验的质量也不尽相同。为了明智地使用测验分数,你需要成为一名睿智的"消费者",要知道根据什么特征来区分良好和糟糕的测验。有四种标准被广泛用于评价标准化测验:信度、效度、常模代表性以及对考生的适宜性。接下来,我们将分别解释这些标准。

信度

心理学家对人类特性（如智力和成就）的一个基本假定是，它们是相对稳定的，至少在短时间内是如此。对大多数人来说，这种假定似乎是正确的。因此，你可以信赖一个测验的多次测量结果是一致的，就像你可以信赖一个可靠的工作人员能够连续工作一段时间。测验性能的稳定性称为**信度**（reliability）[1]。你可以将信度视为测验分数不会因考试焦虑、动机、正确的猜测和含糊措辞等因素所引起的测量误差而改变，从而在测验过程或对同一特征的重复评估过程中产生一致的表现（Koretz, 2008）。信度是标准化测验的最重要的特征之一。

以下这个例子说明了信度的重要性。想象一下，你现在希望为数学课堂建立一个合作学习小组。这种类型的小组应该由五到六名学生组成，且这些学生的成绩不尽相同。你根据学生最近的标准化数学测验分数来分配小组，每个组中包含两个高分、两个中等分和两个低分。

一个月后，对学生重新进行测验，而你发现很多最初得分最高的人（你认为他们对数学非常精通）现在分数位于平均或较低水平；相反地，许多最初得分低的学生的分数现在处于平均或高于平均水平。你还能相信依据这一测验的分数，能有效地构建异质性学习小组吗？如果你希望能够始终如一地区分不同的个体，你就需要使用一个测评结果具有一致性的工具。

编制标准化测验的心理学专家以多种方式来评估信度：

- 分半信度。心理学家对一组学生进行测验，然后将测验分成对等的两半来创建两个分数，并测量这两个分数之间的差异程度。这种方法测量的是测验的内部一致性。
- 重测信度。心理学家对同一组学生进行两次同样的测验，并测量成绩随时间变化的程度。
- 复本信度。心理学家用形式相同的两个测验同时对同一组学生进行测试，并比较其结果。

无论使用哪种方法来评估信度，目标都是创建两个分数等级并比较其相似性。这种一致性程度用相关系数（缩写为小写字母r）表示，范围从0到1。精心编制的标准化测验的分半信度约为0.95，重测信度约为0.90，复本信度约为0.85（Kubiszyn & Borich, 2010）。但

---

1 信度：同一个人在两次测验分数上的一致程度。

是请记住,一个特定的测验不可能同时报告所有三种信度,且分测验和年幼儿童组(幼儿园到二年级)的信度可能会低于这些总体信度。

效度

测验的第二个重要特征是它能准确地测量它要测量的东西。一个阅读理解测验就应该测量阅读理解能力,而不是别的。当我们在这个意义上谈及一个测验的准确性时,我们所指的就是它的**效度**[1](validity)。

由于我们感兴趣的大多数特征(例如算术技能、空间能力、智力和关于美国内战的知识)都是内在的,无法直接观察到,因此测验只是对这些特征的间接测量。因此,任何基于测验得出的关于一个人拥有的某个特征的水平或者一个人未来将会表现如何(例如,在其他类型的测试、工作或专业课程学习中的表现)的结论,准确地说都是推论。所以当我们通过提问"这个测试是否测量了它所要衡量的东西?"而质询测验的效度时,我们其实是在问:"我对受测者作出的推论有多准确?"(Koretz, 2008)。

548

这些推论被判断为准确或有效的程度,取决于我们拥有的支持性证据的类型和质量。支持测验推论的三种证据是内容效度证据、预测效度证据和构念效度证据。

内容效度证据 这类证据被用于判断测验项目在多大程度上涵盖了我们想从中得出推论的特定的知识和技能(测量专家称为领域)[2]。例如,如果一个关于美国内战的测验,没有包含战争的起因、期间的重大战役、它所涵盖的年份,那么测验的使用者可能就难以判断,那些在该测验中得高分的人,是否真正充分地掌握了关于这一主题的知识。当然,如果他们认为这些信息相对不重要,可能就不会对这些遗漏(以及从测验分数中得出的推论)感到不安。

预测效度证据 这类证据使我们能够做出关于学生将来表现如何的概率性判断("根据Yusef的测试成绩,预计他在明年的创意写作计划中会表现得很好")[3]。例如,许多学院要求学生参加美国大学入学考试(ACT)或学业能力评估测验(SAT),然后利用测验成绩(以及其他信息)来预测每个学生在第一学年末的平均成绩。由于在所有其他条件相同的情况下,考试成绩较高学生的平均绩点要高于考试成绩较低的学生,因而他们被大学的录取率会更高。

构念效度证据 这类证据指明一项测验在多大程度上准确地测量了关于一个人的某一内在属性的理论描述[4]。这些属性——如智力、创造力、动机和焦虑——被心理学家称为构念(constructs)。

---

1 效度:测验在多大程度上准确地测量了想要测量的东西。
2 内容效度:测验项目涵盖个体的知识和技能的程度。
3 预测效度:测验分数在多大程度上能预测个体的后继表现。
4 构念效度:测验在多大程度上准确地测量了某一理论属性。

为了说明构念效度的本质,我们假定有一个智力理论,叫作完全有效理论。该理论认为,高智商的人现在和将来的学业成绩都会高于平均水平,他们在抽象推理任务上的表现更好,并且能够区分有价值的和没价值的目标。然而,他们也可能在同龄人中不怎么受欢迎。如果完全有效理论是准确的,且有人根据该理论编制了一个良好的智力测验(聪明智力测验),那么人们在该智力测验上的得分,应该与根据完全有效理论所作的预测相一致。例如,我们应该看到智商(IQ)得分与绩点的平均分之间存在高度的正相关,但智商得分与受欢迎程度之间没有关系。随着这类证据不断增加,我们就越来越有信心作出这样的推论:聪明智力测验是对智力的完全有效理论的准确测量。

常模代表性

要想揭示某一测验分数的含义,就必须把它与一些标准或成绩进行比较。标准化测验把常模组的成绩作为其他所有分数的比较标准。**常模群体**(norm group)是一个精心挑选的个体样本,用来反映参与此测验的学生的总体。在很多情况下,学生总体包括全美所有的小学生、初中生和高中生。

常模群体必须在年龄、性别、种族、族群、国家地区、家庭收入、户主职业等重要人口变量等方面,对总体具有充分的代表性[1]。这些变量非常重要,因为它们与学生的在校行为表现密切相关。例如,如果美国人口普查局报告,6到13岁之间的所有拉丁裔男生中,有38%生活在该国西南部地区,那么一个面向西南部地区的编制良好的测验,所使用的常模群体将会包含相同比例的6到13岁拉丁裔的男生。

正如你可能会怀疑的那样,当参加测验的个体的主要人口特征没有反映在常模组中时,对他们的测验分数的解释就会出现问题。假设你试图解释一个14岁的黑人男生在EZ学业成就测验中的成绩。如果常模组中年龄最大的学生是12岁,且黑人孩子不是常模组的构成部分,那么你将无法知道你的这名学生的得分,是处于、低于还是高于平均水平。

对考生的适宜性

由于开发标准化测验是一项长期的任务,需要投入大量的资金、时间和专业人员,因此此类测验大多面向全国使用而设计的。但是,在不同地区的不同学区的学校课程有很大的不同。因此,对某一特定测验是否适合特定的学生群体进行评估,这一点非常重要。当你估计一个测验的内容效度时,你不仅要注意测验问题如何测量了应该测量的内容,而且还要关注它们在难度、词汇和特点方面是否适合学生。

例如,对托儿所和幼儿园的孩子进行阅读测验,以确定他们是否适合入学或升入一年

---

1 标准化测验分数的意义取决于其常模群体的代表性。

级,这一点就因考生的适宜性问题而受到了严厉的批评[1]。运用测验来评判低年级的学生的升学和留级,存在的一个主要问题是测验的信度很低。幼儿在身体、社会性、情感和智力方面的发展变化很快,以至于六个月后再次测试时,他们中的许多人得分会显著不同于六个月前(Bjorklund, 2005)。

15.1.4 标准化测验的类型

在本节,我们将讨论两种主要的标准化测验——成就测验和能力测验——每种测验又包含几种类型。我们还将讨论解释测验分数的两种方法:常模参照和标准参照。

成就测验[2]

你在小学时期可能参加过的一种标准化测验是**单科成就测验**(single-subject achievement test),它旨在评估你对学校中的某一特定基础学科(如阅读、数学)的学习(亦即成就)情况(照片15-2)。你参加的第一个标准化测验,可能是为了评估阅读表现而设计的。然后间隔两年左右,你可能会紧张而费力地通过**综合成就测验**(achievement batteries),它旨在评估你

照片15-2 标准化成就测验用于评估学生对特定学科的学习情况,能力测验用于评估学生在特定领域的能力水平。

550

Spencer Grant/PhotoEdit

---

1 由于年幼儿童发展变化很快,所以对他们进行正式测验是不合适的。
2 成就测验旨在测量某一学科或技能的学习情况。

在阅读、数学、语言及其他学科方面的表现。你在高中时，可能参加过一个或多个综合成就测验，这些测验旨在评价你对基本的读写算技能以及对具体学科的课程内容的更为深入的理解情况。

你在小学时可能参加过**诊断性测验**[1]（diagnostic test），它是一种学科成就测验，旨在确定学科内容学习或学习技能存在什么问题。

由于高中毕业的时间和地点不同，你可能在高中毕业前的几个月参加过**胜任力测验**（competency test）[2]。胜任力测验的使用始于20世纪70年代中期，当时发现美国的许多高中毕业生不具备基本技能。因此，许多学区要求学生在获得文凭之前，要显示自己在阅读、写作和算术方面已具备相应的能力。

你可能通过参加大学水平考试——一种**特定目的的成就测验**（Special-purpose achievement test），来获得了一些大学学分。根据你所选择的执教的州的要求，你可能需要在获得教师资格证之前，通过另一项特殊目的的成就测验——实际运用（Praxis）II。

能力测验 *

能力是以某种特定的方式对某些任务或情境作出反应的潜在倾向，它是发展更高级的素质的基础。能力（*aptitude*）这个词来源于中世纪英语"*apte*"，意思是"掌握"或"达到"，并且与法语"*à propos*"相关，意思是"适当的"、"合适的"或"适合于某个目的"。

在过去的几十年中，能力已经完全被视为一种认知倾向，因而**能力测验**（aptitude tests）[3]也被用来评估学生通过有效的教学获得的知识和技能水平，并且变得越来越盛行。因此，当前有很多通用的**学术能力**（scholastic aptitude）（被认为最能预测学生的学习能力的那些认知技能）测验，比如我们熟悉的SAT，以及许多特定能力测验，如音乐能力、机械操作能力、空间关系能力测验。

一些当代心理学家认为，我们应该停止对能力（aptitude或者ability）和成就的区分，应该放弃能力造就成就的观点。例如，斯腾伯格（Sternberg，1998）指出，在各种智力能力测验中出现的项目（如词汇、阅读理解、言语类比、算术问题解决和相似性辨别），往往也是课堂教学的关注点，这类项目也出现在许多成就测验中。其次，他指出成就测验分数是能力测验分数的良好预测指标，而能力测验分数也是成就测验分数的预测指标。他更倾向于把能力视为各种形式的可发展的专长，而不是大部分由遗传决定的、影响个人特定领域专长

1　诊断性测验旨在鉴别学生的优势与不足。

2　胜任力测验用于确定学生毕业时是否具备某些基本技能。

*　aptitude本质上是指能力倾向或潜能，它与现实的能力有一定区别。但在教育情境中，为了称呼方便，大家仍然简称其为"能力"。——译者注

3　能力倾向测验用于测量在某些特定领域进一步发展能力的倾向。

发展的能力,如言语推理、数学推理、空间定位和音乐天赋等。

常模参照测验

上面描述的大部分成就测验和能力测验往往被称为**常模参照测验**[1](norm-reference tests),因为测验成绩是参照常模,也就是他人的成绩来评价的。而常模是在最终版的测验确定后,通过测试标准样本组的学生而建立起来的。举个例子,在小学高年级时,你可能被告知你在阅读理解问题上的表现,与所有参加测验的学生中的80%(或者任何其他比例)的学生处于同一水平。如果你参加研究生入学考试(GRE),你会被告知你距离平均分——500分,还差多少(根据对一个分数的简要描述)。这样,你就会知道你在总体分数分布中的位置。根据常模参照标准构建的测验,往往涵盖了广泛的知识和技能,但针对某个主题或技能的测验项目相对较少。而另一种报告成就分数的方法,即标准参照法,却经常使用这种测验项目。

标准参照测验

另一种报告成就测验分数的方法是**标准参照测验**[2](criterion-reference tests)。当以这种方式进行评分时,就不会将个人表现与他人进行比较,而是根据学生在界定清晰的技能领域中掌握具体目标的能力来进行评估。由于具有这个特点,你可能会发现,在确定谁在哪些领域(当然,测试的目标与你自己的目标紧密相关)需要多少额外的教学方面,标准参照测验比常规参照测验更有用。

标准参照方法旨在减少关于竞争的暗示,并强调学生掌握与其能力相称的目标。采用标准参照评分系统的测验比常模参照测验涵盖更少的基础内容,但包含更多的用于评估具体目标达成情况的项目。由于常模参照和标准参照评分系统提供了关于学生成就的不同类型的信息,许多测验公司会同时提供这两种类型测验的分数。

在几个州,已经对标准参照测验有了一些新的发展。为了消除传统的标准化测验的一些弊端,佛蒙特和肯塔基等州已经开始在全州范围内的评估系统中,部分地或完全采用基于行为表现的测量。本章后面将举例说明这些新测验。

暂停 与 反思

你更喜欢常模参照测验还是标准参照测验?为什么?你能描述与标准参照测验相比,更适合使用常模参照测验的情形吗?反过来呢?

---

1 常模参照测验将学生与他人进行比较。
2 标准参照测验显示学生对目标的掌握程度。

552　15.1.5　解释标准化测验分数

在广为使用的标准化测验中的得分，通常要记录在学生的档案表格中；在这些表格中，要总结并解释测验结果。虽然大多数档案资料都包含足够的信息，使我们在没有额外背景知识的情况下也能对分数进行解释，但你应该事先知道自己所面对的分数的类型，因为你可能会被要求向学生及其父母解释分数。

年级等值分数

年级等值分数（grade equivalent score）根据年级水平对测验成绩进行解释。例如，在一个成就测验中年级等值分数为4.7分的学生，在测验中答对题目的数量与四年级标准组学生在本年第七个月的平均成绩相同。

年级等值分一度被广泛应用于小学，但由于它可能导致误解，因此不再像以前那样受欢迎了。年级等值分存在的一个问题是，当学生的分数超过年级平均水平时，会误认为他能够胜任那个高水平的学习。这种假设可能会导致家长或教师加速对学生的培养。记住，尽管这样的分数可能表明一名学生在考试上的表现要比平均学生高一个或两个年级水平，但这并不意味着该学生已经掌握了该年级所涵盖的所有知识和技能；如果他跳一个年级，他会怀念原来的年级。

百分等级

在标准化测验中，使用最广泛的是**百分等级**[1]（percentile rank）。这一分数表示等于或低于某个分数的学生的百分比。它提供了有关相对位置的具体信息。

学生的百分等级为87，意味着其成绩等于或优于常模组中87%的学生。它并不代表学生答对87%的问题——除非是巧合——这是父母最可能误解的一点。家长可能已经习惯于百分率评定系统，如答对90%或以上得A，答对80%到89%得B，依此类推。如果你报告说，孩子的百分等级是50，那么一些父母就会感到震惊或愤怒，他们不理解孩子在这个测验中的得分处于平均水平，而不是不及格。在这种情况下，最好的方法是强调百分等级指的是获得这个成绩的人数的百分比，或者低于这个成绩的学生百分比。例如，一个百分等级为78的孩子的成绩，与100名学生中的78名学生的成绩相同或者比他们更好。

尽管百分等级给出了关于相对位置的简单而直接的信息，但它有一个明显的缺点：在分布中间聚集的学生之间的成绩差异，往往远小于两个极端之间的差异。这是因为，如果

1　百分等级：处于或低于某一分数的人数百分比。

学生人数较多,他们的大多数分数都集中在分数分布的中间位置。在百分等级为50和51的学生之间的原始分数差异(正确回答的项目数量)可能是1分。但是排名第98位的学生与排名第97位的学生之间的原始分数的差异可能是10分或15分,因为最好的(和最差的)学生分散到了极端的位置。百分等级的这个特点意味着从不同测验中得到的等级分数不能被平均。为了解决这个难题,人们经常使用标准分。

标准分

标准分用**标准差**[1](standard deviation)这一通用单位来表示。标准差这一统计学指标表示一组测验分数(一个分布)偏离平均数或均值的程度。(均值是分布的算术平均值,通过将所有分数相加并除以分数的个数来计算。)当标准差与正态概率曲线联系在一起时,它是最有价值的。图15–1显示了一个正态概率曲线,表示均值在三个标准差范围内的个案的百分比。横轴表示分数,左边最低,右边最高;纵轴表示每个分数对应的个案数量。请注意,超过68%的个案位于+1 SD(高于均值一个标准差)和–1 SD(低于均值一个标准差)之间。

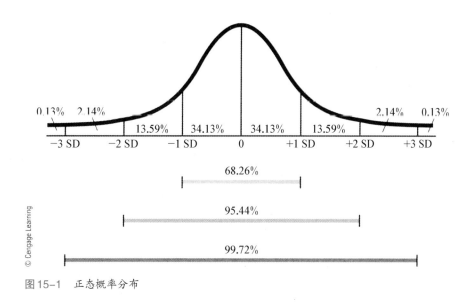

图15–1 正态概率分布 553

从图中可以看出,概率曲线或者说正态曲线(normal curve)是一个数学概念,它描述了一个假设的分数钟形分布形式。这种完美对称的分布很少出现在现实生活中。然而,由于人类的许多特性和表现的分布,与正态分布非常相似,人们通常认为这种分布足可以被视为"正态"。因此,数学家关于正态分布的假设,可以应用于测量人的属性时发现的近似正

---

1 标准差:表示分数分布的离散程度。

态分布。当大量的学生参与由专业人士设计的测验，且这些专业人员竭力消除了选择性因素的影响时，参考正态曲线来解释学生在这些测验中的得分，这也是合适的。

为了便于讨论以及提高大家对测验分数的熟悉度，这里只介绍两种从标准差推衍出来的标准分。一种叫做**Z分数**[1]（Z score），它以标准差单位表示某一原始分数与均值之间的距离。例如，Z值为"–1.5"就意味着学生低于均值1.5个标准差。因为有些Z分数（如刚刚给出的例子中的分数）是负数，并且涉及小数，所以人们经常使用**T分数**[2]（T score）。T分数从0到100，使用预选的均值50来避免负值的出现。大多数使用T分数的标准化测验，都在考试手册或学生的成绩档案中，提供了关于如何解释分数的详细说明。事实上，很多测验档案都采用叙事的方式来解释分数的意义。

要掌握Z分数、T分数和百分等级之间的关系，可以参考图15-2。图中在正态曲线下标出了每一种分数。它呈现了关于这些不同分数之间的相互关系，当然，前提是你所使用的分布是正态的。例如，在正态分布中，Z分数为+1、T分数为60、百分等级为84是相同的；Z分数为–2、T分数为30、百分等级为2是相同的。（此外请注意，聚集在百分等级中间的等级之间的距离只是在分布两端的百分等级之间的距离的一小部分。）

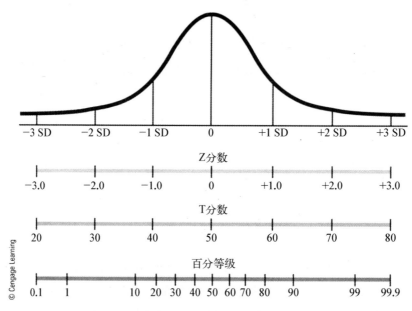

图15-2　Z分数、T分数和百分等级之间的关系

1　Z分数：以标准差为单位表示一个原始分数到平均数的距离。
2　T分数：将原始分数转换为均值为50，范围为1—100的一种分数。

标准九分数

在二战期间,美国空军心理学家提出了一个统计量,叫作**标准九分数**[1](Stanine score)("标准九点量表"英文缩写)。顾名思义,这是一种标准分,并将人数分成了九个组。每个标准九分数都是一个标准差单位的一半,如图15-3所示。

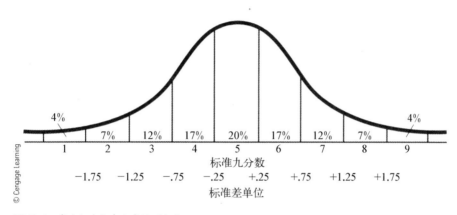

图15-3　每个标准九中个案的百分比

当在报告公立学校儿童在标准化测验中的成绩的档案中引入标准九分数时,它经常被用来对学生进行分组(位于标准九分中的1、2和3的学生将被分在一个班级,4、5和6的学生被分在另一个班级,等等)。由于在第6章"包容学生的差异性"所介绍的原因,以及本章后面介绍的原因,这种能力分组在美国学校已经成为一个备受争议的问题。因此,标准九分数现在只用来表示成绩的相对位置。它比 Z 分数或 T 分数容易理解,因为任何孩子或父母都可以理解标准九分数是一个9点量表,其中1代表最低,5代表平均值,9代表最高。而且,与百分等级不同,标准九分数可以加和平均。但是,如果希望获得关于分数的相对位置的更精确的信息,百分位数可能更有用,即便它们不能被平均。

555

区域或国家常模

在制定地方常模时,经常使用百分等级和标准九分数。正如我们之前在关于如何编制标准化测验的相关描述中所指出的,用于评判学生的成绩水平的常模,是通过用最终版的测验来测试代表性的学生样本来建立的。一个不可避免的问题是,学校系统之间存在着差异(例如,使用的教材和每个学年涵盖的课程内容都可能不同)。为此,一些测试出版商会同时根据当地和国家常模来报告分数。这样,每个学生的成绩不仅要与标准化小组成员的成绩相比,而且也会与同一学校系统中所有学生的成绩相比较。

1　标准九分数:在正态分布下采用九分制来描述学生的行为表现。

> ## 暂停　与　反思
>
> 　　如果你必须向你的家长报告你的标准测验结果,你最能解释清楚原始分数、百分等级、Z分数、T分数或者标准九分数中的哪一个? 你认为哪种分数为家长提供的信息更丰富? 对你来说呢? 如果你无法完全理解这些测验分数,你该做些什么工作?

15.1.6　对标准化测验的性质、用途的某些误解

虽然心理和教育评估的概念不是特别难掌握,但是包括教育工作者在内的许多公众,常常会对考试分数的意义作出错误的推论,出于这样或那样的原因,他们会存在如下一些误解(Braun & Mislevy, 2005):

　　1. 测验测量的是测验名称所指的内容。这种误解有两种形式。第一,许多人没有意识到一个测验测量了很多东西,其中有些与它的主题无关。例如,所有测验成绩都会受对测验情境的熟悉程度、所用测验的类型、测验的施测方式以及测验的计分等因素的影响。其次,测验是根据编制测验的人员对某一特定属性的定义来测量该属性的。因此,某人编制的智力测验,或许可以评估其他人编制的智力测验中忽略了的某些特性。这种天真的观点所导致的一个常见结果是,人们从测验分数中得出的推论,无法得到该测验的效度证据的支持。

　　2. 具有相同标题的所有测验都是相同的。即使两项测验都被称为七年级科学测验,也并不意味着它们是可以互换的。即使它们有相同形式的题目(例如多选题),也可能是其中一套强调对事实材料的回忆,而另一套则强调概念理解或问题解决。评估的目的是将学区的教学目标和标准,与测验所测的东西相匹配。

　　3. 测验分数准确地反映了人们的知识和能力。由于所有测验都有内在的测量误差,所以没有测验可以提供个人知识和能力的"真实"得分。因此,当人们重新参加相同或同等的测验时,他们的得分会有所不同。我们所能得出的最佳结论就是说,一个人所谓的真实分数,可能介于低分和高分之间。

556
　　4. 两种测量同一事物的测验可以互换。由于我们在第一点中所提到的原因,这种情况的出现是例外而不是常规。测验不能互换这一点,很好地解释了为什么有些学区的学生,在全面教育进度评估(NAEP)中的阅读和数学测验中成绩很好,但在

本州的相同技能的测验中却没有取得同样好的成绩。

5. 测验是通过将回答正确的项目数量相加来统计得分的。尽管这种说法对于单一维度测验或者测量同一种事物的测验来说是适用的，但对于以不同方式测量不同技巧的测验来说却是不适用的。一项语言测验要测量词汇和语法知识，以及阅读理解和对话的流利性，因而应该对每种能力单独计分。

6. 70%正确率、80%正确率、90%正确率相当于C、B、A等级。这种认识来自一个天真的假设，即所有的测验基本上都是一样的。然而，由于测验题目可以按照不同的难度级别来编写，所以同一个学生可能会在测试同一知识的两个测验中，得到不同的分数。

7. 多项选择题只适用于测量学生对事实性知识的再认和回忆水平。这种认识无疑源于这样一个事实：绝大多数测验中的多项选择题，都是在布鲁姆分类学的"知识层面"上编写的（在第13章"教学方法"中讨论过）。但是，我们也可以编写反映分类学中其余认知水平的多项选择题。

8. 凭直觉就可以判断一个项目是否良好。就像大多数事物的外表一样，测验项目的外表有时也会骗人。测验项目是否良好，也就是说是否有用，在很大程度上取决于一个项目的形式和认知要求，是否与学生接受的教学和测验的目的相匹配。当测验项目所测的是学生没有充分学习过的内容，或者当测验宣称测量知识的应用能力而项目实际上测量的是事实性知识时，这个项目就不是一个好项目，至少对于这个特定的测验来说是这样的。

我们在前面指出，标准化测验可以用几种方式来支持学校和教师的教学目标。当教师充分了解要测量的特性时，当可靠、有效、规范的测验容易获得时，当教师知道如何正确地解释考试成绩时，这种评估个体差异的策略就可以很好地发挥其作用，尤其是在教师进行观察和非正式评估的辅助下。例如，有效的补习性阅读和数学课程在很大程度上是根据阅读和数学诊断测验的分数而设计的。但是，当测验被用于其既定目的以外的目的时，对测验的滥用就会发生，并且经常导致不当的决策和争议。在下一节，我们将讨论高利害测验的广泛使用及相关争议：使用标准测验分数引导学生、教师和管理者对学业成绩负责。

你掌握了吗？

当用户理解并合理地使用了标准化测验时，这种测验可以提供以下信息，除了：

a. 与当地常模相比，学生的成绩如何

b. 与全国的常模相比，学生的成绩如何

> c.在一个特定的知识领域中,学生真正知道些什么
>
> d.教学应该集中于哪个方面来帮助学生成长

15.2　出于问责目的标准化测验：高利害测验

15.2.1　教育问责制的推动

InTASC　　　　　标准6(k)

对自己的行为负责是什么意思？一般来说,你做完一件事后,必须向与这件事情存在利害关系的人解释和说明你的行为。然后,他们会根据对你的行为的判断,对你作出奖励或惩罚。例如,公司的员工对他们作出的决策或生产的产品,要向他们的主管或经理负责。同样,学生们也要对他们的学习质量,向教师和家长负责。那么教师、学校管理者和整个学区呢？他们要对谁负责？长期以来,他们是在一种宽松和不明确的问责体制下运作的。除了明显的无能、非法或不道德行为等情况的出现外,教师和管理者不太可能得到奖励或惩罚。这种情况在2001年发生了变化,变化的原因可以追溯到20世纪最后20年,人们对美国教育质量的日益不满。

1983年,全国卓越教育委员会发表了题为"国家处于危险之中：教育改革势在必行"的报告。这份报告描绘了美国教育质量的惨淡画面。例如,它指出,所有17岁儿童中约有13%被判定为功能性文盲,标准化测验成绩普遍低于25年前的水平,而且许多17岁儿童被判定为缺乏从书面材料中作出推论和写出有说服力的论文等高级思维能力。为了证明教育经费投入的合理性、提高学生成绩,报告要求用标准化测验来评估学生的成绩,并督促教育者把重点放在提高学生的阅读、数学和科学等基本领域的成就上（照片15-3）。

然而,后继的有关学生在标准化测验中表现的报道,继续描绘出一幅黯淡的画面（参见Brace, 2008a; 2008b & Koretz, 2008）。对美国学生表现的不满和希望改善这种现状的愿望,促使了三项重大改革的出现,它们的做法都是根据标准化测验成绩对教育者的工作进行问责。这三项改革举措是：颁布《"不让一个孩子掉队"法》,实施《"力争上游"计划》,推行共同核心课程。

照片15-3 为了让学生负责地把某些学科和技能学习到可以接受的水平,以提高教育质量,所有州每年都在多个学科领域进行标准化成就测验。这些测验与州学习标准保持一致。

15.2.2 《"不让一个孩子掉队"法》(NCLB) 558

 2001年12月,美国国会通过了乔治·W·布什总统提出的立法,在所有接受联邦资金支持的公立学校实施阅读和数学测验。2007年又增加了对学生科学知识的测验。这项立法是《初等和中学教育法》(ESEA)的重新授权,通常被称为《"不让一个孩子掉队"法》(NCLB)。由于这些测验的分数,会单独或与其他数据结合起来,被用于确定奖励和惩罚,如学生是否能升入下一年级或从高中毕业、教师和管理者是获得经济奖励还是薪酬降级、学区是获得本州额外的资金支持还是失去认证,因此这类测验通常被称为高利害测验[1]。

 有趣的是,通过标准化测验来评估学生的知识水平并让教师对结果负责,几乎可以追溯到美国公立学校开始出现的时期。1845年,波士顿学校委员会(相当于今天的教育委员会)对500多名学生实施了一项普通的书面测验。结果是灾难性的——大多数学生不及格。随之而来的是今天教育界的任何观察者所熟悉的事情:诉讼、反诉讼、指责,以及在随后几年中更多的测验(Reese, 2013)。

---

1 高利害测验:利用测验结果,引导学生和教育者对他们的成就负责。

NCLB 的要求

InTASC 标准7（g）

《"不让一个孩子掉队"法》包含以下几项全美各州必须遵守的要求[1]（NCLB，2001）：

- 标准。各州必须为数学、阅读/语言艺术和科学等学科，确立法律上所称的挑战性的内容和成就标准，但是法律规定各州可自行界定"挑战性"一词的含义。

- 测验。对3至8年级的所有学生进行数学和阅读/语言艺术的年度测验，对9至12年级学生的数学和阅读/语言艺术学习情况每年至少进行一次评估。在2007年，各州还被要求对3至5、6至9、10至12年级的学生，进行至少一次科学评估。每个州自行决定测验形式、长度和项目类型。

- 适当的年度进步（AYP）。到2014年，所有学生的阅读/语言艺术和数学至少要达到州规定的"熟练"水平（各州自行定义）。为了确保实现这个目标，各州必须证明达到这个目标的学生的比例，每年都有上升。这一要求被称为适当的年度进步，或AYP。包括少数民族、低社会经济地位的学生、英语学习者和残疾学生在内的所有学生群体，都必须有适当的年度进展。达不到AYP要求的学校，不仅需要采用不同的教学方法和项目，而且所选用的教学方法和项目，必须是被科学研究证明是有效的。

559

- 报告。各州和学区必须向家长和公众发布成绩报告单，描述每一批学生在年度评估中的表现。

- 问责制。未能连续两年展示AYP的学区将受到以下惩罚：

1. 连续两年未能获得AYP的学校被认定为需要改进，学生可以选择转学到本学区的其他学校。

2. 连续三年未能获得AYP的学校须遵守第1条的规定；此外，学生还必须获得校外提供的补充性教学服务（如辅导）。

3. 连续四年未能获得AYP的学校，须遵守第1条和第2条的规定，并更换学校工作人员，聘请外部专家为学校提供建议，延长学生每天的在校时间或学年周期，或改变学校的组织结构。

4. 连续五年未能取得AYP的学校必须遵守第1、2、3条的规定，同时要进行学校的

---

[1] 《"不让一个孩子掉队"法》（NCBL）要求确立标准；对数学、阅读和科学进行年度测验；所有的学生都要取得年度进步；公开报告；问责系统。

重组，这意味着可能需要更换全部或大部分的学校职员，由所在的州接管学校或转换为委办学校。

达到或超过AYP连续两年或以上或者取得最大进步的学校将被认定为"杰出学校"，学校的教师可能得到经济奖励。

NCLB实施中的问题

InTASC　　　　标准7（g）

《"不让一个孩子掉队"法》既复杂又规定了高度的利害关系[1]。因此在其实施过程中存在一些潜在的或实际的问题。包括如下一些方面：

- 要求所有学生在2014年以前获得熟练或更高水平的成绩是不现实的。由于影响教与学的因素很多，其相互作用非常复杂（见第1章至第14章），因而仅仅通过将高利害关系附加到标准化测验中，在如此短的时间内不可能达到这个目标。现实中发生的情况也确是如此。大部分学区，包括那些取得持续进步的学区，如果根据AYP要求，到2014年底都将被评定为"需要改进"（教育政策中心，2012a, 2012b; Dillon, 2011）。

- 决定学生是否达到熟练水平的分数线取决于教育者的判断，并有着重大的影响。如果分数线划得太低，各州的问责制度可能难以达到联邦要求。如果划得太高，学校可能会很难展示出AYP。定义熟练程度的标准的差异，在很大程度上反映了低分州和高分州之间的差异（教育政策中心，2010a）。

- 一些州已经与美国教育部进行谈判，扩大了法律规定的成绩最低的学生群体的规模（Goldberg, 2005; Popharn, 2005; Sunciermanj 2006），改变了AYP的评判方式，增加了为不同的学生群体设置熟练标准的权限（Sunderman, 2006）。这些改变的结果，是缺乏通用的问责标准。

- 法律没有意识到许多少数民族学生、残疾学生和英语学习者存在长期和深层次的学习问题，因而难以准确评估他们的学习情况（Abedi&Dietel, 2004; Thomas, 2005年）。例如，在一些州，英语学习者被安排在一年的沉浸课程项目中，然后就

1　高利害测验受到批评是因为：存在结构性的局限，对结果的误解/误用，对动机的认识窄化，评估标准死板。

560 被要求参加英语测验。另一个问题是，由于许多州测验在制订常模过程中忽略了英语学习者，或者这类学生的代表性不足，因而导致这些测验不能准确地测量这类学生的学习成就（Solórzano, 2008）。尽管英语学习者被允许用本国语言参加州测验，但这种测验往往无法提供（教育政策中心，2005; Solórzano, 2008）。

- 根据"残疾人教育法案"（IDEA），符合特殊教育条件的学生，其学习目标应与个性化教育计划（IEPs）中设定的学习水平相匹配。但NCLB要求这些学生达到与无残障学生相同的标准（Houston, 2005）。

15.2.3　关于NCLB效果的研究

> InTASC　　　　标准7（g）

自从NCLB颁布以来，已经有大量的研究评估了其对学生成绩、学生动机、教师行为、课堂教学、辍学率、州标准和考试质量以及补习性教育服务等方面的影响。以下是对相关研究结果的总结。

对成绩的影响

NCLB的一个主要假设是，未能达到规定标准而导致的问责后果，将推动各州和学区提高课堂教学质量和学生成绩水平。一组研究人员（Nichols, 2007; Nichols, Glass, & Berliner, 2006）对这一假设进行了检验。他们考察了测验项目给25个州的教师和学生带来的压力程度，以及这些测验项目与4年级和8年级学生在全国教育进步评估（NAEP）考试中的数学和阅读成绩之间的关系。他们发现，高利害测验带来的压力与学生的后继成绩之间没有关系。

其他分析报告的结果是高利害测验对成绩的影响是积极的，但影响不大。 Jaekyung Lee（2008）对14项研究进行了分析，得出的结论是，高利害测验对NAEP阅读和数学分数的影响非常小，以至于NCLB到2014年全部学生百分之百地达到熟练程度的目标将不可能实现。教育政策中心（2008a, 2009）发现，从2002年到2008年，报告平均测验成绩有所提高和达到熟练水平的学生比例增加的州，比报告下降的州要多。在数学上的进步比阅读方面的进步要大。

由于NCLB的主要目的是提高所有学生的成绩，因而我们还需要考察有关少数民族学生、低收入学生、残疾学生和英语学习者进步的证据。正如我们在第5章所指出的，白人学生与黑人、拉美裔学生之间长期存在着成就差距。迄今为止的证据表明，NCLB充其量只能缩小这一差距。2004年到2008年，白人与黑人、白人与拉美裔学生之间在NAEP阅读和数学成绩上的差距没有改变（美国教育部，2008a）。在各州的测验中，白人和少数民族学生之间的差距有所缩小，但在许多情况下仍然高达20个百分点（教育政策中心，2009）。低收入学生、学习困难学生和英语学习者的成绩，也存在类似的问题（Jones, 2007; Lee, 2008）。

在从有限的证据中得出NCLB已经或者还没有提高学生的成绩这一结论之前，需要牢记几个重要的注意事项。首先，一些州报告的成绩进步，可能是源于为了测验而进行的强化教学，界定"熟练程度"的分数的变化，以及一些州在实施NCLB之前开始的学校改革。其次，对州考试成绩和NAEP考试成绩的比较应该谨慎，因为NAEP考试与州考试所指向的标准和地方课程并不完全一致（如Fuller, Gesicki; Kang, & Wright, 2006）。第三，正如教育政策中心（2008a）以及我们在前面的章节中所指出的那样，考试成绩与学业成就不是一回事，因为考试对学习的测量是不完善和不完整的。

通过探究改善教学实践：一位教师的故事 561

标准化测验：用学习评估来促进学习

（作者：David Kristofic）

作为校长，我也是一名教师。实际上，"校长"一词就是"首席教师"的缩写。

作为一名首席教师，我学到的重要一点，就是如何将标准化测验用作"为学习而评估"，而不仅仅是"对学习的评估"。这也是在我们初级中学中，我和老师们形成的一个共识。

我的教师不是为了州规定的考试而教，而是利用从考试和学区课程中收集的数据，来评估每个学生的需求，并关注学生的弱点和整体的个性化成长。我们学校的教师不仅关注少数几个未达到AYP成绩水平的学生，而且会具体地分析每个学生的成绩。根据标准化测验的分数，我们的教师创建了一个"观察表"，以帮助识别需要额外支持的学生。教师们也花费大量的时间，来分析哪些教学策略能帮助我们的学生从"熟练"水平迈向"高级"水平。

在部门会议上，教师们会全面分析所有学生在州测验中数学和阅读的成绩水平。然后考察学生的整体优势和弱势，并将其与我们学区的课程进行比较。通过这种方式，教师可以确定问题存在于学区课程中还是在教学实践中。过去几年，我们学校的学生一直在理解非小说文本、应用题、分数和开放性问题方面存在短板。一旦确定了这些问题和弱项，每个部门的教师会计划如何调整他们的教学策略，以确保学生更好地了解目标领域的内容。为了促进学生的个性化成长和学习，我校在每个工作日都安排了学习辅导时段。在这段时间内，不仅观察名单上的个人和小组，而且所有的学生都会享受到帮助。由于所有的数据都经过仔细分析，即使对那些考试达到州标准的学生，也会分析其弱点，教师也会帮助他们克服这些弱点。

由于学生的成长和学习不断发展变化，在每学期的前四周半的时间里，教师会根据标准化测验结果来进行针对性的教学。由于这些数据很快就过时了，因此后继的教学依据学区的基于评估的课程（CBA）来进行。这些CBA考试每年进行三次，所以每位教师都有最新的学生成绩数据，以帮助自己设计和实施教学。每次考试结束后，教师都会拿到每个学生的成绩和每个教学时段的总分。这种持续的循环，使每位教师可以不断更新自己的"观察表"，并有针对性地满足每个学生的发展需要。

由于没有两个班级看起来是一样的，也没有哪一个学生的需求在整个学年中都保持不变，因而评估数据就显得非常重要。及时的评估数据对于支持教师帮助每个学生在任何一个阶段的发展都是至关重要的。我们不会为了任何特定的考试而教，但我们会使用学生在标准测验中的考试结果，来引导我们教师的初始教学。然后，我们会转向CBA，告知教师如何最好地满足每个学生的需求。

（David Kristofic 曾担任教师，目前是派因里奇兰初级中学的校长。）

对动机的影响

有证据表明，高利害测验促使一些学生更加努力地学习。在马萨诸塞州第一次高利害考试失败的高中生中，约三分之二的人表示，他们现在正在努力学习，在课堂上更加专注；而且有近乎75%的人表示，缺课太多是考试失败的主要原因（Cizek; 2003）。然而，另一方面研究则显示，对10年级或11年级的学生来说，意识到不得不参加毕业考试或未能通过某项毕业考试，都不会影响其学习动机（Holme, Richards, Jimerson; & Cohen, 2010）。

562　　　对三个州的20所小学和初中进行的研究（Brown & Clift, 2010）表明，NCLB的确影响了管理者、教师和学生的动机，但这种影响并非总是积极的。它取决于学校对AYP要求的立场。例如，刚刚通过或差点就能通过AYP要求的学校，往往对进步抱有更大的希望，因而会采取积极措施，要么保持领先地位，要么赶上其他学校。当然，这些措施可能不会让每个人都满意。相应措施包括：不再注重测试高水平思维的测验而是关注多项选择题；投入更多的时间准备考试；把更多的时间用于教师专业发展；教师可以根据自己的教育理念，选择在教授其他科目时是否加强数学和英语教学的渗透。但不可否认的是，这些学校的发展都得到了推动。

那些远远落后、没有希望达到AYP要求的学校，往往表现得截然不同。因为这些学校知道，即使他们采用新课程、新的教学方法和其他改革措施，如果仍然没有达到AYP的标准，他们将依然不会得到任何认证或奖励。结果，他们的动机水平下降，课程改革更加表面化而且更常使用从私立或受欢迎的学校吸引高分学生等策略。另外，学生的行为问题往往也会增加。正如一位教师所说："如果孩子不能取得好成绩，他们宁愿把自己扮演成不学习的'坏家伙'，而不是愚蠢的人。"（pp.788-789）

最后一类是那些超过AYP标准且每年都保持着较大的优势的学校。正如所料，NCLB对他们动机的影响很小或没有影响。这些学校的课程和教学方式也没有什么变化。他们主要关心的是能否全面达到州规定的所有标准。一个明显的结果是，家长和教师形成了一种"严阵以待"的心态。此外还有许多家长担忧，通过援引NCLB的准入条款，大批失败学校的学生会转入他们孩子所在的学校。

对教师和教学的影响

大量的研究已经表明，高利害测验会影响教师的教学方式和教学动机。这些影响大多是负面的，虽然偶尔也会有积极影响。

关于NCLB的影响的综合分析（Au, 2007）发现，教师会专注于细小的、孤立的、与测验相适应的信息，而不是将新内容与其他学科内容联系起来，并且重视讲授而不是更多以学生为中心的教学方法。但也有少量研究指出，强调知识整合和使用以学生为中心的教学（如合作学习）的课程有所增加[1]。

学区越来越倾向于把更多的教学时间和资源集中在所谓的"泡沫孩子"上。这些学生是"在泡沫上"，这意味着他们的成绩刚好低于及格分数。如果他们的分数在下次考试时能够有相对较小的提高，学校就可以通过这种简单而方便的方法来满足他们的AYP要求，但这往往以牺牲成绩更低的学生为代价（Ho, 2008; Houston, 2007）。

对芝加哥10所小学进行的为期两年的研究发现，当他们所在的学校正在接受评估时，大多数教师报告说他们尝试了新的教学方法、增加了备考时间、按技能水平对学生进行分组、花更多的时间备课，并在那些刚好差点就能通过测验的学生（即前面提到的所谓的"泡沫孩子"）身上花费了更多的时间。但是这些努力大都没有持续下去，因为学生后来的考试成绩没有提高，而管理者也没有支持教师的努力（例如，很多教师抱怨缺少专业发展培训）。结果，教师的"士气"就下降了。

对其他州的教师的观察和访谈也有类似的发现。为了应对NCLB的压力，教师会花

1　NCLB改变了教师的教学方式。

563　　照片15-4　高利害测验可能产生的一个消极影响是,教师会花费更多的时间让学生备考而减少对测验范围外的课程内容的学习时间。

更多的时间准备考试(通常三到五周);针对考试内容进行授课;采用更多的教师主导式的教学(如讲座、布置课堂作业、提问只需要简短答案的问题);加快教学进度以确保覆盖课程规定的所有内容;减少了有助于所有学生理解课程内容的教学策略的设计时间,而增加了对学生进行分组和重组的时间(照片15-4)。教师提到的唯一一个教学益处是,与州标准一致的测验数据,可被用来识别学生的弱点(Anderson, 2009;教育政策中心, 2008b; Jennings & Rentner, 2006; Thomas B. Fordham 研究所, 2008; Valli & Buese, 2007)。这个好处当然是基于这样一个假设:州标准及其评估工具具有高度的一致性。然而对19个州的标准—测验匹配性分析显示,结果令人失望。用研究者的话来说,"在所观测的州中,标准和评估并没有像预想的那样良好地匹配起来"(Polikoff, Porter & Smithson, 2011, p.992)。

关注排名和州评估项目中的奖惩制度,导致许多教师对学生进行高强度的备考训练。虽然这种做法可能会提高分数,但它往往以牺牲有意义的学习为代价(教育政策中心, 2005; Goldberg, 2004; Houston, 2007; Nichols & Berliner, 2005)。此外,受此影响,教师往往很少关注其他测量相同知识和技能的测验(Linn, 2009; McGill-Franzen & Allington, 2006)。

例如,在一项研究中,匹兹堡小学有83%的学生在爱荷华基础技能测验(标准化成就测验)中的阅读测验的得分高于全国常模。而在州评估的阅读测验中,只有26%的学生达到前两个熟练水平（Yau, 2002）。研究中揭示的这一现象被称为"WYTIWYG"：考什么就学什么（what you test is what you get）。换句话说，高利害评估让教师仅关注学生对特定类型测验的备考，因而无暇关注其他测量相同或相似技能的测验。

对课程的影响

NCLB和高中毕业考试以两种方式影响着学校课程，其中一种往往被认为是积极的，而另一种几乎总是被认为是消极的。从积极的方面来看，许多学区在保持州标准与课堂教学和测验的一致性方面做得比较好（Holme, Richards, Jimerson & Cohen, 2010），尽管如前所述（Polikoff, Porter, & Smithson, 2001），这方面还有很大的提升空间。消极影响则表现为广为存在的课程窄化现象（Au, 2007; 教育政策研究中心, 2008b; Jennings & Rentner, 2006; Jones, 2007; McMurrer, 2007）。教育政策中心（McMurrer, 2007）对349个学区进行的一项调查发现，在2001—2002年和2006—2007年间，这些学区中有近三分之二的学区将阅读/语言艺术的教学时间平均增加46%，数学教学时间平均增加了37%；此外，阅读/语言艺术和数学中被强调的方面，都是州考试的重点内容。由于学校总课时很难再延长，因而这些学科教学时间的增加，只能以牺牲其他学科和活动为代价。正如预期的那样，有接近一半的被调查的学区报告说，他们减少了社会研究（当你想到学生在地图上找不到各个国家时所受到的批评，这不是很讽刺吗？）、科学、艺术、音乐、体育的教学时间，以及午餐和休息时间（请回顾我们在第3章讨论的问题）。在密苏里州的一个学区取消了一个为期一学期的世界地理课程，以开设一个为期一年的美国政府课程。这一调整尽管受到了家长和一些学生的抗议，但为了使该学区的课程与州标准和州评估项目相一致，还是推行了下去（Bock, 2008）。

对辍学率的影响

高利害考试，特别是高中毕业考试是否会增加辍学率（目前大约占所有高中学生的5%）是一个难以明确回答的问题。这方面的研究不仅有限，而且结论也不确定。因为国家对辍学的定义和计算方式是不同的，研究者很难将高利害考试的影响与其他可能起作用的因素隔离开来（教育政策中心, 2010b, 2010c）。为了消除由辍学率不同的定义和公式计算引发的争论，美国教育部长于2008年4月宣布，所有州将使用相同的联邦公式来计算毕业和辍学率（美国教育部, 2008b）。

对各州标准和测验质量的影响

NCLB的批评者警告说，一些州会试图制定较低的标准并设定较低的评判学生达到熟练水平的分数线，从而避免因未达到AYP要求而受到的惩罚。最近的研究表明，情况的确如此。托马斯·布朗·福特汉研究所和西北评估协会（Cronin, Dahlin, Adkins, & Petrilli, 2007）对26个州的研究发现，各州考试的难度差异很大，标准最高（意味着更高的合格分数线)的州最有可能比其他州降低合格分数线,某些州的测验中用较简单的题目代替了更难的题目,八年级学生的测试题在难度上要比三年级学生的测试题大得多(每个年级的测试题的难度,应该符合这个年级的水平)。由于存在这些不一致,该研究在报告中指出:"实施《'不让一个孩子掉队'法》的五年计划,并没有对什么是'熟练'做出标准的定义"(p.7)。而且,达到熟练最低标准的州,恰恰是较低的社会经济地位学生和有色人种学生最集中的州。换句话说,少数族裔和少数民族学生和贫困家庭的学生,往往被设定了较低的标准,而这种不一致标准恰恰是NCLB希望消除的(Reed, 2009)。

565 关于测验质量的主要问题,是为了满足州和联邦要求,致使测验的广度不够。正如我们前面提到的那样,如果使用更多不同类型的测验,从测验分数中得出的关于学生已有知识的推论可能更为准确。NCLB的批评者担心,各州要么采用单一的商业性出版的标准化测验——这类测验往往不能很好地反映州标准,要么为了效率和成本而编制相对简单的问答式测验。尽管许多州确实走了这条路线,但也有些州使用了更多的评估工具,从而可以为教师提供更多有用的诊断性信息。例如,在纽约,28所称为纽约成就标准联盟(New York Performance Standards Consortium)的高中,实践并促进了替代性评估的使用(纽约成就标准联盟,2007)。这些学校与纽约的大多数高中并无不同,它们使用基于探究的学习方法,即强调课堂讨论、基于项目的学习和学生的自由选择。他们的评估是以行为表现为基础的,所有的毕业生都必须通过分析性文学论文、社会研究论文、原创性科学实验和高水平数学应用(Tashlik, 2010)等方面的评估。至少有一项研究发现,这些学校中有77%的学生就读于四年制大学,平均绩点为2.7(1—4等级)(Foote, 2007)。

补习性教育服务的提供

尽管NCLB规定连续三年或更多年没有达到AYP要求的学校,要为学生提供免费辅导,但在2005—2006学年,只有17%的符合要求的学生接受了这项服务(Vernez等,2009)。由于在这些地区缺乏辅导者、便利的交通或者访问互联网的计算机,因而在小学和农村学校系统中的学生比城区学生更少地得到辅导(Goldberg, 2005; Richard, 2005)。虽然没有达到AYP目标的学区被禁止提供自己的辅导服务,但在2005年美国教育部允许芝加哥市这样做,以鼓励更多的学生充分利用这项服务。据说,其他几个大城市也正在准备提出类似的豁免申请(Gewertz, 2005)。

15.2.4 近年来基于测验的教育改革

尽管学校和学区在实施NCLB方面遇到了一些问题,但仍然在推行基于测验的教育改革。从理论上讲，NCLB的基本政策看起来很简单：使用测验来确保学生成功，没有孩子落后。但是，实施政策时往往会遇到意想不到的困难（Donovan, 2013）。下面是应对这些困难的三项举措。

NCLB的调整：ESEA灵活性

如前所述，NCLB是《初等和中等教育法》（ESEA）的最新修订和重新授权。尽管之前预计国会将在2011年之前修订和重新批准NCLB，但截至2013年6月这项工作还未完成。为了解决NCLB带来的问题，并促进州和地方的改革，美国教育部在2011年秋季请各州根据ESEA灵活性计划（美国教育部, 2012），申请豁免10项NCLB的要求。被授予豁免权的州，可以为学生建立比原来的AYP要求更多的可实现的成绩目标。为了有资格获得豁免，各州必须提交一份计划，阐明关于改善教学质量和学生成绩的四个原则。与NCLB一样，被豁免的州也将利用"高质量评估"（也就是标准化测验）来评估学生的成绩。此外，各州还被要求根据学生考试成绩和其他数据来评估教师的效能。截至2013年5月，已有37个州和华盛顿特区获得了豁免资格（美国教育部, 2013）。

《"力争上游"计划》

第二个旨在促进教育改革和创新的教育部项目是《"力争上游"计划》。该计划是2009年"美国复苏和再投资法案"的一部分，它会向符合其标准的州颁发40亿美元的竞争性资金。为了获得一部分这类资金，各州必须提交一份计划，该计划要包含共同标准（来自我们将在下一节中将讨论的"州共同核心标准"）、与共同标准相一致的评估学生成长的高质量评估系统，以及基于学生考试成绩和其他数据的教师评估系统（美国教育部, 2009）。最后一个标准，是通过使用一种叫做增值评价模型的方法来解决的。这一标准存在很大的争议，在此有必要作以简单的解释。

学生的成就可以被看作是三个变量的产物：学生的个人特征（如学习能力、动机、价值观、兴趣、自我认识），学生家庭和家庭环境的特征（如父母的社会经济地位水平、双亲/单亲、健康与营养、社区的和谐性）以及学生在学校接受的教学的质量。创建增值评价模型的统计人员声称能够控制前两个变量的贡献，因而可以对学生所接受的教学的质量进行相对独立的测量。其基本思想是，将学生先前的考试成绩和其他特质的测量结果纳入统计公式，以预测任何学生在下一次标准化成绩测验中的成绩。高于预期的分数归因于高质量的教学，低于预期的分数归因于低质量的教学。支持和反对增值模型的观点分别有很多（参见，如，Baker, Barton, Darling-Hammond等, 2010; Bialik, 2010; Darling-Hammond, Amrein-Beardsley, Haertel, & Rothstein, 2012; Scherrer, 2012），在这里我们让读者自行判断。

州共同核心标准

NCLB受到的批评之一,是它允许各州建立自己的内容标准和评估程序。这一政策的结果是可以预见的:评估标准宽严不一、评估质量各不相同(Porter, McMaken, Hwang, & Yang, 2011)。为改善这一弊端,全美州长协会和全美州首席教育官理事会制定了一个计划,设定了所有州均可以采用的关于K-12年级的英语语言艺术/读写和数学的严格标准。这些标准于2010年6月发布,旨在引导学生掌握在大学和工作中获得成功所必需的知识和技能。截至2012年1月,45个州和哥伦比亚特区同意采纳共同核心标准(教育政策中心,2012a;州共同核心标准法案,2012)。

在当今的问责时代,如果只有内容标准而没有测量这些标准的达成程度和教师的教学质量的标准化测验项目,这是难以想象的。有两个组织正在努力填补这一空白,它们是:大学和职业准备评估联盟(PARCC)和智能化平衡评估联盟(SBAC)。2014—2015学年将有22个州使用PARCC评估。它所使用的项目比构成州标准化测验的大多数项目更加复杂和真实。2014—2015学年,SBAC评估将被25个州使用。与PARCC一样,它将包括复杂的书面测验和行为表现测验项目,注重考查分析性思维和解决问题的技巧。SBAC既可用于形成性评估,也可用于总结性评估。PARCC和SBAC评估都采用在线测评方式。

567　　从表面上看,要求学生达到一系列关于英语语言艺术/读写和数学学习的严格标准,这似乎是一个没有争议的想法,但事实并非如此。共同核心标准及其相应的评估,又引起了激烈的争论。支持州共同核心标准者认为,更严格的标准和更有用的评估数据能带来好处(Sheehy, 2012)。反对共同核心标准者则认为,应该谨慎行事,除非有更充足的数据支持(例如,Ravitch, 2013; Strauss, 2010);这是一笔不必要的开支且是对当地学校控制权的无理侵犯(Banchero, 2013; Hancock, 2013)。结果,有些州要么没有签署共同核心倡议,要么正在重新考虑是否要参与(Wolfgang, 2013)。

15.2.5　关于改善高利害测验的建议

> **InTASC**　　　　标准7(g)

如果"NCLB"、《"力争上游"计划》和"共同核心课程"要实现提高教学质量和提升成绩水平的目标,就必须以所有利益相关者都相信自己得到了公平对待的方式来实施。教育部的ESEA灵活性计划表明,NCLB未能实现这一目标;对《"力争上游"计划》和"共同核心课程"的批评,也暗示了这些计划的相同命运。

暂 停 与 反 思

　　高利害测验的批评者认为，教师应该努力说服政策制定者去改变这些方案的最糟糕的方面。他们建议采取以下措施：在学校董事会会议上发言；给学校董事会和立法委员写信；组团面见立法委员；给当地报社写信；举办有关滥用高利害测验的研讨会。你愿意参加其中的哪些活动？为什么？

　　针对高利害测验项目受到的许多批评，有几个专业的非营利性组织（例如，教学支持评估委员会，2002；教育政策中心，2007）已经提出了大量旨在改善NCLB的建议，包括如下一些方面：

　　1. 每个州应该只采用那些代表学生需要学习的最重要的知识和技能的内容标准。这有助于各州避免采用过多的标准，使得教师的教学无法涵盖，学生难以达成，测试者无法评估。拥有更为适量的标准，也可以让教育者、学生和家长获得关于每个标准的达成情况的反馈，而不是总结了数百个标准的单一评分。

　　2. 州内容标准应该清晰、准确地描述评估的内容是什么，以便于教师创建直接面向这些标准的课程。例如，诸如"表达和解释信息和观点"之类的短语，应该用更精确的语言来描述。

　　3. 州评估分数应该按照每个学生、学校和学区的顺序依次报告。

　　4. 各州应向学区提供额外的评估程序，以评估既定评估没有覆盖的标准的达成情况。

　　5. 各州应监测学区的课程，确保教学面向所有内容标准和学科，而不仅仅是所要求的州测验。

　　6. 州评估要经过设计，使所有学生有平等的机会来展示他们已达成了哪些标准。这包括为残疾学生和英语水平有限的学生提供住宿和替代性评估。应该用残疾学生的IEP来确定如何对他们进行测验，以及他们应该遵从什么标准。

　　7. 所有的测验都应达到美国教育研究会的"教育与心理学测验标准"和类似的测验质量指南。

　　8. 教师和校长应该接受专业发展培训，以帮助他们学会根据测验结果来优化儿童学习。

　　9. 应该要求各州至少每三年接受一次对他们的标准和评估的独立审查。

568

10. 为了达到AYP的要求，各州可以选用其他测验分数来反映个别学生的进步情况，而不必按照整体的进步要求来衡量。

这些建议虽然经过充分的考虑并可能有用，但其基于这样的假设：标准化测验是改进教学和学习的必要工具。与对任何假设一样，我们不应该以仅从表面意义上看待这一假设，特别是如果有相反的证据存在的话。而且确实有证据表明，取得高质量的教育成果，并非一定要使用标准化的测验。我们提到的证据来自芬兰。在国际学生评估项目（PISA）等国际测验中，芬兰学生在阅读、数学和科学方面的成绩远远高于美国学生，而他们只需要进行一次标准化测验——高中毕业考试。

芬兰教育成功的一些原因包括：高质量的教育（90%的教师教育专业申请者都会被拒绝），芬兰社会对教师职业的高度尊重，教师设计的课程和教学强调有意义学习，广泛使用形成性评估，校长懂得如何支持教师达成目标和开展活动，所有的利益群体都重视公共教育，对特殊教育需求的重视（Hancock, 2011; Partanen, 2011; Sahlberg; 2011）。

站稳立场　治疗病人——运用医疗模型指导教育问责

包括教育工作者在内的几乎每个人，都接受这样的观点：教育者应该为自己的工作负责。的确，每个人都应该以某种方式对他人负责。问责制是什么？应该是怎样的？在界定和实践问责制时，人们一直对此存在着争议。我们认为，许多州的问责制度效率都低于它们可能达到的水平，因为它们的主要重点是确定和惩罚不合格的行为表现，而不是找出和补救这些问题的原因。

我们同意测量专家Gregory Cizek的观点，他认为如果高利害项目要被教育者、学生和家长广泛接受，就应该模仿医生在实践中使用的评估方法。医疗检测报告结果十分详细，它们往往是诊断性的。例如，血液样品的典型分析提供了超过20种要素（例如血糖、钠、钾、钙、蛋白质、HDL胆固醇、LDL胆固醇和甘油三酯）的信息。然后，针对异常的结果提出具体的治疗建议。患者不会被指控为"处于劣势的"，也不会以医师正常费用的两倍作为检测"不及格"的惩罚。

因此，教师对于高利害测验项目的合理看法是应该提供有关学生优、缺点的详细信息；这些结果应该作为额外教学的依据。此外，应提供教师专业发展培训班和研讨会，重点是教会教师帮助学生学习需要被评估的知识和技能。

你怎么看？

你是否同意在高利害测验中运用医疗模式？你将如何在你的学校中发扬这种测验观？

> **你掌握了吗?**
>
> 研究表明,利用标准化测验让学校和学区对学生的学业成就负责会产生一系列影响,其中包括:
>
> a. 对分数刚好低于标准水平的学生给予特别的关注
>
> b. 形成一套统一的标准
>
> c. 显著提高了学生在数学和阅读方面的知识水平
>
> d. 为学生增加了文化响应性的学习机会

15.3 标准化测验与技术

569

> **InTASC**　　标准3(m)　标准5(1)　标准7(k)　标准8(n)　标准8(o)

由于标准化测验非常盛行而且学校在测验项目上要花费大量资金,因而不足为奇的是,技术工具会被用于各种形式的评估中,如判断题、多项选择和填空题,以及替代性评价,如论文写作、辩论会、模拟实践和学生电子作品展览等。正如我们在本节中讨论的那样,技术可以用于测验的各个阶段,包括指导学生准备标准化测验、实施测验和为测验评分。

15.3.1 运用技术,让学生作好测验准备

对于在标准化测验中表现良好的学生,他们需要清楚地了解他们需要达成的标准以及用于评估这些标准的题目类型。为此,许多州为学生提供网络资源,帮助他们熟悉州评估标准并为此做准备。在州教育部的网站上,学生、教师和家长可以阅读或下载本州的内容标准和成绩标准以及将在测验中出现的各种类型题目的解答样例;有时,学生可以在网站上做一些模拟测验。例如,得克萨斯大学为该州的高中生提供在线辅导和练习测验,以帮助他们为毕业考试做准备(Carnevale, 2004)。在2006—2007学年期间,田纳西州的112所学校参加了本州的形成性评估试点项目,3至8年级的学生参加了与州标准相一致的在线形成性评估,以帮助教师监控哪些学生能够或者不能通过年底的州评估测验(田纳西州教育部,2006)。

有些州和学区也存在提供在线备考服务的私人营利性公司。例如,"普林斯顿教育

咨询中心"有一个包含13万个问题的试题库,学区可以使用这个题库创建符合他们州3—12年级标准的在线练习测验。一家名为"Smarthinking"的公司通过在线教师(称为"e-structors")和电子白板为学生提供辅导。学生可以实时与辅导教师对话,也可以提交问题和作业,并会在24小时内得到答复。另外,学生利用电子白板来展示他们对概念和技能的理解(如英语语法或数学问题解决),辅导教师也会进行评阅与纠正。

在TestGEAR的网站上,学生进行一个预测验,然后网站会在数学和语言艺术的各个方面为学生提供相应的个性化课程,并为教师提供学生测验的分析诊断报告。佛罗里达州奥兰多市的一所学校使用了TestGEAR服务,学校的教师相信它可以帮助学生在该州的高利害测验和佛罗里达综合评估测验上提高分数(Borja, 2003)。

15.3.2 运用技术来评估标准的达成情况

在未来几年,利用计算机实施标准化测验(称为计算机测验或CBT)可能会更加频繁地出现(照片15-5)。其中一个原因是美国国家教育进步评估(NAEP)正在朝着这个方向发展。包括模拟在内的2009年科学评估,以及2011年的写作评估,都是利用计算机完成的

A. Ramey/PhotoEdit

照片15-5 未来几年,越来越多的学生可能会在计算机上参加高利害测验和其他标准化测验。

（参见，Schneider, 2006）。另一个可能推动学校向CBT方向发展的因素是，在计算机或纸上进行相同测试的学生会获得相同的分数。这可以消除人们关于电脑熟悉度和电脑焦虑等因素会影响学生学习成绩的担忧（Wang, Jiao, Young, Brooks & Olson, 2008）。

尽管如此，你仍然应该意识到CBT的优点和缺点。从积极的一面来看：

- 测验结束后，你可以随时获得测验分数和详细的报告，并为学生提供及时的反馈（Chaney & Gilman, 2005; Olson, 2002; Russo; 2002）。
- 通过创建与参加测验学生的数量相同的测验项目随机序列，CBT减少了作弊的机会（Chaney & Gilman, 2005）。
- 更易于使用新颖的题目来评估某些技能。例如，计算机屏幕可以在元素周期表中的五个单元格中显示问号，并显示该表格上方的那些单元格中的五个元素。学生可以将每个元素拖到正确的位置（Zenisky & Sireci, 2002）。

消极的一面：

- 购买和维护足够的计算机以测验大批学生是昂贵的。例如，印第安纳州的一所高中为了对所有的学生进行测验，不得不关闭四个电脑实验室一个月。
- 学校需要有针对计算机故障或断电造成的测验中断现象的解决方案（Olson, 2003）。

15.3.3　运用技术来促进标准的达成

由于是否达成NCLB的AYP要求涉及高利害关系，你可以预想到学区会尽其所能来提高学生的测验成绩，包括运用技术来达到标准。一个典型的例子是马萨诸塞州的一所高中利用基于计算机的教学来提高那些有可能在州标准化测验，即马萨诸塞州综合评估系统（MCAS）中失败的学生的数学成绩。八年级MCAS分数过低的高中生，需要每天参加45分钟的CBI课程，其内容与MCAS的数学评估标准相一致。学区采用的方案是基于我们在前一章中描述的掌握方法。学生们按照自己的步调独立学习，学习相对较短的材料。在进入下一个模块之前，学生在模块终期测验中至少必须取得80%的正确率。这对他们的十年级数学MCAS分数的影响是相当明显的。虽然不需要参加CBI课程学生的平均评分（一种标准化评分）仍然高于参加CBI课程学生的平均评分（分别为245分和236分），但在八年级时，CBI学生（被认为处于危险中）的分数显著低于非CBI学生（分别为215分和234分）。因此CBI学生在八年级到十年级之间的取得的进步，要高于非CBI学生，因为在八年级时，这两组学生的差距是19分（Hannafin & Foshay; 2008）。

15.3.4　计算机适应性测验

技术也影响了测验的组合和施测方式。**计算机适应性测验**（computer adaptive testing, CAT）可以让学生按照自己能力水平进行测验，而不是让每个学生都按照相同的顺序来完成测验项目。当学生以CAT格式开始测验时，计算机会选择一个符合他或她估计能力的题目。如果学生回答正确，电脑会选择接下来呈现一个稍微困难的题目。如果回答不正确，则会呈现更简单的题目。在每次正确或不正确的回答后，计算机会估计学生的能力。当计算机确定它达到了学生的知识限度时，测验就会结束（Olson, 2005; Wilson, 2005; Yeh, 2006）。

CAT的主要优点是，测验的长度与每个考生相适应，能够提供成绩进步情况的即时性反馈，以及关于学生的优势和不足的信息，这可以帮助教师更好地开展他们的教学工作（Olson, 2005）。其主要缺点是，增加了那些不熟悉或不习惯在计算机上进行测试的人的考试焦虑和困惑；另外，由于开发和实施这样一个系统的成本很高，因此测验费用也很高[1]（Latu & Chapman, 2002）。

有一个有趣的转折点，有几个打算运用CAT来满足NCLB要求的州不得不修改课程。原因在于NCLB要求学生只能按照他们的年级水平进行评估。如果计算机适应性测验包含比正常水平更容易或更难的测验，则被认为是"不合格"的测试，并且不被允许（Trotter, 2003）。但是有一个州认为已经解决了这个问题。爱达荷州标准成就测验是一个包含CAT的适应性功能的州评估测验，同时也满足NCLB的要求。它首先向学生提供年级测验项目，然后进入测验的适应性部分（Olson, 2005）。其他州的学区，如南达科他州、肯塔基州和加利福尼亚州，正在使用CAT来满足其他问责目标或促进形成性评估的使用（Stokes, 2005; Trotter, 2003; Wilson, 2005；另见第14章关于形成性评估的讨论）。

在下一节中，我们提供了一些教学建议，以帮助你和你的学生适当地使用标准化测验，并解释其分数。

1　计算机适应性测验：用计算机来决定测验项目的顺序和难度水平。

教学建议 运用标准化测验

InTASC 标准6（p）

1. 在进行标准化测验前，强调学生应尽力而为。

为了尽量发挥标准化测验的作用，标准化测验的分数应尽可能精确地反映学生的实际能力。因此，在规标准化测验的前一天，告诉学生他们应该尽力而为。要向学生强调分数将被用来帮助他们提高在学校的表现，并将为你提供关于你的教学质量的有价值的反馈。如果你正在考虑忽略这个建议，那是因为你不相信学生在标准化测验中的得分会有明显提高，你或许应该重新思考一下。研究已经表明，对学习和测验持积极态度的学生，在考试中的得分会高于态度不积极或对考试感到厌恶的学生（Brown & Walberg, 1993，2003）。

572

2. 在进行标准化测验前，为学生提供参加这类测验的具体建议。

通过提前给出一些有关测验的提示，你或许可以在一定程度上减少学生在正式测试条件下的焦虑和紧张，尽管这些焦虑和紧张几乎是不可避免的。Robert Linn 和 M.David Miller（2005）注意到以下提示可能会发挥一定的作用（取决于考试的类型和学生的年级）：

1. 仔细聆听或阅读测验要求。
2. 仔细聆听或阅读测验题目。
3. 制定可以在规定时间内完成测验的步速。
4. 暂时跳过困难的题目，然后再回过头来解决。
5. 尽量猜测可能的答案，而不是直接略过。
6. 对于多项选择题，在猜测之前尽可能多地排除一些选项。
7. 涂答题卡时要小心涂画（例如，确保涂满整个选项方格）。
8. 检查题目号码和对应的答案号码是否匹配。
9. 检查以确认答题纸上的答案是正确的。
10. 如果时间允许，整体检查一遍你的答案。（pp.450-451）

3. 提前检查测验卷和答题纸，以便熟悉测验。

理想情况下，你可以自己查找前几年的测验卷或公开可用的模拟测验，以便完全熟悉你的学生将要做什么。如果有任何填写方式上的问题，或者如果测验中包含不熟悉的术语，那么在演示答题技巧或者分发测验卷和答题纸时，你可以对此进行相关的讲解。研究已经发现，关于测验词汇和术语的相关知识对学生在高利害测验中的表现有显著影响（Gulek, 2003）。

4. 解释分数时要小心，要始终假定学生是无辜的。

你在测验结束几周后收到的相关文件或报告，将包含对你和你的学生有潜在益处的信息。但是，如果误用或曲解了这些信息，可能会带来消极的后果。对分数的误解会导致父母的投诉。因此，当你审查分数时，关注可以将这些结果积极地利用起来的方法。

例如，如果一个学生的考试成绩比你预期的要低，你要去分析其不足的地方，但是要提防这种想法——"呃，我估计我上他当了。他并不像我所认为的那样聪明。也许我最好在下一张成绩单上把他的成绩降低一点。"学生考不好的原因有很多（如焦虑、疲劳、疾病、担心家庭或学校的一些人际情况），成绩可能并不是对当前能力的准确反映。因而，每当考试成绩与观察到的课堂表现之间存在差异时，我们应假定更好的那一个是学生一般能力的表现。我们应以建设性的方式来利用低于平均分的成绩指标，来帮助学生克服不足之处。

5. 尽你所能控制负面期望的影响。

当你在认真分析学生的测验成绩时，尽最大努力去抵制对学生进行划等或分类的冲动，特别是对那些一贯得低分的学生。不要想当然地认为这样的学生没有学习能力，或许你会发现他们需要额外的鼓励和个性化的关注。要利用测验信息来帮助他们克服学习困难，而不是忽略他们的问题。

6. 准备好向家长提供关于孩子考试成绩的清晰、准确的信息。

出于各种原因，人们往往对标准化测验的性质存在误解。结果，很多家长并不完全了解孩子的分数意味着什么。家长—教师会议可能是纠正其错误观念的最佳时机，此时也可以向家长提供关于标准化测验成绩的基本信息。当你与每位家长交谈时，你可以将观点列表放在桌面上一个不显眼的地方。无论如何，你应该提到测试分数应被视为对所测量的东西（例如成就）的估计。以这种方式解释测验成绩有两个理由：

- 测验不会（实际上不能）评估学生掌握的所有知识或者所有的特定能力。例如，标准化成就测验往往涉及相对广泛的知识范围，但不能深入评估任何一个主题的掌握情况。因此，学生所知道的可能比他们成绩所反映的更多。

- 受措辞含糊的题目、模糊不清的答题说明以及在测验当天的低动机等因素的影响，所有测验都会存在一定程度的错误和偏差。

请记住，学生的测验成绩反映了在考试时间内对考试内容的掌握程度。一个学生的优势和不足，可能无法通过一个特定的测验来测量，而且由于兴趣、动机和认知技能等特征是变化，因而测验成绩也会发生变化，有时这种变化会非常大。学生年龄越小，考试间隔时间越长（在同一个考试中），考试成绩发生显著变化的可能性就越大。

测验分数的含义取决于测验的性质。如果你的学生参加了智力测验或者学术能力测验，那么这样的测验可以测量那些与学业成功密切相关的认知技能。另外，一个人的IQ分数低于、高于或处于平均水平，是根据他们与常模群体的得分进行比较而得出的。

如果你正在讨论成就测验的分数，请确保你了解诊断性测验、常模参照测验和标准参照测验之间的差异：

- 诊断性成就测验的分数可以用来衡量一个学生在阅读、拼写和数学等技能上的优势和不足。
- 常模参照成就测验的分数可以用来衡量学生在一个或多个内容领域的总体优势和不足。对于有多个常模的成就测验，从最基本的层面（理想情况下，从学校常模开始）开始你的解释，因为它们可能对父母来说最有意义，然后再转向更广泛的解释（学区、州或国家常模）。
- 标准参照成就测验的分数可以用来衡量学生对测验目标的掌握程度。如果测验目标与教师本身的目标之间存在密切的对应关系，测验分数可以用来作为揭示学生在课堂中学习到的内容的指标。

574

你在课堂上做出的教学决策，可以参考测验分数，但不是由它来决定。许多家长担心，如果他们的孩子在测验中得分低，她会被教师贴上学习迟缓的标签，并且比得分较高的学生受到更少关注。有两种方法来缓解这种担忧。首先，指出测验成绩只是了解学生情况的一个信息来源。你也会考虑他们在课堂测验、家庭作业、特殊项目以及课堂讨论中的表现。其次，强调你使用测验成绩不是为了对学生进行分类，而是为了帮助他们学习。

挑战假设 **正确的测验？**

"因此，所有这些对于测验的抱怨，是关于测验本身还是关于如何使用测验？"塞莱斯特问道。

"我在学校中听到过一些抱怨，"安东尼奥说，"要确保孩子们在测验中表现良好，从而整个学校才会被视为表现良好，教师们对此感到有很大的压力。但我认为我们（我指的是教师和管理人员，甚至是教育学教授）需要清楚地说明，标准化测验告诉我们的是，根据技能、知识、能力的通用评价标准，学生、学校与学区之间相比较的情况如何。而且，记住这些测验并不完美是非常重要的。测量是有误差的，即使是可靠的测验。"

"看起来我们确实处于一种测验的文化中。"唐说，"这意味着我们必须清楚需要做出什么样的决策，然后使用正确的信息来做出决策。"

"我认为就是这样，"塞莱斯特说，"在我看来，开发测验的技术专家试图确保测验尽可能可靠且有效。"

"但我们不得不担心其效度。一个测验可以显示一个学生在教学目标和标准方面取得了什么成果，但这并不意味着这些测验可以衡量学生的一切或者应该学习的一切。我希望我的学生学会自信、坚持和有责任心。"

康妮说："因此，即使它们可能有关系，你们似乎也都在怀疑'学生成就'是'学生学习'的代名词这一说法。这对我来说是一个相当不错的考验。"

你掌握了吗？

运用技术来实施标准化测验的一个好方法是计算机适应性测验（CAT）。下列哪一项最能反映CAT给教学带来的好处？

a. 它可以提供一个标准化测验库

b. 它可以及时地收集评估信息

c. 它可以自动化地创建标准九分数和百分等级

d. 它可以提供形成性评估

小结

15.1 **定义"标准化测验";解释为什么信度、效度以及常模对于一个测验非常重要;列出四种类型的测验得分;指出标准参照测验和常模参照测验的不同。**

- 标准化测验是由经过编制测验专业训练的人员设计的;所有人都在相同的条件下进行测验;评分标准一致;参照常模或一套预定的标准对其结果进行解释。

- 实施标准化测验的目的是获取一个人某些特征的准确和具有代表性的样本,因为全面测量这个特征是不切实际的。

- 标准化测验通常用于识别学生的优势和不足,以便于告知家长学生的一般成就水平,设计相应的教学,或把学生安置在特殊的小组或项目中。

- 标准化测验最重要的特征之一是"信度":同一个人在两次测验排名间的相似性。

- 标准化测验的另一个重要特征是"效度"。一个有效的测验准确地测量了使用者想要测量的内容,并且让我们得出关于考生具备何种特征的适当推论。有助于准确推论的三类证据是内容效度证据、预测效度证据,以及构念效度证据。

- 标准化测验的第三个重要特征是"常模组"——一个经过专门筛选和测验的学生样本,以反映参与测验的学生的总体。常模组的成绩是分数比较的标准。

- 标准化成就测验测量了学生对特定学科的掌握程度。成就测验的主要类型有单科成就测验、综合成就测验、诊断性测验、胜任力测验和特定目的的测验。

- 诊断性测验用来诊断学生的基本学习技能方面的具体优势和不足。

- 胜任力测验测量高中生对阅读、写作和计算等基本技能的掌握程度。

- 能力测验用来评估在有效教学的帮助下,个人在特定领域获得额外知识和技能的倾向。

- 使用常模参照评分系统的测验将个人的分数与常模组的成绩进行比较。

- 使用标准参照评分系统的测验根据对目标的掌握程度来评分。

- 百分等级表示获得等于或低于一个人的得分的人数的百分比。

- Z分数是标准分数,表示原始分数距平均值以标准差为单位有多远。

- T分数是基于1到100尺度的标准分数,平均分为50分。

- 标准九分数表示一个人的表现位于正态分布九个区间中的哪一个。

- 人们对于标准化测验有一些误解,包括:(a)测验测量的是测验名称所暗含的内容;(b)具有相同标题的所有测验都是相同的;(c)测验分数准确地反映了人们的知识和能力;(d)两种测量同一事物的测验可以互换;(e)测验是通过将正确回答的题目数量相加来计分的;(f)不同测验中的正确率可以自动等同于相同的字母等级(例如80%的正确率等于B级);(g)多项选择题仅用于测量布鲁姆分类学中的最低知识水平;(h)只通过看一眼就可以判断一个题目是否良好,并作出主观判断。

15.2 解释为什么以及如何将标准化测验服务于教育问责目的,并分析研究结果对高利害测验的影响。

- 2001年国会通过《"不让一个孩子落后"法》(NCLB)时,联邦政府开始推行高利害测验。NCLB的目标是在2014年的州测验中,所有学生在英语、数学和阅读/语言艺术方面的成绩至少达到熟练水平。

- 标准化测验成绩被用来决定是否升入下一年级、高中毕业、获得州额外资助、为教师和管理者提供工作保障以及学校认证,因此被称为高利害测验。虽然每个州都有高利害测验,而且与学习标准有关,但是它对学生成绩的影响究竟如何,人们对此还知之甚少。

- NCLB有五个主要要求。首先,所有州都必须为数学、阅读/语言艺术和科学确立具有挑战性的内容标准和成就标准。其次,各州要对三到八年级的学生进行数学、阅读/语言艺术和科学方面的年度评估测验。使用的项目类型和测验长度由各州自行决定。第三,各州每年必须有一定比例的学生,包括少数民族学生、低收入家庭的学生、英语学习者和特殊教育的学生,达到熟练水平或更高水平。这一要求被称为年度进步或AYP。第四,州和学区必须发布年度报告,描述学生在年度评估中的表现。第五,各州必须建立问责制,规定对达到和未达到AYP要求的学校进行奖惩。

- 高利害测验的支持者认为,这种测验将产生一些有利的影响:目标将更加清晰,管理质量会提高,教师会改进教学技能和方法,学生的学习动机会增强。

- 高利害测验的批评者认为,这种测验将产生损害性的影响,因为存在结构性的局限(如,挑战性标准与100%熟练程度之间的固有矛盾,以及狭隘、有限和浅显的评估)、测验结果的误解/误用、激励方法的局限性(本质上是行为主义的方式)、刻板的标准,以及不想要的副作用(如测验准备的时间过长和对不参加测验的学科的教学时间减少)。

- 《"力争上游"计划》是另一项旨在促进教育改善的联邦计划。在这个项目中,通过比较基于学生过往成绩来预测的分数与学生的实际得分,来衡量学生的进步。高于预期的实际分数被归因于高质量的教学。这种测量被称为增值评价模型,它引发了众多教育研究者的批评。

- NCLB留给各州的问题是应该测量什么。为了解决各州标准不一的问题,实施了州共同核心标准倡议案,以创建统一的国家标准。就像NCLB和《"力争上游"计划》一样,"共同核心标准"也受到教育研究界的诸多批评。

- 有关高利害测验影响的研究,发现了少量不太显著的积极影响和诸多负面影响。

15.3 描述标准化测验项目中使用的技术,尝试评论你觉得这样的开发是有益的还是有害的。

- 技术可以帮助学生准备标准化测验,促进测验的施测和评分。

进一步学习的资源

- 技术和专业方面的测验

要想了解更多的有关标准化测验以及如何正确使用标准化测验的信息,可以参考以下几本书: Robert M.Thorndike 和 Tracy Thorndike-Christ 编著的《心理与教育测量和评价》(*Measurement and Evaluation in Psychology and Education*)(8th ed., 2010); M.David Miller, Robert Linn 和 Norman Gronlund 编著的《测量和教学评估》(*Measurement and Assessment in Teaching*)(11th ed., 2013); Phillip Harris, Bruce Smith 和 Joan Harris 编著的《标准化测验的神话:为什么它们不告诉你它们做了什么》(*The Myths of Stan-dardized Tests: Why They Don't Tell You What You Think They Do*)(2011)。

- 关于标准化测验的评价的参考文献

要想获得评价标准化测验所必需的信息,请查阅 Robert A. Spies、Janet F. Carlson 和 Kurt F. Geisinger 编著的《心理测量年鉴第十八卷》(2010)。如果你需要了解关于某一特定测验的信息,你可能需要查阅早期版本的《心理测量年鉴》,因为在每个版本中都有大量的测验。

美国心理学会在其网站上发布了一个关于公平测验的实施准则。

全国公平与公开测验中心（一般称为公平测验）是一个倡议组织，其目标是开发公平、开放、教育上可靠的标准化测验。通过链接"K-12 Testing"，你可以查询有关标准化测验、NCLB和问责制的其他信息和出版物。

- **NCLB和高利害测验**

  如果你想更多地了解关于使用标准化测验进行教育改革和问责的历史，我们建议你去阅读Edward Haertel和Joan Herman在《全国教育研究学会年鉴》（2005）中所撰写的"问责性测验数据的使用和滥用"一章。关于当前测验中的问题的分析，如基于标准的改革、NCLB和高利害测验，可以在以下著作中找到：Sandra Mathison和E. Wayne Ross主编的《基于标准的改革和评估：本质和局限》（*The Nature and Limits of Standards-Based Reform and Assessment*）（2008）；Nel Noddings编著的《当学校改革走向错误》（*When School Reform Goes Wrong*）（2007）；William Hayes编著的《不让一个孩子掉队：过去、现在和将来》（*No Child Left Behind: Past, Present, and Future*）（2008）；Linda Valli、Robert Croninger、Marilyn Chambliss、Anna Graeber和Daria Buese编著的《测验驱动：小学中的高利害问责制》（*Test Driven: High-Stakes Accountability in Elementary Schools*）（2008）；Michael Rebell和Jessica Wolf编著的《处于十字路口的NCLB：重新审视联邦对缩小成就差距的努力》（*NCLB at the Crossroads: Reexamining the Federal Effort to Close the Achievement Gap*）（2009）。

- **计算机测验**

  在Cynthia Parshall、Judith Spray、John Kaloh、Tim Davey编著的《计算机测验应用中的问题》（*Practical Considerations in Computer-Based Testing*）（2002）一书中，可以找到与计算机测验相关的一些问题的讨论。

第16章 从教学中学习

Fuse/Getty Images

本章涉及的InTASC标准　学习目标

3. 学习环境

5. 知识应用

7. 教学计划

8. 教学策略

9. 专业学习与道德

10. 领导与协作

学完本章内容后,你将能……

16.1　解释如何利用特定的工具,来收集来自学生、同事和你自身的关于你的教学有效性的信息,以提升你的探究技能。

16.2　描述如何使用数字档案袋等技术工具来提升你的探究技能。

579　　是什么成就了一名伟大的教师？每个有抱负并渴求提高自己专业水平的在职教师，都会提这个问题。Amanda Ripley（2009）在《亚特兰月刊》中的报道就是以此为题。她的报道是这样展开的：

2008年8月25日，两个五年级的非洲裔美国小男孩进入华盛顿特区东南区的公立小学上学。在上个春季的数学测试中，两个小男孩的成绩都低于年级平均水平。其中一个小男孩进入了金伯尔小学学习，他爬楼梯来上威廉泰勒先生的数学课。这是一间整齐的粉蓝色教室，里面的钟表和大多数的插座都是无法使用的。另外一个小孩上数学课的教室和前者类似，并且距离上课的普卢默小学有一公里的距离。

在两所学校中，超过80%的小孩都是吃免费或打折的中饭。在晚上，所有的小孩回到各自家中。而他们所在的小区情况类似，有超过四分之一家庭的经济水平在贫困线以下，并且大约每周都会有凶杀案发生。在学年结束的时候，两个小男孩参加了华盛顿特区公立小学的统一标准化测验，尽管这一测验和他们所学的内容并非完美切合，但老实说，却是相对客观的考试（这个考试并不重要，也比较简单）。

上了一年泰勒先生的数学课后，第一个小男孩的成绩不断提升。一开始他的成绩低于年级平均线，一年之后他的成绩超过了平均线。泰勒先生班的数学成绩平均提高了13分，比那年华盛顿特区其他低收入学校以相同成绩入学的五年级学生，高了近10分。在上泰勒先生的数学课之前，班里只有40%的学生成绩在年级平均线之上，而一年之后，有90%的学生成绩在平均线之上。另外一个小男孩呢？一学年之后，他的数学成绩和之前一样，仍然低于平均值。实际上，普卢默小学五年级只有四分之一的学生数学成绩高于平均值——尽管一开始这里的学生的水平和泰勒先生班的一样。

这两个小男孩的故事，还有数以百万计的和他们一样的故事，体现了在过去十年的教育研究中最令人震惊的发现：在教育中，远比其他任何因素（如学校或课程）重要的是教师的作用。具体地说，如果泰勒班的学生继续这样学习，他们的成绩就和华盛顿特区西北区富裕的学生没有区别。如果故事中的两个小男孩继续跟着各自的教师学习三年，那他们的生活就会变得完全不一样。在高中之前，教师的好坏对学生有很大的影响。

教师尤为重要。从这两个学生的故事和我们自己的经历中，我们都知道这一点。尽可能地回想一下你还能记起的教师们。从某种意义上来说，他们中有多少是真正优秀的，有多少可以感知到学生的需求并建立起生动而吸引人的学习环境，且当你遇到困难时，可以运用技巧来帮助你学习？他们中有多少是尽管做了充足的工作，但大多数情况下仍让你对课程感到乏味或无关紧要？他们当中有多少是因为自己的低效能或者在对待你和同学们过于冷漠甚至残忍而使你害怕进入教室的？那些低效能或者经常惩罚学生的教师，他们中有多少对于自己的工作是不满意的？有多少差劲的教师平时是闷闷不乐的？

本章的最后一部分是关于假设的专题，这部分的描写结合了"揭示和挑战性假设"。末尾呈现了高级教师康妮给她年轻同事的一封信，这封信是基于一位未能从教学中学习的真实教师的案例。当你在读这封信时，试着回想一下你遇到的那些低效能的教师们，以及第2章中介绍的埃里克森的心理社会发展理论。信中的教师是一位不满足于现状、闷闷不乐并且没有创造力的教师。

教师尤为重要。而且最重要的是教师本身是不是一个好的学习者。就像Linda Darling-Hammond和她的同事（2006b）说的一样，学生需要的是"能从自己的教学中学习并且愿意为了更好的教学而学习的教师……"（p.11）。

教师的学习非常重要。这对于学生和教师本身来说都很重要。为了成为一名优秀的教师，你必须学会从教学中学习。本章将会据此为你提供一些建议。

16.1　通过提升探究技能来改进教学

580

> **InTASC**　　标准5（i）　标准7（1）　标准9（k）

研究教学过程的学者常常指出，高效能的教师知道如何整合多样化的教学要素（例如教学计划、课程设计、时间管理、课堂管理、教学方法、学生动机以及评估技术），并且会根据学生需求、材料和目的的不同来调整教学。他们强调，为了保持教学的持续有效性，需要在课堂中观察并分析自己做了什么。本质上，你需要进行形成性评估：观察并分析你自己的行为以提高学生的成就。Connie Moss和Susan Brookhart（2009）说到：

> 形成性评估对教师和教学具有转换效应。简单来说，它打开了开关，照亮了个体的教学决策，使得教师可以清楚地看到……他们本身的意图和真实行为所产生的影响之间的差异。（p.10）。

因此，反思不仅仅意味着坐在那思考教学和学习，它要更加主动。反思意味着在工作中保持探究的思维模式：运用技术来批判性地探究你作为一名教师的决策和行为。在接下来的部分,我们将会探讨这些技术。

当你在思考能够帮助你从教学中学习的方法时,你也应该想到全国专业教学标准委员会(National Board for Professional Teaching Standards, NBPTS)的五个核心命题。我们第一次接触到这些命题是在第1章。思考如何从教学中学习,也许会有助于你理解这些核心命题,它们构成了全国认证教师委员会(National Board Certified Teachers, NBCTs)所强调的知识、技能、倾向和信念的框架:

1. 教师致力于学生和学习。

2. 教师了解他们教授的学科,并且知道如何将这些学科的知识传授给学生。

3. 教师有责任管理和监控学生的学习。

4. 教师应该系统地思考他们的教学实践并从经验中学习。

5. 教师是学习共同体中的一员。

16.1.1　学生的评价和建议

在许多方面,学生比其他任何一个人都更适于评价教师。或许他们有时无法分析为什么教师的行为是有效或无效的(甚至一位经验丰富的专业观察员也很难做到这点),但比其他任何一个人都有利的是,他们知道自己是否有所学习和收获。此外,学生经过与教师数百或数千个小时的接触后,形成了他们自己对教师的印象。而大部分校长或其他成人观察者对教师的行为观测往往每次只有几分钟。因而关注并征询学生的意见是非常重要的。[参阅 Dan Chu (2013)在 Phi Delta Kappan 杂志上发表的文章 "Another Revolution Star in Boston"。他写这篇文章时,是波士顿拉丁学院毕业班的一名学生,并且是波士顿学生咨询委员会的一名成员。]

事实上,你根本不可能忽视学生的反应。在课堂上的每一时刻你都会接收到来自学生的各种形式的反馈信息,包括专注(或不专注)、面部表情、坐立不安、打哈欠、睡觉、破坏性行为等等。如果某一节课没有引起学生的积极反应,这就是在告诉你应该换一种更好的方式来讲述这些内容。如果你发现你花费了大量的时间来管教学生,那么你应该评估一下原因,并且去寻找其他教学方法。

除了非正式地分析学生每个时刻的反应外,你会发现寻求更正式的反馈信息也是很有帮助的。当完成一个单元的教学后,你可以对学生说:"我希望你们告诉我,这个单元的教学方法,哪些是你们喜欢的,哪些是你们不喜欢的。如果我明年再教一次的话,你们会给出哪些改进建议?"

一种更加全面而系统的方法是发放问卷或者评定表,并要求学生匿名填写。你可以使用已有的评定表或者自己来设计。不论哪一种，常用的格式就是给出一系列的陈述，然后要求学生在五点式计分中做出选择。有一些已有的评定表会使用特定的答题纸，从而可以使用电子设备来统计结果。然而很多等级评定表还存在一些弊端：

- 除非你可以和其他同事比较你的得分等级，否则这些反馈信息并非十分有价值。假设你在"让学习内容变得有趣"这一部分的总体得分是3.5，直到你发现其他教师在同一个年级或学科的平均得分是4.2，你才会认识到你需要在教学的这一方面多加努力。
- 公开出版的评定表可能没有多少帮助，除非所有其他的教师都使用相同的评定表。庆幸的是，在使用同一个标准尺度来获得关于教职工留任、任期和升职的决策证据的学区中，可以做到这一点。
- 很多评定表存在"从宽处理的问题"。学生倾向于在大多数特质评分中给大部分教师高于平均值的分数。尽管这种"从宽处理"也许可以安抚教师的自尊心，但是这些空泛的反馈，无法为提高教学效果提供有用的信息。

为了避免"从宽处理"问题，并引导学生给出更具信息量的反馈，人们常常使用迫选式的评定。Peter Taylor 和他的学生（Taylor & Fraser1998; Taylor, Fraser, & Fisher, 1997）开发了建构主义学习环境问卷（CLES）。这个问卷为采用建构主义教学方法的教师设计，用来评价学生对建构主义学习原理应用于课堂的感受。多年以来，CLES不仅被应用于多所学校和诸多课堂中，它也推动了进一步的研究和开发工作。最近的一项工作就是编制了建构主义定向的学习环境问卷（COLES）。COLES共有88个题目，分为11个量表，每个量表有8个题目（Aldridge, Fraser, Bell, & Dorman, 2013）。对每个量表的简述如下：

1. 学生凝聚力：学生相互了解、相互帮助和相互支持的程度。
2. 教师支持：教师帮助学生、友善对待学生、对学生感兴趣的程度。
3. 投入度：学生对课堂讨论的兴趣、关注和参与程度；提出问题以及分享观点的程度。
4. 个人相关性：学科内容与学生的日常校外经验的相关程度。
5. 任务定向：完成计划内任务的重要程度。
6. 合作：学生与其他同学合作完成指定学习任务的程度。
7. 公平性：教师公平对待学生的程度。
8. 差异性：教师基于学生自身的能力、学习速率和兴趣给予其指导与帮助的程度。

9. 形成性评估：学生认为评估在很大程度上促进了他们的学习。

10. 评估标准：评估标准清晰和透明，使得评价结果易于理解。

11. 年轻人气质：教师尊重学生并与学生共同承担责任的程度。

请从学生的角度思考一下，你可以从以上量表中学到什么，并请思考一下如何改善自己的教学。

16.1.2　同事评估和自我评估技术

582

课堂教学观察表

尽管学生可以为你提供相当多的信息，来帮助你改进教学，但是他们不可能完全指出你在教学中存在的方法问题，尤其是对那些年幼的学生来说。因此，你或许希望从同事那里得到关于你的教学方法的详细分析。一种最简单的课堂观察手段就是制作并使用检查表。图16-1*包含了一组六个相对简洁的检查表，这个检查表反映了本书之前论述过的很多主题。你可以采用这个检查表，或结合你的教学情境（例如你所教的年级和本州的学习标准）对其做出相应的修改后，帮助自己评价自身在多个重要的教学方面的有效性。

583

另一种有用的观察工具是由Donna Sobel、Sheryl Taylor和Ruth Anderson共同开发的"多样性回应教学观察工具"（Diversity-Responsive Teaching Observation Tool）。这是为科罗拉多州的一个具有多样性学生的学区制作的观察工具。该工具包括三个部分，主要聚焦于教师如何应对学生的多样化、呈现恰当的课堂教学和课堂管理行为。由于这个观察表很长，这里就不再呈现。如果你想让你的同事用这个工具来评估你的教学，我们建议你自行查阅介绍这一工具的文章。

课的研究

> InTASC　　　　标准7（m）　标准10（n）

Catherine Lewis、Rebecca Perry和Shelley Friedkin（2009）认为，"课的研究是一个用来建立并分享实践知识的系统，它使得教师在研究、设计、教授和探讨一节课时，可以从同事身上学到东西"（p.142）。课的研究是研究小组所实施的探究循环中的焦点，小组通常由3

―――――――

* 由于版权问题，中文版不能翻译原书图16-1。——编辑注至8名教师组成。小组的理念是研究的关键；图片16-2呈现了一个循环，这是由一个"教师—研究者"小组而非一名教师完成的。

课的研究循环始于研究阶段（study phase）。研究小组研究课程并制定学习目标。此时，小组考虑的是学生的长期学习目标和能够应用于当前学习内容的专业标准。另外，小组会选择一个研究主题，这是备课时关注的重点。

循环的设计阶段（planning phase）包括选择或者修订课时计划，该课时计划旨在完成在研究阶段提出的具体教学目标。在某些情形下，需要制订一个全新的课时计划。在设计阶段产生的课时计划，包括预期的学生的思维方式、学生学习数据的收集（为了形成性的目的）方法，以及作为课的构成成分的活动和评估的设计理念。

在教学阶段（teaching phase），研究小组中的一名成员进行授课（叫做"研究课"），研究小组中的其他成员观察此课并收集数据。

反思阶段（reflection phase）仍然需要小组协作。参与过课程观察的教师分享他们收集的数据，并将焦点尽量集中在学生学习和教师如何影响他们的学习上。这些数据的潜在意义也需要进一步挖掘。比如对内容覆盖面、学生投入度、课程和单元设计等更广泛的问题，也要进行分析。

Joanne Lieberman（2009）指出，课的研究可以改变阻碍了很多美国教师向他人学习的"个人主义规范"。在对采用课的研究方式的一个数学系所进行的案例研究中，她发现教师变得更愿意接受研究课中的不确定因素，因为他们想知道发生了什么。"教师—研究者"规范已经演变成为更直接地关注学生的学习，并且让教师愿意设计可以被测试、改进、再测试的新的教学方法。

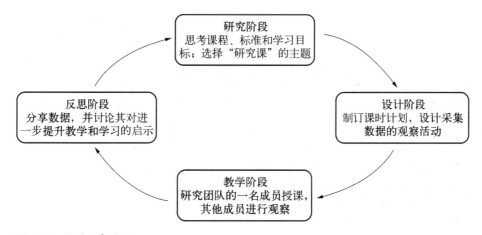

图16-2　课的研究循环

来源：源自Lewis, Perry, & Friedkin（2009）和Mark, Gorman, & Nikula（2009）。

课的研究在日本有很长的历史，而美国教师最近才开始受到课的研究的影响，并尝试从教学中进行学习（Lewis, 2009; Lewis 等, 2009; Margolis & Doring, 2012; Mark, Gorman, & Nikula, 2009）。课的研究是一种非常值得推广的实践举措，尤其是考虑到全国专业教学标准委员会（National Board for Professional Teaching Standards）已提出要进行教学改革。

课的自我记录

如果你无法与同事或团队进行合作，你可以通过课的自我记录来检测你的教学。随着记录音频、视频的便携数字设备的出现，记录音频与影像变得越来越方便。一旦你已经决定记录你的教学以备研究，你第一步要做的就是确定你想要记录哪些课或者课的哪些部分，记录多久，在一周的哪一天记录。你的目标应该是在你的教学情境下创建一个典型的样本。然后，你应该告知你的学生，你想要在未来几周记录一个课的样本，以研究并改善你的教学方法，你保证除你以外的任何人，都不会听到或看到这个录像带，以此来保护他们的隐私。

有一位高一的教师分析了她自己的一个课程录音并做出了一些决定。她决定：在等待学生回答高难度问题时，给他们更长的思考时间；给学生更多提问的机会；给学生更多的反馈；学会使用明确的称赞；回顾并把先前的概念整合到新课中；不再说"好的"和"可以"。由于受到这些发现的启发，她坚持记录并分析她的课，并在年底获得了"最佳新教师"的荣誉称号（Freiberg, 2002）。

照片16-1　向学生和同事征集有关个人教学方法有效性的评价，并反思这些评价，是成长为一名好教师的极佳途径。

有指导的反思

分析课的自我记录、甚至是一组"日记"或者其他有关课程的评论,都是进行课程反思并从教学中学习的有效方法。有一种分析技术叫做有指导的反思(McEntee等,2003)。当你确定好想要分析的教学片段后,试着尽量诚实地回答以下四个问题:

1. 发生了什么? 这一步骤的主要要求是尽可能全面地描述事件。例如,事件何时、在哪里发生,涉及哪些人,事件发生前、发生时和发生后出现的现象。此时不需要分析和解释。

2. 为什么会发生? 如果你在回答第一个问题时,已经提供了足够的背景信息,你应该可以判定导致事件发生的原因。

3. 这可能意味着什么? 请注意这个问题中的条件性措辞。使用词语"可能"来替代"是的",旨在帮助你意识到对一个事件的含义,通常会有许多可能的解释。例如,一位教师在训斥某个班级没有按时完成作业时,这可能意味着,他/她需要澄清自己的要求;她/他没有留给学生充足的时间完成作业;学生有效利用时间的能力不足;或者是自己应对管理压力(如是否为了迎接即将到来的高利害测验而抓紧赶教学进度)的能力不足。

4. 对我的实践有什么启示? 根据你对以上三个问题的回答,思考一下如果再处于相似的情境中,会有何不同的表现。

创建反思日志

Seymour Sarason(1993, 2005; Glazek & Sarason, 2006)写过大量的关于学校教育和学校改革的论著。他指出了在教学实践中看似显而易见却经常被忽视的问题:每一位教师都应该同时是教学内容方面的专家和教授学生如何在课堂中学习的专家。教师的目标和困难就在于要弄清如何让学生理解、记住并应用所呈现的教学内容。为了达到这个目标,你必须时常准备、观察并反思你的教学实践,看看它是否和理论、研究保持紧密的联系,并达到了你所期望的效果(Health, 2002; Schwind, Cameron, Franks, Graham, & Robinson, 2012)。

反思日志可以服务于两个基本目的:(1)作为存储教学观念和教学技术的知识库,这些观念和技术可以来源于你自己的经历,也可以来自其他方面;(2)记录你在教学中的观察和反思(Lyons & Kubler LaBoskey, 2002)。你可以选择这两个目的中的一个,也可以在我们即将要介绍的反思循环中将这两者结合起来。当你阅读这部分内容时,请参考图16-3,它呈现了一个反思日志的示例。

日志主题：　　　　教授理解策略的方法
来源：　　　　　　"信息加工理论"

教 学 观 点

注意：这里列出的所有观点都应与本页中的特定主题/教学目标有关。

- 常规性的教学建议——其观点、原理、活动和案例来自教材，以及那些与你自己的教学情境最切合的教学建议。
- 从过去的学生经历中想到的观点。
- 相关专业的同事提供的观点。
- 从学生教学经历中收集的观点。
- 从方法论教材中收集的观点。

反思：问题和对"重启"教学的建议

反思性问题（专心观察我的教学和学生的学习）：

　　　我的学生在理解阅读材料或我在课堂中呈现的内容时有困难吗？

　　　（在这里记录你对教学和学生对这个课题的学习情况的观察、分析和反思。如果有必要的话，你可以"推动"或者重新调整你的教学。下面是一个可选的做法。）

建议：安排一系列关于如何学习的讨论会。解释这些理解策略的用途，让学生在进行阅读训练时练习这些策略。给出纠正性的反馈。

586　　　图16-3　反思日志的示例

在每个标题下，你可以将一页纸分成两个或多个部分。正如图16-3的上半部分所示，第一部分应呈现的是你自己的教学观念。这些教学观念根据你想要教授的年级和课程来设计，可以来源于本书各章的"教学建议"部分，也可以来自个人经验和其他方面。

为了促进理解，让我们一起思考"教授理解策略的方法"：

- 回忆你以前的教师所运用的教学技巧。例如，你五年级的教师有没有通过建立新旧知识之间的联系来帮助你理解新知识？描述这一技巧有助于你在以后的教学中运用它。你的高中教师是否运用过呈现一系列概念的相同与不同之处的巧妙方法？解释他/她是如何做的？

- 当穷尽你自己的回忆后，询问你的室友或同学是否还记得他们的教师曾经运用过某些有效的方法来帮助他们理解。

- 分析本书中呈现的示例。哪一个最适合你现在所教授的年级和学科？把它们简单记录下来。你可以想到哪些其他的相关建议？在你忘记之前写下来。

- 记录你在方法课或者教学实践经历中学到的观点。如果你在方法课上看到关于教师如何帮助学生理解一个特定知识点的视频，记录在你的日志中。如果资深教师运用了一个有效的技巧来解释高难度问题，请记录下来。 **587**

如果你遵循了这里的部分或全部建议，你将会生成一个丰富的教学观念资源库。当你发现你的学生由于缺乏理解力而感到疑惑和焦虑，并考虑自己做些什么来帮助他们时，你可以在资源库中寻找相应的策略。

当你养成了记录日志的习惯后，即使你第一次接手一个班级，你也会感到很轻松。但是由于课堂教学是非常复杂的，那些理论上看起来很有效的教学或方法，或许并不能达成预想的效果。此时你需要反思和分析你的教学，并思考如何进行改善。在每页日志的下半部分（或者另起一页），以疑问的形式来记录下问题的性质。然后试图找出问题的原因，并至少找到一种可能的解决策略。你可以用这一策略重新教学，或者上新课。例如，如果你在教学中采用了促进理解的教学技术，但仍有一部分学生存在理解困难，那么你可以再次阅读第8章中的信息加工理论以及其他与信息加工相关的文章或书籍，并进行系统性的教学，教授学生如何应用各种促进理解的学习策略。

结合日志运用档案袋

初中教师Linda Van Wagenen同时使用个人档案袋和反思日志来分析和提高她的教学质量（Van Wagenen & Hibbard, 1998）。她编制了一个档案，用来记录她达成特定教学目标所付出的努力，并据此来分析她的教学效能。她发现，她的前两次努力并不令人满意，因为它们大多是描述性的，且主要描述的是她做了什么，而忽略了她的这些努力对学生的影响（自我评估）、她对于自己教学质量的思考（自我评价）和她下一步的计划（自我调节）。她的第三次尝试集中于激励学生去提高说明文和议论文的写作水平。她设定了一系列的步骤，来帮助自己理解问题和帮助学生改善写作。她将成功和失败的证据都纳入了档案袋。另外，她也使用反思日志，因为她认为反思日志可以帮助她寻找解决问题的策略，并督促她进行自我评价和自我调节。第三次尝试的结果比前两次要好很多。除了记录"我做了什么"，她也记录了"我学习到了什么"、"我接下来要做什么"。重要的是，她进入了"有目的的反思过程"（Lyons & Kubler LaBoskey, 2002, p.2），讲出了关于她的教学和学生的学习的故事。叙事性的解释（例如，讲述你自己教学的故事）已经被证明是一种有效的提高专业水平的自我学习方式（Anderson-Patton & Bass, 2002; Schwind等，2012）。

588

照片16-2　研究表明，用日志记录个人的教学活动和成果有助于教师提高教学效率，因为个人日志可以督促教师关注他们做了什么、为什么要这么做以及通常会带来的结果。

　　当你思考自己的档案应该包含什么内容时，可以参考如下一个列表（Drake & McBride, 2000; Johnson, Mims-Cox, & Doyle-Nichols, 2010）：

1. 封面页

2. 目录表

3. 你的教育哲学，可以包含你选择教师这个职业的理由

4. 个人简历

5. 教学目标

6. 教案（课时计划）的示例，关键是要体现课程标准

7. 学习活动的示例（尤其是那些包含创造性观点的活动）

8. 学生的学习成果的样本

9. 照片和录像带

10. 推荐信

11. 教学评价

12. 大学学习成果的样本

13. 一份自传

14. 关于作为个人和教师，教学（或者教学实习）给你的成长带来了哪些积极影响的反思

15. 官方文件（成绩单、教师资格证、测验分数）

16.1.3　如何使教学反思更有效？

这个问题的答案，很大程度上依赖于所进行的探究：探究的问题、收集的数据、数据的分析和解释，以及如何对学习进行反思。例如，有很多关于反思有利于改善教学质量的积极轶事。而另一方面，研究则发现，反思行为对随后的教学行为产生的影响微乎其微（Cornford, 2002; Creemers, Kyriakides, & Antoniou, 2003）。

589

然而，Ian Cornford（2002）认为，这些消极的结果很大程度上是由于研究设计存在缺陷。另外，大多数关于教师效能的研究，并没有根据特定的教学环境，例如主题和学生的年龄，而采用相应的评估方法（Campbell, Kyriakides, Muijs, & Robinson, 2004）。此外，也有一些询问方式的问题。例如，研究者可以询问教师是否进行过正式的反思，然后探究那些报告进行了反思的教师和报告没有进行反思的教师在行为表现上是否有差异。或者，研究者可以观察使用反思日志和没有使用的教师有何差别。但是，如果询问反思是否产生了影响，这可能就是一个错误的问题。毕竟，大多数教师只是在某些时候才会反思他们的教学。或许更为重要的问题是：他们反思什么？他们如何以及为何进行反思？他们的目的和意图是什么？其中最关键的问题或许是：他们进行探究是为了从教学中学习吗？

最近，反思技术的研究已经被置于一个更广阔的背景下，即教师学习是为了改善学生的学习。例如，我们曾在第14章和本章前面提到过 Connie Moss 和 Susan Brookhart（2009）的研究，他们从形成性评价的视角来观察教师的学习。他们尤其支持课堂中的文化转型，即教学过程由以教师为主导的教学，转向学生与教师的"有目的的合作探究"的过程。另外一个反思实践的案例是 Arnetha Ball 的生成性变革模型（2009），该模型关注教师探究（或者从教学中学习）和学生学习之间的重要联系。在 Ball 看来：

> 我用"生成性"这个术语，指的是教师不断提升自身的理解的能力，这种能力是通过将个人和专业知识与从学生那获得的知识联系起来，进而产生有助于解决教学问题和满足学生教育需求的相关知识而发展起来的。

借助一份对于美国和南非语文教师长达十年的研究数据，Ball 的研究发现，对教学实践和教学信念的批判性分析——将理论与研究相结合并关注学生需求和学生进步——是反思的有效方式。在她的研究中，教师经历了几个专业发展阶段：首先是产生一种个人觉醒感。这是"通过对个人经验的叙事反思来实现的。叙事反思增强了教师关于读写能力在自身和他人生活中的关键作用的元认知意识"(p.67)。随后,教师会产生一种主人翁意识——他们是学生的代理人——这使得他们成为学生的更为有效的代言人。这个研究中的教师最后会形成很高的自我效能感:他们相信自己可以帮助拥有不同文化背景、不同语言的学生在课堂中取得成功。教师获得了分享他们所学到的东西的"发言权",并成为一名可以解决课堂问题的生成性思考者。当教师变得更具生成性时,他们逐渐改变了学习发生的方式,学生也改变了自己的学习方式。

因为教师从教学获得了学习,所以他们更加热衷于成为生成性变革的主人翁。他们的反思是有目的,并受探究精神的驱使。他们不会在实践中停滞,不会陷入乏味的生活而找不到出路;他们不会把自己看成失去乐趣的人,不会像埃里克森所描述的,陷入了停滞状态。

590

你掌握了吗?

下面哪一项是对学生评估、同事和自我评估、课的研究、课的自我记录和一系列反思技术的最佳概括?

a. 反思日志是教师提升教学水平的最重要的工具。

b. 研究表明,课的研究可以为改善教学提供最为可靠的数据。

c. 为了促进学生的学习,探究必须推动着数据的收集、分析和反思性的解释。

d. 获得发言权对教师来说是必要的,但对于想要有所提高的教师来说是不够的。

16.2 运用技术进行反思性探究

InTASC	标准3(m)　标准5(l)　标准7(k)　标准7(m)　标准8(n)　标准8(o)　标准10(o)

在本书前文中,我们已经介绍了如何使用技术工具来帮助你的学生成为更高效的学习者。现在该讨论你如何运用技术进行反思,以帮助自己从教学中获得学习了。

16.2.1 服务于专业发展的门户网站

InTASC	标准7(m)

Albert Shanker研究所在2002报道了一位名叫Richard Elmore的教师。这位教师抱怨自己的学校不断加强考核制和问责制,并且不愿意在教学实践中引入新的教学观念。Bill Ferriter 2009年发表在《教育领导学》中的文章提到:现在的教学发生了两点重大的改变,这使得更多的门户网站关注"学习如何教学"和"从教学中学习"。

第一点改变是日益强调教师之间的合作。"课的研究"是一种研究并提高教学实践的方式(之前已经讨论过),也是强调教师合作的案例。这种强调也是我们在本章前面提到的NBPTS核心命题的典型案例之一。让我们回想一下其中的第五条:教师是学习共同体中的成员。根据NBPTS,优秀的教师在他们的教学实践中是注重合作的。

第二点改变根据Ferriter(2009)的观点,是现在的数字工具能提供Elmore认为所缺少的门户网站。这种改变为教师提供了更多的机会来"学习如何教学"和"从教学中学习"。Ferriter尤其提倡阅读并撰写博客和维基(参见,Yang, 2009)。谈及阅读博客,Ferriter说:"其中一些(博客)让我感受到了挑战;一些让我感到气愤,一些让我激动不已。所有这些都让我充满活力,并激励我去学习更多的知识。"(p.36)至于采用数字工具来分享写作中遇到的问题和心得的论坛,Ferriter强调:"博客是一个倾听公众声音的论坛,而对于那些希望提炼和修正自己关于教学和学习观点的教育工作者来说,公众的声音很重要的。"(p.37)Ferriter推荐了一些博客站点,Edu blogs是其中一个完全服务于教育工作者的免费网站。

还有很多为基础教育的教师们设计的包含论坛、聊天室、博客和维基的网站。下面五个网站你也许会用到:

- The Connect page of Active Learning Practices for Schools (ALPS), Harvard Graduate School of Education
- The New Teachers Online page of Teachers Network
- The Interactive Forums page of the International Education and Resource Network
- The Teacher2Teacher page of Teachnet.com
- The "chat center" at the teachers.net site; "chat boards" arranged by grade levels, subjects, region, and so forth

591

服务于反思的技术工具,对于处于各个职业发展阶段的教师都很有帮助。如果你希望从教学中学习,那么提供其他教育工作者信息、心得和经验的门户网站,可以帮助你做到这点。

揭示和挑战假设 **康妮的反思**

亲爱的安东尼奥、塞莱斯特和唐：

　　写这封信给你们有三个原因。第一，感谢你们这个学期提供给我的学习帮助。"你们帮助我学习"。这样的话，我希望你们在自己的职业生涯中能经常听到。就算没有亲耳听到，也希望你们能体会到：或许是在学生的微笑中，或许是在学生征询你意见的经历中，在一次特殊的打招呼中，在对以前大学学生的一次回访中。这些话可能没有直接讲出来，但是如果你是一名优秀的教师，你肯定能在教学过程中体会到。

　　第二，写信给你们是想问最后一个问题。你们能理解"教学是一种使命"这句话吗？那些具有教育使命感的教师，会发现教学过程中充满挑战，需要不断地学习来充实自己。否则，你会发现职业生涯中充满着挫折，自己也会过得不开心。

　　第三，写这封信也是为了遵守多年之前许下的承诺。我承诺给每一个想成为教师的人讲这个故事。

　　B先生是我在高中二年级遇到的一位教师。他的课程的主要目的是为了帮助学生考进大学。背诵作业上的练习题是我们在课上唯一需要做的事。B先生上课的第一件事就是点坐在教室中间区域第一排学生的名字，唯一不同的就是靠左点或是靠右点。我们会轮流背诵，一个接一个，一行接一行，一排接一排，直到下课。我们整个学期都在做这样的事。我们所有人都非常讨厌这样的课。

　　自那20年后，我在一次回老家的时候遇到了B先生。他在一个简便餐厅中喝着咖啡，我认出了他，所以我走过去坐在他旁边，然后介绍自己。虽然他不记得我，但是我们各自讲了几个笑话后，他问我是做什么工作的。我说我是一名教师，他微笑着点着头。他问我是否享受教书这件事。我很清楚地记得我是怎么回答的："我爱教书，我只想教书。"

　　B先生说："那你一定教得很好！"

　　我说："我认为我教得还不错，但是你没有听过我的课。"

　　"在我的教学经历中，热爱教书的教师往往都是最好的。刚开始教书的时候，我也想当
一名教师。我努力地做着，但是慢慢地陷入了枯燥无聊中。我不再寻求进步，逐渐地把教书当作日常任务来完成。几年之后，我已经无法从这种状态中出来。我日复一日做着相同的事情。我敢打赌你现在认识的教师中也有这样的。"

　　"是的，既然你提起了，我必须说我确实认识一些这样的教师。"

　　"他们陷入困境是因为他们过得不开心，"B先生说，"至少我是因为这样。"他看着空的咖啡杯沉默了一会。

"我知道学生是怎么想我的。我知道学生对我没有尊敬。我努力改变过，但没有用。在我教书生涯的最后10到12年间，我只有在暑假或者周五下午的时候，才感觉是活着的。周五的下午是美好的，因为周五后学校将不再上课，周末的两天我是自由的。在回家的路上，我兴奋不已。周六是最好的一天，我可以做任何我想做的事情。周六的早晨很棒，我可以起得很晚，读读报纸，到处闲逛。差不多在周日下午的时候，我会意识到又要去学校工作了，而且它越来越近。周日的晚上我睡得越来越晚，因为我知道一旦去睡觉了，醒来就要去学校工作。我陷入了这种困境无法自拔。接下来就是漫长无聊的日常教书时间，毫无激情。"他看着我的脸说："你还记得那种情形，是吗？"

"是的，我记得。"我羞怯地答道。

他点着头，我们也换了话题。他询问我家里的情况，我住在哪里等闲聊的小事。我告诉他，我要去见一些为了20周年同学聚会而回来的朋友。

当我站起准备离开的时候，B先生抓住我的手，说："答应我一件事好吗。不管任何时候，你遇到想当教师的人，告诉他们我的故事。"

所以，我年轻的同事们，我分享这个故事给你们。

B先生身上发生了什么呢？我认为B先生被他的假设困住了。我认为他并没有找到机会去揭示和挑战自己的假设。除非你能反思你在课堂上的行为，并揭示出这些行为背后的假设，否则你是无法评价自己的教学的。你们必须找到一些评价自身的教学的方法。

请思考一下"评价"这个词。从它的字面上去理解：赋予价值。为你的教学赋予价值。这是我们四个人一直在做的事情。我们通过考察我们对教学和学习的看法，检验我们的观点是否违背指导我们的专业发展的理论和研究成果，来评价我们的教学。

随着知识的增长，你们也会成长；但这种成长，只有在你看到教学的价值后才会发生。

我信守着我的职业承诺。相信你们也会信守你们的承诺。

祝好！

康妮

你掌握了吗？

根据关于用技术去支持反思性探究的讨论，门户网站之所以有益，是因为它们使得教师：

a. 可以向其他教师发泄教学工作中的不满

b. 可以与其他教师保持联系，并从他们的教学中学习

c. 可以了解其他的职业

d. 可以分享资料和评估工具

小结

16.1 解释如何利用特定的工具，来收集来自学生、同事和你自身的关于你的教学有效性的信息，以提升你的探究技能。

- 教师对学生的学业成就有着巨大的影响。那些在教学中注重研究的教师，会从教学中获得学习，因此会让学生的学习更成功。

- 进行批判性反思成长为更好的教师，这种观念让新教师更容易通过国家认证委员会的认证。

- 让同事观察并评论你的教学、使用观察记录表或者实施更加正式的课的研究程序，都可以为改进教学实践提供丰富的数据资料。

- 进行有指导的反思，或者在反思日志中进行系统、严格的自我评估，这不仅可以进行自我洞察，还可以记录教学的改进。

- 根据Ball的生成性模型，运用叙事性工具对教学进行反思的教师，会从自己的教学中获得学习。当他们从自我觉醒阶段，发展到元认知意识阶段，再到自我效能感阶段，他们就成为了变革的主人翁，他们会生成关于教学的知识，促进学生的学习。

16.2 描述如何使用数字档案袋等技术工具来提升你的探究技能。

- 数字化资源可以为教师提供一些能在课堂中测试的想法；提供与其他教师保持联系的方式，并从中获得同行的反馈和支持；提供搜集关于高效、优秀的教学方法和技术的实证信息的平台。

进一步学习的资源

- **反思性教学**

在近期出版的众多关于反思性教学的书籍中，有很多是值得阅读的，包括：Judy Eby、Adrienne Herrell 和 Michael Jordan 出版的《学前到12年级的教学：一种反思性行

动方法》(*Teaching in K-12 Schools: A Reflective Action Approach*)(5th ed., 2010); Andrew Pollard、Julie Anderson和Mandy Maddock出版的《反思性教学：基于证据的专业化实践》(*Reflective Teaching: Evidence-Informed Professional Practice*)(3rd ed., 2008); Grace Hall McEntee、Jon Appleby、JoAnne Dowd, Jan Grant, Simon Hole以及Peggy Silva共同出版的《教学的核心：反思性实践指南》(*At the Heart of Teaching: A Guide to Reflective Practice*)(2003)。最后一本书的部分作者是公立学校的教师。

《实践智慧：教学、学习和学会教学文集》(*The Wisdom of Practice: Essays on Teaching, Learning, and Learning to Teach*)一书，是教育心理学领域最有影响的学者之一Lee Shulman的文集。Shulman是卡耐基教学促进基金会的名誉主席，曾担任密歇根州立大学和斯坦福大学的教育心理学教授。这本书收录的其中一篇文章的题目就是"那些懂的人"，这个题目响应了George Bernard Shaw的经典名言："能动手的做事，不能动手的教人。"Shulman在文章的最后说到："能动手的做事，能理解的教人。"(p.212)

- **成为一名更优秀的教师**

成为一名更优秀的教师意味着要从教学中学习。从教学中学习、与其他教师一起学习的一种方式是研究教学。由Karin Wiburg和Susan Brown编写的《教学研究共同体：提高多样化学生的成就》(*Lesson Study Communities: Increasing Achievement with Diverse Students*)(2007)，阐述了如何进行教学研究，以及教师如何成立教学研究共同体。

成为一名更优秀的教师也意味着要记录教学并收集数据进行教学评估。由Ruth Johnson、Sabrina Mims-Cox和Adelaide Doyle-Nichols编写的《教育中的成长档案袋：反思、探究和评估指南》(*Developing Portfolios in Education: A Guide to Reflection, Inquiry and Assessment*)(2010)，阐述了制作档案袋的基本原理，以及如何开发和维护它，使之成为从教学中学习的工具。

术语表

CAT），一种测验技术，在这种测验中，计算机程序会基于被试的回答，把问题的难度调整到与被试的能力水平相适应的程度，从而减少测验的长度，提高测验的效率。

计算机辅助教学（Computer-based instruction, CBI），运用互动性软件作为学习辅助的教学方法。

守恒问题（Conservation problems），处于皮亚杰的前运算阶段的儿童不能解决的视觉任务，因为这一阶段的儿童缺乏同时考虑构成问题的两个维度（如高度/重量，长度/宽度）的变化的能力。

建构主义（Constructivism），认为有意义学习是主动创建知识结构而不是仅仅把客观知识从一个人传递给另一个人的观点。

相倚契约（Contingency contracting），一种行为增强技术，它具体地指明令人满意的行为是什么，达成这些行为得到的相应强化物是什么。

合作学习（Cooperative learning），运用异质性小组，使学生在具体任务中相互帮助，以共同达成学习目标的教学方法。

标准参照评定（Criterion-referenced grading），一种等级评定方法，对学生的等级评定所依据的是学生是否达到某一分数或行为表现标准。

标准参照测验（Criterion-referenced tests），是一种报告成就测验分数的方法，不会将个人表现与他人进行比较，而是根据学生在界定清晰的技能领域中掌握具体目标的能力来进行评估。

批判建构主义（Critical constructivism），是建构主义流派中的一支，关注教师在课堂上所营造的学习环境中的社会因素，这些学习环境是否延续了文化上的误解，以及学习者的文化背景如何影响他们与他人以及学习内容之间的互动。

文化多元主义（Cultural pluralism），是基于如下三个信念的一整套准则：（1）一个社会应该努力维持它包含的不同文化；（2）每种文化都应该受到尊重；（3）个人有权利参与社会而不放弃自己的文化认同。

文化（Culture），是对一类人如何知觉世界、形成信念、评估事物、观点和经验以及如何做出

行为的描述。

网络欺凌（Cyberbullying）是指一个或几个学生在网上发布有关另一个学生的恶意言论。

D

去中心化（Decentration），在同一时间内超越事物或问题的一个属性，从更多的角度思考问题的能力。（参阅知觉集中倾向）

缺失性需要（Deficiency needs），是马斯洛需要层次中的前四种需要（即生理、安全、归属和爱、尊重需要），因为人们只有在这些需要得不到某种程度的满足时，才会受此驱使去行动。

抑郁（Depression），一种情绪障碍，常见症状包括感到自己一无是处，对生活失去控制，不明原因的哭泣，有自杀的想法、威胁或企图。伴随的症状包括情绪低沉或情绪不稳、社会孤立、疲劳、疑病和专注困难等。

诊断性测验（Diagnostic test），一种学科成就测验，旨在确定学科内容学习或学习技能存在什么问题，鉴别学生的优势与不足。

直接教学（Direct instruction），一种教学方法，要求教师通过有效的教学设计、纠正性反馈以及提供练习机会来让学生不断地学习基本技能和知识。

发现学习（Discovery learning），一种教学策略，它鼓励学生通过自主探究或小组讨论的方式来获得问题的解决方案。

分化（Discrimination），个体学会关注看似相同的情境所具备的独有特征，并在不同情境中做出不同的反应的过程。

分散练习（Distributed practice），将学习材料分割成小块逐步学习，并每隔一段时间对学过的材料进行复习。

双重编码理论（Dual coding theory），一种精加工理论，该理论认为具体的材料和词汇比抽象词汇更容易记忆，因为前者在记忆中同时采用视觉表象和言语标签两种方式进行编码，而后者只能通过言语进行编码。

E

早熟男孩（Early-maturing boy），身体上早成熟的男孩，在同龄人中可能更受欢迎，有更积极的自我概念，也有更多年龄稍大一些的朋

友。(参阅晚熟男孩)

早熟女孩(Early-maturing girl),身体上早成熟的女孩,有可能低自尊,缺乏安全感,更早地约会、抽烟和喝酒,有更高罹患抑郁和进食障碍的风险。(参阅晚熟女孩)

教育心理学(Educational psychology),心理学的一个分支,它研究学生如何在课堂环境中通过正式的教学获得各种能力以及怎样促进学生的学习。

自我中心(Egocentrism),难以站在他人的视角思考,是前运算阶段儿童的典型特征。

精致性复述(Elaborative rehearsal),又称精致性编码,是指有意识地将新信息与长时记忆中的已有知识联系起来。(参阅长时记忆)

情绪困扰(Emotional disturbance),一种情绪状态,存在如下中的一个或多个特征,并且达到了对孩子的学业表现产生明显不利影响的程度:(1)不能学习,但是无法用智力、感官和健康因素解释;(2)不能与教师和同学建立令人满意的人际关系;(3)在正常环境下,出现不合时宜的举动和情绪;(4)处于一种弥散的不开心或抑郁心境中;(5)倾向于发展成影响个性和学习的生理症状或恐惧。(IDEA定义)

经验学习(Empirical learning)是幼儿身上常见的一种学习方式,指通过发现事物或事件的大部分可观察的特征而形成自发概念。

编码特定性原理(Encoding specificity principle),回忆时如果能看到原先编码的部分信息,则提取更容易成功。

渐成性原理(Epigenetic principle),是指自我通过一系列相互联系的阶段发展,最终形成人格,正如在胎儿形成的过程中,人体各部分以相互联系的方式发展。

认识论信念(Epistemological beliefs),指的是我们对知识的本质以及如何认识事物的认识。

平衡化(Equilibration),个体被驱使着对其图式进行组织,以达到对其环境可能的最佳适应的过程。(参阅图式)

种族群体(Ethnic group),是指在祖先起源、人种、宗教、语言、价值观、政治利益、经济利益和行为模式等一个或多个方面彼此认同的人的集合。

评价(Evaluation),是指根据某种规则系统,对一系列测量结果作出价值判断。

探究性的环境(Exploratory environment),为学生提供材料和资源,以实现发现和洞察的环境,也称发现式的环境(discovery environment)。

消退(Extinction)是指曾被强化的行为由于强化的终止而逐渐减少,直至消失。

外部动机(Extrinsic motivation),参加某项活动是为了获得奖励,而这些奖励和活动本身无关。(参阅内部动机)

Ⓕ

远迁移(Far transfer)发生在知识领域和情境不相似,并且最初学习任务和迁移任务之间的时间间隔相对较长的时候。

场依存性风格(Field-dependent style),一种学习风格,具有这种风格的人,对特定信息的看法和思考容易受到周围环境的影响。

场独立性风格(Field-independent style),一种学习风格,具有这种风格的人,在知觉、思考任务或问题时,较少受到周围环境的影响,擅长在更大、更复杂的环境中分辨出目标信息。

形成性评价,或**形成性评估**(Formative evaluation, or formative assessment),一种评估方式,旨在促进学习或引发学习,而不是划分等级。能够了解学生是否能跟上教学进度,理解学过的内容。

全纳政策(Full inclusion)是指撤销所有的剥离项目和特殊教育教师,让常规课堂的教师接受关于教育特殊需求的孩子的训练,以便于他们能在常规课堂中教育这些特殊孩子。

Ⓖ

性别偏见(Gender bias),是指在没有合理的教育理由的情况下,教师对男女学生作出差异反应。

性别角色(Gender roles),某一社会中的男性或女性表现出来的与异性不同的一系列典型行为,幼儿的性别角色意识突出表现在他们对活动和玩具的不同偏好。

概括性目标(General objectives),是指对预期

的教育结果的宽泛的、一般性的陈述。(参阅情感领域分类学、认知领域分类学、动作技能领域分类学)

一般迁移(General transfer),由于使用相似的认知策略而引发的先前学习促进后继学习的情形。

泛化(Generalization),是指当个体学会对某一特定刺激作出特定反应后,对其他相似刺激作出相同或类似的反应。

超常(Gifted and talented),是指在智力、创造力、艺术、领导能力或特定的学术领域表现出色的儿童和青少年。

成长性需要(Growth need),指自我充实的需要,即个体想要充分发挥自己的潜质和能力。

快速生长期(Growth spurt),是指在初中阶段的青少年身体发育快而不均衡。

有指导的学习环境(Guided learning environment),是指这样一种环境:教师可以帮助学生设立目标,提出问题,鼓励讨论,以及提供问题解决过程的示范。

Ⓗ

启发式(Heuristics),是指能适用于不同内容、不同类型的问题领域,并提供通用的方法来解决一个问题的通用的解决策略。

高路迁移(High-road transfer),是指人们把习得的知识和技能在较长时间后迁移到与原来任务极为不同的新情境中。

人本主义方法(Humanistic approach),是指关注学生的需求、情绪、自我知觉以及价值观等非认知变量的教学理论。

Ⓘ

同一性(Identity),最理想的同一性……被体验为一种心理社会健康感。它最显著的特征是感觉自己的身体就是自己的家(身心合一)、知道自己的去向(知道自己的发展方向)和能获得重要他人认可的内在确定性。

同一性状态(Identity statuses),青年少会展现一个特定的过程来确立同一性,这个过程被称为同一性状态。

结构不良问题(Ill-structured problems),表述模糊,解决步骤和评价标准均不清楚。它本身很少有关于解决步骤的线索,也很少有明确的标准来确定问题何时已得到解决。

第一人称信息(I-message),说出你对某个无法接受的情境的感受。

冲动型(Impulsive),面对答案不确定的问题时,具有冲动型学习风格的学生在做出回答之前,相比反思型的同学,会花费较少的时间收集和分析信息。

纳入(Inclusion),意味着将接受特殊教育的孩子放入常规课堂,并为其提供支持性的服务。

个性化教育方案(Individualized education program, IEP),IEP是一个书面的报告,它描述旨在满足孩子独特的需求的教育方案。

惰性知识(Inert knowledge),是由于在有限条件下学习孤立的知识而产生的,学生学习的内容只与参加考试和其他课堂任务有关。也就是说,学生们不能使用他们先前学到的东西来解决现实生活问题。

信息加工理论(Information-processing theory),该理论试图探究人们如何获取新信息,如何创造并存储信息的心理表征,如何从记忆中提取信息,以及过去的学习经验如何引导并影响将来的学习。

教学目标(Instructional objectives),它具体指明实现教育目标所需的可观测、可测量的学生行为。

综合学习系统(Integrated learning systems, ILS),一种软件包:基于操作性条件作用理论的辅导项目与学生表现的追踪评估系统整合起来,该追踪评估系统能实时监测学生的表现,并将结果反馈给学生和教师。

智力障碍(Intellectual disability),以前称为智力落后(Mental retardation)。美国智力和发展障碍协会(AAIDD)对其定义是:"……以智力功能和适应行为存在严重缺陷为特征的障碍;它体现在日常交往和实践技能的多个方面;该残疾发生在18岁之前"。

智力(Intelligence),是指良好的学习、推理及解决新颖问题的能力,有效应对日常生活中所面临的挑战(往往是不可预测的)的能力。

人际关系推理(Interpersonal reasoning),是指解他人动机和行为之间关系的能力。

内部动机（Intrinsic motivation），是指学习者为了体验内在的满足而从事某种学习活动的动机。学习某一学科或者掌握某一项技能是，因为活动本身能够产生积极的结果，如活动让人更有见识、更有能力或更加独立。

不可逆性（Irreversibility），是指幼儿不能从心理上将水从高瘦的杯子倒入矮胖的杯子（因而可证明两个杯子装有同样多的水）。

问题（Issues），是指引发强烈情绪反应的结构不良问题。

J

乔普林计划（Joplin plan），一种能力分组方法，它是指根据学生的标准化测试分数，将不同年级的学生组合在一起。

L

晚熟男孩（Late-maturing boy），青春期精力旺盛、很活跃，惯于吸引他人注意，对自己的身材不满意，低自尊，在学业方面成就动机更低，不太受欢迎；成年后冲动、武断，但同时也具有洞察力和远见，喜欢游戏且有创造性，有能力应对新的情况。

晚熟女孩（Late-maturing girl），青春期自信、外向、有安全感、受欢迎，可能被选作领导；成年后可能出现应对压力的困难，乐群性差，情绪易波动。

学习障碍（Learning disabilities），是指由于基本的心理过程存在障碍，而非其他因素，导致学习出现问题。

学习策略（Learning strategy），是学习者为了达成未来的学术目标（如在接下来的考试中得到A）所制定的总体规划。

学习风格（Learning style），被定义为不随时间和学科内容而改变的、以特定的方式感知、思考和组织信息的偏好。

具体学习策略（Learning tactic），是一项特定的技术（如记忆辅助或某种记笔记的方法），学习者使用该技术可以完成即时的目标（如理解教科书中一章的概念以及这些概念之间的联系）。

最少限制环境（Least restrictive environment），根据1994联邦政府关于IDEA实施的法律，对残疾儿童的教育服务必须在一个适应其残疾状况的最少限制环境。

长时记忆（Long-term memory，LTM），在个体的记忆中持久地保存信息的场所。

观点隐瞒（Loss of voice），青少年期的女生在社会化过程中出现的一种倾向，表现为隐瞒自己对问题的看法，声称自己没有意见，或者陈述别人喜欢听的观点。

低路迁移（Low-road transfer），先前习得的技能或观点，近乎于自动的从记忆中提取并运用到当前高度类似的任务中的情形。（参阅高路迁移）

M

回归主流（Mainstreaming），把障碍儿童安置在普通班级的政策。

保持性复述（Maintenance rehearsal），一种相当机械的记忆过程，它是指出于某种直接目的，通过心理或言语的重复，把信息保留在短时记忆中的过程；也称机械复述或重复。（参阅短时记忆）

集中练习（Massed practice），一种学习方法，强调在较长的时段内不间断地学习。

掌握学习（Mastery learning），一种学习和教学方法，认为如果满足某些条件，大多数学生可以掌握课程内容；这些条件包括：(1)充分的天资；(2)充分的理解教学内容的能力；(3)愿意坚持；(4)充足的时间；(5)良好的教学质量。

有意义学习（Meaningful learning），新信息或活动与个体的兴趣或已有知识经验建立关联时，所发生的一种学习方式。

测量（Measurement），根据一定的规则支配系统，对事物、事件或人的某些特征进行量化的活动。

文化融合（Melting pot），是指把各种具有不同道德伦理的群体，同化到一个国家的主流文化中。

元认知（Metacognition），关于认知操作以及如何使用认知操作达成学习目标的认识。

以微型计算机为基础的实验室（Microcomputer-based laboratories），一种带有传感器和探测器的微型计算机，可以以多种方式快速呈现温度或速度等数据，以帮助学生探索概念、检验假设，并纠正错误观念。

微世界（Microworld），计算机场景旨在通过让学生有机会探索概念变量之间的关系并建立个人模型来促进认知发展和克服误解。

记忆术（Mnemonic device），一种提升记忆的策略，它旨在帮助学习者转换或组织信息，以提升其可提取性。

约束性道德（Morality of constraint），皮亚杰的术语，指的是10岁左右或年龄更小的儿童所进行的道德思维，其特点是坚持神圣的规则，不允许有任何违反，不考虑行为意图；也称道德现实主义。

合作性道德（Morality of cooperation），皮亚杰的术语，指的是11岁或年龄更大的儿童，基于灵活的规则和对行为意图的思考，而进行的道德思维；也称道德相对主义。

多元文化教育（Multicultural education），一种学习和教学方法；它旨在促进人们理解不同文化群体的价值观、信仰和实践，并做到相互尊重！

多学科评估团队（Multidisciplinary assessment team）， 群参与诊断儿童障碍的专家，通常由学校心理学家、辅导员、教师、学校社会工作者、学校护士、学习障碍专家和精神科医生组成。

多用户虚拟学习环境（Multi-user virtual environments，MUVEs），在线虚拟世界；在这种世界中，几个人一起工作，共同解决各种问题；一个典型的例子是探索亚特兰蒂斯（Quest Atlantis）。

Ⓝ

近迁移（Near transfer），先前在特定情境中习得的知识和技能，有助于在其后的类似学习情境中习得新信息或解决问题。

负强化（Negative reinforcement），某种特定的行为展现后，通过移除厌恶刺激，使这种行为得到加强的强化方式（参阅正强化）。

负迁移（Negative transfer），先前学习对后继学习产生干扰的现象（参阅正迁移）。

正态曲线（Normal curve），测验分数的钟型分布，某种特征测量几千人时，得到的分数倾向于呈这种分布。

常模群体（Norm group），精心挑选出来的一组样本，旨在代表某一测验想测量的更大的学生群体。

常模参照评定（Norm-referenced grading），一种等级评定方法，其背后的假定是：由于异质性群体中的学生在先行知识、学习技能、动机、禀赋等方面存在差异，其学业成绩也将各不相同，因此确定某一学生的学习等级时，要与其他同学的分数作比较。

常模参照测验（Norm-referenced tests），对个体成绩的评价是以常模组的成绩为参照的测验。

Ⓞ

观察学习或榜样示范（Observational learning or modeling），社会认知的三元交互因果模型的构成部分，描述的是在习得新能力的过程中，对榜样行为的观察和模仿所起的作用。

操作条件作用（Operant conditioning），斯金纳提出的行为理论，其依据的事实是：有机体为了获得或避免特定的行为结果，以特定的方式对环境作出反应。

组织（Organization），把若干过程系统地组合成具有内在一致性的一般系统。

Ⓟ

同伴辅导（Peer tutoring），一种学习方式，它要求由一名学生教授另一名学生，其理论基础是儿童的认知增长受益于同时面对两种认知图式并从中选择其一。

百分等级（Percentile rank），反映学生居于或低于某种成绩水平的百分比的分数，它提供的是关于相对位置的具体信息。

知觉集中倾向（Perceptual centration），在同一时间把注意仅仅集中在事物的一个特征或者是问题、事件的一个方面的倾向。

行为表现评估（Performance assessment），一种评估方式，旨在考察学生在更为真实或不够真实的情境下，运用基本的知识、技能，完成复杂任务或解决问题的能力；也称基于行为表现的评估、真实性评估。

放任型父母（Permissive parents），是指那些对孩子很少提要求、不能阻止孩子的不成熟行为的父母，他们自身往往具有思考杂乱、前后不一、缺乏自信等特征。

个体能动性（Personal agency），是指人而非环境成为行为的主要原因。

档案袋（Portfolio），一个人的一个或多个作品的集合，通常收集了不同完成阶段的作品。

正强化（Positive reinforcement），一种加强目标行为的方法，过在期望的行为之后立即提供正刺激来（增加和维持特定行为将被重复的可能性）。（参阅负强化）

正迁移（Positive transfer），先前学习对后继学习所产生的促进作用；当新的学习任务与以前学过的类似任务有本质上相同的学习要求时，这种情况就会发生。（参阅负迁移）

普雷马克原理（Premack principle），一种行为塑造技术，它允许学生实现学习目标后，尽情地从事自己喜爱的活动；也称祖母法则。（参阅塑造）

问题表征或问题界定（Problem representation or problem framing），找到问题的表达方式以便于从长时记忆中提取足量的相关解答信息的过程。（参阅长时记忆）

问题解决（Problem solving），识别和运用知识、技能以达成目标的过程。

基于问题学习或基于项目的学习（Problem-based learning or project-based learning，PBL），一种要求学习者通过分析问题、提出假设、合作、反思和可能的教师指导与帮助，解决某一真实和复杂问题的教学方法。

心理双性化（Psychological androgyny），一种获得性的性别感受，觉得自己兼具有男性和女性的特质。

动作技能领域分类学（Psychomotor domain taxonomy），一种教学结果分类，它关注的是身体能力和技能。

心理社会性延缓（Psychosocial moratorium），一个心理社会性发展的时期，其特点是延迟承诺、理想的冒险并探索对个人和社会产生积极的，或至少是中立的影响。

惩罚（Punishment），一种减弱目标行为的方法；一般是在行为发生之后，呈现厌恶刺激。

惩罚（Punishment），一种减弱目标行为的方法；一般是在行为发生之后，呈现厌恶刺激。

R

再认（Recognition），一种认知过程，涉及对刺激的关键特征的识别，并以交互的方式把这些特征与先前贮存的信息联系起来。

反思型（Reflective），一种学习风格，具有这种风格的学生在回答问题、解决问题之前，会收集和分析相关信息。

二次分组（Regrouping），一种按能力分组的方式，它是为了教授某一具体学科——通常是阅读和数学，而把来自不同班级且具有同等能力和学习等级的学生分在一组。

拒绝–忽略型父母（Rejecting-neglecting parents），是指那些对孩子不提要求、在家中不给予有目的的指导、对孩子的目标、活动和情感需求不给予支持的父母。

信度（Reliability），是指测验结果的一致性，基于的假定是：人类的特征在短时间内保持稳定。

反应代价（Response cost），是指对做出不良、不当行为的个体，撤出先前给予的正强化物，通常在代币经济中使用。（参阅代币经济）

"干预—反应"法（Response to intervention，RTI），一种诊断技术，它是为了确定哪种教学或特殊教育方式是学生获得成功所需要的，而对学生接受教学后的反应进行评估。

涟漪效应（Ripple effect），是指只对一个学生训斥而整个班级对训斥作出反应的程度。

角色混乱（Role confusion），对什么样的行为会引发他人的积极反应的不确定。

细则（Rubric），在行为表现评估中所使用的一种计分指南，它把学生的行为表现水平，从不佳到优秀，逐一明确地作了规定。

S

支架（Scaffolding），在学习的早期阶段，通过演示如何完成任务、对问题的正确答案作出提示、提供引导性的问题等方法，为学习提供支持。随着学生能够逐步地、独立地学习或完成任务，这些支持被撤除。

图式（Schemata），schema 的复数形式，信息加工心理学使用的术语，指的是抽象的信息结构；通过这种结构，我们获得的知识在长时记忆中得以组织和贮存。

图式（Scheme），皮亚杰使用的术语，指的是儿童与环境、父母、教师、同伴等互动而形成的有组织的行为或思维模式。

学术能力（Scholastic aptitude），与应对学习要求的能力相关最直接且最能预测学习能力的认知技能。经常被作为智力的同义词。

科学概念（Scientific concepts），苏联心理学家列夫·维果斯基提出的一个术语，它是指大多是借助正式教学习得的语言、公式、规则、符号等心理工具。

自我实现（Self-actualization），对充分发展自我潜能的追求。

自我概念（Self-concept），人们对自身的某些具体方面，如学业表现、社会交往、运动能力、外表等，所做的评价性判断。

自我描述（Self-description），面对他人，人们对自身所作的描述；使用的表述很大程度上是非评价性的。

自我效能感（Self-efficacy），人们对自己能够完成特定任务的确信程度。

自尊（Self-esteem），人们对自身所做的概括性评价；也称自我价值。

自我形象（Self-image），心目中的自我形象，包括自我描述、自尊和自我概念。（参阅自我概念、自我描述、自尊）

自主学习（Self-regulated learning），在特定的任务和条件下，人们有意识、有目的地运用自己的认知技能、情感和行为，以求做到对知识、技能的最大化学习。

自我强化（Self-reinforcement），个体不依赖或不关心他人的反应，而努力去满足自我要求的情形。

感觉登记（Sensory register, SR），初步的记忆存储，它对来自感觉接收器的输入信息进行短暂（1—3秒）保存。

性传播疾病（Sexually transmitting diseases, STDs），艾滋病、淋病、生殖器疱疹等传染病，通过性接触传播。

塑造（Shaping），通过强化与目标行为逐步接近的行为，来促进个体学习复杂行为。

短时记忆（Short-term memory, STM），对信息进行的第二次短暂记忆存储，它的容量大致为7个信息单元，存储时间约20秒；也称工作记忆。

单科成就测验（Single-subject achievement test），旨在评估学校中的某一特定基础学科（如阅读、数学）的学习和成就情况的测验。

情境学习（Situated learning），一种理论观点；认为问题解决技能、认知策略和知识，都与获得它们时的具体情境或环境密切关联；因此，学习任务越真实，越接近于真实生活，学习就越有意义；也称情境认知。（参阅惰性知识）

社会阶层（Social class），个体或者家庭在社会中的地位，取决于收入、职业、受教育水平、居住地、交往层级、衣着方式、财富拥有量等因素。

社会认知理论（Social cognitive theory），对于人们如何通过个人特征、行为和社会性强化三方面的互动而成为自主学习者的解释。（参阅三元交互决定论）

社会建构主义（Social constructivism），建构主义学习论的一种，它强调人们运用社会情境中的语言、数学、问题解决方法等文化工具，对自己所生活的世界建构共同的理解。

社会经济地位（Socioeconomic status, SES），一种可量化的社会地位，由联邦政府根据个人的收入、职业和受教育水平来确定。（参阅社会阶层）

特定目的的成就测验（Special-purpose achievement test），旨在确定特定资格的测验，如大学水平考试，全国教师资格考试等。

具体目标（Specific objectives），亦即具体教学目标，它指明要学得什么行为、在什么条件下展示这一行为，以及可以接受的行为表现标准。

特殊迁移（Specific transfer），由于两个学习任务具有特定的相似性而引发的先前学习促进后继学习的情形。

自发概念（Spontaneous concepts），苏联心理学家列夫·维果斯基提出的一个术语，它是指年幼儿童参与日常活动时，自然地获得的事实、概念和规则。

标准差（Standard deviation），一个统计学术语，指的是组内个体的测验分数偏离平均数的程度。

标准九分数（Stanine score），一个统计学术语，它指的是把测验分数分成九组，每个标准九是1/2个标准差。

心理自我调控风格（Styles of mental self-government），罗伯特·斯滕伯格根据公民政府的不同功能和形式而提出的一个学习风格理论。该理论根据功能、形式、水平、范围和学习五个维度，描述了13种学习风格。

总结性评估（Summative assessment），旨在赋予学生成绩等级的测验，目的是反映学生在某个阶段对各项任务的学习水平。

T

双向细目表（Table of specifications），编制试题时使用的一个表格，它用不同的数字来代表测验题目，以确保考试题目能够涵盖学科内容。

分类学（Taxonomy），一种分类图示，它把若干种类型按照层级顺序进行排列。

教师期望效应（Teacher expectancy effect），学生按照他们认为是教师所期望的方式去做事的倾向；也被称为自我实现的预言、皮格马利翁效应。

教学作为一门艺术（Teaching as an art），借助情感、价值观、灵活性等无形要素实施教学的方式。

教学作为一门科学（Teaching as a science），基于抽样、控制、客观性原则、发表成果、重复验证等科学方法进行教学的方式。

教学作为探究活动（Teaching as inquiry），提升教师教学的有效性的一种方法，包括提问有用的问题、收集数据、反思、采取行动等过程。

技术辅助教学（Technology-enhanced instruction），运用交互式软件辅助学习的教学方法。也称计算机辅助教学。

远程辅导（Telementoring），专家、导师、教师或同辈学习者，运用网络技术展示观点、提出问题、提供见解或者提供相关信息，以帮助学习者获得新知识、有效地参与到学习共同体中。

理论学习（Theoretical learning），学习运用适用于不同情境和问题的心理学工具，来获得新的知识和技能。

共同要素论（Theory of identical elements），一种迁移理论；它根据两个不同任务中的刺激要素和反应要素之间的相似性，来解释学习从一个任务向另一个任务的迁移。（参阅学习的迁移）

心理理论（Theory of mind），四岁左右的儿童身上所具备的一种能力；体现为能意识到对事物的思考和不同于对这一事物的体验，能预测他人的思维。

多元智力理论（Theory of multiple intelligences），霍华德·加德纳提出的一种智力理论，认为智力包含着八项相互独立的能力。

隔离（Time-out），通过临时性地剥夺个体从事自己喜欢的行为的机会，以减弱某种不良行为的方法。

代币法（Token economy），一种行为增强技术，它运用本身没有价值的东西，去"购买"其他的有价值的东西。

学习的迁移（Transfer of learning），学生把从学校中获得的知识和问题解决技能，运用到相似但是新的情境中的能力。

三元交互决定论（Triadic reciprocal causation），社会认知理论的概念基础，该理论认为习得的各种能力，是个体的人格特征、行为和社会环境三者交互作用的结果。（参阅社会认知理论）

三元智力理论（Triadic theory of intelligence），罗伯特·斯滕伯格提出的一个当代智力理论，该理论认为智力包括实践能力、创新能力和分析能力。也被称为成功智力理论。

T分数（T score），一个标准化的测验分数，其范围是0到100；它以50作为均值，以避免出现负值。（参阅Z分数）

双重异常（Twice exceptional），是指一方面具有特殊的天赋，另一方面又在身体、社会性、情绪或认知方面存在某些问题的学生。

双向双语教育（Two-way bilingual education），一种双语教育的方法；在这种教学中，即使用少数民族语言也使用主体语言来呈现教学内容。也称双语浸入或双语。

U

全方位学习设计（universal design for learning），

课堂教学方法之一，这种方法旨在消除各类学生的学习障碍，使学生在普通的课程学习中都能参与，都能有所进步。

V

效度（validity），一个测验能够测量出它所希望测量的事物的程度。

替代性强化（vicarious reinforcement），看到别人因为干某事受到奖赏，预期自己以同样的方式做事也会受到同样的奖赏。

W

Web 2.0，Facebook、Twitter、Flicker、LinkedIn等社交网络网站，网站中包含博客、播客、视频等工具。

结构良好的问题（Well-structured problems），界定明确的问题，解答者已经知道问题的解答步骤和评价标准。（参阅结构不良的问题）

班内能力分组（Within-class ability grouping），为了更好地进行阅读或数学教学，把班级内的学生按照相应能力分成2—3组的分组方式。

明察秋毫（Withitness），某些教师所具备的一种素质，它让学生们感觉到老师对课堂上所发生的一切了如指掌，因而较少出现课堂纪律问题。

Z

零迁移（Zero transfer），先前的学习对新学习没有产生影响的情形。

最近发展区（Zone of proximal development, ZPD），维果斯基提出的术语，用于描述儿童自己能够独立完成的任务和需要他人帮助完成的任务之间的差距。

Z分数（Z score），标准化测验的一个分数，用于表示原始分距离平均数多少个标准差。（参阅T分数）

中英对照主题索引*

A

AAIDD. *See* American Association on Intellectual and Developmental Disabilities (AAIDD)

AAMR. *See* American Association of Mental Retardation (AAMR)

ability
    attribution and, 391–392
    beliefs about
        changes in, 393
        types of, 393–395

ability-grouped classroom, 193–194

ability grouping, 165, 192, 194–195
    assumptions underlying, 195
    between-class, 195–199
    evaluations of, 196–197
    to group or not to group, 198–199
    Joplin Plan, 195, 197
    regrouping, 195
    within-class, 196, 197

abstraction(s)
    fifth and sixth graders and, 48
    mindful, 375

academic self-concept. *See also* self-concept and achievement, 411*f*
    role in motivation and learning, 411

academic skills, 8

accelerated instruction, 225–226

accident rates, third grade and, 85

accommodation, 38, 349

accountability
    in education, the push for, 557
    individual, 490

AAIDD. 参阅美国智力和发展障碍学会

AAMR. 参阅美国智力落后学会

能力
    归因与能力,391–392
    关于能力的信念
        关于能力信念的转变,393
        关于能力信念的类型,393–395

按能力分组,193–194

按能力分组,165, 192, 194–195
    能力分组背后的假设,195
    跨班级能力分组,195–199
    按能力分组的效果,196–197
    分组,还是不分组,198–199
    乔普林计划,195,197
    二次分组,195
    班内能力分组,196,197

抽象认知活动
    五六年级学生与抽象认知活动,48
    有目的的抽象,375

学业自我概念.也可参阅自我概念与成就,411(图)

    学业自我概念在动机和学习中的作用,411

学习技能,8

加速式教学,225–226

三年级与意外事故率,85

顺应,38,349

责任
    教育问责制的推动,557
    个体责任,490

---

* 索引中的页码,均为英文版页码,请按中文版边码检索。另外,本书英文参考文献放在华东师范大学出版社网站上。——编辑注

C

O

Q

图书在版编目（CIP）数据

教学中的心理学 /（美）斯诺曼, 麦考恩著; 庞维国等译
. —上海: 华东师范大学出版社, 2018
ISBN 978-7-5675-8022-0

Ⅰ.①教…　Ⅱ.①斯…②麦…③庞…　Ⅲ.①教育心理学
Ⅳ.①G44

中国版本图书馆CIP数据核字（2018）第161384号

教学中的心理学

著　　者	［美］Jack Snowman　［美］Rick McCown
译　　者	庞维国　等
策划编辑	彭呈军
特约编辑	单敏月
责任校对	董水林
装帧设计	卢晓红

出版发行　**华东师范大学出版社**
社　　址　上海市中山北路3663号　邮编 200062
网　　址　www.ecnupress.com.cn
电　　话　021-60821666　行政传真 021-62572105
客服电话　021-62865537　门市（邮购）电话 021-62869887
地　　址　上海市中山北路3663号华东师范大学校内先锋路口
网　　店　http://hdsdcbs.tmall.com/

印 刷 者　上海盛通时代印刷有限公司
开　　本　787毫米×1092毫米　16开
印　　张　56
字　　数　1092千字
版　　次　2019年9月第1版
印　　次　2024年3月第4次
书　　号　ISBN 978-7-5675-8022-0
定　　价　178.00元（上下册）

出 版 人　王　焰

（如发现本版图书有印订质量问题, 请寄回本社客服中心调换或电话021-62865537联系）